國家“雙一流”擬建設學科“南京大學中國語言文學藝術”資助項目

江蘇高校優勢學科建設工程“南京大學中國語言文學”資助項目

江蘇省 2011 協同創新中心“中國文學與東亞文明”資助項目

第十九輯 ｜ 張伯偉 編 ｜

域外漢籍研究集刊

北京 中華書局
2020

圖書在版編目（CIP）數據

域外漢籍研究集刊.第 19 輯/張伯偉編. —北京：中華書局，
2020.4
ISBN 978-7-101-14369-0

Ⅰ.域…　Ⅱ.張…　Ⅲ.漢學–研究–國外–叢刊
Ⅳ.K207.8-55

中國版本圖書館 CIP 數據核字（2020）第 021106 號

書　　名	域外漢籍研究集刊　第十九輯
編　　者	張伯偉
責任編輯	潘素雅
出版發行	中華書局
	（北京市豐臺區太平橋西里 38 號　100073）
	http://www.zhbc.com.cn
	E-mail：zhbc@zhbc.com.cn
印　　刷	北京市白帆印務有限公司
版　　次	2020 年 4 月北京第 1 版
	2020 年 4 月北京第 1 次印刷
規　　格	開本/710×1000 毫米　1/16
	印張 34¾　插頁 2　字數 508 千字
國際書號	ISBN 978-7-101-14369-0
定　　價	176.00 元

目　次

漢籍交流研究

日本漢籍研究

域外漢籍研究集刊　第十九輯
2020 年　頁 3—8

唐宋時期來華日僧日記中的漢語口語語法[*]

張　濤

一　引言

　　唐宋時期漢語對日語有巨大的影響，尤其在詞彙上，正如美國語言學家薩丕爾（Sapir）所説："一種語言對另一種語言最簡單的影響是詞的'借貸'。只要有文化借貸，就可能把有關的詞也借過來。"①

　　唐代來華日本人曾大量購買書籍，《大正藏》便收録了日僧空海、常曉、圓珍等的《請來目録》，他們把大量漢文佛典帶回日本，其學習之心真可謂虔誠。不僅在唐代，類似的取經現象在宋代依然繼續，宋代來華日本僧人成尋《參天台五臺山記》記載宋神宗賞賜成尋大量書籍，除此之外他也購買了大量書籍。當這些書籍被帶到日本之後，便可能在日本流傳，對日本的語言産生一定的影響。

　　唐宋時期來華日僧日記作爲日本僧人來華之後記録的第一手資料，而且時間精確，保存較好，在研究古代中國和日本的經濟、文化等領域有很重要的價值，在語言領域也是如此。

（一）唐宋時期來華日僧日記中的唐宋口語詞

　　唐宋時期來華日僧日記在漢語研究領域的價值受到了廣泛關注，如《入唐求法巡禮行記》《行歷抄》《參天台五臺山記》等在中國都吸引了衆多

＊　本論文得到中國國家留學基金資助，編號：201806860017。
①〔美〕薩丕爾著，陸卓元譯《語言論：言語研究導論》，商務印書館，1985 年，頁 174。

研究者的目光。其中已經有很多學者注意到日本人撰寫的文獻中不僅有中國文言語法和詞彙,也包含中國唐代口語詞。因爲日本人多采用訓讀法讀中國的著作,通過日式句讀,確定句子中詞的順序,日本人直接把書中的語言當做日語。這個過程中日語更容易吸收的是書面記錄的漢語詞彙。本身語言接觸就容易引起詞語借用,使用同樣文字記錄的漢語和日語,在書面形式上更容易借用,因而從這些日記中發現有的唐宋口語詞比現存國内典籍的用例更早。

(二)唐宋時期來華日僧日記的語言屬性

唐宋時期來華日僧日記可以稱作漢文著作,但其實一開始可能是采用日語爲基礎變換順序寫成的,如成尋《參天台五臺山記》卷一:

(1)熙寧五年(1072)五月十二日:申時至天姥,出錢百五十文,令喫酒十三人。(B32/345c)①

(2)熙寧五年五月十三日:賴緣供奉出錢百五十八文,十三人令喫酒。(B32/345c)

例句的後半句用日語表示爲"十三人を喫酒させた。"按照漢文的順序調整了語序,但並不是漢語,漢語當如"令趙王鼓瑟"。若按照"十三人令喫酒"作"趙王令鼓瑟。"則很容易讓人理解成趙王下令鼓瑟。可見成尋學的並不是中文語法,而是日本漢文作法。成尋使用的本來就不是漢語,調整語序之後,也未必是漢語的語序。即使語序正確,也有可能不地道。

金文京《漢文和東亞——訓讀的文化圈》在前言中提到食品包裝上的注意事項,韓語、日語順序"乾冷所保管要",漢語順序"要於乾冷所保管"②。當然這只是按照漢語語序重新排列,真正地道的説法是"請存放於陰冷乾燥處"。所以我們要認識到域外漢籍漢文的特殊性。

二 唐宋時期來華日僧日記中的漢語口語語法

此前已有學者關注到唐宋時期來華日僧日記中的唐代口語,從中可見

---

① 本文所引佛典文獻標注格式爲"T"指《大正新修大藏經》;"B"指《大藏經補編》,"/"前後的數字分別表示册數和頁數,a,b,c分別表示上、中、下欄。下同。

② [日]金文京《漢文と東アジア—訓読の文化圈》,岩波書店,2010年,頁4。

唐代漢語口語已經很接近現在的口語。如董志翹《〈入唐求法巡禮行記〉詞彙研究》《九世紀日本僧人漢文撰述中的口語成分》關注了《入唐求法巡禮行記》《行歷抄》中語法的口語化傾向。董志翹指出了第三人稱代詞"他"的使用、"家""頭"的語法化以及動量詞的廣泛運用等。①

在日本，日本漢籍文獻中的唐代口語也受到關注，松尾良樹發表了多篇論文，如《平安朝漢文學と唐代口語（平安朝漢文學の世界〈特集〉）——（平安朝漢文學の世界）》《〈万葉集〉詞書と唐代口語》等，渡邊滋《〈令集解〉の語彙・語法に関する一考察——日本古代における"唐代口語"受容の具体例として》、黑須利夫《〈延喜式〉のなかの唐代口語："除非"をめぐる考察》、砂岡和子《平安古記錄文中的唐代口語疑問句》等。

從砂岡和子的論文中我們可知：隨著對日本漢字文獻中的漢語口語詞彙研究的不斷深入，《萬葉集》《古事記》《日本書紀》都被證明有唐代漢語口語詞彙②。中國古代文言語法和唐代口語語法也都傳入了日本，且撰寫者可能並未親自到過中國，只是二傳手。

所以，到了漢語口語的第一現場的唐宋時期來華日僧們，他們通過日記記錄了唐宋時期的口語，極爲鮮活，有時比中國的文人記錄更加接近實際生活。

(一)詞法

語法中的詞法與句法相比，較爲容易借用。

1."小"作詞頭

成尋《參天台五臺山記》中多見：

(1)卷一，熙寧五年五月十八日：今小僧追大師前蹤，遂宿念拜石橋，感淚無極。七時行法了。(B32/0347a)

(2)卷二，熙寧五年七月廿四日：雇州轎擔二人各與五百文錢，寺人力小馬與錢二百册文了。(B32/0357c)

---

① 董志翹《九世紀日本僧人漢文撰述中的口語成分》，載《古文獻研究集刊》第七輯，2013年，頁 250—253。

② [日]砂岡和子《平安古記錄文中的唐代口語疑問句》，載《駒澤女子大學研究紀要》，1997 年，頁 113。

（3）卷二，熙寧五年七月廿七日：天晴。雖企大慈寺參，小馬、小闍等有錢多少論不來，最無本意。七時行法了。（B32/0358a）

例句中的“小僧”“小馬”“小闍”都是人稱，“小僧”是謙稱，例（2）和例（3）均爲愛稱。“小馬”，當是用“小＋姓”稱年輕後輩。例（2）“人力”是從事勞作的人；“小馬”能解釋成“馬駒”，但例（3）可證“小馬”指人，爲姓馬的年輕人。“小闍”的“闍”當爲相似字之訛，恐爲“闍”。“小”表示愛稱，《漢語大詞典》給出的最早用例爲宋蘇軾《次韻范淳父送秦少章》：小范真可人，獨肯勤搜羅。蘇軾詩作於元祐七年（1092）以後，顯然成尋在《參天台五臺山記》中記下來了更早的用例。從成尋的記錄看宋代“小”已成爲姓氏前稱呼年輕人的詞頭。

2.“都盧”

戒覺《渡宋記》永保二年（1082）九月廿二日：“都盧十八個日也。”①“都盧”，《漢語大詞典》引用的最早用例是唐張鷟《游仙窟》：“五嫂曰：‘張郎太貪生，一箭射兩垛。’十娘則謂曰：‘遮三不得一，覓兩都盧失。’”《中古虛詞語法例釋》解釋爲：“表示對事物的總括。可譯作‘全部’‘通通’。”②而北宋時期入宋的日僧已經學會了這個虛詞的用法。

（二）句法

1.爲甚

成尋《參天台五臺山記》卷四，熙寧五年十月十四日：又被問云：“日本自來爲甚不通中國入唐進奉？”答云：“滄波萬里，人皆固辭，因之久絶也。”（B32/369a）

這種疑問句式已經和現代漢語無異。“甚”，《廣韻》、客家話和粵語顯示其韻尾爲“m”。甚麼、甚末、什麼、什没、什摩③，還有爲森、爲啥和網絡用語“神馬”，都是“甚”的變體。同期的記錄有：

宋宗曉編《四明尊者教行錄》卷三：“十四問：‘別人初心爲甚不修中觀？’”（T46/879c）

---

①王勇、[日]半田晴久《一部鮮爲人知的日本入宋僧巡禮記——戒覺〈渡宋記〉解題並校錄》，載《文獻》2004年第3期，頁151—161。

②董志翹、蔡鏡浩《中古虛詞語法例釋》，吉林教育出版社，1994年，頁150—151。

③王海棻《古漢語範疇詞典·疑問卷》，社會科學文獻出版社，2015年，頁179—184。

　　宋惟蓋竺編《明覺禪師語録》第二：“宗云：‘我者裏有一味禪，爲甚不學？’”（T47/683c）結尾有“治平二年乙巳歲二月五日”（T47/713b），即1065年。

　　成尋的記録在中國已屬於較早的記録。日本平安時代《鹿王院文書》卷一第56頁記録了宋正受編《嘉泰普燈録》卷二十三：“有僧問：‘從來弟子供養師。今日爲甚麼師供養弟子？’”（X79/426b）證明日本國内也學習了這種句法。

　　2. 除……之外

　　戒覺《渡宋記》：“除摩竭提國之外，餘國國無王之由云云。”這種句型現代漢語常用，如“除此之外”。在隋唐之前，吳支謙譯《菩薩本緣經》卷一：“我從昔來，未曾教人行於惡法，是故不令汝斬我頭，但以繩縛送詣彼王。所以者何？除身之外更無錢財。”（T03/56b）通過檢索語料，我們發現這種句式在隋以前較少見，在唐宋時期開始繁盛。

　　其他句法也有與上古漢語語法不同的地方，如成尋《參天台五臺山記》卷二，熙寧五年六月五日：“見在杭州抱劍營張三客店内安下。”（B32/350c，有校改）依《左傳》語法則爲“見安下於杭州抱劍營張三客店内”。

　　不僅以上幾點，姚堯也指出《參天台五臺山記》中的述補結構、被動式、處置式、疑問句式等，亦皆有宋代語言特色①。

　　總之，如果要研究唐宋時期來華日僧日記中的漢語口語語法，還有很多地方可以進一步研究。

三　小結

　　從《入唐求法巡禮行記》《行歷抄》到《參天台五臺山記》《渡宋記》，可見平安時代的日本僧人遵循前輩的方法，追隨前輩的脚步，不僅留下了一本本日記，也爲漢語史研究留下了寶貴資料。依靠唐宋時期來華日僧著作的鮮活的記録，我們能看到不少唐宋時期的漢語詞彙語法現象，不僅有漢語口語詞，也有漢語口語語法，有的比中土文獻還要早。

———————————

①姚堯《參天台五臺山記的語言特點和語料價值》，載《語言研究集刊》第十四輯，2015年，頁228。

　　我們需要注意的是，雖然其中既有先秦漢語詞彙語法也有唐宋新興詞彙語法，但這些著作不能一概稱作漢語文獻，可以統稱爲漢文文獻，因爲我們無法確知寫這段話時作者只是照抄漢語還是用日語思維再改變語序。因而不能斷定是否是漢語，往往是混合的漢字文，既有漢語成分也有日語成分。

　　（作者單位：南京師範大學文學院、日本駒澤大學佛教文學研究所）

域外漢籍研究集刊　第十九輯

2020 年　頁 9—22

室町時期《十二靈獸圖卷》母本考略 *

王　强

漢籍輸入日本有悠久的歷史。江戸時期的寺島良安言：“晉太康五年，應神十五年（284）秋八月丁卯，百濟王遣阿直岐者，貢《易經》《孝經》《論語》《山海經》及良馬二匹。”①完成于寬平三年（891）的《日本國見在書目》載有《山海經》《山海經贊》《山海經抄》《山海經略》《山海經圖贊》等書②。江戸以來，隨著中日海上貿易的繁榮，大量漢籍以商品的形式輸入日本，《山海經》類的書籍亦在其中。東傳的《山海經》及與之相關的圖本，在日本社會產生了廣泛影響，《十二靈獸圖卷》就是此背景下的產物。目前學界對此圖卷關注度不高。孫猛將其列入受《山海經》影響而產生的代表畫卷，但並未深入探究③；杤尾武將《太平御覽》、明蔣應鎬繪《山海經》《古今圖書集成》及明代各類日用類書中所涉異鳥進行比類勘定，重點在於指明其出處與同異，並未分析此類繪本之本源④。筆者綜采相關文獻，對《十二靈獸圖卷》所據母本進行述證。

＊ 本論文係教育部人文社會科學研究青年基金項目“明清山海經圖版本傳承與流變研究”（17YJC751040）階段性研究成果。

① ［日］寺島良安《和漢三才圖會》，日本正德五年（1715）刻本。

② ［日］藤原佐世《日本國見在書目録》，名著刊行會，1996 年，頁 42。

③ 孫猛《日本國見在書目録詳考》，上海古籍出版社，2015 年，頁 878。

④ 杤尾武《〈山海経〉の図像學序説》，《成城文藝》，2017 年 6 月第 240 號。

圖 1　白澤（《十二靈獸圖卷》）

圖 2　駃犬（左圖出《三才圖會》）

圖 3　駃犬（左圖出胡文煥《山海經圖》）

圖 4　𤟤（吳任臣《山海經廣注》
康熙刻本）

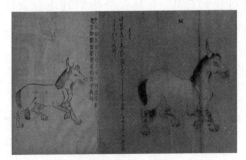

圖 5　駮（左圖出吳任臣《山海經廣注》清刻本）

圖 6　黄龍　敦煌文獻 P.2683

一　《十二靈獸圖卷》概況

　　《十二靈獸圖卷》（一卷）作於室町時代（十六世紀），紙本著色，縱35.9cm，長513.2cm，有良忠岩敬元禄十六年（1703）跋文，整峰元允題字，箱蓋表以墨書題“靈獸圖題號整峰和尚”，箱蓋裏墨書題“主君信齋侯寵藏詞書道之法印繪小栗宗栗臣良忠嚴拜領之子孫永永勿狼之”，檜山成德添狀。此外，尚有“泉華園道人”（朱文橢圓印）、“靈獸圖”“杜多元允”（朱文方印）、“整峰氏”（白文方印）等拓印與題字。

　　該圖卷將白澤、三角獸、兕、獟犬、青熊、角獸、狰、挑拔、蠪蛭、天馬、貘、駮等十二種靈獸分别繪于一張紙上，每圖先以墨綫描摹輪廓，次以白、緑、紅等顔色填充，圖之左側或右側有題名與釋文。這些靈獸全都是中國文化背景下想像産生的祥瑞靈獸。如白澤（圖1）釋文：“白澤真成靈又奇，辟邪除害吉祥隨。分明昈上檀山獸，今日再逢黄帝時。”①《抱朴子·内篇·極言》：“窮神奸則記白澤之辭，相地理則書青鳥之説，救傷殘則綴金冶之術。”②孫氏《瑞應圖》：“黄帝巡于東海，白澤出，能言語，達知萬物之精，以戒於民，爲除災害。賢君德及幽遐則出。”③《稽瑞》引《瑞應圖》曰：“白澤者，皇帝時巡狩，至於東海，白澤見出。能言語，達知方物之精。以戒于民，爲時除害。則賢君明德則至。”④《宋書·符瑞下》：“澤獸，黄帝時巡守至於東濱，澤獸出，能言，達知萬物之精，以戒於民，爲時除害。賢君明德幽遠則來。”⑤《唐開元占經》引《瑞應圖》：“黄帝巡於東海，白澤出，能言語，達知萬

---

①静嘉堂文庫美術館《室町の繪畫展：詩畫軸·屏風·障壁畫：美術館開館5周年記念》，1996年，頁87。
②［晉］葛洪《抱朴子》，《四部叢刊初編》初印本，商務印書館。
③［清］馬國翰《玉函山房輯佚書·子編五行類》第八帙卷七十七，光緒九年（1883）長沙嫏嬛館補校刊本。
④［唐］劉賡撰，［明］許光祚訂《稽瑞》，常熟鮑氏光緒甲申年（1884）刻本，頁17。
⑤［梁］沈約《宋書》卷二十九，中華書局，1974年，頁865。

物之精，以戒於民，爲除災害。賢君德及幽遐則出。"①《册府元龜·帝王部》："帝南巡狩至於東濱，澤獸出，能言達萬物之情。"②《雲笈七籤》引《軒轅本紀》云："帝巡守，東至海，登桓山，於海濱得白澤神獸，能言，達於萬物之情。因問天下鬼神之事，自古精氣爲物、游魂爲變者，凡萬一千五百二十種，白澤言之，帝令以圖寫之，以示天下。帝乃作祝邪之文以祝之。"③《大明集禮》卷四三引南朝梁顧野王《符瑞圖》釋白澤旗："澤獸者，一名白澤，能言語，達萬物之精神。王者明照幽遠則至，黃帝巡守至於東海，澤獸出，言以戒於民，爲時除害。"④又如豹犬。《逸周書·王會解》："渠叟以豹犬。豹犬者，露犬也，能飛，食虎豹。"孔注："渠叟，西戎之別名也。"⑤《中華古今注》卷下："周成王時，渠搜國獻豹犬。能飛，食虎豹。"⑥《虎薈》卷一："渠搜國有犬名曰豹犬，一名露犬，高三尺，能飛，食虎豹。"⑦《天中記》卷五十四引《周書·王會》："周成王時，渠搜國獻狗犬（一作豹犬）。狗犬者，露犬也，能飛，食虎豹。"⑧《説略》卷三十引《汲塚周書》："成王時，渠搜國獻豹犬。豹犬者，露犬也，能飛，食虎豹。"⑨《格致鏡原》卷八十七引《周書·王會》："成王時，渠搜國獻狗（一作豹）犬。狗犬者，露犬也，能飛，食虎豹。"⑩

---

①〔唐〕瞿曇悉達《唐開元占經》卷一百十六，《景印文淵閣四庫全書》第 807 册，臺灣商務印書館，1986 年影印本，頁 1007 上。

②〔宋〕王欽若等編纂，周勛初等校訂《册府元龜》卷二十二，鳳凰出版社，2006 年，頁 218。

③〔宋〕張君房《雲笈七籤》卷一百，《四部叢刊初編》初印本，商務印書館。

④〔明〕徐一夔等《大明集禮》，明嘉靖九年（1530）内府刊本，頁 30。

⑤〔清〕陳逢衡《逸周書補注》卷十七，江都陳氏修梅山館刊本，頁 40。

⑥〔五代〕馬縞《中華古今注》卷下，《景印文淵閣四庫全書》第 850 册，臺灣商務印書館，1986 年影印本，頁 137 上。

⑦〔明〕陳繼儒《虎薈》，《四庫全書存目叢書》子部第 82 册，齊魯書社，1996 年，頁 429 下。

⑧〔明〕陳耀文《天中記》，《景印文淵閣四庫全書》第 967 册，臺灣商務印書館，1986 年影印本，頁 585 下。

⑨〔明〕顧起元《説略》，《景印文淵閣四庫全書》第 964 册，臺灣商務印書館，1986 年影印本，頁 867 下。

⑩〔清〕陳元龍《格致鏡原》，《景印文淵閣四庫全書》第 1032 册，臺灣商務印書館，1986 年影印本，頁 598 下。

據良忠岩敬元禄十六年(1703)書於圖卷後跋文載：

　　　原夫，此圖爲上古聖人治天下時，感其懿德所出之靈獸。元我先
主君月峰大居士，曾久秘藏。雖未詳畫工，筆法太奇。寬永末年，予總
角之日，主君以此圖頒予故考文英居士，且謂曰："汝子某貼于燕居之
屏，以爲枕邊之圍，則無有一切惡獸惡鬼之所惱。"故考君命若有年。
兹其後，兒女作戲，往往損壞，故請僧鶴洲公修補。頃年，予竊謂曰：
"向去或廢失君賜乎?"因乞泉湧整峰和尚之三大字，以冠圖首，輒命工
裝潢，作一軸。正欲子孫知予之荷君恩之重。是爲跋。元禄十六癸未
年正月初九日良忠岩敬跋。①

寬永(1624—1643)末，良忠岩敬尚在總角之年，月峰大居士將此圖卷賜於
良忠之父，此前已"久秘藏"，則圖卷作於室町時代(十六世紀)當是真。

二　《十二靈獸圖卷》之母本

　　《十二靈獸圖卷》的出版者以爲"十二靈獸的圖像被收録於《三才圖會》
鳥獸四獸類(明·王圻)，圖像較爲相似，文章内容也較相近。從解説的文
風、全體配置的方法、劃綫的樣式等來看，可認爲此圖卷爲室町後期、十六
世紀左右所作"。② 此十二靈獸圖全見於《三才圖會》(刻於 1605 年)鳥獸四
卷，圖像也較爲相似(圖 2)。實際上，此圖卷與早於《三才圖會》十餘年刊刻
的胡文焕《山海經圖》(刻於 1593 年)更爲接近。《三才圖會》已對插圖進行
了改造，如版式、内容(增加背景)等。胡文焕《山海經圖》素底黑圖，題名在
右上，釋文在左側，頗爲古樸，與《十二靈獸圖卷》更爲接近(圖 3)。《三才圖
會》傳入日本較早，"乃先年渡來，分天文地理以下十三門，並圖解其形
象"③。初刻于金陵後，約三十年後，即寬永十六年(1639)便收藏于紅葉山

---

①静嘉堂文庫美術館《室町の繪畫展：詩畫軸·屏風·障壁畫：美術館開館 5 周年記
　念》，頁 86。
②静嘉堂文庫美術館《室町の繪畫展：詩畫軸·屏風·障壁畫：美術館開館 5 周年記
　念》，頁 86。
③長崎市立博物館藏《享保三年七月大意書草稿》，大庭修《江戸時代における唐船持渡
　書の研究》，關西大學東西學術研究所，1967 年，頁 274。

文庫，並著録于《御文庫目録》。一色時棟《二酉洞》云："《三才圖會》一書雖非類書之列，以其載於草稿，不忍棄之，今存之。"①《二酉洞》"雜家"部下，録有《三才圖會》②。則在元禄十二年(1699)前，《三才圖會》充盈於官庫之餘，民間也有一定數量的收藏。《山海經圖》是萬曆書商胡文焕所編，上卷六十六幅圖，下卷六十七幅圖，共一百三十三圖。一色時棟纂輯《二酉洞》(1699)雜類有胡文焕編《百家名書》一百一十二種，有《山海經圖》《山海經》③。則元禄十二年(1699)前，《山海經圖》已在日本流播。

但《十二靈獸圖卷》作於室町時代，即1573年之前，遠在二書刊刻之前，則其當另有所本。

《十二靈獸圖卷》見於胡文焕《山海經圖》者凡十一圖，挑拔之圖未見。《漢書·西域傳上》："(烏弋山離國)有桃拔、師子、犀牛。"顏師古注引三國魏孟康曰："桃拔一名符拔，似鹿，長尾，一角者或爲天鹿，兩角〔者〕或爲辟邪。"④《後漢書·班超傳》："(月氏)是歲貢奉珍寶、符拔、師子。"李賢注："《續漢書》曰：'符拔，形似麟而無角。'"⑤《演繁露》："烏弋有挑拔。孟康曰：'挑拔一名符拔，似鹿，長尾，一角者或爲天鹿，兩角者或爲辟邪。'"⑥《玉芝堂談薈》卷三十二《物類相似》："挑拔如鹿。"⑦則桃拔、挑拔、符拔，所指爲一物，其物爲瑞獸，而能辟邪。挑拔不見於刻於萬曆二十一年(1593)的胡文焕《山海經圖》，則二者之間非本源關係明矣。如此，則《十二靈獸圖卷》先出，胡文焕《山海經圖》次之，《三才圖會》又次之。而三者在此類祥瑞靈獸的取材上，應有同樣的來源。

現在看起來，《十二靈獸圖卷》參照的母本，可能的來源之一爲舒雅《山

①一色時棟《二酉洞·凡例》，元禄十二年(1699)博古堂文會堂合刻本。

②一色時棟《二酉洞》，頁117。

③一色時棟《二酉洞》，頁21、頁25、頁27。

④[漢]班固撰，[唐]顏師古注《漢書》，中華書局，1962年，頁3889。

⑤[宋]范曄撰，[唐]李賢等注《後漢書》，中華書局，1965年，頁1580—1581。

⑥[宋]程大昌《演繁露》卷十六，《景印四庫全書》第852冊，臺灣商務印書館，1986年，頁205上。

⑦[明]徐應秋《玉芝堂談薈》，《景印四庫全書》第883冊，臺灣商務印書館，1986年，頁780下。

海經圖》、無名氏《山海經圖》十卷、無名氏《山海經圖》四卷。《崇文總目》卷四地理類：“《山海經圖》十卷，原釋舒雅修。”①《通志·藝文略》：“《山海經圖》十卷宋朝舒雅等撰。”②《郡齋讀書志》：“《山海經》十卷右皇朝舒雅等撰。雅，仕江南，韓熙載之門人也，後入朝數預修書之選。閩中刊行本或題曰‘張僧繇畫’，妄也。”③《中興館閣書目》云：“《山海經圖》十卷，本梁張僧繇畫，咸平二年校理舒雅銓次館閣圖書，見僧繇舊蹟尚有存者，重繪爲十卷，又載工侍朱昂《進僧繇畫圖表》於首。僧繇在梁以善畫著。每卷中先類所畫名，凡二百四十七種，其經文不全見。”又曰：“《山海經圖》十卷，首載郭璞序，節錄經文而圖其物，如張僧繇本，不著姓氏。”④舒雅所繪《山海經圖》與無名氏《山海經圖》十卷皆以張僧繇所畫《山海經圖》爲本，其體例與内容當相似。舒雅《山海經圖》有如下特點：

　　首先，其圖“每卷中先類所畫名”，分類而繪。國家圖書館所藏吳任臣《山海經廣注》有數個版本，各本之間體例有別。康熙間刻本（地 701.1/824，四册）據其題名當有《山海經圖》五卷，不知何故闕失。柴紹炳在序中言書中插圖“取舒繪本次第，增訂爲圖像五卷，都爲一部”⑤。另一部康熙間刻本（地 701.1/824/部三，三册）有靈祇、異域、獸族、羽禽、鱗介五卷圖，按目錄有 144 圖（實有 143，缺卷三雙雙）。每卷圖前有目錄，插圖單頁單圖，每頁右上側爲題名及釋文（圖 4）。吳任臣《山海經廣注》清刻本（地 701.1/824.2，六册）十八卷末，有吳氏撰于康熙六年之跋文：

　　　　右《山海經圖》五卷，凡一百四十四圖：爲靈祇者二十，爲異域者二十有一，爲獸族者五十有一，爲羽禽者二十有二，爲鱗介者三十。奇形

①［宋］王堯臣等《崇文總目》，許逸民、常振國《中國歷代書目叢刊》（第一輯），現代出版社，1987 年，頁 58。
②［宋］鄭樵《通志》，《景印四庫全書》第 374 册，臺灣商務印書館，1986 年影印本，頁 365 下。
③［宋］晁公武撰，孫猛校證《郡齋讀書志校證》（下），上海古籍出版社，1990 年影印本，頁 339。
④［宋］陳騤撰，趙士煒輯考《中興館閣書目輯考》，許逸民、常振國《中國歷代書目叢刊》（第一輯），頁 410。
⑤［明］吳任臣《山海經廣注》，康熙刻本。

怪物，靡不悉陳；異獸珍禽，燦然畢具……舊舒雅咸平圖十卷，計二百
四十二種，今登其詭異，以類相次，而見聞所及者，都爲闕如云。①
《山海經廣注》五卷圖分爲靈祇、異域、獸族、羽禽、鱗介等。可知舒雅《山海
經圖》與此當大同而小異。而《十二靈獸圖卷》中，狰、蠱蛭、天馬、駮亦見於
吳任臣《山海經廣注》所附《山海經圖》卷三獸族，相似度極高（圖5）。這也
從側面印證了《十二靈獸圖卷》可能的源頭。

　　其次，其圖有逸出《山海經》文本者。古代《山海經圖》的流播系統有所
謂廣義與狹義之分。前者指廣羅天地靈獸瑞禽神怪異人，多有逸出《山海
經》文本者，舒雅《山海經圖》十卷、《百川書志》卷五所載無名氏《山海經圖》
四卷、晚明日用類書所收“山海異物”等皆是此類；後者指所畫不出古今《山
海經》文本者，薛季宣所見《山海經圖》十卷、《山海經釋義》萬曆刻本、蔣應鎬
繪《山海經》等當爲此類。《十二靈獸圖卷》中，白澤、三角獸、酌犬、青熊、角
獸、挑拔等六種不見於今本《山海經》，可見其與舒雅《山海經圖》之間的聯繫。

　　再次，其圖繁多，多達二百四十七種。胡文煥《山海經圖》上卷六十六
圖，下卷六十七圖，凡一百三十三圖，不分類，有二十三圖不見於今本《山海
經》；《三才圖會》鳥獸卷和人物卷共録與《山海經》有關插圖一百五十二幅；
晚明日用類書，如《新鍥全補天下四民利用便觀五車拔錦》《新刻天下四民
便覽三台萬用正宗》《新鍥燕臺校正天下通行文林聚寶萬卷星羅》《新刻翰
苑廣記補訂四民捷用學海群玉》《鼎鋟崇文閣彙纂士民萬用正宗不求人全
編》《新刻全補士民備覽便用文林彙錦萬書淵海》《新板全補文林妙錦萬寶
全書》《鼎鍥龍頭一覽學海不求人》《新刻搜羅五車合併萬寶全書》《新刻鄴
架新裁萬寶全書》《新刻增補士民備覽萬珠聚囊不求人》《新刻四民便覽萬
書萃錦》《新刻群書摘要士民便用一事不求人》《新刊天下民家便用萬錦全
書》《新刻艾先生天禄閣彙編采精便覽萬寶全書》《新刻眉公陳先生編輯諸
書備采萬卷搜奇全書》《新刻人瑞堂訂補全書備考》等十七種，時間跨度從
萬曆二十五年至崇禎十四年，其中“山海異物”一類，刪重去複，共得神類十
五，禽類三十一，獸類七十七，魚蟲類二十三，凡一百四十六種，《十二靈獸
圖卷》中十一種靈獸見於獸類中（挑拔除外）。胡文煥《山海經圖》、王圻《三
才圖會》、晚明日用類書“山海異物”、《十二靈獸圖》皆屬於廣義範疇的《山

①［明］吳任臣《山海經廣注》，清刻本。

海經圖》,在體例、圖像及藝術風格諸方面高度相似,當是同一源出。

實際上,直至明代,舒雅《山海經圖》仍在流傳。焦竑《國史經籍志》卷三史略:"《山海經》十卷,宋舒雅。"①焦氏撰寫此書所憑多爲政府及私人藏書,著録豐富。是書首刊于萬曆三十年(1602),則舒雅十卷本《山海經圖》萬曆時尚存。又高儒《百川書志》卷五:"《山海經圖》四卷。不著作者,凡載海外諸國及龍魚鳥獸之像,凡一百三十八種。有序文。"②《百川書志》編成於嘉靖十九年(1540),乃高氏整理私藏書目之結晶。高氏所記《山海經圖》體例似與吳任臣《山海經廣注》相似——靈祇、異域(外國)、獸族(獸)、羽禽(鳥)、鱗介(龍魚)。則其風貌大概與舒雅《山海經圖》相似,應是時人重新輯印舒雅之作的產物。則明季流傳之舒雅《山海經圖》(二百四十七種圖)、無名氏《山海經圖》四卷(一百三十種圖),可能是《十二靈獸圖卷》、胡文焕《山海經圖》、王圻《三才圖會》鳥獸卷和人物卷與《山海經》相關插圖及晚明日用類書所收"山海異物"素材的直接來源,而各書所取互有同異。

張祝平所論宋代學者所見另兩種《山海經圖》,一者爲歐陽修所見山川地貌圖,一者爲前述薛季宣所見《道藏》藏十卷本《山海經圖》③。前者顯然與《十二靈獸圖卷》關係不大;後者"所畫不出十三篇中"④。二者明前已不見流傳,且體例、風格與舒雅《山海經圖》差異較大,故與本論題的關係較爲疏遠。

綜上,《十二靈獸圖卷》有十一圖與胡文焕《山海經圖》高度相似;十二靈獸全見於晚出的《三才圖會》鳥獸四卷,高度相似;十一種靈獸見於晚明日用類書;四種靈獸見於吳任臣《山海經廣注》,亦高度相似。上述諸種文獻當是直接或間接取材於萬曆時尚在流傳的舒雅《山海經圖》。

《十二靈獸圖》取材另一個可能的來源是《瑞應圖》《符瑞圖》《祥瑞圖》

---

① [明]焦竑《國史經籍志》(一),《叢書集成初編》第 0025 册,商務印書館,1939 年,頁 106。

② [明]高儒《百川書志》,民國四年長沙葉氏刻本。

③ 張祝平《宋人所論〈山海經圖〉辯證》,載《中國歷史地理論叢》,2001 年第 4 期,頁 67—68。

④ [宋]薛季宣《浪語集》卷三十《叙山海經》,《景印四庫全書》第 1159 册,臺灣商務印書館,1986 年,頁 476 上。

之類。《禮記・中庸》："國家將興,必有禎祥;國家將亡,必有妖孽。"①王充《論衡》卷一六《講瑞篇》:"夫瑞應,猶災變也。瑞以應善,災以應惡,善惡雖反,其應一也。"《南齊書・祥瑞・序》:"天符瑞命,遙哉邈矣。靈篇秘圖,固以蘊金匱而充石室,炳《契》《決》,陳《緯》《候》者,方册未書。啟覺天人之期,扶獎帝王之運,三五聖業,神明大寶,二謀協贊,罔不由兹。"②《隋書・五行志》:"夫天有七曜,地有五行,五事愆違則天地見異,況於日月星辰乎?況于水貨金木土乎?"③這些靈獸異禽的隱没對於統治者具有異常重要的意義,故歷代《瑞應圖》類著作迭出。

　　南朝宋、齊時有宗炳、王融、庾元威、庾温撰《瑞應圖》。庾元威《論書》:"宗炳又造畫《瑞應圖》,千古卓絶;王元長頗加增定,乃有虞舜獬廌、周穆狻猊、漢武神鳳、衛君舞鶴、五城、九井、螺杯、魚硯、金縢、玉英、玄圭、朱草等,凡二百一十餘物。餘經取其善草嘉禾、靈禽瑞獸、樓臺器服可爲玩對者,盈縮其形狀,參詳其動植,制一部焉。此乃青出於藍,而實世中未有。"④《南齊書・祥瑞志・序》:"永明中庾温撰《瑞應圖》,其餘衆品,史注所載。"⑤

　　其後乃有孫柔之、顧野王所撰書。《隋書・經籍志》:"《瑞應圖》二卷,《瑞應圖讚》二卷(梁有孫柔之《瑞應圖記》《孫氏瑞應圖贊》,各三卷,亡),《祥瑞圖》十一卷,《祥瑞圖》八卷(侯宣撰)。"⑥《舊唐書・經籍志》:"《瑞應圖記》二卷(孫柔之撰),《瑞應圖讚》三卷(熊理撰),《祥瑞圖》十卷《符瑞圖》十卷(顧野王撰)。"⑦《新唐書・藝文志》:"孫柔之《瑞應圖記》三卷,熊理《瑞應圖讚》三卷,顧野王《符瑞圖》十卷,又《祥瑞圖》十卷。"⑧《崇文總目》卷二:"《符瑞圖》十卷(繹按:《宋志》二卷),顧野王撰;《瑞應圖》十卷,顧野王

---

① [清]阮元《十三經注疏》,中華書局,1982年,頁1632。
② [梁]蕭子顯《南齊書》,中華書局,1972年,頁349。
③ [唐]魏徵等《隋書》,中華書局,1973年,頁617。
④ [唐]張彦遠輯,洪丕謨點校《法書要録》,上海書畫出版社,1986年,頁49。
⑤ [梁]蕭子顯《南齊書》,頁349。
⑥ [唐]魏徵等《隋書》,頁1038。
⑦ [後晉]劉昫等《舊唐書》,中華書局,1975年,頁2034。
⑧ [宋]歐陽修、宋祁《新唐書》,中華書局,1975年,頁1535。

撰（繹按：《宋志》不著撰人）。"①《中興館閣書目》："《符瑞圖》二卷（陳顧野王撰。初，世傳《瑞應圖》一篇，云周公所制。魏晉間，孫氏、熊氏合之爲三篇，所載叢舛。野王去其重複，益采圖緯，起三代止梁武帝大同中，凡四百八十二目，時有援據，以爲注釋）。"②可見此類圖册，其由來遠在南朝前。又："《瑞應圖》十卷（載天地瑞應諸物，以類分門，或題王昌齡撰，又云孫柔之。按書錄解題十卷，不著撰人。人云《中興書目》有《符瑞圖》二卷，定著爲野王。又有《瑞應圖》十卷，稱不知作者，載天地瑞應諸物，以類分門。今書正爾，未知果野王否？又云題王昌齡。至李淑《書目》又直以爲孫柔之，其爲昌齡或不可知。而此書多引孫氏，則決非柔之矣。又恐李氏書別一家也。"③《直齋書錄解題》卷十："《瑞應圖》十卷，不著名氏。案《唐志》有孫柔之《瑞應圖記》、熊理《瑞應圖譜》各三卷，顧野王《符瑞圖》十卷，又《祥瑞圖》十卷。今此書名與孫、熊同，而卷數與顧合，意其野王書也。"④《宋史·藝文志》載王昌齡《瑞應圖》一卷，顧野王《符瑞圖》二卷，《瑞應圖》十卷⑤。明代焦竑《國史經籍志》卷三史類錄有陳顧野王《符瑞圖》十卷，顧野王《符瑞圖目》，侯亶《祥瑞圖》八卷，孫柔之《瑞應圖記》三卷，熊理《瑞應圖贊》三卷，顧野王《祥瑞圖》十卷⑥。《世善堂藏書目錄》卷上："《瑞應圖》十卷。"⑦馬國翰《瑞應圖·序》："《瑞應圖》一卷孫柔之撰。按：崔豹《古今注》：'孫亮作流離屏風，鏤作《瑞應圖》，凡一百二十種。'此圖之緣起也。"⑧馬氏所輯《瑞應圖》一百二十一條，殆非全貌，而《十二靈獸圖卷》中所見白澤、三角獸、兕、䝙犬、角獸等已見於其中。《唐六典》卷四所載祥瑞應見，白澤、角獸（一角獸）已見於大瑞，三角獸歸爲上瑞之物。⑨

---

①［宋］王堯臣等《崇文總目》，頁 74。

②［宋］陳騤撰，趙士煒輯考《中興館閣書目輯考》，頁 423。

③［宋］陳騤撰，趙士煒輯考《中興館閣書目輯考》，頁 424。

④［宋］陳振孫《直齋書錄解題》，上海古籍出版社，1987 年，頁 304。

⑤［元］脫脫等《宋史》，中華書局，1977 年，頁 5113、5208、5212。

⑥［明］焦竑《國史經籍志》（一），頁 100。

⑦［明］陳第《世善堂藏書目錄》卷上，清乾隆知不足齋叢書本。

⑧［清］馬國翰《玉函山房輯佚書》卷七十七。

⑨［唐］李林甫等撰，陳仲夫等點校《唐六典》，中華書局，1992 年，頁 114。

　　此類書較早地傳入日本。《日本國見在書目》完成于寬平三年(891)，該書五行家已著録《瑞應圖》十卷、顧野王撰《符瑞圖》十卷①。據孫猛考證，"孫柔之、熊理二書，奈良初期已傳入日本"②，顧野王所撰《符瑞圖》十卷，"奈良初期已流傳于貴族之間，並爲朝廷所用"③。

　　此類圖册體例殆與法國國家圖書館所藏 P.2683 號敦煌文獻（王重民擬題爲《瑞應圖》，斷爲六朝寫本）相類，上圖下文(圖 6)，或爲《十二靈獸圖卷》素材來源。

　　當然，廣義上的《山海經圖》與《瑞應圖》之類不是判然有別的。就晚明類書"山海異物"以舒雅《山海經圖》爲底本，書中酋耳、龍馬、白澤、獬豸、比肩獸、玄豹、三角獸、一角獸、黑狐、角端等，均爲《瑞應圖》《符瑞圖》所録。可見，《瑞應圖》之類也是舒雅《山海經圖》的重要取材來源。

三　小結

　　宋以前，古本《山海經》與郭璞注《山海經》已傳入日本。此後，與《山海經》相關的圖繪本，陸續漂洋過海到達東瀛。《三才圖會》寬永十六年(1639)登陸長崎港；胡文焕《山海經圖》元禄十二年(1699)前流於扶桑；蔣應鎬繪《山海經》元禄十五年(1702)前已廣爲流傳；《山海經釋義》寶永六年(1709)前隨著貿易活動抵達日本。在此背景下，日本出現了一系列相關著作，如《怪奇鳥獸圖卷》、蔣應鎬繪《山海經》和刻本、《山海異物》《訓蒙圖彙》(卷三、卷十二)、《唐土訓蒙圖彙》(卷四、卷五、卷十三、卷十四)、《和漢三才圖會》(卷十四、卷三十八、卷四十)等。而室町時期的《十二靈獸圖卷》則是其中較爲特殊的一種。

　　室町時期，因明廷與幕府貿易條約的簽署，兩國的勘合貿易（明廷頒發"勘合符"，日本商船攜之抵明，與明廷所留存的另一半核對）日漸頻繁。永樂二年(1404)至嘉靖二十六年(1547)，中日之間的勘合貿易，共進行了十

---

① [日]藤原佐世《日本國見在書目》，賈貴榮《日本藏漢籍善本書志書目集成》(第十册)，
　　北京圖書館出版社，2003 年，頁 513—514。
② 孫猛《日本國見在書目録詳考》，頁 1558。
③ 孫猛《日本國見在書目録詳考》，頁 1565。

七次,另有八次明使到達日本。成書於 1466 年的《善鄰國寶記》乃是最早的中日關係史著作。作者瑞溪周鳳乃五山禪僧,亦是室町幕府的外交顧問。此書中卷遍記建文、永樂、宣德、正統、景泰諸帝與日本足利幕府間之詔書與表文來往;下卷録兩國政府間互贈禮品清單。值得注意的是,景泰五年二月十八日,日本幕府提出:

> 　書籍銅錢仰之上國,其來久矣。今求二物,伏希奏達,以滿所慾。書目見於左方。永樂年間多給銅錢,近無此舉,故公庫索然,何以利民,欽待周急。《教乘法數》全部、《三寶感應録》全部、《賓退録》全部、《北堂書鈔》全部、《兔園策》全部、《史韻》全部、《歌詩押韻》全部、《誠齋集》全部、《張浮休畫墁集》全部、《遯齋閑覽》全部、《石湖集》全部、《類説》全部、《揮麈録》全部(附後録十一局第三録三局餘録一局)、《百川學海》全部、《老學庵筆記》全部。①

除這種政府層面的直接討要,日本室町幕府向明廷派遣的朝貢使節乃是這一時期漢籍東傳的主要力量。遣明使職員包含正使副使各一人,局座、土官、通事各數人,時或置綱司。正使副使大都出自天龍寺、相國寺、建仁寺、東福寺等京都五山之僧徒。這些遣明使通過個人購買、友人餽贈等方式,將大量漢籍攜入日本。《卧雲日件録》是瑞溪周鳳晚年日記,此書今已散佚,而唯存經由室町末期禪僧惟高妙安摘抄而成的《卧雲日件録拔尤》。《卧雲日件録拔尤》所記瑞溪周鳳與友人九淵龍睬、天與清啟、咲雲瑞忻等談論游學明廷之事,涉及《勸忍百箴考注》《清江貝先生文集》《元史》《翰墨全書》《劍南續稿》《南北演禽》《書史會要》《寶鏡三昧》等書。② 日本僧人策彥周良曾於 1539 年、1547 年兩度奉幕府之命出使明廷。返國時,他攜帶了通過上賜、友贈及自購等途徑獲得的典籍,凡二十五種,至少六十二册(部)。此外,尚有數量不等的書畫及日用器物。③ 木宮泰彥也認爲足利幕

---

① [日]瑞溪周鳳《善鄰國寶記》,《叢書集成續編》第 217 册,新文豐出版公司,1989 年,頁 310 上、下。

② 陳小法《明代中日書籍交流之研究——以〈卧雲日件録拔尤〉爲例》,《中外關係史論文集第 14 輯——新視野下的中外關係史》,2008 年。

③ 陳小法《日本入朝僧攜回的中國物品——以策彥周良爲例》,《甘肅社會科學》,2010 年第 5 期。

府與明朝貿易中,書籍是重要的貿易品:

　　　　輸入書籍亦頗多。……而遣明使等一班人員,在彼地購入書籍亦
　　頗多。《卧雲日件録》等書中常見之。《允澎入唐記》云,第三次勘合船
　　歸國時,漂流至耽羅(濟州島)求水,初耽羅官人,頗形危懼,後見船中
　　搭載明之書籍,其疑始解。是亦輸入書籍甚多之一證也。①

日本幕府與明朝的勘合貿易實際維持了一百三十年,此間大量漢籍東傳。
舒雅《山海經圖》之類的書籍,可能由遣明使攜入日本。

　　《十二靈獸圖卷》流傳於世時,《山海經圖》《三才圖會》等尚未問世。現
在看起來,胡文煥《山海經圖》、王圻《三才圖會》、晚明日用類書"山海異物"
所録插圖,極有可能皆本自舒雅《山海經圖》或無名氏《山海經圖》四卷。而
《十二靈獸圖卷》所收祥瑞靈獸,其來源當以舒雅《山海經圖》或無名氏《山
海經圖》四卷爲本,或補于《瑞應圖》一類書籍。

　　　　　　　　　　　　　　　　　(作者單位:許昌學院文學與傳媒學院)

———————

① [日]木宫泰彦著,陳捷譯《中日交通史》,商務印書館,1935 年,頁 675。

域外漢籍研究集刊　第十九輯
2020 年　頁 23—36

《本朝一人一首》版本述要*

陳可冉

一　引言

　　以林羅山(1583—1657)爲始祖的江户林家作爲德川幕府官學首領,一方面執掌文教,致力於儒學的鑽研與啓蒙;另一方面也負責爲將軍及幕閣大員的施政決策提供咨詢,並承擔幕府交辦的事務。江户時代初期,伴隨著承平之世的到來,整理國故、編修國史的工作逐漸提上議事日程。寬永十八年(1641)二月七日,羅山正式受命編製幕府系圖①。自此以後,初期林家三代儒者舉全族及一門之力相繼主持編纂了《寬永諸家系圖傳》(寬永二十年)、《本朝王代系圖》(正保元年[1644])、《本朝通鑑》(寬文十年[1670],原名《本朝編年録》)等一系列重要史籍。通過史料的搜羅與梳理,林氏諸儒在國史修纂過程中,同時也獲得了系統研讀本國古典文學,特別是日本漢詩文的寶貴機會。在此背景下,《本朝一人一首》(寬文五年跋刊)、《史館茗話》(寬文八年刊)等林家修史事業的副産品接踵問世,爲近世日本漢文學的勃興創造了繼往開來的新局面。

　　林家第二代儒宗林鵝峰(1618—1680)所編《本朝一人一首》共分十卷,網羅上自飛鳥時代的大友皇子(648—672),下迄江户初期大名德川義直

＊ 本文係國家社科基金重大項目“日本漢文古寫本整理與研究”(14ZDB085)的階段性
　研究成果。項目主持人:王曉平。
①鈴木健一《林羅山年譜稿》,ぺりかん社,1999 年,頁 150—151。

(1600—1650)在内的三百餘位日本漢詩人。全書總體按時代順序以"一人一首"的形式連綴成篇,并由鵝峰在多數作品的末尾附録了詩人小傳及簡要詩評。作爲有史以來第一部全面研究日本漢文學的著述,《本朝一人一首》無疑具有極高的學術價值①。早在元禄十五年(1702)刊的《倭板書籍考》中,幸島宗意就稱贊本書爲"近時之珍書"②。

　　日本當代學界對《本朝一人一首》的專門論述大致肇始於上世紀 70 年代末、80 年代初大曾根章介先生的系列論文③。隨後,《本朝一人一首》先是於 1983 年收入《詞華集日本漢詩》第一卷影印出版。接下來又在 1994 年經小島憲之先生校注,入選岩波書店刊行的"新日本古典文學大系"。可以説,新大系校注排印本的出現,以相當直觀的方式表明《本朝一人一首》不愧爲日本古典文學名著中的不朽經典。

　　儘管《本朝一人一首》的重要性早已得到學界公認,而且《詞華集日本漢詩》的"解題"以及新大系校注本所收"解説"都對《本朝一人一首》的相關問題進行了深入細緻的探討,但令人遺憾的是,本書的版本源流及其刊刻出版的來龍去脉尚存疑點,亟待考辨。有鑒於此,本稿擬在筆者所見範圍内對《本朝一人一首》的版本系統進行初步的分類梳理,一來訂正前人的錯誤,二來爲今後的研究打下基礎。

二　《本朝一人一首》的有跋本

　　細讀新大系校注本卷末"解説"可知,《本朝一人一首》校注過程中,小島憲之先生使用神田香岩舊藏本(神田本)爲底本,對全書進行了校勘。如小島先生所述,神田香岩乃是日本近代著名漢學家神田喜一郎的祖父。香

---

①《日本古典文學大辭典》第五卷,岩波書店,1984 年,頁 482,"本朝一人一首"詞條(大曾根章介撰)。

②原文爲:"詩評アリ、詩活アリ、作者ノ世系ヲ記ス。近時ノ珍書ナリ。"("詩活"應作"詩話")

③《林鵝峰著〈本朝一人一首〉》,載《日本文學》,1979 年第 6 期,頁 56—58;《〈本朝一人一首〉與〈史館著話〉——林家的日本漢文學研究》,載《國語與國文學》,1981 年第 11 期,頁 1—10。

岩舊藏的神田本堪稱"係出名門"。小島先生更以《本朝一人一首》卷一第
十七葉 B 面的校勘結果爲例，具體説明神田本與一般常見的本子在文本上
有較大出入，且顯然是神田本多有文義不通之處，應屬誤刻，故認定錯訛頻
出的神田本當更爲接近《本朝一人一首》初印本的原始面貌，而一般常見的
本子則是後來覺察到誤刻之後修改訂正過的版本①。

　　針對小島先生的上述觀點，筆者認爲似乎還有一些值得商榷的地方。
神田本固然來歷非凡，不可等閑視之，但誤刻的多寡恐怕不能作爲判斷版
本先後的唯一憑據。從邏輯上講，完全也可能存在這樣一種情況：那就是，
初印本原來其實錯訛較少，但由於後來版木受損，重印之際便不得不修補
版面。而此時又因爲疏於校勘等人爲因素的影響，完全可能在後印本中反
而出現更多的誤刻。換言之，初印本與後印本之間的關係，理論上既可以
是文本的"優化"，也可以是文本的"劣化"。那麼，神田本事實上是不是《本
朝一人一首》的早期印本呢？試看以下版面的對比：

神田本　　　　　　　　　　　山岸文庫甲本

①小島憲之校注《本朝一人一首》（新日本古典文學大系 63），岩波書店，1994 年，頁
　　476—478。

　　筆者近些年利用各種機會查閲了日本各公立藏書機構館藏的三十餘部《本朝一人一首》的刊本。隨著調查工作的不斷深入，一些頗爲耐人尋味的細節逐漸浮出水面。如圖所示，左右兩張書影分別是神田本和山岸文庫甲本①第十卷卷末的刊記部分。兩相對照，一望便知，二者最明顯的區别體現在版面的右端——山岸文庫甲本比神田本多出了一則五十餘字，署名黑川玄通的跋文。像這樣帶有黑川氏跋語的刊本（以下簡稱"有跋本"）現存數量稀少，尚不爲學界所周知。包括圖中的山岸文庫甲本在内，存世的有跋本，筆者目前僅查訪到三部②。面對兩張書影所呈現出的巨大差異，首先需要回答的問題便是，分別擁有這兩種版面的《本朝一人一首》的無跋本和有跋本，它們在刊印的時間上到底孰先孰後？

　　姑且忽略印字清晰程度上的區别，僅就雕版印刷工序上的合理性來説，恐怕很難想像先有一行無跋本上的孤零零的年款突兀地佇立於中央稍偏左的位置，然後再通過周密的計算，剛好在版面右端的余白處補刻出一篇五十來字的跋語，而且最後看上去還要規整、自然。反過來説，比較合乎常理的解釋也許應該是，山岸文庫甲本那樣的有跋本其實刊刻在先，後來由於情況有變，出於某種目的需要删除卷末的黑川跋語，這才在重印之前把版木上原有的四行五十餘字的跋文，連同其作者的姓名一併挖去，只保留先前跋文的年款繼續"發揮餘熱"。

　　如果以上推論成立的話，那麼我們就有必要對版面中央的那行落款重新進行"身份認定"。準確地説，"寬文乙巳仲春既望"，即寬文五年舊曆二月十六日，這一天並不是《本朝一人一首》刊刻出版的具體時間，而是題跋者黑川玄通爲《本朝一人一首》撰寫跋語的確切日期。這一點其實在山岸文庫甲本的版面上體現得非常清楚。跋文與書鋪名號之間赫然刻有一道清晰的界綫，二者不容混爲一談。因此，從這個意義上講，《本朝一人一首》的實際刊年尚有待考證。穩妥起見，在不能斷言本書就是寬文五年刊的現

---

①此本爲十卷完備的合訂三册本，現藏實踐女子大學附屬圖書館，編號"山岸文庫4765"，山岸德平舊藏。同在山岸文庫中，另有《本朝一人一首》殘本二册（缺卷五至卷八），編號"山岸文庫1455"，姑稱其爲"山岸文庫乙本"。
②如後文所述，另兩部分别藏於石川縣立圖書館和早稻田大學圖書館。

狀之下，我們暫且可以稱其爲寬文五年跋刊①。一字之差，不可不慎。

三 《本朝一人一首》的刊本分類

根據前述小島憲之先生的校勘結果，《本朝一人一首》各刊本間差異最大的地方是石上乙麻呂（？—750）的《飄寓南荒贈在京故友》（詩番號63），其所在位置是卷一本文第十七葉的B面。以此爲依據，結合有跋本對應項目的相關情況，筆者認爲《本朝一人一首》的刊本大致可以分爲ABC三個大類。A類本即是卷末附有黑川跋語的有跋本。此種本子印刷精良、墨色鮮明，基本可以認定爲《本朝一人一首》的初印本。而BC兩類本子則屬於後印本，且都經過修版。相較而言，B類本的印行當早於C類本。現將筆者目前經眼的《本朝一人一首》的刊本歸類②如下：

　　Ⅰ　A類本　　　分類標準：卷末有黑川玄通跋語，乙麻呂詩末句爲"徒弄白雲琴"。

　　　1　山岸文庫甲本（合三冊，實踐女子大學附屬圖書館藏，山岸文庫4765）

　　　2　李花亭文庫本（五冊，石川縣立圖書館藏，李花亭文庫821—1）

　　　3　早大甲本（五冊，早稻田大學圖書館藏，ヘ1803002）

　　Ⅱ　B類本　　　分類標準：卷末無黑川玄通跋語，乙麻呂詩末句爲"徒弄白雲琴"。

　　　4　詞華集本（五冊，《詞華集日本漢詩》第一卷影印）

　　　5　內閣文庫本（合三冊，國立公文書館藏，昌平坂學問所舊藏，204—0322）

　　　6　國會甲本（合二冊，國立國會圖書館藏，124—57）

　　　7　國會乙本（合三冊，國立國會圖書館鶚軒文庫藏，詩文—345）

　　　8　東大甲本（五冊，東京大學附屬圖書館藏，E45—8）

---

①絕大多數辭典和注釋書的相關條目都明確認定《本朝一人一首》出版於寬文五年。就筆者目前所知，唯一把《本朝一人一首》的刊年表述爲"寬文五年跋刊"的資料是《日本古典文學大辭典》第二卷，岩波書店，1984年，頁312，"黑川道祐"詞條（中村幸彥撰）。
②同一類別內排名不分先後。

　9　東大乙本（五册，東京大學附屬圖書館藏，E45—2164）

10　茨城歷史本（五册，茨城縣立歷史館藏，國文學研究資料館微
　　縮膠片 298—10—1）

11　中村文庫本（五册，關西大學圖書館中村幸彦文庫藏，L241—
　　348，卷末抄録黑川玄通跋語）

12　神宮文庫甲本（五册，神宮文庫藏，2843）

13　神宮文庫乙本（五册，神宮文庫藏，2844）

14　書陵部甲本（五册，宫内廳書陵部藏，203—117）

15　秋田縣圖本（五册，秋田縣立圖書館藏，91—コウイチ/146，著録
　　刊年爲寬文十年，查無憑據）

16　北大本（五册，北海道大學圖書館藏，國文學研究資料館電子
　　數據 DIG-HOKU—793）

17　川口文庫本（四册，石川縣立圖書館藏，W921—46，缺卷五至
　　卷六）

　　Ⅲ　C類本　　　分類標準：卷末無黑川玄通跋語，乙麻吕詩末句
爲“徒愛弄白雲”。

18　神田本（五册，神田香岩舊藏，新日本古典文學大系 63《本朝一
　　人一首》影印）

19　國會丙本（五册，國立國會圖書館鶚軒文庫藏，詩文—3457）

20　國會丁本（五册，國立國會圖書館鶚軒文庫藏，詩文—3458）

21　陽明文庫甲本（合二册，國文學研究資料館微縮膠片 55—
　　434—1）

22　陽明文庫乙本（五册，國文學研究資料館微縮膠片 55—434—
　　2）

23　山岸文庫乙本（三册，實踐女子大學附屬圖書館藏，山岸文庫
　　1455，缺卷五至卷八）

24　早大乙本（五册，早稻田大學圖書館藏，ヘ1803998）

25　住吉大社本（五册，住吉大社藏，國文學研究資料館微縮膠片
　　ス3—63—2）

26　愛知縣大本（五册，愛知縣立大學附屬圖書館藏，國文學研究
　　資料館微縮膠片 305—162—1）

Ⅳ　特殊類　　　分類標準：卷末無黑川玄通跋語，乙麻呂詩無法辨識。

27　玉里文庫本（合二册，鹿兒島大學附屬圖書館藏，國文學研究資料館微縮膠片 91—273—3，乙麻呂詩有填塗痕迹）

28　早大丙本（五册，早稻田大學圖書館藏，へ1800736，乙麻呂詩文字漫滅）

29　御茶水本（合二册，御茶水女子大學附屬圖書館藏，國文學研究資料館電子數據 DIG-OCHA—129，乙麻呂詩文字漫滅）

30　國文研本（合二册，國文學研究資料館藏，ナ8—28，乙麻呂詩所在葉缺失，手抄補足）

31　書陵部乙本（合二册，宮內廳書陵部藏，214—28，乙麻呂詩所在葉缺失）

除開特殊類，ABC 三類本子在石上乙麻呂詩處的具體差異可見下圖：

A 李花亭文庫本　　　　　B 茨城歷史本　　　　　C 愛知縣大本

　　石上乙麻呂詩的頸聯本作"斜雁凌雲響，輕蟬抱樹吟"。僅在 A 類本中，此處被刻成了"斜雁清雲響，輕蟬抱樹吟"。衆所周知，律詩的頸聯須采用對仗的形式。偏正關係的"清雲"二字顯然不能與下句動賓關係的"抱樹"相對，故屬於明顯的誤刻。B 類本和 C 類本都訂正了這一版刻的錯誤。

　　除了將"清雲"改爲"凌雲"之外，B 類本在石上乙麻呂詩的文本上，與 A 類本并無大異。由於 A 類本是卷末附有黑川跋語的初印本，所以版面狀態越是與 A 類本接近，其出版的時間就應該更早。仔細比對不難發現，無論是漢字，還是訓點，B 類本在諸多細節上同 A 類本高度吻合。AB 間的相似度大大高於 AC。而 C 類本在石上乙麻呂詩處與 AB 兩類本子的差異之巨，幾乎達到了令人難以置信的程度。

　　比如，乙麻呂詩的末句，AB 兩類本子皆作"徒弄白雲琴"。可是到了 C 類本那裏，此處却莫名其妙地被換成了完全不押韻的"徒愛弄白雲"。再有，林鵝峰對乙麻呂詩所作評語的首句本來是"乙麻呂者左大臣麻呂子也"。AB 都如此，唯獨 C 類本偏偏把這句話改成了"乙麻呂者左太臣古麻呂子也"。不但擅改"左大臣"爲"左太臣"，而且還畫蛇添足地在乙麻呂之父石上麻呂（640—717）的姓名中新添一"古"字。其意何在，著實令人費解。另外，C 類本在字形、訓讀等方面也出現了文本的"劣化"，具體例子在此不遑逐一枚舉。

　　種種迹象表明，《本朝一人一首》的刊本從 B 類本過渡到 C 類本的過程中，很可能經歷了某種"傷筋動骨"的重大變故，從而使得 AB 兩類本與 C 類本之間形成了文本上的"斷層"。如此相差懸殊的異文究竟是怎樣產生的呢？以下兩個本子（見下頁）卷一本文第十七葉 B 面的狀況，或許能爲我們提供解開謎題的綫索。

　　很明顯，玉里文庫本和早大丙本都在石上乙麻呂詩處出現了大面積的版面損傷，並直接導致該處的文字基本不可識讀。所不同的是，玉里文庫本上存在手寫填塗的墨迹。不難想像，該本填塗之前的樣子應該與早大丙本類似，都處於 B 類本最末期的狀態。經補寫填塗過後，玉里文庫本出現了"徒愛弄白雲""乙麻呂者左太臣古麻呂子也"等具有 C 類本特徵的本文。這說明，抄補玉里文庫本時，當事人拿來對照的本子必然是一部刊印年代相對更晚的 C 類本。玉里文庫本的舊藏者借用 C 類本來補抄石上乙麻呂的《飄寓南荒贈在京故友》，其結果可想而知。

玉里文庫本

早大丙本

玉里文庫本卷二及卷十的末尾寫有如下一行文字：

寶永二乙酉壬四月十二旦求之　江雲房　盛辰　六十六

雖然現已無從稽考此人是否就是乙麻呂詩的抄補填塗者，但據此可知，在其購得此書的寶永二年（1705）以前，《本朝一人一首》卷一本文第十七葉的版面就已經遭受了非常嚴重的損毀。而玉里文庫本和早大丙本正是版面損壞後印刷出來的殘次品。它們位於 B 類本即將向 C 類本過渡的最後階段①。當書肆覺得這樣的本子實在是賣相不佳，無法再印的時候，經修版之後，C 類本便應運而生了。令人遺憾的是，此次修版極爲草率敷衍，非但校對不精，甚至還有胡亂篡改之嫌。C 類本的文本質量當然也就大不如前。也正因爲如此，作爲 C 類本中的一員，神田本在《本朝一人一首》的校勘問題上恐怕很難起到中流砥柱的作用。

①如前所述，御茶水本也具備同樣的特徵。該本的版面狀態基本與早大丙本一致。本稿刊本分類一覽中歸於特殊類的 27、28、29 三本均可認定爲末期 B 類本。

四　《本朝一人一首》的稿本與抄本

　　林家第三代繼承人林鳳岡(1645—1732)的詩文集《鳳岡林先生全集》卷九十四收録了一篇名爲《題本朝一人一首後》的文章。在此文的開頭部分,鳳岡寫道:

　　　　《本朝一人一首》者,往歲我家君所作也。尾退得新刊本而與家本
　　　　參校之,訂其厥誤。其不曠光陰者可以喜矣。

　　全集中,此前一篇是作於"寬文己酉孟夏"的《題象戲圖式》,其後則是作於"寬文己酉秒秋"的《桑華紀年跋》。從文章的前後排列順序來判斷,鳳岡撰寫上文的時間應該是在寬文九年(己酉)的夏秋之際。看來,《本朝一人一首》刊行後不久,林家的儒者及其周邊的相關人士就已經察覺到了刊本中存在的"厥誤"。尾退是林鳳岡的親炙門生。他用來與"新刊本"進行對校的"家本"顯然是林氏家藏《本朝一人一首》的寫本。"日本古典籍綜合目録數據庫"共著録《本朝一人一首》寫本四部。其中,現藏於内閣文庫和東京大學史料編纂所的兩種寫本是林家舊藏本。此二本簡要情況如下:

　　　　內閣文庫寫本　　(索書號 204—0325)
　　　　■大本三册
　　　　■外題"本朝一人一首一(五、八)"
　　　　■有界、每半葉 10 行、每行字數不定(14～20 字)、白文
　　　　■萬治三年(1660)林梅洞書寫

　　　　東大編纂所寫本(索書號林家本—276[貴 33—11])
　　　　■大本三册
　　　　■外題"本朝一人一首一之四(五之七、八之十)共三"
　　　　■無界、每半葉 10 行、每行 20 字、白文
　　　　■元文元年(1736)林信充書寫

　　内閣文庫寫本卷首右下有一方印文爲"勉亭"的藏印。由此可知,該本

原屬鵝峰長子林梅洞①(1643—1666)舊藏。鵝峰在《本朝一人一首》的自序中云：“燈下蕭然翻看《懷風》《凌雲》《文華》《經國》等諸集，嘆本朝之古，官家不乏才子，非近代禪叢蔬笋之所可及，而命春信抄出之。”又，《鵝峰先生林學士集》附錄《自叙譜略》萬治三年條云：“今秋有河魚疾。保養之間，口授春信，作《本朝一人一首》。”也就是説，《本朝一人一首》成書於萬治三年秋，其最初的稿本是由林梅洞筆録而成的。内閣文庫寫本每行字數不定，文字時有塗改，具有比較典型的稿本特徵，基本可以推定該本即是後來被林鳳岡稱爲“家本”的《本朝一人一首》的原始稿本。而東大編纂所寫本則是鳳岡之子林信充(1681—1758)於元文元年親手謄寫的一部精抄本。此本卷首序文《寫本朝一人一首序》詳盡地記述了梅洞親筆書寫的《本朝一人一首》當年在林家失而復得的原委由來。

東大編纂所寫本第一册第一葉

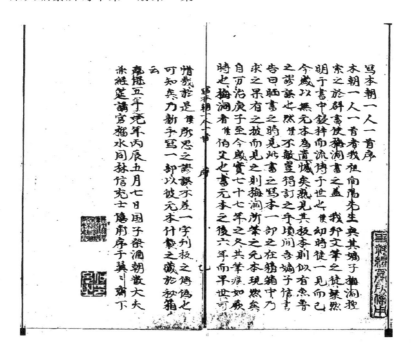

　　《本朝一人一首》者,我祖向陽先生與其嫡子梅洞搜索之於群書,
使梅洞書之,蓋我邦文筆之徒,粲然明於書中,鋟梓而流傳於世也。僕
幼時徒一見而已。今歲以無元本爲遺憾矣。熟見其板本,則似有魚魯
之謬誤也。然僕不敏,豈得訂之乎。頃間,吾嫡子信言告曰:"曬書之
時,見此書之寫本一部之在箱中。"乃求之,果有之。披而見之,則梅洞
所筆之元本現然矣。自萬治庚子至今歲實七十七年之久,其筆痕如厥
時也。梅洞者僕伯父也。書元本之後六年而早世,可惜哉。於是,僕
所思之謬誤,不差一字。刊板之傳偽也,可知矣。乃新手寫一部,以彼
元本什襲之,藏於秘箱云。

　　看來,林信充對《本朝一人一首》刊本中的"魚魯之謬誤"也是大爲不
滿。一直有所懷疑,但始終未獲確證。恰巧嗣子林信言(1721—1773)曬書
過程中,偶然從書箱裏找到了"梅洞所筆之元本",這才得以訂正坊間刻本
的錯誤。爲此,信充特地親自從頭到尾謄抄一遍,爲《本朝一人一首》的"元
本"製作了副本。此二本幸得天佑,傳存至今。内閣文庫寫本即是失而復
得後,重又被信充"藏於秘箱"的《本朝一人一首》的原始稿本;而東大編纂
所寫本則是直接謄寫自内閣文庫寫本的精抄本。

　　事實上,這兩部林家舊藏寫本所具有的一些文獻學上的共性是非常值
得我們關注的。僅就外觀而言,兩種寫本同爲三册,卷一至卷四、卷五至卷
七、卷八至卷十各爲一册。這一點明顯有別於以五册本的形態印行的刊
本。我們知道,《本朝一人一首》共十卷,卷一至卷七爲内集,卷八爲外集,
卷九爲雜集,卷十爲別集。同爲三册本的内閣文庫寫本和東大編纂所寫本
均是前兩册合爲内集,最後一册收錄其他諸集,在外形上顯得十分緊湊。
然而,等到付梓出版的時候,書肆以每兩卷爲一册的形式,將《本朝一人一
首》拆分成了五册。這便造成了屬於内集的第七卷和屬於外集的第八卷只
好同處一册的尷尬局面。這樣的分册方法很可能有悖於編著者的本意。

　　由此不禁讓人想到,内閣文庫中另有一部《本朝一人一首》的刊本
(204—0322),舊藏者是昌平坂學問所。比較有意思的是,此書由原先的五
册本重新裝訂成了三册①。在筆者看來,這部書的改裝大概不會是單純的
巧合,而是林門弟子有意爲之的"整形外科手術"。其目的多半是想恢復

————————

① 此本改裝後,卷一至卷三爲一册,卷四至卷七爲一册,卷八至卷十爲一册。

《本朝一人一首》應有的原初風貌。而這樣的改裝發生在與林家關係密切的昌平坂學問所，自然可以説是非常順理成章的事情。

五　結語

關西大學圖書館中村文庫藏《本朝一人一首》（L241—348）原是日本近世文學研究大家中村幸彦先生的私人藏書。此本十卷五冊，在前述刊本分類一覽中位列 B 類，本身並無特別之處，也稱不上善本。然而，就是這樣一個普普通通的本子卻足以令人拍案稱奇。原因是此書卷尾有中村先生親手抄録的，僅見於初印本的黑川跋文。目前尚不知曉中村先生到底是在何種本子上發現了黑川玄通的跋語，但至少可以肯定的是，中村幸彦先生對《本朝一人一首》初印本的關注，具有開創性的學術意義。

毋庸置疑，本稿的考證和結論完全得益於先行研究的啓發。前輩學者在《本朝一人一首》相關研究中所作出的巨大貢獻爲這一經典的重生注入了新的活力。只不過，本書的版本研究尚有較明顯的不足之處，今後如果能在精擇善本的基礎上，把對《本朝一人一首》存世寫本的考察同文本的校勘有機結合起來的話，後續的各方面研究就有機會獲得進一步的升華。

總而言之，《本朝一人一首》是一部充滿話題的著作。萬治三年秋，經鵝峰口授、梅洞筆録完成之後，本書便以寫本的形態保存於林家。那麼，林家家藏的《本朝一人一首》究竟是如何走出書齋，由寫本過渡到刊本，從而廣行於世呢？初印本卷末跋文作者黑川玄通到底是何許人？他又在本書的刊行過程中扮演了怎樣的角色？《本朝一人一首》成書及刊刻出版的諸多細節，還有待我們繼續深入探索。①

（作者單位：四川外國語大學日語系）

---

① 參見陳可冉《〈本朝一人一首〉出版始末考》，《中國詩歌研究》第十七輯，2018 年 12 月，頁 236—248。

域外漢籍研究集刊　第十九輯
2020 年　頁 37—68

日本《世説新語》注釋本叙録(下)[*]

附日本仿“《世説》”叙録

張伯偉

一、《世説遺》

《世説遺》一卷,服部南郭撰。

服部南郭(1683—1759),京都人,名元喬,字子遷,號南郭、芙蕖館、周雪、觀翁。十七歲即仕柳澤吉保侯,及壯年至江户(今東京),習荻生徂徠(1666—1728)古文辭學。詩文兼擅,名噪一時,與太宰春臺(1680—1747)齊名。又善畫,好咏和歌,三十四歲致仕,來學者衆多。晚年爲肥後侯賓師。重視《唐詩選》,撰《唐詩選國字解》,大力推動《唐詩選》流行。享年七十七歲。著有《南郭文集》四編四十卷、《南郭絶句詩集》一卷、《南郭尺牘標注》二册、《燈下書》一卷、《中華歷代帝系并僭僞圖》一卷、《遺契》十三卷、《文筌小言》一卷、《大學養老解》《儀禮圖抄》《閑窗一得》一卷等,又校訂《唐詩選》七卷、《唐詩事略》二卷、《唐詩品彙》“七律”五卷、《唐詩品彙》“絶句”四卷、《明詩選》十三卷、郭注《莊子》十卷、張注《列子》四卷、《新刻蒙求》三卷、《十八史略》七卷、《左傳》白文七卷等。

自王世貞删補劉義慶《世説新語》而爲《世説新語補》後,風行天下,以

---

* 本文爲 2016 年度高校古委會規劃重點項目“《世説新語》日本漢文注釋文獻的整理與研究”中期成果之一,項目編號 1633。

至劉氏原書漸少流傳,故凌濛初嘆曰:"《補》一出而學士大夫争佩誦焉","獨《補》盛行於世,一再傳,而後海内不復知有臨川矣。"(《世説新語鼓吹序》)遂有"《世説》夙有善本,耳食者多舍而重《補》,舊本寥寥若晨星矣,故重授剞劂氏"(《世説新語鼓吹·凡例》)之舉。中國如此,朝鮮時代、日本江户時代亦復如此。岡井孝先(1702—1765)、大冢孝綽(1719—1792)合編《世説逸》,並於寬延己巳(1749)在東都書肆崇文堂刊行,即此一背景下之産物。岡井《世説逸序》云:"弇州之學盛行海内,遂使人不得目見臨川之舊,而海舶所齎至《古世説》最罕矣。"明白揭示其編纂動機在於"存古",即將弇州所删除者合爲一編,其書亦久爲人知。相較而言,服部氏之《世説遺》,因僅以稿本保存,故罕有聞者。

《世説遺》纂於何時,無明確記載。考鵜孟一《大東世語序》撰於寬延元年(1748),而服部氏《自序》云,此書之作始於四十年前,則服部氏之閲讀《世説》並受其啟發、發願撰著《大東世語》當更早於此。現存服部氏批校之《世説新語補》,考其内容,顯爲元禄七年(1694)刊本,其致力於《世説》之學當在此後十五年間,下限約在正德元年(1711)之前。觀服部氏批校《世説新語補》之際,每將此書與《古世説》相較,揭示其條目、門類及文字之異同。故其編纂《世説遺》,實乃順理成章之舉。唯服部氏自中年後家境窮困,無力梓行,故其多種著作僅以稿本存世,不爲時人及後人所知。

《世説遺》以《古世説》門類先後爲序,將王世貞所删除者一一恢復,卷末附《世説新語》舊序二首(劉應登、袁裒)、《世説》舊跋二首(董弅、陸游)。岡井孝先之編纂《世説逸》雖在服部氏之後,但並不知已有《世説遺》。兩相比較,更能突顯服部此書之特徵。首先,服部氏更重視《古世説》與《世説新語補》之比較。如《德行》"劉道真嘗爲徒"章,特加批語云:"按此事出《補》本《賞譽》注。"即指《世説新語補·賞譽上》"劉萬安即道真從子"章之注釋,實節録自《古世説》之本章。又《言語》"嵇中散既被誅"章批語:"按此事出《補》本注。"亦同理。服部氏爲此書之前,固然已熟讀兩種《世説》,然此書之成,亦非一蹴而就。卷末有如下一段:"《古世説·容止》'庾太尉在武昌'注,有孫綽《庾亮碑文》曰:'公雅好所托,常在塵垢之外。雖柔心應世,蠖屈其迹,而方寸湛然,固以玄對山水。'《補》本考索未出,姑竢再閲。"而此則上方又有批語云:"《補》本《賞譽》。"即其後"再閲"之表徵。書中又有原先輯録之條目,復以朱筆劃去者,如《文學》"司馬太傅問謝車騎"章,《賞譽》"林公云”章，皆爲已見《世説新語補》者。凡此均可證服部氏對《世説補》讀之再三。又岡井、大冢氏之爲《世説逸》，僅録劉義慶原文，罕録劉孝標注，服部氏則一並輯録，但凡注文已見於《補》者，每用“注別見《補》本”標識而省略其文。若《補》本全收之門類，亦予以特別標明，如“《夙惠》共見《補》本”、“《自新》共見《補》本”等。

　　服部氏書與岡井、大冢二氏書之最大區別，乃在前者所輯條目更多，計有《文學》“阮宣子有令聞”章、“衛玠始渡江”章、“殷中軍讀《小品》”章、“謝公因子弟集聚”章、“桓南郡與殷荆州共談”章，《方正》“魏文帝受禪”章，《雅量》“謝太傅與王文度共詣郗超”章，《賞譽》“周侯於荆州敗績還”章、“桓大司馬病”章、“謝太傅重鄧僕射”章，《品藻》“未廢海西時”章，《規箴》“王丞相爲揚州”章，《棲逸》“許玄度隱在永興南幽穴中”章，《任誕》“張湛好於齋前種松柏”章，《簡傲》“謝萬在兄前”章，《忿狷》“王大、王恭嘗俱在何僕射坐”章，《讒險》“王平子形甚散朗”章，《尤悔》“王渾後妻”章、“劉琨善能招延”章、“王平子始下”章、“温公初受劉司空使勸進”章、“桓宣武對簡文帝”章、“謝太傅於東船行”章、“簡文見田稻不識”章、“桓車騎在上明政獵”章，《惑溺》“孫秀降晉”章，共二十六則。《世説逸》有而《世説遺》無者僅二則，即《賞譽》“世目謝尚爲令達”章與《巧藝》“謝太傅云”章。又《世説遺》往往有評語而無名氏，細考之下，可知悉出於王世懋。文字方面，《賞譽》“范豫章謂王荆州”章，《世説逸》誤作“范豫州”；《規箴》“謝中郎在壽春敗”章“求玉帖鐙”，《世説遺》誤作“玉口證”。故就總體而言，服部氏用功較深，其書亦勝於岡井、大冢二氏所纂。

二、《世説補補釋名》

　　《世説補補釋名》一卷，服部南郭著。

　　作者簡介見前。

　　《世説新語》一書，所涉人物衆多，益以劉孝標注涉及人物，總有七百餘人，加之名號稱謂往往不一，或以字號，或用小名，或舉官爵，或稱謚號，讀者索解，頗有不便。宋代汪藻爲《叙録》二卷，“首爲《考異》，繼列人物世譜、姓氏異同，末記所引書目”（陳振孫《直齋書録解題·小説家類》），乃首次就其人物名號“異同”有所羅列，宋紹興八年董弅刻本附載之。至王世貞删補

《世説》《語林》而成《世説新語補》,明萬曆間刊《李卓吾批點世説新語補》,乃於卷首增加《釋名》一卷,以郭林宗爲始。此後刊本皆沿襲,王先謙刊《世説新語》六卷本亦承之。凌濛初刻四色套印本《世説》,附"名字異稱",以曹操爲始。又刊《世説新語鼓吹》,鑒於《世説補》之《釋名》有欠詳備,乃別爲《世説人物》:"其一人異稱者爲一項,止列名字者爲一項,有名無字、有字無名者爲一項,姓字俱不著者爲一項,婦人名爲一項,帝王名爲一項,名與字同者爲一項,同姓名者爲一項,僞朝爲一項,方外爲一項,一人兩名者爲一項。"(《世説新語鼓吹·凡例》)沿至現代,如余嘉錫之《箋疏》、徐震堮之《校箋》、朱鑄禹之《彙校集注》、龔斌之《校釋》等,皆附以現代方式編纂之"人名索引",大便讀者,其功始訖。

　　《世説補》所附《釋名》,共列一百三十一人名號,服部氏又增補六十七人,此外又有"同姓名"八人,"一人兩名"三人,"名與字同"二人,共八十人。服部氏《補釋名》之範圍,除前書遺漏者外,又從被王世貞刪落之《世説新語》原文(即《古世説》)中增補,如"愍王丞字元敬,亦稱譙王",即指司馬丞,《世説新語·仇隙》有兩章内容與之相關,但不見於《世説新語補》;又如"桓歆字叔道,亦稱式",見《世説新語·政事》"桓公在温州"章,同樣被王世貞《補》删去。凡所增補之人名,其收羅異名別號頗爲全面。偶有疏誤,如"庾友字惠彦,亦稱王臺",實當作"庾友""玉臺";"桓遐字伯通",實當作"伯道";"趙至字景真,一名翼,字陽","陽"當作"陽和",凡此或爲抄録之誤。又如"吴坦之字處靖","靖"當作"清",然和刻本作"靖";又"同姓名"所列"袁宏字彦伯,亦稱虎","袁宏字奉高",後者見《言語上》,元禄七年(1694)刊本文字作"《汝南先賢傳》曰:'袁宏字奉高。'"而安永己亥(1779)重刻本已改作"袁閎字奉高"。服部所據爲前者,而實以後者爲是。凡此皆所據版本不同而致誤,亦情有可原。惟"謝淵字叔度,亦稱胡"似可商榷,此則見《世説新語·賢媛》"群從兄弟則有封胡、遏末"句,劉孝標注云:"封胡,謝韶小字;遏末,謝淵小字。……或曰'封胡遏末',封謂朗,遏謂玄,末謂韶,朗、玄、淵(此三字疑爲衍文)。一作胡謂淵,遏謂玄,末謂韶也。"而據《晉書·謝萬傳》云:"封謂韶,胡謂朗,羯(遏)謂玄,川謂末。""川"一本作"泉",實乃避"李淵"之諱改。又汪藻《陳國陽夏謝氏譜》所載,淵小字末,玄小字遏,朗小字胡兒,琰小字末婢,韶小字封。由此可見,遽以"胡"爲謝淵小字,似未免武斷。

今存《釋名補》收藏於早稻田大學圖書館服部文庫，封面題爲《世説補補釋名》，正文首行作"南郭先生釋名補"。卷末有兩行文字："享和二年壬戌年孟复（似爲'夏'字之誤）寫之。""原本大塩子顯手澤，從龍神大年口借之。"可知此本抄寫於 1802 年，距離服部南郭謝世已四十餘年，乃據大塩子顯手寫本輾轉抄寫。

服部氏在日本"《世説》學"史上貢獻頗巨，於《世説新語》(《古世説》)而有《世説遺》；於《世説新語補》而有《世説補補釋名》及手批本《世説新語補》（有手稿本及他人抄録本，如鹿鳴樓藏本輯録其批語四則）；於"仿《世説》"而有《大東世語》漢文本及"和草本"。在其影響下，"《世説》學"成爲其家學之一，如服部白賁（1714—1767）抄寫之《大東世語姓名考》《大東世語備考》，服部元立（1736—1808）有《世説聞書》《世説》等。而學界向來所知者僅限於《大東世語》，就服部氏"《世説》學"整體而言，實則只其一端而已。

三、《世説逸》

《世説逸》不分卷，岡井孝先、大冢孝綽撰。

岡井孝先（1702—1765），字仲錫，號嵊洲、滄浪，江户（今東京）人。師從荻生徂徠，先後任水户藩儒、高松藩儒，卒後門人私謚安省先生。兄孝祖（1666—1718），字伯錫，號黄陵，亦江户時代儒者，通唐音。大冢孝綽（1719—1792），字子裕、子祐，號頤亭、容與園，江户人。師從荻生北溪（1673—1754），北溪字叔達，荻生徂徠之弟，以兄爲師，任幕府儒官。故岡井、大冢之學，皆延續蘐園學脉。

自王世貞增删劉義慶《世説新語》、何良俊《語林》而成《世説新語補》，遂盛行於世，以至劉義慶原書不爲人提及，且漸漸不爲人知。不僅中國如此，日本亦然。荻生徂徠大力推舉《世説新語補》，其書在當時極爲流行，"弇州之學盛行海内，遂使人不得目見臨川之舊，而海舶所齎至《古世説》最罕矣"。有見於此，岡井與友人大冢相與校讎，將王氏所删《世説新語》條目抄録合一，編爲《世説逸》，"以存古也"。但就文章而言，仍一遵古文辭派觀念，以王氏所删者"平易冗長，無足取者"，於是"益信王氏之精選"（並見岡井孝先《世説逸序》），與荻生徂徠之觀念一脉相承。

此書據劉義慶原書，將王氏删除之條目一一分門歸類，計《德行》十章、

《言語》二十三章、《政事》八章、《文學》二十章、《方正》二十二章、《雅量》八章、《識鑒》九章、《賞譽》三十九章、《品藻》二十八章、《規箴》八章、《捷悟》二章、《豪爽》二章、《容止》二章、《企羨》一章、《傷逝》二章、《棲逸》三章、《賢媛》二章、《術解》三章、《巧藝》三章、《寵禮》二章、《任誕》十一章、《簡傲》五章、《排調》十六章、《輕詆》六章、《假譎》二章、《黜免》二章、《儉嗇》五章、《汰侈》八章、《讒險》一章、《紕漏》一章、《仇隙》二章，共二百五十六章。但删除劉孝標注，補録劉辰翁、劉應登、王世懋等人評語，又間有校勘。如《言語》"謝仁祖"章"焉有顔回"上校"'有'一作'别'"；《政事》"陳仲弓"章"老父在太丘"上校"'老'一作'先'"；《賞譽》"杜弘治"章"不可以致衰"上校"'衰'一作'哀'"；又"謝胡兒"章"嘗作王堪傳"上校"'傅'當作'傳'"；《排調》"晉文帝"章"矯然懿實"上校"'實'當作'寔'"；又"許文思"章"取枕上新衣"上校"'枕'一作'杭'"等皆是。校以日本尊經閣所藏宋刻本《世説新語》，此處所列異文多與宋本同，岡井、大冢二氏之校訂《世説》，或曾取用之。又二氏之校訂《世説》，有云"一作"某者，有云"當作"某者，前者校異同，後者定是非。若"'傅'當作'傳'"，此"傳"即謂《王堪傳》；又"'實'當作'寔'"，考鍾會答語之"矯然懿實"，末字暗射陳泰之祖名陳寔，故亦以作"寔"爲是。

　　彙輯被王世貞删除之《世説新語》條目，在此之前已有服部南郭之《世説遺》，雖然此書之纂輯在後，却不知服部氏已著先鞭，故未能參考。尤爲可議者，乃在其疏漏甚多，《忿狷》《尤悔》《惑溺》三門竟一則未輯，與服部書相較，共計漏輯二十六則。然此書刊刻較早，頗能反映一時風氣，雖創獲無多，然棄之有憾，姑且彙輯於此，以供讀者參考。

四、《世説新語補系譜》

　　《世説新語補系譜》二卷並附録一卷，柚木綿山著。

　　柚木綿山（1722？—1788），名太玄，字仲素，號綿山，近江人。師從江村北海（1713—1788），江村氏二十二歲即抗顔爲師，若老成之人，其學宗旨以朱子爲尊（參見琴臺東條《先哲叢談後編》卷六）。柚木從之學，後爲京都儒醫。兄知雄，字伯華，亦爲漢文學者。據柚木所撰本書凡例，自謂"壯歲奉家兄命，撰王、謝系譜，此譜所以起本也"。古人以三十爲壯，假設柚木完成本書之齡爲三十五歲，其時爲寶曆丙子（1756），逆推之，其生年當在享保七年（1722）前後。

本書由三部分構成，卷上爲《世説新語補系譜》，卷下爲《歷代帝王系譜》，附録爲《歷代后妃譜略》《歷代帝王宗室名諱略例》《歷代年號》《歷代僭僞年號》《歷代帝王陵名》。其初單獨成書，故各有凡例，卷上撰成於寶曆丙子，卷下成於明和乙酉（1765），至天明元年（1781）端隆付予剞劂時，“合刻二譜”（端隆《凡例附記》），遂成目前規模。與《世説新語補》相關者，實僅卷上部分。卷下乃帝王系譜，“爲讀史者而設也”（《凡例》下）。其附録本亦附屬於《歷代帝王系譜》，故與《世説新語補》無涉。本於古人讀書當“知人論世”之訓，將《世説》故事置於朝代坐標之中，亦有其意義，故讀者仍可合觀之。

將《世説》人物予以系譜，始於宋代汪藻之《世説叙録》，其《考異》之後，有《人名譜》一卷，此後遂無人問津。與柚木同時之大典禪師，有《世説人氏世系圖》一書（見《新纂禪籍目録》），惜未見流傳，無從比較。若以本書與汪藻之著相比，則堪稱後出轉精。

柚木此書特色有二：一曰全面。據汪藻《世説叙録》目録《人名譜》下云：“有譜者三（當作‘二’）十六族。……無譜者二十六族。……又僧十九人。”現存者爲有譜者二十六，無譜者自“滿、蕭”以下及“僧十九人”皆佚。柚木此書，“以王、謝爲首……其他各姓，亦以本書所見多寡爲之先後，凡五十姓”（《凡例》上），而無譜諸氏又有二十七姓，僧人不在其列；又汪《譜》琅邪王氏與晉陽王氏各占一族，柚木《譜》於王氏一族之下，又細分琅琊王氏、太原王氏、東海王氏、山陽王氏、北海王氏，並就“王氏”一族下總按曰：“王氏爲南朝著姓，而有琅琊、太原等各族，今分族繫之，宜認系，無混淆其族”；汪《譜》僅列陳郡袁氏，柚木《譜》則列汝南袁氏、陳郡袁氏。以汪《譜》之例衡之，柚木《譜》所繫尚不止五十姓。汪《譜》所涉時代，以“《世説》所記止於晉末，今用諸史，譜至陳隋”（《琅邪臨沂王氏譜》下自注）。柚木《譜》則“起於漢魏，止於唐宋”（《凡例》上）。二曰細緻。凡其名見於《世説》者，皆撮要載其名字（含小字）、爵里，並附所出篇目。凡與正史有異同者，亦並載之。如陳郡袁氏袁滂繫於“陳郡陽夏”，復加案語云：“按《魏志》，陳郡扶樂人。”又吳郡張氏第三世敷繫爲邵之子，並按曰：“《宋書》《南史》等以敷爲茂度弟邵之子，又顏延之聞敷卒，弔茂度曰‘賢弟子’云云，以此推之，敷爲緒從叔。而《南史·張緒傳》稱從伯敷，疑謬。”又云：“按《萬姓統譜》以融爲敷之子，謬。"又張暢字少微,會稽太守,見《德行下》注,其後亦加按語云:"《賞譽上》注,有吳郡人張暢字威伯者,蓋與此別人。"其疑而難斷者亦予揭示,如劉氏譜中平原人劉昶子奉伯、孫乘人,又有劉琁之、劉承宗者世系不明,按語曰:"以愚意推之,琁之是奉伯之兄弟,而承宗是乘人之兄弟。蓋《宋書》《南史》文意欠分明,故附繫於此,以待後考。"又潁川鍾氏譜始自鍾皓,二世迪,三世繇、演,繇二子毓、會,一女(荀勖妻)。鍾演後人某子曄,曄子雅,鍾嶸爲雅七世孫,其間雖有疏漏,但所述世系分明。《新唐書·宰相世系表》鍾姓所列,曄、雅不出於演,而全歸於鍾繇一系,皆誤。由此亦可見柚木《譜》之用心細密。

　　柚木師從江村北海,爲學一尊朱子,亦熟悉朱熹世系,附錄之《歷代帝王宗室名諱略例》言及明代宗室之名:"初,太祖以子孫蕃滋,命名之際,慮有重複,乃名諸子並用從木字,諸孫用從火字。"並加按語云:"宋朱文公父名松,從木;文公名熹,從火;子三人:塾、壄、在並從土;孫七人:鑑、鉅、銓、鐸、銍、鉉、鑄並從金,曾孫六人:淵、洽、潛、濟、瀍並從水。蓋明祖以五行偏傍字歷配世數,或本於此。"此雖與《世説》無關,亦有益增廣見聞。

五、《世説》筆記三種

　　《世説》筆記三種,服部仲山撰。

　　服部元立(1736—1808),字仲山,號霸陵、芙蓉館,江户人。服部元雄(1714—1767)之子,元雄字仲英,號白賁、蹈海,本姓西村氏、中西氏,服部南郭之子惟恭(1724—1740)早卒,遂入贅爲養子婿,並冒服部姓。服部仲山以父爲師,故能傳服部氏家學,其批注《世説新語》,所延續者即爲服部南郭之學脉。

　　早稻田大學圖書館"服部文庫"所藏服部仲山手稿,有三件與《世説新語》有關,其一爲《世説·左傳·學則聞書》,編號爲"イ17/2119/25"。所謂"聞書",乃筆記、札記之意;其二爲《世説》,編號爲"イ17/2119/28",姑名爲《世説一》;其三亦同爲《世説》,編號爲"イ17/2119/37",姑名爲《世説二》。今合而爲一,總名爲《〈世説〉筆記三種》。

　　《世説聞書》封面有《世説》之題,題下云"《考》《撮抄》"(案:當作《抄撮》)"。《世説新語補考》及《世説鈔撮》先後刊行於寶曆壬午(1762)、癸未

（1763），故服部氏得以參考。次行云："寬政戊午十年二月記。"其筆記時間
爲 1798 年，内容爲《世説新語補序》。再次行云："後又享和三年亥九隨手
記。"蓋指其筆記時間在此後之享和三年癸亥九月，即 1803 年，内容爲《德
行上》。前者抄自釋大典《世説鈔撮》，後者僅釋"雍熙""雞骨"二詞。

　　《世説一》，正文題下云："不必上知，姑取其下者備忘，又或傍引爲熟
習。"可知此乃日常讀書筆記之類。其中注釋，皆出於其手，始於"序"，最末
一頁乃《儉嗇》《汰侈》《忿狷》《尤悔》《紕漏》，其未完者乃寫於封面，雖未標
明門類，細察之，實爲《惑溺》《仇隙》兩篇之注，儘管簡短，亦能有始有終。
其所注者，大致皆語辭及典故。此卷未提及任何一家《世説》注，然細考其
文，實有以"一説"暗引者。如《德行》"將無"下云："一説：'《綱目集覽》：將
無猶言無乃、得無之類。'胡三省《通鑑注》意以爲是，而未敢自主。"又如《言
語》"惻（側）息"下云："一説引《孔叢子》作側息，言側鼻而息，謂不安也。姑
備。"皆出於桃井白鹿之《世説新語補考》。又"管張"下云："一説張蓋趙衰
也。又一説狐偃，引《魏略》劉廙《謝劉表牋》，末有'管狐桓文之烈'。姑備
問。"前"一説"雖出自《世説新語補觿》，實由桃井氏書轉引而來，後"又一
説"即出自《世説新語補考》。惟二書所釋皆誤，仲山未能更正。

　　《世説二》，僅涉《德行》《言語》兩篇，未有寫作時間，其條目皆《世説一》
所未列者，以此推之，似當在其後，具有補遺性質。其中三則皆明引"《考》
云"，由此可見，服部氏對桃井書頗爲欣賞。

六、《世説新語補集覽》

　　《世説新語補集覽》不分卷，田淵維善撰。

　　田淵維善，字千里，生平不詳。此書無序跋，内容自《德行上》至《言語
下》"張天錫爲涼州刺史"章，乃一未完稿。全書以綜合前人注解爲主，擇其
新意，彙集成篇，以便讀者閲覽，故名其書曰"集覽"。其引用諸書，皆以簡
稱，《觿》指岡白駒《世説新語補觿》，《考》或《補考》指桃井子深《世説新語補
考》，《鈔》或《抄》指大典禪師《世説鈔撮》，《補》指《世説鈔撮補》，《撮》指《世
説鈔撮集成》。其中《世説鈔撮集成》刊於寬政六年（1794），則此書之撰必
在其後；其引書未及《世説啓微》《世説音釋》等，故成書時間當不至文化末
年，姑且推斷爲享和至文化初年（約 1801—1808）間。

　　據本書明確徵引者統計，引《觿》四十一則，《考》一百零七則，《鈔》六十八則，《補》二十六則，《撮》七十一則，實際遠不止此數。其徵引諸書，往往承上省却書名，如《德行上》"髙令袁毅在政貪濁"章，除第一則引《考》，以下連續三注均出於《考》；又"桓南郡既破"章，第一則引《鈔》，以下連續三則皆出於《鈔》；又《言語中》"陶公疾篤"章"加羽葆、鼓吹"注出於《補》，以下連續三則亦出同書，皆承上省略。惟有時省略致誤，亦不得不注意。如《德行》下"庾子嵩父卒官巴西"章第一則注出自《鈔》，其下一則省略書名，實際出於《撮》；"陽城歲饑"章第一則注出於《考》，其下復省略書名，實際出於《鈔》。亦偶有雖出書名，而實則有誤者，如《德行上》"王戎、和嶠同時遭大喪"章"和嶠生孝，王戎死孝"下引《撮》，實際内容出於《考》。此或筆誤，或抄寫致誤。

　　本書解釋文辭及語意，以簡明爲主，前人有歧義者，擇其善者而録之，不作辨析，故全書亦少有撰者意見。唯一處有其案語，《言語中》"孟萬年好飲"章"餘爐假息"下引《世説新語補考》："《綱目》注：餘爐，遺民也；假息，猶言少延視息也。"案語云："《補考》引《綱目》注，然余以爲餘爐謂餘寇，假息言猶存也。"此外尚有若干注釋，不見於其徵引諸書，疑爲撰者添注。如《德行下》"顧常侍清介持操"章"内弟長（張）率"下云："《儀禮》：甥謂之内兄弟。"又《言語中》"崔正熊詣都郡"章"民"下小字注："崔正熊自言也。"又"簡文作撫軍時"章"爲王前驅"和"從公于邁"下云："王指簡文言也"；"公指桓宣武言也"。又輯録前人注，復以小字作增注者，亦疑出自撰者之筆。如《德行上》"吳道助附子"章"大吳不免哀制"下引《撮》："《後漢書·黃香傳》：'思慕憔悴，殆不免喪。'注：免喪，終喪也。"其下小字注："言不終喪而死也。"又《言語中》"庾公嘗入佛圖"章"疲於津梁"下引《鈔》："'津梁'本出《列子·湯問》，此以謂濟度也。"其下小字注："喻濟度衆生也。"似皆撰者之注。

　　此書現存者爲一抄本，顯然出於傳抄，故頗有訛誤。抄寫者往往添加案語，予以更正。如《德行下》"齊高帝鎮東府"章"訛黑斜鋭"至"亦通"下小字注："此自'訛'至'通'四十八字，當入'但遺簪敝履'之上。"又"顧常侍清介持操"章"寺卿，《撮》：蓋太常寺卿也"下小字注："是九字當在'身上襦'之前，傳寫之訛也。"又《言語中》"中朝有小兒"章"東晉時謂西晉時爲註朝"旁有小字云："'註'可作'中'，字誤也。"此注原出《世説鈔撮》，校以原文，"註"正作"中"。然而抄寫者本身亦頗有筆誤，如《德行上》"殷仲堪既爲荆州"章

"牽物"下引《考》："牽，朔律切，先導也。"兩處"牽"字皆爲"率"字之訛；又"王喬從會稽還"章，"喬"當作"恭"；"薦上"引《鈔》："藁曰薦，席曰完。""完"爲"莞"字誤。《德行下》"昭明太子"章"注精於義學"下未録文字，顯然有遺漏（或當作《撮》：謂佛法也）。

　　《世説新語》中若干語辭頗爲難解，本書撰者偶有詮釋，往往一語中的。如《德行下》"許玄度將弟出都婚"章"總角"下："言幼少之時也。"又如《言語中》"支公好鶴"章"軒翥"下云："欲飛不能飛之貌。"然亦有愈解釋其義愈晦者，如《言語中》"支道林常養數匹馬"章"不韻"下云："韻，風也，猶言不風也。"而"不風"之難解更甚於"不韻"。

七、《世説音釋》

　　《世説音釋》十卷，恩田維周著。

　　恩田維周（1743—1813），字仲任，號蕙樓、白山、厄園，尾張（今愛知縣）人。岡田宗愛之子，岡田新川（1737—1799）之弟，後出爲恩田宗致養子。師事松田君山（1697—1783），研究國學與佛典，善作詩文，其才學造詣，與岡田新川齊名，人稱"尾府連璧"。學業既成，任尾張侯近侍。享和二年（1802），任繼述館總裁兼明倫堂教授。文化十年（1813）卒，享年七十一歲。著述頗富，據東璧堂刊行《世説音釋》末附《蕙樓先生著述書目》所列，有四十二種之多，編者尚云"先生著述不止此矣"。內容遍涉四部，經部如《毛詩管窺》一卷、《左傳考證》一卷、《左傳删正》一卷，史部如《史記考》五卷、《史記辨誤》五卷、《史記補正》五卷、《國語考》五卷、《漢書考》五卷、《漢書質疑》二卷、《古史略》一卷，子部如《荀子考》二卷、《淮南子考》二卷、《五雜組備考》十六卷，集部如《唐詩選訂訛》一卷、《重訂王建詩集》九卷、《白山文集》二卷、《白山詩集》三卷等，其他如文字音韻、書畫隨筆等，不一而足。關於《世説新語》，除本書外，另有《世説訂疑》三卷，今不存。江戶時代之流行讀物，《世説》而外，又有《蒙求》，仲任亦著《蒙求考證》三卷、《蒙求續貂》三卷及《新蒙求》（一名《日本蒙求》）三卷。

　　《世説》之有注，以梁代劉孝標最爲著名，但在當時日本人看來，"其爲注雖贍洽，唯舉異聞，不訓難字，故勾棘難通者往往存焉"（菅原長親《世説音釋序》）；或云"孝標注與酈道元之注《水經》、李善之注《文選》並稱三大注,然惟博引傳記,不解難義,讀者病焉"。而江户以來日本"諸家注解累出,一非一是,動執偏見,不可折衷"(礦谷正卿《世説音釋序》)。由此形成本書之特色,一在"音釋",即所謂"博稽群籍,旁集諸家,以解其義,從而音之"(菅原長親《世説音釋序》),既標其音,又解其義;二在折衷衆説,"於諸注解中,取其最穩者,且附以己意"(礦谷正卿《世説音釋序》)。

此處所謂"音釋",非日語之音讀訓讀,乃指漢語讀音釋義。自荻生徂徠强調以"直讀"方式閲讀漢籍,故時人皆重視讀音。此書注音方式有三,涉及原文及原注:一曰反切,如《德行上》"趙孝"章"告歸"下云:"告,古到切。"《言語中》"鄧艾"章注"處所"下云:"處,昌據切。"二曰"音某",《言語中》"司馬景王"章注"毌丘儉"下云:"毌音貫。"又《方正下》"向雄"章注"尚書僕射"下云:"射音夜。"三曰四聲,《言語中》"陶公"章注"相關"下云:"相,去聲,相人之相。"又《文學中》"謝安"章注"論難"下云:"難,去聲。"惟漢字多音,音不同則義往往異。若僅據字書,不顧上下文義,便不免致誤。如《德行上》"梁伯鸞"章注"非"下云:"去聲,毁也。"案《韻會》標舉"非"字讀音有三,一爲匪微切,音飛,平聲;二爲妃尾切,音斐,上聲;三爲方未切,音沸,去聲。原文作"肅宗聞而非之",此處"非"作"非議、誹謗"解,仲任釋作"毁"是也,但其讀音當作平聲。又《言語中》"鄧艾"章注"規度"下云:"入聲。"案"度"字《韻會》作兩讀:一徒故切,去聲;一徒落切,入聲。規度之"度"當讀作去聲。

此前諸家注釋,多有與前人辯駁者,本書則較少,蓋以折衷爲主。其個人見解往往散於各處,堪稱"碎金"。如《言語中》"謝太傅"章"人事"下云:"猶言我事,猶言二弟之佳不佳亦何與我事相預,雖然,正欲其佳耳。"其解甚是。又有以"仲任按"作明確標示者,約十一則,涉及原書、原注及評點,尤堪注意。《文學中》"汰法師"章劉孝標注"安公弟子"下云:"仲任按:《梁高僧傳》曰:'竺法汰,東莞人,少與道安同學,雖才辯不逮,而姿貌過之。'據此説,非安公弟子也。"案:仲任此説是,《高僧傳》亦有云:"或有言曰,汰是安公弟子,非也。"又《文學下》"何子季"章"領軍司馬"下云:"仲任按:《南史》曰'梁武帝霸朝建,引爲軍謀祭酒,不至。及帝踐阼,詔爲特進、光禄大夫,遣領軍司馬王杲之以手敕諭意'云云,何氏誤讀《南史》文,以領軍司馬爲何胤官,非也。"此説亦是。何良俊誤讀《南史》處頗多,本書往往予以揭示。又《方正下》"周叔治"章劉孝標注"阿奴,謨小字"下云:"仲任按:阿奴,南北朝呼人通語。隋麥鐵杖呼其子三人爲‘阿奴’可證。《雅量篇》云：‘阿奴火攻，固出下策耳。’周嵩、周謨不應同小字，阿奴非周謨小字審矣。”“阿奴”實爲六朝時人表親暱之稱，此爲較早更正劉注之誤者。卷末“附考”專釋“五官中郎將”，亦以“仲任曰”領起，其説頗可參考。然亦有不知其所據，故令人不解者。如卷首“釋名”下引《文獻通考・氏族考》引《路史》，其中有“兩處仲，一敦字，一湛字”云云，“仲任按：王湛字處叔，非處仲也”。然古籍記載王湛字，多作“處沖”，或作“處仲”（《路史》外，又見《册府元龜》卷九百八“雜伎”），未見有作“處叔”者，此不知其所據爲何。又《賞譽上》“裴令公”章王世懋評“汪翔”下云：“仲任按：曹子建《龜賦》曰：‘懼沈泥之逢殆，赴芳蓮而巢居。安玄雲而好静，不汪翔而改度。’‘汪翔’即汪洋，《史記正義》曰：洋音翔。”惟曹植《神龜賦》原句或作“淫翔”，或作“注翔”，未有作“汪翔”者，此亦不知其所據爲何。又偶有疑其不當疑，是其不當是者，如《德行上》“祖光禄”章劉孝標注“平北”下云：“仲任按：注以王平北爲王乂，恐非，事見《王敦傳》，敦亦爲平北將軍。《祖納傳》亦曰：平北將軍王敦遣其二婢，辟爲從事中郎。”王平北所指爲何人，自汪藻《世説考異》引敬胤注云王乂，錢大昕《廿二史考異》、李詳《世説新語箋釋》均有所考，皆以劉孝標注爲是，以《晉書》爲非，仲任之説恐未諦。至於《文學中》“有北來道人”章釋“小品”，以鳩摩羅什譯《般若波羅蜜經》十卷二十九品當之，陳寅恪已指其謬（參見其《逍遙游向郭義及支遁義探源》）。

仲任有較强文學趣味，故其釋文多引文學類書，或予發揮，或作辨正。《言語中》“毛伯成”章引鍾嶸《詩品》“齊參軍毛伯成”條云：“或是別人，或《詩品》誤‘晉’字爲‘齊’字耶？”案：《詩品》之舉詩人時代，疵病頗多，清咸豐年間張錫瑜之《鍾記室詩平》亦對此條質疑，晚於仲任。又《政事》“楊得幹”章“漢”下引《蘇氏演義》曰：“今俗罵人曰‘漢’，蓋晉末胡亂中原故，胡人罵中國曰‘漢兒’。”（蘇氏書原本十卷，今僅《永樂大典》殘餘二卷，此條亦不存）今人多以陸游《老學庵筆記》卷三“今人謂賤丈夫曰‘漢子’，蓋始於五胡亂華時”云云爲據，實則唐人蘇鶚已言之，仲任所引甚是。又《賞譽下》“益州”章“雲和殿”下云：“《南齊書》《南史》皆作‘靈和殿’，此作‘雲和殿’，誤。唐彥謙詩云：‘不知新到靈和殿，張緒何如柳一枝。’益知‘雲和’之謬。”偶有引證不確者，亦不足爲病，如《夙惠》“孔融”章“琢釘戲”下引“周諒《因樹屋書影》”，“諒”當作“亮工”。

　　仲任此書,頗得清儒實事求是之旨,凡不能解釋者,往往標以“未詳”,以待後人。如《方正上》“魏文帝”章“國危不事冡宰”下云:“當是古語,未詳出處。”案:《論語·泰伯》有“危邦不入”語,蓋由此演化而來,清人龔煒《巢林筆談》卷一謂此爲“避嫌語”。又《術解》“樂人”章“翻調”下云:“未詳。翻蓋協律之意,以文士之詩翻爲樂府之歌,故曰翻。”案:“翻調”乃音樂術語,乃“犯調”之一,指移調演奏或改編新曲。《任誕下》“韓熙載”章“入末念酸”下云:“未詳。……仲任按:末蓋副末也。念蓋道念也。酸,細酸也。但入字不可解。”案:“末”“酸”代指不同角色,“入”作動詞,參與之意,“念”指念白,蓋謂舒雅扮演各種角色以爲笑樂之舉。又《汰侈》“王君夫”章劉孝標注“捶(棰)頭”下云:“未詳。《説文》曰:‘腄,馬及鳥脛上結骨。’《韻會》曰:‘臀也。’疑‘腄’誤作‘捶’。……《齊民要術》作‘插頭’,《潛確居類書》作‘種頭’,皆未詳。”案:仲任引《説文》曰,實出於《集韻》。《齊民要術·養牛》作“插頸”而非“插頭”。惟“捶(棰)頭”究作何解,尚待高明教之。

八、《世説箋本》

　　《世説箋本》二十卷,秦士鉉著。

　　秦士鉉(1761—1831),美濃(今岐阜縣)本巢郡人,名鼎,字士鉉,號滄浪、小翁、小琖翁、夢仙。秦峨眉(服部南郭門人)之子,受家學影響,信奉徂徠學,又從學於細井平洲(1728—1801)。寬政三年(1791)任尾張藩校明倫堂典籍,次年任教授。享年七十一歲。心好古籍校勘,如《左傳》《國語》《今世説》《楚辭燈》、李善注《文選》、《古詩紀》《韓文起》《詩韻含英摘注》等,經史子集無不措筆。其中《春秋左氏傳》校本廣行於世。著《周易集解》十二卷、《左傳周觀》六卷、《左傳世族解》六卷、《補義莊子因》六卷、《通韻便覽圖》一折、《一宵話》一卷、《眠睡雜史》八卷、《千字文約説》一卷、《詩語小府》一卷、《讀詩喬棗》一卷等,又有《峨眉先生集》三卷。

　　此書扉頁題“文政丙戌春新刻”,故大矢根文次郎《關於江户時代之世説新語》(《江户時代における世説新語について》),收入其《世説新語と六朝文學》一書)亦將此書刊刻時間定爲文政九年(1826)。二松學舍大學所編《江户漢學書目》,列舉江户時代有關《世説》之書多達四十二目,不知何以未録此書。今考該書之《序》可知,此書乃作者晚年之作,書未成而謝世,

“其嗣無疆君克繼其志，而《箋本》成矣”。既然作者卒於天保二年（1831），且此書爲其生前未完成之作，故絕無可能刊刻於文政丙戌。又源誨輔序文寫作時間題作“天保己未秋七月”，案天保間無“己未”年，故此記載亦甚可疑。既然寫序之時在秦鼎身後，且在其子無疆整理、續纂完成之後，以邏輯推斷，“己未秋”或爲“乙未秋”、亦即天保六年（1835）之誤，而封面“文政丙戌春”或當作“天保丙申春”、亦即天保七年（1836）。姑記疑於此，以質諸高明。

《箋本》徵引前人注釋者頗多，通觀全書，有引《觿》者，即指岡白駒之《世説新語補觿》，共計二十四則；有引《考》者，亦偶作“桃氏”，指桃井白鹿之《世説新語補考》，共計六十五則；有引《鈔撮》者，亦偶作“竺常禪衲”，指大典禪師之《世説鈔撮》，共計一百五十二則；又有一則引《集成》者，指《世説鈔撮集成》；有引《索解》者，乃指平賀房父之《世説新語補索解》，共計一百則；有引《釋》者，間作《音釋》，即指恩田仲任之《世説音釋》，共計五十四則。此外，尚有舊本固有之注釋評論，如劉孝標、張文柱等注，劉辰翁、王世懋、李贄等評，皆在其采擷範圍之内。就以上諸家而言，尤爲秦滄浪所推崇者乃恩田仲任，儘管其引用數量並非最多，然其徵引方式，多作“詳《釋》”，偶作“見《釋》”或“《音釋》詳之”，幾乎無一而非、全面接受。此或亦與其任職尾張藩校明倫堂有關，蓋恩田乃尾張先賢，且曾任繼述館總裁兼明倫堂教授。滄浪之注《世説》，甚或受恩田之啓發影響。滄浪一生好學不倦，此前諸家未有如此廣泛彙總前人注釋成果者，故其學問傾向，頗有綜合集成之性質。

然博學家並非無獨特見解者，如滄浪之引述諸家，往往有斷制。如《賞譽上》“王平子邁世有儁才”章有“歎息絕倒”語，乃引《考》（據宋人趙與時《賓退録》説）、《鈔撮》《索解》等諸家注後云：“按：笑極亦倒，歎極亦倒，二義通用。猶悲極亦泣，喜極亦泣也。趙與時以流俗所用爲非，拘矣。”又《賞譽下》“邊文禮”章釋“單衣”“襜褕”，先羅列《考》與《索解》而後云：“按此言其所覆被有大小廣狹，則《索解》得之。或以九州爲織文，鑿矣。”又《品藻下》“簡文問孫興公”章並列《鈔撮》《索解》二説云：“按二説未得注意。蓋言常人以其所爲爲不孤負其才，深知其爲人者，不重其德業也。”本書爲日本人而撰，故常引用日本本地物産、名詞及語言習慣爲釋，如《言語中》“庾公嘗入佛圖”章云：“佛圖亦作浮屠，即塔也，此言寺耳。本邦人呼佛爲浮屠家，

亦是。”又如《文學中》“宋處宗甚有思理”章釋“長鳴雞”云：“長鳴雞出九真、
交趾、越雟諸處，蓋南土産，然與我邦所在占城雞異矣。”又如《賞譽上》“王
戎目山巨源”章釋注中“稱謂”一詞云：“稱謂讀作謂稱，是本邦博士家讀例
也。”甚至有加以發揮者，如《方正下》“向雄爲河内主簿”章釋“君臣之義”
云：“按長官屬吏稱爲君臣，猶我以長田忠致爲弑主。鼎別有論。”案：長田
忠致爲日本平安朝末期武士，住尾張國（今愛知縣）知多郡，本爲源義朝家
臣，平治元年（1159）源義朝兵敗，逃避至其家，爲長田所害。滄浪云“鼎別
有論”，當另撰有一篇史論。滄浪之注又往往解釋當時俗語，如《品藻上》
“明帝問周伯仁”章“鑒方臣如有功夫”注云：“按：功夫，用力也，魏晉間俗
語。魏王蕭上疏：治道功夫，戰士悉作。《南史》：宋文帝書天然勝羊欣，功
夫少於欣。一説功空通用，言費日月而成也。”又《賢媛》“周浚作安東時”章
“汝若不與吾家作親親者”注：“親親，即親也，六朝人有此語。”然《世説新
語》以記言爲主，實不易釋，滄浪本儒家“知之爲知之，不知爲不知”之訓，凡
不得其解處，往往明文揭出，如《德行上》“晉文王稱阮嗣宗”章注提及“故太
尉荀景倩、尚書董仲達、僕射王公仲”諸名，滄浪云：“董仲達、王公仲未考。”
又如《賞譽上》“庾太尉目庾中郎：家從談談之許”，滄浪云：“鼎按：此章難
解。”再如《輕詆上》“舊目韓康伯，將肘無風骨”，滄浪云：“將，又作捋，將肘
難解。”凡此諸例之難解，古今同然。但亦偶有本不難解而未解者，如《任誕
下》“陳暄文才俊逸”章注引陳慶之語：“何水曹眼不識盃鎧，吾口不離瓢
杓。”滄浪云：“何水曹，不詳何人。”案：何水曹即梁代何遜，曾任建安王水
曹，又任尚書水部郎，後人往往以何水曹、何水部稱之，以能詩而不能酒聞
名。杜甫《北鄰》有“愛酒晉山簡，能詩何水曹”句，將兩者相對而言，文同
《不飲自嘲》更有“能詩何水部，眼不識盃鎧”句，乃直用陳慶之語。此外，亦
偶有訛誤者。如《文學下》“孫興公云：《三都》《二京》，《五經》鼓吹”，劉孝標
注云：“言此五賦是經典之羽翼。”王世懋評：“鼓吹二字殊妙，此正不得以羽
翼解。”滄浪云：“鼓吹，鐘鼓笙笛也。《索解》：鼓吹猶絲竹管絃。是以五經
爲歌唱，二賦爲八音也。故王以羽翼爲誤。”案：此所謂“鼓吹”，非指樂器，
乃指“鼓吹樂”。魏晉以來，人聞鼓吹樂則心情激動，陸機《鼓吹賦》乃有“馬
頓迹而增鳴，士嚬蹙而霑襟”之描寫，故《太平御覽》引述孫綽語，置於“樂
部·鼓吹樂”下，實爲有見。此語蓋謂《三都》《二京》不僅符合儒家教義，且
具强烈藝術感染力，足以推廣儒家經典，劉注“羽翼”二字亦當如是解。

滄浪好作古籍校勘，其箋《世説》亦難免技癢。《賢媛》"賈充前婦是李豐女"章後，原本下一章爲"賈充妻李氏作《女訓》"，爲王世貞所删，滄浪之箋則補全之，並下按語云："王本删之，即前注'齊獻王妃'與'太子妃母'俱不明矣。今爲補此。大抵舊刻膠柱鼓瑟，繁芿脱訛，並不點勘。兹稍爲删潤，尤冀簡該。然一時走筆，正未盡意也。"亦可略窺其爲學宗尚。

本書存世版本較多，如文政九年秦氏滄浪居刊本、天保六年序尾張美濃書屋伊六等刊本、大阪岡田群玉堂河内屋茂兵衛刊本等，差異僅在序文之有無。

九、《讀世説》

《讀世説》二卷，近藤君達、齋藤子信、横山乾甫著。

近藤君達、齋藤子信、横山乾甫，生平不詳。但據爲本書作序跋者，可略作推論。除横山氏自序者外，另有署名"醒廬誠"者爲之序。案"醒廬"姓萬波，名俊成，又名誠，號醒廬、後堂，故"醒廬誠"即萬波誠（1762—1843）。其人師從那波魯堂（1727—1789），爲岡山藩儒，閑谷學校教授。序中稱近藤、齋藤、横山三氏爲其"友人"，撰序時間爲己卯四月，據横山惕（"惕"當爲其字，"乾甫"爲其號）序，寫作時間爲文政二年己卯二月，可知"己卯"即1819年。又有爲此書作跋者，署名秋山弘道（1776—1848），秋山字子皓、能甫，號春潮，亦爲岡山藩儒，閑谷學校教授，跋文撰於"文政二十己卯立夏後三日"，此處"文政二十"當爲"文政二年"之誤（文政共十三年，不可能出現二十年）。跋文亦稱三位作者爲"吾友"。從序跋時間相重看，作者三人與萬波誠、秋山弘道不僅爲同時代友人，且地近人邇，很可能同爲岡山藩儒、閑谷學校教授。其書撰成於文政二年，目的也在爲後進讀者析疑解惑。

自岡白駒爲《世説》解"觿"以來，爲之作注解者一時蔚然成風，釋大典一人便有《世説鈔撮》《世説鈔撮補》《世説鈔撮集成》《世説匡謬》等著，至文化年間（1804—1818）《世説音釋》《世説講義》出，其内容由簡趨繁，卷帙由小變大，篇幅由短增長。普通讀者不但頗以爲苦，且衆説紛紜、莫衷一是，讀者亦有無所適從之難。本書作者有鑒於此，遂參考群籍，删繁就簡，成《讀世説》二卷。同時代秦士鉉撰《世説箋本》，則以彙總綜合爲特徵，與此書恰成對照。

本書以簡約爲最大特色,其序跋中已予揭櫫。如醒廬誠《序》云,作者"旁涉群籍","鈔録其明白易通者",特色在於"擇其要約";橫山自序亦云"注家紛紛,正使人迷於多岐",此書乃"摘衆説之捷且穩者録之,命曰《讀世説》";秋山弘道《跋》亦云此前諸家"人人競新,遂使讀者無所適從",而本書作者"相與論訂衆説,取其當者,訓詁引援,儘爲碓(確)實"。本書諸解雖多本前人之説,但對前人意見一般不作明確引録,對各家歧義亦不予辨析,全書僅有一處例外,《方正下》"阮(原文誤作'元')光禄赴山陵"章"我入"至"不易"數句下云:"諸説紛紛,皆不明允。《觿》云:'打人不易,言能打人之不易打。'《考》云:'不易句,易去聲,不容易也。'《解》云:'容易打人也,不易也。'姑録三説,以備參考。"即載録岡白駒之《世説新語補觿》、桃井源藏之《世説新語補考》及平賀房父之《世説新語補索解》三家之説,以作對比。惟此書抄者頗大意,其録《索解》云云,原文作"以其容易打人之故也,不易,易也",抄録者漏寫一"易"字,意思便相反。有時誤抄處過多,幾乎不能卒讀,如《賞譽上》"簡太尉"章"家從談談之許"下云:"此語未詳。'從'一作'誦','許'作'辭',一作'家從談之祖'。"此處仍用《索解》文字,"簡太尉"當作"庾太尉",注文云:"此語未詳,必是誤。原本注有'從'一作'誦','許'一作'辭',一作'家從談之祖'十五字,王以意解削之也"。又書中有五處明確引用《音釋》者(即恩田仲任之《世説音釋》),惟多數情況乃不出其名。

從序跋中可見,此書乃"會讀"之成果,醒廬誠謂此三人"共讀《世説》",橫山惕自謂"近與一二同志會讀此書",秋山弘道亦謂三人"相與論訂衆説"。案:"會讀輪講"制乃由荻生徂徠所倡導,其目的在力鏟"貴耳賤目"之陋習,以此達到對原典之深入理解。《世説新語補》爲徂徠所提倡讀本之一,他在爲門人木下蘭皋(1681—1752)開列之書單《示木公達書目》中,便有《世説新語補》,爲"吾黨學者必須備座右,不可缺一種"之一。對該書之"會讀",勢必促進對此書之講解注釋,本書正爲顯著一例。惟總體觀之,此書勤勉有餘,新見不足,亦不得爲之諱者。

十、《世説講義》

《世説講義》十卷,田中大壯著。

田中大壯(1785—1830),越前(今福井縣)人,名頤,字大壯,號履堂。

本姓青山，後出嗣田中適所。師事皆川淇園（1734—1807），仕津藩，後以講説文辭爲業。享年四十六歲。著有《學資談》一卷、《字義》六卷、《譯文拔類》二卷、《文章軌範講義》七卷、《學庸正義》二卷、《論語集注弁正》二卷、《論語集解新説》四卷、《論語講義》六卷、《孟子講義》七卷、《文章規範揭厲》二卷等。

書名“講義”，則表示重在解釋内容大意，而非語辭典故，此乃本書最大特色。杉山信良藏《附言》已云：“‘講義’二字，則特標此解所作之大意云。”又云：“《世説》由來可謂有注，而不可謂有解，故曰《世説》之有解，自此書始矣。”其外在標誌即每章以四字概括大意。杉山云：“每章必冠標目四字，聊以甄别章首，然而夫‘講義’之大體，亦庶可觀於此矣乎！”出於爲門人講解文義之需要，田中往往不厭其煩，爲之提點解析。

杉林修曾比較此書與前人之異同云：“前是有岡氏千里者著《觿》，《觿》不能解紛；桃氏原藏作《考》，《考》無明徵；僧大典采二家之言以録《集注》，尤雜矣。夫三子以爲妙在辭外，是以不務解其辭，而注於所援之事迹典故，要此棄本鶩末之繆見，實可笑也。大壯之撰也異於是矣。每章必首標四字以示大意，而文字之呼唤，前後之照應，妙中肯綮，則所伏之微義躍如，辭中理亦不掩矣。”（《世説講義序》）即便上溯至中國諸家注評，亦多未能愜意者，如加賀三宅邦云：“孝標注，古來稱名筆，然以余見之，臨川本意在令古人芳躅勝踐，仿佛乎短章隻句之間，如其事迹始末，則群史既已矗然，奚必探諸兹乎？乃孝標所爲，殆非作者之心矣。何氏所增，文柱注之，亦同轍耳。若辰翁、卓吾批評，亦唯隔靴搔癢，隔膜眠影，曷嘗得瞷真妙之境乎？”（《世説講義序》）米寅亦云：“孝標之注，引徵該詳，然非釋其意也。”（《世説講義跋》）凡此皆以水落石出法推崇田中此書，其重心落在《世説新語》文章之妙與辭理之精。

首先爲結構，其於《世説》前四篇下注云：“蓋人之所要，莫先乎德行焉，所以爲編首。”繼者云：“有德者必有言，所以次之。”繼者又云：“有德有言當用之於政事。”繼者又云：“德、言之成，實資於文學焉。”至“方正”篇下作一總括云：“上四篇擬四科序，下諸篇不必有次。”

其次爲各章文脉。如《德行上》“陳太丘詣荀朗陵”章“餘六龍下食”句下云：“此更添插一句，見相待極厚，食必精潔。”又“文若亦小，坐著膝前”下云：“又與‘載著車中’對，於是宛爲一雙幅畫。”又“王祥事後母朱夫人甚謹”

下云：“二字冒頭，因揭下二事以實之。”又《言語中》“道壹道人號整飾音辭”章“林岫便已皎然”下云：“已上六言四句，所謂‘整飾音辭’者，而有使人速老之意也。”又《雅量上》“祖士少好財”章云：“以財之可貴者對屐之可賤者，文有奇想。……姑託‘未判’以起下文耳。”又《品藻上》“諸葛瑾弟亮及從弟誕”章末云：“上十八字補添，特説虎狗不及龍。蓋龍之爲靈昭昭，不須解釋而見其貴也。作者苦心，得反説法。”

其次爲句法。《言語下》“王韶之少家貧”章“我常自耕耳”下云：“此與‘我常自教兒’同句法。”將《德行》“謝公夫人教兒”章相與勾連。又《言語中》“陸機詣王武子”章：“‘千里’，湖名，以對‘數斛’。”可見對仗之美。

其次爲用字。如《德行上》“庾公乘馬有的盧”章：“凡曰‘或’不稱其名者，率皆迷妄不經者之言，而不欲表揭之者，古人詳於善而略於不善之遺意耳。”此可與“王平子、胡毋彦國諸人”章中之“或”相參。又《賞譽上》“陳仲舉嘗嘆曰”章下云：“凡以材用稱曰‘若’，以器度稱曰‘如’。”此例可通用於《賞譽》全篇。

田中此書，固然有如牛尾介之所表彰者，所謂“提綱振目，脉絡關鍵，一一辨晰，猶庖丁解牛，動中肯綮，聞者莫不厭心”（《世説講義序》），但望文生義處亦自不少。篇名解釋如“簡傲”：“此謂簡約守己而倨傲過度者也。”此非“簡約”之“簡”，實乃“簡慢”之“簡”；又如“排調”：“排，斥也。調，嘲也。”此非“排斥”之“排”，實乃“排（俳）諧”之“排”。又如《德行上》“華子魚從會稽還都”章下云：“義故，謂朋友也。”似流於泛泛，實指蒙受恩義之故舊。又《捷悟》“魏武嘗過曹娥碑下”章“絶妙好辭也”下云：“意謂彼有容色少女，女子而受苦辛如是，豈不絶妙好辭可以贊歎乎？”此釋更不知所云。又《文學中》“庾子嵩讀《莊子》”章“了不異人意”句，於“了”字下云：“句。”并釋云“言其書解了”，實則此五字當連讀，“了”釋作“完全”，庾氏意謂《莊子》所云與其意正同。又《文學下》“桓公見謝安石作簡文謚議”章“此是安石碎金”下云：“言謝與簡文，猶全璧與片金，故此文在謝僅爲碎金，亦不足用全力也。”前人多謂“碎金”乃形容文章之如斷縑零璧，即便在此處非褒美之詞，亦不涉安石與簡文二人之比較，更非出於“不足用全力”之蔑視態度。

作爲淇園門人，田中之《世説講義》理應與淇園之《世説啓微》有學術淵源。然夷考其實，直接聯繫似不多見，惟《文學中》“孫荊除婦服”章“未知文生於情，情生於文”下云：“上情屬孫，下情屬王，此爲詭換法。”實本於《世説

啓微》。田中諸同門爲此書序跋，或云"先師淇園終身以明經爲任，其著書
之饒，世之所知。而唯如斯書，則聊染指鼎中，亦不暇細嚼滋味以作食品，
是以學者往往持舊説以泣途窮"（杉林修《世説講義序》）。或云"先師淇
園翁著述極饒，而獨欠此書，豈非有待遺之先生邪？"（小森貫《世説講義跋》）
蓋淇園之《世説啓微》身後始出，刊行於文化十二年（1815），而《講義》刊行
於次年，故撰著之際，未必能够完全參考。但身爲淇園門人，亦當有耳濡目
染之影響。加賀三宅邦云："大壯同余唱淇園氏學，最深得先師之意。蓋中
古以來，學失其方，解書者但效故依樣，愈詳愈鳖。先師於是一洗千古，以
斬其派。大壯善得其衷，以演諸茲，誠可以令世之膚學者更路改軌，悟讀書
之方也。"（《世説講義序》）牛尾介之亦引用淇園口説云："世人常言言語文
章，而却不知文理即語勢也，是致文章不明之由矣。《世説》之一書，直以言
語爲文章，晉人之口氣存焉，而從前注家，專務浩博，旁生支葉，如其文章，
舍而不講，是以世之讀者，徒醉夢其言辨之華與其氣韻之高，而不能推文
理、審語勢，求其意味之深遠。譬如田舍翁看演劇，不知其爲何故，而徒評
其態度。"（《世説講義序》）可見田中《講義》之宗旨，實本於淇園之"推文理、
審語勢"。其釋"雅量"云："雅，常也。此謂臨事見其平常之有度量者。"亦
與淇園一脉相承。

附：日本"仿《世説》"著作叙録

一、《本朝世説》

《本朝世説》，林榴岡著。

林榴岡（1681—1758），名恁、信充，字士厚、士僖、春察、士信，通稱七三
郎，號榴岡、快堂、復軒、翼齋、彩雲峰、龍洞。林鵝峰（1618—1680）之孫，鳳
岡（1644—1732）之次子，林家第四代大學頭，謚正懿。有《榴岡詩集》五卷、
《正懿先生文集》六卷、《續國史》十八卷、《越後孝婦傳》一卷、《越中孝子傳》
一卷、《孝子十五郎傳》一卷、《詩法蠡測》三卷等。

自劉義慶撰《世説新語》，其體例、風格影響後世甚鉅。唐人有王方慶
《續世説新書》、劉肅《大唐新語》（明人改題《大唐世説新語》），或增補，或廣
續，已開"仿《世説》"之例。至宋而有王讜《唐語林》，"分門記唐世事，新增

《嗜好》等十七門”，遂有“《世説》體”（見晁公武《郡齋讀書志》卷三“小説類”）之名。衍至明清兩代，效者尤衆，魯迅評爲“纂舊聞則別無穎異，述時事則傷於矯揉”（《中國小説史略》第七篇），冷眼辣舌，措辭稍酷。所謂“《世説》體”者，其外在標誌即分門，合其風格之“或詞冷而趣遠，或事瑣而意奧”（袁褧《刻世説新語序》），則爲文體典型。後人效仿續補，或有僅取其一者，不妨以廣義“《世説》體”視之。其風東傳，故朝鮮、日本亦有仿作。

　　《本朝世説》乃日本仿“《世説》體”之著，其撰述宗旨皆有林家之學特色。林家世代爲昌平黌大學頭，自第一代林羅山（1583—1657）始即愛讀《世説》，欲加訓點而未能，由其子林鵞峰完成。林鳳岡克承父祖，爲一代碩儒。榴岡以父爲師，傳其學統。在林家心目中，《世説新語》爲史部名著，林鵞峰即認爲“正史多本之者，漢魏亦有補史之闕者”，劉注“非尋常解釋之比，而可爲博識之助者也”（《世説點本跋》）。林榴岡之仿《世説》，亦本此意。關修齡（松窗，1726—1801）即謂劉義慶書“其體裁蓋得《春秋》筆削之法”，而榴岡乃“深於臨川氏者”，其書“類列義例大抵規摹《世説》，亦不必盡放效於臨川”（《本朝世説序》）。既以“本朝”（即日本）冠名，則亦存有與中國相頡頏之意。觀其自序，不僅一而再言“何必恥中華”，且告誡後生“勿誇中華”。又以“君子國”自居，且謂孔子之欲居九夷、乘桴浮海，意在藉日本以行其道。故本書所表彰者，多能與中國相媲美之神德、禮典、人物、政道。此類言論，朝鮮半島雖早已有之，而日本至江户時代方始出現。

　　劉義慶書原分三十六門，本書尤重其前四門。關修齡序本書云，“若其《德行》《言語》《政事》《文學》諸篇，取諸孔門四科，其餘則波及耳”，“臨川之意專在四科，則斯編不備門類亦何害”。《本朝世説》共分十門，其中《方術》《惡逆》兩門乃新增者，前四門則完整保留，故其核心仍在儒家思想。其《德行》篇褒揚之價值無非忠、讓、仁、孝、賢等觀念，《言語》篇並不及清言玄談，而重在嘉言懿行，《政事》強調仁愛，而尤重《文學》。其文字風格與《世説》迥異，乃憫時憂世之書。其內容斷自保元（1156—1159）之前，蓋緣此後歷史“君明則臣暗，臣明則君暗，而君臣兩全殆希也”，總根源即在“文學之衰”。而“文學”宗旨俱在“周公、孔子之教”（《文學》）。

　　本書既以史書自命，其內容亦皆出於史籍。卷首列《援用書目》三十八種（舊淺草文庫本），雖以史籍爲主，亦有文集、物語、和歌如《菅家文草》《本朝文粹》《平治物語》《萬葉集》等。惟全書百二十九件（目録誤作“百二十七件"），實際所采則多本於林鵞峰所撰《本朝通鑒》（四十件）、《續本朝通鑒》（七十七件），少數條目出自《日本書紀》《史館茗話》（參見本間洋一《"本朝世説"の基礎的研究と本文》，載《同志社女子大學學術研究年報》2005 年第56 卷）。其他諸書，當爲參照之本。

本書版本系統有二：一爲"舊淺草文庫"本，據云爲作者稿本，今藏日本國立公文書館；另一爲抄本，今藏日本國會圖書館，爲該館於明治三十年（1897）五月十四日購進，又有西莊文庫舊藏抄本，今藏京都大學圖書館，二抄本內容一致。除文字稍有異同者外，抄本與稿本區別較大者在，"舊淺草文庫"本有關修齡序，而抄本無此序；又"舊淺草文庫"本闕《方正》篇，而抄本完好。此外，兩本雖皆有林榴岡自序，然最末一句有較大差異，關係此書著作時間。"舊淺草文庫"本作"寶曆二年壬申仲春下旬，書成之後，龍洞林祭酒信充把筆於斜好館中之夕佳樓下而序"，作序時間爲寶曆二年（1752）。抄本作"寶永元年冬之季旬之下，龍洞林恖士偁甫滴硯於梅花之清露、把筆於松陰之静處而序"，作序時間爲寶永元年（1704），相差四十八年。若以後者爲準，此書果真撰成於寶永元年，則堪稱日本首部仿"《世説》體"之著。關修齡《序》亦云："我邦有《説》，蓋自先生始矣。"然而關《序》作於寶曆壬申（即二年），且謂"我國子先生述爲《本朝世説》成，以示不佞修齡，俾志其端"，則撰序之時亦即書成之時。又"舊淺草文庫"本爲作者手稿，其自序有"書成之後"四字尤堪注意，故可確認本書寫成於寶曆二年。抄本"寶永元年冬之季旬之下"云云，若非抄手之誤，當爲其有意著作預先撰序之時。服部南郭之《大東世語》五卷撰成於寬延元年（1748），有寬延三年（1750）嵩山房刊本，且在寬延四年已有方寸庵漆鍋之《大東世語考》二卷，皆早於寶曆二年。故《本朝世説》並非日本首部仿作，關修齡之語不確，應予糾正。

二、《大東世語》

《大東世語》五卷，服部南郭著。

服部南郭簡介見前。服部氏對《世説》情有獨鍾，撰《世説遺》《世説補補釋名》，前者有關《世説新語》，後者有關《世説新語補》，其《大東世語》則爲仿日本首部"《世説》體"之著。

《大東世語》五卷二冊，收錄自平安朝（794—1185）至鎌倉時代（1185—

1333)天皇、王公、貴族、僧侶之逸聞軼事三百五十四則,以劉義慶《世説新語》爲藍本,"因事而附標,不援標而選事,故亡者闕焉"(《大東世語自序》,"標"指門類),共分三十一門,闕《自新》《儉嗇》《汰侈》《讒險》《惑溺》五門,次序亦一依劉書。據其自述,"《世語》節選自《三鏡》(指《大鏡》《水鏡》《增鏡》,爲日本歷史故事集)《江談(抄)》《十訓抄》《今昔(物語集)》《宇治拾遺(物語)》《徒然草》"(《文會雜記》卷一之下),而據方寸庵漆鍋《大東世語考》(1751)所列,尚有《三代實録》《續日本後紀》《文德實録》《日本後紀》《榮華物語》《古事談》《東鑑》《北條九代記》《續古事談》《古今著聞集》《本朝文粹》《平家物語》《源平盛衰記》《元亨釋書》《沙石集》《袋草子》《無名抄》《本朝蒙求》《本朝語園》《太平記》《井蛙抄》《拾芥抄》等,采擷頗豐。正文而外,服部又綜羅文獻以爲自注。或叙人物履歷,或載相關事迹;或采異聞,或兼考證。

　　"大東"一詞,代指日本。以"大東"自命,始於朝鮮半島。其初僅自名爲"東"或"東人""東國",以著作而言,如《東文選》《東人詩話》《東國輿地勝覽》。繼而誇張爲"大東",如《大東韻府群玉》《大東詩林》《大東樂府》等。日本以"大東"自稱,始於元禄(1688—1704)、寶永(1704—1711)年間,如荻生徂徠(1666—1728)、平野金華(1688—1732)等,約略與服部南郭同時。萩野鳩谷(1717—1817)《東藻會彙·地名箋》"日本總稱"下列"大東"一詞,其語源取自荻生徂徠,雖非探本之言,亦頗合日本文獻實況。其中多寓與中國頡頏之意,以平野氏爲服部所撰《南郭稿序》爲例,一則曰"知我大東,人文涣發,與元精之鬱勃,彬彬乎於今爲盛哉";二則曰"吾大東仰於天文,俯於地理……數千年之間涵濡不遺,比屋可封,與夫堯舜設教之國,篡弑爲常,反覆無恥,穿廬明堂,左袵髟龏,以華變於夷而後已者,天淵不啻";三則曰"遂令吾大東抗衡於堯舜之國者,子遷邪非邪? 非子遷之志者,亦子遷之志也"(《金華稿删》卷四),與中國相抗之意顯然。至於以"大東"名書,亦似以服部氏爲最早,其後有永忠原《大東詩家地名考》(寶曆十年,1760)、户崎允明《大東古今詩隽》(明和九年,1772)、舟木嘉助《大東詩集》(天明二年,1782)等,甚至影響及庶民文學,如金羅麻《大東閨語》(插圖本色情笑話)。服部雖爲徂徠弟子,然二者對中國態度有異。《先哲叢談》嘗記服部南郭每以"海外"或"彼邦""彼方"稱唐土,未嘗稱"中華""中國",與徂徠之自題"東夷物茂卿"者大相徑庭。《知不足齋叢書》本《論語皇疏》有南郭序文,其"中華”二字爲鮑廷博所改。故《大東世語》即日本之《世説新語》，與《本朝世説》《皇和世説新語》之名一意。其所闕之門類，亦多屬人生負面者，以示“大東”無此類事。

　　本書撰述時間頗久，據服部氏書成後《自序》，早年讀《世説新語》，深感平安時代之“冠冕承世，資格異門”，與兩晉王、謝子弟之“琳琅芝蘭”，雖有時地之異，“何其雅尚標望之相似也”。故在其齡方壯之時，“旁讀家乘所記，有感於此”，“乃且隨見摘收，既已删潤以屬稿矣。中遭冗劇，棄而不卒，其稿亦從散亡”，忽忽幾四十年。及至晚歲，偶於廢簏中得其散稿，遂加綜理，“假臨川氏標目，選次附之”。以此觀之，其初稿當成於寶永末、正德初（約1709—1712）。今早稻田大學圖書館“服部文庫”所藏《大東世語和草》，乃以往學者所未悉者，當爲其早歲屬稿之殘叢。該册有服部元雅（白賁長子，南郭長孫）於天明八年丁未（當作戊申）孟春正月四日識語，謂該册乃其祖南郭翁爲撰《大東世語》而自《三鏡》《徒然草》《太平記》《本朝語園》《江談抄》《元亨釋書》等書節録之條目。全文以日語書之，故曰“和草”，最後成書仍以漢文爲之。蓋服部氏雖標榜“大東”，其意非謂日本之堪勝於中國，乃謂日本之文雅不亞於中國，是“華”而非“夷”，標準仍在漢文化。其《言語》篇辨“止觀”非“四卷”，注云“四止、觀卷，方言相亂”，即指日語皆讀作しかん，故容易混淆。謂日語爲“方言”，則“雅言”乃屬漢文。

　　本書采擷以往文獻，無論原文爲日文或漢文，寫入本書，皆經服部氏翻譯或改撰，其文體風格一循《世説》之舊，以合“情協令旨，言中韶音”（《自序》）之意。詞彙如“將無”（《文學》）、“田舍翁”（《識鑒》）、“風流”（《品藻》）、“雅情”（《尤悔》），句式如“詩用千里，意已蕭條；至云萬里，更自遥遥”（《言語》），“雖有百術，不如一清”（《政事》），形容如“此公俗情未脱”（《方正》），“紀齊名體制如宮宅半舊，帷簾小敝，寒月獨夜，思婦彈箏其中；江以言如白沙如雪，落花滿庭，出舞陵王；江匡衡如壯夫，攓赤甲、策駿馬方出關門”（《品藻》），“不修儀則，人目醒日如泥”（《任誕》）等，皆極有《世説》風味。故《大東世語》與《世説新語》既標目大同，復風格相似，乃日本仿“《世説》體”之典型。

　　服部南郭於“《世説》”多有著述，乃成其家學，其中亦含《大東世語》。現存《大東世語姓名考》一卷，用《蹈海集遺》稿箋抄寫，此集爲南郭之子白賁之詩文集，字迹近似服部元雄（白賁之子）。其内容仿照《世説新語補釋名》,將《大東世語》中人物異稱彙爲一編。又有《大東世語備考》一卷,自《德行》至《捷悟》,提示每則要義,亦有標注出處者,如《言語》"實資自少稱"下注"《語園》","源納言顯基"下注"《徒然草》卷之一",《文學》"管(當作菅)三品片(當作岸)柳論力詩"下注"《江談抄》卷之",《雅量》"袴垂京都大盜"下注"《前太平記》卷之、《語園》《續古事》",《品藻》"淑望目先達和歌之體"下注"《古今集序》","忠文東征"下注"《前太平記》",重衡被虜千壽彈琴下注"《平家物語》"等。至如《識鑒》"承保中詔匡房搜《朗咏集》餘句"上注:"朗咏,此二字見《文選》孫綽《天台山賦》。"乃涉及語源之釋。此書亦抄本,作者不詳,當爲服部氏後人。以上二書今藏早稻田大學"服部文庫",亦不見以往學者提及,而實有可資參考者。

三、《皇和世説新語》

《皇和世説新語》二卷,慧珣定環著。

慧珣定環,生平不詳。此書自序於天明戊申(1788)十一月,正文書名下署"日本濃州鹿野苑慧珣定環著,附弟忍澄訓點"。據《東藻會彙·地名箋》,"濃州"即東山道美濃(今岐阜縣南部)之别稱。忍澄在作者《自序》中亦提及,爲此書之刊刻者。此書雖撰著於天明八年,然作者於此前服部南郭之《大東世語》及林榴岡之《本朝世説》一無所知,故《自序》云:"中華有《世説》,吾邦未有。然則於熙朝亦寧得無其人其事哉?蓋按未載諸筆也已。"且自謂其書仿《世説》之門類,自《德行》至《夙惠》,成《皇和世説新語》二卷。所謂"皇和",亦日本之總稱,見《東藻會彙》卷上,語源仍出荻生徂徠,頗含自負之氣。書中稱"鹿苑"者,細審其言,即作者自稱。可知其另著有《重修韻鏡》(《簡傲部》其二"傲原圖云"),並善爲滑稽之文。

本書分門盡仿《世説》,凡二十三類,除《德行》《言語》《政事》《文學》外,數量及次序皆有變更。乾卷四十則,坤卷三十則,共計七十則,其中四則爲"當山補處",以"補云"(見《德行部》)或"補言"(見《識鑒部》《夙惠部》)標示。所紀諸事,上起平安時代,而以當代爲主,最近之事記至天明八年(見《豪爽部》其三"行拔榜"、《捷悟部》其三"讀謎曆頌")。文中略有自注。

本書雖爲仿《世説》體,其所仿者以形式言,實非劉義慶《世説新語》,乃王世貞《世説新語補》。觀卷首所列"附釋名",即可了然。其中所涉三十二人，僧人約占三分之一，故表彰佛教處不一而足。《德行部》固然有遵循儒家原則如“仁厚”“好賢”“至孝”等，然將一休禪師以尿滌地藏菩薩之頂謂之“名師灌頂”，且收“懊惱頓躅”之效，納入《德行部》，實類同兒戲。其與《世説》相關内容，一見於《政事部》“國初三奉行”則，引“叔夜有言：蝨著頭而黑，麝食柏而香”，語見《世説·文學》“舊云王丞相過江左”章劉孝標注；二見於《捷悟部》“讀謎曆頌”則，贊嘆某人“黠慧捷悟，勝讀魏武碑銘也矣”，事涉《世説·捷悟》“魏武嘗過曹娥碑下”章，實爲魏武讀碑銘。又《簡傲部》其二“傲原圖云”，自詡所著《重修韻鏡》可傲視華人。角田簡（1784—1855）曾嘲笑清人王晫《今世説》“雖自己事亦采入，幾於兒戲矣”（《近世叢語·凡例》），可移以爲評。除此而外，其記録又多涉粗醜，作者《自叙》再三以“兒戲”自嘲，亦非無因。

　　《世説·容止》所記多風姿俊秀如珠玉朗月之人，本書《容止部》共二則，其一“外腎勢異”，其二“面有異相生再齒”，重心在“異”，格調猥俗。《世説·巧藝》所記皆善琴棋書畫者，本書《巧藝部》竟入以“放屁爲能”（其二）者，且在《紕漏部》其二“張藩盛土禁焉”中再次述及，描寫趣味賤鄙。蓋自林家與徂徠提倡《世説》以來，其重心同中有異，前者在歷史，後者在語學，尤其重在“唐話”，而所謂“唐話者，華之俗語也”（白樫仲凱《跋唐話纂要》）。故岡白駒既著《世説新語補觿》，復撰《譯準開口新語》（1751），所記皆中日笑話，如馮夢龍《笑府》之類。本書所循者亦此文體，如《排調部》其一“異貌似狄”，記豐臣秀吉問下屬何以人言其貌如猿猴，答曰：“君豈肖猿哉？猿還肖君也。”即改寫自岡白駒《譯準開口新語》中“非謂主君之面似猿也，猿反似主君之面耳”一則。作者頗有“文章華國”之願，《文學部》其二“常山人”，借元和仲秋（當作天和二年，1682）朝鮮通信使正使東山尹趾完之筆，以“未入扶桑界，先聞水户名”之句贊美水户藩主德川光圀（1628—1701）。又其五“全辯古義”則表彰物徂徠，許之以“既自孔子没以來，漢儒亦見稀也”。既有此心，而又以滑稽自喜，下筆尤多“售醜”（《自序》語）處，可謂自穢其書。

四、《近世叢話》

《近世叢語》八卷，角田簡著。

角田簡（1784—1855），大阪人，名簡，字大可、廉夫，通稱才次郎，號九華。原爲大阪岡藩邸計吏中島休治之子，幼時父亡，受富商升屋小佐衛門之庇護，入大阪懷德堂書院從中井竹山（1730—1804）學。後爲岡藩醫角田東水（1733—1797）養子，並任藩校由學館講師，弘化元年（1844）任教授。其間，曾入林述齋（1768—1841）之門學習數月。安政二年十二月殁，享年七十二歲。角田東水乃豐後岡（今大分）人，簡爲其嗣子，故本書亦署爲“豐後岡角田簡大可撰”。本書及續編之外，另著有《近世人鏡録》十卷、《孔子履歷考》二卷、《史記通》《大學通》《毛詩通》《論語集説》《學庸集説》等。

本書體例，以分類言則仿效《世説新語》而增損之，角田自謂“此編條目，闕《容止》《假譎》《儉嗇》《汰侈》《讒險》《尤悔》六事”（《凡例》），實則尚闕《黜免》，書中條目共計二十九類。卷首凡例及自注，則援《李卓吾批點世説新語補》之舊，蓋和刻本元禄七年（1694）版、安永八年（1779）校正改刻版《世説新語補》皆用之。其書初稿成於文化十三年（1816），文政四年（1821）赴江都（今東京），“官事之暇，更加是正，勒爲八卷”，十一年刊行。天保年間（1830—1844）又有改正版。

《世説》在日本江户時代，或視爲語學資料，或當作史書羽翼。本書所重恰在後者。溯其近源，則在服部南郭之《大東世語》。其《凡例》“附記”歷數明清及江户仿《世説》之著，尤致慨於《世語》之“於近世佳事也未有輯録……棄而無録，豈非一大欠事哉”，故其書斷自“元和建纛”，即德川秀忠（1579—1632）爲幕府將軍（1605—1623）以來，直至當世“既往之人”，以補《世語》僅以中古爲限之憾。進而言之，本書與《世語》之别，尚有重文辭與資修史之異，佐藤坦（1772—1859）之《序》已揭其意，堪稱卓見。

大凡修史，重在史識。本書之旨，即其《凡例》所云“全爲揄揚近世人文”。其氣概議論，皆關係當代，賴山陽（1780—1832）所謂“蓋仿體劉氏《世説》，而意自有在焉”（《近世叢語序》）。既以“揄揚”爲主，所記者便多爲“博學有道者，奇偉磊落者，淵清玉潔者，逸韻飄蕩者，奇行玩世者及高僧賢婦孝子”（《自序》語），故“夫《假譎》《汰侈》《讒險》等，最足害人心術，假令有其人，一概不存而可”。名義云“因事立目，不立目集事，故無事者闕之”（《凡例》），實則雖有其事，而凡涉“害人心術”者，概從删略，頗合《周易》“多識前言往行以畜其德”之旨，亦合方苞作文“義法”，立言須“有物”“有序”之教（《古文約選序例》）。

江户儒學雖多派别之争，角田受乃師中井竹山之影響，頗主折衷。中井以宋人王柏（魯齋）自比，嘗言“吾學非林（述齋）非山崎（闇齋），一家宋學”（《續近世叢語・方正》）。儒學之根柢始於孝道，本書尤爲强調，不僅《德行》多孝子，《賢媛》多孝婦，且嘗記一老儒勸人改過之語云：“孝者百行之首，《記》曰朝省夕定，請自此始。”某人遵循其教，“遂爲孝子”，得入《自新》。故全書以儒學爲宗，凡有害名教之事之人，皆芟薙不存，不同於劉義慶之《世説》，“究其歸趣，則或出於柱下，或原於葱嶺”（川田興《續近世叢語序》）。《德行》首章記林羅山棄佛歸儒，終啓一代文教之盛，堪稱開宗明義。又鐵眼和尚之偉績在刻《一切經》，本書所記則在其賙給飢饉，雖有名緇高僧之事，亦不在宣教。《方正》記三浦竹溪對僧言：“吾道治天下之道，而士君子之業也，與緇徒道不同矣。”《品藻》記室鳩巢評山崎闇齋“晚節好神道，使人失望”，在在皆弘揚儒道。

　　人文之可堪揄揚者，全在士氣。賴山陽《序》稱“士氣與世運相隨”，本書亦重之。如記梁田蜕巖“家唯四壁立，而氣燄赫奕”（《文學》）；太宰春臺嚴拒日光王吹笛之命，不惜破笛（《方正》）；三浦竹溪自言“見於王侯，藐其巍巍然而横佚辨説”（《品藻》）；山崎闇齋於會津侯前滔滔自述其“三樂”，而以“樂之最大者，幸生於卑賤，不生於侯家是也”（《規箴》）；僧人契沖謝水戶義公之請曰：“林壑之性，不慣謁公侯。”（《寵禮》）以此針砭“方今自稱師儒者，多無意行道，東奔西走，欲其技易售”（《文學》），故其書足以“起懦敦薄”（賴山陽《序》）。然揄揚不當，亦難免可議。如《文學》所載高暘谷（彝，1719—1766）“聰明奇拔，以詩學稱。嘗託舶來清人贈詩於禮部尚書沈德潛及其門下七子，德潛等得詩嘉尚焉，次韻酬之。……聲號由是大顯”。此乃江戶漢詩史上著名公案，所謂沈德潛及七子酬詩及賜序，皆杭州錢、尚二商倩人詭撰，高暘谷不及辨，頗以自得。數年後沈氏著作東傳，具載其却暘谷所請之事，其事敗露，人以爲恥。原田東岳（1729—1783）著《詩學新論》（刊於明和九年，1772）粗載其始末，且引大潮禪師（1676—1768）之評，斥高氏“本賤丈夫”。角田書成於其後，豈能不知，未加辨正，或與其存心“成人之美，不成人之惡”（西島長孫《續近世叢語跋》）有關。然無視事實，終是一憾。

　　此書出版後頗有反響，但所記人物多達二百四十六人，且散見各類，參考不便。東條爲親於是撰《近世叢語索引》，將人物分爲神道、國學、儒、釋、醫、書、畫、俳歌、藩臣、婦女、隱逸、庶人、雜類，編爲索引，完成於安政戊午

（1858）。此舉頗類朝鮮時代人爲《世説新語補》而撰《世説新語姓彙韻分》，皆爲讀者查找人物方便而作。

五、《續近世叢話》

《續近世叢語》八卷，角田簡著。

角田簡生平簡介見前。

此書爲《近世叢語》之續編。前編刊行於文政十一年（1828），續編則在弘化二年（1845）。與前編相比，大致一脉相承，惟門類增《容止》，減《忿狷》《紕漏》《仇隙》，共二十七門。又於目録之後更正前編三事，即以北島雪山爲北村、井上通女和歌句中以“那玖”爲“那禮”及水足博泉之死因。前編書水足自殺事，一見於《文學》，再見於《傷逝》，更正所據僅熊本藩人言其病死非自殺，亦傳聞之一，自責云云，似有隱情。前編未刊行時，《凡例》已有“當續而成書，庶爲完書”之言，且有部分章節之構撰。如《凡例》云：“書‘别見’而不見編内者，則續編載之，若《政事篇》中井竹山、《賢媛篇》荷田春滿是也。”今案中井之傳見續編《方正》，荷田小傳見續編《文學》。前編《凡例》撰於文政五年（1822），則續編之起稿當更早於此。

續編之作，宗旨一如前編。川田興（1806—1859）《序》稱其“皆足以有補於世綱民彝”，西島長孫（1780—1852）《跋》視此書“亦史之一體”。《德行》篇記僧人宜翁“時時讀《孝經》，獨盡其心”；又表彰僧卓榮之義氣，十六年無間隔爲其師求情。自注言卓榮事寥寥數語，乃以大篇幅記義奴市兵衛事，並加案語云：“市兵衛事迹與卓榮頗相似也，故附載於此。我邦纂修國史，則二子者可入於《特行傳》。”全書案語僅此一則，故尤當重視。佐藤坦（1772—1859）《近世叢語序》云：“昭代史書猶未全備，則如斯編者，或可以資修史之用，豈特羽翼之云已乎？”兩者實可呼應。《棲逸》門專立一章爲其養父角田東水作傳，既表彰其方正睿特，又推崇其蕭散自然，而終歸於孝。篇末自省云：“由賤官累被擢用，今得禄益職進者，即先君之餘慶也，豈簡之力也哉！”蓋欲自瑣屑零碎中見哲人奇士。其《惑溺》所記，多偏嗜某物而不失風雅者。如前編記柏樹齋酷嗜酒，嘗曰“酒雖薄，勝茶湯”，其言本於蘇軾之“薄薄酒，勝茶湯”（《薄薄酒》）；又記永田東皋之性嗜豆腐，乃以“黎祁庵”名齋，又自號“黎祁道人”，典出陸游《鄰曲》詩之“洗釜煮黎祁”自注：“蜀人以名豆腐。"續編僅一則，記清原雄風"獨慕大友旅人之爲人，每日飲酒陶然"，亦本於旅人《贊酒歌》十三首，見《萬葉集》。雖逍遥自適，亦雅尚風流，"未嘗至害於名教"（川田興《序》）。西島長孫比較當時流行著作，"或翻雕唐本以國譯之，或作作詩之捷法以眩貨之，至其尤者，某物語、集外傳等，殫是架空捉風之譚"，而本書則能"使惰夫頑士駸駸然不覺入群彦之林，有益於世道人心，蓋莫大焉"（《續近世叢語跋》）。

　　無論前編續編，其史料多有所本。前編攟拾《畸人傳》《先哲叢談》頗多（見《凡例》），續編則於賴春水（1746—1816）之《在津紀事》《師友志》每有采摭（參見賴惟勤《角田九華の"続近世叢語"をめぐって》），皆以剪裁爲主。

朝鮮——韓國漢籍研究

域外漢籍研究集刊　第十九輯
2020 年　頁 71—84

《高麗史》所見高麗人的孝親觀念研究[*]

鞠　賀

　　《高麗史》成書於 1451 年,内容涉及高麗一朝政治、經濟、外交等各方面重要問題,同時,《高麗史》也反映了高麗人的孝親觀念。檢索整部《高麗史》可知,在不同時期,高麗不斷地在法、禮兩方面,進行著宣揚和强化孝親觀念的實踐,積極引入中國孝親文化。在法律方面,統治階層通過頒布具體法律條文來强化高麗人的孝親觀念,並引入了《唐律疏議》的部分内容,高麗人也通過嚴刑酷法懲治不孝,對不孝行爲采取零容忍的態度。在禮制方面,借鑒中國的五服制度,並引入了《朱文公家禮》的主要思想。而《論語》和《孝經》也是高麗儒生學習的兩部重要經典,同時,高麗人的孝親觀念中也帶有濃厚的佛教色彩。孝親觀念的宣揚和實踐,有利於穩定高麗内部的社會秩序,維護高麗“君子之國”的國家形象。同時,由於高麗政府承擔著贍養鰥寡孤獨的義務,因此,孝親觀念的宣揚及實踐,在一定程度上減輕了高麗政府的財政負擔,並對高麗國家生活和社會生活的各個方面都産生影響。筆者在《高麗史》的基礎上,結合前人研究成果,擬對高麗人的孝親觀念做進一步探討,不足之處,敬請斧正。

＊ 本文係 2015 年度國家社科基金重大項目“中國古代的‘中國’認同與中華民族形成研究”(15ZDB027)、2015 年度社科基金一般項目“中國古代的‘中國’觀與中國疆域形成研究”(15BZS002)、2018 年吉林大學博士研究生交叉學科科研資助計劃項目“遼朝外交制度與東亞秩序構建”(10183201803)階段性成果。

一　高麗人孝親觀念的内容

《高麗史》反映出的高麗人的孝親觀念,體現了大量的中國文化元素。"生,事之以禮,死,葬之以禮,祭之以禮"①的觀念深入高麗人心,明宗曾下詔"今者民俗偷薄,而無禮義、廉恥、孝悌、忠信之心,至於父母,生不能奉養,死不能追遠。"②從側面反映了高麗統治階層對這一觀念的堅守,故高麗人重視對父祖輩的贍養和已故親人的祭祀。

在高麗人的孝親觀念中,贍養父母是排在首位的,政府也提倡子女對父母的奉養,肅宗六年(1101),刑部上奏"'注簿同正趙俊明父没四年,不養其母,不友其弟,使皆失所,請論如法。'王曰'朕爲政先孝弟,乃有若人耶?'可其奏"。③ 肅宗明確表達了自己在這個問題上的立場,並提出,其治國以孝悌爲先,把孝悌作爲治理國家的基石。爲了鼓勵贍養父母,高麗政府甚至不惜以免除兵役爲代價,如顯宗十一年(1020),蔡忠順上奏"軍士有父母年八十已上者,免軍就養。諸文武員僚父母年七十已上,無他兄弟者,不許補外。其父母有疾,給告二百日護視"④,蔡忠順的請求得到了顯宗的認可,政府爲百官和軍士贍養、孝順父母提供了便利條件,體現了統治階層對孝親的支持和重視。睿宗元年(1106),"東界兵馬使吴延寵奏'今所徵發内外神騎軍,有父母年七十以上獨子者,聽免。'"⑤得到了睿宗的許可。高麗睿宗時期,東北亞國際關係秩序正在經歷著劇變,女真崛起,遼政權岌岌可危。以至於高麗不得不停止使用宗主國遼朝的年號,史載"遼爲女真所侵,有危亡之勢,所禀正朔不可行,自今公私文字,宜除去天慶年號,但用甲子"。⑥ 此時的高麗不得不嚴加防範,積極籌劃軍備。但危難之際,不忘爲

①[清]阮元校刻《十三經注疏・論語注疏》卷二,中華書局,1980年,頁2462。

②[朝]鄭麟趾《高麗史》卷十九《明宗世家一》,國書刊行會株式會社,昭和五十二年(1977),頁294。

③《高麗史》卷十一《文宗世家三》,頁166。

④《高麗史》卷九三《蔡忠順傳》,頁75。

⑤《高麗史》卷八一《兵志一》,頁641。

⑥《高麗史》卷一四《睿宗世家三》,頁205。

擔負國家安全責任的士兵去贍養父祖提供便利條件,足見高麗人對孝親的重視。爲了保證對父祖的贍養,對於一般罪刑,高麗政府也多采取寬宥的態度,以保證其父祖能夠得到贍養,忠烈王就曾下詔"七十以上無守護者,其子孫犯罪流配,宜以罪之輕重,移免孝養"。① 以確保老人能夠老有所依。在高麗人的觀念裏,孝親行爲也是文質彬彬的象徵,並把是否孝親當做是區分野蠻與文明的標準之一,文宗三十三年(1079),有大臣奏有女真人全家投奔高麗,文宗曰"夷狄雖同禽獸,尚有孝心,宜令隨父母親屬徙置嶺南"。② 可見,文宗雖認爲夷狄品行如同禽獸,但對其也有孝順父母之行爲,表示意外和贊許,從側面反映出高麗人把孝親行爲當做是文明的標誌之一。

　　高麗人也提倡爲已故父祖守孝和其他紀念形式,如根據不同的血緣關係和姻親關係,爲已去世的親屬服喪。在不同時期,均有政府對孝子守孝行爲進行表彰的記載,也就是説,守孝的孝子同父母在世時有孝行的人一樣也會受到朝廷的嘉獎,體現了政府對孝道的重視,如顯宗十四年(1023),"前大常齋郎全彦追服母喪,以孝聞,請加次第職,用勸將來,從之。"③仁宗時,有孝子廉信若"丁父憂,蘆墓三年。命有司旌閭"④,並且被提拔爲詹事府録事。二者皆是因爲在守喪服孝的問題上符合了主流的孝親觀念,得到了朝廷的認可,在官職上得到了升遷。

　　高麗人重視爲尊親守孝並按時祭祀,認爲只有按時祭祀,已故父祖的靈魂才會有所依託,並認爲"故古者父母終,即葬於野,虞而安神,廟而祀之,此事亡如事存之道也"。⑤ 甚至有人主張"使人人設家廟以安父母之神,絶淫祀以塞無名之費"⑥,主張家家户户,都要對已故父母進行祭祀,對於不能以禮安葬已故尊親的人,高麗人一直將其視爲不孝的行爲,早在高麗仁宗十一年(1133),國王就曾下詔曰"父母骸骨權攢寺宇,至有累年不葬

───────────────

①《高麗史》卷八〇《食貨志三》,頁631。

②《高麗史》卷九《文宗世家三》,頁135。

③《高麗史》卷五《顯宗世家二》,頁67。

④《高麗史》卷九九《廉信若》,頁163。

⑤《高麗史》卷一一八《趙浚傳》,頁470。

⑥《高麗史》卷一一七《李詹傳》,頁456。

者。宜令有司檢察治罪,如有貧不能襄事者,官給葬費。"①充分體現了
"死,葬之以禮,祭之以禮"②的觀念。高麗人還對孟子"不孝有三,無後爲
大"的言論,根據自己的認知,做出了解釋,孟子"無後"③的本意爲自己擅
作主張,不争取尊長的意見,是最大的不孝,並援例舜,認爲"舜不告而娶,
爲無後也。"④可見,"無後"爲做大事前,不稟尊親。高麗人認爲"'不孝有
三,無後爲大'。以其絶祀也"⑤。即最大的不孝是不能留下後代爲祖先保
證定時的祭祀,是最大的不孝,可知在高麗人的觀念裏通過祭祀體現孝道
並踐行孝道是非常重要的,視死如生的觀念也占有很重要的位置。

　　對待孝親問題,無論是在高麗政府還是在民間,都有着一定的輿論傾
向,前文已述,孝親行爲會受到政府的贊揚和表彰,而不孝行爲則會受到譴
責。高宗時,有大臣盧仁綏在城破兵敗被剥奪官職的情況下,丢棄老母,許
身佛門,後被啟用,被大臣允匡指責"棄老母,游方外,不孝也;不忠不孝,天
地所不容,汝有何功位至三品耶?"⑥聞者快之,允匡對盧仁綏的指責大快
人心,也可知,時人將孝順父母作爲成爲一名好的高級官員的必要條件之
一。早在靖宗十四年(1048),就明確規定"五逆、五賤、不忠、不孝、鄉部曲、
樂工、雜類子孫,勿許赴舉"。⑦　五逆爲佛教術語,指代五種罪業,分別爲:
殺父、殺母、殺阿羅漢、破和合僧、出佛身血。在同一條法律中,重複列舉出
不善待父母的行爲,一爲五逆,二爲不孝,可見,高麗人對於官員在孝親方
面要求的強調與重視,恭愍王時期的廉悌臣逢"紅賊之亂,悌臣馱妻孥財賄
車馬甚盛,棄母而去"。⑧　被臺諫論以不孝。辛禑時,有金文鉉弑父殺兄,
"典法司言:'金文鉉弑父與兄,天下大逆,而曲蒙恩宥,得保首領,沉湎酒

①《高麗史》卷十六《仁宗世家二》,頁 245。

②《十三經注疏·論語注疏》,頁 2462。

③關於孟子"無後"的含義,歷代學者,如東漢趙歧、北宋孫奭、南宋朱熹、清代阮元、焦循
　都根據自己的理解做出了不同的解釋,此處高麗人根據自身的孝親觀念認爲"無後"
　與祖先祭祀有關,所以才被上升到了孝親這一道德層面上。

④《十三經注疏·孟子注疏》,頁 2723。

⑤《高麗史》卷一一八《趙浚傳》,頁 470。

⑥《高麗史》卷一〇一《盧仁綏傳》,頁 191。

⑦《高麗史》卷七三《選舉志一》,頁 495。

⑧《高麗史》卷一一一《廉悌臣傳》,頁 331。

色,無所忌憚。此而不懲,何以爲國? 請依律處刑,周示四方'"①金鉉文的不孝行爲,引起了衆怒,最終得到了嚴懲。元宗二年(1261),"内侍郎將崔允通以母老病,辭職歸田。允通武人,時稱其孝。"②前文已述,高麗人把踐行孝道當做是文質彬彬的標準之一,此處,刻意强調允通的武人身份,也從側面反映了高麗人的這一觀念。

爲了鼓勵孝親行爲、表達孝親的情感,高麗提倡整個社會對老者的敬重和優待。因此,太祖至毅宗時期,高麗國王宴請庶老及孝順忠義、賜給老人及孝順節義禮物的記載不勝枚舉,高麗甚至在法律上對老人予以優待,仁宗十六年(1138)規定"八十以上及篤疾人,雖犯殺人,除杖刑配島"。③不是被處以死刑,而是僅僅被流放到海島。文宗時,更是優待官員的父母,以期達到減輕官員後顧之憂,提高行政效率的目的,文宗三十五年(1081)規定"父母年七十以上、八十以下,侍丁一人;九十,二人;百歲,五人"。④在明宗之後,高麗國王親饗庶老及孝順忠義的頻次陡降,通過做佛事來表達對長者孝心的行爲成爲了主流。

二　高麗人的孝親觀念與中國文化

高麗在文化上向慕中華,除了前文提到的深受《論語》《孟子》等儒家經典的影響、在人才培養方面,把此二者和《孝經》等當做是必修的經典外,在禮樂制度方面,高麗"祖宗衣冠禮樂,悉遵唐制,迨至元朝,厭于時王之制,變華從戎"⑤。終高麗一代,在不同時期,或主動或被動地引入中國的禮樂制度⑥。

①《高麗史》卷一三一《金文鉉傳》,頁 673。
②《高麗史》卷二五《元宗志一》,頁 385。
③《高麗史》卷八五《刑法志二》,頁 713。
④《高麗史》卷八四《刑法志一》,頁 684。
⑤《高麗史》卷一一八《趙浚傳》,頁 465。
⑥高麗上承新羅,新羅即有"向慕中華"的價值取向,高麗文人金富軾認爲新羅"以誠事中國,梯航朝聘之使,相續不絶,常遣子弟,造朝而宿衛,入學而講習,于以襲聖賢之風化,革洪荒之俗,爲禮儀之邦"。(金富軾著,楊軍校勘《三國史記》卷四六《强首傳》,吉林大學出版社,2015 年,頁 653)高麗繼承新羅而興起,亦認爲其自身爲禮儀之邦,將孝親行爲當做是禮儀之邦的標誌之一,因此,積極攝入中國典章制度及孝親文化。

高麗人的孝親觀念也深受中國孝親文化的影響,中國儒家的倫理道德規範和家庭觀念,對高麗人影響很大。在禮制方面,最直接地體現在五服制度上,高麗人引入中國的五服制度,並根據其自身的情況做出了些許調整。首先"高麗借鑒唐《開元禮》在凶禮中設立了五服制度"①,根據血緣和姻親關係的遠近,采用不同的喪服和服喪日期。在《開元禮》的基礎上根據本國孝親觀念做出了調整。金禹彤通過對比《高麗史·五服制度》與唐《開元禮》,認爲"雖然高麗五服制度與唐代框架體系完全相同,但其中的規定却具有鮮明的高麗社會特徵,體現出其重視母族、妻族的本土傳統"。② 與唐《開元禮》相較,高麗人的五服制度,範圍要更廣,而且同一尊親去世,高麗人服孝程度要重于唐《開元禮》在相關方面的規定。"如《開元禮》規定爲外祖父母、爲舅及從母,均爲'小功五月';而高麗朝對此之規定分別爲'齊衰周年'和'大功九月',明顯高於《開元禮》"③,在同一服紀範圍内,較之唐朝,增加了更多的尊親,表現了高麗人對某一親屬的重視和孝敬的情感。但是,《高麗史》中所載的五服制度在細緻程度上不如《開元禮》,光就齊衰而言,《開元禮》又分爲杖期和不杖期,而《高麗史·五服制度》則並無相關記載。如爲祖父母服喪,《開元禮》規定爲祖父母和爲叔伯父服喪爲齊衰不杖期。④ 而《高麗史》則載"齊衰周年,給暇三十日,正服爲祖父母、爲伯叔父及妻"。⑤

　　高麗又在不同的階段,根據自身的情況,對服喪期限進行了新的調整。如辛禑時,河允源爲母服喪,辛禑下詔征之,並對其服喪問題下達了針對性的詔書,"三年行喪,雖古今之通制;百日即吉,因時勢以從宜。可移孝以爲忠,其抑哀而赴詔"。⑥ 令其將服喪期限從三年更改爲百日,成爲當時士大夫服喪的慣例,也就是説高麗人的孝親觀念也會隨著時局的變化而變化。

①金禹彤《〈高麗史·禮制·凶禮〉内容分析》,《中國朝鮮史研究會會刊——朝鮮·韓國歷史研究》2011 年第 13 輯,頁 83。

②金禹彤《〈高麗史·禮制·凶禮〉内容分析》,頁 87。

③金禹彤《〈高麗史·禮制·凶禮〉内容分析》,頁 86—87。

④周佳、祖慧點校《中華禮藏》卷一二三《凶禮》,浙江大學出版社,2016 年,頁 869。

⑤《高麗史》卷六四《五服制度》,頁 363。

⑥《高麗史》卷一一二《河允源傳》,頁 361。

高麗也首次將五服制度引入朝鮮半島，並被李朝繼承，通過五服制度，明確遠近親屬的關係，宣揚了孝親觀念。

　　除了禮制，在孝親典故上，高麗引入了大量關於中國孝子孝女的事蹟，藉以宣揚教化。元朝末年，高麗文人又編撰《孝行錄》，近代以來，最早對《孝行錄》進行研究的是日本學者德田進①。《孝行錄》裏面內容不但包含中國傳統的二十四孝的故事，在原有的二十四孝的基礎上，高麗人"所增錄的'孝行後贊'，則有三十八孝，內容較雜，其中包含有漢文帝、黃香、王裒、吳猛、庾黔婁、朱壽昌等人，擴大了孝子義女的範圍"。② 二十四孝也成爲高麗人宣揚孝親觀念的工具之一。

　　高麗又在不同時期，吸收了中國成文的關於孝親的相應規制，如南宋的《朱文公家禮》和明朝的《大明律》的相關內容，"習仁居父母憂，皆廬墓終制，治喪一用朱子家禮"。③ "朱子家禮"即《朱文公家禮》。並引入了宋朝給假制度的部分內容，仁宗十八年（1140）下詔"無親子祖父母忌，依宋制，給暇一日兩宵"。④ 直接引入宋朝關於孝親給假的相關制度。高麗迫于金朝的壓力，與同一時期的南宋外交往來甚少，據楊昭全、何彤梅統計，"南宋從西元 1127 年建立，至西元 1279 年爲元所滅。在這 152 年期間，南宋遣使赴高麗，僅有 4 次，即西元 1127 年、1128 年、1130 年、1135 年。在同一時期，高麗向南宋遣使共 8 次，即西元 1128 年、1131 年、1132 年、1133 年、1135 年、1136 年、1148 年、1164 年。可見兩者關係之冷淡與疏遠。主要原因亦是兩國皆懾于金之軍事壓力"。⑤ 即使外交往來次數如此之少，高麗還是接受了南宋理學家朱熹關於服孝的著作《朱文公家禮》，積極汲取中國孝文化的精華，足見其對孝親思想的崇尚和弘揚孝親觀念的渴望。高麗末期，甚至截取《孝經》中的部分經典論述，放置在學習漢語的教科書中，《老

①參見其《孝子説話集の研究—二十四孝を中心に》（東京井上書房，1963）第三章"二十四孝の韓國への伝播と高麗本孝行錄の成立"。

②董新林《北宋金元墓葬壁飾所見"二十四孝"故事與高麗〈孝行錄〉》，載《華夏考古》，2009 年第 2 期，頁 148。

③《高麗史》卷一一二《鄭習仁傳》，頁 360。

④《高麗史》卷八四《刑法志一》，頁 685。

⑤楊昭全、何彤梅《中國—朝鮮·韓國關係史》，天津人民出版社，2001 年，頁 243。

乞大》①中“立身行道,揚名於後世,以顯父母,孝之終也”便出自《孝經》。

三　高麗人的孝親觀念與法律

　　高麗人的孝親觀念還反映在法律層面,並直接影響了高麗法律的制定,高麗法律明確規定,“祖父母、父母在,子孫别籍異財、供養有闕,徒二年”。② 子孫有贍養父祖的義務,不得與祖父母及父母户籍分開。通過法律形式,在一定程度上保證了子孫對父祖的照顧和贍養。並制定極其嚴厲的刑罰懲戒不孝,高麗刑法把忤逆父祖列爲大惡,對於忤逆父祖及弑殺尊長的行爲采取零容忍的態度,如“謀殺周親尊長、外祖父母、夫婦之父母,雖未傷,斬”。③ 凡是有謀殺至親尊長的動機,即便没有構成犯罪事實,也要被處以斬刑。而對於謀殺周親卑幼的,即便構成犯罪事實,也只是會被流放,而不會被處以死刑。相比之下,可見在高麗人的家庭關係中,存在著“貴老賤幼”的長幼尊卑觀念。在高麗人的孝親觀念中,根據血緣關係的親疏,同樣存在著差别,在法律上,則表現爲同一犯罪行爲根據作案對象不同,會被處以不同的刑罰,前面説到,謀殺周親尊長,雖未構成犯罪事實,也會被處以斬刑。《高麗史·刑法志》同樣記載“謀殺大功尊長,流兩千里;已傷,絞;已殺,斬;謀殺小功、緦麻尊長者亦同。”④此中,我們可以看出,在高麗人孝親觀念中,同爲尊長,對於血緣關係近的,孝親要求要嚴於血緣關係較爲疏遠的。另外,根據《高麗史·刑法志》對於不同血緣關係尊長的劃分,可知,其中提到的周親只包括齊衰、斬衰,而不包括大功、小功和緦麻親。關於五服内親屬的具體劃分,前文已有涉及,不再贅言。

　　高麗人同樣以法律形式維護尊長的家庭地位,規定子孫不得傷害或侮

①《老乞大》作爲高麗人學習漢語的教科書,記載了高麗商人來到中國經商的事蹟,在一定程度上反映了高麗與中國之間的文化交流,據《老乞大》記載,高麗商人從中國購買的書籍除了史書以外,還有大量的儒家經典,如《論語》《孟子》等,裏面包含了大量的關於孝親文化的内容。

②《高麗史》卷八四《刑法志一》,頁698。

③《高麗史》卷八四《刑法志一》,頁699。

④《高麗史》卷八四《刑法志一》,頁699。

辱父祖等親屬,如"毆祖父母、父母,斬;告詈,絞;誤傷、過失詈,徒三年;過失毆,流三千里。"①打罵至親尊長要被處以極刑,即便是誤傷,也要被處以徒刑或流放的刑罰。通過嚴厲的刑罰維護家長的尊貴地位,規範子孫的行爲。身爲人之妻妾,同樣也要孝順夫之尊親,《高麗史》中不乏有爲人妻者不孝順公婆而被休棄的案例,梁元俊"妻事姑不謹,黜之,妻與子號哭乞哀,終不許"②,而對於謀殺、毆打、詬罵尊長者也要被施以不同程度的嚴刑酷法,《高麗史·刑法志》明確記載"妻妾詈夫之祖父母、父母,徒二年;毆,絞;傷,斬;過失傷,徒兩年半;過失殺,三年。"③與丈夫相比,妻妾傷害公婆所受到的刑罰程度要輕一些。但都是用嚴刑酷法懲戒不孝,藉以宣揚和强化孝親觀念。甚至規定,即便是周親有不法行爲,一旦由其子孫告發,子孫也要根據尊親受到的刑罰被處以不同的罪刑,尊長受到的刑罰越重,身爲告發者的子孫受到罪刑也越重。"告周親尊長、外祖父母、夫婦之祖父母,雖得實,徒二年;流罪,徒三年;死罪,流三千里。"④以極端的法律手段,强化子孫必須維護尊長的觀念,與《論語·子路》中"父爲子隱,子爲父隱,直在其中矣"⑤宣揚的價值理念相同。相比之下,對於傷害親長以外的其他人,高麗法律規定的處罰要相對較輕,《高麗史·刑法志》關於殺尊親以外的其他人的量刑定罪甚至根本就沒有明確記載。關於傷害他人,高麗法律規定"手足毆傷人者,限十日。以他物毆傷人者,限二十日。以刀及湯火毆傷人者,限四十日。折跌支體及碎骨,限五十日"⑥。而且這些罪刑均可以通過繳納贖金來得到釋免,與子孫毆祖父母、父母即要被處以斬刑和絞刑相比,容忍程度和懲戒程度完全不在同一層面上。高麗針對對尊親不孝行爲的零容忍態度,也體現在國王詔令上,高麗朝多有國王因身體抱恙、前王等忌辰而大赦天下的記載,即減輕罪犯的刑罰甚至是釋放罪刑較輕的囚犯,但是因不忠不孝而被懲罰的罪犯一般得不到赦免,元宗十五年(1273),"王不

---

① 《高麗史》卷八四《刑法志一》,頁 699。
② 《高麗史》卷九九《梁元俊傳》,頁 152。
③ 《高麗史》卷八四《刑法志一》,頁 699。
④ 《高麗史》卷八四《刑法志一》,頁 699。
⑤ 《十三經注疏·論語注疏》,頁 2507。
⑥ 《高麗史》卷八四《刑法志一》,頁 683。

豫，大赦境内，除不忠不孝外，死罪皆宥之"①，死罪尚可以饒恕，却絶對不允許不忠不孝之人得到任何寬恕，體現了高麗人對孝道的重視。

除了用嚴刑酷法禁止殺傷和詬罵周親尊長這些基本要求以外，高麗法律還規定，子孫在一些事務上必須尊重父祖的意見，如元宗十三年（1272），規定"無父母和論無故棄妻者，停職赴處"②，這主要是爲了體現對尊長的敬重。當父祖遭遇不幸時，子孫有喜樂之舉動，亦被視爲不孝，會受到法律的制裁，如"聞父母喪若夫喪，忘哀作樂雜戲，徒一年。釋服從吉，徒三年。匿不舉哀，流二千里"③。隱匿父祖過世消息，拒不舉哀服喪者，要受到流放三千里的處罰，也就是說，在高麗人的觀念裏不爲父祖服喪是絶對不能被容忍的不孝的行爲。

此外，通過對比《高麗史·刑法志》與《唐律疏議》關於孝親方面的内容，可知高麗刑法在很大程度上借鑒了《唐律疏議》。《高麗史·刑法志》把不孝尊親的行爲歸結爲大惡，包括謀殺、毆打、詬罵、訴訟等幾種類型，而《唐律疏議》則把不孝尊親的行爲歸爲十惡，並對不孝行爲加以不同的名目，如惡逆（謂毆及謀殺祖父母、父母，殺伯叔父母、姑、兄姊、外祖父母、夫、夫之祖父母父母者）、不孝（謂告言、詛咒祖父母、父母；及祖父母、外祖父母在，別籍異財，若供有闕；居父母喪，身自嫁娶，若作樂，釋服從吉；聞祖父母、父母喪，匿不舉哀；詐稱祖父母、父母死）、不睦（謂謀殺及賣緦麻以上親，毆、告夫及大功以上尊長、小功尊屬）④。對比前文對《高麗史·刑法志》的分析，可知高麗刑法雖然分類和名目上在很大程度上借鑒了《唐律疏議》，懲罰措施也基本都是斬、絞、徒、流幾種，但是對於對同一親屬所犯的同一罪行，二者並不相同，如高麗法律規定"祖父母、父母在，子孫別籍異財、供養有闕，徒二年"⑤。而《唐律疏議》的規定則是徒三年。再如《高麗史·刑法志》"謀殺周親尊長、外祖父母、夫婦之父母，雖未傷，斬"⑥。即夫

---

①《高麗史》卷二七《忠烈王世家一》，頁 425。
②《高麗史》卷八四《刑法志一》，頁 698。
③《高麗史》卷八五《刑法志二》，頁 701。
④劉俊文《唐律疏議箋解》，中華書局，1996 年，頁 89—94。
⑤《高麗史》卷八四《刑法志一》，頁 698。
⑥《高麗史》卷八四《刑法志一》，頁 699。

婦彼此傷害對方的父母都要受到斬刑，而《唐律疏議》所記載的十惡中並不包括對妻子父母造成傷害，體現了在高麗人的孝親觀念中妻之尊親也有著較高的地位，這一點要比《唐律疏議》所體現出的孝親觀念相對進步。

四　高麗人的孝親觀念與佛教

高麗立國期間（918—1398）歷經了遼金元明四朝的更迭，東北亞的國際局勢始終威脅着高麗的國家安全，加之高麗自然災害頻發，其自身又上承新羅，有著崇佛的傳統，因此，高麗人信奉佛教。把佛教作爲精神寄託，佛教對高麗的政治、文化以及高麗人的思維觀念有著很大的影響，高麗歷代國王也都崇信佛教，與遼金元三朝尤其是元朝在佛教方面均有著較爲深入的交流①，就連遼朝也多次賜大藏經給高麗。如遼道宗咸雍八年（文宗二十六年，1072 年）"賜高麗佛經一藏。"②高麗民間也普遍信奉佛教，因此，高麗人的孝親觀念中融合了大量的佛教因素，主要表現在如下幾個方面：

第一，爲長者祈福，高麗人信奉佛教，並且相信通過做佛事或者念誦佛經，能够達到消災祈福的作用，因此每逢遭遇自然災害、叛亂、外敵入侵都會通過做佛事來爲國家祈福。《高麗史》中關於通過做佛事來爲個人祈福的記載也很多，高麗與元朝聯姻，兩國爲甥舅之好，高麗國王與元朝皇帝、太后多有著親屬關係③，高麗國王也經常會爲元朝皇帝或太后乃至爲高麗前王、太后等祈壽或者祈福。忠烈王三十年（1304），"幸妙蓮寺，祝帝壽"④。

---

① 從高麗忠烈王開始，高麗王室因爲與元朝皇室經常性地結爲姻親關係，因此，高麗與元朝王室之間的互動要頻於高麗與遼、金兩朝。促進了兩國之間的文化交流尤其是佛教文化的交流和相互影響。

② ［元］脱脱《遼史》卷二〇《興宗三》，中華書局，2016 年，頁 274。

③ 高麗自忠烈王尚元齊國大長公主，有五位高麗國王共迎娶八位蒙古公主。目前學界關於高麗王室與元朝皇室結成的姻親關係，研究較多，見孟古托力《蒙元與高麗關係述論》，載《北方文物》，2000 年第 4 期；朴延華、朱紅華《試論元麗兩國政治聯姻關係》，載《延邊大學學報（社會科學版）》，2004 年第 1 期；趙紅梅《元朝與高麗"舅甥之好"及兩國文化交流》，吉林大學碩士學位論文，2006 年；王崇實《元與高麗統治集團的聯姻》，載《吉林師範學院學報》，1992 年第 5 期。

④ 《高麗史》卷三二《忠烈王世家五》，頁 503。

爲元朝皇帝祈壽。忠肅王即位元年就"轉般若經于延慶宮七日,爲皇太后祈福"①。爲元朝太后轉經祈福。這與元朝皇室的宗教信仰有很大關係,元朝皇室多信奉藏傳佛教。忠肅王也曾"大集僧徒于旻天寺,爲上王祈禱"②。爲自己的父王祈福,表達了對長者的孝心。此外,高麗國王會在尊親身體抱恙之時,通過釋放囚犯或者減輕罪刑來爲尊親祈福。忠穆王就曾在其母后身體不豫的情況下,爲母后放囚或赦二罪以下,減輕罪刑或減少對罪犯的殺戮,這也當是受佛教思想影響,通過踐行佛教不殺生的慈悲思想達到祈福的目的。

第二,爲已故尊親舍家爲寺,建立願刹、影堂等。忠宣王就曾經爲母后舍宮爲寺,史載"王命飯僧一萬于壽寧宮,遂舍其宮爲寺,追福母后"③。希望通過營造寺院,提供宣揚佛法的場地來使自己過世的母后得到佛祖的庇佑。然而舍家爲寺,建立願刹、影堂等,受財力限制,一般僅限於統治階層。而普通人則可以在父母忌辰,留居寺院,爲父母祈福。貧窮不能葬尊親者,通常將屍骨寄存在寺廟等。高宗時,甚至"奉遷太祖梓宮于奉恩寺"④。高麗人自上至下地崇信佛教,各個階層都企圖通過佛教來使尊親受到佛法的庇護。

第三,高麗人信奉佛教,也接受了佛教關於敬重佛法僧的主張,高麗國王經常會有飯僧的舉動。因此,高麗國王在尊親忌辰,通常會巡幸某寺或飯僧。高麗毅宗就曾"饗老人,又飯僧三萬"⑤,把作爲宣揚孝親觀念的工具敬老行爲與飯僧結合在了一起,體現了孝親觀念與佛教的融合。高麗國王也經常爲已故尊親大辦法會、道場,在尊親忌辰到寺院祈禱,超度已故尊親,《高麗史》載熙宗時期"王以恭睿太后忌辰,將如靈通寺"。⑥《高麗史》中關於高麗國王在前王或太后忌辰飯僧或者到寺院祈福的記載不勝枚舉。

高麗人敬重佛法僧,大肆興佛,也通過提高佛教在高麗社會的影響力

---

①《高麗史》卷三四《忠肅王世家》,頁530。
②《高麗史》卷三五《忠肅王世家二》,頁538。
③《高麗史》卷三三《忠宣王世家一》,頁521。
④《高麗史》卷二二《高宗世家一》,頁331。
⑤《高麗史》卷一七《毅宗世家二》,頁269—270。
⑥《高麗史》卷二一《熙宗世家》,頁321。

來弘揚佛法,并企圖通過踐行佛教的主張和弘揚佛教來達到孝親的目的,體現了佛教與高麗人孝親觀念的融合。

五　結束語

高麗人的孝親觀念在不同的階段都引入了中國孝親文化因素,又根據其自身的認知,做出了調整,豐富了自身的孝親文化,因此,其孝親觀念雖然與中國人的孝親觀念多有相似之處,但又具有其自身的特色,對高麗社會的政治、文化、法律、選舉等諸多方面都產生了深遠影響。

孝親觀念的弘揚及實踐,有利於建立和諧穩定的家庭秩序和社會秩序。家庭是構成社會的最基本的單位,高麗人的孝親觀念爲各個家庭普遍存在的問題提供一致的價值標準,也就在一定程度上消除了潛在的社會矛盾,同時也減輕了政府的財政負擔,高麗政府承擔著維持鰥寡孤獨和篤疾的最基本的物質生活的義務。在不同時期,均有政府對鰥寡孤獨不能自存者的照拂政策,顯宗二年(1011)曾下詔"惟恐鰥寡孤獨,未免饑凍。其令所在,賑給衣糧,勿使失所"。① 令地方政府爲無人贍養的鰥寡孤獨提供衣糧。恭愍王元年(1352),下詔"鰥寡孤獨,篤疾廢疾,官爲賑恤,勿令失所。②"保證鰥寡孤獨的最低生活水準,而提倡孝親並通過嚴刑酷法強制踐行孝親的行爲,恰恰可以減輕政府的財政負擔,也有利於建立長幼尊卑有序的家庭關係,避免因老人的贍養問題出現的各種矛盾。

高麗人的孝親觀念中摻雜著大量的儒家文化因素和其他中國文化因素,有利於塑造高麗"文質彬彬"的國家形象,高麗在不同時期,源源不斷地引入中國的孝親文化,《論語》《孝經》《孟子》《朱文公家禮》以及二十四孝等對高麗的孝親文化產生了深遠影響。以孝親文化爲依託,促進了中國儒家文化尤其是理學在朝鮮半島的傳播;加強了高麗與中國之間的文化交流,促進了兩國之間的文化認同,從而加強了兩國之間的好感;同時,也增強了高麗的文化自信,並認爲其自身能够與夷狄區分開來的原因之一,就是其重視踐行孝道。無論在同一時期的中國人眼中,還是在高麗人眼中,高麗

---

①《高麗史》卷八〇《食貨志三》,頁631。
②《高麗史》卷八〇《食貨志三》,頁631。

人均爲禮儀之邦，區別於一般的夷狄，故高麗末期文人李承休在《帝王韻記》中稱“中方千里是朝鮮，江山形勝名敷天。耕田鑿井禮義家，華人題作小中華”①。以禮義之家自稱，踐行儒家文化尤其是儒家的家庭倫理規範及道德要求，就是朝鮮自稱禮義之家的重要原因之一。

　　高麗人在制度、法律和文化等方面引入中國孝親文化尤其是儒家文化中關於孝親的精華，上承新羅，所面臨的國内和國際形勢又不同于新羅。因此，其孝親觀念又具備不同於中國與新羅的自身特點，通過對比以五服制度爲代表的中國的禮樂制度和刑法最能體現高麗孝親觀念的特點，高麗人的孝親觀念已經深入到高麗國家和社會生活的各個領域。

（作者單位：吉林大學文學院歷史系）

---

① ［高麗］李承休《帝王韻記》卷下，朝鮮古典刊行會，昭和五十二年（1977），頁 2。

域外漢籍研究集刊　第十九輯
2020 年　頁 85—114

李仁老《破閑集》研究[*]

鄭墡謨

一　序論

　　衆所周知，"詩話"是隨著北宋詩學的發展而産生的新的文學批評樣式，肇端於歐陽脩的《六一詩話》。歐陽脩自稱編纂此書的目的爲"集以資閑談也"，這就奠定了詩話以隨筆的方式自由批評詩歌，進而反映作者的詩歌批評理論的基本特徵。詩話自歐陽脩開創以來，受到了當時文人群體的極大關注和廣泛效仿，逐漸發展成了一種詩歌批評領域的重要著作方式①。而北宋文壇出現的這一新批評樣式在當時也通過頻繁派往北宋的高麗使行傳入了高麗，並激起了高麗文壇對批評文學的關注，最終促成了本國詩話的編纂。鄭叙(12 世紀中葉活動)編纂的《雜書》，13 世紀初李仁老(1152—1220)編纂的《破閑集》，以及"續編"《破閑集》而撰成的崔滋(1088—1260)的《補閑集》即爲目前已知的韓國詩話最早的編纂成果。其中，編纂年代最早的鄭叙的《雜書》已經失傳②，因此，學界通常將李仁老的

＊　本文得到韓國學中央研究院的資助，項目號：AKS－2017－R33。

① 參見郭紹虞《宋詩話輯佚》，中華書局，1980 年，頁 2—4。

② 崔滋《補閑集》卷尾所附李藏用(1201—1272)的《補閑集跋》謂，"風雅既變，至唐宋詩人，多爲投贈□□，由是文集浩廣，世可遍閱。好事者掇取□聯異語，《陽秋》之謂爲詩話。……昔鄭中丞嗣文，著《習氣雜書》，亦新話之類也。崇慶中，李大諫眉叟，筆素所記者，略爲評論，名《破閑》。今參政崔公，續編之，名《補閑》"。(中國國家圖書館藏本《補閑集》)據此可知李仁老的《破閑集》和崔滋的《補閑集》之前已有鄭(轉下頁注)

《破閑集》視爲韓國詩話的嚆矢①。

　　詩話既發源於北宋,高麗詩話在形式和内容上自然與北宋詩話有著密切的聯繫,但不容忽視的是,高麗詩話形成於本國獨特的歷史和文學環境之中,具備其自身的特點,以及不同於北宋詩話的獨特發展面貌。韓國詩話的特點從《破閑集》的編纂意圖即可見一斑。李世黄在《破閑集跋》中引用父親李仁老之言,謂編纂《破閑集》的目的不僅爲"資閑談",即提供作爲"破閑"之談資用的詩話,同時也兼有收集整理韓國歷代有名題咏詩,亦即編纂本國詩選集的用意②。因此,可以説《破閑集》不僅促進了韓國批評文學的發展,同時也對系統整理韓國詩文學這一課題具有重要的啟發意義。其後,爲"續編"《破閑集》而撰成的《補閑集》即繼承了這一編纂意圖,成爲了更加系統化的詩話著作③。因此,《破閑集》與《補閑集》可謂是研究文獻資料極爲貧乏的高麗中期以前文學和文學史的最爲重要的資料。④

（接上頁注）嗣文（鄭叙,12 世紀中葉活動）編纂了被稱爲"習氣雜書"的詩話集。同時,崔滋在《續破閑集序》中稱,"又得李中書藏用家藏鄭中丞叙所撰《雜書》三卷,并附于後編,以俟通儒删補"。《東文選》卷八四,見標點影印《東文選》,民族文化推進會,1999 年,第 3 册,頁 13）説明鄭叙的"《雜書》三卷"爲李藏用所收藏。由這兩條史料可確定 12 世紀中葉鄭叙所編纂的"《雜書》三卷"爲詩話集。

① 這一觀點最先爲初期研究韓國詩話的趙鍾業教授（《高麗詩論研究:形式論과内容論을主로 하여》,《語文研究》1,1963 年）所提出,到現在已成爲學界共識。

② 見於《破閑集》所附《破閑集跋文》

③ 有關《補閑集》爲補充《破閑集》而編纂的事實,參見崔滋在《續破閑集序》中的自述:"古今諸名賢編成文集者,唯止數十家,自餘名章秀句皆煙没無聞。李學士仁老略集成編,名曰《破閑》,晉陽公以其書未廣,命予續補。"（《東文選》卷八四）

④《破閑集》的初刊本現已失傳,朝鮮成宗二十四年（1493）時任慶尚監事的李克墩將其與《補閑集》合爲一册,刊爲《二閑集》,但此書也已失傳。韓國國立中央圖書館本與奎章閣本等各高校圖書館收藏的木刻本《破閑集》皆出自朝鮮孝宗十年（1659）時任慶州府尹的嚴鼎耈所刻印的趙涑的家藏秘本,只是各藏本的印刷與各册的保存狀態有很大的差異。趙鍾業編《修正增補韓國詩話叢編》内影印收録的《破閑集》底本係各木刻本中保存狀態比較良好的版本。本書即以《修正增補韓國詩話叢編》（首爾:太學社,1996）所收《破閑集》與《補閑集》爲底本。該書的版本情況如下:四周雙邊,半葉匡郭:20.7×15.6cm,有界,11 行,21 字,上下花紋魚尾,版心書名:破閑;上卷 11 板,中卷 15 板,下卷 14 板,跋文 3 板。

但是,與在武臣政權(1170—1159)的庇護之下被編纂,且纂成不久即在高宗 42 年(1255)被刊印的《補閑集》相比①,《破閑集》遲至武臣政權倒臺後的第二年,亦即元宗元年(1260)才在按廉使太原王公的主持下首次刊出②。且因爲比《補閑集》更晚刊印,所以在《破閑集》中可以發現刊印過程中因參照《補閑集》而被修改的痕迹。值得注意的是,這些被修改的部分正反映了《破閑集》在編纂直至刊印期間,高麗詩壇所發生的詩學變化。但之前的研究者因爲忽視了《破閑集》在刊印過程中所發生的修改問題,致使《破閑集》的準確編纂時期、編纂意圖以及此時期高麗文壇發生的詩學變化等問題尚未得到解決。

本文旨在考證李仁老《破閑集》的準確編纂時期,重新釐清《破閑集》的編纂意圖,進而考察《破閑集》在刊印過程中所出現的内容修改及段落變化等問題,從而論述此時期韓國詩學的發展動態。

二 《破閑集》的編纂時間

關於李仁老編纂《破閑集》的具體時間,目前尚没有相關記載明確説明。韓國詩話研究的開拓者趙鍾業教授曾就《破閑集》的編纂時間問題有過如下論斷:

《破閑集》應係熙宗六年(1210)至高宗八年(1220)之間編纂而成。因此書遲至元宗元年庚申(1260)才被刊印,所以著作年代不詳。考其刊行跋文中謂:"艱難跋涉中,常齋遺稿,不啻若籝金,猶恐有隻字之失,期成萬世子孫之寶,寤寐不忘者,將五十年矣。"可知該書可能編於熙宗六年庚午(1210)。又根據同跋文中"集既成,未及聞于上,而不幸

①李藏用在《補閑集跋》中説:"今參政崔公續編之,名《補閑》……於是,命予志之,而召公鋟梓云:乙卯七月日,翰林學士慶源李藏用題。"(中國國家圖書館藏本《補閑集》)此處的乙卯年即 1255 年。

②李世黄所作《破閑集跋》載:"于時,按廉使大(太)原王公……命取雜文三百餘首,《破閑集》三卷,躬自檢閱,命工鋟梓,光耀幽宫。……庚申三月日孽子,閤門祇侯世黄謹誌。"(頁 66)據此可知《破閑集》是庚申年,即元宗元年(1260)爲按廉使太原王公所主持刊印。

有微恙,卒于紅桃井第云云"的記載可知,該書完成於李仁老去世前夕。考知李仁老卒於69歲,亦即1220年,因此《破閑集》也有可能於此年編成,前述"將五十年"的記載有可能是因舉成數而稍有誤差。①

趙鍾業根據李世黄的《破閑集跋》(1260),對《破閑集》的編纂時期提出了李仁老(1152—1220)去世之前不久的高宗八年(1220)和去世之前十年,亦即熙宗八年(1210)兩種推論。之後的研究者也根據《破閑集跋》而延續了這兩種推論,韓國文學史則一般將《破閑集》的編纂時間比較模糊地定爲李仁老末年。爲了具體考證這一問題,下文將結合李仁老的生平,對前述李世黄《破閑集跋》中的記載重新進行分析。

首先,參照《高麗史》所載《李仁老列傳》可知,李仁老雖然文學才能出衆,却在武臣執權的特殊時期仕途並不順利②,由此可以推測,李仁老當時編纂《破閑集》不無借用北宋傳來的"詩話"這一新文學批評樣式來抒發己志的深層意圖。先行研究者據以判斷《破閑集》編纂時間的《破閑集跋文》的相關記録云:

> 遂收拾中外題咏可爲法者,編而次之爲三卷,名之曰《破閑》。……集既成,未及聞于上,而不幸有微恙,卒于紅桃井第。③

文中稱李仁老去世(1220)前夕,欲將當時已經完成的《破閑集》上呈給當時的國王高宗(1213—1259在位),不幸因驟然抱病去世而未能遂願。先行研究者以此爲根據,將《破閑集》的編纂時間推定爲李仁老末年,並據此認爲《破閑集》的著述目的即是爲了上呈當時的國王高宗。然而,縱觀《破閑集》可知,書中對高宗以前歷代國王的功績多有贊譽之辭,却對高宗及高

---

① 趙鍾業《高麗詩論研究:形式論과內容論을主로 하여》,《語文研究》1,1963年(轉載於《韓國詩話研究》,太學社,1991年,第二部)。

② 鄭麟趾等編《高麗史》卷一百二《李仁老列傳》:"李仁老,字眉叟,初名得玉,平章事頵之曾孫。自幼聰悟,能屬文,善草、隷。鄭仲夫之亂,祝髮以避,亂定歸俗。明宗十年,擢魁科,補桂陽管記,遷直史館。出入史翰,凡十有四年。與當世名儒吴世才、林椿、趙通、皇甫抗、咸淳、李湛之,結爲忘年友,以詩酒相娱,世比江左七賢。神宗朝,累遷禮部員外郎,高宗初,拜秘書監、右諫議大夫卒,年六十九。以詩名於時,性偏急,忤當世,不爲大用。所著《銀臺集》二十卷,後集四卷,《雙明齋集》三卷,《破閑集》三卷,行於世。"(韓國學文獻研究所編《高麗史》下,亞細亞文化社,1990年,頁249)

③ 《破閑集》,頁65。

宗執政期的治績没有任何言及，這不由得讓人對《破閑集》編纂于李仁老去世前夕的説法産生懷疑。

　　通過排查書中可以推斷編纂時間的内容，筆者注意到了對撰書時在位國王稱爲"今上"的兩條詩話。其一云：

　　　　門生之於宗伯也，以文章被鑑識，特達於青雲。……本朝光王時，始以詩賦取士，然未嘗有宗伯得見門生掌選者。至明王初，學士韓彦國，率門生謁崔相國惟清。……今上踐阼八年，趙司成沖，亦引門生詣任相國濡第陳謝，而公以冢宰尚在中書，古今所未有，奇哉，作詩以記卓異。①

　　此條論述門生與宗伯，亦即科舉主考官之間的關係，介紹了"今上"即位八年時，新任主考官趙沖（1171—1220）率領新進門生拜謁自己科考時的主考官任濡（1149—1212）的軼事。根據《高麗史·選舉志》，任濡曾四次主持科舉考試②，趙沖科舉及第是在任濡於神宗元年（1197）以中書侍郎擔任主考官之時，而趙沖則於熙宗七年（1211）十月③和高宗六年（1218）五月④兩次主持科考。由此可知，上引《破閑集》中提到的是熙宗七年（1211）十月十日科舉放榜之後，趙沖以大司成任同知貢舉時帶領姜昌瑞等新進門生參拜任濡的事件⑤。而文中謂"今上踐阼八年"，當是從神宗七年（1204）正月

————————

① 《破閑集》卷上，頁47。
② 《高麗史》卷七三《選舉志》："（明宗）二十年五月……左承宣任濡同知貢舉……神宗元年六月，中書侍郎任濡知貢舉……三年任濡知貢舉……熙宗二年六月門下侍郎任濡知貢舉……"（《高麗史》中，頁604—605）
③ 《高麗史》卷七三《選舉志》："熙宗七年十月，門下侍郎李桂長知貢舉，大司成趙沖同知貢舉，取進士，賜姜昌瑞等三十八人，明經五人及第。"（《高麗史》中，頁605）
④ 《高麗史》卷七三《選舉志》："（高宗）六年五月，政堂文學趙沖知貢舉，國子祭酒李得紹同知貢舉，取進士賜金仲龍等二十八人，明經一人，恩賜七人及第。"（《高麗史》中，頁606）
⑤ 《高麗史》卷二一《熙宗世家》載："辛未七年……冬十月戊子，賜姜昌瑞等及第。"（《高麗史》上，頁434）據此可確定姜昌瑞等人登第的具體時間爲熙宗七年（1211）十月戊子，也就是該年十月十日。

熙宗(1204—1211 在位)繼位的這一年開始算起的①。據此可以斷定《破閑集》此條中的"今上"即指熙宗②。另外一條出現"今上"的詩話云：

> 世以科第取士尚矣。……本朝以壯頭入相者,十有八人。今崔洪胤、琴克儀,相繼已到黄扉,而僕與金侍郎君綏,並游詞苑,其餘得列於清華,亦十五人,何其盛也。今上即祚六年己巳,金公出守南州,諸公會於檜里以餞之,世謂之龍頭會。……庶幾使後世,皆得知本朝得人之盛,雖唐虞莫能及也。③

　　文中首先介紹了以狀元登第而入相或官至高位者的人數,並介紹了狀元及第者組織"龍頭會"餞別出守南州的金君綏的盛事,進而盛贊本朝"得人之盛"超過了堯舜時代。金君綏即金富軾(1075—1151)之孫,明宗二十四年(1194)狀元及第④後入翰林院,曾與李仁老長期共事⑤。文中交代的金君綏出任南州的時間,即"今上即祚六年己巳",通過干支與國王在位時間推算,正好爲熙宗五年(1209)。

　　通過以上兩個例證,可以確定《破閑集》中所見的"今上"均指熙宗無疑,由此可以斷定李仁老編纂《破閑集》當在熙宗年間(1204—1211)。此處也需留意的是,李仁老在論及門生與宗伯之間的關係時謂："古今所未有,奇哉,作詩以記卓異。"又在提到龍頭會時稱："庶幾使後世,皆得知本朝得人之盛,雖唐虞莫能及也。"由此不難看出李仁老通過稱舉當時人才選拔任用的盛況來贊美"今上"熙宗治下太平盛世的用意。

---

① 《高麗史》卷二一《熙宗世家》："熙宗成孝大王……神宗三年四月册封太子,七年正月己巳受内禪即位。"(《高麗史》上,頁 430)

② 沈浩澤在《〈破閑集〉의 역사적 성격—撰録意圖의 시대적배경》(《한문교육연구》1,1986)一文中,根據《破閑集》卷上首條即贊美崔忠獻的食邑晉陽,將"今上"斷定爲"崔忠獻",這樣的判斷是不够嚴謹的。

③ 《破閑集》卷下,頁 62。

④ 《高麗史》卷七三《選舉志》："(明宗)二十四年四月,樞密院使崔瑜賈知貢舉,判秘書事崔詵同知貢舉,取進士,賜金君綏等三十一人及第。"(《高麗史》中,頁 604)

⑤ 《破閑集》卷上："昔仁王初,許平章洪材,以金榜首入侍玉堂。毅王即祚,劉公義、黄公彬然,相繼而入。明王在宥,李公純祐先鳴,僕以不才繼之於後,近有金公君綏,亦踵僕而入焉。僕以一絶賀之,'十載含毫演帝綸,多君繼入玉堂春,如今始識花磚貴,共是龍門第一人。'"(頁 46)

　　另外,根據《高麗史》和《高麗史節要》可知,《破閑集》所記載的熙宗七年(1211)十月十日趙沖率門生拜訪任濡事件發生的兩個多月之後,也就是十二月二十二日,發生了熙宗內侍王濬明等人暗殺武臣政權的領袖崔忠獻未遂的事件①。此事直接導致了三日之後,也就是 12 月 25 日,熙宗因涉嫌默認近侍組織暗殺活動而突然退位的事變②。也就是説,此時熙宗已不可以再被稱爲"今上"了③,由此可以進一步確定《破閑集》的編纂時間,當在趙沖拜訪任濡事件發生的熙宗七年(1211)十月十日至同年十二月二十五日熙宗退位之間。

　　對這一推斷,筆者也找到了兩條可以旁證的資料。首先,上文提到的李世黃的《破閑集跋》云:"僕時爲學諭,扈從法駕,艱難跋涉中,常齎遺稿,不啻若籯金,猶恐有隻字之失。期成萬世子孫之寶,寤寐不忘者,將五十年矣。"李世黃在此稱自己在身處戰亂時也保存《破閑集》遺稿近 50 年,這與《破閑集》纂於熙宗末年的事實正相吻合。其次,最近在中國國家圖書館新

①《高麗史》卷二一《熙宗世家》:"辛未七年……十二月庚子,內侍王濬明等,謀誅崔忠獻,不克。"(《高麗史》上,頁 434)另一方面,《高麗史節要》卷十四有如下記載:"辛未七年……十二月,崔忠獻以銓注詣壽昌宮,方在王前,有頃,王入內。中官給忠獻從者曰:'有旨賜酒食',乃引深入廊廡間。俄有僧俗十餘人,持兵突至,擊從者數人。忠獻知有變,倉皇奏曰:'願上救臣',王默然閉戶不納。忠獻無以爲計,匿於知奏事房紙障間。有一僧三索,竟不獲。時,忠獻族人上將軍金躍珍、瑀舅、知奏鄭叔瞻在重房,聞變即入內,扶忠獻以出。其黨指諭申宣胄、奇允偉等與僧徒相格鬥。忠獻都房六番皆集宮城外,不知忠獻生死。有茶捧盧永儀者,初隨忠獻入內,登屋大呼曰:'吾公無恙。'於是,都房爭入救之,僧徒敗走。躍珍謂忠獻曰:'我將率兵入宮,盡殺無遺,且行大事。'忠獻曰:'如此則國將何如,恐爲後世口實,我當推鞫,爾無輕往。'使上將軍鄭邦輔等捕司鑰鄭允時及中官,囚于仁恩館,鞫之。乃內侍郎中王濬明爲謀主,參政于承慶、樞密史弘績、將軍王翊等,皆知其謀。"(金宗瑞等編《高麗史節要》,明文堂,1959年,頁 341)據此可知,以熙宗的近侍爲首,欲剷除崔忠獻一事早已在計劃之中。

②《高麗史》卷二一《熙宗世家》:"辛未七年……(十二月)癸卯,忠獻廢王,遷于江華縣,尋遷紫鷰島。放太子祉于仁州,奉漢南公貞,立之。"(《高麗史》上,頁 434)

③《高麗史》卷二二《高宗世家》:"乙亥二年……八月乙亥,崔忠獻遷前王于喬桐。"(《高麗史》上,頁 438)可見在康宗時代,對熙宗只能稱爲"前王"。由此可以斷定,不管在康宗朝還是高宗朝,李仁老在提到熙宗朝的事件時應該不能將熙宗稱爲"今上"。

發現的李藏用的《補閑集跋》云：

> 風雅既變，至唐宋詩人，多爲投贈□□，由是文集浩廣，世不可遍
> 閱。好事者掇取□聯異語，《陽秋》之謂爲詩話。……昔鄭中丞嗣文，
> 著《習氣雜書》，亦新話之類也。崇慶中，李大諫眉叟筆素所記者，略爲
> 評論，名《破閑》。今參政崔公，續編之，名《補閑》。①

前文已提到，李藏用曾收藏有鄭叙的《雜書》，足見是相當關注詩學的
人物。引文中李藏用不僅將《破閑集》與《補閑集》定義爲詩話，而且指明李
仁老編纂《破閑集》的時間爲"崇慶中"，而"崇慶"係金朝衛紹王（1209—
1213 在位）在 1212 年正月至次年八月所使用的年號。這與筆者對《破閑
集》的編纂時間爲熙宗七年（1211）十月十日至同年十二月二十五日之間的
推定也是十分接近的。

　　如前所述，綜合考察《破閑集》中所見的"今上"的稱呼，李世黄的《破閑
集跋文》中將《破閑集》保存了"將五十年"的説明，以及李藏用在《補閑集
跋》中"崇慶中"（1212—1213 年 8 月）的記載，可以將李仁老編纂《破閑集》
的時間範圍縮小至熙宗七年（1211）年末。由李世黄"集既成，未及聞于上"
的記載可知，此時李仁老的《破閑集》編纂已經完成，但最後未能如願上呈
"今上"。那麼，李仁老當時欲編纂《破閑集》上呈熙宗的原因是什麼呢？下
文將對李仁老撰寫《破閑集》的編纂意圖進行考察。

三　《破閑集》的編纂目的

　　關於李仁老編纂《破閑集》的目的，其子李世黄在刊印該書時所作的
《破閑集跋》中云：

> 日與西河耆之、濮陽世材輩，約爲金蘭。花朝月夕，未嘗不同，世
> 號"竹林高會"。倚酣相語曰："麗水之濱，必有良金，荆山之下，豈無美
> 玉？我本朝境，接蓬瀛，自古號爲神仙之國。其鍾靈毓秀，間生五百，
> 現美於中國者，崔學士孤雲唱之於前，朴參政寅亮和之於後，而名儒韻
> 釋，工於題咏，聲馳異域者，代有之矣。如吾輩等，苟不收録，傳於後
> 世，則堙没不傳，決無疑矣。"遂收拾中外題咏可爲法者，編而次之，爲

---

① 關於李藏用《補閑集跋》的資料情況，參見朴現圭《중국 國家圖書館藏本〈補閑集〉과
　고려 李藏用 발문》，《韓民族語文學》40，2002 年。

三卷,名之曰《破閑》。又謂儕輩曰:"吾所謂閑者,蓋功成名,遂懸車綠
野,心無外慕者。又遁迹山林,飢食困眠者,然後其閑可得而全矣。然
寓目於此,則閑之全可得而破也。若夫汩塵勞役名宦,附炎借熱,東鶩
西馳者,一朝有失,則外貌似閑,而中心洶洶,此亦閑爲病者也。然寓
目於此,則閑之病,亦可得而醫也。若然則不猶愈於博奕之賢乎?"當
時聞者,皆曰:"然。"①

　　李世黄在這裏介紹了李仁老與林椿、吴世才等竹林高會成員在酒席中
就編纂《破閑集》的緣由所作的談論。其要旨有二:其一,李仁老在强調韓
國文學具有特殊意義的前提下,指出了收集整理本國歷代著名題咏詩以流
傳後世的迫切性。其二,李仁老在説明以"破閑"命集的原因時,指出爲政
界隱退者或仕途受挫而遁隱山林者提供"破閑"之資也是此書的編纂目的
之一。也就是説,李仁老編纂《破閑集》既有以詩話"資閑談"的一般性目
的,也寄託了自己欲收集、整理韓國歷代題咏詩的使命感。《破閑集》中的
大部分條目實際上也正收集介紹了韓國各地寺刹、樓閣等處的題咏之作,
間附以相關逸話或詩歌批評。因此,與一般的北宋詩話相比,《破閑集》更
兼具"詩文選集"的功用。此後"續編"《破閑集》的《補閑集》正發揚光大了
《破閑集》的這一功用,具有更明顯的"詩文選集"的傾向。

　　除了以上李世黄在《破閑集跋》中所提到的編纂目的,《破閑集》還隱藏
有什麼其他的編纂意圖呢?通過分析正文,筆者發現了兩個值得深思的現
象。其一是《破閑集》中收錄介紹了李仁老自己的 31 首詩作,占據了全書
近三分之一的分量,爲其他詩話所罕見。其二,前文已提到《破閑集》中有
盛贊"今上"治績的傾向,不僅如此,還可以發現書中有關歷代國王對待學
問的態度,以及人才任用的重要性等問題的內容也十分突出。如《破閑集》
卷中第一條,李仁老論述人才任用的重要性道:"智者見於未形,愚者謂之
無事,泰然不以爲憂,及乎患至,然後雖焦神勞力思欲救之,奚益於存亡成
敗數哉。"繼而列舉了中國漢代的賈誼、唐代的魏徵、高麗的文克謙(1122—
1189)等預見國家危難,救國於危難之中的人物。其中特別表彰了高麗明
宗時宰相文克謙就國家安危、百姓利害、士大夫之賢不肖等問題一一向明
宗諫言,使得"無一毫底滯",國家至今尚受其澤的偉績,以實例凸顯了人才

①《破閑集》,頁 65。

任用的重要性。最後,還特意强調了自己正爲金克謙舉薦爲官的事實①。

　　又如《破閑集》下卷的後半部分也集中論述了人才任用的問題,其間不無向國王諫言的深意。文中舉種橘之事爲例來陳述君主對人才的禮遇問題,首先説明橘本生於南方,若要移栽於宫廷,則需要每日以鹽水澆灌根部,它才能茂盛地生長。接下來論述道:

　　　　噫! 草樹固無知物也,猶資灌溉栽培之力,得致於斯。況人主之用人,毋論遠近疎戚,結之以恩愛,養之以禄秩,則安有不盡忠竭誠,以補國家哉。因書十二韻,庶幾采詩者用塵乙覽……②

　　從引文中不難看出,李仁老在强調人才任用重要性的同時,也有向國王介紹自己的詩作,展現其詩學才能的意圖。李仁老的這種編纂意圖在《破閑集》中收録的多篇自作詩中也可以窺見。例如,《破閑集》卷上收録了自己次韻北宋著名詩人王安石和蘇軾咏雪詩的兩篇詩作,並且謙虚道:"今朝登書樓雪始霽,因憶兩老詩,和成二篇,僕亦未免於牽强,觀者宜恕之。"③但其實從這裏不無以才能自比王安石、蘇軾,暗自希望讀者賞識其詩的意圖。另外,李仁老在《破閑集》中收録了自己咏石鼓文的二十韻的長篇古詩,隱隱有與韓愈、歐陽修等唐宋大家所作石鼓文詩相較量的用意④。此外,李仁老還强調文學的特殊意義道:"天下之事,不以貴賤貧富爲之高下者,惟文章耳。"⑤對自己文學才能的强烈自豪感溢於言表。

　　要之,李仁老在《破閑集》中强調人才任用重要性的同時,也大量收録

①《破閑集》卷中:"正言文克謙,直叩天扉,上皂囊一封,而所言皆中時病。人謂之鳳鳴朝陽,天聽未允。公脱朝衣還家作詩云:'朱雲折檻非干譽,袁盎當車豈爲身,一片丹誠天未照,强鞭羸馬退逡巡。'及明王踐阼,擢居喉舌地,國家安危,人民利病,士大夫之賢不肖,盡達於天聰,無一毫底滯。至今鄰邦結好,中外晏然無患,實公之力也。公位冢宰,薦僕入侍玉堂,踰年公卒,作挽云……"(頁50)

②《破閑集》卷下,頁62—63。

③《破閑集》卷上,頁48。

④《破閑集》卷下:"石鼓在岐陽孔子廟中,自周至唐幾二千載:詩書所傳,及諸史百子中,固無所傳。且韋韓二公,皆博古者,何以即謂周宣王鼓,著於歌詞,剖析無遺? 歐陽子亦以爲有三疑焉。昨在書樓,偶讀其文,有會於予心者,吟成二十韻,以待後世君子云。"(頁61)

⑤《破閑集》卷下,頁62。

自作詩以展現自己的詩學造詣。可見李仁老不僅將《破閑集》作爲"以資閑談"的詩話集,也將其視爲自由描繪當代知識人社會,展現自己文學才能的著述。然而,《破閑集》被編成之後最終並未能如願上呈"今上"熙宗。那麼,在當時國家權力實際由崔忠獻(1149—1219)掌控的形勢下,李仁老爲何要編纂《破閑集》向熙宗展現自己的才能,並强調人才任用的重要性呢?下文將結合當時的政治背景與李仁老此時的處境來探討這一問題。

考察當時的歷史可知,崔忠獻在平定李義旼之亂後,於明宗二十七年(1197)清除了以杜景升爲首的意欲暗殺自己的反抗勢力,進而迫使明宗退位。此後,因擔心金朝以篡奪王位爲由趁機干涉本國政治,遂擁立明宗的異母弟爲王,是爲神宗(1144—1204)①。當然,依靠崔忠獻繼承王位的神宗實際上没有任何實權,且因年事已高、身體不佳等原因,自身也無暇過多過問國事。因此,神宗以年老多病爲由,屢次向崔忠獻請求禪位於嫡子,却屢屢遭到拒絶②,直到薨逝之前(1204年1月)才讓位給太子,也就是後來的熙宗(1181—1237)。

熙宗雖然也是在崔氏武臣政權的擁立之下繼承王位,但是,與神宗不同,即位時的熙宗才24歲,是一個血氣方剛的年輕人,對政治也有十足的熱情,因而逐漸開始牽制武臣政權,企圖恢復王權。最後,熙宗因與近侍一起圖謀暗殺崔忠獻事敗,最終以被崔忠獻逼迫退位(1211年12月)而告終③。但

①《高麗史節要》卷十三:"明宗二十七……秋九月庚申,大雷電。崔忠粹與其甥朴晉材往謀於忠獻曰……晉材曰:'縝與旼,皆可爲君,然金國不知有縝。若立縝,彼必以爲篡,不如立旼。如毅宗故事,以弟告之,則無患矣。'議乃定。"(頁325)

②《高麗史》卷二一《神宗世家》:"神宗七年春正月丁卯,崔忠獻又問疾,王謂曰:'寡人由藩邸即寶位,公之力也,年既老矣,加以彌留,不能聽朝,欲傳位於太子。'忠獻對曰:'願上善自攝養,禪位之命,非臣所敢從也。'遂出。……己巳忠獻復入問疾,王語以内禪,意甚繾綣。忠獻以告太子,太子涕泣固辭……王扶起,謂忠獻曰:'今日朕之志願已畢,病亦隨愈,卿於朕之父子,功德不淺,無以爲報。'遂泣下,忠獻再拜而出。"(《高麗史》上,頁430)

③《高麗史節要》卷十四:"史臣贊曰:是時,忠獻執國命,已有年矣,廣植黨與,專擅威福。熙宗雖欲有爲,何以哉爲王之計?當以正自處,任賢使能,王室自强,雖有跋扈之臣,無由肆其惡矣。王不知此,聽用輕薄之謀,欲快一時之忿,率見放黜,噫!"(頁341—342)

是,對於門閥貴族出身,且在崔氏武臣政權的統治之下仕途並不順利的李
仁老來説,當時對熙宗謀劃恢復王權一事應該是抱有極大期望的。這可從
《破閑集》中李仁老對撫養自己的伯叔(華嚴宗興王寺僧統)寥一與明宗之
間事迹的叙述中發現綫索。

> 明皇時,大叔僧統寥一,出入禁宇間,不問左右二十餘年。常(嘗)
> 作乞退詩進呈云:……上大加稱賞,謂師曰:"昔人云'莫訝杖藜歸去
> 早,故山閑却一溪雲。'可謂先得師之奇趣。"因和其詩以賜之曰:……
> 歷觀古今名緇秀衲得被君王寵,賜以篇章者多矣,未有特次其韻,叙其
> 意如此款密。昨詣大叔丈室,示以御製此篇,宸翰飛動,蘭麝鬱然。正
> 冠肅容跪而讀之,若瞻天日於雲表,祥光瑞色爛然溢目,誠可仰也。①

　　文中首先説明了在武臣政權下大叔寥一與明宗相互扶持的關係之後,
記述了明宗次韻寥一呈詩的軼事,從中不難看出李仁老對這一時代的贊美
與嚮往之情。李仁老因爲父母早亡,由大叔寥一撫養成人,學問也深受寥
一熏養②,因此,李仁老對寥一的這種贊美之情可以説是情理之中的。但
是,寥一正是明宗末年(1197)杜景升等人謀殺崔忠獻事件的重要參與者之
一,事敗之後與杜景升一起被流配處置③,明宗也在不久之後因此事被廢。
考慮到這樣的歷史背景,李仁老在崔氏武臣政權統治期間,著書大贊寥
一與明宗的君臣關係,並抒發嚮往之情,這種著作態度不可謂不令人意
外。對崔氏政權來説,這樣的記錄自然不會單純地被看作是對明宗和寥
一文學上的贊美,而有對被崔忠獻所剷除的明宗和寥一進行名譽恢復的
嫌疑④。

---

① 《破閑集》卷中,頁 57。

② 《破閑集跋》:"我先人生大金天德四年壬申,早喪考妣,無所依歸。有大叔華嚴僧統寥
　一撫養之,常不離左右,訓誨勤勤,三墳五典、諸子百家,莫不漁獵。"(頁 65)

③ 《高麗史節要》卷一三:"明宗二十七丁巳年秋九月,忠獻欲往興王寺,慶成佛像,有人
　投匿名書云:'興王寺僧統寥一,與中書令杜景升,謀害忠獻。'乃止。……辛酉,忠獻
　兄弟……又遣將卒,閉諸城門,召杜景升,流于紫燕島。又流樞密院副使柳得義……
　等十二人,及淵湛等十餘僧于嶺南。"(頁 324—325)

④ 蔡尚植在《〈破閑集〉에 보이는 李仁老의 사상적 경향》(《考古歷史學志》7,1991)中認
　爲,寥一參與暗殺崔忠獻事件導致了李仁老在崔氏武臣政權掌權時期政治上的不
　得志。

　　那麼,在國家政權爲崔氏所掌控的情形之下,李仁老在《破閑集》中對反抗崔氏武臣政權的勢力大加贊賞的原因是什麼呢? 筆者認爲,這與李仁老本是爲了上呈"今上"熙宗而編纂《破閑集》的初衷有關。如前所述,當時發生了以熙宗爲中心,欲清除崔忠獻以恢復王權的事變,參與這一事件的還有僧侶與大多數的文官,且有不少人事前就知道了這一計劃。李仁老在編撰《破閑集》時應當也已事先知道了這種時局變動,並掌握了熙宗的心事。

　　綜合上述推論可知,李仁老在爲上呈"今上"熙宗而編纂《破閑集》時,對年輕有爲的熙宗能够重用與自己一樣的文人精英,恢復武臣政權之前的太平文治時代是抱有極大期望的。但是,隨著暗殺崔忠獻計劃的失敗與熙宗的突然退位,本欲上呈熙宗的《破閑集》也最終未能問世。這也應該是李仁老死後不久,管理興王寺的樞府洪思胤在教藏堂刊印李仁老的文集《雙明齋集》時,單獨遺漏了《破閑集》的原因①。後來晉陽公崔怡對《破閑集》表示不滿,命崔滋補充《破閑集》,也應該與該書透露的李仁老的編纂意圖和著述態度有著極大的關係②。

四　《破閑集》刊印過程中的修訂

(一)補編

　　如前所述,《破閑集》是熙宗七年(1211)末爲上呈熙宗而編纂,最後因當時突發的政治變故而未能上呈熙宗,因此也未能及時刊印。此後直至初刊之前,《破閑集》一直以抄本的形式流傳,後來的《補閑集》在續補《破閑集》時參考的也應該是其抄本。直到《補閑集》刊印五年之後,《破閑集》才

---

① 《破閑集跋》:"平生所著古賦五首、古律詩一千五百餘首,手自撰爲《銀臺集》。又撰耆老會中雜著,爲《雙明齋集》。洪樞府思胤,是雙明太尉公之姻族也,嘗管興王寺,受朝旨,付板教藏堂,傳於世。其餘皆未上板,但積年蠹朽於家藏耳。"(頁66)

② 崔滋《續破閑集序》載:"古今諸名賢編成文集者,唯止數十家,自餘名章秀句,皆煙没無聞。李學士仁老略集成編,名曰《破閑》。晉陽公以其書未廣,命予續補。"(《東文選》卷八四,頁13)綜合本文的分析,筆者認爲晉陽公此處所謂的"書未廣"並非指《破閑集》收集的詩歌數量不廣,而是對李仁老的選輯和論述態度有所不滿。

於元宗元年(1260)在按廉使太原王公的主持下付梓,且刊印的過程之中對該書進行了一定程度的修訂。修訂的痕迹首先可以從現行《破閑集》中收錄的應作於熙宗七年之後的内容作出判斷,《破閑集》下卷末所載詩話云:

> 今司空某,皇大弟襄陽公之胄子也,自離乳臭,翩翩然嘗以書史爲樂,行吟坐諷,目不掛於餘事。及於壯,學無不窺,理無不通,浩浩乎若望江湖不可涯涘。至於詞賦亦工,用筆精妙,若翹然而望場屋争甲乙之名者,世以爲宗室標的也。惜也! 天不與年,奄然赴玉樓之召。山人觀悟嘗游其邸,搜遺稿,得近體詩八九篇,嘉其有二美也,以示之,飄飄然有凌雲氣格。將鏤板以傳於後,故略爲序(云云):"自古宗室之親,襲茅土於襁褓中,目耽珠翠,耳悦絲竹,罕有留意於文章者。今司空某,天性好學,自年未七八,尤嗜書史,雖臨飲食,諷咏之聲不絶於外云。"①

文中提到的"襄陽公"即神宗次子、熙宗(1181—1237)胞弟王恕。據《高麗史·宗室列傳》,熙宗在1211年退位之後被流放江華島,王恕也於此時被流放至喬桐縣。"皇大弟襄陽公之胄子"即指王恕的嫡子王瑋,《宗室列傳》對其有記載,謂:"瑋,守司空,高宗三年卒。性溫裕,相貌奇厖,有文雅,好賢樂士。"②這與《破閑集》的記録也相吻合。其次,列傳中稱王瑋卒於高宗三年(1216),考慮到王瑋是熙宗之弟襄陽公的嫡子,可以推定王瑋死時二十歲左右,這與《破閑集》中"惜也! 天不與年,奄然赴玉樓之召"的記載也是相吻合的。另外,李奎報(1168—1241)奉王命所撰《宗室司空柱國珙(瑋)誄詞》一文所介紹的王瑋的生平也與以上資料的記載大同小異③。

---

① 《破閑集》卷下,頁64。
② 《高麗史》卷九一《宗室列傳二》:"神宗二子,宣靖太后金氏生熙宗、襄陽公恕,襄陽公恕,神宗三年封德陽侯,後封襄陽公。崔忠獻廢熙宗,遷于江華,放恕于喬桐縣。恕子瑋、珤、綑、僖。瑋,守司空,高宗三年卒。性溫裕,相貌奇厖,有文雅,好賢樂士。謚懷敬。"(《高麗史》下,頁53)
③ 李奎報《東國李相國全集》卷三六《宗室司空柱國珙(瑋)誄詞(在省受敕述)》:"某年月日,守司空柱國某薨。爰殯于地藏蘭若,越八月某日,葬于五龍山之麓,禮也。公神廟第二子,襄陽公之冢嗣也,於今上爲弟行。神姿溫裕,玉質夙沖,自幼年游(轉下頁注)

　　綜合以上考察,可以斷定上文是爲卒於高宗三年(1216)的宗室成員王瑋的遺稿所作的序文。也就是說,本文的撰寫時間比筆者所推斷的《破閑集》的編纂時間,也就是熙宗七年(1211)晚了至少五年。如果根據這條記載,則李仁老編纂《破閑集》的時間最早也應該是在高宗三年(1216)之後,這與之前的研究者根據李世黄跋文中“集既成,未及聞于上,而不幸有微恙,卒于紅桃井第”的記載,將《破閑集》的編纂時間推斷爲李仁老去世前夕的說法也相吻合。但是,本條詩話作爲王瑋遺稿的序文,而没有收錄他的詩句,與《破閑集》所載其他詩話相比,顯得格外突兀。這不禁讓人懷疑卷末這條詩話有没有可能是後來續加的呢?①

　　爲考察這一問題,筆者首先注意到了李世黄《破閑集跋》中提到的主持刊印《破閑集》的按廉使太原王公,《破閑集跋》云:

　　　　于時,按廉使大(太)原王公,弭節弊封,問民之暇,語及先人遺稿,哀余力薄,未遂其志,命取雜文三百餘首、《破閑集》三卷,躬自檢閱,命工鋟梓,光曜幽官。又使僕之鬱結,一朝冰釋,則可不觀縷本末,以視無極耶? 其所未畢者,倘有雲來收拾餘緒,繼志板傳,則與《戴經》《魯論》所説,亦可鏡於千古矣。②

　　“大(太)原王公”在其他文獻中未見有相關記載,無從考察其詳細信息,但綜合其姓氏以及在元宗元年(1260)武臣政權崩潰不久之後即擔任按廉使等因素,太原王公極有可能是王室成員,且有可能與襄陽公及嫡子王瑋有某種親屬關係。太原王公所檢閱的“雜文三百餘首、《破閑集》三卷”當指李仁老死後不久在教藏堂刊印其文集《銀臺集》和《雙明齋集》時所遺漏

(接上頁注)心文雅,好賢樂士,恂恂有古賢王風,人皆曰是必爲宗室之羽儀矣。剡相貌奇厖,似若享禄無疆,而殊不類早世者。然年方弱冠,其夭如此,甚哉天道之難知也。上震悼,遣使弔贈,敕有司典喪事,仍贈謚曰懷敬公。乃命小臣爲之誄,其詞曰……”(標點影印《韓國文集叢刊》,民族文化推進會,1996年,第2册,頁78)

① 本條詩話的文字本身不排除是由李仁老撰寫的可能,那麽這一條詩話也有可能是李仁老本人所添加的。但如果李仁老將高宗三年以後所寫的文章續入《破閑集》的話,書中“今上”的稱呼便出現了問題。在將前王的稱呼“今上”不改正的情況下,在文末插入高宗時所寫的文章,這雖然也可以解讀爲是李仁老對熙宗退位的暗中反抗,但這種可能性似乎比較小。

②《破閑集》,頁66。

的李仁老的晚年作品。其時正值崔氏政權倒臺的第二年,安撫在崔氏政權下懷才不遇的文人及其子孫,幫助刊印像《破閑集》一樣在崔氏政權統治下未能問世的書籍,有可能在按廉使的職份之內。如前所述,李仁老在《破閑集》中主張重用文人精英,寄託了對武臣政權的反抗和對熙宗恢復王權的期望等寫作意圖,這當是太原王公在刊印《破閑集》時"躬自檢閱,命工鋟梓"的重要原因之一。又由跋文中"命取雜文三百餘首、《破閑集》三卷,躬自檢閱……其所未畢者,倘有雲來收拾餘緒,繼志板傳"的記載可知,太原王公所檢閱的"雜文三百餘首",應該最終未能和《破閑集》一同付梓。① 由此不妨推測,太原王公極有可能從這些"雜文"之中選取了若干像王瑋遺稿的序文一樣與自己有關係、且內容也適於收録於《破閑集》中的詩文,將之編入了《破閑集》。

　　上述推斷如果成立的話,《破閑集》卷末收録的王瑋遺稿的序文所出現的行文多有重複,與《破閑集》其他條目相比叙述方式格外突兀,且沒有像其他條目一樣在文末附上王瑋的詩文等現象,似乎也可以被合理地解釋爲太原王公在刊印過程中重新編入新的條目而產生的問題了。如果本條是由李仁老本人所編輯的話,應該不會出現類似的問題。

　　另外,前文提到的李藏用的《補閑集跋》也可印證筆者的這一論證。李藏用的跋文係高宗四十二年(1255)刊印《補閑集》時所作,此時比太原王公刊印《破閑集》尚早五年,而李藏用在文中稱《破閑集》編撰於"崇慶中"(1212)。如果李藏用當時讀到了現傳《破閑集》卷末有關王瑋的詩話,似乎不至於將《破閑集》的編纂時間誤認爲"崇慶中"(1212)。唯一合理的解釋便是,現傳《破閑集》卷末有關王瑋的詩話實爲後來太原王公刊印此書時補入的。

　　除了關於王瑋的詩話,《破閑集》卷末收録的幾條詩話,從文章內容和叙述方式來看,也極有可能是後來刊行時所補訂。不僅如此,筆者發現書中也有删減的痕跡,下文將對李仁老所撰原本中後來被删削的部分進行考察。

----

① 根據《高麗史·李仁老列傳》中"後集四卷"的記載,李仁老的"雜文三百餘首",在此之後應該也得到了整理刊行。

(二)删削及其文學史意義

前文已提到崔滋是奉崔怡"續編"《破閑集》之命而編纂《補閑集》,因此,該書以收集整理《破閑集》所未收録的作品爲主,但其中也不乏對《破閑集》所載作品及相關詩話進行評價討論的情況,如《補閑集》載:

　　河直講千旦訪予曰:"康日用賦鷺鷥云:'飛割碧山腰',苦吟未得對。後眉叟對云:'占巢喬木頂',載之《破閑》。凡續補是好事,如未得佳句則已,何眉叟自揚己短如彼乎? 君其削去。"予對曰:"《破閑》所載鄭舍人至都門而返,黄彬彬慟哭下樓,似乎過矣。然先覺之言,不敢擅非。況以'占巢喬'對'飛割碧',熟矣,何削?"河怒其拒,突出便去。①

崔滋在此介紹了與河千旦(? —1259)就《破閑集》所展開的討論。河千旦認爲《破閑集》中收録的李仁老爲康日用(12世紀初活動)咏鷺鷥的詩句補足的對句並非佳句,要求崔滋在《補閑集》中將其删去。對此,崔滋以《破閑集》所記載的鄭舍人(鄭知常,? —1135)和黄彬彬(金黄元,1045—1117)的苦吟軼事爲例,表示"先覺之言,不敢擅非"。這裏提到的有關康日用②、鄭舍人③和黄彬彬④的詩話皆見載於《破閑集》。

《補閑集》所記載的這一事件反映了兩點事實:其一,《破閑集》已在當時的文人間廣泛傳抄閲讀,且有像河千旦這樣的文人對《破閑集》所收録的李仁老的自作詩評價不高;其二,作爲"補編"《破閑集》的負責人,崔滋對《破閑集》所載詩話都是詳熟於心的。然而,通過仔細對比,筆者從《補閑

---

①《補閑集》卷下,趙鍾業編《修正增補韓國詩話叢編》卷一,太學社,1996年,頁110。
②《破閑集》卷上:"康先生日用欲賦鷺鷥,每冒雨至天壽寺南溪上觀之,忽得一句云:'飛割碧山腰'。乃謂人曰:'今日始得到古人所不到處,後當有奇材能續之。'僕以爲此句誠未能卓越前輩,而云爾者,蓋由苦吟得就耳。僕爲之補云:'占巢喬木頂,飛割碧山腰。'夫如是一句,置全篇中,其餘粗備可也。正如珠草不枯,玉川自美。"(頁49)
③《破閑集》卷上:"滎陽補闕偶游天磨山八尺房,竟夕苦吟,未能屬思。詰旦方迴,緩轡行吟。比至都門,乃得一聯云:'石頭松老一片月,天末雲低千點山。'策蹇而返,手撼門鈕,直入院中,奮筆題于壁還。"(頁49)
④《破閑集》卷中:"學士金黄元弭節西都,登其上,命吏悉取古今群賢所留詩板焚之,憑欄縱吟至日斜,其聲正苦如叫月之猿,只得一聯:'長城一面溶溶水,大野東頭點點山。'意涸不復措辭,痛哭而下。"(頁56)

集》中發現了涉及《破閑集》却在現行《破閑集》中並没有相關記載的内容。
其文曰：

　　　　世以四六詩文爲別，或云："某工詩，某工文，某工四六，而不可兼
　　得。"是未入文章之室者，各從門户窺一班之説耳。大手之下無施不
　　可，豈别有工拙哉？……今人以四六别作一家，鈔摘古人語多至七八
　　字，或十餘字，幸得其對，自以爲工，了無自綴之語，況敢有新意耶？眉
　　叟以林宗庇"崑崙岡上"之對，載於《破閑》，吾不取焉。①

　　崔滋在這裏對當時寫作四六駢文的文人多"鈔摘古人語"以求對求工，
導致文章"了無自綴之語"的風氣進行了批判，并舉《破閑集》中摘録的林宗
庇駢文中的"崑崙岡上之對"爲反面典型，稱自己並不贊賞這種浮華的文
風。但是，檢閲現行《破閑集》即可發現，其中並没有收録崔滋所提到的"崑
崙岡上"之對，難道是崔滋記憶不準確而導致《補閑集》中出現筆誤了嗎？
前文已提到，崔滋撰《補閑集》是爲"補編"《破閑集》而作，因此他對《破閑
集》的内容已詳熟於心，應當不至於犯下這樣的失誤。那麽，李仁老有没有
在《破閑集》中介紹林宗庇駢文的可能呢？

　　通過調查可知，林宗庇係李仁老竹林高會的文友林椿的叔父，是活躍
于李仁老和林椿上一代文壇的著名文人②，崔滋在《補閑集》中更透露了林
宗庇擅長駢文的事實。《補閑集》卷下載：

　　　　古四六龜鑑，非韓、柳，則宋三賢，不及此者，以文烈公爲模範可
　　矣。……予少時嘗頌貞肅公場屋賦，願一效嚬。及登第後，慕林宗庇、鄭知
　　常之爲四六，竊欲畫虎焉。迺今反視從前所作，皆生澀荒虚，反類狗也。③

　　崔滋在此自述學作駢文的歷程，稱少時模擬過貞肅公金仁鏡的科場賦

---

①《補閑集》卷下，頁 114。

②李仁老《西河先生集序》云："其學實得之家叔學士宗庇云"（林椿《西河集》，標點影印
　《韓國文集叢刊》，民族文化推進會，1996 年，第 1 册，頁 207）指出林宗庇對林椿的學
　殖亦有直接的影響。又林椿《上吴郎中啓》云："蓋念自吾家伯叔以來，有當代文章之
　譽，翱翔翰掖，出入承明。"（林椿《西河集》，卷六，頁 265）説明林宗庇爲活躍於當時文
　壇中心的人物。

③《補閑集》卷下，頁 113。

文,科舉及第後又一度愛慕和模擬林宗庇和鄭知常的駢文①。考崔滋科舉及第是在康宗元年(1212)英烈公琴儀以同知貢舉任主考官之時②,也就是説,崔滋模擬林宗庇和鄭知常駢文的時期,正在李仁老編纂《破閑集》的時間,也就是上文考證的熙宗七年(1211)前後。因此,李仁老當時是極有可能在《破閑集》中介紹正風靡一時的林宗庇和鄭知常的駢文的,而現行《破閑集》中也介紹了鄭知常的詩和若干表文③。由此可見,李仁老有充分的可能在《破閑集》中收録介紹了林宗庇的駢文,其中包括上文崔滋所提到的"崑崙崗上"之對。那麼,爲什麼相關的詩話並不見載於現行《破閑集》呢?

　　林宗庇的詩文現僅存收録於《東文選》和《東人四六文》的零星數篇,已無法把握其文學的全貌,而現存駢文中並没有發現崔滋所提到的"崑崙崗上"之對。幸而筆者在 12 世紀末李奎報所作《與金秀才懷英書》一文中發現了被引用而留存下來的此句的原文,李文曰:

　　　　夫啓者,欲與人有所賀謝陳請,或叙情而爲之者,與表牋同體。今之人於表牋,則頗或倣古人體,於啓事,則率張大其詞,多用古人之文之長且蔓者爲屬對,然後謂佳,不爾,必唾而棄之矣。此習,林宗庇始倡之矣。故林公獻某官啓曰:"落落高才崑崙岡上,千金難價之美玉;昂昂勁節峨嵋山西,萬歲不長之孤松。"此則不甚長蔓,而詞亦信美。

---

①崔滋愛慕和模擬的林宗庇的駢文,可能包括了林宗庇科舉及第後爲權適所作的名文《上座主權學士謝及第啓(適)》(《東文選》卷四五),但此文中並没有崔滋提到的"崑崙崗上之對"。

②《補閑集》卷上載:"今時參知政事崔璘、知門下省事洪鈞、守司空左僕射孫抃……左諫議天大夫衛尉卿河千旦及予,皆英烈公門生,時論推盛。"(頁 82—83)崔滋在這裏自稱爲英烈公琴儀之門生。又《高麗史》卷七三《選舉志》載:"康宗元年六月,政堂文學崔洪胤知貢舉,知奏事琴儀同知貢舉,取進士賜田慶成等二十九人,明經六人及第。"(《高麗史》中,頁 605)據此可知崔滋科舉及第的時間爲康宗元年(1212)。

③《破閑集》卷下:"睿王時,有俊才姓鄭者,忘其名。……及作東山齋真静先生祭文,上亦命作東山齋記,作表云:'鶴背登真,乘白雲於杳漠,螭頭紀事,披紫詔之丁寧。'又云:'年踰七十,不離中壽之徒,功滿三千,必被上清之召。'又云:'而出入先生之門,其來久矣,況對揚天子之命,無所辭焉。'"(頁 63—64)

　　其多至二十許字,而詰屈難句斷者亦衆矣。"①

　　李奎報在這裏主要論述了以駢文寫作的啓文在當時出現的文體弊端,指出時人所作啓文"率張大其詞,多用古人之文之長且蔓者爲屬對",並稱這種風氣爲林宗庇始倡。繼而舉林宗庇獻某官的啓文爲例,稱其中"落落高才崑崙崗上,千金難買之美玉;昂昂勁節峨嵋山西,萬世不長之孤松"之句尚"不甚長蔓,而詞亦信美",但對多至二十余字以至"詰屈難句斷者",則提出了批判。

　　從字句不難斷定,李奎報在此處所引用的"落落高才"句正是崔滋所提到的"崑崙崗上"之對。值得注意的是,李奎報雖然指出林宗庇獻某官的啓文有"多用古人之文之長且蔓者爲屬對"的弊端,却稱其中的"落落高才"句,亦即"崑崙崗上"之對"詞亦信美"。可見,在李奎報寫作《與金秀才懷英書》的 12 世紀末,當時的文人是將林宗庇的"崑崙崗上"之對看作佳句的。因此,李仁老在 1211 年撰寫《破閑集》時,也極有可能在介紹林宗庇的駢文時,積極評價此句。

　　衆所周知,李仁老論詩的核心觀點爲"用事論",重視對前人文章的借鑒與吸收。因此,注重用事的林宗庇的駢文對李仁老來説不失爲佳作,故極有可能在《破閑集》中舉其佳句進行介紹。與之相反,李奎報的論詩核心爲"新意論",更注重獨抒己意。因此,在李奎報成爲文壇宗主之後,開啓駢文用事繁蕪之風的林宗庇的駢文遂成爲了被批判的對象。

　　如前所述,崔滋在其《補閑集》中對當時寫作四六駢文的文人多"鈔摘古人語"以求對爲工,導致文章"了無自綴之語"的風氣進行了批判,這與李奎報在《與金秀才懷英書》中批判林宗庇的駢文以警戒當時"多用古人之文"以致文章"長且蔓"的文壇風氣的主張可謂異曲同工②。可見,在駢文

---

① 《東國李相國全集》卷二六《與金秀才懷英書》,標點影印《韓國文集叢刊》,民族文化推進會,1996 年,第 1 册,頁 559。

② 《東國李相國全集》卷二六《與金秀才懷英書》:"今人所以作啓,久已成習,不可克革。苟必用本文與古事,編列成章,則其所自創於心者,能有幾耶。"(頁 560)

的"用事"問題上,相比李仁老的"用事論",崔滋充分繼承了李奎報的文學觀①。作爲新一代的文壇宗主,崔滋極具爲文壇糾正時弊的使命感,故而在編纂《補閑集》之時②,也對林宗庇的駢文所代表的用事繁蕪之風進行了批判。不僅如此,崔滋進一步對李奎報尚且認可的"崑崙崗上"之對也加以否定,對李仁老在《破閑集》中收録該句提出了反對意見。

綜合以上推論可知,1260年按廉使太原王公在主持刊印《破閑集》時,《補閑集》已於五年前刊行問世了。因此,在檢閱《破閑集》的過程中,他極有可能順應《補閑集》所代表的當時的文壇趨勢,刪除了書中稱贊林宗庇"崑崙崗上"之對的内容。另一方面,也不排除李世黄在《破閑集》付梓前,出於孝心,對書中贊賞林宗庇駢文的有悖時流的内容進行刪削的可能。

要之,李仁老編纂的《破閑集》在時隔半個世紀之後刊印的過程之中,相關負責人根據當時的詩壇風氣對其進行了一定程度的補編與删訂。李仁老之子李世黄藉助他人之力刊印父親的遺作,對在父親編纂本意範圍之内的修訂應該是予以包容的。上文所論述的有關駢文内容的删削問題雖然只是微小的改動,却從中可以窺見高麗中期文壇變化的趨勢,對研究這一時期的高麗文學具有重要的啟示意義。

五　《破閑集》刊印過程中的分節調整

除了上文所論述的補編與删削問題,筆者還發現《破閑集》在刊印的過

---

① 崔滋類似的文學主張在《補閑集》中還有其他的記載,如卷下載:"金政堂敞,以金牓第三人。……是年冬至尚牧賀狀云……今諸州牧賀表狀,類多模奪舊本,此尚牧表狀,無一二章畫葫蘆,皆即事,但辭不圓熟耳。"(頁113)崔滋在這裏稱舉金敞的表狀,雖然"辭不圓熟",却不像其他州牧的表狀"類多模奪舊本",而是"無一二章畫葫蘆,皆即事",對其進行了積極評價。
② 關於崔滋對當時文壇的使命感可參見《補閑集》序,其文謂:"文者,蹈道之門,不涉不經之語。……若剽竊刻畫,誇耀青紅,儒者固不爲也。雖詩家有琢鍊四格,所取者,琢句鍊意而已。今之後進,尚聲律章句,琢字必欲新,故其語生,煉對必以類。故其意拙,雄傑老成之風,由是喪矣。"(頁79)

程中有對條目分節進行調整的現象，其中有些調整甚至歪曲了李仁老所撰原文的本意，下文將對這一問題進行考察。

現存《破閑集》由上卷 11 板，中卷 15 板，下卷 14 板，跋文 3 板組成，收錄詩話共 80 餘則。對於《破閑集》各卷所收詩話的具體條目數，學界出現了三種説法。其一爲趙鍾業的《韓國詩話研究》，將《破閑集》的詩話條目統計爲上卷 24 則、中卷 24 則、下卷 33 則，共 81 則①。其二爲柳在泳的譯注本，將《破閑集》各卷的詩話劃分爲上卷 24 則、中卷 25 則、下卷 33 則，共 82 則②。高麗史研究室的李鎮漢主編的《譯注破閑集》③及近來由中國蔡美花、趙季主編的《韓國詩話全編校注》④所收《破閑集》對各卷條目的劃分均與此相同。其三爲張鴻在的《高麗時代詩話批評研究》⑤與朴性奎的譯本⑥，將《破閑集》各卷的詩話統計爲上卷 25 則、中卷 25 則、下卷 33 則，共 83 則。也就是説，高麗時期詩話的研究者及《破閑集》的點校、譯注者對同一版本的《破閑集》所收詩話的條目總數，有 81 則、82 則、83 則共三種説法⑦。那麼，爲什麼會出現這樣的分歧呢？

解決這一問題其實很簡單，只需要對條目分節出現差異的部分與《破閑集》的原本進行對照即可。通過對比，筆者發現《破閑集》上卷的詩話被劃分爲 24 則或 25 則，導致這種分歧產生的原因在於對《破閑集》第 7—8 板所錄內容的不同分節。其文曰：

　　　　睿王天性好學，尊尚儒雅，特開清宴閣，日與學士討論墳典。……時康先生日用，詩名動天下，上心佇觀其作。燭垂盡纔得一聯，袖其紙伏御溝中，上命小黄門遽取之。題云："頭白醉翁看殿後，眼明儒老倚

①趙鍾業《韓國詩話研究》，太學社，1991 年，頁 127。
②柳在泳《破閑集譯注》，一志社，1978 年。
③高麗大學校韓國史研究所高麗時代史研究室《譯注破閑集》，景仁文化社，2013 年。
④蔡美花、趙季主編《韓國詩話全編校注》收錄《破閑集》，人民文學出版社，2012 年。
⑤參見張鴻在《高麗時代詩話批評研究》，亞細亞文化社，1987 年，附錄《高麗時代詩話表目》，頁 236—239。
⑥朴性奎《譯注破閑集》，報告社，2012 年。
⑦另外，首爾大學奎章閣韓國學研究院所藏《破閑集》（索書號：奎 5275）解題曰："該資料分卷并標準不明確，各卷條目數爲上卷 22 則、中卷 23 則、下卷 31 則。"由此可見，該資料共分爲 76 則。

欄邊。"其用事精妙如此，上嘆賞不已曰："此古人所謂'白頭花鈿滿面，不若西施半粧。'"慰諭遣之。今擬補亡……頭白云云，燭華漸盡吟彌苦，擷得餘姸入一聯。'詩之巧拙，不在於遲速先後，然唱者在前，和之者，常在於後。……楚老見眉山賦雪叉字韻詩，愛其能用韻也，先作一篇和之，其心猶未快，復以五篇繼之。……今朝登書樓雪始霽，因憶兩老詩，和成二篇。僕亦未免於牽强，觀者宜恕之……①

引文中的内容位於《破閑集》原本的上卷第七板 b 面第七行到第八板 b 面第 8 行。柳在泳和李鎮漢等人的譯注本及蔡美花、趙季主編的校注本都將其合爲一條詩話，而張鴻在和朴性奎則將"詩之巧拙，不在於遲速先後……"以下的内容區分爲另外一條獨立的詩話。仔細閱讀這段文字，不難判斷確實應當將"詩之巧拙"之前與之後的内容劃分爲兩條詩話。前一條詩話介紹康日用"用事精妙"的著名聯句，以及李仁老擬補的詩作。第二條論述唱和詩，先總論，次記載了王安石爲蘇軾所作叉字韻咏雪詩作和詩的軼事，最後介紹了李仁老自己的次韻詩。那麼，柳在泳等人爲什麼將這兩則詩話合併爲一條了呢？

參考《破閑集》的原本可知，上文"擷得餘姸入一聯"正好在第 8 板 a 面第 6 行尾結束，而"詩之巧拙"正好從第 8 板的 a 面第 7 行首開始。因此，乍看之下，兩則詩話是很有可能被當作一則詩話的，這正是先行研究者及譯注者將這段文字誤認爲一則詩話的原因。不僅如此，《破閑集》中卷的"智者見於未形……"和"樞府金富儀……"兩則詩話②，"金學士黃元……"和"昌華公李子淵……"③兩則詩話，下卷的"京城西十里許……"和"朴君公襲……"兩則詩話④，"世以科第取士尚矣……"和"傳曰，在南爲橘，在北爲枳……"⑤兩則詩話之間也出現了類似的"連綴"現象，先行研究、各種譯注本及解題中所記錄的《破閑集》各卷詩話則數的分歧正由對這些"連綴"在一起的詩話的不同分節所導致。

---

①《破閑集》卷上第 8 板，頁 48。
②《破閑集》卷中第 1 板，頁 50。
③《破閑集》卷中第 10 板，頁 55。
④《破閑集》卷下第 4 板，頁 59。
⑤《破閑集》卷下第 10 板，頁 62。

　　如前所述,李仁老爲上呈熙宗而編纂《破閑集》,因此在《破閑集》中强調人才任用的重要性,同時也收録了不少自作詩以彰顯自己的文學才能。仔細閲讀《破閑集》,可以發現李仁老似乎是有意識地在書中收録自己的詩作,尤其在上卷,除了首尾兩則詩話之外,幾乎每則詩話都介紹了李仁老自己的詩作。上文提到的"睿王天性好學……"和"詩之巧拙……"兩則詩話正分别收録了李仁老的一首詩作,這也可作爲將這一部分内容劃分爲兩則詩話的證據。事實上,現代研究者對《破閑集》詩話條目劃分的誤判並不影響對《破閑集》内容的理解。值得注意的是,筆者在現行《破閑集》中,發現了不少疑爲刊印過程中所出現的條目調整,且其中有些調整甚至歪曲了李仁老所撰原文的本意。以現行《破閑集》上卷所收録的如下兩則詩話爲例:

　　　　琢句之法,唯少陵獨盡其妙,如"日月籠中鳥,乾坤水上萍"……至若句鍛季鍊,朝吟夜諷,撚鬚難安於一字,彌年只賦於三篇。手作敲推,直犯京尹,吟成大瘦,行過飯山,意盡西峰,鐘撞半夜,如此不可縷舉。及至蘇黄,則使事益精,逸氣橫出,琢句之妙,可以與少陵並駕。

　　　　本朝學士黄元題郡齋云:"山城雨惡還成雹,澤國陰多數放虹。"……康先生日用欲賦鷺鷥,每冒雨至天壽寺南溪上觀之,忽得一句云:"飛割碧山腰",乃謂人曰:"今日始得到古人所不到處,後當有奇才能續之。"僕以爲此句誠未能卓越前輩,而云爾者,蓋由苦吟得就耳。僕爲之補云:"占巢喬木頂,飛割碧山腰。"夫如是一句置全篇中,其餘粗備可也。正如"珠草不枯,玉川自美。"[1]

　　以上内容在現行《破閑集》中是分録爲兩則詩話的,前一則詩話位於上卷第9板 a 面第 7 行到第 9 板 b 面第 5 行中間,後一則詩話位於第 9 板 b面第 6 行首到第 10 板 a 面第 7 行上端。因此,先行研究者和現行譯注本都將以上内容劃分成了兩則獨立的詩話。其中,前一則詩話論"琢句",首先舉杜甫的詩句爲典型,其次列舉了"琢句"苦吟的逸話,最後稱舉蘇軾和黄庭堅的"琢句之妙"達到了杜甫的境界。類似這樣談論中國詩學的内容在中國詩話集中是很常見的,因此這段文字很容易被看作是獨立的一則詩話。

　　但是,通讀《破閑集》可以發現,書中是没有只論述中國詩學的條目。

---

[1]《破閑集》卷上,頁 49。

李仁老在每則詩話中通常先論述中國詩學或介紹相關逸話，繼而稱舉高麗文人類似的作品，并不時地介紹自己的詩作。姑舉若干詩話爲例：

門生之於宗伯也……昔後唐衷皡在同光中……本朝光王時，始以詩賦取士……作詩以記卓異……①

回文詩起齊梁……昔竇滔妻織錦之後……本朝學士李知深……僕亦効其體，獻時宰云……②

詩之巧拙不在於遲速先後……楚老見眉山賦雪叉字韻詩……今朝登書樓雪始霽，因憶兩老詩，和成二篇……③

智者見於未形……昔漢文時……昔毅王……正言文克謙……作詩留壁上……④

自雅缺風亡，詩人皆推杜子美爲獨步……昨見金相國永夫，有感詩云……⑤

詩家作詩多使事，謂之點鬼簿……近者蘇黃崛起……吾友耆之亦得其妙……⑥

世以科第取士尚矣，自漢魏而下……本朝以狀頭入相者……僕作一篇記之……⑦

通過這些例證可知，李仁老在詩話中通常先展開詩學一般論，在這裏主要論述中國詩學，介紹相關逸話；其次介紹本朝，也就是高麗文壇的相關詩作或逸話，通常在這裏介紹自己的詩作。也就是説，李仁老在《破閑集》中論詩時，始終是將中國和韓國的詩學對舉論述的。結合李世黄在《破閑集跋》中闡述《破閑集》的編纂原委時，介紹李仁老“麗水之濱，必有良金，荆山之下，豈無美玉？我本朝境接蓬瀛，自古號爲神仙之國……”的發言，不難發現李仁老欲通過韓國與中國的對比，强調韓國文學獨特價值的編纂意

①《破閑集》卷上，頁47。
②《破閑集》卷上，頁48。
③《破閑集》卷上，頁48。
④《破閑集》卷中，頁50。
⑤《破閑集》卷中，頁51。
⑥《破閑集》卷下，頁58。
⑦《破閑集》卷下，頁62。

圖。也就是説，李仁老在編纂《破閑集》時，寄託了他將本國文學與中國文學進行較量的"東國的文明意識"或"小中華意識"。

綜上可知，上面引用的以"琢句之法"開頭的詩話只論述了中國詩學的"琢句"事例，而以"本朝學士黄元"開頭的詩話則介紹了金黄元、李純祐、林椿、鄭知常和康日用等高麗文人"琢句"苦吟的逸話①，且附録了李仁老自己爲康日用苦吟的"飛割碧山腰"句補足的詩句"占巢喬木頂"。由此不難看出，兩條詩話本該合併爲一條詩話，因爲這樣組合方才符合《破閑集》所收詩話"中國—本朝—自作詩"的一般叙述結構。由此可作出推測，李仁老編纂的《破閑集》原本中，兩段文字本是一條詩話，而後來負責刊印此書的人，因對李仁老這種獨特的詩話叙述結構理解不足，誤將這段文字劃分成了兩條詩話。

除了上面的例子之外，筆者還發現了不少《破閑集》在刊印的過程之中，因爲相關責任者對詩話的内容及叙述方式的理解不足而導致的有悖於李仁老編纂旨趣的分節調整。如《破閑集》中卷所收録的下面兩則詩話：

> 西湖僧惠素，該内外典，尤工於詩，筆迹亦妙。常（嘗）師事大覺國師爲高弟。……常隨國師所在，討論文章。國師殁，撰行録十卷，金侍中摭取之以爲碑。住西湖見佛寺，方丈闃然，唯畜青石一葉如席大，時時揮灑以遣興。侍中納政後，騎驢數相訪，竟夕談道。上素聞其名，邀置内道場，講華嚴寶典，賜白金至多。師盡用買砂糖百餅，列于所居内外，人問其故，曰："是吾平生嗜好，儻明春商舶不來，則顧何以求之。"聞者皆笑其真率。

> 金蘭境有寒松亭。昔四仙所游，其徒三千各種一株，至今蒼蒼然拂雲，下有茶井。道兄戒膺國師留詩："在昔誰家子，三千種碧松。其人骨已朽，松葉尚茸容。"和云："千古仙游遠，蒼蒼獨有松。但餘泉底

---

① 《破閑集》卷上，頁49，"本朝學士黄元題郡齋云，……李紫薇純祐出鎮關東云，'細柳營中新上將，紫薇花下舊中書。'吾友者之贈僕云，'風急溟鵬從北徙，月明驚鵲未安枝。'滎陽補闕，偶游天磨山八尺房，竟夕苦吟未能屬思。詰旦方迴，緩轡行吟，比至都門，乃得一聯云，'石頭松老一片月，天末雲低千點山。'策蹇而返，手撼門鈕，直入院中，奮筆題于壁還"。

月,髪鬙想形容。"論者以爲師組織雖工,未若前篇天趣自然。①

　　以上兩則詩話,前者位於中卷第 8 板 a 面第 8 行至 b 面第 5 行中間,後者位於第 8 板 b 面第 6 行首至第 10 行中間。前一條詩話主要介紹僧人惠素(11 世紀末—12 世紀中葉)的事迹,首先説明惠素係高麗大覺國師義天(1055—1101)的高足弟子,"常隨國師所在,討論文章"。後來成爲西湖見佛寺的住持,此時從政界隱退的金富軾(1075—1151)常常騎驢相訪,與惠素竟夕談道。最後介紹了惠素用國王賞賜的白金買"砂糖百餅"的軼事。不難發現,這則詩話只介紹了惠素的事迹,没有收録相關詩句或詩評,這與《破閑集》中其他詩話的構成相比顯得十分異類。

　　而後一條詩話先介紹了戒膺國師在金蘭(江原道通川郡)境内的寒松亭留下的吟咏"四仙"(指述郎、南郎、永郎、安詳四位花郎)游亭故事的題咏詩,其後又介紹了對此詩的和詩,并對比評價道"論者以爲,師組織雖工,未若前篇天趣自然。"令人生疑的是,文中並未介紹和詩的作者爲誰。

　　概觀此段前後的叙述脉絡可知,以上兩則詩話前後所收録的都是與僧人相關的詩話。其前收録的"太白山人戒膺,大覺國師適嗣也……作詩送之云……"②介紹了戒膺國師的事迹及其相關詩作,其後的"碧蘿老人去非……又王輪光闍師,誦近詩……"③則介紹了兩位僧人的詩作。之後的"芬皇宗光闍師……足菴聞之乃曰……乃作偈……"④及"華嚴月師少從僕游……即於座上伸筆而贈之……"⑤也一樣都介紹了僧人的詩作。結合前後的叙述脉絡與結構,不難判斷引文中以"西湖僧惠素"開頭的詩話不應該只介紹惠素的事迹,還應介紹他的詩作。而接下來以"金蘭境有寒松亭"開頭的詩話雖然介紹了戒膺國師題咏詩,却並非爲介紹戒膺國師而單獨設立的詩話,因爲之前以"太白山人戒膺"開頭的詩話已經介紹了戒膺國師的事迹與詩作。另外,根據《補閑集》中西湖僧惠素曾爲金蘭叢石亭作過記文的

---

①《破閑集》卷中,頁 54。
②《破閑集》卷中,頁 53—54。
③《破閑集》卷中,頁 54。
④《破閑集》卷中,頁 54。
⑤《破閑集》卷中,頁 54。

記載①,可知惠素在游覽金蘭時造訪寒松亭,并爲戒膺國師的寒松亭題咏詩作和詩是有充分可能的。綜合以上分析,可以確定上引以"金蘭境有寒松亭"開頭的詩話所介紹的和詩正是惠素的詩作,且這則詩話與前面以"西湖僧惠素"開頭的介紹惠素事迹的部分,在李仁老的原本中應該本來是一條詩話。現行《破閑集》誤將這則詩話拆分爲兩則,當係刊印《破閑集》的負責人因爲對詩話内容的理解不足所致。這種情況也見于現行《破閑集》中卷所載以下内容:

> 京城東天壽寺,去都門一百步,連峰起於後,平川瀉於前,野桂數百株夾道成陰,自江南赴皇都者,必憩於其下。……昔睿王時,畫局李寧尤工山水,爲其圖附宋商。久之,上求名畫於宋商,以其圖獻焉。上召衆史示之,李寧進曰:"此臣所畫天壽寺南門圖也。"折背觀之,題誌甚詳,然後知其爲名筆。

> 神王七年,僕出守孟城,兒子阿大赴官珍洞。吾友湛之謂咸子真曰:"李玉堂之子剖竹南州,而其儀遠在孟城,宜吾二人往餞焉。"各携己子,到天壽寺西峰。班荆語離酒八九巡,子真呼兒梵郎,宜以一句贐行,即云:"歸程紅樹童童立。"阿大續之曰:"故國青山點點遥。"及日斜點然而罷。阿大到官,叙始末甚詳,千里寄孟城。發書不覺失笑,雖家僮州吏,無不抃聳爲快。其京洛山川之態,故人親友之笑語,祖席盃觴之交錯,歷歷然無不在吾目前。羈愁旅況如湯沃雪,須鬢間有一莖兩莖還黑者。遂書日月以志喜。②

以上内容在現行《破閑集》中被劃分爲兩則詩話,分别位於中卷第12板 a 面第3行至第10行中間,以及第12板 a 面第11行首至 b 面第9行上端。前一則詩話介紹了天壽寺的地理位置和風景,以及睿宗時李寧所畫天壽寺南門圖被北宋商人帶回中國賣出之後又重新被當做北宋名畫而被購回的事迹。可以發現,這則詩話同樣也只介紹了天壽寺和相關的逸話,却不見相關的詩句或詩評。後一則詩話則記載了神宗七年(1204)李仁老出守孟城時,朋友李湛與咸子真各攜己子,在天壽寺西峰爲李仁老及同時赴

---

①《補閑集》卷上,頁 89,"金蘭叢石亭山人慧(惠)素作記,文烈公戲之曰:此師欲作律詩耶?"

②《破閑集》卷中,頁 56。

官珍洞的李仁老之子阿大餞別的事迹，并介紹了子輩們在席間唱和的詩句，以及阿大在赴任後寫給李仁老的記述當天情境的書信。這一段内容涵蓋了事件發生的具體時間、場所以及唱酬詩句，將之視爲獨立的詩話也并没有問題。

　　此外，概觀《破閑集》的叙述脉絡可知，以上兩則詩話前後所收録的都是與高麗的著名寺刹相關的詩話。比如之前的兩則詩話分別介紹了李子淵創建甘露寺的事迹①，以及安和寺相關的逸話和尹彦頤的詩句②。之後的幾則詩話則依次介紹了永明寺和金黄元③，伽倻山讀書堂和崔致遠④，天官寺和李公升⑤相關的逸話和詩句。由此不難判斷出引文中的"兩則詩話"在李仁老的原本中其實本是完整的一則詩話，因爲兩段文字的内容都與天壽寺相關，且將其合併之後，整段文字"寺刹介紹—相關逸話介紹—相關詩句介紹"的叙述結構也與前後文詩話的叙述結構相統一。因此，現行《破閑集》誤將這則詩話拆分爲兩則詩話，也當是刊印《破閑集》的負責人因爲對詩話内容的理解不足所致。

　　如前所述，李仁老生前編纂的《破閑集》在將近半個世紀之後的刊印過程之中，出現了違背作者撰書本意的分節調整。如果將上文所考證出的這些錯誤的分節一一糾正，可知現行《破閑集》各卷的詩話條目數爲上卷 24則、中卷 23 則、下卷 33 則，共計 80 則。不過，如前所述，《破閑集》下卷末的詩話係在刊行的過程中補編而成，且在刊印的過程之中，也有像介紹林宗庇"崑崙崗上"之對的詩話一樣被删削的情況。因此，恢復李仁老所編《破閑集》的原貌仍然是一個有待解決的問題。

六　結論

　　本文重新界定了《破閑集》的編纂時間，以此爲基礎，重新分析了李仁

①《破閑集》卷中，頁 55。
②《破閑集》卷中，頁 55—56。
③《破閑集》卷中，頁 56。
④《破閑集》卷中，頁 56。
⑤《破閑集》卷中，頁 56—57。

老編纂此書的目的。同時，通過考證現行《破閑集》在刊印過程中出現的補編、删削以及分節調整問題，考察了高麗中期詩學的變遷情況。

　　首先，本文結合《破閑集》所載有關熙宗七年(1211)10月科舉的詩話中"今上"的稱呼，以及同年12月熙宗在暗殺崔忠獻計劃失敗之後被廢的史實，確定了《破閑集》係李仁老爲上呈"今上"熙宗，於1211年10月至12月間所編撰的事實。從而也闡明了李仁老在《破閑集》中強調人才任用的重要性，且收録大量自作詩以展露自身文學才能的原因。同時也説明了《破閑集》正因熙宗七年12月的熙宗被廢事件而未能即時刊行問世的事實，以及《破閑集》所載内容和李仁老的著述態度，導致此書在李仁老死後後人刊印其文集《銀臺集》和《雙明齋集》時也没能被刊印，直到《破閑集》編成近半個世紀，武臣政權倒臺之後的1260年，才在太原王公的主持之下刊行問世的情況。

　　其次，通過考證，本文發現了太原王公等人在主持刊印《破閑集》的過程中，在卷末補編了王瑋相關的詩話，且受已經刊行的崔滋的《補閑集》的影響，删掉了《破閑集》原本收録的林宗庇的"崐崘崗上"相關的詩話的事實。不僅如此，本文還考證出了因刊印負責人對李仁老的編纂旨趣或《破閑集》的叙述結構的理解不足，所出現的對原文分節的錯誤調整。

　　綜上所述，李仁老生前編纂的《破閑集》在長達半個世紀之後的刊印過程中，出現了對原文的補編、删削、以及分節調整等現象。這些看似微不足道的修訂，有些爲我們了解此書自編纂至刊印的半個世紀期之間高麗文壇的變化提供了重要的啟示，而有些則導致了對作者編纂旨趣的誤解。希望本文的這些發現，能對之後《破閑集》的相關研究及點校本、譯注本的修訂有所助益。

（作者單位：南京大學外國語學院）

域外漢籍研究集刊　第十九輯
2020 年　頁 115—138

鄭夢周《赴南詩》之史蘊與情韻＊

馮翠兒

引　言

　　《赴南詩》是鄭夢周於明朝洪武前期出使南京（應天）和日本霸家臺（博多）時所撰的詩歌合集，故屬行紀之作，收於《圃隱集》①卷一。《赴南詩》由兩部分組成，前部分是出使南京的詩作，共 117 首；後部是出使日本的組詩11 首，加入《游觀音寺》及《再游是寺》則共 13 首。鄭氏用詩歌表達了出使南京和日本的時節、行程、所遇人物、所受待遇和作者的感受。本文主要討論其出使南京的詩作，從中可體會洪武前期明、麗的政治氣氛、人物性格和風土人情，還能折射出歷史、文化和文學的點滴。雖然行紀詩不是一時一地和一次使行的作品②，但它是現見高麗使者出使明朝和日本的最早著

＊ 本文爲國家社科基金項目“比較視野下明與朝鮮的使臣文學研究”（16BZW084）成果之一。

① ［朝］鄭夢周《圃隱集》，見財團法人民族文化推進會編《韓國文集叢刊》第五册，韓國景仁文化社，1990 年。

② 詩集内的詩歌并不是一時一地之作，其編列次第亦非按行程路綫作順序的安排，其中在往程夾有回程時的詩作和洪武五年及洪武十七年的詩作。如首二十首中，本應是往程的詩作，已由山東省青州府南端的日照縣進入淮安府北部與山東省接壤的贛榆縣，但後列的詩歌却是《山東途中》，更有山東中部的《王坊驛》《諸城驛》《金城驛》等詩。而《王坊驛》一詩中更有“今春朝帝庭，還車自京華。適余奉國命，跋涉齊東過”之句，那就清楚表明該詩是丙寅（1386）使行回程時所作。又於後部詩歌中，（轉下頁注）

作。對研究洪武前期明、麗及麗、日,特別是明、麗關係和使行情況,提供了很有意義和價值的材料。《圃隱集》內頁印有鄭夢周的肖像,但只是數筆墨綫繪成的平面圖,本文最主要的目的是嘗試融合史事與詩歌,重塑一個有血有肉的鄭夢周形象。

一　《赴南詩》之寫作背景

朱元璋於公元 1368 年在南京(應天)稱帝,國號大明,年號洪武。當時元帝雖退出長城遷至上都(今内蒙古自治區錫林郭勒盟正藍旗草原),但仍有其他汗國作其後盾,故還需繼續剿滅①和作防禦。另一方面,國内經過胡人近百年的統治和連年戰爭的摧殘,必須要有一較安定的局面去恢復元氣和重建以儒治國的傳統秩序②。爲此,朱元璋希望與周邊政權建立良好關係,並繼承歷朝以來的傳統朝貢制度。他的外交理念可在他親撰的《皇明祖訓》中略見一斑:

> 四方諸夷,皆限山隔海,僻在一隅。得其地不足以供給,得其民不足以使令。若其不自揣量來撓我邊,則彼爲不祥。彼既不爲中國患,而我興兵輕犯,亦不祥也。吾恐後世子孫倚中國富强,貪一時戰功,無故興兵,致傷人命,切記不可。但胡戎與西北邊境,互相密邇,累世戰争,必選將練兵,時謹備之。③

於是在洪武元年(1368)十二月便主動遣使往高麗示好,洪武二年(1369)更封王顓(恭愍王)爲高麗國王,確立了兩國的宗藩關係④。惟高麗國土較接

(接上頁注)有《瓜州壬子四月》《大倉九月》《壬子十月十二日發京師・宿鎮江府丹徒驛》《常州除夜呈諸書狀官》等詩可爲證。

① 明太祖朱元璋在位期間,於公元 1370、1372、1380、1381、1387、1388、1390 及 1396 進行了八次北伐。

② 朱元璋建立明朝後,制定《大明集禮》,力圖恢復漢族禮儀文化,以去蒙古化、恢復漢族傳統、踐行儒家禮儀爲核心内容。

③ [明]朱元璋《皇明祖訓・序》,北京圖書館出版社,2002 年。

④《明史・朝鮮列傳》(列傳第二百八“外國一”):“明興,王高麗者王顓。太祖即位之元年遣使賜璽書。二年送還其國流人。顓表賀,貢方物,且請封。帝遣符璽郎偰斯齎詔及金印誥文封顓爲高麗國王,賜曆及錦綺。”

近上都的元朝殘餘勢力,故常有背明而與元保持關係的情況。及至辛禑弑
恭愍王自立,朱元璋以辛禑所爲屬篡弑,又有金義殺明使,遂一直拒絕册封
辛禑爲高麗王,致使高麗接受北元册封,改行宣光年號。後因明朝釋放高
麗使臣,於洪武十一年(1378)九月高麗又恢復洪武年號,雙方的關係略有
改善。但在洪武二十一年(1388),辛禑爲鐵嶺的歸屬問題,竟出兵攻打遼
東,並於四月再度停用洪武年號。可見當時明、麗間的關係已互不信任,甚
至有敵對的態勢。鄭夢周就是在這樣的情況下,多次奉高麗王命出使
明廷。

二　鄭夢周的使行經歷

鄭夢周(1337—1392),字達可,號圃隱,延日人(今屬慶尚道)。案柳成
龍《圃隱先生集年譜攷異》①及咸傅霖《圃隱先生集行狀》②,鄭夢周出使南
京和日本的年月如下:

洪武五年(壬子,1372)三月,鄭夢周以書狀官從正使洪師範赴京賀平
蜀,並請求准許高麗派子弟入中國太學就讀③。四月抵京,寫有《瓜州壬子
四月》等詩。八月取道海路回國時遇風,船隻被吹翻,洪師範溺死,鄭夢周
飄至荒島,割鞾而食達十三天,得朱元璋派船救回南京(可推知集中《大倉

①［朝］鄭夢周《圃隱集》,見財團法人民族文化推進會編《韓國文集叢刊》第五册,韓國景
　仁文化社,1990 年,頁 603—612。
②同上,頁 632—636。
③《高麗史·恭愍王七》世家卷 44:"夢周去年四月同師範到京師受中書省咨文二道:一
　爲平蜀及子弟入學事,一爲雅樂鐘磬事。八月還至海中許山遭風,船敗,師範溺死,遂
　失咨文。夢周復如京師告中書省,鐘磬咨文,省官以草本遺失不許,只抄寫平蜀及子
　弟入學回咨以來。咨曰:'差密直司同知洪師範等進賀平蜀表文,禮部隨即進奏。觀
　其臣意專切,文理條暢,援引典故甚是得宜,上意歡忻。又表一通爲請子弟入學,欽奉
　聖旨,高麗國王欲令子弟來國學讀書。我曾聞唐太宗時高麗國亦嘗教子弟入學,這的
　是件盛事……恁中書省回文書去交高麗國王,與他臣下每好生熟議。若是乃爲父母
　的願令子弟入學,爲子的聽受父母之命來學者,交高麗國王差人好生將來。省家回的
　文書要説的明白。'"

九月》二首是在被海上救回，在大倉候旨回京時作），並予以恩恤厚待①。
十月十二日再離京（有《壬子十月十二日發京師·宿鎮江府丹徒驛》詩），在
常州過春節（有《常州除夜·呈諸書狀官》詩），翌年七月才經遼東渡海回至
開京。自此，高麗赴南京之使行路綫不再自海路入長江之途而改由遼東渡
海至登州的路綫。如此路程雖遠得多，但較安全。此前不取道遼東，除因
路途較遠外，還因元朝的殘餘勢力仍未完全平定。至洪武四年（1371）二
月，故元遼陽行省平章劉益歸降②，六年（1373），明廷基本控制了遼東地
區，在鳳凰城建立了定遼右衛，并在遼東及遼南各處設立衛所，鄭夢周等人
才能取道遼東回國。

　　洪武十年（丁巳，1377）九月出使日本霸家臺（博多）。由於高麗一向倭
患嚴重，尤其恭愍王時期（1352—1374），海上倭寇極其猖獗，即使築城、造
艦對抗，成效亦未著，故甚望能聯繫日本官方協助打擊。當時日本内戰剛
息，九州探題③今川貞世（1326—1420）④權傾朝野。他於當年七月遣使高
麗，期能聯手擊倭，辛禑益嘉之，遂派鄭夢周報聘⑤。這次使行實屬艱險，
因在此前高麗王曾派遣羅興儒出使，却被拘而幾餓死。鄭夢周却欣然受
命，至翌年七月才自日還抵開京。他此行不但完成使命，而且得到今川貞
世的敬服，尚送還不少被俘者。是次使行，鄭夢周寫下了《赴南詩·奉使日

---

①《明太祖實錄》卷 75：“（八月）癸卯，太倉衛奏高麗使者洪師範、鄭夢周等度海洋遭颶
　　風，舟壞，師範等三十九人溺死，夢周等一百十三人漂至嘉興界，百户丁明以舟救之獲
　　免，上令夢周等還京師……（九月）癸酉，高麗使者鄭夢周等至京，復賜衣服而遣之。”
②《明太祖實錄》卷 61：洪武四年（1371）二月壬午“故元遼陽行省平章劉益，以遼東州郡
　　地圖并藉其兵馬錢糧之數，遣右丞董遵、僉院楊賢奉表來降……上覽表嘉其誠，詔置
　　遼東衛指揮使司，以益爲指揮同知。”
③室町幕府設置的九州統轄機關。
④法名了俊，世人多稱其今川了俊。鎌倉幕府後期至南北朝室町幕府前期的武將，鄭夢
　　周赴日時，他剛平定九州叛亂。晚年潛心文學，愛好和歌。著作有《難太平記》等。
⑤［朝］李崇仁《送鄭達可奉使日本詩序》：殿下之四年秋七月……日本國霸家臺使者至
　　矣……使者獻書幣訖，進而告曰：“主將聞島夷竊發……遂欲殄殲之，遣賤介以報師
　　期。”殿下聞其言益嘉之……下召宰相曰：“報聘，禮也。矧今通絶好息寇栽，聘使宜慎
　　簡哉。”於是遣成均大司成鄭達可以行。（附録於《圃隱集》，《韓國文集叢刊》第五册，
　　頁 614）

本作》組詩。

　　洪武十五年(壬戌,1382),鄭夢周於四月以進貢使赴京。由於洪武七年(1374)發生了恭愍王被弒,又有金義殺明朝使臣,遂使太祖斷然拒絶爲高麗新王辛禑册封,並扣留高麗使臣,高麗因而接受北元册封,停用洪武年號等事。在此背景下,當鄭夢周等人於六月抵達遼東時,遼東都指揮即以明太祖聖旨,責備歲貢以數年之物合而爲一,其意未誠,不許入境。於是無功而返,故這次出使只到大明邊陲,未能算是朝天之行。

　　洪武十五年(壬戌,1382)十一月,鄭夢周再奉命以請謚使赴京師。翌年一月抵達遼東時,仍爲遼東都司稱有敕不納,只收下進貢物品與章表。鄭夢周朝天之行再次無功而還。

　　洪武十七年(甲子,1384)七月,鄭夢周在時間迫卒的情況下,臨危受命爲聖節使,必須於九月抵南京賀萬壽誕。鄭夢周於受命後即日起行,兼程趨路,終能如期至京師。爲此甚得朱元璋嘉許,翌年四月還。此行改善了明朝對高麗的態度,不但恢復正常的朝聘,且放還扣留的高麗使臣,貢獻甚大。

　　洪武十九年(丙寅,1386)二月,如京師,請冠服,並乞蠲減歲貢。由於鄭夢周奏對詳明,得除五年貢未納者及增定歲貢常數。七月還,辛禑甚喜,賜衣帶鞍馬。此行鄭夢周沿途以詩紀行:"每寫詩篇爲日課"(《黃山驛路上》),所賦詩歌成爲《赴南詩》的主體部分。

　　洪武二十年(丁卯,1387)十二月出使,請通朝聘。翌年一月至遼東,又因辛禑爲鐵嶺的歸屬問題與明廷有争議而不獲赴京,又一次無功而還。

三　鄭夢周的才情

　　鄭夢周在朝鮮時代被譽爲東方理學之祖①,他除滿腹經綸外,詩才亦不容忽視。《赴南詩》集内雖只有一百多首詩歌,但其形式却各體紛呈。全詩集以五、七言絶律詩爲主,然亦有五、七言古詩與歌行,更有兩首六言詩。

────────

①《高麗史・鄭夢周本傳》:李穡亟稱之曰:"夢周論理横説豎説無非當理,推爲<u>東方理學</u><u>之祖</u>。"成倪《慵齋叢話》(卷之一第 1 則)亦云:"高麗文士皆以詩騷爲業,惟<u>圃隱</u>始倡<u>性理之學</u>。"

在句式和遣詞用字方面亦表現得相當活潑靈動,甚少用典,但一用典則可代千言萬語,并能將詩意推上一層。在使行路途中,奔波勞累、應答頻繁,加之時間迫卒下,能賦得如此精彩的詩歌,可見鄭夢周有超卓的文學修養和創作才華。現略作分析如下:

詩集中七絕者有《飲酒》《戲贈偕行年少》《舟中美人》等;集中律詩較多,五律者有《諸城驛夜雨》《金城驛懷松京諸友》《范光湖曉景》等;七律者有《山東途中》《皇都》四首等。尚有五、七言古詩與歌行,如:《過海宿登州公館》(五古)、《常州除夜》(七古)、《僮陽驛壁畫鷹熊》(七言歌行)、《江南柳》(雜言歌行)等;更有較少詩人用以創作的六言詩。而且敢於作多樣的嘗試,如"坐談/八十年前事"(《山東老人》)、"只嫌/汲汲南歸疾"(《登州仙祠》)"青燈/更莫負佳期"(《僕在本國飽聞諸橋薛先生之名,今過是驛,莫夜忽忽,殊失謁見之禮。路上吟成七言唐律,以圖後會云》)的二五句式,亦可以二二三句式看,則上二字下三字,以中間二字貫串,均突破了七言詩的四三或三四句式的慣例,而且如此錯落互用更免却并肩之病①。在遣詞用字上也見用心,如《楊子江上》寫的是"龍盤虎踞舊聞名",在《皇都四首》其三中,爲了工整對仗,却寫成"歸馬放牛文治盛,盤龍踞虎帝居雄"。

用典方面如《大倉九月贈工部主事胡璉》:"男子平生愛遠游,異鄉胡乃疑淹留。無人爲下陳蕃榻,有客獨登王粲樓。""陳蕃榻"之典出自《後漢書》,爲禮賢下士之典。與"王粲樓"連用則出於唐代張九齡《候使登石頭驛樓作》:"自守陳蕃榻,嘗登王粲樓。"事出於建安七子之一的王粲,當赴荆州依劉表時,有鬱鬱不得志之感,乃作《登樓賦》。此題之創,即成了士大夫因不得志而登高望遠并懷故土,憂時進取的典範。此典範傳至海東,"從金宗直開始,海東賦家一再加以仿傚賡和,王粲所抒發的羈旅之悲與憂時之嘆不斷得到認同與共鳴。"②鄭夢周用此典時正是回國遇風,在荒島十三天獲

---

① 清代張謙宜《絸齋詩談》云:"七律或上四下三成句,或上三下四成句,又有上二字下五字者,有上二字下三字,以中間二字貫串,皆不害其爲一氣。章中必錯落互用,所以無并肩之病。"(法輝祖刻《家學堂遺書二種》:《絸齋詩談》,乾隆二十三年[1758],卷二,頁六)

② 曹虹《王粲〈登樓賦〉及其對文學史的意義》,載於張伯偉編《風起雲揚:首屆南京大學域外漢籍研究國際學術研討會論文集》,中華書局,2009年,頁549。

救後,滯留在大倉候旨回南京之時,故有"異鄉胡乃疑淹留"之句。雖然大難得以不死,但當時滯留異鄉,又無知音者,"王粲樓"更是獨登的。那種不得志、徬徨、寂寞與心繫家國之情,就因用了兩典便表達得淋漓盡致。

　　唯詩集中未見有五絶詩,張謙宜曾評五絶"絶句不要三句説盡,亦不許四句説不盡……五言絶句短而味長,入妙尤難"①,意思就是説:詩歌必須含"言外之意",令言盡意不盡,留有餘味才是好的絶句,故五絶尤難寫得好。那麼,鄭夢周是否不閑於五絶?若參讀《圃隱集》卷二便能發現多首五絶,如《春》:"春雨細不滴,夜中微有聲。雪盡南溪漲,多少草芽生。"詩的境界開闊、意味深長,可見鄭夢周的詩才是全面的。還要特別指出的是集中有三首六言詩:《楊州》(律詩,押入聲韻)和《四月十九日渡江至龍潭驛》二絶。六言詩在唐還未盛行,創作量不多,至宋,作者雖漸衆,但與五七言比較,數量仍偏少。按清人嚴長明編纂的《千首宋人絶句》才收録得王安石、蘇軾、黃庭堅、秦觀、陸游、楊萬里、范成大等六言絶句98首。至明初,楊基、楊士奇、李東陽、何景明、袁宏道、譚元春等都有創作六言詩,但延至明中業才出現李攀龍《六言詩選》、楊慎《古六言詩》等六言詩選本。這亦突顯了偏在海東的鄭夢周其文學觸覺的敏鋭,在促進六言詩的發展上應占一功。在另一側面也可反映當時高麗的文學水平極高,發展的步伐亦緊貼中土。

　　鄭夢周亦具書畫才能,吳世昌所編《槿域書畫徵》將其列爲書畫家②。在《赴南詩》中有《金州韋指揮宅畫鷹走筆》:"坐客咨嗟看畫鷹,風霜滿壁欲揚翎。君王羽獵鍾山下,賤介何時獻海青。"可見鄭夢周在畫鷹時,下筆是何等的豪邁瀟灑,把鷹畫得栩栩如生,引來觀者的咨嗟讚嘆。詩人更有獻上丹青的願望,可證他對自己的畫功極具自信。又在《圃隱集》卷二録有《寫字詩》:"心專妍好翻成惑,氣欲縱橫更入邪。不落兩邊傳妙訣,毫端寫出活龍蛇。"詩中第三句是書法理論的精神所在,書寫的妙訣正如禪宗所言"不落兩邊"③之理。道出書寫時只務妍好,又或運筆時恣意縱橫,都會墮於惑與邪的窠臼中。宜凝神蓄氣,默坐靜思,正如蔡邕《筆論》所謂:

①《絸齋詩談》卷二,頁8。
②請參吳世昌編《槿域書畫徵》,京城府(首爾)啟明俱樂部,昭和三年(1928),頁36。
③《壇經·付囑品第十》:"此三十六對法,若解用即道。貫一切經法,出入即離兩邊。"

夫書，先默坐静思，隨意所適，言不出口，氣不盈息，沉密神采，如
對至尊，則無不善矣。

然後以心馭手，剛與柔、骨與肉、遲與速、濃與淡、收與放、欹與正等均能不
落兩邊①，掌握得恰到好處，自然能寫出靈動的好作品②。從詩意推論，詩
人所論的應是寫行草書的心得，而《槿域書彙》評其書法是“楷書端嚴”。可
見鄭夢周必然具備多於一種書體的書法造詣。

除文藝之才外，鄭夢周多次的出使，無論是赴南京還是日本，都能不負
使命，甚或有超出所期望的功績。有關三次中國使行之成果，上文已述，至
於日本之行效果亦粲然，據其本傳云：

權臣嗛前事，奉夢周報聘于霸家臺請禁賊，人皆危之，夢周略無難
色。及至，極陳古今交鄰利害，主將敬服，館待甚厚。倭僧有求詩者，
援筆立就，緇徒坌集，日擔肩輿請觀奇勝。及歸，與九州節度使所遣周
孟仁偕來，且刷還俘尹明、安遇世等數百人，且禁三島侵掠。③

從出使日本賦詩中有“游説黄金盡，思歸白髮生；男兒四方志，不獨爲
功名”之句，反映了出使任務必定要竭盡三寸不爛之舌，過程甚爲艱辛。可
見他的使才是别的使臣無法企及的，亦不亞於他的文才。因而也奠定了高
麗，甚至李氏朝鮮以“事大交鄰”的傳統，亦建立了高麗與周邊國家的關係，
實功不可没。

四　超以象外——韻外之致

鄭夢周除能駕馭不同詩歌體裁及勇於作多方嘗試外，在使途艱辛與倉
卒間，并不爲應酬或紀游而作例行公事式的詩作。在詩集中可見有不少司
空圖所謂“韻外之致、味外之旨”的佳作，更能彰顯鄭夢周的文才。

從高麗出使南京，往還的路途遥遠，時間也漫長。使臣一般都要面對
氣候的變異、旅途的艱辛寂寞、對家鄉親友的想念等實況與心理的折磨。

---

① 請參張伯偉《禪與詩學》對“二道相因”的論述，人民文學出版社，2008 年，頁 153—157。
② 請參馮翠兒《漢魏六朝書法理論與文學理論關係探微》“虚静説”，鳳凰出版社，2016
　 年，頁 132—135。
③《圃隱先生本傳》，附録於《圃隱集》，《韓國文集叢刊》第五册，頁 625—630。

鄭夢周也不例外,在《赴南詩》內,詩人的心態是非常複雜的,當然部分詩歌是直抒其況,然而在詩人筆下仍有不少表現得甚爲蘊藉,爲他自己,也爲讀者創造了無限思維空間的佳作。鄭夢周出了國門,遥遥數月的行程,絕非他在《次韓揔郞鴨綠江詩韻》中所言“觀光又欲覲天朝”那麼寫意,實則背負着沉重的國與君之使命,且看幾首發自肺腑之句:“默默思前事,遥遥計去程”(《客夜在丘西驛》),究竟思的是甚麼前事? 是明、麗間的矛盾嗎? 自然心中志忑,産生“遥遥計去程”的心態,其心理負擔之沉重便不言而喻了①。再讀《聞曉鼓》:“更深耿耿抱愁懷,城上俄聞曉鼓催;客路半年孤枕上,窗櫺依舊送明來。”詩人因使行途程艱辛、責任沉重,常因“抱愁懷”而難眠,因不能入睡故聽到曉鼓。光陰是不待人的,日月的升沉依然,不管世人眠與不眠,只要黑夜一盡,曙光定穿破雲層投至人間,故詩人又産生了“窗櫺依舊送明來”之嘆。從這些詩句可體會到使途的艱辛和詩人複雜的心境,絕不是輕鬆的一句“聊將使節當春游”或“奉使游桑域,從人問土風”那麼浪漫的。

　　除肩上的重擔外,詩集中處處充滿思鄉和懷念妻兒、朋友的詩句。鄭夢周在踏上中華土地才數天,看到大海便向東遥望,想到彼岸便是故鄉,《日照縣》:“我來東望仍搔首,波浪遥應接故鄉。”又寫有《憶宗誠宗本兩兒》:“百念俱灰滅,關心只兩兒……秖思衰老日,及見長成時”,即使多少難題及任務都可如飛灰般滅迹,唯無法可磨滅的是對兩兒的關心,而且畏懼着未能陪伴兩兒的成長。在諸城驛時竟又無端憶起故里“今夜諸城驛,胡爲思舊居”(《諸城驛夜雨》)。又有思鄉至整夜難眠:“永夜不眠看月色,旅魂鄉思共悠悠”(《壬子十月十二日發京師宿鎮江府丹徒驛》),可想他思鄉之情是何其迫切。鄭夢周這等思念之情是無爲而生,連詩人自己也控制不住的,自然是發自肺腑之情。這片真情在詩人的筆下表現得甚爲蘊藉。就從“波浪遥應接故鄉”一句便能體會詩人的心跟從着波浪泛海至遥遠的故鄉。爲何要至故鄉,爲的是甚麼? 讀者自然心領神會。更令人感動的是《江南柳》一詩所表達的深情:

①若合着《到義州點馬渡江》便能理解:“義州國門户,自古重關防。長城何年起,屈曲隨山岡。浩浩靺鞨水,西來限封疆。我行已千里,到此仍彷徨。驅馬獻天廏,浮渡看騰驤。主人爲置酒,吹笛到夕陽。適有驛使至,手奉御醞香。飲已下羅拜,咫尺對君王。明朝過江去,鶴野天茫茫。”

> 江南柳,江南柳,春風裊裊黄金絲。
>
> 江南柳色年年好,江南行客歸何時?
>
> 蒼海茫茫萬丈波,家山遠在天之涯。
>
> 天涯之人日夜望歸舟,坐對落花空長嘆,空長嘆!
>
> 但識相思苦,肯識此間行路難。
>
> 人生莫作遠游客,少年兩鬢如雪白。

"折柳"是中國人離別送行時的習俗,詩人就借此引出思鄉的情懷,而且詩歌中描述的竟是出使江南的自己——"江南行客",何時能歸? 這是兩地相思的人一同提問的。同時引出了行客不但遥念家鄉及家鄉中人,還要以同理心去想像家鄉中人如何牽念着自己——盼望着歸舟。行客深知大家都苦於相思,却無法解愁,只有無奈的長嘆,而且行客在路上的難又能向誰訴呢? 唯有發出自我的忠告——人生勿作遠游客! 又《芋蘭店路上》:

> 向夕問前店,天寒行旅稀。朔風吹瘦馬,微雪點征衣。
>
> 浮世身如寄,危途計易非。遥知故山下,稚子掩柴扉。

詩人在前三聯自道實時行旅之苦,第七句就來了轉折,没明言念子,但憐及年幼的兒子没人愛護,形單隻影地掩關家中的柴門。寫的是詩人長年出使,致使無法照顧家人,與家人團聚。"稚子掩柴扉"的景象浮現於詩人眼前,比寒風下向晚覓店的徬徨處境更清晰。不但表現了分離之苦、對家人忽略照顧之恨,更隱含了有負天倫的歉疚之情。詩人多番出使,爲國爲民,換回的是兩地的牽掛和"少年兩鬢如雪白"的唏嘘感慨。此兩詩所表現的正是與"今夜鄜州月,閨中只獨看。遥憐小兒女,未解憶長安"①同樣的情懷,讓讀之者可透徹地了解到使臣的真實情懷,不期然產生"情何以堪"之嘆!

《奉使日本作》所見到的思鄉情緒更爲濃烈,在有限的 11 首短詩中,滿眼是孤寂與鄉愁的抒發:"僑居寂寞閲年華,苒苒窗欞日影過"的空數歲月,任其年華虛逝,爲的是要完成使命,等候霸家臺的回音。因滯留而產生殷切思念家鄉之情,故詩中頻提到"天涯客未行""月共兩鄉明""思歸白髪生""故國海西岸,孤舟天一涯""獨坐消長日,那堪苦憶家""天長無鴈寄鄉書"

---

① 杜甫《月夜》:"今夜鄜州月,閨中只獨看。遥憐小兒女,未解憶長安。香霧雲鬟濕,清輝玉臂寒。何時倚虛幌,雙照淚痕乾。"

"自知信美非吾土,何日言歸放葉舟""故國無消息,經冬又見春。只應千里月,分照兩鄉人①"等渴望歸家和期望寄家書的心情。尤其"月共兩鄉明"及"只應千里月,分照兩鄉人"之句,除有《月夜》的情懷外,更表現了"千里共嬋娟"與"我寄愁心與明月,隨風直到夜郎西"的意韻②。甚而有移情於物的描寫:"故園手種新楊柳,應向東風待主人",把手植的楊柳擬人化,注入的却是詩人的情感——多情的詩人因思家而念及新種的楊柳,究竟它長得怎樣了?却擬想到楊柳也念着他,引頸向着他出使東去的日本,待着主人的歸來。何等含情脉脉的寫情手法啊!

　　鄭夢周在使行途中,除了思家寫得委婉蘊藉外,每遇古地之景,都會引發他的詩興,寫出不少讓人情意蕩漾的精彩詩句。如入京前經揚州,便嗟嘆揚州在隋代時的繁盛和懸想到明月照在二十四橋上浪漫的情景:

《揚 州》

　　經過楚地山川,想像隋家宮闕③。往時興廢誰嗟,此日繁華可悦。

　　仙花杳杳難尋,官柳依依堪折。晚來偶泊蘭舟,二十四橋明月④。

又當乘船從南京歸途經白鷺洲便憶起鳳凰臺與李白⑤,便賦有《舟次白鷺洲》:

　　白鷺洲邊浪接天,鳳凰臺下草如烟。

　　三山二水渾依舊,不見當年李謫仙。

在這些詩中,他還融入了前人詩歌中的詞句,這表現了詩人不但陶醉於當前景象,又沉浸於古詩的情致中。既含古意,亦具今情,引發出更多象外之

---

① 洪武十七年(1384),金九容出使南京,因貢馬數不符而被流放雲南。他在"流雲南"時所寫《新月五月初三日作》亦仿用了此句:"家在松山下,舟行江水濱。黃昏一片月,分照兩鄉人。"(載於《惕若齋學吟集》卷下)

② 李白《聞王昌齡左遷龍標遥有此寄》:"楊花落盡子規啼,聞道龍標過五溪。我寄愁心與明月,隨君直到夜郎西。"

③ 李益《汴河曲》:"汴水東流無限春,隋家宮闕已成塵。行人莫上長堤望,風起楊花愁殺人。"

④ 杜牧《寄揚州韓綽判官》:"青山隱隱水迢迢,秋盡江南草未凋;二十四橋明月夜,玉人何處教吹簫。"

⑤ 李白《登金陵鳳凰臺》:"鳳凰臺上鳳凰游,鳳去臺空江自流。吳宮花草埋幽徑,晉代衣冠成古丘。三山半落青天外,二水中分白鷺洲。總爲浮雲能蔽日,長安不見使人愁。"

象、景外之景。亦讓讀者既讀眼前詩，又憶古人作，在古與今的空間中迴盪，頓覺韻味綿長。

五　鄭夢周的情操

鄭夢周一生可以"爲國爲民，死而後已"作概括。他曾肩負多番出使的任務，其中兩次是極艱巨的，其他朝臣均避而不往，唯有他不稍推辭而臨危受命。洪武十七年(1384)，高麗不臣而觸怒朱元璋，乃杖流使臣，當年該遣使賀聖節時各人皆辭，唯鄭夢周勇於擔承，且在辛禑召面諭時，對答得慷慨激昂：

> "君父之命，水火尚不避，況朝天乎！然我國去南京凡八千里，除候風渤海，實九十日程。今去聖節纔六旬，脱候風旬浹，則餘日僅五十。此臣恨也。"禑曰："何日就道？"對曰："安敢留宿！"遂行，晨夜倍道，及節日進表。①

另一則乃出使日本之記載：

> 時倭寇充斥，濱海州郡蕭然一空，國家患之。嘗遣羅興儒使霸家臺，説和親。其主將拘囚興儒，幾餓死，僅得生還。三年，權臣嗛前事，舉夢周報聘於霸家臺，請禁賊。人皆危之，夢周略無難色。及至，極陳古今交鄰利害，主將敬服，館待甚厚。②

從以下《赴南詩》中，亦可看到鄭夢周的人生選擇必以國事爲先，"受命何曾顧家事"(《次韓摠郎③鴨緑江詩韻》)，上文曾述及夢周甚念家與兩兒，但只要國家有委命，必先國而後家。又《客中自遣》表達得更清楚：

> 天地容吾輩，光陰負老夫。簪花羞短髮，丸藥養殘軀。
>
> 風雨歸舟小，江湖客枕孤。終然爲君父，不得念妻孥。

可見他爲忠君之命(國事)，願意把家事、妻兒抛諸腦後，甚至自身的健康及旅途孤寂亦不算甚麽。在《登州過海》有更進一步的闡發：

---

① 《高麗史·鄭夢周本傳》卷一一七，列傳三十。
② 《高麗史·鄭夢周本傳》卷一一七，列傳三十。
③ 明朝設有都司，是軍事單位，兼有行政功能。摠郎爲都司的副官。

百年天地身如粟，兩字功名鬢欲霜。

何日長歌賦歸去，蓬窗終夜寸心傷。

詩人道出宦途不易，爲了"功名"兩字弄得鬢髮也白了，何其辛苦，早有致仕歸去之意。其實在鄭夢周而言，功與名都不是他渴求的目標，他曾有"男兒四方志，不獨爲功名"之句，可見他的奔波辛勞，爲的是國與君，只要有利於家國之事便不畏艱辛危難，黽勉以赴。其忠君愛國之情不言而喻了。

　　忠言極諫也是鄭夢周剛直人格的一環。在國家民族面對安危興衰的情況下，他會奮不顧身，上疏力爭。《圃隱先生本傳》曾載其於皇明肇興之時便上疏，力請歸附。又當北元遣使來麗，李仁任、池奫等議迎來使，他便聯同十數文臣上《請勿迎元使疏》①：

　　　念吾東方僻在海外，自我太祖起於唐季，禮事中國，其事之也，視天下之義主而已。頃者元氏自取播遷，大明龍興，奄有四海。我上昇王灼知天命，奉表稱臣。皇帝嘉之，封以王爵，錫賚相望者六年于茲矣。今上即位之初，賊臣金義因禮送天使，中路擅殺，叛入北元，與元氏遺孽謀納瀋王。既殺天使，又背其君，惡逆甚矣。誠宜正名其罪，上告天子，下告方伯，請討而殺之，然後已也。國家不唯不問金義之罪，反使宰相金湑奉貢北方。吳季南，封疆之臣也。擅殺定遼衛三人，張自温等，金義一行之人也。不達定遼衛，公然還國，又置而不問。今北使之來，議遣大臣禮接境上。乃曰："不欲激怒北方以緩師也。"夫元氏失國，遠來求食，冀待一飽以延須臾之命。名爲納君，實自利也。絕之則示我之強，事之則反驕其志。其欲緩師，實速之也。竊聞其詔，加我以大逆之罪，因以赦之。我本無罪，又何赦焉？國家若禮待其使而送之，則是舉國臣民，無其實而自蒙大逆之名。不可使聞於四方，爲臣子者其可忍乎？況又朝廷初聞金義之事，固已疑我矣。又聞與元氏相通而不問金義之罪，則必謂我殺使與敵無疑也。若興問罪之師，水陸並進，國家其將何辭以對之乎？

疏文引近事爲議，層層推展，詰問中肯嚴正，對當時政治形勢及奉明抑奉北元之利害，分析得甚爲透徹。唯奸臣當政，因而被貶流彦陽兩年多。但從疏章可體認鄭夢周乃一熟悉政治形勢、不畏强權、據理力爭的忠義之士。

_____

①該文載於《圃隱文集》卷三。

　　鄭夢周的上疏不獨爲國事，也有爲個人爭訟的。在宦途上，常有爾虞我詐的情況，但從可見的史籍，却見得鄭夢周磊落重義，當同事或朋友有難，便挺身而出，不畏逆麟而爲其力爭。如爲成均博士金貂毀佛一事勇於上疏，爲其解脱：

　　　　成均博士金貂上書毁佛，上怒欲抵以死罪……代言等畏上怒不敢
　　啓。夢周與同列上疏曰："信者人君之大寶也。國保於民，民保於信。
　　近日殿下下教求言曰：'言之者無罪！'於是人皆抗疏極論政事之得
　　失。民生之休戚，真所謂不諱之朝也。有國子博士生員等亦以排斥
　　異端，上書陳説。言語不謹，觸犯天威。在朝之臣，不勝恐懼。臣等
　　以爲斥詆佛氏，儒者之常事。自古君王置而不論，況以殿下寬大之
　　量。蕞爾狂生，在所優容，乞需寬恩，一皆原宥，示信國人。"王從之，貂
　　等得免。①

由這段記載可知鄭夢周熟知歷代治事，而且非常機智，有條不紊地緩解帝王惱氣，并化解危機，救人一命。

　　其實在《赴南詩》内還有多首反映鄭夢周與友人真摯友情的詩作，也是構成他高尚情操的一環。篇中友情可分爲故友和使途上新遇之友，更有的是因公事而暫交之友。無論哪類友朋，都爲鄭夢周在使途上帶來温暖和慰藉，填補了空虛寂寞。這些詩作，即使是酬作，也能反映鄭夢周如何對待、惦念，甚至追懷他的朋友和同事。如沿途上遇到新知，特別是與讀書人交往時，更難掩他的欣喜之情："邂逅逢佳士，惝怳似舊知。風儀傾後輩，經術即吾師。遠大宜相勉，何須惜別離。"（《膠水縣別徐教諭②（宣）》）有一見如故之感。在僮陽驛遇江陰侯教畫工畫鷹熊并命沐陽縣學陳惠教諭賦詩，夢周亦興起和作《僮陽驛壁畫鷹熊·歌用陳教諭韻》一詩。當遇到聖人之後，鄭夢周更表現了崇儒尊道，渴望相交之情："聖門千載見雲仍，一聽微言爲服膺。別後何忘寄書札……他日尋君駕鷺行。"（《贈孔主事》）對一路護送的武官，即使暫分別，亦有依依不捨的表現，可見其交友之誠："我行牽畫舸，君去策飛騣。客路初分處，春愁愈不堪……明日維楊驛，還期共夜談"

────────────

① 《圃隱先生本傳》，載於《圃隱集》卷三。
② 明時縣設"縣儒學"，是縣中最高學府，内設教諭一人，多爲舉人、貢生出身，屬學官，與
　　行政和訴訟無涉，以"奉薄儉常足，官卑廉自尊"自命。

《淮陰驛分道別麗鎮撫》)。他在上莊驛遇到被貶謫、曾任鄞山書院山長及參與修《元史》的高遜志①,倒過來送上溫馨的勸慰:"朝廷用寬典,終不負賢良"(《上莊驛贈高侍郎》)。他除與中國友人唱和外,又不時懷念在高麗一起共事的好友,寫下數首充滿深情的懷友之詩:"後會何時說今夜"(《有懷李陶隱鄭三峰李遁村三君子》);"夫人美如玉,第宅在松京。爲祿曾同仕,題詩每共評。夢回燈吐艷,更盡鼓添聲。欹枕金城驛,誰知此夜情"(《金城驛懷松京諸友》)。又在《江南憶陶隱》中寫有:"客路江南每獨唸,錦囊千首是光陰。只嫌詩病還依舊,他日煩君試一針"可見他們之間是常聚唱和,更有相互砥礪切磋之誼。又可從《楊州竹西亭懷松京諸友》:"寄語諸君莫相憶,梯航來往接東溟"體會鄭夢周對友情之真摯,絕非虛情假意,否則他不會感覺到諸友同樣想念着自己,而且提到兩地有航船相接,那就不會無後會之期,於是寄望着相會之時相互切磋和盡訴今夜情的景況。若再讀到他《楊子渡望北固山悼金若齋》(洪武癸丑與先生同登北固山多景樓。先生於洪武癸丑貶雲南,歿于蜀中路上):"先生豪氣蓋南州,憶昔同登多景樓。今日重游君不見,蜀江何處獨魂游。"詩人於 1372 年赴京,在回程時遭海難而獲救,再次進京取咨文,十月離京。翌年(洪武癸丑)在常州過春節,得以與金九容同登北固山多景樓。在金九容《惕若齋學吟集》中收有多首《寄達可》詩,從其中二首便能看出他們友誼之篤:

(一)

匹馬游南國,何圖不見君。人生多失意,回首萬山雲。

(二)

愛友無如我,知心獨有君。春風東海上,攜手踏紅雲。

當詩人重游舊地,睹景思故人,故人却未見,想念他的孤魂却在異鄉的蜀江不知處野游着。在經楊子渡望北固山時,鄭夢周正踏上歸程,心懷國土家鄉的他,面對此情此景,必然爲魂斷他鄉的同事兼故友,孤魂在外未得返鄉而落淚。

　　崇儒重禮亦是鄭夢周一生的追求。他是東方理學之祖,當踏足大明國土,得見朝廷奮力恢復儒統禮教,自然感到興奮,崇慕之情便油然而生。

---

①高遜志(1342—1402),元末曾任鄞山書院山長。洪武徵入翰林修《元史》,累遷吏部侍郎,以事謫朐山(今江蘇省連雲港市南海州鎮),故能跟鄭夢周於上莊驛相遇。

"溟渤限其間,地分夷與華"(《過海宿登州公館》),可見鄭夢周一直以"夷"自處。他雖然在高麗身居要職,身份顯赫,但處處表露出隨和謙虛、仰慕感恩的心境和態度。如:《龍山驛》:"列俎供珍饌,高床設累茵;誰言爲客苦,不及在家貧。"可見鄭夢周對明廷的接待是感覺温暖和感謝的。過得數天,心情也輕鬆起來,更"聊將使節當春游"了。在鄭夢周而言,出使的行程是艱難辛苦的,但能"明日丹墀拜冕旒"(《黄山驛路上》),便感覺這實在是十分榮幸之事,故禁不住興奮之情而題詩壁上:"積雪經寒凜,狂濤涉險難……書生亦榮矣,獻馬向天閑。"故此在沿途所見都是充滿生氣的,"地經遼甸軍容壯,路入登萊景物多"(《蓬萊驛示韓書狀》)。

特別是明朝君臣竭力恢復儒學禮教傳統是鄭夢周最爲欽慕的,感覺大明正處於盛世,而且中華與高麗屬一家之親。這樣的心情可見於他的多篇作品中。《膠水縣别徐教諭(宣)》中稱"萬邦同軌日,聖主右文時。"又"君居秦城首,垂釣臨洮河;我居秦城尾,濯足滄海波。相去萬餘里,道路豈不賖。方今聖天子,六合爲一家。"(《王坊驛贈遼東程鎮撫①(載)》)都表現了天下在聖明之君所治下的欣慰。這種情懷也可見於《次韓揔郎鴨緑江詩韻》:

> 華風昔慕衣冠美,土貢今將駃騠驕。
>
> 盛代政逢收混一,江南海北路非遥。

對中華文士亦深表仰慕,當路過諸橋而無緣謁見薛先生,惆悵之情唯有借文墨來抒發,賦有《僕在本國飽聞諸橋薛先生之名,今過是驛,莫夜忽忽,殊失謁見之禮。路上吟成七言唐律,以圖後會云》:

> 名賢出處遠人知,盛德高才我所師。
>
> 擬向郵亭成邂逅,胡爲世事喜參差。
>
> 臥看落月思何盡,仰慕清風悔可追。
>
> 此去還車無幾日,青燈更莫負佳期。

至於明朝立國後就全力去胡化、復漢統,這是令鄭夢周最欣慰、最感動的,此情就自然流露於詩文中。如:

> 今日周南王化近,行人且莫錯回頭。(《戲贈偕行年少》)
>
> 遠游自識爲心苦,臨老欣逢至治馨。(《揚州竹西亭懷松京諸友》)

---

① 明朝於衛所下設"鎮撫司",最高長官是鎮撫,爲武將。

上國崇文治，藩邦賀太平；聖恩榮賤介。朝服拜明庭。（《蒙賜朝服行賀禮》）

賤介往來王化裏，高朋談笑客途中。（《旅順驛呈管驛馬鎮撫》）

尤其是進入南京城後，他的情緒更達至高漲及激動的程度。對京城的所見及面聖的過程，産生的敬畏與感恩之情表露無遺：

《入京》

江南形勝地，千古石頭城。綠水環金闕，青山繞玉京。

一人中建極，萬國此朝正。我亦乘查至，宛如天上行。

《皇都》其一

皇都穆穆四門開，遠客觀光慰壯懷。

日暖紫雲低魏闕，春深翠柳夾官街。

錦袍公子烏紗帽，舊袖女兒紅繡鞋。

賓館岧嶤近天上，蘭舟不用泊秦淮。

《皇都》其二

內人日午忽傳宣，走上龍墀向御筵。

聖訓近聞天咫尺，寬恩遠及海東邊。

退來不覺流雙涕，感激唯知祝萬年。

從此三韓蒙帝力，耕田鑿井摠安眠。

（按：此詩更附有自注，感激之情溢於言表：“臣夢周於洪武丙寅四月，奉國表在京師會同館。是月二十三日，上御奉天門。內人傳宣促臣入內，親奉宣諭，教誨切至。因將本國歲貢金銀馬布一切蠲免。不勝感荷聖恩之至。謹賦詩以自著云。”）

《皇都》其三

羞將白髮客春風，鶯囀江南綠映紅。

歸馬放牛文治盛，盤龍踞虎帝居雄。

柳藏開國功臣宅，花覆朝天道士宮。

闕下時時聽宣諭，無緣一上酒樓中。

《皇都》其四

尺劍龍飛定四維，一時豪傑爲扶持。

山河帶礪徐丞相，天地經綸李太師。

駙馬林池春爛熳，國公樓閣月參差。

始知盛代功臣後，共享昇平萬世期。

《出京》

聖恩偏及遠，何以答生成。土薄蠲常貢，天高察下情。

陛辭瞻日表，舟臥聽江聲。半夜潮回急，須臾帶我行。

　　鄭夢周的心態一直是大明屬國國民的身分來朝天，感覺在文化禮儀上明、麗兩地都沒有多大的分别。看到京師的山河形勢，宫殿建築的宏偉，文臣武將的濟濟多士，加上聖恩的浩蕩，從詩的歌頌可感受到鄭夢周當時簡直激動得不能自已，感覺到似在天上而非人間，并且産生了同憂共榮的認同感。在離京時極爲不捨，仍惦念着皇恩難報，埋怨夜潮太急，把他帶得離開京師越來越遠。可見他不但忠於高麗，對歸附大明的忠貞，都是發自内心的，當然詩句中難免有歌功頌德之句。

　　雖然鄭夢周對傳承儒家文化的中土存崇敬之情，但以他剛直不阿的性格，只要他認爲做得不對的，仍會直斥其非。當他登上蓬萊閣便評議了秦始皇求長生的慾望，體悟到徐福的詐計：

《蓬萊閣》

采藥未還滄海深，秦皇東望此登臨。

徐生詐計非難悟，自是君王有欲心。

又在登上姑蘇臺時感慨於吴王夫差建姑蘇臺①的窮奢極侈而淪至亡國，深感此教訓却不爲後世帝皇所悟：

────────────

① 《太平廣記·奢侈一·吴王夫差》：“吴王夫差築姑蘇臺，三年乃成。周環潔屈，横亘五里。崇飾土木，殫耗人力。宫妓千人，又别立春宵宫。爲長夜飲，造千石酒盅。又作大池，池中造青龍舟，陳妓樂，日與西施爲水戲。又於宫中作靈館館娃閣，銅鋪玉檻，宫之欄楯，皆珠玉飾之。”

《姑蘇臺》

衰草斜陽欲暮秋，姑蘇臺上使人愁。

前車未必後車戒，今古幾番麋鹿游。

在安市城時念及唐朝的多次東征，寫下《安市城懷古》以諷李世民雖已登帝位却不顧身份職責而御駕親征，重操東征西討時之業：

黃金殿上坐垂衣，百戰雄心不自持。

想見太宗親駕日，宛如馮婦下車時。

路過淮陰，專程往弔《韓信墓》，亦借朱熹之詩來表達對韓信當年甘受胯下之辱的理解，亦批評了漢高祖劉邦殺功臣的不仁不義：

嗣子屛柔諸將雄，高皇無復念前功。

楚王飮恨重泉下，千載知心只晦翁。①

鄭夢周在使途奔波間仍不忘尋幽探古，由於他熟讀文史典籍，與仰慕的古人神交已久，故在登臨名勝古迹時，總有一份懷古之情。他不但與在世者建立友誼，更樂與古人爲友。他對忠義節烈之士尤懷崇敬之情，每經田橫島（又稱嗚呼島）②便憶起田橫三兄弟的事迹及五百追隨者慷慨殉節之壯烈而發出慨嘆：

《田橫島》

五百人爭爲殺身，田橫高義感千春。

當時失地夫何責，大漢寬仁得萬民。

《嗚呼島》

三傑徒勞作漢臣，一時功業竟成塵。

只今留得嗚呼島，長使行人淚滿巾。

每過田橫島都感慨而賦詩，甚至於淚下，可見情之真、悼之切。若拿"大漢寬仁得萬民"句與《韓信墓》"高皇無復念前功"對讀，便能察覺詩人是個理智而且善惡分明的人。對同一人所做的事，該褒的褒、當貶的貶。這又爲

---

① 朱熹《次季通韻贈范康侯》："朝霜逼凋梅，夕露忽圍將。百年風雨過，宜笑不宜哭。口川失自防，心入幾回觸。年來身老大，甘此胯下辱……"

② 田橫島又稱嗚呼島，鄭道傳就寫有《嗚呼島弔田橫》："曉日出海東，直照孤島中。夫子一片心，正與此日同。相去曠千載，嗚呼感予衷。毛髮豎如竹，凜凜吹英風。"

他的高尚人格多添了一筆。

　　鄭夢周是很敬重蘇東坡的,在登州訪登州仙祠時,因倉促未能和他的《海市詩》而感遺憾:

> 何處登臨慰我思,之罘城下古仙祠;
>
> 只嫌汲汲南歸疾,未和坡翁海市詩。

未和詩本不是什麼大不了的事,但對詩人來説仍愧對這位生於二百年前的前輩。他又對給韓信飯食的漂母表達了欽佩之情,他欽佩的不是一飯之恩,而是"不受王孫報"的高風亮節:

> 《漂母塚》
>
> 漂母高風我所歆,道經遺塚爲傷心。
>
> 莫言不受王孫報,千古芳名直幾金。

這兩首詩讓人更體察到詩人的情是何等無微不至,是不論身份地位,只要所言所行值得欽敬便是他要歌頌的題材。

　　當詩人踏入有近二千年歷史,兵家必爭之地的熊嶽古城,便念及此地戰事頻繁,歷年在此守戰的士卒,境況是何等凄涼:

> 《熊嶽古城》
>
> 瘦馬荒城路,低佪行色微。旋風帶沙起,片雨逐雲飛。
>
> 日落狐狸走,叢深鳥雀歸。哀哉北征卒,車下宿相依。

從上述詩中,可體會到鄭夢周不但有高尚的情操,而且情感的豐富就如水銀瀉地,無微不至,達至動人的地步,讓人肅然起敬。

六　風土人情

　　鄭夢周在使途中不忘記下各地的風土人情、物産氣候,故集中有不少吃土産和述天氣的詩篇,如:《楊州食枇杷》《復州食櫻桃》《食藕》。"遠游春盡後,獨卧雨來初。永野田宜稻,烏川食有魚。"(《諸城驛夜雨》)表現了各地的特産。又如:"日午來過古縣城,綠陰深巷暑風清"(《四月初一日高密縣聞鶯》);"黃梅雨歇嫩涼生,綠樹陰濃暑氣清。欹枕暫眠風簟上,隔墻時聽鳳簫聲"(《諸城縣聞簫》);"海風吹雨冷颼颼,五月遼東也似秋"(《旅順驛阻雨》);"江南地暖生成早,四月中旬已食瓜"(《京城食瓜》)等則表現不同地域的天氣和當地人在不同節氣的生活習慣。

至於"百里平湖深丈餘,畫船來往勝吾廬。荷舒綠葉宜包飯,柳長新枝可貫魚"(《舟發淮陰向寶應縣》),這就知道江南水道交錯,乘船更勝騎馬;而湖中定以栽荷爲經濟作物,湖堤則遍植柳樹,才有荷葉包飯與柳枝串魚的土風。"今年端午在郵亭,誰送菖蒲酒一瓶。此日不宜沈角黍,自家還是屈原醒"(《端午日戲題》);"常州城中日云暮,常州城外人不行。家家明燈笑語喧,處處爆竹神鬼驚"(《常州除夜呈諸書狀官》);"驛騎來磨樹,行人愛折枝。州民好封植,天使此游嬉"(《蓋州館柳》);"江南女兒花插頭,笑呼伴侶游芳洲"(《江南曲》)可體會到各地風俗。

鄭夢周也會注意到一些社會現象,他在山東沿途所賦的詩,表現了一片和平、安居、閑適歡樂的景象,官府也閒得無訴訟紛爭。《宿贛榆縣》:"縣官無事草生庭,城上不聞刁斗聲。父老賽神來討卦,兒童下學競呼名。"又如《石橋鋪示陶鋪司》:"園葵向日紅房拆,庭樹含風翠蓋搖。白髮鋪兵無一事,綠陰長日獨逍遙。"在《山東老人》中這景象更清晰:

> 婦去采桑男去耕,籬間炙背喜新晴。
> 鬢毛幾閱經離亂,眠孔猶存見太平。
> 小圃花開親灌溉,比鄰酒熟屢招迎。
> 坐談八十年前事,童稚來聽耳共傾。

反映了一片傳統的男耕織、含飴弄孫、怡然自得的安逸景象。不過鄭夢周出使南京是在洪武初年,特別是洪武五年(1372)的使行,因風災船敗,留在中原的時間最長,自然看到的又是另一番景象。當時明朝開國未久,對外還要剿滅元的殘餘勢力,國內則百廢待興,仍要大量用兵,故海上獲救留在大倉時就有"萬户砧聲明月夜,一江帆影白蘋秋。時來飲酒城東市,豪氣猶能塞九州"(《大倉九月贈工部主事胡璉》)之句,真有"長安一片月,萬户擣衣聲"[1]的意境。留在家中擣衣的婦人,必定日夜盼郎歸,將滿懷的思念寄在寒衣內。詩人借詩向她們表達深切的同情,寫下了《征婦怨》絕句二首:

---

[1] 李白《子夜吳歌·秋歌》:"長安一片月,萬户擣衣聲。秋風吹不盡,總是玉關情。何日平胡虜,良人罷遠征?"

　　　　　一別年多消息稀,塞垣存殁有誰知。

　　　　　今朝始寄寒衣去,泣送歸時在腹兒。

　　　　　纖罷回文錦字新①,題封寄遠恨無因。

　　　　　衆中恐有遼東客,每向津頭問路人。

　　從詩人沿途寫的詩中,跟驛站、水驛、急遞鋪和漕運有關的頗多,這又從一個側面反映了明初驛遞②的運作實況和當時所起的作用。

《急遞鋪》

　　　　　臨路翬飛起小亭,官家置簿又留兵。

　　　　　一封遠至金鈴響,十里相望雪脊明。

　　　　　走布上恩頒縣邑,又傳邊報達京城。

　　　　　盛朝政令流行速,四海如今見太平。

又《遼河漕運》一詩就表揚了漕運的功用:

　　　　　年年遼水上,粳稻自東吳。萬里連烽燧,千帆接舳艫。

　　　　　主憂因遠略,師飽只相娛。安得增屯種,於焉足所需。

其實漕運除爲軍士提供所需外,百姓也深受其惠。詩人在遼東能吃上甘蔗、枇杷等果物,那便是漕運暢通所造就的了。《奉使日本作》衆詩中也有不少反映當地風俗的詩句。從"奉使游桑域,**從人問土風。染牙方是貴,脱履始爲恭**"和"行人脱履邀尊長,**志士磨刀報世讎**"便知鄭夢周出使時喜好問俗觀風,當然這也是使臣應盡的責任。 日本的風俗與高麗和中土都有着很大的差異,如染牙的是貴族人士,脱鞋才表示對尊長的恭敬,這從詩句中用上"方是"和"始爲"兩詞便知鄭夢周對此風俗實感驚訝。鄭夢周亦注意到日本幕府時代,社會上的武士以挾刀腰間,爲報仇互相廝殺是一種風氣。至於"海近有魚供旅食",可見在日本所居近海,所以平日的膳食便多有海産,對居於内陸松京的鄭夢周來説,實在是新鮮的生活經驗。這些都是詩人細心觀察而捕捉到的吉光片羽,在艱辛的使途中爲後世留下如此富含真情的詩作,亦讓讀者得知當時一點社會風情,實在是

---

①亦稱回文璇璣圖。

②明代在全國皆建有驛站,稱爲驛遞,六十至八十里設驛,驛有驛丞。每隔十里置急遞鋪或遞運所,舖有鋪長。水路則設有水驛,水路運輸由漕運負責。如此國家政令,來往交通和物資遞運就可迅速流通。驛站還能接待公差和外地前來的使者。

讀此詩卷的另一番享受。

八　結語

　　《燕行錄全集》雖以李承休(1224—1300)的《賓王錄》爲卷首①,但他所記的是元世祖至元十年(1273)入元賀册立皇后及皇太子之行。明朝的使行雖不以鄭夢周爲最早,但有較完整的行錄留傳至今的就要算是《赴南詩》了。故它在歷史、地理、文化、文學各方面都蘊含着不可磨滅的價值。

　　從詩集所收的詩歌中,讀者可得悉洪武前期高麗使臣出使中、日的概況。在高麗時代,特別是由元入明之際,明朝極盼以儒家禮教扭轉百年來的胡虜文化,以士人身份出使的鄭夢周,必然抱着對新天新地的興奮和渴望。除正面的期待外,使臣的出使,還會面對舟車勞頓之苦、天氣的變異、旅途的寂寞、對家鄉親友的掛念、適應異地風土人情等各方面的挑戰。除此外,還要一直擔負着出使職責和任務的心理重擔。個中苦樂,實非未曾經歷者所能一一體會。但上述種種,不難從鄭夢周在使途所賦詩歌尋得蹤迹,也因此讓我們得悟一二。

　　在探討鄭夢周多次出使的史況中,我們亦可得悉洪武年間明、麗、日本間複雜的政治狀況。《赴南詩》多以驛路上的城邑、名山大川、風土物産、沿途所見所感爲歌咏題材,更有不少留下人名的詩歌唱和,還有雅集活動和壁上題詩之舉,實爲歷史補充了優雅的一筆,讓後世得知高麗末年士人間的關係,洪武年間明、麗、日本士僧間的唱酬與友誼及洪武初年明朝社會民生的大概狀況。從這些分析中,我們又可領悟到鄭夢周優越的才華。更可喜的是從史與詩的融合中,既折射出鄭夢周爲國爲民、忠君盡責、正義大度、刻苦勤奮的剛强一面;又浮現了其崇儒重禮、温馨藴藉、悲天憫人的内心世界。可見《赴南詩》是由鄭夢周的淚水和汗水編織而成,彰顯了他高尚的情操與人格,實在價值非淺。

　　一言可蔽之:《赴南詩》除譜寫了明初中、麗間的使行實況,還反映了高

――――――――――

① 亦收於《動安居士文集》第四卷。

麗末年的文學水平,亦豐富了中國和高麗兩地的詩歌寶庫,真"所謂詩史也"!①

(作者單位:南京大學域外漢籍研究所)

---

① 李穡《書江南紀行詩稿後》:"歌咏大朝閒暇之氣象,陳述小邦傾嚮之精誠,所謂詩史也。"

域外漢籍研究集刊　第十九輯
2020 年　頁 139—158

朝鮮文人次杜《秋興八首》研究

左　江

一　次《秋興八首》之概況

　　杜甫(712—770)是在朝鮮半島最受崇敬的中國詩人,所謂"家家尸祝最東方",讀杜、擬杜、次杜、集杜、論杜的風氣盛行于朝鮮文人中。若就次杜作品而論,以《秋興八首》出現頻率最高,甚至有見人詩集輒斷言"必有《歸去來辭》《秋興八首》"者①。此雖笑談,却生動反映了次《秋興八首》的廣泛程度。據《韓國文集叢刊》及《續刊》統計,僅在詩題上標明的次作就達140 多題,實際作品當然還更多。

　　《秋興八首》是杜詩七律代表作,清人云:"蓋唐人七律,以老杜爲最,而老杜七律又以此八首爲最者。"②當代學者葉嘉瑩也認爲,這八首詩"無論以内容言,以技巧言,都顯示出來杜甫的七律,已經進入了一種更爲精醇的藝術境界"③。《秋興八首》是七律典範,但中國的詩論家大多認爲不易學、不能學,陳廷敬曰:"杜此詩古今獨絶,妄儗者尤非。"黄生曰:"若後人動擬

---

① [朝]任天常《窮悟集》卷一《次杜工部秋興八首並小叙》,《韓國文集叢刊續》第 103 册,頁 219。

② 佚名《杜詩言志》卷一一,江蘇人民出版社,1983 年,頁 225。

③ 葉嘉瑩《杜甫秋興八首集説》之《論杜甫七律之演進及其承先啓後之成就》,河北教育出版社,1997 年,頁 46。

杜之八首,縱能抵掌叔敖,未免捧心里婦。”①爲何如此? 清人吳瞻泰的説法透露出其中秘密:“苟不得少陵悲秋之故,與夫長篇之法,動擬《秋興》,以爲善學柳下惠,吾不敢也,吾不能也。”②不僅要有悲秋之實感,還要精通聯章體七律的技法,這是摹仿《秋興八首》的前提條件。因爲這八首詩不易學是文人的共識,所以在中國詩歌史上,擬《秋興八首》的作品並不算多,與朝鮮時代相比就更是如此。

　　吳瞻泰特別提及的“長篇之法”,實際揭示的是《秋興八首》聯章體七律的特色。而將這八首詩視爲不可分割的整體,是中國文人的另一共識。如錢謙益云:“此詩一事疊爲八章,章雖有八,重重鉤攝,有無量樓閣門在。”③這是以建築上相互貫通的樓閣門爲喻。陳廷敬云:“杜此八首,命意練句之妙,不必論,以章法論,章各有法,合則首尾如一章,兵家常山陣庶幾似之。……或謂八章摘取一二者,非。”④這又以兵法上首尾相應相顧的“常山陣”爲喻。王嗣奭則從另一角度揭示其整體性:“《秋興八首》以第一首起興,而後七首俱發中懷;或承上,或起下,或互相發,或遥相應,總是一篇文字,拆去一章不得,單選一章不得。”⑤所以,若有選家將八首割裂,截取一二,便會遭到批評,如自方回《瀛奎律髓》以下僅選其“聞道長安似奕棋”一首,明萬曆以前選家多承其意,就受到顧嗣立的譏諷⑥。發表上述見解的明清學者不乏名流大家,但最早將《秋興八首》當作不可分割的整體,卻出自元代“不登大雅之堂”的詩法類著作,如舊題《楊仲弘注杜少陵詩法》及佚名之《杜陵詩律五十一格》等,八首作品不僅每一首都有一格名目(如“接項格”“交股格”“纖腰格”等),總括起來也是一個整體。比如王恭云:“《秋興》

①分別見蕭滌非主編《杜甫全集校注》卷一三引陳廷敬《杜律詩話》卷下、黄生《杜詩説》卷八,《杜甫全集校注》第 7 册,人民文學出版社,2014 年,頁 3835。

②見《杜甫全集校注》卷一三引吳瞻泰《杜詩提要》卷八,《杜甫全集校注》第 7 册,頁 3835。

③[清]錢謙益箋注《杜詩錢注》卷一五,世界書局,1998 年,頁 763。

④《杜甫全集校注》卷一三引陳廷敬《杜律詩話》卷下,《杜甫全集校注》第 7 册,頁 3835。

⑤[明]王嗣奭撰,曹樹銘增校《杜臆增校》卷之八,藝文印書館,1971 年,頁 446。

⑥參見[清]顧嗣立《寒廳詩話》,[清]王夫之等撰《清詩話》上册,上海古籍出版社,1963 年,頁 85。

一題,分作前三章與後五章,以夔州、長安自是二事,此其綱也。八章之分,則又各命一題以起興,觀諸興聯可見矣,此其目也。"①這些童蒙讀物將中國詩學的基本概念固定下來,慢慢形成了詩壇共識,這大概也是藐視這些讀物的大人先生們所始料未及的。

　　作爲杜甫七律典範的《秋興八首》,在朝鮮也同樣獲得很高評價。身爲君王的正祖(1752—1800)之論堪作代表:"跋履山川之間,從容憲度之中,忠君愛國之誠,油然湧發於《秋興》諸作。"②自從蘇軾以"一飯未嘗忘君"評價杜甫的忠君愛國,這幾乎成爲後人言及杜甫的門面語、"杜殼子"。高麗朝文人深受蘇軾影響,也往往從這個方面理解杜甫。進入朝鮮王朝之後,朝鮮國王以最高統治者的身份"欽定"了杜甫的地位。所以,正祖的這番議論,從內容上來看,不過是掇拾宋人之餘論,但承續的却是朝鮮王室的傳統,其代表性和影響力不容小覷。朝鮮文人次杜《秋興》者衆多,這樣的背景是不能忽視的。由於次作《秋興》的風氣興盛,無論是官方或民間對年輕學子的"月課"中,往往以"次杜《秋興》"爲題,如宋純(1493—1583)、李景奭(1595—1671)、姜柏年(1603—1681)、權斗經(1654—1725)、金光炫(1584—1647)、曹文秀(1590—1647)、申弘望(1600—?)文集中的次杜《秋興》之作,都明確標明是出於"月課"③。因爲可以請人捉刀,所以也有"代人作"者,以至於同樣的作品會出現在不同人的文集之中④。當然,作爲七

①《詩解》(即《楊仲弘注杜少陵詩法》),張健《元代詩法校考》,北京大學出版社,2001年,頁52。

②[朝]正祖《弘齋全書》卷五六《題手編杜陸千選卷首》,《韓國文集叢刊》第263冊,頁372。

③分別見宋純《俛仰集》卷一《次杜子美秋興八首》(《韓國文集叢刊》第26冊,頁197)、李景奭《白軒集》卷一《次杜詩秋興八首》(《韓國文集叢刊》第95冊,頁381)、姜柏年《雪峰遺稿》卷五《和杜甫秋興八首壬午秋》(《韓國文集叢刊》第103冊,頁49)、權斗經《蒼雪齋集》卷四《次秋興八首代杜子美自述》(《韓國文集叢刊》第169冊,頁79)、金光炫《水北遺稿》卷一《次杜詩秋興》(《韓國文集叢刊續》第21冊,頁277)、曹文秀《雪汀詩集》卷七《次杜詩秋興韻》(《韓國文集叢刊續》第24冊,頁468)、申弘望《孤松集》卷一《次杜詩秋興八首》(《韓國文集叢刊續》第28冊,頁426)。

④[朝]尚震(1493—1564)《泛虛亭集》卷一有《次老杜秋興》八首(《韓國文集叢刊》第26冊,第11頁)與宋純的《次杜子美秋興八首》內容一樣,宋純八首缺"思"韻一首,尚震的八首也無"思"韻,而代之以一首"開"韻七律。

律典範,《秋興八首》更是文人争相學習、效仿的對象,這也是一種"取法乎
上"的路徑。和中國文人不一樣,朝鮮文人長於七律而不擅古詩,成俔
(1439—1504)就説:"我國詩道大成,而代不乏人,然皆知律而不知古。"①洪
良浩(1724—1802)也説:"獨我東俗專尚近體,……開口綴辭,便學律絶,不
知古風長句之爲何狀。"②並引用"華人詩話"云:"高麗人好作律絶,不識古
詩。"所謂"華人詩話",當指王士禛的《漁洋詩話》③。因爲喜作近體律絶,
許筠(1551—1588)指導其妹蘭雪軒(1563—1589)學習寫詩,提供的樣板是
邵寶的《杜律》一册。宋人的五絶選本《唐賢詩範》三卷(中國已佚,現存韓
國),朝鮮世宗朝文人孫肇瑞對其 163 首詩一一次韻,而有《格齋廣韻唐賢
詩》一卷。金正喜(1786—1856)編選杜詩重七絶,纂成《詩盦録定杜少陵七
言絶句》。所以,《秋興八首》作爲杜甫七律的最高代表,從詩體的角度看,
能引起朝鮮文人的高度關注,也是很正常的。在漢文化圈中,儘管朝鮮半
島也通行漢字,但言文不一,字形一致,讀音各異。從近體詩的要求來看,
最基本的就是韻律,其中用韻更在格律之上,孫肇瑞的"廣韻"便是一例,他
嚴格使用了韻字,但在平仄上却不甚講究④。學習律絶創作,首先需要掌
握的就是韻律,次韻便是快捷方式之一。以《秋興八首》作爲次韻對象,最
初的動機就在於此。所以,這就導致了一種與中國人的不同看法,朝鮮文
人雖將《秋興八首》看成是七律典範,但並非不可分割的整體。在大量的次
作中,出現了衆多僅次其中一首或數首的現象,如上文曹文秀月課《次杜詩
秋興韻》爲"砧、花、肥"三首。權榘(1672—1794)《枝谷路上次杜秋興首韻》
一首;又《海行道中次杜秋興韻二首》,分別次"砧"與"花"韻⑤。又如洪仁
謨(1755—1812)《又次杜秋興韻二十一首》,雖然連篇累牘,也仍然是雜取

---

① [朝]成俔《虚白堂集》文集卷六《風騷軌範序》,《韓國文集叢刊》第 14 册,頁 463。

② [朝]洪良浩《耳溪集》卷一五《與宋德文論詩書》,《韓國文集叢刊》第 241 册,頁 261。

③ 參見張伯偉《清代詩話東傳略論稿》第三章《清代詩話東傳朝鮮之時間及數量》,中華
　書局,2007 年版,頁 135—136。

④ [朝]孫肇瑞《格齋集》卷二爲"廣詩"共 282 首,"五言,次唐詩韻;七言,次宋詩韻",都
　有重韻不重平仄的特點,可參看。《韓國文集叢刊》第 15 册,頁 67—85。

⑤ [朝]權榘《屏谷集》卷一、卷二,《韓國文集叢刊》第 188 册,頁 19、28。

其韻而次之①。這都是因爲其著眼點在"韻律"而非章法的緣故。

文人交游時,《秋興八首》常被拈來作爲他們交往的媒介及風流雅集的載體。麗末鮮初的權近(1352—1409)就記載了一則雅事,生員李文和回安東省親,"薦紳先生及國學生凡知生者,用老杜《秋興》詩一篇,分韻咏歌,以美其歸,予亦賦'樹'字焉"②。衆人取其中"玉露凋傷楓樹林"一首分韻賦詩以送別。至朝鮮朝,文人交游更常常提及《秋興八首》。它是文人雅集的媒介,也是彼此切磋詩藝的手段。如安東金氏一門,對杜詩用功甚深,史稱金昌協(1651—1708)"爲文章典則醲郁,深得六一精髓……。詩亦出入漢、魏,翼以少陵,高古雅健,不事膚革"③。昌協文承歐陽修,詩得杜甫真諦,可謂朝鮮一代文宗,其《農巖雜識》中亦多論杜之語。金氏兄弟六人皆文學之士,彼此談詩論文及詩文唱和的情形很多,金昌翕(1653—1722)《三淵集》中就有與金昌業(1658—1721)討論次杜《秋興》的書信。

肅宗四十年甲午(1714),金昌業請兄長昌翕指正其《次杜詩秋興韻》,昌翕云:

> 　　投來《秋興》詩,良喜酬唱圓成,而所排各項俱有情致,殊可諷。但起三首,似只個中境狹語演,欠歷落。或特起一題,如赤城、栗北等地排景抒感,以成第三首,而破此二三首合爲一篇,要令峻潔不瑣絮,如何如何。曾閱前人集,爲此體者則多就窄境小題中趁韻牽押,故不堪著眼。今此只掇一字,而所排情境亦不窘窄,則頗自謂肆筆。而持較于老杜則巨麗磊落若是懸絕,豈所謂如天之不可梯者耶? 好笑好笑。
> 　　來詩中一二疵欠未暇點出,只可自加磨礪,一以聲韻包廣爲主如何。④

現存金昌業《老稼齋集》僅有一組次《秋興八首》⑤,寫於1714年,上面討論的即是此組詩。八首詩各寫人生的一些經歷,前三首主要寫在稼齋的生活,昌翕認爲境界比較偏狹,不够疏落有致,特別是二三兩首,時間由"落日

---

①〔朝〕洪仁謨《足睡堂集》卷一,《韓國文集叢刊續》第103册,頁578。

②〔朝〕權近《陽村集》卷一五《送生員李文和歸覲安東序》,《韓國文集叢刊》第7册,頁161。

③〔朝〕《肅宗實錄》卷四六肅宗三十四年四月丁巳(11日),《朝鮮王朝實錄》第40册,頁294。

④〔朝〕金昌翕《三淵集》拾遺卷一四《答大有甲午》,《韓國文集叢刊》第166册,頁479。

⑤〔朝〕金昌業《老稼齋集》卷四《次杜詩秋興韻八首》,《韓國文集叢刊》第175册,頁80。

斜”到“五更霜月”,情緒由“虚亭獨上”到“悲歌唏噓”,感情雖越發强烈,仍是同一地同一情,所以他建議將兩首合併,另以赤城、栗北等地寫景抒懷成第三首。昌翕所言頗有見地,這組詩的第四首寫家人遭遇,第五首寫個人仕宦,第六首寫游歷中國,第七首寫遷徙朗州,第八首寫同輩交游,五首詩各有主題,中心明確,而前三首同寫稼齋,的確不夠開闊。這組詩詩題説是“次韻”,實際上只是用韻,嚴格的次韻之作需韻同字同序同,加上“秋”這一主題的限制,大多“就窄境小題中趁韻牽押”,相比而言,金昌業的用韻之作就更多發揮空間,所以金昌翕認爲這組詩雖有一二瑕疵,但“所排情境亦不窘窄”。即便如此,這組作品與杜甫原詩“巨麗磊落”慷慨悲歌的特點仍相去甚遠,昌翕甚至認爲原詩似已達到一種高不可攀的境界,竟無階梯可上。金昌業認真聽取了兄長的意見,在將詩作修改之後又提請批評,金昌翕回復云:“《秋興》改本,較初未知其頓勝,恐或仍舊爲可。白雲鹿門,亦犯後條,始意别排一境者亦有妨礙,尤覺轉動爲難矣。”①昌翕似乎對昌業的改作有些不以爲然,讓他“仍舊爲可”,所以我們現在見到的金昌業次作應是原稿,前三首仍有境界偏狹的缺點。

　　《秋興八首》深受朝鮮文人的喜愛,所以仿作之、吟誦之、討論之,甚至還抄録下來傳給後人作爲家藏寶帖,如李萬敷“家藏寶蹟帖一,金字寫黑絹,工部《秋興》八律”②,爲其王考李觀徵所書。還有人將《秋興八首》製作成屏風隨時觀賞,成海應即請李京山爲其書《秋興八首》製成屏風③。以上種種,構成了《秋興八首》在朝鮮的一道道風景。

二　次《秋興八首》之正聲

　　《秋興八首》寫于杜甫入夔之時,詩中憶舊懷古,反思唐由盛轉衰的原因,寄寓無限感慨。元代人已經指出其章法,前三首詳寫夔州略寫長安,後

①〔朝〕金昌翕《三淵集》拾遺卷一四《答大有甲午》,《韓國文集叢刊》第166册,頁480。
②〔朝〕李萬敷《息山集》卷一八《敬書王考筆帖匣》,《韓國文集叢刊》第178册,頁396。
③〔朝〕成海應《研經齋全集》續集册一六《題李京山所書寢屏小記後》:“(李京山)筆畫勁正,如鐵索。公之小篆,老益精鍊,又爲余書杜工部《秋興八首》,已製屏風。”《韓國文集叢刊》第279册,頁408。

五首詳寫長安略寫夔州。張綖在《杜工部詩通》中言簡意賅地概括了這組詩的主旨:"凡懷鄉戀闕之情,慨往傷今之意,與夫夷狄亂華,小人病國,風俗之非舊,盛衰之相尋,所謂不勝其悲者,固已不出乎言意之表矣。"①可見主題之豐富與複雜。朝鮮文人在接受的過程中,對這組詩的大旨也有自己的理解,正祖將其概括爲"忠君愛國之誠",權以鎮(1668—1724)稱之爲"羈旅感慨、不遇悲傷之懷"②,主題的多樣性爲他們的學習提供了更多路徑更廣空間。當次韻《秋興八首》之作超越了步趨韻律,進入自由王國抒發情愫時,他們因秋起興,感慨深沉,與杜甫原詩有明顯的承繼關係,我們將此類作品稱之爲"正聲"。其寫作方法主要有三種:一是代杜甫立言,二是評論杜甫的人生,三是寫自己的境遇。下面以崔鳴吉(1586—1647)、金尚憲(1570—1652)、李敬輿(1585—1657)三人的次詩爲代表略作分析。

　　仁祖二十年壬午(1642),金尚憲因反對與清議和被拘至瀋陽,崔鳴吉因支持僧人獨步往來明朝傳遞消息也被押至瀋陽。1644年,李敬輿出使瀋陽亦被扣押,與金尚憲、崔鳴吉關押在一起。三人關押期間,彼此多有唱和,其中就包括了共同的次杜《秋興》之作。

　　崔鳴吉《次杜工部秋興》寫於甲申(1644)重陽節之後,是對杜甫的緬懷與追憶,第一首云:"先主行宮修竹林,孔明舊廟柏森森。瞿塘峽束奔濤隘,白帝城連古塞陰。一棹東歸他日計,長安北望老臣心。空江月落丹楓暗,山鬼時時答曉砧。"③暗用杜甫詩句,寫出了詩人對回歸長安的渴望以及抑鬱不得志的落寞心緒。崔鳴吉經歷了家國之亂,直至淪爲異國囚徒,其人生際遇的變化比杜甫有過之而無不及。這令他能感同身受,代杜甫立言,真切描寫詩人漂泊西南的苦衷、忠君愛國的情懷,深得老杜心思。詩作悲涼悽愴,感慨深重透徹,與原詩"沉雄富麗,哀傷無限"的風格很接近,金尚憲贊嘆曰:"真得老杜心事,子美再生不覺墮淚云。"④於是援筆次韻。

　　金尚憲《瀋陽館中次杜詩秋興韻》既是次韻杜詩之作,也是對崔作的次

①[明]張綖《杜工部詩通》卷一四《秋興八首》,黃永武主編《杜詩叢刊》(第二輯),臺灣大通書局,1974年,頁429—430。
②[朝]權以鎮《有懷堂集》卷一《擬古》,《韓國文集叢刊續》第56册,頁159。
③[朝]崔鳴吉《遲川集》卷五,《韓國文集叢刊》第89册,頁349。
④[朝]崔昌大《昆侖集》卷二〇《遲川公遺事》,《韓國文集叢刊》第183册,頁365。

韻。但金尚憲另闢蹊徑,他不是代杜甫立言,而是寫自己的際遇,如第一首云:"銅輦西行輓羽林,舊時兵衛憶森森。寒蟾一鎖長收牡,病鶴孤鳴絶和陰。經雨敗磚難記迹,倒霜殘菊不開心。宮衣未送嚴風急,愁聽家家早晚砧。"①詩中交待了當下的生活,病鶴、殘垣、敗菊等意象,營造出秋天的蕭颯之景,令失去自由的人更感淒涼,全詩籠罩著森冷的氣息。接著作者用三首詩具體描寫被拘禁的生活:無聊、孤寂、思鄉。五六兩首在濃烈的鄉愁中魂歸故里,回想自己在故居石室山安静閒適自由自在的生活。七八兩首重新回到當下的不自由,第八首的頷頸兩聯"喪亂幾年遺戰骨,良辰何處對花枝。人生有恨心如結,天地無情歲自移"讀來尤爲沉痛。次杜詩,需要真正體悟杜甫的精神氣質,否則難免"爲賦新詞强説愁",申靖夏(1680—1715)就批評道:"近世學杜者,多用悲愁困窮之語,殆亦無病而呻吟者。"②金尚憲這組詩有爲而作,寫自己的人生境況,所以更能打動人心。

　　李敬輿《次杜甫秋興》③作於同時,雖然也寫杜甫,但與崔鳴吉又有不同。崔詩揣摩老杜心迹,站在杜甫的立場述説其心聲,李敬輿則從他者視角評述杜甫的人生,如誇贊杜甫的文學地位,特別强調他晚年夔州之作的成就:"少陵光焰映詞林""暮年詞賦數夔州"。但作者又有疑問:在全國都動盪不安的情況下,杜甫爲什麼偏偏要去蜀地呢? 如"何事少陵來白帝,當年萬國盡金笳""胡爲工部此投役,幾處畏途多苦顔"。作者甚至如此感慨"假使當年歸杜曲,歡娛無那鬢絲垂",以杜甫"忠君愛國一飯不忘君"的特點,即使他能够回歸長安,也不可能真正心情愉悦。由李敬輿的述評來看,他對杜甫的瞭解似乎還隔著一層,所以這組次杜作品與崔鳴吉、金尚憲的詩作相比,缺少一種感發人心的力量。

　　崔鳴吉、金尚憲、李敬輿的三組次杜《秋興八首》,既是對杜詩的次作,也是彼此間的唱和,他們爲避免雷同,有意識地從不同的視野不同的角度來寫作,或代杜甫立言,或寫自己境遇,或評論杜甫,各有特點,他們所展示的三種次《秋興》的角度也是大多數文人的寫作手法。由三人的次作來看,唯金尚憲的八首詩略有承接,對杜詩體會較深,也當得起王士禎"果然東國

①[朝]金尚憲《清陰集》卷一三,《韓國文集叢刊》第 77 册,頁 195。
②[朝]申靖夏《恕庵集》卷一六《雜記·評詩文》,《韓國文集叢刊》第 197 册,頁 475。
③[朝]李敬輿《白江集》卷四,《韓國文集叢刊》第 87 册,頁 277。

解聲詩"①之贊。崔、李二人的作品未能表現杜甫原詩之間互相映照、彼此勾連的情況,這也是朝鮮文人次《秋興八首》比較普遍的共性。

　　一般而言,唱和詩在內容上應桴鼓相應,上述三種情況無論是代杜立言還是緬懷評述杜甫,都跟杜詩原作比較接近,而金尚憲的次作則擺脫了杜詩內容的束縛,完全結合自己的人生際遇寫一己之感受,有較大的變化。金尚憲是朝鮮文人中次杜《秋興》較多的一位,一共寫了三組二十四首。其《海南館候風次秋興》八首寫于宣祖三十四年(1601)②,是年金尚憲被任命爲濟州安撫御使,前往濟州島。作者根據需要對用韻順序進行了調整,詩作同樣專注於自己的所見所聞所思所想,詩中有人在旅途思念家人的憂傷——"鄉思不禁消又滿";有即將乘船渡海的不安——"玉堂遙隔登瀛路"。更多的還是要完成君命的使命感——"王事敢論千里遠,歸期剩待一年遲",以及對陌生環境的憧憬期待,"聞說耽羅尤勝絕,黃橙綠橘亂垂垂",甚至要"歸來細撰南行録,異事傳誇百歲翁",作品基調比較激昂,與杜詩的蒼涼形成强烈反差。

　　朝鮮文人在次《秋興八首》的過程中,尋求變化創新的努力顯而易見,而抒發"羈旅感慨、不遇悲傷之懷",仍是其中最常見的主題。對於朝鮮文人來説,最漫長最辛苦的"羈旅"就是出使中國與日本,遠離家國的經歷特別能激發他們與《秋興八首》的共鳴,所以不少文人會在行程中留下次作。如趙絅(1586—1669)、南龍翼(1628—1692)、申維翰(1681—1752)之出使日本,李夏鎮(1628—1682)、李喆輔(1691—1770)之出使中國,都留下了次杜《秋興》之作③。

---

①〔清〕王士禛《戲效元遺山論詩絶句》三十五首,郭紹虞等《萬首論詩絶句》,人民文學出版社,1991 年,頁 237。

②《清陰集》卷五,《韓國文集叢刊》第 77 册,頁 62。

③分別見趙絅《龍洲遺稿》卷二三《東槎録》之《十七日次老杜秋興八首》(《韓國文集叢刊》第 90 册,頁 430),南龍翼《壺谷集》卷一一《扶桑録》之《次杜工部秋興八首》(《韓國文集叢刊》第 131 册,頁 242),申維翰《青泉集》續集卷四《海槎東游録第二》之《次杜工部秋興八首》(《韓國文集叢刊》第 200 册,頁 448),李夏鎮《六寓堂遺稿》册一《次秋興韻》(《韓國文集叢刊續》第 39 册,頁 54),李喆輔《止庵遺稿》册一《燕都述懷,次秋興八首》(《韓國文集叢刊續》第 71 册,頁 28)。

　　現各舉一例來看,申維翰《次杜工部秋興八首》寫于中秋節,作者交待了寫作時的背景:

　　　　十五日……以中秋名日,爲一年之最,感念家國,五内交熱。但聞隔浦蠻舡悲歌互答,其音嗚嗚浙浙,如怨如訴,自是一種梵唄。誦子美"蠻歌犯星起"之句,覺此生蹤迹,不過得"奉使虚隨八月槎"七字矣。天明雨作,晚而大注,大風又起,獰波擊船,船之欄板盡碎。各船惶急,不知所爲。軍官、譯官與倭奉行、裁判,至夜奔遑,皆言有必破之慮。余則留在寺中,屋角亦爲風雨所漂摇,瓦翻石走,束襟耿坐,四更無寐。與諸僚咄咄言:"此非中秋月夕乎? 山河之異不暇論,天象又如此,欝悒奈何?"夜半風乍定,各船幸保。因念航海以後,凡經大風雨者三,皆在繫纜登陸之日,若于行舟時值此,骸骨不可得矣。王靈所及,百神齊護,竣事歸國,亦當有日,以是自慰。①

這天是中秋節,正是"每逢佳節倍思親"却又月圓人不圓的時候,作者内心激蕩,覺得杜詩《秋興八首》中"奉使虚隨八月槎"一句簡直就是自己的人生寫照。本應秋高氣爽、明月高懸,偏偏大雨如注,狂風大作,他們乘坐的船差點不保,哪裏還能有千里共嬋娟的雅致與心情? 作者頗多感慨,寫下了這組次《秋興》。詩中描繪了日本獨特的景色、風俗民情以及相關傳説,如第四首云:"聞道樵柯爛著棋,百年塵土蟪蛄悲。相隨漢客乘槎地,忽憶秦童采藥時。筆下狂吞坤軸大,鬢邊留繫日輪遲。滄波極目秋天遠,西北浮雲惹夢思。"詩中用了"樵柯爛盡""蟪蛄不知春秋""漢客乘槎""秦童采藥"等傳説與典故,寫出時間之悠遠,空間之縹緲,勾勒出一個既遥遠又神秘的國度,但詩中更多的還是對鄉關的思念,悵惘慨嘆溢於字裏行間。

　　再看看李喆輔的《燕都述懷,次秋興八首》。朝鮮朝雖然與中國的明朝、清朝都保持著藩屬關係,但這種關係的建立是在完全不同的歷史條件下形成的。朝鮮與明朝宗藩關係的確立,源於自己"事大以勤"的自覺自願;朝鮮與清的關係,則是武力脅迫的結果。所以在朝鮮人眼中,同是使行,却有著不同的意義,使明是"男兒事業",使清則是不得不奉行的君命②。當李喆輔出使清朝時,清已建朝百年,逐漸發展至王朝的巔峰狀態,

①《青泉集》續集卷四《海槎東游録第二》,《韓國文集叢刊》第 200 册,頁 447—448。
②參見左江《朝鮮士人的對清認識》,載《域外漢籍研究集刊》第七輯,中華書局,2011 年。

但由李喆輔的詩來看,他仍然沉浸在對明朝的緬懷中,如云"羞稱禮義三韓使,泣誦升平萬曆時";後悔自己生不逢時,未能在明朝的時候來朝拜,詩云"吾行早值嘉隆際,也好留連在帝州",又云"事楚徒緣邦力弱,觀周苦恨我生遲"。對清朝他仍以蠻夷視之,稱之爲"胡情"、"腥塵";自己出使清朝,是"羈囚",是身處"樊籠"之中。中華大地以清代明,禮樂文明、衣冠制度都已淪落了,"禮樂誰尋華夏制,衣冠盡化女真風",作者連連感慨"春秋大義無人識",世間再無文天祥,"柴市傷心遺廟在,千秋正氣獨斯翁"。李喆輔的這組次《秋興》,是對歷史對時局的感慨,展現了他的華夷觀及對清認識。杜甫在夔州時創作了大量反思人生與歷史的作品,其中"最能體現杜詩憶舊懷古之豐富内涵與飛動思緒的作品則首推《秋興八首》"①,這也許正是吸引李喆輔學習、次作的原因,其作品中的懷舊情緒、濃郁感傷都與原詩接近。

　　杜甫寫作《秋興八首》的背景,在詩中傳達的豐富内涵、塑造的多種意象、表達的複雜情緒以及沉雄壯麗的風格隔著千年時空在朝鮮文人心中引發共鳴,喚起他們學習與寫作的激情,所以在他們的文集中出現了較多的次《秋興》之作,以"寓嘆身世"。這些作品已經出現了一些變化,特別是在描寫自己的人生時與原作會有較大差異。但這一類作品無論是寫杜甫還是寫自己,都緊緊圍繞"秋"這一背景"興"這一主題,秋天的蕭瑟之景與詩人的感傷惆悵之情融爲一體,與原作一脉相承,所以我們將這類作品稱爲"正聲"。實際上,在朝鮮文人次作《秋興八首》的過程中,還有大量的作品不再寫"秋",也不再因秋而起興,這一類我們稱之爲"變調"。

三　次《秋興八首》之變調

　　朝鮮文人次韻,重點在"韻",因此也就完全可以僅僅關注其韻,輕視乃至無視原詩的題材或主題,如此,《秋興八首》的悲慨沉痛與秋天的蕭瑟景象也就不再是朝鮮文人次作時的重心,杜甫寫"秋",他們寫"春"寫"夏",秋興的主題被打破,悲慨的基調也發生著變化。雖然朝鮮文人並非有意識地對原作加以突破,客觀上還是擴大了"秋興"的題材與主題,形成了《秋興八

①莫礪鋒《杜甫評傳》,南京大學出版社,1993年,頁189。

首》的變調。

　　較早寫"春興"的是白洲李明漢(1595—1645)，其詩題《戊午三月晦，送姑氏至漢，仍臥所乘船順流而下，將抵楊浦新居。到龍山，水悍，舍舟登岸。在舟也，無以遣懷，誦老杜秋興八首，誦罷步原韻。時春也，命曰春興。……》①清楚交待了寫作緣由。八首詩用韻與原作順序不同，第一首寫春天景象，頸聯"稚柳細如梳後髮，殘花嬌似鏡中顔"寫景新穎生動。第二、三首是對出處進退的感慨，第四首寫江上景，"篙師運柂穿蘋去，烏鬼銜魚掠水飛"使詩作靜中有動，更富張力。第五、六首是上岸後的所見所感，第七、八首寫春雨過後的景色及心緒。全詩雖有出處進退的兩難、惆悵，更多的還是欣賞愉悦之情，寫景亦清新可愛，如"柳眼初斜杏臉肥"，春意盎然、生機蓬勃。

　　此後用次《秋興八首》來寫"春興"者不乏其人，如柳尚運(1636—1707)有《白洲用杜草堂秋興八首韻，名曰春興，田家逢春，聊復效之》，明確説明受到李明漢的影響。李殷相(1617—1678)有《東郊春興次杜少陵秋興韻寄諸益》，李敏輔(1717—1799)有《竹西樓春興八首次子美》，金致垕(1692—1742)有《渭陽次老杜秋興八首，爲春興要和》，姜奎煥(1697—1731)有《次菊窩翁春興八首韻》②。這些作品大多與李明漢作品相類，勾勒春天生機勃勃的景象，詩人身處其中的愉悦，或者塑造瀟灑出塵的形象，或者表達歸隱田園的願望。如李殷相其中一首云："樹頭殘日閃餘暉，望裏終南一髮微。細草無心經雨潤，宿雲多意近人飛。年光荏苒浮生老，世故參差夙計違。聞道東湖春事爛，軟風吹浪鱖魚肥。"詩上半寫景，前兩句由大處著眼，寫樹梢的夕陽餘暉，寫遠處的一綫峰巒。後兩句寫雨後細草，似乎觸手可及的雲彩，用筆細緻，又能別出新意。後四句感慨，人老事違，不如歸去。歸去之意非直白道來，而用"春事爛""鱖魚肥"進行點染。這首詩可謂寫"春興"的經典之作，但已與杜甫的《秋興》相去遥遥。

---

①［朝］李明漢《白洲集》卷七，《韓國文集叢刊》第 97 册，頁 324。

②柳尚運《約齋集》卷三(《韓國文集叢刊續》第 42 册，頁 11)、李殷相《東里集》卷一(《韓國文集叢刊》第 122 册，頁 393)、李敏輔《豐墅集》卷二(《韓國文集叢刊》第 232 册，頁 324)、金致垕《沙村集》卷一(《韓國文集叢刊續》第 71 册，頁 250)、姜奎煥《賁需齋集》卷一(《韓國文集叢刊續》第 75 册，頁 178)。

　　在一系列次《秋興》寫“春興”的作品中,有必要看看黄㦿(1604—1656)的次作。孝宗二年辛卯(1651)十一月,黄㦿出使清朝,於第二年正月在北京玉河館寫下《春興七首次老杜秋興韻》(無“垂”韻)①。第一首云:“萬歲高山即禁林,千章古木鬱森森。春生鳳闕浮佳氣,日照龍池破積陰。宮柳苑花堪濺淚,天時世事剩傷心。城中處處聞羌笛,月下横吹雜夜砧。”春景唯堪濺淚、世事只剩傷心,奠定蕭條悲慨的基調,詩作雖寫於春天,却如同秋日,正如作者所云“燕都春景入搔頭,寥落羈懷似遇秋”。上文論及的李喆輔《燕都述懷》用詞激烈,直斥清人是“胡”“女真”,提到“萬曆”“嘉(靖)、隆(慶)”等年號。黄㦿則是通過“世事何如賭局棋,眼看翻覆使人悲”“風景不殊頻舉目,衣冠已變若爲顔”等詩句,婉曲地表達中華文明淪落、世事滄桑今非昔比的悲涼情懷。黄㦿的這組“春興”,正使麟坪君李㴐(1622—1658)亦有次作②,他對清人入主中原深感憤慨,甚至有驅逐清人重建中華文明的强烈願望,詩云“百年文物從新制,一代衣冠異舊時”“何日重光萬壽山,聖靈應在五雲間”“赤子衹今思漢俗,蒼天何日變胡風”。

　　黄㦿、李㴐、李喆輔三人都是借次《秋興》表達對朝代興亡歷史變更的感受,但情緒表達又有差別。黄㦿、李㴐出使時,清人入關才數年,與朝鮮的關係很緊張,對朝鮮人的控制也就很嚴格,這在黄㦿詩中表現爲壓抑隱忍。李㴐作爲朝鮮王室成員,曾經在“丁丑約條”簽訂後被當作人質拘禁瀋陽多年,對清人的仇視更爲直接。到李喆輔的時候,清鮮關係已較融洽,環境相對寬鬆,他的詩作也就最爲大膽,但這時的“反清”只是文人在作品中傳遞的一種姿態,並無太多新意。黄㦿與李㴐的次杜《秋興》是抒寫“羈旅感慨、不遇悲傷之懷”的繼續,但詩中寫的是春景,多議論,與原作有很大不同,這使他們的次《秋興》成爲變調中的一種重要聲音。

　　除了“春興”,還有“夏興”,這類作品較少,目前所見僅一組,即丁若鏞(1762—1836)的《夏日遣興八首》。丁若鏞很有創造力,他有《秋風八首次杜韻》,此實爲用韻之作,第一首云:“衆竅齊吹雜嘯吟,長天捭闔蕩秋陰。寒雲萬壑蛟螭變,煙雨千林燕雀深。緑藕摧垂承露掌,紅蕉鬭斷耐霜心。

①[朝]黄㦿《漫浪集》卷五,《韓國文集叢刊》第 103 册,頁 442。
②[朝]李㴐《松溪集》卷二《答子由春興》,《韓國文集叢刊續》第 35 册,頁 209。

冉冉群芳趨歲暮,幽愁撩亂倚枯琴。"①詩作緊扣"秋風"二字,描寫大風肆
虐的景象,慘澹的畫面讓人憑添無限憂傷。至《夏日遣興八首》,他既非用
韻更非次韻,而是用《秋興八首》"憶舊傷今"的情懷,小序云:"暑月卧病擁
塞,有懷漢陽樓亭,風門颯沓無補,發狂大叫。然憶舊傷今,不失老杜《秋
興》遺意云。"②這一組詩寫于純祖元年辛酉(1801)夏日。是年,丁若鏞因
捲入基督教案,被流配至慶尚道長鬐縣,這裏濱臨大海,自然環境極爲惡
劣。與死神擦身而過的經歷,被流放窮鄉僻壤與家人隔絕的遭遇,讓他對
杜詩有了更深刻的體認,《別家五十有八日,始得家書,志喜寄兒》云"杜詩
先獲我",《有嘆》云"去國張平子,思家杜少陵"③。《秋興八首》中的追憶與
反思更能引發他的共鳴,於是他寫下了這組《夏日遣興》,借漢陽的亭臺樓
閣抒發胸懷。第一首云:"彰義門前石徑通,華峰三角插天中。回溪不斷澄
心水,高柳長吹拂面風。名士開筵關氣象,寧王洗劍想豪雄。如今瘴熱鰕
夷界,竹壓矬檐海日紅。"這首寫漢陽的洗劍亭,交待其地理位置、周圍景
色,當年自己也曾"名士開筵關氣象",如今則是"瘴熱鰕夷界",處境淒涼。
其後七首分寫漢陽的天然亭、流霞亭、書香閣、挹清樓、望海亭、君子亭、洗
心臺,這些地方都曾留下他的蹤迹,過去的榮耀緣于正祖的賞識器重,如詩
中所云"咫尺揮毫稱獨步,幾回天語獎菲才",詩中"憶昔傷今"的同時表達
的是對正祖的深深懷念與感激之情。

　　丁若鏞的《夏日遣興》是《秋興八首》在朝鮮文壇引發的特殊變化。他
完全抛開了原詩韻律的束縛,已非次韻之作,但這是學習《秋興八首》過程
中出現的變化,所以有必要放在一起討論。總的來説,在次杜《秋興八首》
的變調中,憶舊抒懷的特點越來越淡化。另一方面,這八首詩每首寫一地
點,每一地點都承載著詩人的回憶。這種八首各寫一地借此抒懷的寫作方
法大大開拓了次作《秋興》的空間,此後,次《秋興》的内容及作用越來越廣
泛,不但可以用來寫亭臺樓閣,也可以用來寫人物、寫地方,甚至可以用來
題畫、紀行程。

　　在洪仁謨的 41 首次杜《秋興》中,有一組詩寫于純祖九年(1809),專門

①[朝]丁若鏞《與猶堂全書》第一集詩文集第二卷,《韓國文集叢刊》第 281 册,頁 28。
②《與猶堂全書》第一集詩文集第四卷,《韓國文集叢刊》第 281 册,頁 79。
③《與猶堂全書》第一集詩文集第四卷,《韓國文集叢刊》第 281 册,頁 75、76。

寫自己生活或游歷過的地方，八首分寫八地，分別是隴西、平壤、鷗湖、華城、清潭、延安、松京、漢城，其中一首云："澄江朝日吐新暉，十里煙波澹欲微。鏡裏高樓臨水耸，灘頭輕帆帶風飛。魚龍自得如相識，鷗鷺無猜不與違。回首滄洲秋已晚，范公鰕菜幾時肥。"①這首詩寫鷗湖之景，江上日出，湖上煙波，湖邊樓閣，湖面風帆，構成一幅風景宜人的畫面。在如此美景中，動物也怡然自得毫無心機地生活著，讓人不由得想像范蠡一樣及時歸去了，次作已完全看不到原詩的影子。

　　李學逵(1770—1835)有一首《秋生鳳來，家藏金剛圖八幅，圖是箕壄老人作，清道倅竹下金箕書所贈也。秋生次老杜〈秋興八首〉韻以叙其事，要竹下和之，仍以示余請題卷頁》②，這是文人間借《秋興八首》的一次唱和，涉及下面幾位人物：朴岐壽(1792—1847)，字鳳來；李昉運(1761—1815)，字明考，號箕壄、箕野等，是朝鮮後期著名的士大夫畫家；金箕書，生卒年不詳，字稚圭，號梨湖，是朝鮮後期著名的文人畫家。由詩題來看，朴岐壽家中藏有八幅李昉運畫的金剛山圖，畫作又是經由金箕書贈送的。朴岐壽次《秋興八首》記載了這件事，並且要金箕書、李學逵一起唱和。李學逵和作的主題是題畫，如第二首云：

　　　　孤峰斷髮夕陽斜，驚喜諸天徧雪華。指數定窮塵墨劫，周游應憶桂星槎。瀑流始見千尋練，林籟如聞百拍笳。待到歇惺樓上望，滿山霜葉炫空花。

這首描寫金剛山八幅圖中的斷髮嶺，由斷髮嶺可以看到金剛山全景，以及山上的積雪、瀑布等等，作者想像如登上歇惺樓，應該可以看到滿山絢爛的紅葉吧。一幅靜態的畫作，在作者的筆下有瀑流有林籟，靜中有動，使整個畫面都生動起來。除了斷髮嶺，畫作中的九龍淵、青鶴峰、迦葉洞、業鏡臺、黃泉江、玉鏡臺、衆香城等景致，都在詩人的筆下得到呈現，讓觀畫者也能身臨其境，如入金剛山中游歷了一番。

　　在李秉遠(1781—?)的詩作中，有《石廩寓中兄弟對榻甚樂也，臨歸，拈杜秋興韻共賦》，首寫兄弟相別的過程，從"紀行"到"法田""海底""川城"，

①［朝］洪仁謨《足睡堂集》卷三《次老杜秋興八首》，《韓國文集叢刊續》第103册，頁636。
②［朝］李學逵《洛下生集》册一六，《韓國文集叢刊》第290册，頁513。

其後是"臨别贈言""家伯撤歸"①,八首次作其中六首,韻字也不盡相同,次
《秋興》的功用被進一步擴大了。

　　上面介紹的幾組次《秋興》,洪仁謨寫地方,李學逵題畫,李秉遠紀行
程,都擴大了"秋興"的主題與範圍。同時我們看到,這幾組次《秋興》都是
作者與他人的唱和之作。這時,杜甫原詩只是爲文人提供了一種用韻的方
法,他們彼此間的唱和才真正形成一種呼應。李喜朝(1655—1724,字同
甫,號芝村)有一首詩,詩題爲《壺谷爺先以秋懷八律,用明八子韻寄;赤谷
又次老杜秋興八首,次第書來,仍要余兄弟和之。顧以不閒吟詠,未敢生意
矣。近者,魯望兄偶見壺翁寄來之紙,次明八子韻以送;樂甫又並和二韻,
合十六篇。余亦有未可獨自默然者,不揆拙澀,敢慕效嚬。録上壺谷、赤谷
二丈案下,仍示魯望兄》②,壺谷指南龍翼(字雲卿,1628—1692),赤谷指金
益廉(字遠明,1622—?),魯望指徐宗泰(號晚静,1652—1719),樂甫指李賀
朝(號三秀軒,1664—1700)。先是南龍翼次韻明七子《秋懷》八首,金益廉
又次作杜甫《秋興八首》,二人並將詩作交與李喜朝、李賀朝兄弟求唱和。
李喜朝開始未參與。此後,徐宗泰見到南龍翼之作,亦有次明七子七律八
首;李賀朝則一併次作明七子及杜詩《秋興》。至此,李喜朝終不甘示弱,也
分别次作。由此次五人間的詩歌唱和可以看出,次《秋興八首》已是朝鮮文
人間文學交流的一種重要方式,或者説《秋興八首》爲文人間的交流提供了
重要的素材,所以在衆多次杜《秋興》之作中,彼此同和的情況很多,上面幾
組都是如此。其他如尹順之(1591—1666)有《次龍洲用杜陵秋興八首韻》,
尹鳳朝(1680—1761)有《同伯氏、瑞膺、季章會玄岩,同次杜律韻》,韓元震
(1682—1751)有《和成君允烈次示杜詩秋興八首韻》。李胤永(1714—1759)
有三組二十四首次《秋興》,分别是《和贈伯愚諸人所次夔州八興》八首、《同里
中諸人次秋興八詩》《和贈李仁夫最中東海秋興韻用老杜八章》③。

---

① [朝]李秉遠《所庵集》卷一,《韓國文集叢刊續》第 115 册,頁 36。
② [朝]李喜朝《芝村集》卷一,《韓國文集叢刊》第 170 册,頁 27。
③ 以上内容分别見尹順之《涬溟齋詩集》卷三(《韓國文集叢刊》第 94 册,頁 505)、尹鳳
　朝《圃巖集》卷二(《韓國文集叢刊》第 193 册,頁 123)、韓元震《南塘集》卷一(《韓國文
　集叢刊》第 201 册,頁 29)。李胤永《丹溪遺稿》卷九、卷一〇(《韓國文集叢刊續》第 82
　册,頁 289、301、325)。

在朝鮮文學史上最大規模的一次文人同和《秋興八首》發生在純祖三十二年壬辰(1832)。此次唱和的發起人是趙萬永(1776—1846),字胤卿,號石厓。參加者有八人:趙寅永(1782—1850),字義卿,號雲石,爲萬永之弟;李止淵(1777—1841),字景進,號希谷;李紀淵(1783—?),字京國,號海谷,爲止淵之弟;趙秀三(1762—1849),字芝園,號秋齋,一號經畹;權敦仁(1783—1859),字景羲,號彝齋;趙秉鉉(1791—1849),字景吉,號羽堂;李復鉉(1757—1853),字見心,號石見樓;姜溍(1807—1858),字進汝,號對山。趙秀三的詩題爲《壬辰暮秋,和雲石相公與諸公作餞酒之會于東嶽,時在座八人,而石厓公不能從焉,庸(用)老杜秋興八首韻賦詩分屬,各要和章》,據此可知,壬辰暮秋,本是九人的聚會,趙萬永因事未能參加,但他捎來了次杜《秋興八首》,八首詩是爲座中八人而作,並且要求大家都寫作和詩。此次文人雅集後被編成《秋興唱酬》①,申緯(1769—1845)序云:

> 李海谷樞密紀淵寄示《秋興唱酬》卷,索余題評。卷中之海谷兄希谷塚宰止淵、趙石厓尚書萬永、雲石尚書寅永、羽堂侍郎秉鉉、權彝齋方伯敦仁、李石見明府復鉉,皆當世鴻儒哲匠,而亦皆余墨緣深結者。海上開函,鬚眉森列,離索中足以當把臂入林也。其詩皆用老杜《秋興八首》韻,互相贈答,準八而止,故曰《秋興唱酬》。是唱也始自石厓,酬遍諸公,人各以一獲八,如連環如旋宮。凡友于之樂,交好之篤,期勉之深,與夫出處所係,志業所在,一開卷而瞭然具在,是豈但一時興會之繁而止哉?②

此次次杜《秋興》的特點是“互相贈答,準八而止”。唱和始于趙萬永,他選擇《秋興》的原因大概有二:一來因爲此次聚會時間是暮秋時節,二來座中聚會者是八人,所以用《秋興八首》分贈座中數人。其詩題爲《楓菊方闌,樽酒將餞,諸公約雲石作東巖夜會,余無以從焉,拈老杜秋興韻分屬以志懷》,如第一首“屬雲石胞弟”,詩云:“秩然明飲坐東林,君亦於焉髩影森。昭代文章傾嶽下,晴秋臺榭俯城陰。野人莫笑優閑意,宰相寧忘賑濟心。黃葉溪村疏雨裏,紡車聲歇又寒砧。”其他七首同此,每一韻次作一首,每一首贈

---

① 《秋興唱酬》,筆寫本,半郭 20.5×13.1cm,有界,6 行 15 字,現藏高麗大學圖書館。
② [朝]申緯《警修堂全稿》册二〇《題秋興唱酬卷並序》,《韓國文集叢刊》第 291 册,頁 446。

一人,《秋興》的主題再次被拓展。其他八人依照趙萬永的體例,也每人寫作次杜《秋興八首》,同樣每一首寫一人,分贈八人。唯一不同的是石見樓李復鉉,他寫了兩組次杜《秋興八首》,其中一組詩題是《東巖之集,石厓大先生無由來臨,以老杜八韻各賦,集中枉惠,恭依元韻和呈》,這一組八首他分呈在座雅集的八個人,其中一首是"自屬",没有贈送趙萬永之作。因此他又寫了第二組,詩題爲《又賦,全屬石厓先生,恭請郢政》,這一組八首全部贈送石厓趙萬永。

由趙萬永的八首詩來看,每首分贈一人,詩作寫出了每個人的特點,以及他與各人的交游情況,其他八人的次作也是相同的寫作格局。對《秋興唱酬》進行研究,不但可以更好地發掘杜詩對朝鮮文人的影響,而且可以通過這九個人,分析在他們周圍形成的文學團體、政治團體,這對瞭解那一時期的朝鮮文壇狀況、政治狀況都有一定的幫助。這尚待進一步深入探討。

四　結論

朝鮮文人深愛杜甫《秋興八首》,他們吟誦之、討論之,並留下了大量次作,其中抒發"羈旅感慨、不遇悲傷之懷",是最常見的主題,多寫于文人人在旅途或遠離家國親人之時,這些作品的"秋興"主題以及悲慨蒼涼的風格,與原作一脉相承。從寫作角度來看,這些作品又可分爲三類:一是代杜甫立言,二是評論杜甫的人生,三是寫自己的境遇。這一類次《秋興八首》我們可以稱之爲"正聲"。另一方面,朝鮮文人次韻,重點在"韻",因爲最初的重心不在題材與主題,也就可以只用《秋興八首》之韻,不再寫"秋",情緒不再悲涼,客觀上令《秋興八首》的題材與主題都發生了很大變化。如寫"春興"寫"夏興",詩歌風格或清新或明快,主題也更爲多變,可以用來寫亭臺樓閣,也可以用來寫人、記事、題畫,甚至用來寫地方、紀行程,這一類作品可稱爲"變調"。

朝鮮文壇的風尚變化與中國文壇密切相關,金萬重(1637—1692)評論朝鮮一代詩體變化時説:"本朝詩體,不啻四五變。"①或學宋詩,推崇蘇軾、黃庭堅,或轉學唐詩,其後又尚明人之習……都是以中國詩壇爲圭臬,其間

---

① [朝]金萬重《西浦漫筆》,趙鍾業編《韓國詩話叢編》第 5 册,太學社,1996 年,頁 510。

杜詩的經典地位從未改變。但學習接受並非亦步亦趨,而是"相類之中又有不相類",次《秋興八首》的"變調"就是很典型的例子,更值得關注。

變調的形成頗爲複雜,除了朝鮮文人學習漢詩寫作的特殊體驗、文人自身求新變異之外,還與時代背景、文學思潮、文壇風尚有著密切的關係,在此大概有兩點可以討論,一是朱熹詩論的影響。朱熹不喜杜甫夔州以後詩,說:"杜甫夔州以前詩佳,夔州以後自出規模不可學。"①又說:"杜詩初年甚精細,晚年橫逆不可當,只意到處便押一個韻。"②朱熹對杜甫夔州詩持否定態度,是其重法、重古、重正的文學觀的反映。朱子學在朝鮮極爲盛行,其對文學的理解、評價也影響了朝鮮文人。李植(1584—1647)曾經批解杜詩,但他論及杜甫律詩時也認爲:"然其橫逸艱晦之作不可學,專取其精細高邁者以爲準的。"③對朱熹詩論的承繼非常明顯。《秋興八首》意蘊豐富,手法多變,意境精美,可謂"艱晦"之作的代表,的確不易學。但這組詩又是在格律詩法上近乎完美的七律詩,語言學家們曾用語言學批評的方法來分析這八首詩,從音型、節奏的變化、句法的模擬、語法性歧義、複雜意象以及不和諧的措詞等方面來討論,認爲:"詩是卓越地運用語言的藝術,根據這個内在標準——創造性地運用語言並使之臻于完美境界,杜甫的確是一個無與倫比的詩人。"④這就爲學詩者提供了最好的藍本,於是朝鮮文人在學習的過程中將《秋興八首》爲己所用,將其作爲磨礪詩藝的一種手段。這時,他們並不注重這組詩的聯章體特色,未將八首視作一整體,次作時也不太注意八首詩之間的起承轉合内在聯繫,甚至在次作時只寫作其中的一兩首。同時我們還看到,朝鮮文人次《秋興》常是在與他人的唱和之中完成的,甚至形成多次大規模的唱和盛況,這時,杜甫原詩只是爲文人提供了一種用韻的方法,文人彼此間的唱和才真正形成一種呼應。

另一點是朝鮮文壇對復古運動的反思。朝鮮文壇的風尚變化與中國

①[宋]黎靖德編,王星賢點校《朱子語類》卷一四〇《論文下》,中華書局,1986年,頁3324。

②《朱子語類》卷一四〇《論文下》,頁3326。

③[朝]李植《澤堂集》別集卷一四《學詩準的》,《韓國文集叢刊》第88册,頁580。

④高友工、梅祖麟著,李世躍譯《杜甫的〈秋興〉:語言學批評的嘗試》,載《唐詩三論——詩歌的結構主義批評》,商務印書館,2013年,頁37。

文壇桴鼓相應,當明朝復古之風大盛之時,朝鮮文壇也深受影響,到宣祖朝後期、光海君時期,復古的弊端也逐漸顯現,許筠(1569—1618)云:"明人作詩者,輒曰:吾盛唐也,吾李杜也,吾六朝也,吾漢魏也。自相標榜,皆以爲可主文盟。以余觀之,或剽其語,或襲其意,俱不免屋下架屋,而誇以爲自大,其不幾于夜郎王耶?"①復古難以突破創新,難免有摹擬、剽竊之嫌。求新求變的呼聲顯現,表現在次《秋興》中就是主題的擴大,風格的多變。朝鮮文壇次作《秋興八首》的人數衆多、詩作豐富,頗有"衆聲喧嘩"的氣勢,但並不是所有的聲音都能成爲變調中的一種,如何在衆聲喧嘩中尋找發現有力量的聲音、影響甚至改變文學風尚的聲音也是一種挑戰。

　　文學的交流從來不是單向的輸入、全盤的接受,接受方也有自我的能動性,會結合自身條件爲外來文化、文學創造更爲適合的土壤。朝鮮文人學習、接受《秋興八首》的特點,爲我們研究杜詩影響提供了新的角度新的視野,也爲我們研究兩國的文化交流與互動提供了例證,對進一步研究杜詩的接受史大有裨益。

(作者單位:深圳大學文學院)

---

① [朝]許筠《惺所覆瓿稿》卷四《明四家詩選序》,《韓國文集叢刊》第 74 册,頁 176。

域外漢籍研究集刊　第十九輯
2020 年　　頁 159—176

李氏朝鮮節日帖寫作體制考

——兼論朝鮮節日帖對宋代宮帖的接受與創新

張曉紅

一　引言

　　節日貼掛門帖以祈福驅邪是中國很早就有的風俗,而以詩爲之,專用於元日、立春和端午節,稱之爲帖子詞,爲宋代宮廷首倡。隨著宋文化的輻射,其對周邊各國產生了影響,尤其以對高麗、朝鮮的影響最爲顯著。早在北宋徽宗宣和五年(1123),徐兢出使高麗,就見到高麗宮門貼有春帖①,可知高麗宮廷已有此風俗了。從大量文獻來看,這一宮廷節日制度在李朝時期發揚光大,除壬辰倭亂後有十餘年時間未作外,一直持續到十九世紀末,留下了數千首的節日帖②。這些作品雖然與中國宋代帖子詞內容形式、語言風格大同小異,然而其撰寫制度却大相徑庭。考察李朝時期宮帖的寫作制度,可探明帖子詞在朝鮮的接受、傳播與創變過程和特點,對理解詩歌與制度、風俗的關係,理解李朝應制詩的多樣化以及漢語詩歌如何服務於宮廷節日生活都有一定的典型意義。

---

① [宋]徐兢《宣和奉使高麗圖經》卷四,上海古籍出版社 1987 年景印《文淵閣四庫全書》本,册 593,頁 825。
② 《銀臺便考·禮考》《銀臺條例·禮考》皆稱宮廷帖子詞爲"節日帖",與我國有所不同,本文從此稱。

　　李朝帖子寫作繼承高麗而來,其發展過程大致可分爲四個階段。李朝初至成宗十三年(1392—1482)爲因襲期,由知制教與玉堂製進,類別主要是大殿帖,每類一首或二首五七言絕句。成宗十四年至燕山君時期(1483—1506)爲改革期,令藝文、弘文兩館及文臣、六曹、承文院諸官入闈集體寫作,作品類別增多,有大王大妃殿、王大妃殿、大殿、中宮等帖,每類皆作五七言律絕各一;燕山君時制度未變,只是貼掛作品非當年所作,乃固定刊印之能文侍臣之佳作。中宗至英祖(1506—1776)爲穩定期,維持了成宗改革的考試性寫作制度,貼掛佳作。正祖至高宗(1776—1897)爲完善定型期,除令製述人依舊寫作外,另命閣臣(奎章閣官員)、儒臣(即弘文館從三品至九品的官員,亦稱玉堂,因例兼經筵,又稱儒臣)、春坊(世子侍講院官)單獨撰寫製進,並規定了各殿製述人的數量以及帖子抄寫貼掛的張數。總體來説,李朝初期節日帖的寫作沿襲高麗而來,與我國宋代宮帖寫作大致相同而略簡;自成宗改制,視同考試,形成制度,漸趨複雜嚴格,至正祖時形成完善的帖子寫作制度。帖子製作的整個過程大致包括請示國王、確定製述官名單、出牌請主考出韻、製述官寫作、試官科次(評定等級)、獎罰,擇優抄啟製進以及帖子被製作後張貼或進讀等後續環節。李朝成熟期的帖子寫作制度在憲宗時所編《銀臺便考》與高宗時所編《銀臺條例》等書中有所記載,但很簡略,並不能反映其整個流變和具體詳情,故此文不憚繁瑣,依寫作過程的順序詳加説明,以更清晰地勾勒其帖子寫作制度及其流變史。

二　李朝節日帖寫作體制

(一)承政院呈啟請示國王是否撰寫

　　宋代帖子詞最初蓋由真宗皇帝下旨撰進,晏殊《御閣》端午帖自注有"奉聖旨進"①,當爲早期體制。仁宗時愛妃張氏去世,因翰院未寫帖子而"有旨亦令進"②,蔡京因哲宗劉妃受寵而"特撰四首以供之"③等來看,形成

①傅璇琮主編《全宋詩》第 3 册,北京大學出版社,1991 年,頁 1955。
②[宋]釋惠洪《冷齋夜話》卷二,中華書局,1985 年,頁 9。
③[宋]張邦基《墨莊漫録》卷四,中華書局,2002 年,頁 128。

制度後由學士院于立春、端午兩節前撰進,無須每次請示皇帝①。李朝自太祖至成宗初,大致如宋。成宗時十四年始令衆多文臣參與寫作,並視同考試,並由承政院制賞罰之格②,自此,由承政院負責帖子寫作的整體統籌,與禮曹配合工作。中宗以後諸王對帖子詞寫作大都很重視,制度嚴格,通常每逢元日、立春、端午前期十日左右,由承政院坐直之一承旨進啟,請示是否製作,允許則撰進,否則停止;尤其是出現特殊情況,更要承啟。如《承政院日記》(後文簡稱《日記》)英祖十一年十二月十七日(1736 年 1 月29 日),同副承旨吳命瑞曰:“元子宮名號既定,則今番春帖子,亦當依東宮例製進之意,敢達矣。”上曰:“儒臣之意,何如?”周鎮曰:“供上諸節,一依東宮例爲之,則春帖子豈可不爲乎? 況帖子即頌祝之詞也,似不可闕矣。”上曰:“元子宮春帖子製進可也。”③可見元子宮名定後,當有帖子製進,故政院啟問。當然,政院只有建議權,而決定權在國王。不允許的情形大概有三種。一是國恤。朝鮮的喪服制度與中國同,守喪期間停用。如《日記》載英祖元年十二月二十一日右副承旨權益淳即啟曰:“國恤三年内,則春帖子、延祥詩、端午帖,並皆停廢,已有前例矣,今亦依此爲之意,敢啟。”傳曰:“知道。”因景宗于上年八月去世,故停。二十八年十一月二十三日右承旨具允明曰:“昨年因孝純賢嬪宮服制,各殿各宮延祥詩、春帖子,因筵中定奪,不爲舉行矣。今則三殿服制已盡,當依例舉行,而東宮服制,尚未盡,世子宮延祥詩、春帖子,則依昨年例姑置之,何如?”上曰:“依爲之。”因世子服未除,故仍停。二是國有災事。壬辰倭亂後有十餘年未作,政院只寫“立春大吉”四字貼于宮門④。孝宗八年(1657)旱災嚴重,五月一日當“政院請於明日命詞臣製進端午帖”時,孝宗即言“旱災此酷,不必爲此虛文,勿爲之可也”⑤。顯宗十二年(1671)左議政許積以爲“輦下軍兵,病死者甚多,宜令限初秋停其習操,俾得蘇息,且文臣試射月課及春帖,俱係文具,不如一併

①張曉紅《宋代帖子詞體制考論》,《甘肅社會科學》2014 年第 4 期。
②《朝鮮王朝實錄》,成宗卷二九〇,二十五年五月四日,韓國國史編纂委員會,1955 年。
③《承政院日記》,韓國國史編纂委員會,1970 年。
④《朝鮮王朝實錄》宣祖卷四六,二十六年十二月十六日。
⑤《朝鮮王朝實錄》孝宗卷一八,八年。

停之"①,故命停春帖。肅宗四十四年(1718)也下教曰:"旱災如此,今番勿
爲製進。"②三是國王個人意願。1637年金尚奏啟"春帖子延祥詩前期製
進,例也,今則何以爲之"時,仁祖下令勿爲③。1767年英祖因病而思戒,言
"明年予不欲聞誦美之事",故命停來年春帖延祥詩④。雖然宮帖寫作的決
定權在國王,但因已成慣例,國王若令停作有時還會遭到宰相的反對,1767
年領議政俞致仁即提出"延祥、春帖,雖曰頌禱之詞,亦有規諫之語","且延
祥、春帖,自古未嘗一番停止矣",建議照常寫作⑤。

(二)承政院擬定製述人,抄啟名單

中國宋時宮帖的寫作機構是學士院,具體由在院當直學士一二員負
責;清乾隆時期宮帖由軍機大臣、南書房翰林撰寫⑥,具體人數不定。李朝
初沿襲高麗制度,"皆以玉堂與知制教製進"⑦,製作者主要是藝文館⑧從六
品以上官員,人數較少且輪直寫作,與宋略同。成宗以後則以考試待之,作
者變動很大,通常節前七日左右由承政院右承旨(禮房承旨)負責"抄啟"製
述官,即擬定製述人名單,並通知相關部門和人員。製述人主要爲堂下文

①《朝鮮王朝實錄》顯宗卷一九,十二年五月十三日。
②《朝鮮王朝實錄》肅宗卷六一,四十四年五月一日。
③《承政院日記》仁祖十五年十二月十五日。
④《承政院日記》英祖四十三年十一月二十六日。
⑤《承政院日記》英祖四十三年十二月三日。
⑥[清]吳振棫《養吉齋叢録》卷一三,中華書局,2005年,頁178。
⑦《承政院日記》英祖十年十二月二十六日。
⑧藝文館即高麗初之學士院,又稱玉堂、玉署。顯宗時改名翰林院,忠烈王又改名文
　翰署,忠宣王又改爲藝文春秋館,忠肅王時又分爲藝文、春秋二館,恭愍王時又複稱翰
　林院,不久又改稱藝文館,恭讓王時又併爲藝文春秋館。李朝初沿用,太宗元年
　(1401)分爲藝文、春秋二館,世祖九年(1463)設弘文館,以藝文館兼差。1470年藝文
　館增置藝文館副提學至副修撰十五人,俱帶知制教,兼經筵春秋館職,1478年,副修
　撰以上移差到弘文館,唯奉教以下八人在藝文館。此後副修撰以上皆歸弘文館,又加
　博士、著作、正字,凡二十人,藝文館八人外,長官皆兼官。朝鮮慣稱弘文館爲玉堂,藝
　文館爲翰林。知制教即知制誥,高麗時由翰林兼者爲内知制誥,他官兼者爲外知制
　誥。李朝初承政院、司諫院、集賢殿、成均館皆帶知制教,1470年以後即由弘文館副
　提學至副修撰(從六品)以上官員擔任。

臣,具體則各時期有所變化。成宗十四年(1483)爲勸勉文士之才,令"弘文館、藝文館諸儒及文臣能詩者"皆作①,"騎省(按,指六曹,相當於中國之六部)、槐院(按,指承文院)諸官"也參與②,製述人範圍開始擴大。光海君二年(1610)繼續擴大,令"堂下文官除服制式暇,無遺入制于闕庭"③。從實際情形看,正三品以下堂下文官除服喪、出外、另有差擬等特殊情況外,都必須參與。英祖時進一步擴大,不但在職文官必須參與,而且離任文臣除被奪告身者外,也須參與。《日記》載英祖十一年十二月十九日吳命瑞所啟春帖製述官有前應教 3 人,前正言 6 人,前司諫 1 人,前掌令 1 人,前獻納 3人,前執義 1 人,前持平 8 人,前校理 3 人,前司果 1 人,前縣監 1 人,前都事1 人,前修撰 1 人。這些人因當時無職,朝廷考慮到"無職,則輒稱下鄉,故不得不以有實職及帶軍銜人"④,故政院臨時令禮曹口傳付予這些無職人員以軍職,以便其參與寫作。至此,製述人成員包括了所有現任和前任堂下文官,此後不再變化。成宗改制後,堂上文官不在製述人之列,但正祖五年(1785)又令奎章閣大臣單獨製進大殿帖,後又加進元子宮帖⑤,甚至前任閣臣亦令製進;高宗時又令儒臣依閣臣例製進,春坊屬官亦單獨出韻製進東宮帖,其閣臣長官提學、春坊賓客、輔德等堂上官(正三品以上)亦參與寫作。依《銀臺條例》的説法,高宗時參與帖子寫作的人員格局是"製述人、閣臣、儒臣及曾經侍從人"⑥。此外,世子、國王偶爾也參與寫作。

　　製述官名單成宗改革初尚不分殿閣單列,此後因作者多而分列,具體人數不定,依照使用者身份地位及閣門數而有等差。大殿(國王)最多,世子宮、大王大妃(國王母親)、王大妃殿(國王正妻)、世孫宮等次之。英祖三十九年(1763)因大殿帖不貼而讀,故限定作者主要爲"玉堂、春坊時任及曾經文臣、兩銓(指吏曹與兵曹)郎中製述登科人",且每殿人數不超過八

①《朝鮮王朝實錄》成宗卷一六一,十四年十二月二十三日。

②《承政院日記》英祖十年十二月二十六日。

③《朝鮮王朝實錄》光海卷三六,二年十二月十四日。

④《承政院日記》英祖十年十二月二十六日。

⑤《承政院日記》正祖五年一月九日。

⑥《銀臺條例・禮考・節日帖》,韓國古典綜合資料庫 http://db.itkc.or.kr。

人①。高宗 13 年承政院最終所規定的製述人數是大殿十人,其餘各殿八人②。

(三)確定主考官員,牌召入闕出韻

宋代宮帖撰寫由當直學士負責,無考官。李朝初承高麗,與宋略同。自成宗改制,則由承政院在抄啟製述人名單後即擬定主考官,在奏請國王同意後通常提前五日出牌招請其入闕出韻。光海君二年(1610)以前,主考官由從二品的"嘉善以上二員"爲試官,"史官一二員,亦同參"③;孝宗以後雖然要求主考官爲大提學和提學二人,但是通常爲大提學一人,如其有重病、缺官、未成服等特殊情況,則由藝文提學或弘文提學擔任;再不行,才由試官二人擔任。以《日記》所載肅宗二十四年(1698)立春(時間在十二月二十三日)爲例,十二月十九日,政院先奏啟曰:"春帖子製述官,既已啟下,明日待開門,大提學李畬命招,以爲出韻科次之地,何如?"次日啟曰:"以春帖子出韻科次事,大提學李畬牌招矣,違牌不進,推考傳旨,今方捧入,而弘文提學朴世堂在外,藝文提學未差,他無出韻科次之人,大提學李畬,更爲牌招,何如?"又啟曰:"春帖子出韻科次試官,既已啟下,左參贊閔鎮長,行副護軍崔奎瑞,即爲牌招,使之出韻科次,何如?"可見,這次出牌命大提學李畬主考,李拒絕應命,而弘文提學朴世堂在外,藝文提學未差,無奈之下,再次召李,李再次違牌,最後不得不加以變通,請左參贊閔鎮長與行副護軍崔奎瑞二人擔任。弘文提學和藝文提學二者孰先孰後,起初並無區分,然肅宗三十一年十二月二十六日命弘文提學李頤命出延祥詩韻,李以爲此乃"越例請牌,有違常規,陳疏退去",他上疏説:"凡國家有考試製撰之事,自上命招詞臣。則或以館序官次,不拘弘藝兩館,而自下請招,則必藝文有故,而後及于弘文。蓋掌撰詞命,即藝文之任故耳。今日政院以延祥詩出韻科次,以臣名請招,臣誠莫曉其意。……數日前春帖子出韻時,請招藝文提學金鎮圭,今則鎮圭在職如前,而乃請招臣,未知春帖屬藝文,延祥屬弘

---

① 《承政院日記》英祖三十九年十二月二十八日。
② 《銀臺便考》卷七《禮考・節日帖》,首爾大學校藏奎章閣本。
③ 《朝鮮王朝實録》光海卷三六,二年十二月十四日。

文。明有新定節目,而政院强爲此無例之舉。"①李氏以爲藝文提學掌撰詞命,當先之;而政院以爲"兩館提學,元無異同,如代撰應制等事,則固是藝苑之任,而至於出韻科次,初無區別之規,則今此請牌,似無越次違例之事",故再爲牌招,又另招藝文提學金鎮圭②。李氏以爲弘文與藝文提學有所分工,此爲時人共識,姜鋭的話亦可佐證:"時急應制及春帖迎祥課次,則文衡(按,指大提學)有故之時,藝文提學代行,藝文提學有故,則弘文提學,或有不得已代行之時,而揆以事例,亦或苟簡。"③但是實際情形却如政院所言,區分並不明顯,英祖時往往由弘文提學主考,憲宗時所編《銀臺便考‧節日帖》亦言"無大提學,則弘文提學;無弘文提學,則藝文提學牌招"。擔任主考費時費力,還要承擔責任,不少人因身體不適或其他原因而拒絶擔任,故出現政院需要一日數牌來請出韻者的情況。如《日記》純祖十二年十二月二十四日(1813 年 1 月 26 日)確定弘文提學徐榮輔來出韻,結果徐五次違牌,最後不得不請藝文提學金啟洛。徐言"文苑故事,曾經文衡者,更不行公於兩館提學",因其曾任大提學,故不進。十五年端午更是一日九牌請弘文提學金羲淳,竟然未能請動,最後也只好換人。對無重大理由"違牌"者要解職而另任命人來擔任。純祖三十三年十二月二十五日弘文提學朴宗薰因違牌而被解職,政院任命李止淵來工作。

從李氏朝廷來說,令大提學、提學主考,即視帖子如同考試,而且"出韻時,史官書之"④,正如庭試"必使文衡主之,意非偶然。將以定館閣之體裁,正文風之得失。其不可强令他人苟然替行也"⑤,足見朝廷對此事也非常重視。

宋代宮帖不限韻,李朝初亦同。成宗十四年始令文臣會聚闕庭作春帖迎祥詩,開限韻而作之風。成宗曾多次親自出韻。金宗直《癸卯元日迎祥

①[朝]李頤命《疏齋集》卷五《辭科次延祥詩疏》,《韓國文集叢刊》,册 172,景仁文化社,1996 年,頁 140。

②《承政院日記》肅宗三十一年十二月二十六日。

③《承政院日記》肅宗三十四年一月十九日。

④《銀臺條例》卷七《禮考‧節日帖》。

⑤[朝]崔錫恒《損窩先生遺稿》卷七《乞寢課製代考之命疏》,《韓國文集叢刊》,册 169,景仁文化社,1996 年,頁 463。

詩》自注“上命韻”,癸卯即 1483 年,其五殿韻分別爲真、侵、東、先、麻,從徐居正《迎祥詩五首》來看,不僅韻同,而且韻字與順序也完全相同。金氏《立春五殿門帖字》亦注“奉教撰,上命韻”①,五殿詩韻分別爲陽、灰、支、庚、微。成宗二十年十二月二十九日,命侍宴文臣製《迎祥詩》,韻爲“來”字②。出韻多寡不定。制度化之後,則由主考官應召承牌後入闕出韻。考察現存帖子作品,對照李朝文科考試、庭試、月課、節日製以及朔書等,因帖子考試無需規定詩題、詩體,故只需定韻字。通常每殿四韻,各體一韻,《日記》英祖十六年(1740)五月三日召弘文提學趙觀彬出“端午帖四韻”即此。英祖四十年(1764)大殿延祥詩七律、五律、七絕、五絕的四韻爲東、真、灰、麻。正祖以後閣臣、儒臣、春坊皆自命韻,不在此列。

　　考官出韻日即爲製述日。從《日記》英祖四年(1728)五月二日宋寅明言“小臣以端午帖試官才已承牌,而試官趙文命入來,然後可以聚賓廳出韻”及三日權益淳所言“即者端午帖試官李台佐、趙文命,來詣賓廳送言,端午帖,例於朝前出韻,申後收券,考次啟下矣”來看,主考官承牌後通常上午至製述官會聚寫作的闕庭出韻,以便及時寫作。如果拖延至申時以後,則當日難以完成寫作、等級評定等工作,故將“所出韻字,堅封著緘,送於政院,明日待開門,出送於製述官處”③。

(四)製述官入闕庭寫作

　　李朝初期與宋略同,由一二人當直時寫作。自成宗十四年令“弘文館、藝文館諸儒及文臣能詩者會闕庭,製四殿春帖迎祥詩”始,開入闕寫作之例,不久便形成了“命聚文臣于闕庭,分韻備成五、七言律絕”④的考試化寫作制度。除正祖以後閣臣、春坊官各自單獨製作外,製述人都必須在規定的時間(通常於節前五日)會聚于闕庭(地點因宮而變,英祖以後多在賓廳,正祖時因人過多而另安排帶臺職者在朝房寫作)⑤,待主考官公佈詩韻後即開始寫作。製述官所用紙張由禮曹按人數提前準備分好,並交付承政院

①[朝]金宗直《佔畢齋集》卷一七,《韓國文集叢刊》,册 12,景仁文化社,1988 年,頁 339。
②《朝鮮王朝實錄》成宗卷二三五,二十年。
③《承政院日記》英祖四年五月三日。
④《朝鮮王朝實錄》成宗卷二六〇,二十二年十二月二十三日。
⑤《承政院日記》正祖二十三年十二月十九日。

"踏印"後分發①。通常早上出韻,午後寫作,申時交卷。如果主考官出韻太遲,過了申時,則次日早上作,"辰初收卷"②。

　　制度規定入闕製進,實際上也存在在家製作的情況,從官方多次的申明中即可見出。如中宗五年(1510)臺諫合司啟曰:"今日迎祥詩……且或有在家製呈者,似傲慢,今後一切禁止。"③正祖二年(1778)端午帖皆在家製進,正祖以爲此"殊非古例,此後則一遵古例,來會於公廨製進,宜矣"④。憲宗四年(1838)春帖十多人不能及時交卷,主考趙寅永認爲"此由在家製進之故也",他還提到詣闕製進的規章制度"近益解弛",要求"申明舊規,俾無復循前謬,如有被抄而不爲詣闕製進者,自政院另察論罪"⑤。如在家製作,文采不足者請人代作較爲容易。英祖二十七年(1751)領議政金在魯即言:"春帖子異於科舉文字,代撰者居多,諸文集亦多有代撰者矣。"⑥考之文集,確有代作者。金富倫(1531—1598)《雪月堂集》卷二有《端午中殿帖子代人作》,吳翿(1592—1634)《天坡集》卷三有《端午帖代素翁走筆》《中殿迎祥詩代友人走筆》,李瑞雨(1633—1709)《松坡集》卷一《王大妃殿端午帖》四首自注"代人"⑦,金春澤(1670—1717)《北軒集》卷五《世子宮端午帖子》亦自注爲"代製"⑧。如在闕庭製作,便不好代寫,故常有藉故躲避不到者,鄭翬良即言:"延祥詩、春帖子,自前名官,無厭避之事,而近來則或稱在外,或稱病不作……抄啟者多,而製進者少,只以成均校書館官員充製。"⑨

　　每個製述人的寫作數量要求各階段有所不同。李朝初期爲一首或兩首,並無定規。成宗初令文臣作五殿帖各一兩首,後分殿製作,每人作五七言律絕各一首,遂成爲常規。當然,個人能力有限,故完成數量不一。今存

①《朝鮮王朝實錄》光海卷三六,二年十二月二十四日。

②《承政院日記》英祖四年五月三日。

③《朝鮮王朝實錄》中宗卷一二,五年十二月二十三日。

④《承政院日記》正祖二年五月四日。

⑤《承政院日記》憲宗四年一月十日。

⑥《承政院日記》英祖二十七年四月二十三日。

⑦[朝]李瑞雨《松坡集》卷一,《韓國文集叢刊》本,册41,景仁文化社,1989年,頁8。

⑧[朝]金春澤《北軒集》,《韓國文集叢刊》本,册185,景仁文化社,1997年,頁70。

⑨《承政院日記》英祖三十一年十二月二十日。

個人單次宮帖少則一首,常則四首,甚至更多,亦可知也。另外,正祖以後
閣臣只作大殿帖與元子宮帖,春坊官只作世子宮帖,每人通常兩首,多則不
限,詩體亦不限。

　　製述人的作品要完整,書寫要工整,末端密封處署"官職名＋姓名＋製
進"。寫完後上繳作品,然後"肅謝"離開。考官收齊作品後密封裝訂,上題
"臣謹封",待主考官評定等級。

　　皇帝、太子雖不參與考試性寫作,但偶爾也寫作。高麗時毅宗就曾寫
過,《高麗史》即載其春帖二首。李朝國王、世子亦有作者。如仁宗爲世子
時作有春帖,《明宗實錄》錄其帖 14 首;《日記》載英祖十九年、二十六年曾
親製"慈殿"(大王大妃)春帖,二十二年親製"東朝春帖子",二十六年、三十
二年世子亦作有春帖;正祖爲世子時作有多組集慶堂、會祥殿春端帖,載其
《弘齋全書》卷一。

(五)主考官評定等級

　　成宗改制,初無等級評定,成宗二十三年(1492)製端午帖,因"比來見
帖子,多不用心製進,自今令能詩宰相,第其高下"①,此爲等級評定之濫
觴。制度化後的等級評定是由主考官進行的。從中宗以後情形來看,製述
人寫作結束後,考官要將試卷收攏、編號、密封,再由主考官"科次",即進行
等級評定。等級分五等,又各分上中下,三下以上爲入格,以下爲不入格,
最佳者爲居首。通常抄啟作者多,實際並不能保證全部參加,有因病因差
等不到者,有到而不作者,有作而未完者,有作而落選者,故入格作品並不
多。《日記》英祖三年(1727)十二月二十八日即載"大王大妃殿、王大妃殿
延祥詩製述官抄啟者過於十三人之多,而製進者,俱不過三人",原因是"大
王大妃殿延祥詩製述官十三員內,製進八張內,落幅五張,修撰鄭錫五、兵
曹正郎申溣、承文院副正字鄭道殷三人不作,蔡膺萬、金尚翼以無軍職公
頉,王大妃殿延祥詩製述官十三員內,落幅四張,兵曹正郎李聖起、典籍金
道彦、權知承文院副正字尹興茂三人不作,奉常正尹就履、僉正吳興昌、主
簿柳漢柱差祭公頉矣"。正祖六年(1782)惠慶宮端午帖、大殿端午帖入格
甚至只有一人,不得不重新組織再作②。

---

① 《朝鮮王朝實錄》成宗卷二六五,二十三年五月二日。
② 《承政院日記》正祖六年五月三日。

主考官評定等級後,將打上了考核等級的入格的試卷交與政院,以進呈御覽。政院還要負責按照入格作品數量令作者和有關人員正書以供張貼。正祖以後閣臣、儒臣、春坊之作無需科次,均呈上御覽。

(六)呈御覽,論賞罰

我國宋時宮帖無呈御覽之環節。高麗情形不詳,蓋與宋略同。朝鮮考試後的帖子經考官評定等級後,三下以上的入格詩作不拆封,直接由政院承旨進呈國王御覽。國王御覽時方拆封閱讀,對詩作進行評價,對主考官的科次也會進行評價和獎懲。以《日記》所載英祖三十二年十二月十二日(1757年1月31日)爲例,在確定帖子科次後,英祖命內侍"持來春帖子,上親坼皮封,一一考閱",先看封皮格式對否,再看詩作及考官的等級評定,進行評價和賞罰。這次就將主考官所評鄭光漢詩"三下"的"下"字改爲"上",原因是此詩對東宮有所勸勉,"深得宮官之體",並特賜"表裏一襲";而對內容不當、格式有誤者提出批評,如認爲金養心七律中"千官争賀春宮慶,臨殿聖躬不憚勞"句與事實不相符,李宗明的詩題"俱以二字書之,其涉取便,事異常規",故一併推考。但是閣臣帖子直接於"進呈日,堂郎齊會封進,如有在外人則撰送本閣,及期同爲進呈"①。

我國宋時凡學士院作宮廷文字,多有獎賞,帖子詞自然不例外,但是相關記載很少,唯李清照以特殊身份撰寫帖子後,曾得到"金帛"之賞②。處罰則主要在內容方面,如《萍洲可談》記大觀間一學士作"神祇祖考安樂之,草木鳥獸裕如也"③,因比對不當而被貶官;劉克莊"錯由術進何褌漢,伝以棋親亦誤唐"句因用王丕典故而被質疑比喻不當,但最終無事④。清代帖子詞不評等級,作者例賞筆墨箋紙⑤。李朝早期由個別詞臣寫作,少有懲罰,只看得體與否。成宗改制後,爲鼓勵寫作,成宗二十三年(1492)端午臨時令宰相定等級而論賞,獎勵居首者⑥,兩年後又"命承政院爲賞罰之格",

①《承政院日記》正祖五年一月九日。

②[宋]周密《浩然齋雅談》卷上,中華書局,2010年,頁9。

③[宋]朱彧《萍洲可談》卷一,《叢書集成初編》本。

④[宋]劉克莊《後村先生大全集》卷一一二,《四部叢刊初編》本。

⑤[清]陳康祺《郎潛紀聞二筆》卷五,中華書局,1884年,頁409。

⑥《朝鮮王朝實錄》成宗卷二六五,二十三年五月二日。

承政院規定了“居首人臨時啟稟論賞，不中格律者，令吏曹付過”①的制度，具體爲大殿居首者奬勵内弓房所藏上弦弓一張，未寫、寫錯者要問責。如中宗二十四年（1529）“延祥詩居首説書金遂性，其賜别造弓一張”②，車天輅（1556—1615）“立春帖子及迎祥詩居首，蒙賜黑角弓二張”，作者還以此爲詩題，調侃説：“只限老臣筋力少，挽强那得射封狐。”③趙泰億同年春帖、延祥詩接連居首，兩次受賞，亦感激作詩云：“祥詩春帖一旬中，次第占魁再賜弓。”偶爾有例外，如沈彦光世宗三年（1524）大殿立春帖子居首，“受賜别品硯一團”④。英祖以後，只奬勵大殿都居首者，即大殿四詩皆居首者，一詩落選，則不奬。正祖五年（1781）國王李祘有“今番則無可施賞者”之嘆，即因當年春帖無獨等⑤。當然，特賜不循此例，如《日記》英祖四十二年（1766）五月二日大殿帖金龜柱四詩以“七律三下、五律三中，七絶、五絶三下”都居首得常賞，而副司果鄭厚謙所作世孫宮端帖佳而特賜“紙三卷、筆五枝、墨三笏，以示嘉尚加勸之意”；五十年十二月二十七日延祥詩朴相甲以三上居首，特賜鹿皮一令；李泰永對仗精工，韓鼎裕知王之心，皆提高等次，並各賜紙二卷、筆三枝、墨二笏；正祖七年十二月二十七日副司果林濟遠作元子宮延祥詩，賜“織毛馬鞍一部”，副司果李顯靖“能副特選之本意，特賜鹿皮一令”；“副修撰李頥祥，檢校待教尹行任，副應教李兢淵，兵曹正郎李東稷，待教李昆秀，檢閲李祖承，各賜上弦弓一張，以示朝家識慶之意”；十九年五月二日崔光泰端午帖居首，特賜貂皮笠耳掩一部。

　　被罰的情形主要有三種。一是態度問題，主要是無故不作與超限未作。《銀臺條例》規定：“病不進與過限不作人推考。”無緣不作被推考最多，就顯宗九年（1668）而言，政院在立春、迎祥、端午三帖寫作後都有對“無緣不作者請推考”的奏啟，原因蓋如中宗所言：“迎祥、端午、春帖子，自祖宗朝，使文臣製述者，欲其不棄所業也。近觀文臣，於命題時，多有不作者，於

---

①《朝鮮王朝實録》成宗卷二九〇，二十五年五月四日。
②《朝鮮王朝實録》中宗卷六六，二十四年十二月二十二日。
③〔朝〕車天輅《五山集》卷一，《韓國文集叢刊》，册61，景仁文化社，1991年，頁354。
④〔朝〕沈彦光《漁村集·年譜》，《韓國文集叢刊》，册24，景仁文化社，1988年，頁96。
⑤《朝鮮王朝實録》正祖五年十二月二十日。

事體甚異”，故令禮曹推考①。另如正祖十八年（1794）端帖試有十人因借書而被推考②，此蓋爲韻書或前人帖子作品，有作弊之嫌疑，故亦被罰。另外，入闈寫作時行動不合規矩也在處罰之列，如正祖七年（1783）“修撰姜忱以延祥詩製述官既入闈中，不爲肅謝，直爲出去”，被“推考警責”③。二是内容與表達的錯誤，如用錯典、題錯類別、寫錯字、冒犯名諱及内容與事實不符等。如孝宗六年（1655）工曹佐郎柳昌辰世子宮端帖中有“講筵頻賜茗，應不及伍文”之語，被政院認爲“似是稱頌之意，而下語未瑩，引諭謬妄”，王亦認爲“似涉譏諷”，故被推考④；肅宗二十年（1694）“成均館學李彦經，以中宫殿春帖子製述官抄啟，而以世子宫製呈製進”，不僅帖子被“拔去”，而且主考官亦有“不察之失”，被推考⑤；肅宗三十八年（1712）春帖有人將“勤政殿稱以勤政樓”，主考官因失察被推考⑥；英祖三十年（1754）正郎尹在謙所進中宫殿延祥詩因犯已故世子幼名而被處以“刊名仕籍”之處罰，科次官弘文提學南有容未能察覺，竟引咎辭職⑦；正祖六年（1782）王大妃病重，一儒臣却寫“不遣醫官奏藥名”，被認爲是“妄發”而受推考⑧。三是格式有誤，包括作者署名、詩題、密封格式和主考官科次的錯誤。《日記》有頗爲瑣碎的記載，如英祖三十二年（1755）十二月十二日“李宗明春帖子詩題俱以二字書之，其涉取便，事異常規”，被推考；三十六年十二月二十八日所進春帖“等第有遺漏不書處”，大提學金陽澤被推考；三十八年五月三日端午帖金普淳皮封因歪斜而可駭，被推；同年十二月二十九日嚴璘帖“稱以經幄微臣”，故其“製進者拔去”；五十一年十二月十三日李得永所製進春帖“以水墨紙頭書大殿春帖子”，是爲不敬，故“以違格拔之”，提學趙曣亦被推考；同月二十七日李鎮恒製進延祥詩之“詩”字，誤書以“帖子”，被認爲

①《朝鮮王朝實録》中宗卷八七，三十三年四月二十五日。
②《承政院日記》正祖十八年四月三十日。
③《承政院日記》正祖七年十二月二十七日。
④《承政院日記》孝宗卷一四，六年五月二日。
⑤《承政院日記》肅宗二十年一月七日。
⑥《承政院日記》孝宗三十八年十二月二十九日。
⑦《承政院日記》英祖三十年一月四日。
⑧《承政院日記》正祖六年五月九日。

"殊欠敬謹,而科次試官,亦難免不察之致,弘文提學趙曦,製述官李鎮恒,並推考";正祖十九年(1795)十二月二十六日"中宫殿延祥詩之不爲批封,大違格式",弘文提學具庠因科次不察而推考,該製述人吏曹正郎權晙被重勘;純祖二十年(1820)十二月二十七日副司直徐相禄春帖詩券封内職銜有誤而被推考;高宗十三年(1876)十二月十六日持平沈相説未寫"製進"亦被推考;諸如此類,不一而足。政院的處罰通常是推考,即詢問事由,視情節輕重或口頭批評,或施以更重的鞭笞、罷職等處罰。如副校理李有相、副修撰鄭晢等因無故未製端午帖而被"各笞五十"①,副司果曹允遂因延祥詩秘封上没有寫"臣謹封"三字,竟被罷職②。

(七)帖子的後期製作與使用

帖子最終是用以貼用的。中國宋代帖子經由後苑作院製作後貼于各宫門,高麗製作情形不詳。李朝初於節前"擇其優者一首,刊貼宫門"③,世宗十二年(1430)末在率百官于文昭殿祭祀時,見所貼皆爲大殿春帖,故傳旨承政院曰:"迎祥詩春帖子,詞皆屬予,而貼付祖宗之殿,未便。其令禮曹議聞。"④可見這一慣例延續時間頗長。成宗十三年(1482)令文臣會闕庭分寫各宫門帖,但由於作品多,也是擇優張貼。燕山君後期有所不同,八年(1502)令文臣依舊會聚闕庭寫作,但所貼帖子則"選宰相及堂下官能詩者製之,刊印恒用",政院遂令户曹判書柳洵、知中樞府事洪貴達、吏曹參判金壽童、禮曹參判蔡壽、刑曹參判許琛、承文院校勘金千齡、副護軍金詮、佐郎洪彦忠、典籍李荇以及承旨申漑等有詩才者"各製七言、五言律詩、絶句各一首選用"⑤,詩作每年由校書館印製。如果作者犯罪,則毀其版,令能文者更製。燕山君十年(1504),洪貴達帖子板即因罪被消版⑥。中宗以後評定等級,張貼入格作品。英祖晚年(1759—1776)大殿帖子只備流覽而不

①《承政院日記》顯宗四年六月十七日。
②《承政院日記》正祖十四年十二月二十六日。
③《朝鮮王朝實録》成宗卷二六〇,二十二年十二月二十三日。
④《朝鮮王朝實録》世宗卷五〇,十二年閏十二月二十二日。
⑤《朝鮮王朝實録》燕山卷四二,八年一月二日。
⑥《朝鮮王朝實録》燕山卷五三,十年閏四月二十八日。

貼①，這一點倒與清代乾隆時頗爲相似。所貼作品按照需要分別數量，如世子侍講院規定“賓客各大本四張，小本六張；輔德各大本三張，小本五張；弼善以下各大本三張，小本七張”，入選作品皆由作者本人和寫字官以正書書寫後於前一日申時交付承政院備用②。

　　至於貼的位置，首先是宮殿内外之門。肅宗三十八年（1712）金德基啟奏：“端午帖製，必于當日，闕内外各門左右塗付……而今番端午帖子，自宣政、仁政兩門以下外各門，皆不塗付……事甚可駭。”③可見帖子不僅貼于宮中殿門，而且貼于宮外門。另從李必重“製進《延祥詩》有箴規語，太學士金公鎮圭選置魁等，揭正門如例。一日，忽移揭他僻門”④看，居首帖子貼於宮殿正門，其餘則貼於偏門。殿柱也貼，李德懋1789年應旨所作《壯勇營春帖》⑤、蔡濟恭1790年所作《闕内各殿差備門柱春帖聯句》⑥皆爲此用。從英祖言“每見殿柱帖子，皆書成均館製進者，此非名官之羞耶？前日吳光運之名，予見端午帖而知之矣”⑦中，還可知帖子上通常有作者或部門的名字，此與宋帖有別。因宮門很多，故禮房書寫的張數很多。英祖時按照入格作品數分別書寫大殿一百六十張，各殿各六十張⑧，高宗時世子宮爲增爲一百張，其餘未變。

三　餘論

　　綜上所述，李朝節日帖是一種準考試化的寫作，其制度之嚴格、程式之

①《承政院日記》英祖三十九年十二月二十八日。

②《御定離院條例》，首爾大學校藏奎章閣本。

③《承政院日記》肅宗三十八年五月十八日。

④［朝］趙顯命《歸鹿集》卷一四《説書李公墓碣銘》，《韓國文集叢刊》本，册212，景仁文化社，1998年，頁546。

⑤［朝］李德懋《雅亭遺稿青莊館全書》卷二〇，《韓國文集叢刊》本，册257，景仁文化社，2000年，頁291—292。

⑥［朝］蔡濟恭《樊巖先生集》卷五九，《韓國文集叢刊》本，册236，景仁文化社，1999年，頁577—578。

⑦《承政院日記》英祖三十一年十二月二十日。

⑧《銀臺條例·禮考·節日帖》。

複雜,要求之瑣碎、詩體之多樣、參與人數之衆多、影響之廣泛以及持續時間之長,皆非我國帖子詞可比。然而細加考察,李朝節日帖顯然是承襲高麗所接受的宋代宮帖而來,無論其用途、使用方法、適用物件及節日都與宋代宮帖相差無幾;考察其詩歌,亦以祝頌與美刺爲主要內容,風格典正雅麗,與宋帖别無二致。其變化主要有三:一是有了統籌機構。宋代的學士院只負責撰寫詩歌,後苑負責製作,而李朝則由掌出納王命的承政院全權統籌協調各部門的工作。二是作者構成變異。宋代每次僅一二學士,李朝則爲堂下衆多文官;三是體裁得到拓展。宋爲五七言絶句,李朝則不限體式,以五七言律絶爲主。另外寫作時間也固定爲節前五日。顯而易見,李朝節日帖所改變的只是寫作方式和詩歌的外在形式,其最核心的詩風和詩歌用途没有改變。何以如此呢? 這自然是李朝崇奉中華文化與文學而又據自己國情調適的結果。

朝鮮半島對中華文化呈現出整體性的認同和接受,其對帖子詞的接受與其説是文學的,毋寧説是文化的,更確切一點,與其説是詩體接受,毋寧説是禮制接受,因爲它顯然是作爲皇家宮廷節日禮俗而被接受的。節日帖作爲皇宮節日專用詩,是皇權王族身份地位的一種特殊符號。統治者之所以重視,載入國家法典,成爲李朝禮制的一部分,其深層原因也在於此。朝鮮諺語"店鋪門前的立春帖",其含義是"格格不入",即可見其特殊性。成宗改制,有大臣以"此事不關治體,而居官者廢事曠務,飾章繪句,稱譽聖德,固非盛治之美事"爲理由而反對時,他説:"帖字之來久矣,不可别生異議。"[1]儘管史臣認爲"帖子無補于右文,只可令弘文館分製,略依古俗"[2],他仍然堅持以準考試待之,擴大作者範圍,提高其地位。足見節日帖屬於宮廷禮制的組成部分,其文學功用則是頌美。頌美文學與專制政治本是孿生兄弟。無論是作爲李朝宮廷文化,還是頌美文學,節日帖的功能皆在於維護封建等級秩序,强化王朝統治。每年三節令衆多文官參與寫作並貼於宮門的節日帖,在頌美求吉中不斷昭示著皇權的尊嚴。

李朝政治文化自有其獨特性,故而在接受中又在外在形式和寫作體制上有所改變。李朝等級較中國森嚴,除皇室外,民衆被分爲兩班、中人、庶

---

①《朝鮮王朝實録》成宗卷二六〇,二十二年十二月二十三日。
②《朝鮮王朝實録》成宗卷二六五,二十三年五月二日。

民和賤民四等。兩班爲貴族,身份優越,地位特殊,享有特權。節日帖的撰寫者主要爲堂下文官,他們出身兩班,自幼學習漢文,是經文科考試被選拔出來的佼佼者,是國家高官的儲備人才。在節日帖改制中,成宗是最關鍵的人物,他明言"予非好尚也,聊以勸勉其才耳"①"予之命製帖子者,將使文臣勸勵也"②,史臣亦認爲他"蓋欲興於作詩也"③。中宗亦言"迎祥、端午、春帖子,自祖宗朝,使文臣製述者,欲其不棄所業也"④。可見,李朝節日帖寫作考試化制度的形成,是李朝統治者利用一切可以利用的機會訓練和督促文官學習漢文以提升其漢語詩才的結果。類似這樣的考試還有不少,足見統治者的良苦用心。客觀來講,考試確實有助於提升文臣的漢語詩文能力。

　　從文學演進的角度看,李朝考試化的帖子寫作制度是宮帖這一與節日文化習俗相關的詩歌寫作持續六百餘年的制度保障,極大地推動了朝鮮宮廷節日帖的發展,同時,它也影響了士大夫的私人帖子寫作,促進了文人士大夫階層私帖的繁榮,並進而影響到民間春帖的寫作,不僅在整個帖子詞的發展史上具有重要的地位和意義,在考察詩歌與節日禮俗的關係、詩歌生活化方面也具有獨特的價值。

(作者單位:集美大學文學院)

---

①《朝鮮王朝實録》成宗卷一六一,十四年十二月二十三日。

②《朝鮮王朝實録》成宗卷二八五,二十四年十二月二十五日。

③《朝鮮王朝實録》成宗卷二六五,二十三年五月二日。

④《朝鮮王朝實録》中宗卷八七,三十三年四月二十五日。

域外漢籍研究集刊　第十九輯
2020 年　頁 177—192

朝鮮陽明學者鄭霞谷與朱子學者閔彦暉的華夷論辨

張崑將

前　言

　　朱子理學與陽明心學，縱有諸多思想論争，但就筆者所見，好像很少有人比較過兩學派的華夷之辨，或因陽明本人從未挑戰過朱子的華夷立場，或因陽明所處環境没有朱子面臨外患亡國的處境，因此華夷課題並未在兩學派論争過程中被顯題化。但在異域的朝鮮王朝，華夷論辨課題特別複雜，多少牽動朱子學與陽明學者不同的思想論争。

　　明清鼎革之際，江户初期幕府儒官林春齋（鵞峰，1618—1680）、林鳳岡（1644—1732）父子奉命蒐集海外情報，特別是中日的貿易往返信息，兼及中國、朝鮮之局勢，將之彙編爲《華夷變態》一書。德川朝可説是間接旁觀時局的變化。朝鮮則有被迫棄明投清的挣扎，偏偏清帝國又是一個中國所稱"胡虜""奴酋""虜夷"建立的王朝，華夷之辨在朝鮮乃成爲一個極端複雜的課題。由於朝鮮自稱"小中華"，對於抛棄舊宗主國（明）之"華"，而承認新宗主國（清）之"夷"，意味由"華"轉"夷"，而且有抛棄明朝在壬辰事件（1592—1597）的"再造之恩"；但若不承認清，則又有宗室社稷滅亡之虞，堪稱抱"華"一起而亡。但隨著清朝統治中國一段時間後，華夷的界綫出現詮釋裂痕，這時發現"夷狄入中國則中國之"，仍用儒教禮義統治中國。清康熙皇帝曾爲《資治通鑑綱目》加以御批而彙編成《御批資治通鑑綱目》，其中對於"夷狄入中國"的北魏政權與蒙古政權有不同的評價："魏以夷狄主中國行事，一以華夏爲法，蓋欲以華變夷也。春秋之法，夷而進於夏則夏之，元魏之好尚如此，其亦異乎蒙古之所爲。"①以皇帝的姿態，强調"夷狄"可轉化爲"華"，關鍵在於"以華夏爲法"，如德川儒者伊藤仁齋（1627—1705）解《論語》的"夷"字時所説："苟有禮義，則夷即華也。無禮義，則雖華不免爲夷。"②是從禮義文化上來判定華夷之别。

　　本文所關注的華夷論辨涉及的時空背景是"丙子胡亂"（1636—1637）前後，朝鮮須奉清政府爲正朔、稱臣跪拜，君臣上下有諸多議論，或持春秋大義，堅持"明大義，存國體"，寧可亡國而拒絶向清稱臣；或不出仕，甚至有自殺明志的儒臣；或持"保君存國"爲"大義"，和議降清，改清年號。在這個過程中，朝鮮儒臣爭論不休，雖然鄭霞谷（名齊斗，1649—1736）與閔彦暉（名以升，號誠齋，1649—1698）出生於丙子事件之後，有志節的儒臣尚持續選擇隱居不出仕，或死節明志，或死後碑銘不書清年號，亦有如宋時烈（1607—1688）明確上疏"享祀祝詞，勿用僞清年號"。③　即便到了 1726 年，仍有太學生俞郁基等，疏請"聖廟祝辭，勿書胡清年號，改以崇禎後幾年"。國王英祖（在位 1724—1776）批曰："爾等之言，出於秉義，當下詢大臣矣。"④霞谷與閔彦暉的有關奉年號的華夷論辨，即是在此一時代背景課題而産生的爭辯。

　　其實在 1637 年朝鮮正式投降清之前，即有奉年號一事的爭議，起於1627 年金使致書朝鮮國書勿用明朝年號，且須先以王子爲人質。1632 年金人遣使來廢除兄弟之盟，改爲君臣之義，遭國王仁祖（在位 1623—1649）拒絶。1636 年丙子年 3 月，金建帝號，改國號爲清，遣書朝鮮，迫令尊之，引起上下儒臣激辯，乃送羅德憲、李廓二使臣答禮，二使臣堅持不拜清主。此

---

① ［清］宋犖彙編《御批資治通鑑綱目》，收入《四庫全書珍本（第六集）》，臺灣商務印書館，1976 年，卷二十五下，頁 17。當然，康熙皇帝的"御批"内容，未必就代表朱熹的夷狄觀，反而更想轉化有關朱子學的夷狄觀。

② ［日］伊藤仁齋《論語古義》，收入《日本名家四書詮釋全書（第三卷）》，（日本）鳳出版，1973 年，頁 137—138。

③《朝鮮王朝實録》，1958 年太白山四庫本，顯宗二十一卷，十四年（1673），十月十二日。

④《朝鮮王朝實録》，英祖九卷，二年（1726），二月六日。

後,以崔鳴吉(1586—1674)爲首的和議派,與以金尚憲(1570—1652)爲首的反和議派,針鋒相對。12月清軍大擧入鴨綠江,入江華島屠城,擄二王子,國王仁祖自南漢城出降,向清帝三拜叩頭①。

　　《霞谷集》卷一與卷二,收入有關鄭霞谷與閔彦暉的書信往返論辨,卷一是有關朱子學與陽明學的心性論辨,甚爲精彩,學者經常引用。至於卷二所涉及的華夷論辨,較乏人問津。本論文以考察霞谷與閔彦暉的華夷論辨爲主,主要根據《霞谷集》卷二的資料,前後計有五封書信②,從這些内容看來,涉及"奉正朔與跪拜是否一事""出處第一等義之辨""正統之辨"等論辨課題,雖是華夷之辨,但其解釋立場實際上也涉及二人的學術傾向,故亦可視爲陽明學與朱子學的一場論辨。

一　鄭霞谷對"和議"的權變理解

　　爲便於分析霞谷與閔彦暉的華夷論辨,有必要先釐清霞谷本人對於丙子事件所持的態度是"和議"或"反和議"。關於這個問題,在《霞谷集》卷一與朴南溪(1631—1695)的書信中多所涉及,如《上朴南溪》:

　　　　孟子謂授受不親禮也,嫂溺援之以手權也。又謂以禮食則飢而死,親迎則不得妻,則奚啻食色重。朱子斷之曰:"義理事物,其輕重固有大分,然於其中又各自有輕重之别。聖賢於此斟酌,固不肯枉尺而直尋,從利而廢義亦未嘗膠柱而調瑟,執一而無權斷之一視之當然而已。"朱子説止此蓋以此爲處事之權衡,實義理至要處也。凡天下道理,若只有箇不肯枉尺而已,則又安用更説未嘗膠柱邪! 陳代之勸見諸侯,爲

---

①關於丙子之亂,可參金澤榮《韓史綮》(1914年完成),頁158—165。

②閔彦暉與霞谷是同年出生,但閔彦暉僅得年50歲,似無出色弟子爲其整理文集,故不得見閔彦暉原有的書信,因此本文僅能就霞谷所保留的書信内容進行分析。從閔彦暉頻與時人的書信往返來看,可窺他在當時是相當活躍且受肯定的儒者,至少與時儒金昌協、尹拯(1629—1714)、朴世采(1631—1695)、崔錫鼎(1646—1715)、金榦等,皆有大量的書信往返。這些書信分别收入金昌協所著《農巖集》卷之十四,尹拯所著《明齋先生遺稿》卷之二十,朴世采所著《南溪集》卷之三十四,崔錫鼎所著《明谷集》卷之十二,金榦所著《厚齋集》卷之四十。

聖賢濟時之功；牛溪之從於和議，關國家存亡之幾。之二者，義理之至
重且大，殆有甚於得食得妻，則恐不可以從利廢義非斥之也。大氐古
今人國，此訟甚多，日者丈席亦嘗以近日事承問，而妄意在國存亡爲
重，故敢以權輕重仰解。然竊謂必明此義，而後天下事理方可下也；若
只知有經而莫知有權，則可不謂之膠柱乎。雖然世或有揣摩事宜，斟
酌經權者，則又必疑之爲枉尺。何哉！① （按：小字爲霞谷所加）

從上述引文可知，霞谷認爲孟子弟子陳代勸孟子往見諸侯②、成牛溪
(1535—1598)遵從議和主張，前者是“爲聖賢濟時之功”，後者是“關國家存
亡之幾”，這兩件事情不可輕易判別爲“從利而廢義”。霞谷上述的發言，當
有針對性，因爲朱熹解釋陳代勸孟子往見諸侯章時，就以“利”著眼而曰：
“夫所謂枉小而所伸者大則爲之者，計其利耳。一有計利之心，則雖枉多伸
少而有利，亦將爲之邪？”朱熹這樣的解釋，實是孟子立場，因孟子在此章也
説：“且夫枉尺而直尋者，以利言也。如以利，則枉尋直尺而利，亦可爲與？”
不過，筆者認爲霞谷並不是刻意反對孟子，而是從經典簡單的問答中，企圖
推敲出問者的初衷，也就是陳代所謂“不見諸侯，宜若小然。今一見之，大
則以王，小則以霸”。仍是以“爲聖賢濟時之功”的王道爲其初衷，勸老師應
有所行動而往見諸侯，這應屬權變，不應輕易判別陳代有“計利之心”。同
樣，霞谷也同情成牛溪的和議主張，因牛溪處於日本兵侵朝鮮的壬辰事件，
迫於日軍兵臨城下，以存宗社爲幸，爲求緩兵之計，贊成和議。以上霞谷對
兩事的詮解，顯然與朱子解釋大有出入，但可窺霞谷看到“義理”底下不應
脱離當下的脉絡情境與當事人的心境，認爲不可隨意輕判他們“從利而廢
義”，故批評那些“只知有經而莫知有權”者，霞谷可謂藉此來論議權變的重
要性，而且申明“必明此義，而後天下事理方可下”，否則恐有對經文進行膠
柱鼓瑟的詮解。

　　看得出霞谷頗欣賞成牛溪之權變立場，或許我們也可從牛溪如何評價
曾經仕元的許衡(1209—1281)一事，窺其權變立場。衆所周知，許衡作爲
仕元的朱子學者，歷來頗有爭議，但也不乏稱許者，以其有“實學”“實德”角

---

① 鄭霞谷《霞谷集》(民族文化推進會，1981)卷一，頁 10。
② 《孟子·滕文公下》載曰：“陳代曰：‘不見諸侯，宜若小然。今一見之，大則以王，小則
以霸。且《志》曰：枉尺而直尋，宜若可爲也。’”

度欣賞之,日本德川儒者伊藤仁齋即曾盛贊過許衡①。至於朝鮮儒者李退溪(1501—1570)、李栗谷(1536—1584)兩大儒對許衡仕元的出處大節則有不同評價態度,退溪認爲"不害義"②,栗谷則有些質疑,嘗謂:"朱子之後,有真德秀、許衡,以儒名世,而考其出處大節,似有可議,故不敢收載。"③宋時烈(1607—1688)亦曾批評許衡、吳澄等有"坐失身之律",甚至建議撤去許衡在孔廟的牌位④。成牛溪則持贊同許衡的觀點如下:

> 蓋用賢,人主之職也;賢才,有國之器也。良工不能以鈍器善其事,哲王不能以駑才成其績。是故,能用人則人君雖或凡庸,亦足以維持其國;不能用人則人君雖無失德,未免危亡。以衛靈公之無道宜喪也,而能用三賢,國以之治;以宋理宗之夙興夜寢,修飭如儒者,而不能用賢,終信小人,宋卒於危亡。許衡有言:"仁慈禮讓孝悌忠信,而亡國敗家者皆是也。"臣嘗以爲過言,及歷觀古史,如許氏之言者,信有之矣,可不懼哉!然則任君子則治,任小人則亂者,古今天下不易之定理,而君子小人進退消長之分,又係於世道之升降焉。⑤

---

① 伊藤仁齋嘗兩次校刊元朝許衡所撰的《魯齋先生心法》,65 歲那年在重刻《魯齋心法》時的"序"一文論古今人物:"予於古今(漢唐以下)人物得三大賢。宋明道程先生也、范文正公也、元魯齋先生也。…魯齋先生亦嘗自謂學孔子,不陳伐宋之謀。大非俗儒者流。區區文字者,比其議論文字,雖不免時習舊套,然見其所志所處若此,是何等學術、何等心膽,豈非有實學、有實德而有實材者邪!"(《刻魯齋心法序》,收入《古學先生文集》,ぺりかイ社,1985,頁 25 下。)

② 李箕洪在其《直齋集》卷之八《尤齋先生語録》中,有段問答載退溪對許衡出處的態度:"問:許衡事元可疑,而退溪先生曰:'衡之爲世而出,似不害義。'未知聖賢復生則其論如何。先生曰:恐當以栗谷之論爲正。"收入《韓國文集叢刊》第 149 册,民族文化推進會,1990,頁 447。

③ 《栗谷先生全書》卷之二十六,《聖學輯要》,收入《韓國文集叢刊》第 45 册,頁 79。

④ 宋時烈站在朱子春秋大義立場而説:"朱子於綱目。大書特書以正之。然後君臣大義。昭如日星。而亂臣賊子懼。只此一事。亦足以承三聖之功矣。此義已明。故胡元入主中國幾百餘年。而主續筆者承朱子之旨。不少假借。如吳澄,許衡之徒。皆坐失身之律。微朱子。吾其被髮左衽矣。"參氏著《宋子大全》卷五,《丁酉封事》,收入《韓國文集叢刊》第 108 册,頁 192。另,頁 203 載上疏建議撤去許衡從祀孔廟牌位。

⑤ [朝]成牛溪《辛巳封事》,收入《牛溪先生集》卷之二,《韓國文集叢刊》第 43 册,頁 28。

成牛溪特檢擇出許衡的話："仁慈禮讓孝悌忠信,而亡國敗家者皆是也。"①
這是專指成天講"仁慈禮讓孝悌忠信"或"大義"等道德信條者,却提不出具
體治國、救國的實際策略者,終導致亡國,而將這些人歸之爲"小人"。細檢
霞谷著作,雖無對許衡進行相關評論,但霞谷站在權變的立場,應會同意牛
溪上述之論,以下三節有關霞谷與閔彦暉的華夷論辨,或可充分説明霞谷
的立場。

二　既奉"正朔"是否行"跪拜"之争

丙子事件導致朝鮮君臣上下的高度論辨,以下先從反對和議派的"丙
子三學士"(吴達濟、尹集與洪翼漢)之一的尹集之上疏文一窺端倪。尹
集説:

> 和議之亡人國家,匪今斯今,振古如斯,而未有如今日之甚者也。
> 天朝之於我國,乃父母也;奴賊之於我國,即父母之仇讐也。爲人臣子
> 者,其可與父母之仇讐約爲兄弟,而置父母於相忘之域乎?而況壬辰
> 之事,秋毫皆帝力也。其在我國,食息難忘,而頃者虜勢張甚,逼近京
> 師,震汙皇陵。雖不得明知,殿下於斯時也,當作何如懷耶?寧以國
> 斃,義不可苟全,而顧兵弱力微,未能悉賦從征,亦何忍更以和議,倡於
> 此時乎?往日聖明,赫然奮發,據義斥絶,布告中外,轉奏天朝,環東土
> 數千里,舉欣欣然相告曰:"吾其免被髮左衽矣。"不圖兹者,獎敕纔降,
> 邪議旋發,忍以清國汗三字,舉之於其口,又有承旨、侍臣屏去之説,噫
> 嘻亦太甚矣。②

以上尹集以明朝與清朝對比,前者爲"父母",後者爲"父母之仇讐",甚
至稱清爲"奴賊",加上 1592—1597 七年間明朝軍援朝鮮,使朝鮮免於亡

---

① 按:成牛溪引用許衡的原文應來自《魯齋遺書》卷二,但稍有出入,原文上下脉絡如下:
"敏字最好,然有不合敏處亦多敗事,大抵百行皆用當其可得以成事,此聖門所以汲汲
要格物致知,不然,則仁慈禮讓孝友恭默,亡國敗家者皆是也,可不務乎!"這段原文旨
在發揮"敏"字的重要性,需要"格物致知"之工夫,以助其"敏"以成事,不能光有"仁
慈禮讓孝友恭默"之德,而不去致力於格物致知之工夫。

② 《朝鮮王朝實録》,仁祖三十三卷,十四年(1636)十一月八日。

國，今日朝鮮被清軍兵臨城下，盟定兄弟之國，乃是忘父母之恩，負君臣大義。此外，涉及大義的另一問題是華夷之辨，尹集高舉過去國王宣祖可以號召全國上下抵抗日軍，用的是"吾其免被髮左衽矣"之標語，今日更有理由用之於清軍，因此激烈主張不可承認清的可汗地位。易言之，承認了清國可汗之地位，等於自降"華"爲"夷"。

　　然而形勢比人強，朝鮮終究承認了清國，也正式奉清爲正朔，既奉清爲正朔，則當行君臣之禮，依明制之禮，臣須向君行跪拜之禮，昔日明朝出使朝鮮的使臣，宣敕詔書時，朝鮮國王亦須率群臣行跪拜之禮接旨。針對這個奉正朔後，君臣是否行跪拜之禮，閔彥暉與霞谷有不同的意見，閔彥暉認爲"奉正朔"與"跪拜"兩件事可以分開，鄭霞谷則主張既"奉正朔"，則理應"跪拜"，這是一件事情，雙方各提出理由。如以下霞谷的回信內容：

　　　　夫正朔者，天王之事。既奉其正朔則是成之爲天王，而自居於陪臣也。陪臣之稱陪臣行拜跪，誠亦無足怪者。雖能諱其名而惡其禮，其如自在之實，將焉避哉？負其名分之重，而徒欲不事於禮數之末，無乃所謂弟子而恥受教者耶！兄書前後皆以拜跪則主華夷而不屈，年號則主君臣而奉行，非不審盛意所在，而反復推究，終有不如此者。何則拜跪稱陪，皆年號之所驅使，則年號與拜跪，本非貳事。承其年號之後，此等節目，烏得以免。若無年號，縱欲行之得乎？故拜跪辱也，其禮反小，年號虛也，名義則重。從古以正朔爲重，良爲是爾。然則以拜跪爲恥者，年號亦當恥也。若曰年號在朝廷承用，非我所手受，則稱陪拜跪，罔非奉國命而役使者，寧有彼此之可擇哉！大抵華夷之下，不容不嚴，君臣之義，不容不明之。二者俱有所指，俱不可廢。又無優劣之可言，但以華夷爲重者，雖至於年號一也。年號雖欲不拘，既以拜跪爲恥，則年號之當恥，亦無異也，不然無華夷。以君臣爲重者，雖至於拜跪同也。拜跪雖不可爲，既以吾君爲重而奉行年號，則於拜跪亦無異也。不然無君臣。

以上之論，加上其他書信的論辨，筆者先將兩者主張用下表顯示，以利理解：

《鄭霞谷與閔彦暉有關華夷的論辨關係表》

	閔彦暉立場	鄭霞谷立場
1. 國君是被逼與自居的態度	國君被逼爲陪臣	國君自居於陪臣
2. 年號與跪拜關係	兩事，名義可不符。	一事，名義須相符
3. 年號與跪拜之禮孰重	跪拜爲重。 （跪拜之禮大）	年號（奉正朔）爲重。 （奉正朔之禮大）
4. 年號與跪拜涉及的華夷	君雖奉年號，迫於無奈。 以行跪拜爲恥，自甘爲夷。	君既"不得已"奉年號，跪拜亦"不得已"而跪。並無華夷之問題。
5. "畏服"與"悦服"之間	奉年號是畏服，故是"虛"。 跪拜是"悦服"，恐令"虛"轉爲"真"。	若是"畏服"，則奉年號及跪拜俱是"畏服"。若是"悦服"，則奉年號及跪拜皆是"悦服"。
6. 正統立場	清非正統	正統應依承認正朔而有
7. 討伐立場	不得已奉年號，若行跪拜，則失去討伐立場。（若不跪拜，則保留討伐立場）	沒有明顯反對討伐態度。（但筆者推論，既是自居陪臣，奉年號、行跪拜皆沒有"不得已"情形，故應反對討伐）。

由上表可窺，一切的問題，皆是第一項國君到底是被迫，或自居承認自己是陪臣。表面看來，朝鮮國王是被迫稱臣，但我們只要對照前述尹集的慷慨激昂反對和議稱臣的上疏文即可理解，朝鮮國王本可在一念之間選擇"對抗可能亡國"或"和議忍辱存國"，就如同對抗日軍的壬辰事件一樣，而最後國王選擇了對抗日軍。在霞谷看來，既然選擇了和議，就該承擔一切的羞辱問題，甚至"華夷"分界的問題。霞谷其實另一層意思是説，國王若選擇對抗到底，就沒有"自甘陪臣"的問題，所以一切源流問題，在於國君實有自由意志決定自己是否稱臣、是否奉清爲正朔，故主張"奉正朔爲重"，既然稱了臣，行跪拜是當然之理。

霞谷這樣的立場，實則與陽明學知行合一之論相符，若依閔彦暉"年號"與"跪拜"可以是兩事之論，即雖奉了正朔，但可不行跪拜之禮，因感覺受到"恥辱"而無尊嚴。但在霞谷看來這是知行不合一，表面做的，心裏想的是不一致，既奉清爲正朔，必須説服自己有兩點：其一須承認天命移轉，這是"勢"不可變之"理"，只能接受，作爲臣子的，只能依據國君的抉擇而行事。其二是華夷問題,不在於什麼國家、什麼民族,而在於有無“禮義”文化的判準,自古有所謂“夷狄入中國而中國之”之例,不能對清國先存有“只是夷”的成見,並由此更見朝鮮之“華”的可貴。以上兩問題,儒臣若無法説服自己,則將出現出仕與不出仕的原則問題,所以有以下出仕標準之争。

三　出仕標準之爭議

朝鮮因面臨所奉正朔的宗主國是“夷狄”的情況,導致出仕的標準呈現複雜的情境。顯然這邊的夷狄指的是滿清,《霞谷集》卷二《答閔彦暉書》第一封載:

> 昨承盛論,復辱書示,何幸何幸! 弟之初見,蓋以奉行正朔爲重,今悉教意,以爵命所自出爲大,斯無可疑者。來諭又云:“其國夷狄,其禮夷俗則士不當出;其國吾國,其禮吾俗則士無不可出;其國雖吾國,其禮夷俗則亦不當出。此義甚明,以是例之,雖夷狄之國,能行先王之典禮,亦可以出矣。如何? 綱目凡例……”云云。①

以上可看出霞谷的立場是“以奉行正朔爲重”,而閔彦暉則强調“以爵命所自出爲大”。“爵命”即是封爵受命,表面看來這應該沒有什麼衝突,但閔彦暉這裏應該是强調“所自出”,即“自己願意被受封”,不是“被迫受封”,顯然朝鮮是遭清廷兵臨城下而“被迫受封”,轉奉滿清爲“正朔”,此與朝鮮“自願受封”於明帝國有别。因此才有以下所提到的出仕四標準:

1. 宗主國是夷狄,且宗主國的禮是夷狄的習俗,不應出仕。
2. 宗主國不是夷狄,且宗主國的禮與我國的習俗同,則可出仕。
3. 宗主國雖然不是夷狄,但宗主國的禮是夷狄的習俗,也不應出仕。
4. 宗主國雖是夷狄,却實行我國的習俗(先王之典禮),則可以出仕。

顯然以上四個標準,只有一與四是閔彦暉與霞谷立場差别的問題,閔彦暉傾向第一種“不仕”的立場,霞谷則傾向第四種。依霞谷立場,因既然已經奉清爲正朔,不可貿然認定清朝不會行先王之典禮,仍有可出仕的理由。由此乃衍生往返書信有關“仕避之義”及“出處第一等義”的論辨課題,分析於下。

---

① [朝]鄭霞谷《霞谷集》,民族文化推進會,1981 年,卷二,頁 24。

(一)仕避之義與"君臣之倫""華夷之辨"的關係

以上有關"奉正朔爲重"與"跪拜爲重",此又涉及"君臣之倫"與"華夷之辨"的問題。依閔彦暉之立場,"奉正朔"屬君臣之倫,"跪拜之禮"屬華夷問題,閔彦暉企圖切割,但霞谷一貫堅持兩事是"一事",並涉及"不得已"之情的問題。霞谷對此而論:

> 兄之前書曰君臣之倫大,某亦曰君臣之倫大。今書曰華夷之卞大,某亦曰華夷之卞大,是何有同異之可辨哉。惟此二端,既不可兼行,則於其不得已處,不得不爲兩下道理,要夫人之自擇而已……
>
> 夫某説之所由起與其所蔽焉則不過曰年號是已。苟無年號之可拘,而只接待一事則兄之或仕或避,人孰不樂爲。但年號終不可以不拘矣,仕避之義,誠無可施之處,則以夷夏爲重者,雖欲一出,焉可得也。縱欲不爲槁枯,如其無路何哉!然則某所云一出一處者,恐是俱有而不可無,兄試以此説作己言而觀之。出而爲君臣,處而爲華夷者,當兩有邪?當兩無邪?某始亦忽於年號,謂當仕避之如兄所説。近因拜跪一事曲折,以究年號與拜跪,竟莫能貳得。若有人責之曰汝既承彼之年號而不欲拜彼,何所據也。慎於拜而不慎於年號,豈非重其末而輕其本者耶云爾,則將有辭而解之乎?某故曰恥於拜跪則當自年號而不受,然不得已而受之則其於拜跪,亦當不得已也,安有異義於其間哉?

顯然"君臣之倫"(奉正朔)與"華夷之辨"(跪拜之禮)在承認清之年號時即產生衝突。朝鮮因出於被迫情形而奉正朔,故有"不得已"之情,對於出仕者而言,閔彦暉可以當成兩件事分開處理,朝廷既承認"正朔",但作爲臣子,則有"不得已"之情而不行跪拜之禮,主張"年號無妨""跪拜當恥"①,也就是可以"出而爲君臣,處而爲華夷者",作爲出處進退的衡量標準。但霞谷看出這個"不得已"的兩分問題,若"不得已"接受年號,也就應貫徹"不得

---

① 參霞谷書信:"兄曰拜跪當恥,某曰然則年號亦當恥。兄曰年號無妨,某曰然則拜跪何獨恥。因兄之所忽以見其重,因兄之所重以舉其忽,前書屢百言,雙提而對證,無非明二者之爲一事而不可分之意也,曷嘗有所謂恥年號而成拜彼者耶。且兄以不拜爲天下之大防,然既承其年號,承年號獨可爲之防乎?"《霞谷集》卷二,《答閔彦暉書》,頁35—36。

已”行跪拜,這樣的“不得已”才不會有矛盾的問題。而若恥於跪拜,當初就不應接受年號,這樣也才不會形成衝突。可見,“君臣之倫”與“華夷之辨”實則與霞谷一貫主張的“跪拜”與“年號”不可分爲兩事的立場一致①。

(二)“出處第一等義”之辨

有關“出處第一等義”這個課題是由閔彦暉抛出,因涉及上述行跪拜、奉年號是否一事以及華夷的立場,霞谷對此亦有意見,而有如下之辨:

> 且兄每舉“出處第一等之義”見論,引曾、閔事以問之,豈不知盛意?但所謂“第一等義者”,各在其人實德,未可易以一時所處之事言之也。孟氏之書,亦有事君安社稷天民大人之等,均一仕也。而等數之多端若是,則其第一等義果安在哉?是故其德必也出可以澤及天下,處可以垂教萬世,然後方可謂第一等。若徒以出處一事,欲論其等次,則虞仲、於陵,將同爲其清;禹、稷、陽貨,將同爲其任。後世之乍出乍入者,將與夫子之仕、止、久、速,同爲其時。箕微、少師去就不比,則將不得同爲仁矣。周、呂、夷、齊趣舍相反則將不得同爲聖矣。可乎哉?就令今世如有大德之人,足能驅虎豹而興一治,則何爲之不可,何時之不能哉。苟其不然,力量有所不及,事勢不能兼全,則亦各隨其分而行其宜而已。若使曾、閔當之,又孰知其必出於某道某行,而乃敢臆測論列哉?

閔彦暉所謂“出處第一等義”,特舉閔子騫、曾子不出仕之例説明之,蓋以聖人弟子不出仕説明此即是聖人之義。《論語·雍也》篇記載閔子騫不仕的原文:“季氏使閔子騫爲費宰,子騫不欲,乃語使曰:‘善爲我辭焉。如有復我者,則吾必在汶上矣。’”至於曾子也沒有出仕的記載,所以朱熹在《四書章句集注》引程子之語:“仲尼之門,能不仕大夫之家者,閔子、曾子數人而已。”不過,霞谷所謂的“出處第一等義”是有關“其德必也出可以澤及天下,處可以垂教萬世,然後方可謂第一等”,並且出仕也因人之“實德”、因人之所處之事境脉絡而有所不同,不能只是以“出處一事”判定之,並引用孟子評價在鼎隔之際各種聖賢的事蹟行爲爲例,有“聖之任”“聖之清”“聖之和”

---

① 如霞谷所説:“年號之與拜跪稱陪,終無絲毫之異,鄙意終是如此。恥拜跪之人,當先自年號而恥之;不避年號之人,雖拜跪亦不必避。蓋彼若當恥則此亦當恥,此若不得已則彼亦不得已。鄙意所本源者正在是耳。”同上引,頁36。

"聖之時"的等次。無法達到上述聖賢等次的,就只能依現實的情況,"力量有所不及,事勢不能兼全,則亦各隨其分而行其宜而已。"顯然霞谷堅持有權變的空間,但這個權衡標準是什麽?霞谷以下提出"心之所安"的出仕判準。他説:

> 士於其間,或仕或不仕,只宜就其心之所安而爲之,正如成湯、周武反正救民,未嘗非義;夷、齊、泰伯餓逃爲清,未嘗非仁,亦各得其心之所安而已矣。誠如是,則君子之以君臣爲重而出而爲仕者,是亦道理,夫豈辱身之謂哉?若或主此而奴彼,執一而廢其一,非復通誼也。由此而言不仕、全仕二等之義,自當並行而不相悖矣。①

以"心之所安"作爲權衡判準,如衆所知,陽明的"心"即是"良知","良知"具有判斷是非善惡的能力,在此我們看到霞谷有陽明學的影子。若此"心"帶著以君臣爲重的初衷而選擇出仕,此當符合良知,既以此爲出仕的初衷,則承認年號、跪拜等事都是在這樣的初衷下行事,所以才説"君臣之義"與"華夷之辨"是一事。若此"心"以華夷之別爲重,則應選擇不出仕,作爲民間人士,這樣就没有又要承認年號却又不跪拜的矛盾問題。霞谷上述的堅持意見都可在卷一《答閔彦暉》書中所論辨朱子學與陽明學同異的過程中,屢屢强調陽明的"一心理""合知行""無内外""一本末"的理論看出前後一貫的立場。②

四　"正統與非正統"之辨

閔彦暉之所以可以承認年號,但以跪拜爲恥,所提出之主要理由便是清廷屬於非"正統"。如是,這又涉及"正統"之辨的問題。霞谷書信中説:

---

① 鄭霞谷《霞谷集》卷二,《答閔彦暉書》,頁 35。
② 《霞谷集》卷一,《答閔誠齋書》中强調"一心理""合知行"而曰:"自然之理,無非是此體也。吾人之能惻隱、羞惡,能仁民愛物,以至能中和位育也。無非良知良能,天之所與我,不慮不學而有之本然之體,即亦無非此體也。故一心理、合知行而有不得以分歧者也。"又説"無内外"而曰:"夫陽明之謂心即理,心在物爲理,無内外,一而已者,只是此耳。"又有關本末、内外關係則説:"然其所言心即理者,正是由内達外,自本而末云耳。"頁 29—30。

　　來論又云："非正統所與,則年號不過虛套,不足數也。"夫下代尚論之論其與奪,則雖如是言之可也。至若今世之人身,自承用則不足數之意,將焉在哉? 以其不足數而反欲承用耶? 竊所未喻。昔楚滅陳蔡,《春秋》書"陳侯蔡男復歸國",不與楚之"滅中國"也。當時蔡人如有畏服於楚,承楚正朔如今日,則將以聖人不與滅之之故,而遂不謂之臣服於楚可乎? 又如後來無統之世,或有力屈被服於僭竊之徒者,則謂其非正統不足數,而以受用其年號爲無妨,許之以非臣服,果有是理否? 大氐今日之論,惟年號、拜跪,有別無別一言之卞而已。不審高明亦以爲然否?

上述霞谷針對閔彦暉認爲清不是"正統",而承認其年號的行爲則是"不過虛套",可以不算數。但這在當代或年代未久的下一代或者可以討論"正統"的正當性。但作爲"今世之人",也就是進入第三代的時空,奉正朔而臣服於清,已行之有年,豈能說私底下不算就不算,無論如何這是說不通的。霞谷並舉《春秋公羊傳》所載陳、蔡兩小國已爲楚所滅,並爲楚國所新封,但《春秋》仍書寫陳、蔡是"歸國",目的是爲了楚國作爲諸侯,根本無資格封陳、蔡二國,也不承認楚"滅中國"這回事。霞谷舉此例的目的,無非要說明:現實上,陳、蔡兩國必臣服於楚,奉楚爲正朔,且受封於楚,而陳、蔡兩國之人可以不承認這個事實嗎? 如同今世朝鮮一樣奉清爲正朔,卻又說不臣服於清,這不是很矛盾嗎? 霞谷並沒有正面回應清是否爲"正統"的問題,僅是就朝鮮已臣服於清多年的現狀析論閔彦暉的矛盾觀點,但約可略窺霞谷認爲所謂"正統"仍應依承認正朔而有,而無法苟同既承認了正朔,卻又說對方"不正統"。

　　接著"正統"而來的問題是,若"正統"不被承認,則可否保留"討伐"的權利,閔彦暉的立場是肯定的。但霞谷看出其矛盾,如以下之辨:

　　來教云："天下之士,雖食其食、乘其車,皆可與之討伐。"夫食其食、乘其車者,尚可與之討伐,況力屈畏服、不得已而拜跪者,何獨不可以討伐也。以拜跪爲可拘於討伐,則承其年號者,將不以討伐爲拘耶? 鄙說反覆。惟在此二者同異之下,欲定今日之義理而已。其他雖有精義,姑當以爲別說如何。

　　前書陳蔡之證,實言其畏服於楚者。今兄乃反謂甘心悦服,奚翅千里。今日我國人士悦服者誰與? 願兄不須漫評悦服人,直就窮迫畏服不得已者論之,其説正必有不如是者。兄每於年號則歸之畏服一邊而謂以可恕,拜跪則歸之悦服一邊而謂以甘心,弟未之釋然者此也。畏服,則二者俱是畏服,悦服則二者俱是悦服,實無異同。①（按:小字爲霞谷所加）

由此看來,霞谷並不是反對"討伐",而是反對閔彦暉認爲"跪拜"了就失去討伐的立場,可見霞谷承上所討論過的"不得已"的一貫立場,因承認年號是不得已,跪拜也是不得已,所以當然可以"討伐"。而閔彦暉現在執著"承認年號"是"虚",若真"跪拜"了,則"虚"轉"實",豈有"討伐"之理。閔彦暉相當堅持此論,所以有以"虚實"區分奉年號與行跪拜兩事,如下所論:

　　蓋盛意以年號與稱陪禮拜,爲分虚實。然以某觀之,年號若虚,則稱陪禮拜亦虚矣;稱陪禮拜若實,則年號亦實矣。身承其年號而不名曰陪臣,自古未之有也。何則力屈畏服,不得已而承年號,與力屈畏服,不得已而行禮拜者,其義則同。雖不許正統,其年號、禮拜之同爲一事無異也;雖許正統,其年號、禮拜之同爲一事無異也。可以討伐,其年號、禮拜之同爲一事無異也;不可以討伐,其年號、禮拜之同爲一事無異也。甘心而悦服,其年號、禮拜之同爲一事無異也;窮迫而畏服,其年號、禮拜之同爲一事無異也。惟此一説,無往而不相同矣。兄毋曰年號是不得已也,必有曰稱陪禮拜亦不得已也者矣。如是窮論,有若斥對,還自不覺一笑也。且兄每以年號與禮拜爲不同者,豈非以年號如今民間行用者而然耶。苟如民間行用者,雖若兄言可也。立朝行仕之人則不然,受其年號之日,便受其陪臣之名,與行用於民間者絶不同。兄見此書。亦必謂恥年號而成禮拜之歸。然恥禮拜而不受年號一義。正亦並在中矣。如何。②

霞谷千説萬説,就是以年號、跪拜爲"一事"原則作爲立論依據,没有"虚"/"實"、"不許正統"/"許爲正統"、"討伐"/"不討伐"、"甘心而悦服"/"窮迫而畏服"等之差别,若要做此區别而議論者,當個民間人士則可,但作爲立朝出仕者,不可以如此曖昧態度,不僅難以對上,也無法臨下。

---

① 鄭霞谷《霞谷集》卷二,頁 36。
② 鄭霞谷《霞谷集》卷二,頁 37。

結論:陽明學對朱子學華夷論的挑戰

　　由以上有關鄭霞谷與閔彦暉的華夷論辨,約可窺知朝鮮華夷之辨的複雜性,此一複雜性在於不是只有自己選擇"華"或"夷"的問題,而在於還涉及宗主國是"華"或"夷"的問題,所以才導致"奉年號/應跪拜""奉年號/不應跪拜""不奉年號/不應跪拜""不奉年號/應跪拜"的多重辯證性之課題。由此延伸到儒臣是否出仕的問題,而由出仕問題則逼出是否堅持"正統""討伐"問題,再由"正統""討伐"問題,逼出霞谷的陽明學立場,即導出一切以"本心"的初衷問題來盱衡這場華夷論辨之全局。因此,兩造之辨,實也有朱子學與陽明學對華夷立場之別。

　　王陽明在華夷之辨的立場上,未如朱子學者站在鮮明立場劃分華我夷彼。質言之,以陽明心學的角度視之,華夷之辨的根本問題並不在於"夷狄"的身份問題,而是"夷狄"是否用"華"的"禮義"來治理天下。《孟子·離婁下》裏有段記載孟子對華夷的看法:"舜生於諸馮,遷于負夏,卒於鳴條,東夷之人也。文王生於岐周,卒于畢郢,西夷之人也。地之相距也千餘里,世之相後也千有餘歲,行志得乎中國,若合符節,先聖後聖,其揆一也。"霞谷深諳陽明學,對孟子的華夷論當不陌生,但霞谷在與閔彦暉的論辨中,並未舉出孟子的這段"華夷一家"的觀點,也許考慮太過刺激閔彦暉,或顧慮會被質疑有稱頌清人之虞。孟子的華夷一家論,也出現在梁惠王突然發問"天下惡乎定"時,答以"定於一",顯然這個"一",是指"不嗜殺人者"的"仁義之道"的核心價值體系,而不是疆域的"統一天下"(《孟子·梁惠王上》)。因此,孟子的華夷觀本有超越族群身份,而以仁心仁德的普世價值理念作爲華夷判別之標準,此種華夷觀也可從和孔子對管仲論的評價差別窺出端倪。孔子贊許"微管仲,吾其披髮左衽"(《憲問》),比較偏向從族群、風俗角度看華夷之別,但孟子則極力斥管仲、晏子之事功,恥弟子將之比之於管仲,考量的也是管仲"以其君霸",非以仁義爲其君謀(《公孫丑上》)。有趣的是,嚴辨華夷者,喜歡舉孔子的"披髮左衽""夷狄之有君,不如諸夏之亡也"之論;而倡導華夷一家者,則愛從孟子"舜是東夷之人"論來發揮。從本文的分析,可窺霞谷的華夷論顯然是孟子之論者,在他所處的時代也是清朝康熙到雍正年間的盛世期間,霞谷似乎敏銳地看出這個"夷狄之君"已經

不是"夷狄",而是"入中國而中國之"了。再者,對陽明學者而言,作爲儒臣
是"安什麼心選擇出仕或不出仕",而不是如激烈的朱子學者一開始即用春
秋大義,嚴辨華夷之別,一副以"華我夷彼"的一貫立場,否定清廷之"夷"。
霞谷在此看到這類儒者堅持"大義"却又選擇了出仕,承認了清之"年號",
却又表現出高風亮節的姿態而不肯行君臣跪拜之禮的重重矛盾問題,這與
朱子所處的南宋時代之情境並不相同,而朝鮮儒者往往用朱子學來捍衛自
己的主張。衆所皆知,朱子將"春秋大義"、嚴辨華夷的問題均收攝在"理當
如此"之論中,但在陽明的思想中,確實没有討論"春秋大義"或嚴辨華夷的
問題。然依陽明立場,"春秋大義"或嚴辨華夷之問題也必然將之收攝在
"心學"或"良知學"中,而霞谷判定出仕/不出仕、仁者/不仁者,強調"亦各
得其心之所安而已矣",取擇的正是陽明學這種心學標準,故與朱子學者閔
彦暉的立場格格不入①。

(作者單位:臺灣師範大學東亞學系)

---

① 例如在丙子事件前後主張和議的儒臣崔鳴吉(1586—1647),非議崔鳴吉之儒者認爲
即使爲大明而導致國滅才是符合"春秋大義",若與夷狄的清人同盟而背叛大明則將
玷汙春秋大義,是百世千秋永劫之恥。近代韓國革命家鄭寅普(1893—?)著《陽明學
演論》中將崔鳴吉視爲朝鮮陽明學者的第一人,並同情地理解崔鳴吉的和議苦心,從
良知學的"獨知"觀點切入,細膩地探索崔鳴吉的"獨知"的"本心"。相關分析參拙著:
《陽明學在東亞:詮釋、交流與行動》,第七章《東亞陽明學與維新革命》,臺大出版中
心,2011 年,頁 307—310。

域外漢籍研究集刊　第十九輯
2020 年　頁 193—218

"異域陪京":朝鮮燕行使者
視域中的清代盛京城 *

何永智

　　近年來,隨着"燕行録"的整理出版,學界對燕行文獻的認識與研究逐步加深,相關領域成果頗豐。"燕行録"海量的文字記載幾乎與清朝歷史相同步,其不僅是朝鮮燕行使者的旅行日記,更以嶄新的"域外視角"對清朝政治、經濟、社會、文化等方面有着詳實的觀察與記述,使之在反映清朝乃至東亞歷史文化現場的同時,亦可補充中國本土史料之不足①。

　　"燕路三千里,瀋陽恰半程"②。有清一代,由於特殊的區位關係,盛京成爲朝鮮燕行使使行往返途中停留最久的城市之一。盛京作爲清朝陪都,既凸顯着滿洲發祥地的政治符號性,又因地處東北邊疆、毗鄰朝鮮,而承載着中朝近三百年間頻繁與複雜的交流互動。學界目前有關清代盛京城的

* 本文爲國家社會科學基金重大項目"盛京城考古與清代歷史文化研究"(編號:
　 14ZDB038)階段性研究成果。
① 金柄珉、金剛《對中國"燕行録"研究的歷時性考察》,載《東疆學刊》,2016 年第 1 期,
　 頁 102—110。
② [朝]李健命《燕行詩》,《燕行録全編》第二輯第 3 册,廣西師範大學出版社,2012 年,
　 頁 437。

研究主要集中於對盛京城制、宮殿、陪都體制的探討①,利用“燕行録”展開研究者並不多見②。本文以朝鮮使臣漢文“燕行録”爲基本資料③,嘗試透過“域外視角”探討燕行使者視域下盛京城的城市面貌及其印象與觀感,以期補益我們對盛京城的認識與研究。

一　制規京國:盛京城的形象遞變與都城印象

盛京在清朝開國史上有着濃墨重彩的一筆。自天命十年(1625)至順治元年(1644),盛京(瀋陽)歷經由滿洲都城向關外陪都的歷史轉變。在清朝官方話語中,盛京爲“國家岐豐之地”,“帝業之所由來”④。不僅承載着清朝滿洲先祖開國奠基的歷史記憶,自始至終被清朝統治者視爲滿洲根本

---

① 以盛京城市發展脉絡爲主綫的綜合性研究,參見丁海斌、時義《清代陪都盛京研究》,中國社會科學出版社,2007 年;佟悦《清代盛京城》,遼寧大學出版社,2009 年。有關盛京城建築、城市規劃與盛京皇宮,參見李聲能《滿族文化對盛京城規劃建設的影響——兼論盛京城在滿族和清代都城史上的地位》,《滿族研究》2009 年 3 期;王茂生《從盛京到瀋陽:城市發展與空間形態研究》,中國建築工業出版社,2010 年;武斌主編《清瀋陽故宮研究》,遼寧大學出版社,2006 年。有關盛京陪都機構,參見孟繁勇《清代盛京將軍與陪都機構權力關係的演變》,載《社會科學輯刊》,2009 年第 3 期,頁128—135;王月《清代盛京地區各衙門職掌及其行政關係探究》,《瀋陽故宮博物院刊》第 9 輯,現代出版社,2011 年,頁 67—77。
② 相關研究,參見張傑《韓國史料三種與盛京滿族研究》,遼寧民族出版社,2009 年;赫曉琳《燕行使關於康乾時期中國東北商業之印象》,載《史學月刊》,2013 年第 6 期,頁129—132;徐東日《朝鮮朝燕行使臣眼中的中國北方集市形象》,載《東疆學刊》,2014年第 1 期,頁 7—14;王廣義、張寬《朝鮮朝燕行使者視野下的清代中國東北地區民衆生活習俗》,載《東疆學刊》,2018 年第 1 期,頁 27—33;劉錚《朝鮮朝使臣所見清代東北盛京——以“燕行録”資料爲中心》,載《東疆學刊》,2019 年第 3 期,頁 16—22。
③ 現在學者在整理和使用朝鮮使節使行文獻之時,對其總體稱謂以“燕行録”者最爲普遍。參見張伯偉《名稱·文獻·方法——關於“燕行録”研究的若干問題》,《“燕行録”研究論集》,鳳凰出版社,2016 年,頁 4—11。
④ [清]董秉忠等《盛京通志》卷首《董秉忠序》,康熙二十三年(1684)刻本,日本京都大學圖書館藏,頁 4a。

重地。相較而言，朝鮮燕行使對於盛京的印象則是雙重的。一方面，盛京有着"清人首業之地"的開創之義①，爲"清人基業得此始盛"之地②，故作爲清朝陪都，盛京城闕、宮殿、衙署與京師相郛。另一方面，朝鮮人基於"忠明"意識，長期以來對清朝持以敵視態度。故在其歷史叙述中，盛京亦因明清之變而成爲燕行使反復咀嚼和控訴的對象。

（一）褒貶兼具：燕行使關於盛京城的印象遞變

　　燕行使者語境中的盛京印象交織着實像與想像，亦因中朝政治、經濟、文化關係的嬗變而相應變化。對李朝而言，明清鼎革所帶來的政治秩序演替可謂"天崩地坼"。在朝鮮人的認識中，滿洲自東北一隅而崛起，自奠都盛京後戰伐侵併，不僅"絶我國朝天之路"③，甚至吞併對朝鮮有再造之恩的"皇明"取而代之。此外，滿清在後金和清初對朝鮮百般壓制，"丁卯"及"丙子胡亂"及瀋陽質子等歷史事件堪稱屈辱。甚至自兵敗後，李朝官兵"一聞胡來則便皆畏怖思走"④，足見戰爭與鼎革給朝鮮民衆所帶來的巨大心理陰影。

　　置身盛京的使行體驗，無疑唤起燕行使之於清、鮮交惡的歷史記憶。以"三學士"之事爲例。崇德元年（1636）皇太極改元稱帝，致書朝鮮要求其背棄明廷，而向清政權臣服。李朝拒見來使、拒受來書，皇太極乃率大兵壓境。朝鮮力不能敵，被迫求和，承認爲清朝藩屬國，並向清廷交出主張抗清的三位文臣洪翼漢、尹集、吳達濟。被挾回後，三人嚴斥清朝僭號有悖禮義而寧死不屈，終喋血盛京，後世稱"三學士"。"三學士"守正持節的貫日之忠令人動容，更成爲燕行使途經盛京所反復吟咏之事。康熙年間吳道一《瀋陽途中》詩曰："龍灣一渡恨何窮，萬事滄桑涕淚中……尚有平生孤劍在，秋風端欲倚崆峒"⑤。李健命《過瀋陽》詩曰："山河大地看無畔，今古遺

① ［朝］趙鳳夏《燕薊紀略》，《燕行録續集》卷一三六，尚書院，2008 年，頁 109—110。
② ［朝］佚名《燕行録》，《燕行録全編》第三輯第 4 册，廣西師範大學出版社，2013 年，頁 16—19。
③ ［朝］李憲默《燕行日録》，《燕行録續集》卷一一八，頁 268。
④ ［朝］俞彦述《燕行雜識》，《燕行録全集》卷三九，東國大學校出版部，2001 年，頁 337。
⑤ ［朝］吳道一《後燕槎録》，《燕行録全集》卷二九，頁 123。

墟愴有情。臣節只憐三學士,虜鋒誰禦八旗兵。"①二人之憑弔抒懷,莫不
是憾恨國變,哀悼忠臣。即使"三學士"事件百餘年後的乾隆五十五年
(1790),徐浩修行經盛京外攘門外,仍於涕淚中聲訴:此爲"三學士"成仁
處,"憑式過之,愀然起敬"②。又如道光八年(1828)正使從事朴思浩於使
行日記中寫道,"瀋陽西門外有我東三學士殉節處。行人指點,不覺髮豎而
眥裂",乃盛贊"三學士"倡義祖明、忠肝義膽,"此足以永有辭於千古也"③。

　　不必諱言,正是在清、鮮交惡與"華夷大防"意識的形塑下,部分燕行使
在潛意識中對盛京產生負面、消極的印象,而這在很大程度上影響了其對
盛京乃至清朝社會的整體認知。考諸"燕行錄",一些燕行使慣於從"華夷
之辨"的立場出發,聲稱"自滿洲之入中國,華夷雜而不純"④,借此鄙薄清
朝。盛京作爲清朝開基之域,亦成爲朝鮮燕行使有關明清鼎革叙事中所反
復咀嚼和控訴的歷史意象。康熙二十一年(1682)韓泰東初抵盛京,其在使
行日記中寫道,昔日之瀋陽不過"明朝遮截賊奴之關防",而竟被陷落,最終
成爲清人"抗衡中華,竊據神器"的戰略陣地,不禁愀然⑤。雍正年間使臣
姜浩溥稱,明朝爲"嚴防北虜之出入",於瀋陽中衛"留重兵,完城堞,列亭障
而勤候望",不料終"藉寇資盜","此地爲之本焉"⑥。在此種言語氛圍之
下,部分朝鮮使臣格外强調"華夷之辨"。例如雍正時期使臣李德壽借"瀋
陽之爲華爲夷,歷代沿革不同"而大發議論,並以此薄鄙清朝⑦。以其爲代
表的燕行使者多强調遼瀋地處"華夷"之咽喉,歷來割裂東西,"漢之烏桓、
鮮卑,唐之靺鞨,宋之女真,皆出没其間"⑧,而清朝於盛京成就帝業,可謂
"蠻夷入夏"歷史的再度重演。乾隆四十五年(1780)來華朝鮮文人朴趾源
的觀點則更爲極端,所謂"夷狄自夷狄","神州陸沉,則山川變作腥膻之

①[朝]李健命《燕行詩》,《燕行錄全編》第二輯第 3 册,頁 439。
②[朝]徐浩修《熱河紀游》,《燕行錄全集》卷五一,頁 376。
③[朝]朴思浩《燕薊紀程》,《燕行錄全集》卷八五,頁 524。
④[朝]成海應《燕中雜録》,《燕行錄續集》卷一二一,頁 1。
⑤[朝]韓泰東《兩世燕行錄》,《燕行錄全集》卷二九,頁 274。
⑥[朝]姜浩溥《桑蓬錄》,《燕行錄續集》卷一一二,頁 486。
⑦[朝]李德壽《燕行録》,《燕行錄續集》卷一一五,頁 123。
⑧[朝]吳載紹《燕行日記》,《燕行錄續集》卷一二一,頁 307。

鄉","胡虜""犬羊"全無可觀①。

　　雖然如此,而隨着時間的推移,尤其是清朝國力的日益强盛,朝鮮燕行使對盛京的整體印象與評價漸有改觀。盛京開基奠業的歷史不再成爲燕行使有關明清之變叙事的衆矢之的。例如乾隆時期使臣洪良浩曾賦《盛京》一詩云:"大漠飛騰龍虎氣,雄城睥睨帝王畿。"詩自注曰:"明末,東北方常有氣如火,蓋是清人將興之兆故云"②。洪氏之詩可謂描繪出盛京得天垂佑、肇基帝業的"王氣",恰似爲清朝統治合法性"作注"。同時期使臣洪敬謨則言,盛京地處孔路要衝,"環山海而控要荒,遂成帝業之所基",謂之曰得地利③。此外,相當一部分燕行使借助訪游盛京的使行體驗,不僅感知到清朝社會經濟的繁榮,亦認識到清朝亘古未有的遼闊疆域,繼而對清朝自盛京興業而一統天下、安定寰宇的歷史功績予以肯定。誠然,以盛京爲核心的盛京統部地域廣闊,"前後左右,大陸茫茫,滄溟在其南,白山峙其北,形勢宏大,襟帶豁遠"④。雍正七年(1729)使臣金舜協指出,明清之際遼瀋飽經戰亂,而清人以盛京爲關防,爭衡天下,實現了遼瀋乃至東北邊疆的統合,"即秦皇、漢武之所未能統者也"⑤。同時期韓德厚亦言,自清人都燕,遼瀋、寧古塔便作内畿,"瀚海天山不可以邊土論"⑥。又如前述朝鮮文人朴趾源曾以"華夷大防"否定使行之意義,而置身盛京後,朴氏目見百姓安居樂業,不禁贊嘆:"今其天下所以百年無事者,豈爲德教政術遠過前代哉? 瀋陽乃其始興之地,則東接寧古塔,北控熱河,南撫朝鮮,西向而天下不敢動。即所以壯其根本之術,非歷代所比,故也。入遼以來,桑麻翳菀,雞狗相聞,百年無事,不得不爲清室一攢眉矣。"⑦綜上可見,燕行使有關盛京褒貶兼具的印象遞變,不失爲歷史與現實交織下,二者相互作用的結果。

————————

①[朝]朴趾源《熱河日記》,《燕行録全集》卷五三,頁 455。

②[朝]洪良浩《燕雲紀行》,《燕行録全集》卷四一,頁 289。

③[朝]洪敬謨《冠岩游記》,《燕行録續集》卷一三二,頁 380。

④[朝]韓祉《燕行日録》,《燕行録全編》第二輯第 6 册,頁 469。

⑤[朝]金舜協《燕行録》,《燕行録全集》卷三八,頁 379。

⑥[朝]韓德厚《燕行日録》,《燕行録全集》卷五〇,頁 254—255。

⑦[朝]朴趾源《熱河日記》,《燕行録全集》卷五三,頁 353—354。

(二)陪京符號:盛京城池、宮室與陪京體制

　　清朝京師爲天下之本,陪京爲帝業之基。順治元年清朝入關,改盛京爲留都。翌年,詔尊盛京爲陪都,由此開啓了盛京由滿洲都城向關外陪都的角色轉換。爲凸顯陪都尊崇,盛京城池、宮殿、府署,"頗準神京之制"①。對此,部分朝鮮使臣亦稱盛京爲"行都""陪京""分都",所謂"關外繁華最盛京,帝居模得九分成"②。對初到盛京的朝鮮行使而言,盛京作爲清朝陪都的都邑觀感直接而强烈。盛京城郭之雄、宮室之美,令燕行使深切地感受到盛京的陪都氣象。正如一位燕行使者所言,"夫以天子之尊,有四海之富,按萬里之地",盛京之排置鋪叙"可見興王之地"③。

　　城市景觀最能反映清朝統治者對盛京的設計與定位。作爲都邑的依託和保障,城池是朝鮮使臣進入盛京後最爲直觀可見者。盛京城係天聰五年因襲瀋陽中衛增拓而成,時改築八門、譙樓,又置廟壇、衙署、梵宇,城市建築在沿襲漢族城垣文化的基礎上,充分吸收滿蒙藏多元文化因素形成獨具特色的城垣體系。據朝鮮史官所記,方經改築後瀋陽城"其大不過方里"④,仍顯侷促。康熙中葉,爲鞏固城防體系、修治城市景觀,清廷屢次對盛京城垣、門樓、城内道路等加以修擴。不僅加築關牆、新辟城門,亦構築内城、甕城、城壕的三重格局,從而將盛京城構築爲城堞堅廣的關外宏都⑤。康熙年間副使李正臣有言,盛京城規制宏整,中開八門,街通十字,外圓内方,"比我國城制的知其妙"⑥,城堞之堅、城防之固,亦頗見"上國"規模。乾隆十一年(1746)副使尹汲曰,盛京城高可十仞,廣可馳五馬,城池之雄邃"壓遼野之廣",難怪清人"將以此爲依歸也"⑦。道光時期使臣權時

---

①[朝]成海應《燕中雜録》,《燕行録續集》卷一二一,頁 770。

②[朝]佚名《簡山北游録》,《燕行録續集》卷一二七,頁 279。

③[朝]佚名《燕行録》,《燕行録全編》第三輯第 4 册,頁 16—19。

④[朝]佚名《瀋中日記》,《燕行録續集》卷一〇七,頁 241。

⑤參見《大清會典事例》卷九五八《盛京工部一》,《清會典事例》第 10 册,中華書局影印本,1991 年,頁 939—940;[清]佚名《國朝建業初基紀略》卷一,光緒内務府刻本,見《北京大學圖書館藏善本叢書·明清史料叢編》,北京大學出版社,1993 年,頁 79—90。

⑥[朝]李正臣《燕行録》,《燕行録全編》第二輯第 7 册,頁 255。

⑦[朝]尹汲《燕行日記》,《燕行録續集》卷一一五,頁 474

亨盛贊盛京城規模宏大，有曰：“回顧瀋陽城郭，壯哉！偉哉！清人之樹本固根也，方可謂屢百年金湯之地也。”①

　　游覽之余，一些燕行使對盛京城工有着務實的考察，並有感於本國城防體系之薄弱。康熙末年正使隨從軍官李器之有言，盛京城外設瓮城，“瓮城左右皆通門，門皆鐵扇，城上炮皆下垂，可射城下貼身人矣”②，誠有便於軍事防衛。雍正三年書狀官趙文命在對比關内外諸城後指出，清朝各城在選址上注重發揮地緣優勢，不擇險阻則必擇要衝，城制上則“有城必有濠”，注重内外兼顧。盛京城四面方正相通，正有“呼吸相通，首尾相救之意”③，可謂深謀遠慮。乾隆年間俞彦述周覽盛京城後，坦言其“城郭之制與我國大不同”，不僅内外絶高，廣厚亦倍之，“回思我國城制，無益兒戲”④。同時期李田秀從城防禦敵的角度評價盛京城牆，認爲其牆面斜通至底，便於戰時防守，“雖攀附之賊，可用矢石”。相比之下，朝鮮都城漢陽則“只能敵遠，而不能禦近”⑤。

　　宮闕是都城的符號象徵。盛京皇宮坐落在盛京城中軸綫上，其不僅是清朝入關前清帝的龍居之所，更是遷都後清朝諸帝東巡祭祖的駐蹕重地，兼具開國史迹與東巡行宮用途的宏偉宮殿群，凸顯清朝皇室氣派與陪都的尊崇地位。盛京宮殿作爲宮禁之地，朝鮮使臣僅可入外三門而無從周覽。爲感知“上國”氣象，來者無不争相睹之。康熙五十一年（1712）金昌業等由宮外文德坊入大清門，稱“其扇牆壁堦砌悉雕鏤，極其工麗”⑥，遠望黃屋青閣，相錯鱗起，令人炫目不暇，惟不得深入賞玩。乾隆二十五年（1760）李商鳳與使團成員觀盛京皇宮，據其所記，只到宮門則“金碧輝煌，已奪人目”，及見殿宇，其層樓複殿彷彿天成，“環網護檐，雕龍架棟，尤極雄麗”。一行人甫過崇政殿右翊門即被甲軍阻攔，“唯見殿宇之肮肮，樓陛之重重而

①［朝］權時亨《石湍燕行記》，《燕行録全集》卷九〇，頁408。

②［朝］李器之《一庵燕記》，《燕行録續集》卷一一〇，頁430。

③［朝］趙文命《燕行日記》，《燕行録全編》第二輯第7册，頁368—369。

④［朝］俞彦述《燕行雜識》，《燕行録全集》卷三九，頁281—282。

⑤［朝］李田秀《入瀋記》，《燕行録全編》第二輯第10册，頁418。

⑥［朝］金昌業《燕行日記》，《燕行録全集》卷三一，頁341。

已”①。道光十一年(1831)韓弼教以正使隨從軍官的身份赴清。談及盛京宫闕的賞游體驗,韓氏稱其金碧恢宏,雕鏤精緻,所見宫闕“皆覆彩瓦,日光所射,五色相蕩而已”②,炫爛閃耀實不可名狀。光緒初年南一佑亦感嘆,雖隔闕相望,而初見盛京宫殿“龍刻鳳鏤,五彩交錯”③,視覺驚艷既難付諸筆端,内宫諸室只得悵然遐想。

　　另一方面,盛京華美的宫室亦招致部分燕行使者的批判。在其看來,盛京宫殿除清帝東巡駐蹕外,乃常年間置,只堪“行宫”“離宫”。而清朝統治者爲一時觀瞻反對盛京宫闕大加整修,實謂窮奢極欲、勞民傷財。李田秀即指出,“仍思瀋陽宫殿,若於太宗之時則應不致力土木。都燕以後,則又不當於留都之地創設宏規也”④。成佑曾則指責道,盛京宫殿排置奢侈,未免有鋪張之嫌,“所謂行宫,不過一宿之地”,“何必割剥生靈,蕩竭府庫耶”⑤。對此,李敬禹諷刺道,“自外望見,則殿宇檯榭殆非若人力所造。以此觀之,古聖人峻宇雕牆之戒,誠極疏迂”⑥。

　　城池、宫闕之外,官制是盛京陪都體制的重要組成部分。《國朝建業初基紀略》有言,“盛京職官半同京制,非一郡一邑所能備”⑦。爲凸顯陪都尊崇地位,清廷“監往代兩都之制”⑧,於盛京設立盛京五部、盛京内務府、奉天府尹等陪都衙署,與京師之制遥相呼應,又設將軍都統體制,鎮守雄藩,使盛京呈現出旗民分治的二元治理格局。考諸“燕行録”,燕行使在論及盛京陪都體制之時,對其職官設置着筆頗多。但其記述多正謬摻雜,且基於各自認知,往往莫衷一是。以盛京五部爲例。燕行使不僅詳述五部的設官

①［朝］李商鳳《北轅録》,《燕行録續集》卷一一七,頁72—74。

②［朝］韓弼教《隨槎録》,《燕行録續集》卷一三〇,頁435。

③［朝］南一佑《燕記》,《燕行録續集》卷一四五,頁207。

④［朝］李田秀《入瀋記》,《燕行録全編》第二輯第10册,頁205。

⑤［朝］金學民《薊程散考》,《燕行録續集》卷一二七,頁434。

⑥［朝］李敬禹《燕行録》,《燕行録續集》卷一二三,頁40。

⑦［清］佚名《國朝建業初基紀略》卷首《凡例》,頁9。

⑧［朝］洪敬謨《冠岩游記》,《燕行録續集》卷一三二,頁372。

分職，亦由此論及明清兩京之制①。如康熙時期吳道一記曰："蓋瀋陽即彼國行都，而稱以盛京……兵、刑、工、户、禮五部並皆設置"②。雍正初年趙文命有言，盛京爲清朝根本之地，"城内置宫闕府署……而户禮兵刑工五部具焉"③。嘉慶八年（1803）成海應記載，盛京陪京之制"綜以五部侍郎，董以京尹……而吏部則專統於京師"④。在部分燕行使印象中，盛京陪都體制"略如大明之南京、胡元之上都"⑤，故在其叙述中，盛京不僅列置六部正衙，各部又設尚書、侍郎等官，遂將職員相混淆。如李坤《燕行記事》記載，盛京有户、兵、禮、刑四部，"惟吏、工部不設"⑥。洪敬謨則寫道，盛京未置吏部，"吏部則以兵部併攝之"⑦。又如設官上，李永得言，盛京各部均設"尚書、侍郎、郎中、員外郎、主事、司庫、照磨等官"⑧。又或五部"每司置左右侍郎，使之各掌其所掌之事矣"⑨。此皆不確。此外，部分燕行使對駐防將軍與盛京五部的職權亦相混淆。如乾隆年間洪大容即認爲，盛京五部"以下官有將軍、副都統，管轄八旗軍卒"⑩，實際將軍、五部不相統屬。

　　正由於盛京職官半同京制，且旗民分治二歧，陪都體制的複雜性與機構權力套疊使得燕行使迷惑不清，故而導致記述常有舛錯。對此，康熙末

---

①順治十五年，設盛京禮部。翌年，設盛京户、工部。康熙元年，設盛京刑部，三十年，設盛京兵部。五部均以侍郎爲長官，下設郎中、員外郎等員。雍正八年，設盛京五部尚書一人綜理五部事務，旋即裁撤。參見趙爾巽等《清史稿》卷一一四《志八十九・職官一》，中華書局影印本，1977年，頁3296。

②［朝］吳道一《丙寅燕行日乘》，《燕行録全集》卷二九，頁153。

③［朝］趙文命《燕行日記》，《燕行録全編》第二輯第7册，頁368。

④［朝］成海應《燕中雜録》，《燕行録續集》卷一二一，頁770。

⑤［朝］南履翼《椒蔗續編》，《燕行録續集》卷一二八，頁180。

⑥［朝］李坤《燕行記事》，《燕行録全集》卷五二，頁359。按，惟康熙二十年書狀官韓泰東記載盛京有户、禮、刑、工四部較爲確切，因盛京兵部彼時尚未創設。參看［朝］韓泰東《兩世燕行録》，《燕行録全集》卷二九，頁210—211。

⑦［朝］洪敬謨《冠岩游記》，《燕行録續集》卷一三二，頁383。

⑧［朝］李永得《燕行録》，《燕行録全集》卷七九，頁87。原題徐有素，誤。參見弘華文主編《燕行録全編》第四輯第2册，廣西師範大學出版社，2016年，頁97—98。

⑨［朝］佚名《燕行録摘抄》，《燕行録全編》第四輯第1册，頁311。

⑩［朝］洪大容《湛軒燕記》，《燕行録全集》卷四二，頁218。

年來華的崔德中坦言,盛京置將軍、府尹、五部等官"而總不知名第","初聞瀋陽則每部無尚書,只有一侍郎矣。今聞有二侍郎云,未知孰是"①。再者,一些燕行使藉助筆談或道聽途説的粗疏印象,或在成文時抄録前人所記,極易造成因循相錯②。如乾隆初年李喆輔偶遇吳三桂幕賓林本裕,見其"有文章可與語",遂執筆相談。問及盛京官制與明代南京是否一例,林氏答曰:"大不同。無尚書,只侍郎掌印。其餘一切官皆無"③。李喆輔信以爲實,並將之一一詳録。但林氏所言實則大謬。

二　民物繁華:盛京城的商業經濟與社會風氣

長期以來,盛京一直被視爲清朝在東北地區的政治、軍事中心,有關其商業經濟發展的論述並不多見。而朝鮮使臣"燕行録"恰恰彌補了此一方面的資料缺失。若從旅行日記的角度品讀"燕行録",則燕行使者無不驚嘆於盛京城民物之繁庶、商業之繁榮,不僅"比我京富麗百倍","雖北京未必過於此矣"④。此一觀感並非空談,而是基於燕行使者游覽關内外諸城的真實體驗。如使團入栅後初見鳳凰城之城池、市肆,"以爲天下無如也"⑤。待至遼東城,見城内雉堞峻壯、民物殷盛"自以爲壯觀"⑥,"又勝於鳳凰城"⑦。及睹盛京,則遼東只堪"盛京之副",鳳城不過爲"邊門防守"⑧。誠然,"燕行録"有關盛京城商業、經濟的紀實性文字可謂極大地彌補了中國本土資料的缺失,同時從另一個側面勾勒出近三百年間盛京由東北軍事重

①[朝]崔德中《燕行録》,《燕行録全集》卷三九,頁 463、495。
②有關盛京五部的記載,諸多"燕行録"錯誤一致,不排除因循抄録的可能。參看[朝]李海應《薊山紀程》,《燕行録全集》卷六六,頁 117;[朝]朴思浩《燕紀程》,《燕行録全集》卷九八,頁 276;[朝]李輝正《放野漫録燕行詩》,《燕行録續集》卷一三三,頁 122。
③[朝]李喆輔《燕槎録》,《燕行録全集》卷三七,頁 448—449。
④[朝]白景炫《燕行録》,成均館大學大東文化研究所編《燕行録選集補遺》中册,東國大學校出版部,2008 年,頁 96。
⑤[朝]佚名《燕行録》,《燕行録全集》卷七〇,頁 16。
⑥[朝]朴來謙《瀋槎日記》,《燕行録全集》卷六九,頁 105。
⑦[朝]李敬尚《燕行録》,《燕行録續集》卷一二三,頁 39。
⑧[朝]佚名《燕行録輯録》,《燕行録全編》第四輯第 13 册,頁 455。

鎮到關外商業都會的發展歷程。透過朝鮮使臣的記述，我們仍可窺見域外朝鮮士人對盛京商業、民衆的認識與評價。

（一）商業巨變：盛京城商業經濟的發展

如前所述，盛京長久以來被視作清朝東北邊疆駐防重鎮與政治中心，史籍中有關其商業發展狀況的記載少之又少。通過梳理近三百年間朝鮮使臣的燕行日記，我們得以大致窺見盛京自荒蕪邊地到遼東商都的發展歷程及其自身的城市化轉變。

明末以來，遼瀋屢經兵燹，農業生產爲之凋敝，“千里無人煙”之景可謂極目荒涼。天聰九年（1635）春信使李濬初抵盛京，只見“人家甚少，頗多蕭條”，一如“鬥孤城”①。遼瀋初定後，盛京土地初辟、煙户日繁，城内“皆是諸王將領之家”②，城外“間有諸王設莊”③。未久，清朝遷都，盛京耕牧俱廢、四面空虚。至順康之際，盛京成爲清朝農業開發的重點區域。清廷通過招民開墾經營關外故地，盛京以其陪都的政治地位及“東界遼陽，北控山海”的區位優勢，吸納大量關内關外人口，遂“人煙漸密，商旅偕來”④。大批漢人移民的涌入不僅補充了盛京勞動力人口的缺失，亦爲其帶來中原農耕文明的新氣象。當是時，盛京八旗兵丁業農者少，從商者甚罕。漢人賈户率先經商置業，在很大程度上促進了盛京商業經濟的恢復與發展。對此，順治末年使臣趙珩寫道：使行至遼瀋一帶，見行商轇集，人家稠密，迥異於數年前所見淒涼之景。問其所以，“則自北京移民於此地業商者多聚云”⑤。可見，在民人墾荒造田、商賈疏通貨財的帶動下，盛京開啓了城市轉型。

康雍時期，盛京人煙阜盛、闤闠繁庶，逐漸發展爲比肩遼東的商業市鎮。康熙二年（1663）正使李俁記載，盛京城池堅固，民物可觀，“閭閻亦不下永平府矣”⑥。可見彼時盛京人口漸增，略見規模。至康熙中葉，盛京商

①［朝］李濬《歸來亭瀋行日記》，《燕行録續集》卷一〇六，頁539。

②［朝］佚名《瀋中日記》，《燕行録續集》卷一〇七，頁241。

③［朝］佚名《瀋陽日記》，《燕行録全集》卷二五，頁608。

④王樹楠等纂《奉天通志》卷一一五《實業三》，瀋陽古舊書店，1983年，頁2584。

⑤［朝］趙珩《翠屏公燕行日記》，《燕行録全集》卷二〇，頁266。

⑥［朝］李俁《朗善君癸卯燕行録》，《燕行録全集》卷二四，頁424。

業較前已有相當程度之發展。徐文重《瀋陽城》詩曰:"城如統萬綺雲崇,民
與臨淄擊轂同"①。徐氏將盛京比作大夏國都統萬城,一方面彰顯清朝"一
統天下,君臨萬邦"之意,又以盛京商業殷富,比之戰國商都臨淄。《史記》
有曰:"臨淄之途,車轂擊,人肩摩"。徐氏以寥寥數語勾勒出盛京都城般的
規模和輪廓。康熙三十二年(1693)副使申厚命更坦言,"雖不能盡觀城内,
姑以經過處所見言之,則公家之宏大、市廛之殷富,殊非我國之比矣"②。
至雍正初年,使臣趙文命眼中的盛京已是營業繁盛,所謂"百隊旗亭次第
開,商(商)車日日響如雷"③,"閭閻之盛,人物之殷,不啻倍蓰於遼東"④。

　　至乾隆時期,盛京歷經百餘年的發展,不僅户口日增、耕屯相望,其千
街錯繡的商業規模亦不斷擴大,盛京繁盛的商業經濟一度成爲燕行使眼中
清朝繁榮富足的典範。乾隆十四年(1749)俞彦述有言,"閭閻、城郭壯麗無
比,市肆連絡,雜貨山積,人民嗔咽,殆至肩磨。回思我國規模,不無茫然自
失之意"⑤。誠然,盛京據山海之要,東輸會寧,西通燕涿,北鄰寧古,彼時
"山東、山西富商大賈,轉貿貨物,皆藉於是",是以商旅輻湊、輪轉出入,"鈴
鐸之聲日夜不絶"⑥。人口與城市經濟密切相關。隨着流民涌入與滿漢雜
居,盛京城人口規模逐漸擴張。乾隆中葉來華使臣有言,盛京民户蕃盛,經
濟日盛,"統以言之,殆過數萬餘户。雖僻衕小民之居亦不見編茅之屋,可
知其殷富也"⑦。亦有燕行使驚嘆盛京今昔的商業巨變。乾隆五十五年
(1790)副使徐浩修有言,明清之際遼瀋四郊多燐,"今休養耕牧已及百餘
年,不獨盛京城内官府市廛之繁華佳麗亞於燕都",其人口稠密、田地盡辟,
"奉天、錦州二府人户爲四萬七千一百二十四,民田爲一萬八千四百五十二
頃七十七畝,官莊田爲四萬六千三十六日五畝,八旗田爲二百三十六萬七

---

① [朝]徐文重《燕行雜録》,《燕行録全集》卷二四,頁 292。

② [朝]申厚命《燕行日記》,《燕行録全集》卷二八,頁 101—128。

③ [朝]趙文命《燕行録》,《燕行録全集》卷三七,頁 97。

④ [朝]趙文命《燕行日記》,《燕行録全編》第二輯第 7 册,頁 368—369。

⑤ [朝]俞彦述《燕行雜識》,《燕行録全集》卷三九,頁 320。

⑥ [朝]佚名《燕行録》,《燕行録全編》第三輯第 4 册,頁 93。按,此中之山東、山西,指醫
　　巫閭山。

⑦ [朝]佚名《燕行録》,《燕行録全編》第三輯第 4 册,頁 17。

千八百四日四畝。①　從古邊徼之富庶,未有若是之盛也”②。更有燕行使不禁慨嘆:“曾聞瀋陽凋殘莫甚,今來見之,則城内外閭閻、人物極盛……清人之稱以‘盛京’者,其以此夫。”③

　　嘉道以降,伴隨東巡典制的終結與東北局勢的局部動盪,盛京漸有衰頹之勢④。而在燕行使者眼中,盛京作爲東北商業都會的地位仍難以撼動,發達的城市經濟已成爲其標志性銘牌。道光二十八年(1848)來華使臣李愚駿有言,“(盛京)都邑人物之盛,比遼陽又不知幾倍”,“蓋其繁華壯麗於此已如此,則皇城可知矣”⑤。同治十三年(1874)副使沈履澤由衷贊嘆,“萬貨輻至而輻湊,真知帝鄉之繁華殊異乎”⑥。彼時,盛京商業經過長時間的發展與積澱,商人隊伍及商業規模日漸壯大。來自直隸、山東、山西、吉林等遠近省份的商人咸聚於此,或結爲商幫,專司錢、糧、絲、皮及山貨等,或“采運各地貨物,懋遷有無”⑦。此外,盛京商業經濟的繁榮還帶動了周邊城鎮的發展。據光緒初年使臣林翰洙記載,處於盛京週邊的新民屯在盛京商業輻射的影響下逐漸成爲燕貨轉輸至東北的集散地,一時間滿蒙漢商賈彙集,昔日的村落“奄成一大都會”⑧。

　　(二)商都闤闠:盛京城市肆與滿漢商衆

　　市肆與商人是一個城市商業經濟發展程度最直觀的體現。透過對盛京商肆的觀察,燕行使者藉此感知到清朝社會經濟的繁榮,從而對清朝統治下的中國予以重新審視。與此同時,“燕行録”亦記載了活躍於盛京城内的滿漢商衆,其治生經營、商通有無的業迹,無疑引人注意。

　　作爲遼東商都,盛京商旅輻輳,市鋪連亘,自外攘門外至西關門内,通

---

①《盛京通志》,“定例,每丁給他五日,一日約六畝餘”。見《盛京通志》卷三八《田賦二》,《中國地方志集成·省志輯·遼寧1》,鳳凰出版社,2009年,頁676。

②［朝］徐浩修《熱河紀游》,《燕行録全集》卷五一,頁357。

③［朝］佚名《燕中聞見》,《燕行録全集》卷九六,頁300。

④參見丁海斌、時義《清代陪都盛京研究》,頁255—276。

⑤［朝］李有駿《夢游燕行録》,《燕行録全集》卷七六,頁428—429。原題李愚駿,誤。參見左江《〈燕行録全集〉考訂》,《域外漢籍研究集刊》第四輯,中華書局,2008年,頁59。

⑥［朝］沈履澤《燕行録》,《燕行録續集》卷一四四,頁158。

⑦王樹楠等《奉天通志》卷一一五《實業三》,頁2584。

⑧［朝］林翰洙《燕行録》,《燕行録全集》卷七八,頁149—150。

衢左右舉皆市廛。康熙三十六年（1697）隨團入燕的權喜學寫道，初入盛京，不知所向，“隨前而入，閭閻櫛比，車馬喧闐。左右市廛，物貨堆積，光彩炫目。列市各有標榜，魚市懸刻魚，靴肆揭繪靴。布帛綾段、餅麵麬之屬，用書識之。城内無一草家”①。十字街堪稱盛京城内最爲繁華喧鬧的商區。此處不僅物貨琳琅，商民熙攘，街市樓鋪亦裝潢奢麗，“如入波斯古市”②。康熙末年金昌業記載，“左右市肆百貨衒耀，百余步間皆堆積，獐鹿之懸者不可勝計。各色工匠如巨木、造車、造棺、造椅卓（桌），打造鐵器、錫器，及礱米、縫衣、彈棉花之類，種種皆有，而器械無不便利，一人所爲可兼我國十人之事”③。可見，十字街所售商品種類繁多，凡生活日用、山貨、手工業品皆有之，除商販外，仍不乏巧手工匠。至清中葉，十字街已遍佈各類商鋪，甚至邊遠省份名産亦遠銷至此。據同治年間燕行使記載，“緞廛曰洋縐綢緞，果廛曰奇珍幹鮮果品等，藥廛曰雲南生熟藥材丸丹等，畫廛曰古今名畫書帖，筆墨廛曰湖筆徽墨等”④。至於民間日用，“馬騾羊豕，獐鹿狐兔，雉雞鵝鴨，鯉鯽鱘魴，酒餅茶麵，柴灰油糖，果宷（實）蔬采（菜），到處充盈”⑤。除市廛繁盛外，燕行使筆下的盛京肆廛裝飾侈巧，彰顯出盛京商賈的雄厚財力。乾隆時期來華朝鮮文人朴趾源曾入十字街一酒肆，見店内“朱欄翠户，粉壁畫棟”⑥，以大樽盛置美酒，桌椅陳設整潔講究，實謂堂皇富麗。嘉慶三年（1798），書狀官徐有聞與使團成員賞玩盛京街肆，談及第一觀感，徐氏寫道，所見“金帛燦爛，物皆輻湊，悅（恍）惚玲瓏”，令人“目不正視，口不容稱”⑦。凡此種種，無不令初來乍到者瞠目贊嘆，正所謂“車前小卒皆瞠目，争説繁華勝我東”⑧。

　　商人是城市中不可或缺的一類人群。其不僅疏通了盛京的城市經濟

①［朝］權喜學《燕行日録》，《燕行録續集》卷一〇九，頁54—55。
②［朝］李容學《燕薊紀略》，《燕行録全編》第四輯第12册，頁432—433。
③［朝］金昌業《燕行日記》，《燕行録全集》卷三一，頁340。
④［朝］佚名《燕行日記》，《燕行録全集》卷七五，頁323。
⑤［朝］李永得《燕行録》，《燕行録全集》卷八〇，頁453—454。
⑥［朝］朴趾源《熱河日記》，《燕行録全集》卷五三，頁366—367。
⑦［朝］徐有聞《戊午燕録》，《燕行録全集》卷六二，頁165—166。
⑧［朝］李在學《癸丑燕行詩》，《燕行録全集》卷五七，頁476—477。

命脉，亦對盛京旗民群體的生活産生了重要的影響。歷覽市肆的同時，燕行使者對活躍其間的漢賈滿商亦有着細緻入微的觀察。在金碧雕繢的樓閣映襯下，燕行使者筆下的盛京商人多形貌妍麗，衣裝華美，盡顯富足之氣。乾隆年間洪大容寫道，盛京諸商“皆紋緞，衣狐豹裘，面貌浄白如傅（敷）粉”①。道光時期洪敬謨亦記載，“坐市者皆衣紋緞，禦狐裘，蓋山東、山西、江南之富商大賈”②。光緒初年使臣南一佑亦稱，“坐市者皆顔貌白皙，衣帽鮮麗”③。相較之下，游走於盛京街巷的行商小販則晨聚暮散，充滿律動。據同治年間使臣記載，盛京游商小販走街串巷，各呼其貨，“賣餳者擊鉦，賣油者擊木，洗鎦者鳴錫，造破者鳴鐵”，至深夜仍不輟，“撓（擾）亂窗外，還覺紛聒矣”④。一些燕行使還特別注意到市肆間的“滿賈”“胡商”，即滿人經商者。在朝鮮人印象中，滿人皆入旗籍，平日不事耕作，惟演習武藝。“燕行録”却不乏對盛京滿洲商人的鮮活記載。康熙五十九年（1720）李器之抱怨道，使團所到之處“雜胡持貨物出入紛紜”，其或與譯官争論賣價，或穿梭市肆售賣物貨，“喧聒不可堪”⑤。道光時期南履翼有言，“賈胡輩倚卓當門，意氣自得”⑥。一些燕行詩中還有“旗簾新肆半胡家”“半是商胡半是兵”之語⑦，其中或有文學誇張的成分，却在一定程度上揭示出盛京滿人棄兵從商的生業模式轉變。

（三）碌碌爲商：燕行使對盛京商業風氣的批判

朝鮮燕行使在感知盛京商業經濟的同時，亦從“他者”的立場，對其背後所反映的種種文化内涵作出解讀與批判。在部分燕行使看來，盛京民物繁華令之歆慕，而盛京商民所透露出的崇商逐利與奢靡侈濫之氣，無疑令其鄙夷。

---

①［朝］洪大容《湛軒燕記》，《燕行録全集》卷四二，頁 218。
②［朝］洪敬謨《冠岩游記》，《燕行録集》卷一三二，頁 398。
③［朝］南一佑《燕記》，《燕行録續集》卷一四五，頁 206。
④［朝］佚名《燕行日記》，《燕行録全集》卷七五，頁 323。
⑤［朝］李器之《一庵燕記》，《燕行録續集》卷一一〇，頁 431。
⑥［朝］南履翼《椒蔗續編》，《燕行録續集》卷一二八，頁 174。
⑦［朝］金昌集《燕行塤篪録》，《燕行録全集》卷三四，頁 53；［朝］姜浚欽《輶軒録》，《燕行録全集》卷六七，頁 33。

　　伴隨盛京商業經濟的發展,傳統社會的"賤商"觀念與滿洲質樸之俗因之受到衝擊。一方面,經商獲利的模式漸漸得到盛京滿漢人群的廣泛認可,尤其是滿人經商者愈衆。乾隆二年(1737)書狀官李喆輔曾與盛京滿人趙鶴齡筆談。趙氏自言祖輩爲鳳城甲軍,至其輩兄弟或經商營生,或從習舉業,其本人即"以販業資生"。李氏質問趙氏何不投身軍旅,反而"碌碌爲商賈"。趙氏答曰:"商賈初非鄙事。吾以是爲業,衣食頗裕。"①可見,經商謀利的觀念概已爲滿人所認同,以營商而改善生計成爲盛京滿人謀生的現實舉措。另一方面,商業經濟的繁榮在提升物質生活水準的同時,不可避免地導致社會風氣奢靡相尚。質樸儉素、惟尚無華歷來爲滿洲質樸之俗之要旨,而隨着商業風氣的浸潤,盛京滿漢人群中均出現了競商崇利、奢風日盛的社會風氣反轉。

　　透過對盛京市井、商民的觀察,燕行使對盛京民衆嗜利崇奢的風氣不乏批判,甚或大加鞭撻。乾隆五年(1740)使臣洪昌漢從服飾差異看到盛京奢靡之氣,不禁唶嘆:"我國則婦人堇服錦段,而此處常胡馬卒皆著錦衣"②。據乾隆末年副使李在學的觀察,盛京民皆商賈,"專以商業爲事,士、農僅爲什之一二"③,且城中之人衣食與馬極豪侈,俗尚竟如此。道光年間南履翼曾步入十字街一廛房參觀,見其"非但外面之炫煌,入見其房舍,雖至門闥皆塗金彩"。南氏感嘆,"此不過一個富商,而侈濫如此,國俗可知"④。同治年間沈履澤則尖鋭地指出,盛京民衆舉皆侈麗,"婆娑市廛,無非紋窗繡户,尋常民家,盡是雕牆畫榭"⑤,可謂侈濫。燕行使的儉奢之辨與批判之語,不僅是彼時中朝兩國財力、價值觀差異所致,在一定程度上更折射出盛京城市化過程中物質生活的新動向。然而,在朝鮮使臣視域中,盛京繁富的城市經濟雖令人豔羡,但其背後投射出的民風民俗之變,無疑使之警覺、令其鄙夷。

　　對於部分"慕華"而來的朝鮮士人而言,盛京崇奢趨利的社會風氣更給

---

① [朝]李喆輔《燕槎録》,《燕行録全集》卷三七,頁 440—441。

② [朝]洪昌漢《燕行日記》,《燕行録全集》卷三九,頁 133。

③ [朝]李在學《燕行日記》,《燕行録全集》卷五八,頁 226。

④ [朝]南履翼《椒蔗續編》,《燕行録續集》卷一二八,頁 180。

⑤ [朝]沈履澤《燕行録》,《燕行録續集》卷一四四,頁 158—159。

其以風俗菲薄、文教不興的强烈心理反差。乾隆四十八年(1783)李田秀留居盛京期間,曾多次訪求瀋中文士,不料却被告知"都是買賣之相公,未聞有會文章之人"。而通過與盛京民衆的接觸,李氏亦發覺,"習俗但知有銀錢,不知其他⋯⋯雖以華貫世胄,亦不恥爲商賈。雞鳴而起,孳孳爲之者,無非是利"①。同時期來華朝鮮文人金中正的評論則更爲極端,有言:"噫!瀋陽,遼薊之一都會也。風氣之所結,土地之所產,必有奇偉男子。而余之所逢,皆無識行貨之流,反不如遼東豕也。或隱在岩穴,吾未及見之耶"②。可見,燕行使者眼中盛京民皆商賈、用度豪侈背後所反映出的民風、民俗之變,使其產生相應的排斥心理。

三　依歸"本穴":盛京城的政治意涵與李朝"北伐大義"論

盛京以清朝奠業之都及先祖陵寢所在,被清朝統治者視爲"根本重地"。在朝鮮燕行使視域中,盛京除却都邑與東北商業都會的印象外,還凸顯着清人他日依歸之"本穴"的政治符號意味。一些燕行使指出,清朝有意將盛京打造爲財貨殷富、城池堅固的關外宏都,其目的在於如有風塵之警,則可倚之爲退守之地。正如嘉慶年間使臣李鼎受所言,"苟他日中國爲有主,則彼將首以瀋陽爲歸矣"③。

(一)根本"窟巢":朝鮮燕行使盛京"本穴"説之由來

在朝鮮燕行使者眼中,清朝對盛京的經營與治理背後實則有着恃爲"本穴",以備異時退守的政治隱情。那麼,朝鮮燕行使所言盛京"本穴"之説,其由何來?梳理燕行使及李朝君臣的相關記述,其緣由大致有三。

其一,盛京爲清朝興業之都,是滿人自東北邊隅而雄踞天下的根據地所在,故在燕行使的認知中,盛京之於清人有着根本陣地的"穴窟"意味。天命三年(1618),戰敗被俘的朝鮮軍官李民寏在《西行録》中曾以"舊穴"指稱滿洲老寨④。在後金(清)與明朝交戰之時,李朝官方亦慣以"虜穴""巢

①[朝]李田秀《入瀋記》,《燕行録全編》第二輯第 10 册,頁 208、462—463。
②[朝]金正中《燕行録》,《燕行録全集》卷七五,頁 81。
③[朝]李鼎受《游燕録》,《燕行録續集》卷一二四,頁 526。
④[朝]李民寏《西行録》,《燕行録續集》卷一〇五,頁 24。

穴"指稱瀋陽（盛京），此後這一代稱多有延用。如肅宗時期（1674—1720）領議政南九萬曾疏言，"清人以新起烏合之衆，處於瀋陽一隅。而祖大壽擁重兵在關外，擊柝相聞。清人若出兵東國，大壽必覆其巢穴"①。又如英祖朝（1724—1776）文臣姜再恒有"徑走瀋陽，覆其巢穴"之語②。燕行使李鼎受指出，"彼其視中國如一時之傳舍，隱然營窟於外，一則瀋陽也，一則寧古塔也"③。可見，李朝將盛京冠以"虜穴""巢穴"等稱謂，無疑是在表達對後金（清）政權的敵視。正由於此，相關語彙遂成爲盛京"本穴"説之原型。

其二，盛京不僅爲清人發迹之地，亦爲清朝祖宗陵寢所在。在燕行使者眼中，盛京三陵在一定程度上有着清人"窟穴"的象徵意味。在清朝的官方話語中，盛京以"橋山在焉"被視作國家"豐沛舊鄉"④。清帝通過東巡謁陵將"敬天法祖"與清朝統治合法性相聯繫。盛京三陵進而成爲清帝塑造政治權威，"佑啟我國家億萬年靈長之王業"的符號象徵。⑤ 是故，在朝鮮燕行使者看來，盛京陵寢不僅昭示了"皇清三代聖朝"的威嚴，更因"萬峰環拱，衆水祖宗"呈現出神秘性，成爲清朝"舊陵神穴"的正統所寄⑥。如康熙初年正使閔鼎重所謂"埋崇德以上諸酋三爐於瀋陽本穴"⑦。在燕行使眼中，正因清人先祖陵穴係之盛京，故而清朝統治者爲固守"本穴"，乃加意經營。

其三，盛京爲關外滿人聚居之地⑧，朝鮮燕行使者眼中盛京滿人蟻聚

①［朝］南九萬《藥泉集》卷五，《韓國文集叢刊》第 131 册，景仁文化社，1996 年，頁 525。
②［朝］姜再恒《立齋遺稿》卷一九，《韓國文集叢刊》第 210 册，景仁文化社，2000 年，頁 341。
③［朝］李鼎受《游燕録》，《燕行録續集》卷一二四，頁 526。
④《清高宗實録》卷四七二，乾隆十九年九月庚寅，《清實録》第 14 册，中華書局，1985 年，頁 1111。
⑤［清］阿桂等《滿洲源流考》卷一九《國俗四》，遼寧民族出版社，1988 年，頁 361。
⑥［朝］朴趾源《熱河日記》，《燕行録全集》卷五三，頁 415。
⑦［朝］閔鼎重《老峰燕行記》，《燕行録全集》卷二二，頁 356。
⑧有清一代，作爲客體的漢人移民、流人在盛京呈漸增趨勢，至咸豐初年，東北開禁後，盛京漢人已占據人口的絕對多數。從"燕行録"的記載來看，康熙年間，"自瀋陽以至山海關外，則清人居多"。乾隆時期，山海關外"稱民家者十不一二"。道光初年，使臣李永得所述則與前截然相反，所謂"自鳳城至瀋陽，雖稱滿人最多居之地，（轉下頁注）

狀態的真實觀感，亦是促成其將盛京視爲滿洲"本穴"的重要原因。盛京爲清朝關外駐防之重心，盛京城内雖爲滿漢雜居，而滿人仍占據相當之數。乾隆十年(1745)正使趙觀彬《瀋陽》一詩曰："雜種大都巢窟聚，余則强半帑藏分"①。諷喻之意雖不言而喻，却無疑反映出盛京聚集的龐大滿洲群體給燕行使者所帶來的觀感衝擊。對此，朝鮮文人李田秀亦言，"山海關以外則皆是滿人"，而盛京作爲滿人"根本往來之地"，關外滿人咸聚於此，"以慮他日捲歸之路也"②。可見，正是盛京滿人蟻聚似的聚居狀態，給燕行使者以相聚居生之"巢穴"印象。

(二)緩急無虞：燕行使對盛京"本穴"政治意涵的解讀

朝鮮燕行使者不僅承擔使行的禮儀之職，還肩負着搜集清朝政事民情的政治任務。在與盛京士民筆談之時，燕行使熱衷於詢問有關盛京城防、兵糧、官制、財賦等信息作爲探知清朝政情的一手材料。燕行使者深諳盛京"本穴"之於清朝的特殊政治意涵，遂秉承着"苟欲有所施爲，遼瀋今日之形勢，不可不先察"的態度③，通過使行往來之所聞所見，敏鋭地觀察到清朝鞏固與經營盛京"本穴"的種種舉措，並對其背後的政治意圖有所闡釋。

其一，盛京兵防。清代奉天地區以盛京爲中心，遍佈遼陽、寧遠等 14 處駐防城，以此强化對東北大後方的軍事掌控。燕行使通過往來觀察，指出清廷關外佈防以拱衛盛京爲要，且各城城池堅固、士馬精强，足禦軍事鎮守。對於盛京駐防兵額，燕行使關注最多。康熙五十年(1711)趙榮福以"清朝兵制，古今無敵"，問之護行甲軍。記曰：山海關以東列置滿洲三將軍，奉天將軍統兵逾萬，"凡其節制，則常時城門敵樓、街路巷口皆有定兵，

(接上頁注)比漢人不能什二三"。參見[朝]趙文命《燕行日記》，한국고전종합 DB(韓國古典綜合資料庫)，http://db.itkc.or.kr/；[朝]李田秀《入瀋記》，《燕行録全編》第二輯第 10 册，頁 463；[朝]李永得《燕行録》，《燕行録全集》卷七九，頁 129。

①[朝]趙觀彬《燕行詩》，《燕行録全集》卷三七，頁 586。

②[朝]李田秀《入瀋記》，《燕行録全編》第二輯第 10 册，頁 462—463。

③[朝]申錫愚《入燕記》，《燕行録全集》卷七七，頁 169。

而下番之兵亦不許百里外宿,常若待變之日"①。雍正時期使臣姜浩溥記載,"其軍兵則有八旗,一旗所屬甲率三百餘人,又有魚皮獐子九百名,皇帝親兵千余名,通計爲五千餘名云"②。乾隆年間副使徐浩修探聽到盛京的常備軍數,載盛京鎮守軍官有奉天將軍及副都統、協領、佐領、驍騎校,"所領馬兵五千七百二十八名,步兵八百名"③。嘉慶六年(1801)書狀官李基憲詳細記錄了盛京各個城門戍守甲兵的情況,曰:"城四面正方,而每面堞爲九十,每堞十卒守之。城之四角有三層鋪樓,每鋪百六十卒守之,每城門百卒守之云。可見其備禦之嚴密也。"④要之,燕行使普遍意識到盛京在軍事上的戰略意義,清朝爲鎮守"本穴"乃於此屯置重兵,正所謂"八旗之精銳咸聚,軍民爲一,滿漢相統,可見其深長慮也"⑤。

其二,盛京政要。在與盛京各衙門官員公事交往過程中,朝鮮燕行使者注意到盛京職官體系中顯著的滿漢差異性,即所謂"首崇滿洲""以滿治滿"。燕行使將之視爲清廷強化對盛京"本穴"根本掌控的政治舉措。一些朝鮮使臣指出,滿人在盛京官僚隊伍中無論就職司權重或職官數量而言,都處於絶對壟斷地位。如軍政要職盛京將軍,皇帝特派寵信的滿洲親貴充任,"常以宗室守之""覺羅都之","非外朝倚信,則皇室至親也"⑥。此外,燕行使還注意到,清廷在確保盛京以滿洲官僚爲主體的前提下,盛京滿漢官員在職司權重上亦差別明顯。乾隆五十五年(1790)正使金箕性寫道,凡盛京各衙門之要職皆以滿人居之,如"軍務兵政,清人皆主之"⑦。相較之下,漢人則不過備員,或署任"閑司",或充當中下級官吏,身居要職者鮮少。總之,在燕行使看來,從根本上確保盛京官僚隊伍的滿洲主體性是清廷奉

①[朝]趙榮福《燕行録》,《燕行録全集》卷三六,頁 396。按,趙氏所言"奉天將軍所統之兵有三萬六千"之語,有誤。乾隆時期,盛京駐防兵額雖稱最高,然其數未逾兩萬。參見陳鋒《清代軍費研究》,武漢大學出版社,2013 年,頁 19—21。

②[朝]姜浩溥《桑蓬録》,《燕行録續集》卷一一二,頁 486。

③[朝]徐浩修《熱河紀游》,《燕行録全集》卷五一,頁 371。

④[朝]李基憲《燕行日記》,《燕行録全集》卷六五,頁 58。

⑤[朝]朴來謙《瀋槎日記》,《燕行録全集》卷六九,頁 429。

⑥[朝]吳載紹《燕行日記》,《燕行録續集》卷一二一,頁 306;[朝]申錫愚《入燕記》,《燕行録全集》卷七七,頁 166;[朝]南履翼《椒蔗續編》,《燕行録續集》卷一二八,頁 180。

⑦[朝]金箕性《燕行日記》,《燕行録續集》卷一二〇,頁 526—527。

行不替的統治政策，其目的無不在於保證滿人對盛京“本穴”的統治利益與根本掌控。

其三，盛京財賦。由於盛京本地財政收入不敷，清朝特將東三省官兵俸餉等各項開銷納入國家財政的供給範疇，每年由盛京戶部赴京師領回①。然而，這一舉措在燕行使者看來，乃是清朝統治者轉輸關內貲財、充實盛京“本穴”的經濟政策。燕行往返之途，朝鮮使團時常逢見拉運盛京俸餉的車馬相續於道。乾隆年間使臣洪大容記載，遇運餉大車五十輛，“每車載五大櫃……五十車爲一百二十五萬兩”②。嘉慶六年（1801）書狀官李基憲還探聽到戶部曾撥付盛京戶部元寶銀一千萬兩，“補其頒料不足之數”③。據此，燕行使明言，清朝向盛京轉運財賦的目的在於傾全國財力將盛京打造爲財富彙聚之都，而京師與盛京頻繁的經濟聯繫背後實有着鞏固“本穴”的慮患之意與政治考量。康熙年間使臣趙龜命有言：“彼國之以金珠財寶輸於盛京者……蓋竭天下之力以固其巢穴”④。李種徽認爲，清朝不忘充實盛京府庫，如此即使一時有緩急，其將棄北京，而盛京“本穴”留存貲財亦足以令其盡享“東晉、南宋之偏安”⑤。雍正年間使臣趙尚絅更賦詩曰：“胡皇窟宅方營此，誰能熊揚起九原。即知清帝千年計，不在中原在北原。”⑥在其看來，清廷以中原財賦充實盛京“窟宅”，可謂深謀遠慮、有備無患之計。

（三）蕩盡“巢穴”：盛京“本穴”説與李朝“北伐大義論”

朝鮮李朝素以“小中華”自居，在“尊明攘夷”對華觀的影響下，部分朝鮮士人主張反清復明、興軍北伐的“北伐大義論”曾一度盛行⑦。清初，李朝常有“胡運不百年”之論，所謂“漢唐匈奴强盛，侵掠邊境，殆無虛日，未嘗

---

① 參見何永智《清代盛京戶部“赴京領餉”制度及其嬗變——兼論東三省俸餉籌措》，載《歷史教學》2019 年第 8 期，頁 52—61。

② ［朝］洪大容《燕行雜記》，《燕行録續集》卷一一八，頁 438。

③ ［朝］李基憲《燕行日記》，《燕行録全集》卷六五，頁 59—60。

④ ［朝］趙龜命《東溪集》，《韓國文集中的清代史料》第 6 册，廣西師範大學出版社，2008 年，頁 64。

⑤ ［朝］李種徽《修山集》卷六，《韓國文集叢刊》第 247 册，景仁文化社，2001 年，頁 412。

⑥ ［朝］趙尚絅《燕槎録》，《燕行録全集》卷三七，頁 163—163。

⑦ 有關“北伐大義論”，參見魏志江《中韓關係史研究》，中山大學出版社，2006 年，頁 220—227；王元周《小中華意識的嬗變》，民族出版社，2013 年，頁 64—79。

覬覦中國"。自金元亂華,"乃能革宋祚,而不過百年,旋即滅亡"①。康熙十三年(1674)值"三藩"起亂之際,李朝朝野人士密疏朝廷,主張趁清朝内亂紛擾,亟圖"北伐"。而在李朝的"北伐"藍圖中,盛京成爲朝鮮"北伐"的現實顧慮之一,無疑引起朝鮮君臣的高度重視。

作爲東北軍事要衝,盛京有着"扼山海關,據遼左,北借蒙古之兵,南責朝鮮之餉"②的地緣優勢。朝鮮士人深知,"我以鄰比之邦,處要害之地"③,遂紛紛籌議。如康熙二十一年書狀官韓泰東指出,"清人主華之後,則瀋陽以後東北一帶,皆其舊日部族,率皆服從,無外顧之憂"④。但對朝鮮而言,以盛京爲要衝的遼瀋之地確是不容忽視的潛在威脅。康熙四十三年(1704)正使李頤命還朝後,向肅宗奏報遼薊關防情形,疏曰:"臣往來燕路,伏見清人不修内外城砦,惟於瀋陽、寧塔增埤峙財,疑亦不自期以百年之運,而常有首丘營窟之計也"⑤。李氏之語雖在傳達"胡虜無百年"之意,但實際亦道出了其對於清朝鞏固盛京"本穴"的戒備心理。

在李朝君臣眼中,盛京"誠華夷間一咽喉也"⑥,"最爲清人咽喉之路"⑦。而正由於盛京對清朝而言有着留根退守、屏障東北大後方的戰略要義,故而相當一部分持"北伐大義論"觀點的朝鮮臣僚提出,直搗清朝"本穴"盛京則清人無從緩急,方可永絶"北伐"根本之患。如英祖朝(1724—1776)北伐論代表人物韓元震有言,清人苦心經營盛京"本穴","增築城池,積峙餞糧,以爲根本之地。其意蓋欲雖失中原,仍據遼左也。中國之師,雖驅虜出關,未必並舉遼瀋。虜内守舊巢,外據瀋陽,休兵養力,其勢足以吞噬我國"⑧。此中,韓氏將清政權冠以"虜""巢"等字眼,同時警告朝廷,清

①[朝]洪敬謨《冠岩游記》,《燕行録續集》卷一三二,頁 371—372。

②[朝]趙龜命《東溪集》,《韓國文集中的清代史料》第 6 册,頁 64。

③《顯宗實録》卷二,顯宗十五年七月癸亥,《李朝實録》第 37 册,日本學習院東洋文化研究所刊,1963 年,頁 579。

④[朝]韓泰東《兩世燕行録》,《燕行録全集》卷二九,頁 250。

⑤《肅宗實録》卷四三,肅宗三十二年正月辛未,《李朝實録》第 40 册,頁 2。

⑥[朝]李器之《一庵燕記》,《燕行録續集》卷一一二,頁 504。

⑦[朝]吴載紹《燕行日記》,《燕行録續集》卷一二一,頁 307。

⑧[朝]韓元震《南塘集》,《韓國文集中的清代史料》第 5 册,頁 168。

人不遺餘力地强固根本“巢穴”，若不加意防範，必將構成極大威脅。與韓氏同時期的趙裕壽則指出，北伐大義或不在於謀劃如何攻伐清朝京師，而在於擊潰其“根本之地”盛京，所謂“其不仰攻幽薊，而徑搗盛京根本之地，則似有策略”①。

　　隨着時間的推移，清朝統治日益穩定，朝鮮逐漸承認對清“事大”的現實，但一些堅持“北伐”抱負的燕行使仍不忘籌謀。例如嘉慶時期李鼎受在其使行日記中寫道：清朝統治者百年來不斷鞏固關外陪都盛京，遣精兵良將守之，竭天下之財輸之，“足可爲萬子孫長久不拔之基”。是故，惟有剪除清朝“本穴”盛京，“盡蕩其巢穴，永絕其根本，而後中國始可以安枕矣”②。然而，頗具諷刺意味的是，隨着清朝國力的鼎盛，陪都盛京與東北大後方固若金湯。李朝君臣雖有“北伐”意願，却始終僅停留在設想層面。終李氏一朝，“北伐”均未能施行。對此，道光時期使臣洪敬謨坦言：“今清主之崛起，借號才爲數世。歷年之多，根本之固，非如金元。地方之大，兵甲之衆，又非如金元。而自是城吞遼據瀋，遂成帝業斯，豈非天命之所啟乎”③。

結　語

　　“都邑者，政治與文化之標徵也”④。在中朝政治、文化差異的宏觀背景下，朝鮮燕行使者視域中的清代盛京城呈現出正面、負面印象彼此勾連交錯並不斷變化的複雜情況。而盛京城的多重形象恰恰反映出中朝多元政治、文化的彙聚與碰撞，更是朝鮮人不同的關注視角，相異的政治立場與文化意識綜合作用的結果。

　　一方面，游覽盛京的使行體驗無疑加深了朝鮮燕行使對清朝的認知。置身“異域”陪都，盛京雄壯的城池、繁榮的商業經濟，爲燕行使帶來觀光上國的異域體驗以及豐富的想像空間，進而打破了朝鮮士人固有觀念中所預

---

① ［朝］趙裕壽《後溪集》卷八，朝鮮英祖二十三年（1747）刻本，首爾大學奎章閣藏，圖書番號：奎 5006，頁 40a。

② ［朝］李鼎受《游燕録》，《燕行録續集》卷一二四，頁 526。

③ ［朝］洪敬謨《冠岩游記》，《燕行録續集》卷一三二，頁 371—372。

④ 王國維《殷周制度論》，《觀堂集林》卷一〇，中華書局，1959 年，頁 451。

設的滿洲"夷狄"統治下的中國的衰頹印象。與此同時,燕行使者也借此經歷了一次通過"他者"來認識"自我"的轉變。正如趙鶴齡與李喆輔筆談時所言:"子之駭我,亦猶我之駭子。制度各異,善惡何論。"①部分燕行使客觀地認識到中朝彼此間的政治、文化差異以及差距所在,不僅因此認同和肯定清朝的統治功績,更主張學習中國的先進文化,"利用厚生""北學中國",進而改良朝鮮的政治、經濟、文化②。

另一方面,朝鮮因深受儒家文化熏陶,因標榜爲明朝藩屏而"尊明攘夷"。入清後,李氏朝鮮雖被納入清朝的藩屬體系,而朝鮮人在政治、文化上却長期對清朝充滿敵意。面對意識形態與異質文化的衝擊,置身盛京的異域體驗無疑喚起燕行使之於明清鼎革的歷史記憶,而產生排異心理。盛京風物亦因此成爲燕行使"他者"叙述中的異樣風景。故此,部分燕行使仍局限於"宗社丘墟,夷狄入據"的對華觀③,强調縱使盛京富庶壯麗,而其人衣冠變異、其制度文物不興,"較之於我國漢都,亦風斯下矣"④。"華夷之辨"和崇明反清的對華觀,成爲部分朝鮮燕行使親近和感悟中國的隱性障礙,造成其在客觀認知清朝方面有所欠缺。

誠然,朝鮮燕行使者以"他者"的視域對清朝進行觀察與深描,"異域"視角書寫的"燕行録"可謂涵蓋了有關清朝各個方面的豐富信息,這些内容不僅往往不見於慣常的中國本土史籍中,更爲我們瞭解朝鮮人如何理解和看待清朝提供了一個獨特的視角。然而,將"燕行録"用作一手資料仍不可避免地引出了史料闡釋問題。"燕行録"從本質上而言仍是朝鮮來華使者的使行日記。雖然我們有充足的理由相信,"燕行録"乃基於燕行使者的實際觀察,較爲直接、具體地描述了其所見所聞,但此中道聽途説、穿鑿附會、相互抵牾者亦屢見不鮮。此外,"燕行録"必然摻雜着燕行使的見聞、想像與抽象思考,從而被作者的政治立場、情感傾向和價值觀所左右,在準確

①[朝]李喆輔《燕槎録》,《燕行録全集》卷三七,頁442。
②王廣義、許娜《朝鮮"燕行録"文獻與中國東北史研究》,載《學術交流》,2011年第5期,頁187—191。
③[朝]李海澈《燕行録》,《燕行録續集》卷一〇八,頁410。
④[朝]李時恒《和隱集》卷五,《韓國文集叢刊續》第57册,古典翻譯院,2008年,頁499—500。

性、全面性方面有着一定的局限。儘管歷史上真實的盛京城只會比“燕行録”中所描述的更爲複雜和生動。而“燕行録”所提供的信息仍舊無價，至少讓我們感受到了“域外”朝鮮士人的發聲，使我們得以借助朝鮮人的視角瞥見清朝陪都盛京的豐富面向。

（作者單位：中國人民大學清史研究所）

域外漢籍研究集刊　第十九輯
2020 年　頁 219—228

韓國近代漢字字書《字林摭奇》
的價值及體例研究

崔智博

　　《字林摭奇》成書于 1915 年，編者是李朝末代文臣劉漢翼①。"取疊文雙字之類别爲一編"，附於《字林補注》之末，"補注上下編有遺漏字，可與摭奇的編目和研究互相參考"。凡例説明了該書與《字林補注》的關係，但《字林摭奇》編排體例和内容自成風格，視爲獨立一書未嘗不可。

　　《字林摭奇》收録 7006 個形近字形，包括形近漢字 6965 個、與漢字形近的諺文 41 個。編者依據所收漢字的特徵作 58 類區别："字形雖云相似，然有上下相反，上雙下雙，上和下睦，左右反對，左雙右雙，左補右弼，夫唱婦隨，三横雁行，四方平安，顛沛匪虧，諺文合編等諸類彙作一編。"經過調查研究，該書所收的形近字中包含大量異體關係，因此在區别形近字、匯總異體字等方面具有不可忽視的價值。

　　《字林摭奇》現僅存石刻本一個版本。半葉 12 行，行 21 字。白口，單

---

① 劉漢翼（1844—1923），字鵬居，號海觀，杞溪人，書法家、篆刻家。他與同時期的丁學教、姜璡熙，吳世昌、金台錫共同被稱作五大篆刻家，在高宗時期五人重新摹刻了韓國第一本印譜——《寶蘇唐印存》（該印譜憲宗時代）。他對漢字很有研究，擅長楷篆和金石文，《字林補注》與《字林摭奇》兩書的題名均由他題寫，兼具篆文與金石文書意。1904 年德壽宫前門大漢門的匾額也爲劉漢翼所題寫。另外，世上存有多種劉漢翼的書法作品，《同樞公墓碣銘》《篆法四體——千字篆》等。他還曾爲兒童初學課本《通學徑編》撰寫過跋文。

黑魚尾。四周雙邊,内裏單欄。有序、跋①。扉頁題"白雲深處藏字林摭奇海觀題",鈐 5 印:"真趣""樂琴書以消憂""劉海觀""漢翼印",另外一印漫漶不清。該版本由中國上海二馬路千頃堂書局印刷,1921 年於朝鮮京城府朴敬沼發行出版,現藏于韓國東國大學中央圖書館。

重印兩次。一次是中國上海二馬路千頃堂書局印刷,1922 年朝鮮京城府朴敬沼發行出版,現於韓國國立中央圖書館、首爾大學中央圖書館、啟明大學東山圖書館等地有藏。一次是 1924 年,再版時書名更爲《無雙字典大海附字林摭奇》,中國上海二馬路千頃堂書局印刷,京城部鐘路 3 丁目 65 號的大廣書林發行出版,發行者爲朴健會。該版本現爲朴亨翊教授私人收藏。

長期以來《字林摭奇》的價值没有得到學界的重視,由於該書附在《字林補注》之後,被看作從屬地位,另外,其時代背景也是被忽視的原因之一。韓國學者田日周的《韓國漢字字典研究》②一書評價《字林摭奇》"具有明顯的獨創性,對於喜歡書畫的人,本書也是一本難得的藝術品,它的字體考究,具有一定的借鑒價值和欣賞價值"。他只是將其收字特色作爲一種借鑒、欣賞的游戲翰墨,没有發現其學術價值。《韓國字典的歷史》③在《韓國的代表性字典》一章提及《字林摭奇》,評價其分類方法:"因爲忽視字形構成的特點,所以分類缺乏一貫性。"不可否認,其分類必然存在缺陷,但是瑕不掩瑜,該書的獨創價值也是難以被掩蓋的。上述二書都只是羅列了《字林摭奇》的 58 種分類,而對其内容特色未加研究。

由於域外材料的地域局限性,國内學者對《字林摭奇》知之甚少,加上其產生年代較近,被認爲文字價值不高而少人問津。李榮先生在《文字問題》中提到:"我們的文字學向來是偏重古的,着重研究許慎《説文解字》及其以前的文字,對刻板以後流行的印刷體,對現在通行的文字都不够注意。"④然而《字林摭奇》是漢字流傳、積累、匯通的產物,產生非一時一地,

---

① 作序者金允植(1835—1922),字洵卿,號雲養,文臣、學者,著有《雲養集》《天津談草》
　《陰晴史》等。作跋者閔泳徽(1852—1935),字君八,號荷汀,文臣。
② [韓]田日周(전일주)《韓國漢字字典研究》,中文出版社,2004 年。
③ [韓]朴亨翊(박형익)《韓國字典的歷史》,歷史出版社,2012 年。
④ 李榮《文字問題》,商務印書館,2012 年,頁 10。

匯聚了編者對漢字的認識,體現出漢字流傳到朝鮮所生發出的民族性特色。有鑒於此,我們經過對《字林摭奇》的深入調查研究,本文重點發掘其價值和貢獻,兼論其獨具特色的體例編排方式。

一

　　漢字的同音同義現象歷來備受關注,而近 20 年來有關形近字的研究也越來越受到重視,包括形近字字典、漢字字形辨析類字典,以及有關形近字研究的論文層出不窮。事實上,我國真正意義的形近字字典是在 20 世紀 70 年代末 80 年代初才開始編纂,如《容易用錯的字》(曉敏,1978)、《漢字字形辨析三百例》(費錦昌等,1987)、《漢字解形辨似手册》(陳鐵等,1988)、《形近字實用字典》(彭澤潤,1998)等①。形近字現象是漢字研究中重要的一個方面,關於形近字的由來目前研究鮮有論及,而了解形近字的生發對漢字的傳播、教學、研究和字典編纂都具有非常重要的意義。

　　《康熙字典》是中國古代字書的集大成者,在文字學、字典學史上具有承上啟下的重要地位。《字林摭奇》從《康熙字典》中摭取"奇字",匯集成書。這些所謂的"奇字"其實就是形近字,因此《字林摭奇》是對中古之後楷書形近漢字的匯總和梳理。《字林摭奇》中形近字約占《康熙字典》總字數的 14％,這一數據可以反映出這些形近字在漢字中的占比情況②。在現代漢字中,形近字占總字數的 11.85％③,拋開異體字因素的影響,則前一數據也是可信的,均反映出形近字在漢字中不可忽視的地位。一方面由於這些形近字距古未遠,不得不說,就形近字本體研究而言,《字林摭奇》對研究形近字生發具有不可忽視的作用,另一方面《字林摭奇》由朝鮮學者編纂而成,是域外學者對漢字的認知反映,爲避免由於漢字形近而混用,可以爲漢

---

① 參考鄭繼娥《20 年代現代漢字形近字研究的考察》,載《西南民族學院學報》(哲學社會科學版),2000 年 10 月第 10 期。

② 目前關於《康熙字典》總字數衆説紛紜,而《字林摭奇》中很小一部分楷書字頭不見於《康熙字典》,但細微的數字差異不影響占比情況的反映。

③ 參考周文德《現行漢字形近字分析》,載《西南師範大學學報》(人文社會科學版),2000 年 5 月第 3 期。

字認知規律提供綫索。《字林摭奇》的編者早在 20 世紀初便有了區別形近、易混漢字的概念,體現了漢字流傳域外所生發出的新活力。

經過調查分析,我們認爲《字林摭奇》的 58 類形近字可以歸納爲四種類型:輪廓相同、結構相近、構件相同,以及漢字内部構件變化。每一類下有細微差異,由於這些相同元素與不同元素而導致這些漢字形近、易混,匯總和梳理這些元素對區别形近易混漢字和漢字學習很有幫助。

(一)輪廓相同

1. 筆畫數相同或相近

顛沛匪虧:曰—日—曰、亙—互、田—申、罒—目、囷—囙、亞—亜①;

2. 部分構件不同

體異首仝:哉—栽—戴—裁—載—截—戴、券—劵—卷—桊—拳—拲;

體仝首異:鬳—鬶—鬻—鬻—鬻—鬻—鬻

體變不完:佀—但、薁—薁、胏—倚、尪—尪、郡—郡、衜—衙、是—昰;

體變神奇:剪—剃、卩—弓、岭—岺、駱—駕、黔—黟、夷—夸、虁—虁;

(二)結構相近

1. 上下結構②

上雙下雙:糕—絣—粿—糕、劳—羽、蒜—森、鬮—鬮、兢—競—兢;

上承下接:犇—桑、篦—篦—篦、菎—菎、罿—羉—蠶;

上二層雙:箕—篡、菅—藋、箳—簡、蔞—蔞;

下二層雙:罍—罍、篆—荼—蠢、霦—靊;

上護一雙:坐—光、祟—祟、棄—巷—巷、嬰—繄、梟—梟　;

下護一雙:乖—乖—斑、來—萊、纖—纔;

二直上和:季—季、希—希—系、毒—毒、盞—賚;

二直中和:厚—草、冢—豕、屢—屢、羼—犇;

二直下睦:臭—臭—暴、旨—旨—音、序—序、箐—莓;

二橫上唱:岱—岱、皆—竣、北—韭、癸—癸、斐—斐、蜚—裴、晉—晉;

二橫中唱:奢—粤、壹—壹、襄—襄、衆—睿—睿;

---

①四字短語爲編者劉漢翼擬定的分類名稱,短語後面舉例該組分類中具有代表性的幾組形近字,下文皆采用這種方式,不一一説明。

②此處分類根據編者對漢字結構的認知劃分,不考慮漢字本身的結構和性質,下同。

二橫下隨:氼—炏—炗、爪—爫、卹—廊—卯、森—森—麻、螽—蟲;

三橫上鴈:艿—學、豐—璽、晉—舜;

三橫下鴈:昆—炎、帛—鼻、衆—臬、裔—㐭、霏—霹;

∴形上成:婆—魯、音—菜、墨—糸、曾—榮、悤—桑、雟—鑴;

∴形中成:參—寨、縈—篆、巢—蘂、藥—蘗;

∴形下字:侖—崗、奔—喬、疷—廗、竃—竈、屬—癮;

四方上平:昝—簪、惠—覬、璽—鼉、若—崔;

四方中平:堯—尭、蒜—蕁、褒—窒、寰—塞—塞—寨;

四方下安:窶—睘—窊—闍;

2.左右結構

二直左和:洮—俎—姚、刔—劫—卦—封、剡—羧—斷—斷;

二直右睦:訜—設—酘、佳—哇—娃、眵—移—夥、唱—詯—趕、謳—躍—遐;

二橫左唱:歧—敁—坎、赴—刲—覘、弦—弰、删—肋—脇、賦—鵬;

二橫右隨:怂—樅—縱、迎—細—迦、攃—燅;

左雙右雙:翔—翎、飛—搋、粼—繗;

三橫左鴈:𤲞—浦—須、𤜶—雛—順;

三橫右鴈: 彡—杉—沴—形、 膨—蟛—澎—縫—輅、 圳—玔—𤰚—
𤰮—紃;

∴形左成:歘—毵、勖—馘、敢—歇;

∴形右字:阬—放、娥—張—根—旅、協—愶—愶—澀—碰—膧;

四方左平:剡—覿—敠—歂—糵;

四方右安:啜—媛—惙—偘—囓—俓—孅;

3.左中右結構

左輔右弼:壩—嫩—蕀—疀、𢇅—蕭—𢇦—弼—𢏕—𢏚、林—𣏟—𣏟;

左右扶腋:巫—夾、昏—垚、乖—乘、戀—㗊、爽—㞾—辇—藥;

左右層雙:龜—繁—樂—彎;

4.上中下結構

三橫中鴈:巫—聖、瘂—瘤、靈—靈、愛—嫛;

三層雙鴈:絲—𦃃—𦃃—𥿮、藜—蘽、彝—髖;

5.其他

三鴈曲行：龯—龖—龘—龗—燚；

四方具平：傘—傘、畢—檠、莝—葦；

四方具安：噐—啒—器、畾—畾—畾、龃—龃—踘、舜—舜—舞；

（三）構件相同

1.位置不同

體變義全：勹—气、屐—馭、吼—呇、均—畸、咽—呬、媼—嫂、懲—懲；

體變義異：化—厄、仙—仚、吠—吳、憎—意、暑—暖、泊—泉、仿—从；

2.方向不同

上下相反：二—二、予—孓、凹—凹、玉—王、由—甲、昱—音、美—羍、麋—麗；

左右背對：屮—屮、卯—卯、亞—亞；

左右反對：丂—己、彐—彐、予—了、少—少、姞—故、嫐—敊、扚—牂、朗—朖；

3.數量不同

上和下睦：絫—叒—叕、厶—夑—夊、多—咼—彐；

夫唱婦隨：覎—覎、烑—兢、阤—阤、卅—卅、夶—扶、弜—弱；

三直不移：氽；

三橫雁行：巛—巛、彡—川、似—氶、皿—肼、趚—鑾；

∴形成字：衆—傘、劢—劢、垚—垚、晶—畾、森—畾；

四方平安：灥—叕—林、皿—磊、鸃—鱻；

（四）漢字內部構件相同，但方向不同

顛沛反對：亓、刕、卡、生、冒。

二

　　中國字書編纂歷史悠久，編者根據不同的編寫目的采用了不同的編纂體例，可以簡單歸爲四類，以《爾雅》爲代表，"以義類聚"，全書根據詞義分爲19篇；以《説文解字》爲代表，首創540部首，"據形繫聯"；以《康熙字典》爲代表，分爲214部首，部首按照筆畫數排列；還有一類根據漢字聲韻編排。韓國傳世的漢字字書深受中國字書編纂體例的影響，以義類聚。以蒙求類字書《訓蒙字會》（1527）爲代表，將收字根據詞義分爲16類，"四字類聚,諧韻作書";《説文解字翼徵》(1783)因爲本就是勘正《説文》之書,所以體例亦從之,按照 540 部編排,分爲 14 卷,每部標有部首、部次、所屬字、重文和所徵字數量;受《康熙字典》影響深遠的以《全韻玉篇》(1796)爲代表,"是韓國第一部真正意義上的楷書字彙,從此'玉篇'成爲韓國漢字字典的代名詞"①,采用 214 部,按照部首筆畫數排列,該書是韓國近代漢字字典的濫觴;根據聲韻編排的如《第五游》(18 世紀末),根據韻母分爲八類。

甲午更張到朝鮮半島光復時期的韓國近代漢字字書受《康熙字典》影響深遠,像《國漢文新玉篇》(1908)、《字典釋要》(1909)、《漢鮮文新玉篇》(1918)、《新字典》(1913)和《字林補注》(1922)等均受其影響,尤其是《字典釋要》和《新字典》更是對《康熙字典》的直接承襲。在編排方式上,這一時期字書的編排體例主要是 214 部按筆畫數編排。雖然諺文創製於 14 世紀,但由于文人和貴族的抵制,直到 20 世紀才被廣泛運用,並在字書中用於標記韓音、韓義。各書釋字體例不盡相同,大體上可總結爲"楷書字頭,諺文釋義,諺文標音,漢字釋義,相關文獻用例,韻字,相關異體字(多用'仝''通''俗''古'等溝通字際關係)",以《字林補注》釋"一"爲例:"一,한,일,數之始均也,同也。天地未分,元氣泰一。質。弋古,舊壹通。"

《字林摭奇》在繼承以往字書釋字體例的基礎上,抛開漢字的形意關係,以一種平面視角看待漢字,將漢字進行平面切分;自創體例,將形體相近的漢字歸納爲 54 類,每類以四字短語概括該類特點。

首創以類部首構件統字,據"形"繫聯。所謂"類部首構件",是形近漢字中共同存在的元素,這個元素可能是成字構件,也可能是非成字構件,有的甚至不是緊密的一個整體,但在字書中都起到與部首功能類似的統領作用。比如,成字構件"人(亻)""羊""多""月"等,非成字構件"彐""屮""爫""乚",由兩個及以上的成字構件組成的非成字構件,如"龣""玨""聿""龀""皿"等。編者根據這些類部首構件的形體特徵,將所收錄的形近漢字歸爲 58 類,每類下轄的類部首構件以筆畫數由少到多依次排列,數量不盡相同,每個類部首構件下的楷書字頭亦是按照筆畫數排列。如"體變義仝"的類部首構件"心(忄、㣺)"下轄"憪""戇""憻""㦤"等,"上二層雙"的類部首構

---

① 李海燕《漢字楷書字彙域外傳播的對照與聯繫——以中國宋本〈玉篇〉和韓國〈全韻玉篇〉爲例》,載《同濟大學學報》(社會科學版),第 26 卷第 2 期,2015 年 4 月。

件“𥬇”下轄“箸”“簧”“籯”“籈”等，“四方中平”的類部首構件“珽”下轄“裹”“窠”“寴”“塞”“寨”“寨”等。

釋字體例上，《字林摭奇》承接了與同時期其他字書類似的方式。對於首次出現的楷書字頭，按照“楷書字頭，諺文標音，諺文釋義，漢字釋義，韻字，相關異體字（多用‘仝’‘通’‘俗’‘古’等溝通字際關係）”的結構解説，如果是多音多義字，則重複這一結構。如“二直右睦”：“挧，차，칠，拍也，麻。”“體變義異”：“惡，악，악헐，不善，醜陋，藥，亞古惡仝；오，何也，嘆辭，虞；憎也，遇，偬仝。”對於在其他條例中解説過的楷書字頭，則以“仝”“通”“俗”“古”“本”等溝通字際關係。如“左右反對”：“己，呵本。”“四方中平”：“㡀，上古。”對於在《字林補注》中解説過的楷書字頭，則以“見首部”簡單提示。如“上下相反”：“丨，見首部。”

58 個分類術語從構件置向、構件數量、構件形體對每組所轄漢字的字形特點進行宏觀概括，用“左”“右”“上”“下”表示類部首構件在漢字中的位置，用“直”“橫”“反”“對”表示類部首構件在漢字中的方向，用“二”“三”“四”表示構件的數量，因此其所用術語具有系統性。不同類別之間的細微差異也區別開來，像“上下相反”（如，二—二，目—目，塱—塱、杏—呆）、“左右反對”（如，万—乜、匙—堤、扰—牂、朗—朖）和“體變義仝”（如，均—坷、呬—呬、嫚—嫚、憽—憽）之間看似都是構件位置的改變，但實際上，“上下相反”是構件位置上下改變，“左右反對”是構件位置左右改變，而“體變義仝”，一是構件位置是左右與上下的改變，二是構件位置改變而字義不發生變化，也就是説這一組中構形位置不同的兩個字既是形近字又是異體字關係，而“上下相反”和“左右反對”表示的兩個字大都只是形近字。

58 個分類的最後兩組“諺文相似”和“諺文合法”是有關諺文的部分。“諺文相似”收 29 字，主要是將與諺文字母形近的漢字匯總起來，如，“卜”“丄”“丁”“人”“兀”“亼”“口”等；“諺文合法”收 12 字，介紹諺文與漢字之間的形體關係，如“가，卜字右接”“겨，兀字左旋右接”“ᄀ，丁字下接”“고，兀倒從左下接”“ᄀ，丶字下接”等。這似乎説明了諺文字形與漢字的密切關係。關於諺文字形的來源歷來爭議很大，主要有四種説法，分別是源於古隸、梵文字母、八思巴字和象形説。創製諺文的學者之一鄭麟趾曾表示諺文字母的字形是“象形而字仿古隸”，“這是長期使用漢字的實際情況所決

定的"①。陸錫興先生推斷諺文源於漢字的說法是可信的,"諺文成爲初、中、終三聲合成的方塊字,這和漢字結構相似,諺文成字表示一個音節,這和漢字的讀音也一樣。諺文的基本元件以象形爲基礎,構字以方塊成形,是承襲漢字而來,而且它的前身反切字是在漢字反切字的啟發下穿鑿的。所以説諺文雖然屬於與漢字不同的標音文字,但是它的主要成分都是從漢字發展而來,是方塊字的新形式。"②《字林摭奇》是首部將諺文字形與漢字字形作比的朝鮮字書,既反映了漢字流傳異域的變化,也在一定程度上揭示了諺文與漢字之間的緊密聯繫。

　　《字林摭奇》所收形近字和編排體例反映了域外民族與漢字相適應的情況,反映出編者的漢字觀。編者對漢字具有構件動態組合的認識,但是從平面結構層面理解漢字,立足于漢字構件的構形特點,把漢字分解成不同層次進行比較、聚合,忽視了漢字結構所具有的層級性及各層級構件的功能,從而忽視漢字作爲意音文字的本質和漢字的表意功能。

三

　　漢字之間的形、音、義關係通過字際關係表現出來,異體字、俗字、古今字等都是字際關係的表現形式。《字林摭奇》溝通了大量的字際關係,其中包含字際關係的字條有 4754 條,用"仝""古""俗""通"等術語進行溝通。有的字際關係比較單一,而有的非常豐富,同一個字條包含多種字際關係。凡例:"楷字出於隸字,隸出於篆字,而邇來字學漸微,多失本旨,故一遵《康熙字典》、古文四聲韻字學。"《字林摭奇》除了從《康熙字典》摭取形近字,也對其豐富的字際關係刪繁就簡,溝通廣泛。《康熙字典》通常使用"本作""亦作""古文""本字""同""俗字"等豐富的術語進行字際關係溝通,可謂繁雜,而《字林摭奇》與《康熙字典》不同,溝通字際關係所用的術語比較簡潔。

　　根據《字林摭奇》中溝通的字際關係,不少形近字的產生與一字異體有密不可分的關係。對《字林摭奇》所溝通的字際關係進行調查、篩選,其所收的 6965 個楷書字頭中屬於異體關係的有 2434 字,占所收形近字總字數

①陸錫興《漢字傳播史》,語文出版社,2002 年,頁 362。
②陸錫興《漢字傳播史》,頁 362。

的 34.9%。異體字在形近字各情況中的占比如下①。

形近字類型	輪廓相同		結構相近					構件相同			漢字内部構件相同，但方向不同
	筆畫數相同或相近	部分構件不同	上下結構	左右結構	左中右結構	上中下結構	其他	位置不同	方向不同	數量不同	
形近字占比(%)	0.19	16.93	22.24	16.42	1.16	0.65	1.11	21.70	13	4.48	0.42
形近字中異體字比重(%)	0	21.98	6	3.29	1.48	0.25	0.16	44.49	21.45	0.90	0

　　根據上表可知，"結構相近"是造成形近字很重要的原因，這可以爲現代漢字中形近字產生的原因提供一些啟發。"構件相同"的形近字中異體字所占比重尤爲明顯，主要表現在構件置向的改變上；其次是"部分構件不同"的形近字中異體字也占有優勢。但是實際情況是，"部分構件不同"類中占重要地位的是"體異首全"，這組字中，除了"券—券—卷—卷—拳—拳""哉—栽—裁—裁—載—截—戴"等以外，還包括占有很大比重的"綦—棋—碁""棠—樀""鼇—蟆"等，它們與屬於"位置不同"的"體變義全"類難分彼此；"方向不同"中的"上下相反"中也包括了與"體變義全"類似的内容，如"鴛—臭""虀—齏""蠡—鬒"等。這一方面説明《字林摭奇》内在的分類不能從一而終，另一方面也説明"位置不同"中的異體字的比重遠不止上表數據。由此可見，改變位置既是形成異體字的最重要的手段之一，也是構成形近字的重要原因之一。

（作者單位：華東師範大學中文系）

---

①表中數據來源于對《字林摭奇》數據庫的統計。

越南漢籍研究

域外漢籍研究集刊　第十九輯
2020 年　頁 231—248

越南後黎朝前期石刻文獻
用字考察(1428—1527 年)[*]

越南後黎朝前期石刻文獻用字考察(1428—1527 年)[*]

劉正印

一　引言

公元 1428 年,黎太祖統一越南,建立後黎朝①;公元 1527 年,黎恭皇禪位莫登庸,後黎朝前期結束。在此期間,統治者内修政治,外拓疆土,使越南達到了封建社會的鼎盛時期。尤其在文教方面,儒學和科舉受到了前所未有的重視和推崇②。遺憾的是,由於地理環境等諸多因素,該時期的紙質文獻傳世極少,石刻文獻是僅有的"同時資料"。經過調查統計,越南後

* 國家社科基金重大項目"越南漢字資源整理及相關專題研究"(17ZDA308)階段成果,西南少數民族地區跨文化漢字研究中心項目"俗字在南方少數民族地區的發展及影響"(2018khz004)階段成果。越南社會科學翰林所屬漢喃研究院[越]丁克順教授提供了文章所用材料及部分相關研究論文,河内國家大學所屬人文與社會科學大學[越]裴英掌先生和胡志明市師範大學[越]潘謝清緣同學給予了越南語翻譯幫助,匿名審稿專家對本文提出了中肯的修改意見,在此一併致謝。
①越南歷史上有前黎朝和後黎朝,後黎朝又分爲後黎朝前期(1428—1527)、後黎朝後期(1533—1788)。
②陳文《科舉取士與儒學在越南的傳播發展——以越南後黎朝爲中心》,載《世界歷史》,2012 年第 5 期,頁 68。

黎朝前期石刻文獻現已發現近百件①，主要分佈在越南北部高平、萊州、和平、永福、河内、清化等地，形制大致分爲碑刻、墓誌、摩崖，内容有表德紀功類、哀誄紀念類、詩歌散文類、記事功德類、科擧題名類、規約類等；文獻多用漢語寫成，越南語寫成的僅一首詩歌。

　　目前，國内外學界關於越南後黎朝前期石刻文獻的成果主要有：1. 在文獻整理方面，［越］范氏垂榮編譯校訂的《黎初碑文選》2014 年由社會科學出版社出版，收集了來自越南不同省份的 67 方碑銘，正文内容是碑銘録文和國語翻譯，末附原拓。書中雖介紹了碑銘的選取標準和形制、碑文的翻譯原則和書寫特點等，但較爲簡單，且語言不通，國内學者難以利用。2. 在文獻研究方面，［越］丁克順《16 世紀碑刻的石料、刻工和特徵》②《越南黎初朝代(1428—1527 年)的碑文：新發現及其資料價值》③和［越］范氏垂榮《黎初碑文内容與形式的一些特點》④對後黎朝初期石刻文獻的整體情況和價值作了簡要概述。［日］八尾隆生《黎朝開國功臣關連碑文(1)》⑤《黎朝開國功臣關連碑文(2)》⑥，［越］丁克順《15 世紀越南黎初朝代的藍京碑林》⑦，［越］潘青皇《傳承與新變：黎朝"進士題名碑"研究》⑧就石刻的某一類内容進行了描寫探討。還有一些專題研究，［日］八尾隆生《黎初箱碑文》⑨挑選 11 方後黎朝初期的墓誌，梳理了其中記載的人物關係；［日］吉川和希《黎朝初期"黎希葛碑文"》⑩對中越關係史上重要人物黎希葛的生平進行了考證。以上成果介紹性的多，專題性的少；專題研究多集中於文獻内容上，文獻形式(即文字)的研究幾乎没有。從越南文字發展史及漢字域外傳播史角度看，這批石刻文獻是現在研究越南 15 至 16 世紀文字使用情

---

① 見附録。有些石刻文獻的内容雖傳抄於世，但原刻及拓片俱佚，此類不計算在内。

② 載《漢喃雜誌》，1988 年第 2 期，頁 25—30。

③ 該論文未刊。

④ 載《漢喃雜誌》，2008 年第 4 期，頁 38—48。

⑤ 載《廣島東洋史學報》，2001 年第 6 期，頁 14—37。

⑥ 載《廣島東洋史學報》，2002 年第 7 期，頁 72—87。

⑦ 載《漢字研究》，2014 年第 11 輯，頁 21—37。

⑧ 臺灣中正大學中國文學系碩士學位論文，2015 年。

⑨ 載《大阪外國語大學論集》，1999 年第 21 號，頁 241—258。

⑩ 載《漢喃雜誌》，2008 年第 1 期，頁 38—52。

況和漢字在越南傳播和發展的唯一可用材料。因此,越南後黎朝前期石刻文獻用字考察不僅可以進一步豐富材料本身的研究內容,揭示其文字學價值,同時還能在一定程度上彌補越南文字斷代研究和漢字南傳越南研究的空白。

用字考察①包括構成文本的所有字詞。“字”即字符,包括“字樣”“字位”“字種”等不同的指稱單位。“詞”即語符,基本單位有“詞音”“詞項”“詞位”和“詞族”。文章中主要涉及了“字樣”“字位”和“詞項”。“字樣”是文本中自然呈現的一個個獨立的形體,將構形屬性相同的字樣歸併到一起就形成字符的基本單位“字位”;如果字樣之間具有構形屬性的差異(包括構件類型、構件數量、構件分佈、構件功能、構件關係、構件變異等),就區分爲不同的字位。“詞項”是帶有某項意義的特定音節。由於多數石刻存在字迹漫漶不清的現象,難以做到全方面的字、詞測查。故我們根據實際情況並結合材料自身特點,重點對漢語語符和越南語語符用字進行考察。

二　漢語語符用字

(一)異體字

1.表示“帝王命令”的詞項{敕}由兩個字位來記錄,分別是:(1)勅,“聞欽奉陛見,～封真人,館長安寺”(《貝洞聖迹碑記》1453 年),“欽奉～旨”(《田土碑》1495 年),“洪順二年歲次庚午仲秋吉日,進慎光禄大夫少保禮部尚書東閣大學士兼國子監祭知經筵事臣黎嵩等奉～撰”(《古迹靈祠碑記》1510 年)。(2)敕,“有～翰林院撰神道文”(《桂俠流芳之碑》1485 年),“洪德二十五年甲寅冬十月一日,顯亮大夫翰林院侍書掌翰林院事兼禮部右侍郎臣阮沖慇等奉～撰”(《寶香郁麗之碑》1494 年),“景統三年庚申夏五月二十八日辛巳,禮部左侍郎朝列大夫兼翰林院侍讀掌翰林院事臣阮保奉～撰”(《顯瑞庵碑》1500 年),“朝列大夫東閣學士脩善尹臣程志森同奉～撰”(《大越藍山敬陵碑》1505 年);敕,“順天元年戊申,～授大將”(《謚恭武之石

①本文用字考察的方法和術語運用了李運富先生提出的“漢字職用學”理論。詳參李運富《論漢字職用的考察與描寫》,載《上海師範大學學報(哲學社會科學版)》,2017 年第 1 期,頁 5—12。

誌》1465 年）。

　　“來”隸書或作“来”，“束”或作“束”，二者形近相訛。又“束”“束”亦形近，是以“敕”先訛爲“敕”，再訛爲“救”。《隸辨・入聲・職韻》引《史晨後碑》云：“《易・噬嗑》‘先王以明罰勅法’，《書・皋陶謨》‘勅我五典五惇哉’，《益稷》‘勅天之命’，《康誥》‘惟民其勅懋和’，《多士》‘勅殷命終于帝’，《詩・楚茨》‘既匡既勅’，救皆作勅者，從石經之文也。”①據此，“救”可作“勅”。“來”簡化作“来”，則“勅”作“勅”。《正字通・力部》：“勅，同勅，俗省。舊注‘俗勅字’，非。”②“勅”“勅”歸併爲一字位。

　　2. 表示“流傳後世”的詞項｛垂｝由兩個字位記録，分別是：(1) 埀，“帶礪不移臣子節，名～萬世與山俱”（《御製詩(2)》1431 年），“刻石以題其名，～永久也”（《洪德六年乙未科進士題名記》1484 年），“宜勒堅珉，以～不朽”（《大越錦榮長公主神道碑》1498 年），“宜立碑紀其事，以～不朽”（《顯瑞庵碑》1500 年），“功佐中興，福～後裔”（《磻溪侯墓誌》1511 年），“因名于石，永永昭～”（《萬壽》1522 年）；垂，“迺記實事用勸世人，以～於不朽”（《虬山渡記》）1525 年）。(2) 乖，“與天地河嶽而並～萬萬古者也”（《貝洞聖迹碑記》1453 年）。

　　“埀”爲此時期常用字形。《俗書刊誤・平聲・灰韻》：“垂，本作埀，俗作埀垂。”③“埀”“垂”歸併爲一字位。又《康熙字典・土部》：“乖，俗垂字。”④“乖”由“埀”簡省而來。

　　3. 表示“管理”的詞項｛管｝由三個字位記録，分別是：(1) 管，“順天元年戊申，敕授大將，同～領興義軍”（《謚恭武之石誌》1465 年）。(2) 晉，“歷天威軍～領，陞諒山鎮同知，衛諸軍務事”（《謚恭武之石誌》1465 年）。(3) 菅，“丙子，進參知政事行軍，總～捧聖衛諸軍事”（《謚恭武之石誌》1465 年）。

　　隸書中，“⺮”與“艸”形近訛混，《隸辨・上聲・緩韻》：“菅，《靈臺碑》

————————

①［清］顧藹吉《隸辨》，中華書局，1986 年，頁 186。

②［明］張自烈、［清］廖文英《正字通》，中國工人出版社，1996 年，頁 101。

③［明］焦竑《俗書刊誤》，載《文淵閣四庫全書》228 册，臺灣商務印書館，1986 年，頁 543。

④［清］張玉書等《康熙字典》，上海書店出版社，1994 年，頁 244。

'成陽令博陵菅遵'。按即管字。"①另,"⺮"之草寫形體楷化後與"爪"形近,"管"又可作"晉",見《碑別字新編·十四畫》引《唐游石室新記》②。

4.表示"靈驗"的詞項{靈}由三個字位記錄,分別是:(1)靈,"奉惟上等最靈顯聖開僊德明真人尊神,南天～祠之一"(《貝洞聖迹碑記》1453 年);靈,"古迹～祠碑"(《古迹靈祠碑記》1510 年)。(2)霊,"～異之蹟顯著"(《總督大王神祠記》1512 年)。(3)灵,"自古初素稱～應"(《崇慶寺碑》1527 年)。

"靈"由"靈"筆畫黏合而來。在隸書中,"巫"或作"王""玊""亞"。"靈"可作"霛",二者可歸併爲一字位。"霊"由"靈"簡省而來。《金石文字辨異·平聲·青韻》引《唐内侍李輔光墓誌》作"霊"③。"霊"同"靈",見《敦煌俗字譜·雨部》④。《廣韻·平聲·青韻》:"灵,《字類》云:'小熱貌。'"⑤《字彙·火部》:"灵,離呈切,音陵,小熱貌。"⑥《正字通·火部》:"灵,訛字。舊注訓同炗,改音陵,誤。又俗靈字,省作灵,非。"⑦可知,"灵"因與"靈"音同,故被借用記錄{靈}。

5.表示"操守"的詞項{節}由兩個字位記錄,分別是:(1)卪,"噫王之～義,既能致命遂志,定國勤事"(《總督大王神祠記》1512 年)。(2)卽,"帶礪不移臣子～,名垂萬世與山俱"(《御製詩(1)》1431 年)。

《俗書刊誤·入聲·屑韻》:"節,俗作卪,非。"⑧"卽"由"節"部件位移而來。《宋元以來俗字譜》引《古今雜劇》作"卽",引《嬌紅記》作"卽"⑨。"卽"或由此二者簡化而來。

6.表示"診斷"的詞項{診}由字位"詆"記錄,"上命中使視問,名醫～治"(《謚恭武之石誌》1465 年)。《龍龕·言部》:"詆通,診正,之忍反,視也,

①[清]顧藹吉《隸辨》,中華書局,1986 年,頁 101。

②秦公、劉大新《碑別字新編》(修訂本),文物出版社,2016 年,頁 490。

③[清]邢澍《金石文字辨異》,載《續修四庫全書》240 册,上海古籍出版社,1996 年,頁 34。

④潘重規《敦煌俗字譜》,臺灣石門圖書公司,1978 年,頁 362。

⑤[宋]陳彭年等《宋本廣韻》,江蘇教育出版社,2008 年,頁 56。

⑥[明]梅膺祚《字彙》,上海辭書出版社,1991 年,頁 264。

⑦[明]張自烈、[清]廖文英編《正字通》,中國工人出版社,1996 年,頁 626。

⑧[明]焦竑《俗書刊誤》,載《文淵閣四庫全書》228 册,臺灣商務印書館,1986 年,頁558。

⑨劉復、李家瑞《宋元以來俗字譜》,中研院歷史語言研究所,1930 年,頁 61。

候也,驗也。"①《四聲篇海·言部》:"誃,音診,義同。"②《正字通·言部》:"誃,俗診字。"③凡參之形,隸楷多變作尒形。"詅"由"誃"進一步訛變而來。

7. 表示"包圍"的詞項{圍}由字位"囬"記録,"～都護府,克之"(《田土碑》1495年)。《隸辨·卷六·偏旁》:"韋、韋《説文》作韋,從舛從囗,筆迹小異,亦作韋、車,變作車、韋,上訛從牛,或作事,下訛從廾,或作帝、車,下訛從巾,衛本作衞,從韋從帀,隸省作衛,訛從巾者,因衛字致訛也。衛亦作衛,省帀從韋。"④《字鑑·平聲·微韻》:"韋,于非切,熟曰韋,生曰革。《説文》從舛囗聲,囗音圍,舛古舛字,俗作韋,或作帝。"⑤《字學三正·體製上·俗書簡化者》:"韋俗作帝。"⑥《字彙·韋部》:"韋,俗作帝。"⑦"圍"可作"圍"。《隸辨·平聲·微韻》:"圍,《楊君石門頌》:'更隨圍谷。'"⑧《宋元以來俗字譜·囗部》引《列女傳》等"圍"皆作"圍"⑨。《重訂直音篇·囗部》:"圍,守也。俗圍。"⑩"囬"由"圍"進一步簡省而來。

8. 表示"襲擊"的詞項{襲}由字位"襄"記録,"王掩～虎頭,壓下打折二足,繫頸牽回,衆人莫不驚服"(《奉祀碑記》1473年)。《説文·龍部》:"龖,鱗蟲之長。能幽能明,能細能巨,能短能長。春分而登天,秋分而潛淵。從肉飛之形,童省聲。"⑪《龍龕·立部》:"竜,古文龍字。"⑫《集韻·平聲·鍾

①[遼]釋行均《龍龕手鏡》,中華書局,1985年,頁61。

②[金]韓道昭、[金]韓孝彦《四聲篇海》,明成化丁亥三年(1467)至庚寅六年(1470)金臺大隆福寺集資刊本,頁106。

③[明]梅膺祚《字彙》,上海辭書出版社,1991年,頁1056。

④[清]顧藹吉《隸辨》,中華書局,1986年,頁216。

⑤[元]李文仲《字鑑》,清康熙年間吳郡張士俊刊澤存堂本,頁16。

⑥[明]郭一經《字學三正》,明萬曆辛丑二十九年(1601)山東曹縣公署知縣成伯龍刊本,頁62。

⑦[明]梅膺祚《字彙》,上海辭書出版社,1991年,頁534。

⑧[清]顧藹吉《隸辨》,中華書局,1986年,頁17。

⑨劉復、李家瑞《宋元以來俗字譜》,中研院歷史語言研究所,1930年,頁14。

⑩[明]章黼、[明]吳道長《重訂直音篇》,載《續修四庫全書》231册,上海古籍出版社,1996年,頁312。

⑪[東漢]許慎《説文解字》,中華書局,2014年,頁245。

⑫[遼]釋行均《龍龕手鏡》,中華書局,1985年,頁518。

韻》亦以"竜"爲"龍"之古文①。而《宋元以來俗字譜》引《古今雜劇》則作
"竜"②。《正字通·立部》:"竜,俗作龍字。《同文舉要》龍部作�。按《六書
統》古文龍象角爪身蜿蜒形,作special,非。從立作竜。"③可見"龍"古文篆體作
"special",隸作"竜",其從立作"竜";"竜"抑或爲"special"字之訛變。故"襲"可作
"special",屬於換用古體,《廣碑別字·二十二畫》引《齊明玉珍墓誌》有"special"
字④。另,"本年十二月初二日,皇上光登寶位,誕撫靈方,發政施仁,以寵
綏乎兆姓,稱禮咸秩,以懷柔乎石神"(《古迹靈祠碑記》1510 年)中的"寵"作
"竜";"洪德貳拾陸年叄月拾五日刻碑,風流社黃籠、黃苓寫刻兩碑在板洞
處,流傳後世,俾各週知,永爲憑式"(《田土碑》1495 年)中的"籠"作"special",皆
爲類化。

9. 表示"記載某人一生事迹的文字"的詞項{傳}由字位"伄"記録,"夫
碑者,所以祀其事而壽其～"(《奉祀碑記》1471 年)。"專",《草書大字典》引
唐代李世民《屏風貼》作"special",宋代蔡襄《自書詩》作"special",元代康里子山《述
筆法》作"special"⑤。受類化影響,"伄"爲"傳"之草書楷化而來。同樣,表示動
詞"飛"的詞項{飛}由字位"special"記録,"青蓮～香,白毫放彩,真第一妙鏡也"
(《無爲寺碑》1515 年)。飛,《中國草書大字典》引東晉王羲之《每念長風帖
(古摹本)》作"special",唐代武則天《昇仙太子碑》作"special",宋代趙構《真草千字
文》作"special",元代趙孟頫《六體千字文》作"special"⑥。《敦煌俗字典》作"special"⑦。
"special"亦由"飛"草書楷化而成。

10. 表示"巍峨"的詞項{巍}由字位"special"記録,"輪奐～岌"(《古迹靈祠
碑記》1510 年)。"爻"形記號替代部件"委"。銘文中,"爻"爲常用簡省符
號,如"人數壹百四拾貳人"(《田土碑》1495 年)中的"數"作"效"。"卜"形記
號替代部件"鬼"。此外,銘文中的其他符號替換現象如下:(1)"×"形符

①[北宋]丁度等《集韻》,上海古籍出版社,1985 年,頁 19。
②劉復、李家瑞《宋元以來俗字譜》,中研院歷史語言研究所,1930 年,頁 114。
③[明]張自烈、[清]廖文英《正字通》,中國工人出版社,1996 年,頁 787。
④秦公、劉大新《廣碑別字》,國際文化出版公司,1995 年,頁 779。
⑤李志賢等《草書大字典》,上海書畫出版社,1994 年,頁 358。
⑥李志賢等《草書大字典》,上海書畫出版社,1994 年,頁 1367—1368。
⑦黃征《敦煌俗字典》,上海教育出版社,2005 年,頁 109。

號。"所其在別轄古遠總安内社"(《公主祀田碑》1513 年)中的"遠"作"迏","廟貌尊嚴,光靈耀熠"(《古迹靈祠碑記》1510 年)中的"尊"作"寽"。(2)"文"形符號。"阮氏譽"(《岫山寺彌陀佛碑》1491 年)中的"譽"作"奢","朝廷參議户部尚書兼東閣都御史臺六部六科提刑拾參道掌司禮劉光進"(《田土碑》1493 年)中的"劉"作"刘","今聖上以聖宗之孫、建皇之子,思祖宗創業之難"(《古迹靈祠碑記》1510 年)中的"難"作"难","佐白旄黄鉞之行,大拯溺亨屯之舉"(《古迹靈祠碑記》1510 年)中的"舉"作"㪯","進慎光禄大夫少報禮部尚書東閣大學士……"(《古迹靈祠碑記》1510 年)中的"學"作"孝","然既叨奉明詔,敢不對揚"(《古迹靈祠碑記》1510 年)中的"對"作"对"。(3)"廾"形符號。"安陽社羅同貳拾壹畝三高四近"中的"羅"作"罖"(《公主祀田碑》1513 年),"忌翁十月初十日,忌婆十一月二十五日"中的"翁"作"弇"(《延慶寺碑》1479 年)。(4)"丶"形符號。"……往安邦道海東府安興縣風流社板洞處"中的"興"作"㒷","給渭陽社黄金榜同德罋等"中的"罋"作"罋"。(5)"又"形符號。"蓋聞帝王興仁義之兵,救生民之命"(《古迹靈祠碑記》1510 年)中的"義"作"㐲","參議阮惟明謹事"(《田土碑》1495 年)中的"議"作"譺";"勅遣參江道監督御史阮輝耀……"(《田土碑》1495 年)中的"監"作"监"。(6)"八"形符號。"雲箋日陳,靈覰日篤"(《古迹靈祠碑記》1510 年)中的"篤"作"鴽","秋祀春禬,篆李隸鐘"(《古迹靈祠碑記》1510 年)中的"篆"作"㣇","……國子監祭知經筵事臣黎嵩等奉敕撰"(《古迹靈祠碑記》1510 年)中的"等"作"㝵"。

(二)避諱字

關於後黎朝初期的避諱字,1428 年,黎太祖頒布詔令"分廟諱御名。凡正字臨文並不獲用,音同字易則否。廟號諱五,顯祖昭德皇帝諱'汀',顯祖妣嘉淑皇太后諱'廓',宣祖憲文皇帝諱'曠',貞慈懿文皇太后諱'蒼',御名諱'利',后諱'陳',皇兄諱'學'"①。1435 年,黎太宗"頒國朝名諱,凡遇廟諱、御名、正字臨文並不獲用。其有姓名並聽改,如恭慈國太母諱'陳',聽改'程'字"②。1443 年,黎仁宗"頒御名'基'、皇太后諱'英'二字並廟諱凡

①［越］吳士連等《大越史記全書》,社會科學出版社,1998 年,頁 217。
②［越］吳士連等《大越史記全書》,頁 234。

七”①。1461 年,黎聖宗"頒廟諱御名,廟諱凡九,顯祖諱'汀',顯慈諱'廓',宣祖諱'曠',貞慈諱'蒼',太祖諱'利',恭慈諱'陳',太宗諱'龍',宣慈諱'英',仁宗諱'基',今上御名諱'誠',光淑皇太后諱'瑤'"②。1497 年,黎憲宗"頒御諱'鐺',並皇太后諱'恒'"③。

　　石刻文獻中的避諱現象非常豐富,避諱方式有如下幾種:1. 拆字法。《藍山永陵碑》在"帝姓黎,諱"後附雙行小字"左從禾,右從刂";"曾祖諱"後附雙行小字"左從言,右從每";"皇祖諱"後附雙行小字"左從氵,右從丁";"皇祖妣阮氏最有賢行,生二子,長曰從,次曰"後附雙行小字"左從日,右從廣";"皇妣鄭氏諱"後附雙行小字"上從艾,下從君"。《藍山祐陵碑》在"帝姓黎,諱"後附雙行小字"左從育,右從皀"。《大越藍山裕陵碑》在"帝姓黎,諱"後附雙行小字"左從金,右從曾"。《坤元至德之碑》在"臣等謹按世家譜牒,皇太后諱玉"後附雙行小字"左從玉,右從猺"。另,《貝洞聖迹碑記》文末附有一段關於避諱的説明,"一聖諱諸尊字恭録如左,一字上從一中下從女,一字左從孚右從乚;一連諱二字,一字上從▽下從十,一字上從宀下從女;一誕聖二位尊諱二字,一字上從禾下從曰,一字上從艹下從化"。從描述來看,所諱之字爲"女""乳""平安""香""花"。2. 空字法。《大越藍山昭陵碑》"帝姓黎諱思□,號南天洞主","□"即"誠"字。3. 省筆增圈法。《藍山永陵碑》"皇祖妣阮氏最有賢行,生二子,長曰從"中的"從"作"𫝀";《藍山祐陵碑》"御前學生局副臣阮公整奉書"中的"學"作"𭥫"。4. 增符倒字法。表示數詞"九"的詞項{玖}由字位"𳾌"記録,"一給風流社黄籠、黄笒等開耕本田,東西北處田壹千五百～拾～畝捌高叁尺捌寸"(《田土碑》1495 年)。"𳾌"乃"玖"之避諱寫法。"⺊⺊"爲"巛"之變體。"巛"是越南固有的一種避諱專用符號,多位於要避諱字的上部,且避諱字本身部件需左右顛倒。"玖"顛倒作"𫝀",後訛爲"𳾌"。該字可能避的是黎太宗之母范氏玉陳之又名④。但同一碑文中,"堤路捌百玖拾叁杖肆叁寸"和"所其在紫青社漢同

①[越]吴士連等《大越史記全書》,頁 246。

②[越]吴士連等《大越史記全書》,頁 263。

③[越]吴士連等《大越史記全書》,頁 312。

④[越]吴德壽《整理漢文文獻與研究越南歷代避諱的一些通報》,載《第一屆東亞漢文文獻整理研究國際學術研討會論文集》,臺北大學古典文獻學研究所,2011 年,頁 333。

浚柒畝肆高九玖”(《公主祀田碑》1513 年)中的“玖”却没有避諱,可見當時民間對於避諱用字隨意性較强。而且在 1517 年,黎昭宗“追尊皇祖建王爲德宗建皇帝,皇父莊定大王爲明宗哲皇帝,仍敕禮部尚書譚慎徽校定廟諱御名(廟諱二十字,御名椅、譓二字)。凡臨文寫用、刊書籍皆不之禁,聲讀皆應回避。連字如徵在之類不得寫用”①。此時黎朝官方已經允許人們寫用文字(臨文)、刊印書籍或刻鏤金石“皆不之禁”,只在口語中避音即可。

三　越南語語符用字

在後黎朝前期,越南人已通過借用或仿用漢字的形體、結構、職能來記録本民族語言,由此形成的字符被稱作喃字。對於越南語語符用字考察,我們更側重於挖掘所用喃字與漢字之間的内在關係。據相關介紹②,《御題詩》是黎聖宗於 1486 年在海陽省金城縣扶載總養蒙社光慶寺所題的一首喃字國音詩,拓片、録文③及現代越南語和漢語翻譯如下:

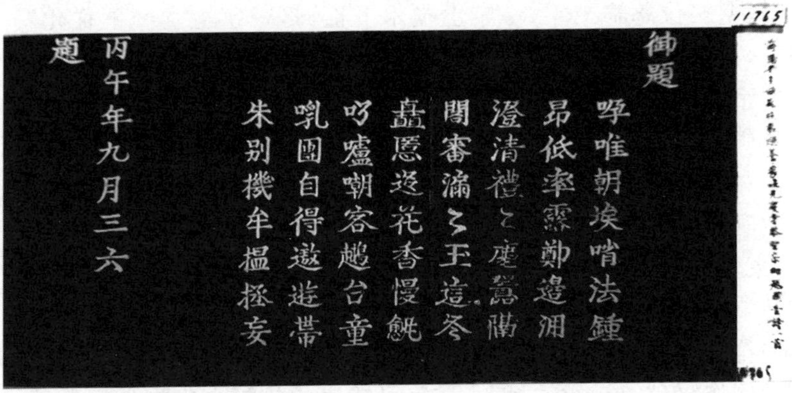

①[越]吴士連等《大越史記全書》,頁 344。

②可參[越]黄春翰《越南詩文(陳朝—莫朝)》,紅河出版社,1951 年;[越]鄭克孟《黎聖宗時代的漢喃刻文資料》,載《漢喃雜誌》,1997 年第 4 期;[越]陳氏降花《關於在光慶寺的喃語題詩》,載《漢喃學通報》,2012 年,頁 278—281。目前,越南學界對於該詩是否爲黎聖宗題寫存在一定争議。

③録文字形以楷書正字爲準,部分與拓片原様存在筆畫差異。

御題

Ngự Đề

（御題）

哷唯朝埃唸法鐘，昂低率露鄭邉洴。

Dắng dỏi chào ai tiếng pháp chuông, Ngang đây thoắt lộ trạnh bên dòng.

（響亮的塔鈴聲在向誰問好，從這裏橫看過去一座佛塔忽然出現在河畔。）

澄清禮～塵嚚隔，閣審漏～玉這冬。

Trừng thanh lẻo lẻo trần hiu cách, Gác thắm làu làu ngọc giá đông.

（這裏處處清净隔絶塵嚚，深色的塔閣在寒冬中如玉般明亮。）

蠱慝迻花香慢鯢，叮嚧嘲客鸚台童。

Sực nức đưa hoa hương mượn gió, Líu lo chào khách vẹt thay đồng.

（濃郁的花香隨風飄揚，嘰嘰喳喳的鸚鵡代孩童向客人問好。）

呗團自得遨游带，朱別機牟揾拯妄。

Như đoàn tự đắc ngao du đấy, Cho biết cơ mầu vẫn chẳng vong.

（如此這樣悠然自得，可見佛法的玄妙還没有斷滅。）

丙午年九月三六題

Bính Ngọ niên cửu nguyệt tam lúc đề

（丙午年九月三日題）

喃字中存在諸多漢源成分，包括漢字的形體、構造理據、職能（音義）。比如説，"御題"（ngự đề）、"法鐘"（pháp chuông）、"露"（lộ）、"邊"（bên）、"清"（thanh）、"塵嚚隔"（trần hiu cách）、"閣"（gác）、"玉"（ngọc）、"冬"（dòng）、"花香"（hoa hương）、"客"（khách）、"童"（đồng）、"團"（đoàn）、"自得"（tự đắc）、"遨游"（ngao du）、"妄"（vong）、"丙午年"（bính ngọ niên）、"九"（cửu）、"月"（nguyệt）、"三"（tam）、"題"（đề）等字符是借用漢字的形體和音義職能記録越南語中的漢語借詞，實與中國漢字無異。"台"（thay）記録的詞項是{代替}，與漢字"代"的義同音近；"機牟"（cơ mầu）記録的詞項是{機微奥妙}，與漢字"機妙"義同音近。這兩組是借用漢字的形體和標音職能記録越南語中的漢語借詞，從漢語漢字角度來看，屬於通假字現象。"朝"（chào）、"埃"（ai）、"昂"（ngang）、"低"（đây）、"率"（thoắt）、"鄭"（trạnh）、"澄"（từng）、"禮禮"（lẻo）、"審"（thăm）、"漏"（làu）、"這"（giá）、"蠱憗”(sự̣c nú’c)、“慢”(mu’ọ’n)、“嘲”(chào)、“帯”(đấy)、“朱别”(cho biết)、“搵”(vắn)、“拯”(chăng)、“六”(lúc)等字符是借用漢字的形體和標音職能記録越南語中的非漢語借詞。“喈”(tiếng)記録詞項｛聲音｝，“口”表義，“省”示音；“洞”(dòng)記録詞項｛河流｝，“氵”表義，“用”示音；“虬”(gió)記録詞項“風”，“几”爲“風”之簡省異體，表義，“愈”示音；“䳕”(vị̣t)記録詞項｛鸚鵡｝，“鳥”表義，“越”示音；“叮嚧”(líu lo)是擬聲詞，通過在音近漢字的基礎上增加“口”旁記録鳥類的叫聲；“哹唯”(dăng dỏi)用來形容聲音的洪亮，其中“哹”亦是在音近漢字的基礎上增加“口”旁，這一方面與記録職能有關，一方面受到了後字“唯”的類化影響。以上是仿用漢字構形理據另造新字記録越南語中的非漢語借詞。

四　結語

　　漢字是越南後黎朝前期石刻文獻使用的主要文字，裏面包含了大量的異體字和避諱字。異體字多數可在中國歷史文獻中找到原形；部分少見於中土，流行於越南，如“囬”“伩”“尨”“㴱”“這”“寺”“弅”“罒”“謢”等，構字規律及形體發展趨勢與漢字無異，内在傳承性不言而喻。避諱字樣式繁雜，既有受中國影響的因素，如“拆字法”“空字法”，也有自身的地域特色，如“省筆增圈法”“增符倒字法”。文獻中的喃字字量較少，但每個喃字都源於漢字，有的直接看作漢字亦不影響文意理解。用字原因可概括爲：求書寫之便、訛錯誤之形、爲避諱之需、應語言之變、濟文字之窮。我們應在此基礎上，繼續對越南其他時代的文字材料進行搜集整理和系統描寫，探索漢字在越南的傳承軌迹和變異規律，揭示漢字對喃字形成和發展的深層次作用，比較漢字與喃字的使用選擇趨向，用詳實而立體的材料展示漢字在越南傳播、發展和影響的各方面情況，爲越南文字發展史的構建奠定堅實基礎。

附録

越南後黎朝前期(1428—1527 年)石刻文獻目録

序號	公元紀年	年號	名稱	編號①
1	1430	順天三年	清河王譜碑記	16996
2	1431	順天四年	御製詩(1)	無
3	1432	順天五年	御製詩(2)	12341
4	1432	順天五年	蓮花座(1)	無
5	1433	順天六年	藍山永陵碑	48219
6	1442	大寶三年	藍山祐陵碑	13481
7	1443	紹平元年	佛像陛	17773a/17773b
8	1445	太和三年	大悲寺碑記	無
9	1448	太和六年	太尉祠堂碑銘	無
10	1450	太和八年	太和八年	無
11	1450	太和八年	國朝佐命功臣之碑	45296
12	1453	太和十一年	貝洞聖迹碑記	2104/2105/2106
13	1462	光順三年	皇越開國功臣之碑	48240
14	1465	光順六年	御題光慶寺詩	11766
15	1465	光順六年	謚恭武之石誌	無
16	1467	光順八年	天南洞主御製詩	7968
17	1467	光順八年	題浴翠山	無
18	1470	洪德元年	福勝寺碑	18185/18186
19	1471	洪德二年	祀田碑記	3382/3383
20	1471	洪德二年	郡上主黎氏墓誌	11302/11303
21	1472	洪德三年	路旁碑	6275

---

① 此爲越南漢喃研究院圖書館拓本號碼。若無拓本號碼,則可能有兩種情況:1. 有實物,没拓本;2. 有拓本,没編號。

續表

序號	公元紀年	年號	名稱	編號
22	1472	洪德三年	堤路碑(1)	9524/9525
23	1472	洪德三年	堤路碑(2)	20161
24	1473	洪德四年	奉祀碑記	7134
25	1477	洪德八年	御製題白鴉詩	47323
26	1478	洪德九年	題壺公洞並引	20964
27	1479	洪德九年	題龍光洞並引	297
28	1479	洪德十年	延慶寺碑記	4486
29	1484	洪德十五年	大越太保平樂侯之墓	48238/48239
30	1484	洪德十五年	光順四年癸未科進士題名記	1349
31	1484	洪德十五年	洪德十貳年辛丑科進士題名記	1350
32	1484	洪德十五年	洪德六年乙未科進士題名記	1353
33	1484	洪德十五年	洪德九年戊戌科進士題名記	1313
34	1484	洪德十五年	光順七年丙戌科進士題名記	1316
35	1484	洪德十五年	太和六年戊辰科進士題名記	1323
36	1484	洪德十五年	大寶三年壬戌科進士題名記	1358
37	1485	洪德十六年	桂俠流芳之碑	1921
38	1486	洪德十七年	御題詩	11765
39	1487	洪德十八年	洪德十八年丁未科進士題名記	1361
40	1487	洪德十八年	溱津祠例碑記	6370/6371
41	1487	洪德十八年	佛	7208
42	1488	洪德十九年	駙馬都尉考妣之墓	47124
43	1490	洪德二十一年	佛法三寶	4579
44	1491	洪德二十二年	咄山寺彌陀佛碑	9571/9572
45	1492	洪德二十三年	大越唐王墓誌	48203
46	1492	洪德二十三年	大越唐王神道碑	17931

序號	公元紀年	年號	名稱	編號
47	1494	洪德二十五年	御製題綠雲洞	無
48	1494	洪德二十五年	蓮花座（2）	無
49	1494	洪德二十五年	寶香郁麗之碑	1920
50	1495	洪德二十六年	田土碑	10523/10524/10525/ 10526/10527/10528
51	1496	洪德二十七年	洪德貳十七年丙辰科進士題名記	1310
52	1497	洪德二十八年	贈舒郡公鄭公之碑	53119
53	1497	洪德二十八年	峨眉寺碑	50702
54	1498	景統元年	大越藍山昭陵碑	13473
55	1498	景統元年	坤元至德之碑	1919
56	1498	景統元年	光淑真惠謙節和沖仁聖皇太后挽詩	13478
57	1498	景統元年	珠光玉潔之碑	13485
58	1498	景統元年	大越錦榮長公主神道碑	13486
59	1498	景統元年	景統題詩	20900
60	1500	景統三年	顯瑞庵碑	1223
61	1500	景統三年	景統三年拾月貳拾捌日起造	13095
62	1501	景統四年	御製題照白山	47123
63	1501	景統四年	御製題綠雲洞二首	無
64	1501	景統四年	御製題龍光洞二首	296
65	1501	景統四年	御製題浴翠山並引	2814
66	1501	景統四年	御製題白鴉洞二首	47321
67	1501	景統四年	御製題壺公洞	48308
68	1501	景統四年	御製泛神符海登隻筋山留題一首	47304
69	1504	景統七年	大越藍山裕陵碑	10556
70	1505	端慶元年	和樂寺碑	5304

序號	公元紀年	年號	名稱	編號
71	1505	端慶元年	大越藍山敬陵碑	13482
72	1505	端慶元年	含弘光大之碑	13483
73	1507	端慶三年	梁氏慧碑	5137
74	1508	端慶四年	竹庵寺碑/一會主	10139/10140
75	1509	端慶五年	三寶	17324
76	1510	洪順二年	古迹靈祠碑記	1954
77	1510	洪順二年	夏寺碑	24322
78	1511	洪順三年	御製題白鴉洞詩二首	47322
79	1511	洪順三年	皇圖鞏固	8731
80	1511	洪順三年	明慶大名藍碑	11417
81	1511	洪順三年	磻溪侯墓誌	13545/13546
82	1511	洪順三年	御製金甌寺詩並叙	無
83	1511	洪順三年	御製咏義國公阮文郎亭詩	無
84	1511	洪順三年	無題	無
85	1512	洪順四年	總督大王神祠記	1255
86	1513	洪順五年	洪順三年辛未科進士題名記	1369
87	1513	洪順五年	敕給賜	3675
88	1513	洪順五年	公主祀田碑	3676
89	1514	洪順六年	題照白山詩並序	47122
90	1515	洪順七年	無爲寺碑	1942
91	1515	洪順七年	大悲寺	2102/2103
92	1515	洪順七年	光慶寺碑銘並叙	11788
93	1521	光紹六年	洪順六年甲戌科進士題名記	1356
94	1522	光紹七年	萬壽	2557
95	1525	統元四年	虬山渡記	1737

序號	公元紀年	年號	名稱	編號
96	1527	統元六年	崇慶寺碑	8644

（作者單位：鄭州大學文學院漢字文明研究中心）

域外漢籍研究集刊　第十九輯
2020 年　頁 249—276

内閣官板《大越史記全書》與
《大越史記本紀續編》*

葉少飛

　　1993 年，越南的社會科學出版社影印出版内閣官板《大越史記全書》二
十四卷，並在最後附著名學者阮文喧（Nguyễn Văn Huyên，1905—1975）舊
藏《大越史記本紀續編》刻本的殘卷，卷首均題"黎皇朝紀"，下題"大越史記
本紀續編卷之二十"，版心上部刻"越史續編卷二十"，下部刻"黎朝敬宗"；
"大越史記本紀續編卷之二十一"版心上部刻"越史續編卷二十一"，下部刻
"黎朝神宗"；"越史續編卷二十二"殘存一頁。此殘本的解題由吳世隆（Ngô
Thế Long）所作，他在 1988 年的考證論文中根據范公著（1600—1675）和黎
僖（1646—1702）的序文内容，認定此即景治三年（1665）范公著編撰完成的

---

* 基金資助：2018 年國家社科基金重大項目"越南漢喃文獻整理與古代中越關係研究"
（18ZDA208）；2015 年度國家社會科學基金青年項目"越南古代史學研究"（15CSS004）。
成功大學博士後研究員李貴民先生對本文提出意見建議，筆者謹致謝忱！
　阮文喧藏刻本僅爲殘卷，卷首題名"黎皇朝紀"，下題"大越史記本紀續編"第某卷，無
封面，漢喃研究院藏 A. 4 抄本則題名《大越史記續編》，因刻本所有的權威性與真實
性，筆者根據殘刻本卷前題名稱此書爲《大越史記本紀續編》。内閣官板《大越史記
全書》卷之十六至十九，亦題名"大越史記本紀續編"，黎利建國至嘉宗諸代皆稱"黎
皇朝紀"，爲便於區別，統一稱此書爲《大越史記本紀續編》，以别於内閣官板《大越史
記全書》。本文所用《大越史記本紀續編》卷十六至卷十九内容來自 A. 4 抄本，因無
頁碼，故僅標明卷數。卷二十和卷二十一的内容 A. 4 抄本與刻本基本相同，因此采
用殘刻本，並標明頁碼。

二十三卷《大越史記全書》刻本,正和十八年(1697)黎僖在此版本的基礎上進行改動續編,重刻爲《大越史記全書》二十四卷①。2003 年,蓮田隆志發表了《"大越史記本紀統編"研究ノート》,通過與漢喃研究院藏《大越史記續編》(藏號 A.4)阮朝抄本和阮文喧藏殘刻本進行比較,認爲不能確定這一刻本就是范公著在景治年間完成的著作,應該是更後時代的作品。殘刻本與 A.4 本應該出自同一史源,殘刻本很多内容爲内閣官本所無,應當是後者增補而來②。

筆者重新對内閣官板《大越史記全書》《大越史記本紀續編》殘刻本、漢喃研究院藏 A4《大越史記續編》以及黎貴惇《大越通史》進行比較,認爲《大越史記本紀續編》極大可能就是黎貴惇繼承胡士揚(1621—1681)永治元年(1676)修成的《大越黎朝帝王中興功業實錄》尊鄭扶黎的思想,在内閣官板《大越史記全書》的基礎上增補而來,即潘輝注記載的《國史續編》八卷。《大越史記本紀續編》鄭主入"本紀"的編撰方式和思想實爲中興黎朝"黎皇鄭主"政治體制下的應對。亦因此故,該書遭到阮朝的全面禁毁,僅有殘本流傳。

一　《大越史記本紀續編》殘刻本與 A4《大越史記續編》抄本

阮文喧藏《大越史記本紀續編》刻本僅殘存兩卷,並無首尾及其他有效

---

①影印本戴密微藏内閣官板《大越史記全書》,第四册,(河内)社會科學出版社,1993年,第 644 頁。下同。吴世隆的考證論文爲 Về bản Đại Việt sử ky Toàn thư' in ván gỗ của Phạm Công Trú' mó'i đư'ợ'c tìm thấy, Tạp chí Hán Nôm, sô 1, năm 1988。

②[日]蓮田隆志《〈大越史記本紀統編〉研究ノート》,Journal of Asian and African Studies, No. 66, 2003,頁 299—317。

③A. L. Fedorin 著,謝自强(Tạ Tự' Cư'ò'ng)譯《越南歷史編撰的新資料(Những cú' liệu mó'i về việc chép sử Việt Nam)》,Nhà xuất bản Văn hóa thông tin, 2011,第 174—188 頁。

信息判斷其作者和撰著年代。漢喃研究院藏一部《大越史記續編》（藏號A4）抄本，各卷首題大越史記續編卷之多少，A4/1 包括卷之十六莊宗裕皇帝，卷之十七中宗武皇帝；A4/2 包括卷之十八英宗峻皇帝，卷之十九世宗毅皇帝，卷之二十敬宗惠皇帝；A4/3 包括卷之二十一神宗淵皇帝，之後的"神宗淵皇帝下"則抄自內閣官板《大越史記全書》。A.4 抄本與《大越史記本紀續編》殘刻本的卷二十和二十一基本相同，可以確定二者出自同一史源，或前者據後者所抄。

　　《大越史記本紀續編》殘刻本的內容涉及黎敬宗和黎神宗，這一時期的史事尚有范公著景治本、黎僖正和本以及內閣官板三種《大越史記全書》與此相關，且均是刻本。三種刻本的《大越史記全書》現僅有內閣官板存世，但毫無疑問，《大越史記本紀續編》並非內閣官板，筆者根據研究將《大越史記本紀續編》與景治本和正和本的關係略呈于下。

　　（一）《大越史記本紀續編》不是景治本《大越史記全書》

　　《大越史記本紀續編》在編撰思想上突出尊鄭，在編撰形式上以鄭王入本紀，與黎皇同列，這在現存的越南史書之中絕無僅有。如此可以斷定，《大越史記本紀續編》必然出自中興黎朝史臣之手。刻本殘存兩卷的卷首黎帝、鄭王合紀，如下表：①

大越史記本紀續編卷之二十	大越史記本紀續編卷之二十一
黎皇朝紀	黎皇朝紀
□敬宗惠皇帝（小字雙行注）諱維新，世宗次子也，母懿德皇太后阮氏淳祿，惟精人在位二十年，壽三十二。	□神宗淵皇帝（小字雙行注）諱維祺，敬宗長子，母端慈皇太后成祖此女。在位二十五年，遜位六年，復位十三年，壽五十六。
□成祖哲王	□□帝隆準龍顏，神采秀異，聰達博覽，雅好文咏，□□與王家一庭和樂，藹然淳穆之風，雍容垂拱，□□享有天祿，不其韙乎？四駕戎車，再臨寶位，□□亦古今所罕有也。

　　────────

①影印本戴密微藏內閣官板《大越史記全書》，第四冊，附錄，頁 645、657。

續表

□□帝繼體守成，賴王家之力，克平逆豎，身致太平。 □□乃偏咱邪謀，懟負師傅，不猶徂于桐宮。然家嗣紹 □□基，尊信之心無間，外祖總政匡扶之情俞篤，變而 □□不失其常，益以見王家之至德矣！	□成祖哲王
	□文祖誼王（小字雙行注）諱枇，成祖次子，初封 □平郡公，改封清郡公，進封節制太尉清國公，尊 □封元帥統國政清都王，進尊大元帥統國政師父清 □王，明朝册封副國王，加尊上主師父功高聰斷仁 □聖清王，聽政三十五年，壽八十一。
	□□王天性孝友，弘毅寬恕，攬權之始，年已四十 □□七，芟夷內難，和輯人民，宇內既定，信重儒 □□臣，講求政理，振舉紀綱，凡事必付朝堂公論。 □□恭儉謙挹，慎受憲度，三征順化，只以文告開 □□諭，不欲窮兵遠涉。莫敬寬界之高平，使稱臣 □□奉職貢，所以養安靜和平之福者厚矣。武烈文 □□功，光前裕後，遂膺天朝，顯册爲副國王，子 □□孫衆多，年登上壽。傳曰：大德必得其位，必 □□得其禄，必得其名，必得其壽，信哉！

　　史臣以鄭王入“本紀”，先記在位黎皇，次記當政鄭王，鄭王與黎皇同

列,且皆有生平事迹和論贊,鄭王論贊篇幅遠超黎皇。雖仍以黎皇本紀爲主綫,但鄭王即位便一起列入本紀篇首,如黎皇在位期間鄭王去世,繼位的新王也列入本紀篇首。如此撰著,不僅符合黎皇鄭主時期的政治制度,也是對傳統史學的巨大突破。而如此鮮明完善的編撰思想和形式,應該有一個發展過程。

景治三年(1665)范公著"參究登柄野史,及略取當時所獻各遺編,述自國朝莊宗裕皇帝至神宗淵皇帝,增入國史,命曰大越史記本紀續編,總分爲二十三卷"①,莊宗至神宗史事共有八卷,范公著此書亦名《大越史記全書》。因《大越史記本紀續編》殘本內容在二十三卷之內,因而吳世隆據此立論。但景治本世無流傳,只有零星的相關記載,因此並無直接證據否定《大越史記本紀續編》與景治本的關係。然而《大越史記本紀續編》與景治、永治時期的史學編撰和思想頗不相符。

景治本《大越史記全書》完成于 1665 年,永治元年(1676)春胡士揚受命鄭柞、鄭根父子重新修訂《藍山實録》三卷,當年冬胡士揚又領銜編撰刻印《大越黎朝帝王中興功業實録》(後文簡稱《中興實録》)三卷②,在序中闡明編撰主旨:

> 考自國朝統元年間,以至於今,歷見鄭家功德,自布衣起義,剿除莫僭,尊立帝室,有大勳勞,時乎未定,則以身任征伐之責,而靡憚驅馳之勞,時乎既定,則以身任天下之重,而益篤匡扶之力,世代相傳,一以尊君爲念,功德極其隆盛,蓋古今所未有也。若不書之於録,何以得其詳而便後人之觀覽者哉?爰命臣等采以國語舊録,參諸國史續編,撰作實録。

胡士揚所參"國史續編"當爲范公著所撰部分,名"大越史記本紀續編"。《中興實録》表現"鄭家功德",鄭王"尊立帝室",剿滅莫朝叛逆,雖然功勛蓋世,但鄭王"而益篤匡扶之力,世代相傳,一以尊君爲念"。當莫氏竊國之時,"獨有安清侯阮淦以世名將,唱義舉兵,訪求帝胄,乃得昭宗之子於

①影印本戴密微藏內閣官板《大越史記全書》,卷首,頁 15。

②《大越黎朝帝王中興功業實録》,漢喃研究院藏抄本。本文所引《大越黎朝帝王中興功業實録》爲筆者據漢喃研究院藏 VHv.1478 抄本和 A.19 抄本互校而來,抄本無頁碼,史書內容紀年亦不甚明了,盡量注明,以便讀者校閱。

哀牢，迎立爲帝，紀元元和”，“然忠藎未篤，功業未就”，阮淦即被莫朝降將毒殺。史臣在“忠藎未篤”之下加注，表明阮淦亦非純臣：

> 附録元和十四年，莊尊裕皇帝有敕諭錦水縣古隴册瑞山侯何仁政，謂：“比年阮淦奉迎朕回岑下，號令諸將，不期阮淦陰謀篡弑，爾等能爲國捐軀，朕甚嘉焉。”今存其迹云。

當危急之時，“所幸天心眷祐黎家，篤生鄭太王，賦翊匡扶，立爲萬世帝王之業”，鄭檢先追隨阮淦，“王即隨興國公阮淦，公見其志氣有大略，以爲翼義侯，兼知馬奇，給以糧食，待之甚厚，仍以少女嫁之，以此結知於帝，帝推心委用”，最終盡掌大權：

> 帝於是委以兵政，加封爲節制太師諒國公，凡國家事務，一切擔當，其謀略如神，精忠貫日，故上悉以政事大權委用之，由是決斷分明，機務畢舉，而湯沐之民，得賴其安，四方之民，亦歸心焉。

《中興實録》的宗旨在於爲鄭王張目，序與正文皆極力貫徹這一思想，突顯鄭氏擁立黎皇、滅莫中興的大功，尊鄭思想明確，但只用干支紀年，而不用黎皇年號，修史形式亦並未凸顯。全書分爲三卷，以黎皇爲君，鄭王行治政事權，黎鄭之事連續書寫。《中興實録》既沒有給鄭王單設“實録”，功績也未與黎皇分列論述，只在卷三末有“附録評曰”總論鄭王功勳仁政。《大越史記本紀續編》秉承了《中興實録》的尊鄭思想，並在形式上予以完善，遂成以鄭王入“本紀”的局面。

范公著時爲宰相，在鄭柞未即王位時即追隨輔佐，是鄭王親信忠臣，景治三年《大越史記全書》中的“大越史記本紀續編”部分編撰於《中興實録》完成的十一年前，二者尊鄭思想當較爲接近，内容形式亦應與《中興實録》較爲接近。倘若范公著如《大越史記本紀續編》這般設置黎皇鄭王合紀，胡士揚所撰雖是“實録”，自可參照使用這一完善的叙史方式，也能進一步突出鄭王功績和仁德。因此可以得出結論，《大越史記本紀續編》並非范公著本《大越史記全書》，而是繼承發展了胡士揚《中興實録》的尊鄭扶黎思想，並在編撰形式上予以完善提升。

(二)《大越史記本紀續編》不是正和本《大越史記全書》

《大越史記本紀續編》與内閣官板《大越史記全書》内容重複者較多。但現在内閣官板《大越史記全書》的篇章佈局與黎僖爲正和本《大越史記全書》所作“續編凡例”不同，可以肯定内閣官板是正和刻本之後的改編本。

　　黎僖爲正和本所作"續編凡例"云："神宗在位二十五年，書爲神宗上，其遜位六年，書在真宗紀，又復帝位十三年，書爲神宗下。"①而在《大越史記本紀續編》之中"大越史記本紀續編卷之二十一"寫爲"神宗淵皇帝"，無"上"；卷二十二殘存一頁，版心上部刻"越史續編卷二十二"，下部刻"黎朝神宗"，與完整的卷二十一版心內容一致。因卷二十二殘損，具體內容不知。內閣官板《大越史記全書》的"神宗紀上"和"神宗紀下"，與黎僖"續編凡例"一致②。由此可以確定，《大越史記本紀續編》並非正和刻本《大越史記全書》。

二　內閣官板《大越史記全書》與《大越史記本紀續編》："删削"還是"增補"？

　　綜合《大越史記續編》A4 抄本和《大越史記全書本紀續編》殘刻本的情況來看，中興黎朝帝王從卷十六到卷二十一均是一帝一紀，黎神宗曾退位七年，真宗登基，之後復位，因此卷二十二亦爲神宗紀，但真宗在卷二十二中是否仍爲一"紀"而與神宗同卷，因刻本殘損不得而知。而內閣官板《大越史記全書》則是數帝合紀，如表：

A4《大越史記續編》抄本	《大越史記本紀續編》殘刻本	內閣官板《大越史記全書》
大越史記續編卷之十六，莊宗裕皇帝		大越史記全書本紀卷之十六，莊宗裕皇帝，中宗武皇帝，英宗峻皇帝
大越史記續編卷之十七，中宗武皇帝		大越史記全書本紀卷之十七，世宗毅皇帝

①影印本戴密微藏內閣官板《大越史記全書》卷首，頁 23。
②墉山堂覆刻本《大越史記全書》的"續編凡例"下有引田利章注釋："按是例係學士范公著所識"，但"續編凡例"中涉及了對"本紀續編"黎聖宗史事的删削，"本紀續編"爲范公著所創，删削自己著作則無須寫入凡例，因而"本紀續編"當爲黎僖所作。詳見葉少飛《〈大越史記全書〉的雕印與版本》未刊稿。

續表

A4《大越史記續編》抄本	《大越史記本紀續編》殘刻本	内閣官板《大越史記全書》
大越史記續編卷之十八，英宗峻皇帝		大越史記全書本紀卷之十八，敬宗惠皇帝，神宗淵皇帝上，真宗順皇帝，神宗淵皇帝下
大越史記續編卷之十九，世尊毅皇帝		大越史記全書本紀卷之十九，玄宗穆皇帝，嘉宗美皇帝
大越史記續編卷之二十，敬宗惠皇帝	大越史記本紀續編卷之二十，敬宗惠皇帝	
大越史記續編卷之二十一，神宗淵皇帝	大越史記本紀續編卷之二十一，神宗淵皇帝	
	大越史記本紀續編卷之二十一，神宗淵皇帝	

　　吳世隆和蓮田隆志雖然結論相反，但二人有一個共同的研究基礎，即内閣官板《大越史記全書》即正和十八年（1697）的原刻本。關於相同史事的記載，《大越史記本紀續編》的內容要多於内閣官板《大越史記全書》。吳世隆根據范公著和黎僖的序以及相關內容認定《大越史記本紀續編》爲景治三年（1665）所作，内閣官板《大越史記全書》即在前者基礎上刪削而來。蓮田隆志否定了吳世隆關於《大越史記本紀續編》是景治本《大越史記全書》的觀點，進而認定《大越史記本紀續編》是在内閣官板基礎上增補而來的作品，但也沒有能够確定《大越史記本紀續編》殘本的刊刻年代①。筆者對現存的内閣官板《大越史記全書》進行全面考察之後，因刻本內容與范公著和黎僖所撰"凡例"不符，肯定内閣官板不是正和原本，而是正和本之後中興黎朝的改編本，至於改編者爲何人於何時改編，尚不能知曉②。

　　前文已經肯定《大越史記本紀續編》不是景治本和正和本兩種《大越史記全書》的殘本，筆者根據史籍正文和原本注釋的因循關係，確定《大越史記本紀續編》當在内閣官板《大越史記全書》的基礎上增補而來。

---

①蓮田隆志在文中記述曾親至阮文喧家中考察殘刻本原版，發現紙張較新。
②葉少飛《〈大越史記全書〉的雕印與版本》，未刊稿。

　　盛德二年(1654)中興黎朝名臣鄧訓之孫鄧世科曾編撰家譜,其後裔又據此重編。漢喃研究院現藏《鄧家譜系續編》和《鄧家譜系纂正實錄》即鄧訓後裔據史書與家族譜記編撰而來。①《鄧家譜系續編》爲"顯忠侯鄧寧軒編輯,自甲午盛德二年至癸未景興二十四年,并得一百八年",即鄧廷瓊,時間在"皇朝景興之二十四年(1763)歲在癸未端陽穀日"②,漢喃院所藏 A. 133 爲阮朝抄本。《鄧家譜系纂正實錄》爲西山時期鄧進暕(1738—1803)編撰,由吳時任(1746—1803)作序,吳世隆考證約在 1792 年③。

　　《鄧家譜系續編》與內閣官板《大越史記全書》的内容一致,《鄧家譜系纂正實錄》則根據《大越史記本紀續編》編撰,兩份家譜又均是在盛德二年的舊譜之上編撰。綜合考察兩份家譜,其分別引用一部史書的内容,並無互相竄入的情況,顯然這是兩份獨立編撰的家譜。

　　1763 年鄧廷瓊編撰的《鄧家譜系續編》只有《大越史記全書》的内容。正治五年(1562),鄧訓降莫,鄧廷瓊注釋:

　　　　昔年尊堂作家譜,查舊史編,此條書公降于莫,素所目視,經四十餘年編集尚存,迨黎熙公奉修國史,改書公又歸于莫,不知何據? 曰降曰歸,不亦異乎?④

　　"迨黎熙公奉修國史",當爲黎僖 1697 年編修刻印正和本《大越史記全書》,此書之前的"舊史編",很可能是景治三年(1665)范公著編撰的《大越史記全書》。黎僖改"降莫"爲"歸莫",引起鄧氏後裔極大的不忿而極力辯解。内閣官板《大越史記全書》記載:"十一月,太師回兵清華,使義郡公鄧訓守營。訓反歸於莫"⑤,《大越史記本紀續編》則没有記載此事。

---

① 關於鄧訓家族,請閲蓮田隆志「華麗なる一族」のつくりかた ―近世ベトナムにおける族結合形成の一形態,環東アジア地域の歴史と「情報」,知泉書館,2014 年 3 月,頁 27—57。

② 《鄧家譜記續編》影印本,(河内)世界出版社,2006 年,頁 945。

③ Ngô Thế Lông, *Nghiên cứu văn bản và giá trị tư liệu gia phả họ Đặng-Lương Xá*, Nhà xuất bản Thế giới, tr. 50.

④ 《鄧家譜記續編》影印本,頁 969。

⑤ 影印本戴密微藏内閣官板《大越史記全書》本紀續編卷十六,頁 538。

　　《大越史記全書》記載鄧訓卒於癸未光興六年（1583）六月十八日①，《鄧家譜系續編》則記在庚寅光興十三年六月十八薨，下有注釋："甞聞之尊堂辨曰：史臣記字，癸未六月十八日公卒……竊謂史臣記爲誤，府祠編爲是"②。此處"史臣記字"當是《大越史記全書》。《大越史記本紀續編》則只記光興六年六月卒。

　　乙未盛德三年（1655）鄭阮大戰，鄭氏重臣鄧世科之名不見於當時的史書記載。家譜在鄧世科卒時注釋："甞按國史編年，順化起於乙未，併得是年，公巳六十三歲也，凡有差扒征討阮孽，六七年一南河之地。始復公之姓名不見於國史何哉？……"③此即後裔對鄧世科之名不見於史有所疑問。《大越史記本紀續編》記載 1656 年："二月，參從兵部尚書廉郡公鄧世科卒。世科有文學智略，律身清約，門無一毫關□□，年六十四，贈少保，加封福神"④，《大越史記全書》則没有記載鄧世科卒年之事。鄧廷瓊所言"國史編年"當指《大越史記全書》。

　　鄧廷瓊編撰家譜的時間較早，家譜內容與注釋顯示他應該没有見過《大越史記本紀續編》。但鄧進暕則在大量引用《大越史記本紀續編》的同時，又以《大越史記全書》的內容對前者進行了考證。

　　鄧訓的夫人黎氏玉瑄爲中興功臣黎伯驪的女孫，《鄧家譜系纂正實録》記載黎伯驪"癸丑平順年五年四月初一日薨"，下有注釋："史臣書丁巳天祐元年八月黎伯驪卒，較與記編府薄更勝四年，而日月差舛，竟是未詳懍說。"⑤《大越史記本紀續編》記載天祐元年（1557）："四月，朔，上宰演國公黎伯驪卒，年八十二，贈義勳公，謚忠佑。"《大越史記全書》記載："八月，太師使范篤往救乂安。時莫聞太師乘勝，乃遁還京。是歲，莫降將黎伯驪、阮倩卒。"⑥家譜注釋中的"記譜"當指《大越史記本紀續編》，"史臣書丁巳天祐元年八月"當指《大越史記全書》。家譜記載黎伯驪卒於"平順五年"，當爲

———————————

①影印本戴密微藏內閣官板《大越史記全書》本紀續編卷十七，頁 554。

②《鄧家譜記續編》影印本，頁 975。

③《鄧家譜記續編》影印本，頁 1020。

④影印本戴密微藏內閣官板《大越史記全書》，附録，頁 670，□爲刻本殘缺。

⑤《鄧家譜系纂正實録》影印本，（河內）世界出版社，2006 年，頁 650。

⑥影印本戴密微藏內閣官板《大越史記全書》卷十六，第 535 頁。

"順平五年(1553)"，兩部史書皆記爲天祐元年，《大越史記本紀續編》記其卒于四月無誤，而《大越史記全書》則記于八月。可見鄧進暕在使用《大越史記本紀續編》的同時，又見到了《大越史記全書》，並進行考證。

綜合來看，鄧廷瓚只見到了《大越史記全書》，因而以此結合家譜進行記載，並根據家譜對史書所載進行辯解。鄧廷瓚辯解的三處史事均與內閣官板《大越史記全書》内容一致，其所見到的可能就是此書，由此推斷内閣官板《大越史記全書》當刻印于1763年之前。同時鄧廷瓚也留下了關於范公著景治本《大越史記全書》的珍貴信息。

鄧進暕見到兩部史書，却只取《大越史記本紀續編》，對《大越史記全書》的内容絕不采入正文，而僅在注釋中提及。鄧訓是成祖哲王鄭松的岳父，是文祖誼王鄭梿的外公，與鄭王世代聯姻，《大越史記本紀續編》將尊鄭思想展現得淋漓盡致，記載鄧訓及後裔史事亦遠多於《大越史記全書》，且《大越史記全書》對鄭氏的尊崇遠不及《大越史記本紀續編》，因此鄧進暕選取《大越史記本紀續編》重編家譜，而棄用《大越史記全書》。

現在可以得出結論，内閣官板《大越史記全書》應刻印於1763年鄧廷瓚編撰《鄧家譜系續編》之前，《大越史記本紀續編》當是在内閣官板《大越史記全書》基礎上增補而來的史書，編撰和刻印時間應在1763年和1792年的兩部鄧氏家譜編撰之間的年代。

鄧族家譜之外，《大越史記本紀續編》和《大越史記全書》的内容亦可證前者在後者基礎上增補而來。光興三年(莫延成三年，明萬曆八年，1580)，莫朝大將莫敬典卒，A4本《大越史記續編》記：

> 敬典仁厚勇略，聰慧敏達，撑扶傾側，勤勞忠誠，僞廷倚以爲重。既卒，茂洽以祖叔僞應王敦讓代之。敦讓庸懦驕怠，屢回古齋，將佐罕得謁見，機事委積，兵政隳地，其勢遂衰。

文下注莫敬典子女之事，最後寫道：

> 敬止陰與敬典妾私通，事覺，降爲庶人。以次子敬敷爲唐安王，委以兵權，及敬典卒，莫又以敬止爲雄禮公，舊板事注在英尊甲子七年。

注文所言"舊板"當爲一部刻本，内閣官板《大越史記全書》確實記載此事於黎英宗甲子七年(莫淳福三年，明嘉靖四十三年，1564)：

> 時莫敬典長子端雄王敬止陰與敬典妾私通。事覺，降爲庶人。以次子敬敷爲唐安王，委以兵權。及敬典卒，莫又以敬止爲雄禮公，而不

委之以兵。①

　　關於莫朝之亡，内閣官板《大越史記全書》將其記于 1592 年莫茂洽被擒殺之年：

　　　　右本紀附莫僭，起自丁亥莫登庸僭位紀元明德元年，傳五世，至壬辰洪寧三年莫茂洽被俘，又繼以癸巳雄禮公自稱康佑初年，迄于其亡，前後共六十七年。<u>讖云：莫得于亥失於亥。蓋登庸丁亥簒位，至茂洽以癸亥命亡國，果有驗云。</u>②

　　内閣官板記莫茂洽被殺次年："癸巳，十六年（小字注：是歲莫氏亡，明萬曆二十一年）。"③莫登庸簒位在丁亥（1527）明德元年，莫茂洽生於癸亥（莫光寶十年，1563），次年莫福源病逝，茂洽即位，因此讖文言"茂洽以癸亥命亡國"，意爲莫登庸丁亥年簒位得國，亡于癸亥出生的莫茂洽之手。按照常理，莫朝之亡當以中興黎朝攻占升龍、擒殺莫茂洽爲滅亡之年，即讖文所言。但内閣官板却以癸巳年（1593）莫敬止敗爲莫朝亡年，前後共六十七年，並非莫茂洽被殺之年。内閣官板和讖文所寫莫朝滅亡時間相差一年。

　　《大越史記續編》A4 抄本雖記莫朝滅亡之事在 1593 年，但對此事較爲慎重，重新分析，又記載了莫氏殘餘力量的消亡：

　　　　<u>讖云：莫得亥失於亥。蓋莫登庸丁亥簒位，至茂洽以癸亥命亡國，果有驗云。</u>莫氏自登庸以丁亥年僭位傳五世，茂洽以壬辰年亡滅，共六十六年，敬止僭稱康佑，居青林凡二月。敬泰僭稱乾統，居高平凡三十四年，以丙寅年就擒。敬寬敬宇父子僭稱隆泰、順德，居高平六十一年，以戊午年亡滅。

　　《大越史記續編》A4 抄本以讖文開端，即認可莫朝亡于莫茂洽身死當年。此本並未直接否定内閣官板的莫朝延續六十七年的觀點，而是呈現了莫朝及各股殘餘勢力的存在時間，留給讀者自行判斷，同時也體現了鄭王持續攻伐、徹底剿滅莫孽的功勞。從編撰過程來看，《大越史記續編》A4 抄本關於莫朝滅亡的論述，應該來自於内閣官板，並進行了辨析和發揮。抄

————————

①影印戴密微藏内閣官板《大越史記全書》本紀卷十六"黎朝英宗"，頁 538—539。

②影印戴密微藏内閣官板《大越史記全書》本紀卷十七，頁 566。

③影印戴密微藏内閣官板《大越史記全書》本紀卷十七，頁 566。

本的這一段內容被鄧進暕照搬進《鄧家譜系纂正實錄》之中①。

因內閣官板《大越史記全書》結構與黎僖"續編凡例"不同,因而內閣官板並非正和本《大越史記全書》,但由誰自正和本改編,何時刻印,仍不得而知。《大越史記本紀續編》晚出,其所言"舊板"究竟是來自正和本還是內閣官板? 如今正和本完全亡佚不存,內閣官板對正和本究竟改編多少,亦不可考。

現在戴密微藏內閣官板《大越史記全書》是由兩個不同的刻本組合而成,最直觀的區別在於卷十二和卷十三的黎聖宗紀兩卷分屬於兩個不同的刻本,版式和字體皆不相同。來自兩個不同刻本的的戴密微藏內閣官板很快又重新刻版,並保持了之前兩個老刻本原來的格式,漢喃研究院藏 Vhv. 2330—2336 刻本殘本即此重刻版的印本。② 就現在所知,中興黎朝至少存在三個不同的內閣官板《大越史記全書》刻本以及正和本《大越史記全書》原刻本。正和本之外,其他三個版本的內容完全一致,只是版式有所區別。因此無法確定鄧廷瓊編修家譜時采用的是哪一個版本,但當是內閣官板《大越史記全書》無疑。

三　誰爲至尊:《大越史記全書》與《大越史記本紀續編》的修史傾向

中興黎朝史事,最重要者有四:莫朝叛逆,黎朝中興,鄭氏輔政,阮氏割據。關於這四大問題,胡士揚在《大越黎朝帝王中興功業實錄》之中,已經給出解釋,莫朝篡逆毫無疑問,鄭檢、鄭松尊扶黎氏,成就中興大業,阮潢爲鄭氏姻親、國之柱石,但 1627 年阮福源不服政令,阮氏遂爲"逆賊"③。之後中興黎朝的典籍編撰基本秉承這幾個原則,只是程度略有强弱之別。

(一)鄭阮關係

鄭阮兩家原是姻親關係,之後成爲各據一方、政治對立的敵手,因而

① 《鄧家譜系纂正實錄》影印本,頁 684。
② 索書號爲 Vhv. 1729—1741。
③ 葉少飛《〈重刊藍山實錄〉與〈大越黎朝帝王中興功業實錄〉》,未刊稿。

史書基於不同的立場,對兩家的記載和評價各有側重。中興黎朝復國,最重要的功績是擁立莊宗重續國統和確立中興之功。總體而言,內閣官板《大越史記全書》尊阮而略鄭,《大越史記本紀續編》則尊鄭重阮,例如下表:

史事	內閣官板《大越史記全書》	《大越史記本紀續編》
1539	帝封大將軍鄭檢爲翼郡公。(注:永福樂山人。)①	春,進封大將軍翼義侯鄭檢爲翼郡公。公生而聰明,長而雄勇,與堂兄鄭桃往從興國公阮淦。淦奇之,妻以女,使知馬軍,表封侯爵,多有戰功,遣人哀牢奉迎。帝見狀貌非常,拜大將軍,進郡爵,辰年三十七,中興功業自此始。
1613	六月,順廣太尉端國公阮潢卒。②	六月,順廣二處兼鎮撫、右相、掌府事、端國公阮潢卒。潢多智有威望,爲政寬嚴相濟,得軍民心,前後撫治二處五十六年,卒年八十九。册贈達禮嘉裕謹義公,諡恭懿,賜入享外府祠命。其子瑞郡公福源繼爲鎮撫,加太保。福源年五十一矣。

　　內閣官板《大越史記全書》將擁立莊宗之功歸於阮潢,對阮潢扶持黎莊宗稱帝之事大書筆墨,1532 年:

　　　　十二月,黎朝舊臣安清侯阮淦尊立昭宗之子寧于哀牢。初淦在哀牢養兵蓄銳,使人往國中遍求黎氏子孫,乃得昭宗之子寧,尊立爲帝,改元元和(注:是爲莊宗),以正國統。於是西土豪傑之士,多歸附之。帝拜淦爲太師興國公,及諸將佐皆以次受封,凡軍民事無大小,悉皆委之,日夜協謀,共圖興復。③

1533 年春正月:

　　　　帝即位於哀牢,建元元和,尊大將軍阮淦爲尚父太師興國公,掌內外事,以中人丁公爲少尉雄國公,其餘一一封賞,俾之同心匡輔。又與

---

① 影印戴密微藏內閣官板《大越史記全書》本紀卷十六,頁 529—530。
② 影印戴密微藏內閣官板《大越史記全書》本紀卷十八,頁 590。
③ 影印戴密微藏內閣官板《大越史記全書》本紀實錄卷之十五,頁 525。

哀牢主乍斗相結，資其兵糧，以圖進取。①

內閣官板《大越史記全書》又記載莊宗身份：

> 帝乃昭宗之子，聖宗之玄孫，母范氏諱玉瓊，瑞源縣高峙冊人。時莫登庸篡僭，帝避居清華，太師興國公阮淦使人訪求，迎至哀牢國尊立之。②

如此一來，在內閣官板《大越史記全書》之中阮淦擁立莊宗已經不可置疑，同時又將中興之功歸於鄭松。1569年阮潢拜見鄭檢，"訴以兄弟之情，甚相友愛"，內閣官板又記載：

> 初昭勳靖公阮淦知上相才識過人，愛重如子，以次女玉寶妻之，玉寶乃潢之姊也。及淦卒，帝委上相鄭檢總裁國家事務，故令潢鎮守順化，徵納租稅，以供國用，至是入朝。玉寶生子鄭松，才德超群，英雄蓋世，能續父志，贊成帝業，黎朝中興之功，實基於此。③

鄭松雖是鄭檢之子，卻是阮潢外孫，外祖擁立莊宗重續國統，外孫領軍攻滅莫朝中興，兩大功勞皆由阮氏血脈一力承之。內閣官板雖然極力推崇阮潢擁立之功，但領導黎朝復國的畢竟是鄭檢及鄭松，因此對鄭氏史事盡力略寫，而凸顯阮氏之事，即如鄭松受封和阮潢故去之書法。

《大越史記本紀續編》A4抄本則以提高鄭氏勳臣功勞地位的方式淡化阮淦的匡扶之功，記載：

> 帝有文武之才，撥亂之志，先有勳戚鄭惟悛、鄭惟憭擁戴，繼有舊臣阮淦匡扶，崎嶇蠻洞之間，兵力寡弱，播藩靡定，而能布德兆謀，銳圖恢復，晚得賢王，盡忠輔衛，心信從隨，奄有愛、驩境土，以植中天之業。吳舍之役，躬臨行陣，蓋有太祖之風焉。

正文鋪陳言之：

> 春，正月，帝即位。初，昭宗留皇子寧於西都，命涖國公鄭惟悛鎮守清華保護之。帝自將出樂土，討莫登庸，師既敗，帝為登庸劫還京。惟悛走水注冊，皇子時方十一歲，在永興冊。黎蘭抱奔哀牢國，改名炯，其餘宗親皆改姓隱名，逃遁林野。至是，惟悛與帝福興侯惟悅、左

①影印戴密微藏內閣官板《大越史記全書》本紀續編卷之十六，頁529。
②影印戴密微藏內閣官板《大越史記全書》本紀續編卷之十六，頁529。
③影印戴密微藏內閣官板《大越史記全書》本紀續編卷之十六，頁541。

都督惟憭等糾集舊臣遺民，相率奉帝迎至翠□册，尊立皇子即帝位，辰年十九，以岑下册爲行在。哀牢酋乍斗請以兵糧援助，帝傾心結納，興圖進取。追尊母范氏爲皇太后。舊將安清侯阮淦據乂安茶麟州，遺使來朝，拜大將軍興國公慶陽侯。武文淵據宣光妝物州，遺使奉表，拜平東將軍嘉國公。

在《大越史記本紀續編》的記述中，擁立莊宗者爲鄭氏勳臣，阮淦只是響應跟從之人，首倡大義、重續國統之功即與阮淦無關，鄭檢雖先跟隨阮淦，但之後"帝見狀貌非常，拜大將軍，進郡爵，辰年三十七，中興功業自此始"。如此《大越史記本紀續編》之中，擁立之功爲鄭氏，中興之功亦歸鄭氏，雖非同族，却是同姓，阮淦擁立之功則居於次位。

消解阮潢擁立之功，《大越史記本紀續編》並非第一家。永治元年（1676）胡士揚修撰《大越黎朝帝王中興功業實録》中以詆毀阮淦謀反的方式，凸顯鄭檢之功①。黎貴惇景興十年（1749）完成的《大越通史》則與《大越史記本紀續編》的思路一致，倡導鄭氏勳臣擁立莊宗：

> 辛卯年春，安清侯阮淦率兵自哀牢出清華，登庸遺兵擊之，大敗。癸巳年春，黎朝舊臣涖國公鄭惟暖、福興侯鄭惟悦、左都督鄭惟暸等尊立莊宗即位於哀牢，建號元和元年，國統有歸，名義明正，封拜功臣諸將，遺惟暸渡海如明奏登庸罪狀，請討之。②

儘管《大越通史》極力淡化阮淦之功，但鄭氏勳臣失敗，中興大業確由阮淦領導，不容置疑。因此黎貴惇補充記載：

> 十二月，安清侯阮淦、黎朝舊臣涖國公鄭惟俊福興侯鄭惟僚尊立昭宗嫡子于哀牢。癸巳年春，莊宗皇帝即位於翠罕册，建號元和元年，封拜諸將，治兵以圖興復，命鄭惟僚如明乞師。③

《大越通史》尊黎而擁鄭，《大越史記本紀續編》展現的擁鄭思想更强於《大越通史》。内閣官板《大越史記全書》則突出阮淦擁立，外孫鄭松中興，並盡量減去鄭主權威，只論述史事。儘管内閣官板《大越史記全書》表現出明顯的親阮特徵，但1627年鄭阮開始了持續近半個世紀的内戰，内閣官板

---

① 請參看葉少飛《〈重刊藍山實録〉與〈大越黎朝帝王中興功業實録〉》，未刊稿。
② 黎貴惇《大越通史》卷三《逆臣傳》，頁十七（原書自標注），夏威夷大學藏抄本。
③ 黎貴惇《大越通史》卷四《逆臣傳》，頁二十五（原書自標注），夏威夷大學藏抄本。

即稱阮主一方爲"賊",《大越史記本紀續編》也在當年稱阮氏爲"賊"。胡士揚《大越黎朝帝王中興功業實録》則在 1657 年稱"順廣阮逆""賊"。二書在確定阮氏逆賊的時間上與胡士揚有所分歧,但皆遵循了胡士揚確立的政治原則,即阮淦阮潢爲勳戚,其後裔割據爲叛逆。

(二)鄭黎關係

內閣官板《大越史記全書》最核心的傾向是尊黎,此書是編年體通史,雖出自衆人之手,但體例格式却相當統一。內閣官板對歷代帝王,在帝號之下設有小傳和評論,但在内容和形式上分爲兩種。首先是帝號之下設雙行小字注釋記述其生平和功績,又作一段記述帝王之功,與正文字體相同。《大越史記外紀全書》之中,第一卷"鴻龐紀""蜀紀"和第二卷"趙紀"諸帝皆是這種形式,但内容較少;第三卷徵女王和士王的這兩部分内容已經增加;第四卷的前李南帝、趙越王、後李南帝皆是如此;第五卷前吳王、後吳王、吳使君亦如是。"大越史記本紀全書"之中用此形式的帝王則大幅下降,並非每帝皆有,首先是開國之君如丁部領、黎桓、李公蘊、陳日煚、黎利,接著是繼體守成的李太宗和黎太宗亦得此殊榮,此外僅有黎聖宗治國臻于鼎盛和黎莊宗中興大功得此待遇。

第二類是帝號之下僅有雙行小字注釋,列出生平和功績,没有大字論述的一段。"大越史記本紀全書"之中凡是正統諸帝皆是如此,僭僞的胡朝和莫朝不入本紀,僞朝君主亦不得如此記述。

這兩種帝王小傳和論贊形式交替使用,形成統一的整體。戴密微藏本内閣官板《大越史記全書》由兩個不同的刻版拼成,卷十一的黎太宗和卷十二的黎聖宗紀雖然字體和版式不同,但小傳和論贊方式却完全一致。在這兩種形式中,莊宗及以後的中興黎朝諸帝均以黎帝爲綱述史,鄭王則不得與黎帝同列,内閣官板的述史内容也突出黎皇。

《大越本紀史記續編》以鄭王入本紀已經突破了傳統史書的撰述方式,鄭王與黎皇同列於本紀之中,在内容方面也極力體現鄭王權威。第一,述史主體從黎帝變更爲鄭王。内閣官板記載 1553 年"帝移立行在于安場"①,但《大越史記本紀續編》則記載:"春,太師以藍京迫隘,惟瑞源縣安場社左控重山,右臨大河,形勢開□,氣象明昌,始立行殿,奉帝居之,因廣佃種,置

①影印戴密微藏内閣官板《大越史記全書》本紀續編卷之十六,頁 534。

倉庫,設營房,築屯壘,以固基本。"後者記述中立行在的主體已然變爲鄭王。1592 年,莫茂洽被俘投降,内閣官板記載:

> 節制鄭松命萊郡公范文快、廉郡公、武郡公等將步兵三千,象二隻,攻略浦賴江。三將分兵攻剿安勇、武寧等縣。時莫茂洽棄舟步行,至鳳眼縣寺隱居凡十一日。官軍至鳳眼,有村人向導引官軍入寺中,獲莫茂洽,將就駐營。武郡公令人以象載之及二妓女,還至京師獻俘,生梟三日,斬于菩提,傳首詣清華萬賴行在,釘其兩眼,置于市。①

自宋代以後前敵統帥不得在軍中受降,皆送敵國君王至京城由皇帝受降。此時黎皇遠在清化,鄭松則在草津行營,迫近升龍城,這裏的"至京師獻俘"即有意展現受降者爲黎皇。但真實的受降者應該就是鄭松,因而才能"傳首詣清華萬賴行在",向黎皇報告。《大越史記本紀續編》則記載:

> 初十日,廷倫等至,村人引入寺中,執茂洽與其二妓女,送京師,獻俘行營。茂洽稽首伏庭,節制傳問者三,不能對,命囚於軍門外,文武臣僚共論以爲按律諸纂弒惡逆者,凌遲示衆,合依國法,以雪先朝之恥,舒神人之憤,節制府不忍加之極刑,命生梟三日,斬于菩提沙中,傳首詣萬賴行在,獻於太廟,釘其雙眼,置于市。

這裏的表述就與當時的政治和軍事形勢相符,"送京師"展現黎朝軍隊已經逐漸攻占升龍,"獻俘行營"則是鄭松受降,最後朝臣討論之後,"傳首詣萬賴行在"告捷黎皇,"獻於太廟"以慰祖先之靈。内閣官板欲以平莫受降之功歸於黎皇,《大越史記本紀續編》則以之歸於鄭王。

第二,去掉黎皇名號不論。1578 年,内閣官板記載:"帝立行在于萬賴州,立南郊于萬賴壘門外"②,《大越史記本紀續編》記:"立行在于萬賴册,築郊垓于萬賴壘門外";1630 年,内閣官板記:"九月,帝作宫殿三座及行廊十六間"③,《大越史記本紀續編》則記:"九月,起内殿三座作行廊。"這兩處記載後者皆删去"帝"。

内閣官板《大越史記全書》的整體傾向是尊黎,這與胡士揚《大越黎朝帝王中興功業實録》的傾向是一致的,雖然同時也尊鄭,但却不如胡士揚强

---

① 影印戴密微藏内閣官板《大越史記全書》本紀續編卷之十七,頁 565。
② 影印戴密微藏内閣官板《大越史記全書》本紀續編卷之十七,頁 551。
③ 影印戴密微藏内閣官板《大越史記全書》本紀續編卷之十八,頁 599。

烈。內閣官板《大越史記全書》對鄭王的抑制和略寫，也只有在與《大越史記本紀續編》的比較之中，方能顯示出來。

從修史遞進關係來看，應是《大越黎朝帝王中興功業實錄》最早確定尊鄭扶黎的原則，繼而是內閣官板《大越史記全書》尊黎述鄭，最後是《大越史記本紀續編》尊黎更尊鄭，後二書均是在胡士揚設定的基礎上發展推進。在鄭王主政的情況下，不可能是《大越史記本紀續編》先出，進而刪削尊鄭思想成爲內閣官板《大越史記全書》。

內閣官板《大越史記全書》雖然亦秉承貶斥莫朝的思想，但莫朝傳國六十餘載，並非一無是處，因此與《大越黎朝帝王中興功業實錄》這樣政治意識占主導的典籍不同，內閣官板對莫朝史事述而不論，篡弑之外，其善政一併書之，但總體並未超出貶莫的思想範疇。

四　黎貴惇《國史續編》與《大越史記本紀續編》

Fedorin 根據潘輝注《歷朝憲章類志》的記載提出《大越史記本紀續編》就是黎貴惇所作的《國史續編》八卷。景興四十五年（1784）黎貴惇身故，弟子裴輝璧作《桂堂先生成服禮門生設奠祭文》中叙述黎貴惇著述：

> 夫子得之於天而邃于古，所著《聖謨賢範》及諸經論説，《群書攷辨》《國史續編》《全越詩録》《皇越文海》《芸臺類語》《邦交續集》《北使通録》《見聞小録》《撫邊雜録》，與夫《桂堂文集》，時無所慮，數十百篇。①

顯然黎貴惇編撰《國史續編》已爲時人所知。之後阮朝甲辰（1844）科進士山西督學阮有造（1809—？）所撰《黎公行狀》②和黎貴惇外孫范芝香（1805—1871）所撰《太傅穎郡黎公碑銘》③叙述黎貴惇著作亦有《國史續編》。潘輝注記載的"國史續編八卷，榜眼黎貴惇撰，用編年體，自莊宗中興以後，至嘉宗凡一百四十四年，記事詳核，增補舊史之闕"，莊宗 1533 年開

---

① 《皇越文選》卷四 5b，希文堂刻"存庵家藏"本，（西貢）國務卿府文化特責處，1971 年，影印本。

② 《黎公行狀》，漢喃研究院藏本，藏號 A. 43。

③ 漢喃研究院藏抄本，《太傅穎郡黎公碑銘》附於《黎公行狀》之後，抄爲一種，仍名《黎公行狀》，藏號 A. 43。

始復國，前後共計 144 年，即到德元二年（1675）。現存的内閣官板《大越史記全書》下限亦到 1675 年，黎貴惇所作《國史續編》的歷史恰好與范公著和黎僖所作中興黎朝的歷史起止時間相同。范公著記莊宗至神宗史事共八卷。正和十八年（1697）黎僖"又蒐獵舊迹，參諸野史，類編自玄宗穆皇帝景治之初年至嘉宗美皇帝德元之二年，凡十有三載事實，亦命曰本紀續編"①，編爲一卷。范公著和黎僖所作莊宗至德元二年史事共分爲九卷，而黎貴惇《國史續編》則編爲八卷。

　　黎貴惇在《大越通史·藝文志》中歷陳黎文休、胡宗鷟、潘孚先、吳士連、武瓊、黎嵩等與《大越史記全書》相關的史家和史著，甚至記載了鄧明謙依照吳士連史書所作的《咏史詩集》，但却没有記録范公著和黎僖續編之事與相關史籍。黎貴惇見到了更早的永治元年（1676）刻印的《藍山實録》，並認爲史臣妄改，但却没有在《大越通史·藝文志》中記載正和十八年（1697）刊刻流布的《大越史記全書》。黎貴惇對中興黎朝的前輩史家及著作既不在"藝文志"中記載，也不在《大越通史序》中評論，顯然有所不滿，因而撰寫《大越通史》，很可能在任職史館之後又改編正和本《大越史記全書》中范公著和黎僖所作部分，最終撰成《國史續編》八卷。

　　黎貴惇曾在未中科舉之前撰寫了一部紀傳體斷代史《大越通史》，記黎朝統一時期和中興黎朝平定莫氏的史事，雖然"序"作於景興十年（1749），但根據"凡例"的計劃，此書並未完成，且後世又有散佚，現存内容約計劃的三分之一左右②。裴輝璧的《桂堂先生成服禮門生設奠祭文》中叙述黎貴惇著述，則没有列入《大越通史》，推想此書在黎貴惇生前没有流傳。《大越通史》首次記載於潘輝注《歷朝憲章類志》之中。

　　《大越史記本紀續編》是對内閣官板《大越史記全書》中興黎朝史事的改編，此書的編撰未載於各種史籍之中。《大越通史·逆臣傳》中記載的中興黎朝平定高平莫氏史事，與内閣官板《大越史記全書》和《大越史記本紀續編》殘存部分記録的 1600 至 1643 年平定莫氏有所重復，内容上也多有因襲之處。

---

①内影印戴密微藏内閣官板《大越史記全書》卷首，頁 12。

②葉少飛《黎貴惇〈大越通史〉的史學研究》，《域外漢籍研究集刊》第十八輯，中華書局，
　2019 年，頁 349—380。

　　1623 年莫敬寬來攻，《大越通史》和《大越史記本紀續編》記載的"國中有變"不見於內閣官板，以此削弱了鄭氏專政之事。但內閣官板和《大越通史》又保留了"京城空虛"，此不見於《大越史記本紀續編》，且史文內容亦多有相近。見下表：

大越史記本紀續編	大越通史	內閣官板大越史記全書
時京城空虛，莫敬寬自高平率其徒自嘉林屯東畬土塊，不逞者應從以萬數。使偽春光侯（注：上福□賢人□）據珠橋，偽朝紀侯據同姥。	時京城空虛，敬寬聞國中有變，乃自高平率其徒直抵嘉林，屯東畬、土塊，使賊將春珧屯珠橋，不逞之當，烏合響應，殆以萬數，民情擾動。①	是時，莫敬寬僭號隆泰，竊據高平日久，聞國中有變，乃嘯聚山林氓隸之徒，乘虛直抵嘉林，屯駐于東畬土塊地方，烏合響應者，殆以萬數，人情騷擾，方民不得休息。②

　　《大越通史》和《大越史記本紀續編》表現的思想和方式完全一致，皆是尊鄭思想的史著，史事多有重複，文辭亦有雷同，或略或簡，但尊鄭主旨不變。《大越通史》記阮潢之事于"逆臣傳"之中，《大越史記本紀續編》亦將二者並論："時莫敬恭、敬寬竄伏山林不出爲寇，阮潢雖稱老病不朝，貢獻相繼，其子姓皆官於朝。王重於用兵，未暇及也。"

　　1639 年中興黎朝有兩大要事，即求封安南國王和鄭主傳書廣西邊將約攻高平，三部史書記載當年史事如下：

《大越史記本紀續編》	《大越通史》	內閣官板《大越史記全書》
夏，四月，申明人命訟例，遵景統六年制，止收犯人本分田產、妻子、財物，有不足，許供開其父母兄弟田產爲償錢，不得連捉宗族鄉里。		夏，四月，申明人命訟事遵如景統六年之制，其犯人止收本分田產及妻子財物，如不足者，許供開犯人父母兄弟田產爲償命錢，不得連捉宗族鄉里，永爲常法。

---

① 黎貴惇《大越通史·逆臣傳》，夏威夷大學藏抄本。
② 影印戴密微藏內閣官板《大越史記全書》卷十八，頁 596。

續表

《大越史記本紀續編》	《大越通史》	內閣官板《大越史記全書》
六月，戒師期，遣書明廣西馗蠹營□潤司，及安平、歸順、下番、向武諸州官，約會攻高平。	六月，王復欲大舉戒師期，爲書遣廣西馗蠹縣營庵下曰：……諸州官皆有書許諾。	
秋，命阮惟時往關上迎使臣阮惟曉還。惟曉疏稱，到燕進表求封國王，下部議，以無舊案可查，不許，只頒敕書獎勵。	辰北方已大亂，明禮部官題請莊烈帝，止頒敕書獎勵，不推加封……其秋，遣陪侍阮惟辰候命，迎接使臣阮惟曉等回，聞惟曉等前路差人言求封之事不成，再爲書遣其伴送序班楊，爲相請復公文求封。	命工部尚書少傅泉郡公阮惟時同阮壽春、阮春正、阮光岳、范福慶等，往關上候命，迎使臣還國。
十月，癸巳，王親征高平，次諒山城。北國土州官皆答書奉約，王因進屯北稔，分遣鄧世材等討莫敬宇。戰於陀陽、華表、軸欽、雲都，皆克之。	明朝諸州官兵依違不赴，王因進屯內地北稔界，分遣諸將瀛國公鄧世材討敬完，戰于陀陽、華表、軸欽、雲都，皆勝之。	
十二月，班師，以屬將杜漢雲從陣先登，功最優，陞香郡公。餘陞賞有差。（注：漢，青池弘烈人，尚書杜璟子）	十二月，班師。①	
令旨戒敕百司以詳職守、悦民心，凡十二條。②		冬，十二月，太尉崇國公鄭橋奉王旨，申明嚴戒，執法舉行，凡十二條。大抵以詳職司，悦民心爲本。③

　　約攻高平之事僅見於《大越史記本紀續編》和《大越通史》，兩書記載的

---

① 黎貴惇《大越通史·逆臣傳》，夏威夷大學藏抄本。
② 影印戴密微藏內閣官板《大越史記全書》附錄，頁 667—668。□字迹不清。
③ 影印戴密微藏內閣官板《大越史記全書》卷十八，頁 603。

十二月班師之事顯然是來自相同的史源，而内閣官板所記十二月之事則與之多有不同。請封安南國王之事，雖然三書皆載，但内閣官板的記載有頭無尾，而另外兩部則記載史事完整。就本年史事而言，《大越史記本紀續編》和《大越通史》具有相同的修史基礎和傾向，與内閣官板迥然不同。

未載于内閣官板《大越史記全書》的鄭王征戰之事，亦多見於《大越史記本紀續編》和《大越通史》。就現在來看，《大越通史》和《大越史記本紀續編》有緊密的關聯，《大越通史》在黎貴惇生前秘不示人，《大越史記本紀續編》則刻板流布，二書之間有强烈的因襲關係。由此推論《大越史記本紀續編》的作者爲黎貴惇，應該具有很大的可信度。

越南古代典籍慣有不稱全名者，《大越史記本紀續編》亦可簡稱"國史續編"。此書當在景興四十五年（1784）黎貴惇去世之前編撰刻印，並且流傳於世，因而裴輝璧在黎貴惇去世之後將《國史續編》寫入祭文之中。

五　《大越史記本紀續編》的價值和命運

黎貴惇秉承胡士揚的尊鄭思想，在《大越史記本紀續編》中以鄭王入紀的方式解決了史書格式和叙述的問題，既滿足了鄭主輔政的政治需求，亦創造了新的叙史體例，具有突出的史學價值和意義。《大越史記本紀續編》的内容遠較内閣官板《大越史記全書》爲多，多能補其不足，史料價值突出，對鄭椿作亂之事有充分的展示。

《大越史記本紀續編》記載，1619 年鄭松之子鄭椿"以王長子信禮公鄭橚既卒，次當至清郡公，已不得立，乃陰勸帝不利於王，而授己以位"，隨即安排謀刺鄭王：

> 四月，聞王將幸東河津觀舟，密令手下文督設地雷伏銃於三岐路傍。王果幸江樓，將還。常時御馴象，是日心動，使象馬儀衛先行，自御轎在後。至三岐，伏銃發射，折紫傘。亟命哨捕，擒得文督與其黨。還府鞫訊，稱内殿及萬郡所使。

鄭松會諸大臣處置此事：

> 五月十二日，王御府堂，集百官王親持，持金芙蔔盤出，泣語曰："莫氏之時，皇家已無天下，我父親起義兵，迎先帝於山澗中，創立朝廷，我尊扶三朝，身經百戰，收復江山，費盡心力，年已七十。今帝咱逆

子,忍爲此謀!"文武臣僚,無不感慨。阮名世、黎弼四、阮惟時并毅然曰:"子不孝當誅,君不道當廢。請賜椿自盡,及查伊霍故事。"諸朝臣皆從其議。王曰:"此大事,諸公毋太草率。"名世請捕鄭椿,罷其官爵兵權,囚于内府,許之。誅逆黨文督等。帝憇懼,謂皇后曰:"何面目見王父!"遂自縊。王聞之驚惻。次日早,召諸臣曰:"天變不虚生,不意今日乃見此事,當如之何?"諸臣皆曰:"聖上至德,帝行不道,自絶于天,葬祭禮宜減削。"王曰:"我心不忍。"命仍用天子禮。庭議不當入廟,立別殿享祀。謚曰簡輝帝,葬布衛陵。

《大越通史》記載:"二十五年,敬尊崩,神尊淵皇帝即位"①,展現了爲鄭王諱的特點,這與《大越史記本紀續編》保持一致。内閣官板則記載:"五月十二日,遂逼絞帝,崩,後追尊爲惠皇帝,廟號敬宗"②,與前二書不同。《大越通史》的"二十五年"應該是"五月十二日"之誤。《大越史記本紀續編》記載隨後鄭松擁立神宗繼位:

> 六月,皇長子即位。時簡輝帝既崩,皇從兄强郡公以本國公黎柏子英宗嫡孫,且娶王子清郡公女,有睥睨意,亦有勸立之者,王未許。皇后日夜泣言曰:"先君得罪,其子何罪? 何捨妾子,別求他人? 父王立之,萬世之後,有天下者猶是父王子孫也。"王意遂決。於是命大臣百官迎皇長子詣勤政殿即位,時年十三。大赦,改是年爲永祚元年。尊皇后曰皇太后,以生日爲壽陽聖節。

神宗爲鄭松外孫,在皇后的懇求之下,方得繼位,但也由此使得鄭黎關係更加親密。内閣官板只記載"六月,皇子即位於勤政殿,改元爲永祚元年,大赦"③,鄭松的訓斥之言和皇后的泣訴皆未載。鄭松逼殺敬宗,却只監禁鄭椿,内閣官板記載:

> 三月,平安王往東津樓觀舟,回到三岐路,忽有伏銃發射王象,捉得其人,監拷,知帝與王子鄭椿陰謀殺王。④

在逼弒敬宗、立神宗之後又記載:"初萬郡公鄭椿陰謀射殺王父,至是,

---

① 黎貴惇《大越通史·逆臣傳》,夏威夷大學藏抄本。
② 影印戴密微藏内閣官板《大越史記全書》卷十八,頁594—595。
③ 影印戴密微藏内閣官板《大越史記全書》卷十八,頁595。
④ 影印戴密微藏内閣官板《大越史記全書》卷十八,頁594。

黎弼四劾之,仍監于內府"①。鄭松雖念父子之情,却終留後患。1623 年鄭松病,鄭椿率兵作亂,諸將設計誅殺鄭椿,此事兩書均有記載。但鄭椿被監禁何以能領兵?《大越史記本紀續編》記載 1621 年:"赦鄭椿,復其官爵。"內閣官板則沒有記載,史事亦由此出現斷裂。

在鄭椿事件中,《大越史記本紀續編》兼顧了尊鄭與擁黎,斥責敬宗的不道,展現大臣維護鄭主權威,鄭松雖逼殺敬宗,但仍用天子葬禮,以顯仁義。之後神宗繼位,鄭椿復位作亂,鄭氏父子反目,鄭王君臣一心,史事記述完整有效,足見黎貴惇史才卓越。

黎貴惇以卓越的史才引鄭王入紀,將尊鄭思想推向新的高度,但歷史進入新的階段,《大越史記本紀續編》亦因此被毀廢。明命十九年(1838)春二月,明命帝下詔收繳中興黎朝史書:

> 禁民間家藏黎史續編。諭曰:安南歷代史記,就中義文事迹,尚多簡略。至黎中興以後,歸鄭氏,黎君徒擁虛器,故所載本紀續編各卷,都是尊鄭抑黎。甚至鄭人所行悖逆,亦皆曲筆贊美,冠履顛倒,莫此爲甚。畢竟當辰撰輯,皆是鄭之私人,非出公議直筆。雖原刻板片,經今散落,而士民所藏印本,豈無存者。若留此載籍,私相傳看,將至陷溺人心,不得不一番收銷,以爲世道風俗至計。其通諭諸地方上司,遍飭轄下官吏士庶等,如有家藏黎史本紀續編,不拘印本抄本,各即送官,由上司發遞到部,奏請銷毀。俟後搜訪故事,詳加考訂,命官纂修正史,刊刻頒行,用昭信筆。若敢私藏者,以藏匿妖書律罪之。②

1675 年之前的中興黎朝史事,見於內閣官板《大越史記全書》和《大越史記本紀續編》兩個刻本之中,並有其他抄本;1675 年之後至黎朝滅亡,有多種"續編",但未見刻本③。明命帝的諭旨是針對所有中興黎朝史書而下,但其中特別提到"雖原刻板片,經今散落,而士民所藏印本,豈無存者","如有家藏黎史本紀續編,不拘印本抄本,各即送官",此處所言"原刻版片""所藏印本"以及"黎史本紀續編",都指向一部"本紀續編"刻本,最後"若敢

---

① 影印戴密微藏內閣官板《大越史記全書》卷十八,頁 595。
② 《大南寔録》正編第二紀卷一八九,(東京)慶應義塾大學言語文化研究所,1975 年,頁 4227。
③ 牛軍凱《〈大越史記全書〉"續編"初探》,《南洋問題研究》,2015 年第 3 期,頁 82—90。

私藏者,以藏匿妖書律罪之",言辭激烈,後果嚴重。《大越史記本紀續編》刻本的鄭黎合紀、尊鄭抑黎的思想内容定然不容于明命帝,明命帝可能就是針對這部刻本發出諭旨,憤恨處置。經過阮朝收繳,《大越史記本紀續編》現在僅殘存刻本兩卷,抄本一部。

鄭王扶持黎氏的大義尚在,中興黎朝士人雖出自鄭氏私門,但亦身屬黎朝。因而明命帝並未因文廢人,編撰《大越史記本紀續編》的黎貴惇以及其他"續編"作者的其他作品也没有遭到查禁。内閣官板《大越史記全書》則因尊黎述鄭、對阮氏有所傾向而倖免於難,並在阮朝改板重新刷印,即國子監藏板《大越史記全書》。

六　結論

内閣官板《大越史記全書》是現在所知《大越史記全書》所有刻本之中,唯一傳世且保存完整的刊本,無論是對越南古代歷史研究還是史學發展,均具有極其重要的意義和價值。但内閣官板並非正和原刻本,其形成過程亦撲朔迷離,雖經數代學者的研究,亦不能確定其具體的重編和刻印年代,現在可以肯定此書在 1763 年鄧廷瓚編撰《鄧家譜系續編》之前當已經刻印流傳。1676 年胡士揚在《大越黎朝帝王中興功業實録》確定了中興黎朝關於莫朝叛逆、鄭王輔政、黎朝中興、阮潢割據四大史事叙述的政治標準,内閣官板在此基礎上述史,貶斥莫朝,但對莫朝史事述而不論,肯定鄭氏中興大功,尊崇黎皇,却又略寫鄭王,褒揚阮潢,又貶斥阮福源叛逆,雖然展現了與胡士揚不同的修史傾向,有所損益,但並未超出胡士揚設定的叙述準則。

黎貴惇改編莊宗至嘉宗時期的史事爲《大越史記本紀續編》,因文獻不足,我們現在難以知曉其編撰動機,但必然是受命於鄭王無疑。且内閣官板《大越史記全書》確實記史簡略,相關史事要少於黎貴惇早年編撰的《大越通史》。黎貴惇在内閣官板的基礎上增補史料,編成《大越史記本紀續編》,繼續闡釋胡士揚尊崇鄭王的思想,以鄭王入帝紀,大書鄭王征伐莫氏之功,抑制阮潢之功,貶斥其後裔爲"逆賊",其修史思想基本與胡士揚保持一致,後世稱名"國史續編"。

《大越史記本紀續編》當有八卷,現刻本殘存卷二十、二十一,抄本殘存卷十六至十八,卷十九雜入内閣官板的内容,其之前十五卷的情形各種史籍均未提及。就現有內容而言，其史事要多於內閣官板《大越史記全書》，內容亦有差異，既可補後者之闕，亦可二書互證。內閣官板《大越史記全書》與《大越史記本紀續編》關於中興黎朝的重大史事記載，雖然各有傾向，但均在胡士揚設定的敘史基礎上進行，並未出現完全悖離的情況。

　　《大越史記本紀續編》殘刻本和抄本的出現，爲我們重新考察內閣官板《大越史記全書》提供了參照，也爲中興黎朝史學研究提供了新的典籍，黎貴惇創新體例、增補史事的改編活動，既與中興黎朝的政治環境高度契合，又將越南史學推向了一個新的高度。

（作者單位：雲南紅河學院越南研究中心）

域外漢籍研究集刊　第十九輯
2020 年　頁 277—290

越南西山朝的潘輝益和詞牌《樂春風》

平塚順良　撰　　佘筠珺　譯

一　前言

　　越南詞的發展歷史悠長,現存最早的詞作是匡越禪師(933—1011)寫給宋朝使者李覺的餞別詞《玉郎歸》①,而阮朝(1802—1945)皇子阮綿審(1819—1870)的《鼓枻詞》則代表越南詞的發展達到最高成就②。目前越南詞已有通史研究③,本文擬討論阮綿審達到詞體的創作高峰之前,前一個王朝西山朝(1788—1802)詞體受容的情況。西山朝國祚極短,曾在清乾隆五十五年(1790)皇帝八十歲聖誕時,派使節團至北京獻詞十闋。一般來說,按譜填詞是較簡便的方法,不過本文發現,西山朝所呈獻的詞,有依明代小説中的詞牌來填詞的情況。因此下文將討論西山朝赴清廷獻詞的具體背景,再從《樂春風》詞牌在越南的流播過程,推論獻詞的作者潘輝益所參考的詞牌格律,應是出自中國通俗類書《國色天香》所收的《樂春風》。文末則釐清賀壽詞的作者潘輝益所填《樂春風》的詞牌格律,爲何與各本書籍

① [越]武氏青簪《越南填詞與詞學研究概述》,《雲漢學刊》第 33 期,成功大學中國文學研究所,2016 年 8 月。梳理了目前關於匡越《玉郎歸》的研究成果。

② 參拙著《越南漢喃研究院所藏〈樂府探珠〉和阮綿審〈鼓枻詞〉》,《風絮》第 11 號,日本詞曲學會,2014 年 12 月。

③ [越]范文映(Phạm Văn Ánh)《越南中代文學之詞體類(Thể loại *từ* trong văn học trung đại Việt Nam)》,越南社會科學院博士論文,2014 年。

中出現的《樂春風》有所不同。

二　西山朝和清朝的關係

　　在談論西山朝的詞之前，首先需要確認西山朝和清朝之間的關係。關於這兩國的關係，鈴木中正《乾隆安南遠征考》已經有詳細的研究成果①，本文在其研究基礎上，想進一步説明西山朝填詞的歷史背景。

　　一七七一年，以阮岳、阮侣、阮惠三兄弟爲首的西山黨叛亂，根據史料，這三兄弟也被稱作阮文岳、阮文侣和阮文惠，而阮惠後來易名爲阮光平②。西山之亂後，阮岳在中部稱帝，封阮侣爲東定王，管領南方，阮惠受封北平王，以順化作爲據點③。當時的中興黎朝（1533—1789）向清朝求援，由於清朝承認中興黎朝的正統性，便命孫士毅率兵攻打阮惠。兩軍對峙，孫士毅兵敗而走④。

---

①［日］鈴木中正《乾隆安南遠征考》（上）、（下），《東洋學報》第 50 卷 2 號、50 卷 3 號，東洋學術協會，1967 年 9 月、12 月。又參葛兆光《朝貢、禮儀與衣冠》，《復旦大學（社會科學版）》2012 年第 2 期，也論及西山朝與清朝的關係。

②《大南寔録》《欽定越史通鑑綱目》記載西山黨阮文岳、阮文侣、阮文惠三兄弟。本文根據［越］陳重金(Trần Trọng Kim)《越南史略(Việt Nam sử lược)》，（河内）文學出版社(NXB Văn học)，2015 年，作阮岳、阮侣、阮惠，引文部分則依原書所記。《大南正編列傳初集》卷三十《僞西列傳》載阮惠："遂改名光平。"同卷又載三兄弟的崛起，云："辛卯，睿宗皇帝繼統之六年（黎景興三十二，即清乾隆三十六年），岳遂于西山上道設立屯寨，招納亡命，一辰獷悍無賴者，多歸之。"

③《欽定越史通鑑綱目》正編卷四十七"黎愍帝昭統元年夏四月"："文岳既歸，自稱皇帝，居歸仁，封其弟文惠爲北平王，居順化，據廣南以北。文侣爲東定王，據嘉定。"

④《大南寔録正編第一紀》卷三"世祖又九年十月"："黎主維祁以清兵復安南都城。先是黎主出奔，遣文臣陳名案、黎維宣奉書如清，至南寧不得達而還。黎皇太后乃奔高平，使督同阮輝宿投書龍憑，乞師于清。"又卷四"世祖又十年正月"："清兵與西賊阮文惠鏖戰於青池，敗績。孫士毅走還。"又當時的戰爭情景，保留在乾隆皇帝下旨繪成的繪畫《平定安南戰圖册》裏，此畫現藏於中國故宫博物院，亦刊於《清史圖典》，紫禁城出版社，2002 年，第 6 册《乾隆朝·上》戰事篇第四章"出兵安南"。乾隆朝又將此畫製成銅版畫，藏於俄羅斯科學院東洋寫本研究所，收入《平定安南戰圖·平定狪苗戰圖》，臨川書店，2010 年。

之後清朝改派福康安負責處理安南問題①，雙方議和，阮惠上呈謝表，協議
要親自到北京謁見乾隆皇帝，清朝在阮惠尚未至北京前，便決定冊封阮惠
爲安南國王②。

　　清朝捨棄中興黎朝，改承認阮惠作爲安南正統統治者的身份，阮惠因
此請求親赴北京參加乾隆皇帝八十歲聖誕的"八旬萬壽盛典"，但却藉故派
替身前往。《大南正編列傳初集》卷三十《僞西列傳》關於阮惠的記載，云：

　　　　庚戌春，福康安促惠治裝。（惠復托言母死，請以子光垂代己入
　　覲。康安不可，密使人往關上，委曲誘掖，如不得已，須以狀貌類己者
　　代之。）惠乃以范公治冒己名，使其臣吴文楚、鄧文真、潘輝益、武輝瑨、
　　武名標、阮進禄、杜文功偕。③

這個記載如果屬實，意謂著阮惠和福康安串通，大膽地將自己的替身送往
北京謁見乾隆皇帝。使節團之中即有創作"八旬萬壽盛典"獻詞的潘輝益。

三　八旬萬壽盛典的獻詞

　　西山朝使節在乾隆皇帝"八旬萬壽盛典"獻詞十闋的相關文獻，清朝、
西山朝各留下兩種，以下將逐一爬梳這四種史料的梗概。

　　首先，清朝相關記載見於《欽定四庫全書》史部的《八旬萬壽盛典》，這
部書專門記録乾隆皇帝八十大壽的慶典④，其卷六十一記云：

　　　　據安南國王阮光平咨稱，現在諏吉起程，進關詣京，躬祝萬壽。兹
　　恭撰祝釐詞十章。業令樂工演習，按拍定譜。先行咨送，即請核正。

①《大南寔録正編列傳初集》卷三十："清帝即降旨，以閣臣福康安代毅爲兩廣總督，提督
　九省兵馬。調兵五十萬，刻日赴南關，經理安南事。"
②《大南寔録正編列傳初集》卷三十："惠復上謝表，請以開年入覲清帝。信之即冊封爲
　安南國王。"
③中國方面的資料，如《清史稿》卷五二七《越南列傳》："五十五年，阮光平來朝祝釐……
　其實光平使其弟冒名來。"而張明富《乾隆末安南國王阮光平入華朝覲假冒説考》，《歷
　史研究》2010 年第 3 期，持反論，指出阮惠確實曾赴北京謁見乾隆皇帝。
④《八旬萬壽盛典》收於《文淵閣四庫全書》第 660、661 册，臺灣商務印書館，1983—1987
　年，亦收入《文津閣四庫全書》第 219、220 册，商務印書館，2005 年。

以便進京演奏，等情。

根據這則記載，阮惠恭製"祝嘏詞十章"，在"八旬萬壽盛典"上獻呈給乾隆皇帝，並命樂工在北京演唱。該書又載，十闋祝嘏詞使用的詞牌分別是《滿庭芳》《法駕引》《千秋歲》《臨江仙》《秋波媚》《卜算子》《謁金門》《賀聖朝》《樂春風》《鳳凰閣》。

另一則清朝官方記載《安南國王阮光平恭進獻琛抒悃樂章清漢蒙古安南文》，今藏於臺北故宮博物院。(下文略稱《安南樂章》)①此卷以紺紙金泥書寫②，卷頭有"太上皇帝之寶""八徵耄念之寶"兩種玉璽印章，由此可知此卷作於"八旬萬壽盛典"之際，並典藏於禁中。值得注意的是，這卷《安南樂章》所錄的十闋詞，與《八旬萬壽盛典》所錄的文字略有異同，可供校勘之用。

---

① 文物統一編號爲：故書 000279N000000000。

② 中國故宮博物院藏乾隆六十一年(1796)《笳吹番部合奏樂章滿州蒙古漢文合譜》有相同的裝裱，參劉東昇、袁荃猷編著，[日]明木茂夫譯《中國音樂史圖鑑》，國書刊行會，2016 年，第 332 頁。

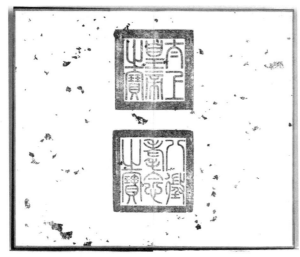

臺北故宮博物院《安南國王阮光平恭進獻琛抒悃樂章》

　　至於西山朝方面的記載，其中之一是潘輝益（1751—1822）①的《星槎紀行》。據《欽定越史通鑑綱目》正編卷四十六記載，潘輝益"天禄收穫人。潘潼之子，景興乙未科進士。後事西山，官禮部尚書"。其所著詩集《星槎紀行》，爲乾隆五十五年（1790），隨越南使節團至北京參加"八旬萬壽盛典"沿途所作詩。《星槎紀行》的末尾附上《欽祝大萬壽詞曲十調》，其序云：

　　　　春季入覲，議成。余奉擬祝嘏詞十調，先寫金箋，隨表文投遞。清帝旨下，擇本國伶工十名，按拍演唱，帶隨覲祝。至是欽侍御殿開宴，禮部引我國伶工，前入唱曲。奉大皇帝嘉悦，厚賞銀幣。再命太常官，選梨園十人，依我國伶工裝樣，秀才帽交領衣，琴笛笙鼓齊就②。召我伶工入禁内，教他操南音，演曲調，數日習熟。開演時，引南北伶工，分列兩行，對唱。體格亦相符合。③

────────────

①潘輝益生卒年參《越南歷史人物辭典(Từ điển nhân vật lịch sử Việt Nam)》，（河内）教育出版社 (NXB Giáo dục)，2005 年，第 221 頁。

②原文作"琴留笛笙鼓齊就"，"留"字衍，删。

③潘輝益《星槎紀行》，收入《越南漢文燕行文獻集成·越南所藏編》第 6 册，復旦大學出版社，2010 年。何仟年《越南的填詞及詞學》，《廣西大學學報(哲學社會科學版)》第 30 卷第 3 期，2008 年 6 月，曾引用潘輝益此序。

這則序文由西山朝的角度來敘述祝嘏一事，有一些清朝方面所沒有記錄的內容，如清帝下令西山朝伶工隨使節團赴京，在乾隆皇帝聖誕的慶典上，西山朝的樂工用越南音樂（南音）演唱十首祝嘏詞，再與清朝樂人進行合唱。《星槎紀行》清晰地描繪出開演當日兩國伶工協力演奏的情景。又如前述清朝的二種文獻中，十首獻嘏詞的作者乃冠以阮惠之名，然而從這則序文來看，實際的作者爲潘輝益。《大南正編列傳初集》卷三十《僞西列傳》載阮惠之事，云：

> 遂留吳文楚守北城，語之曰：“凡中朝詞令專委吳壬與潘輝益，往復均聽便宜處置，事無關緊，不必稟報爲也。”乃引衆南還。

由此可知，其時西山朝對清朝外交辭令的交涉，主要委任吳壬（吳時任）、潘輝益二人。此外，西山朝文獻《大越國書摺》①卷二中記載進呈十闋詞的上言表，此表雖然冠以阮惠之名，實際的執筆者或許亦是潘輝益，其相關記載節錄如下：

> 安南國王臣阮謹上言。今兹欽遇大萬壽聖節……。臣不勝舞蹈歡欣之至，謹奉獻樂府詞曲十調，並演習伶工六人，按拍定譜②，操南音以侑霞觴。

《星槎紀行》指出使節團隨行的樂工是十人，而《大越國書摺》所記則爲六人。

　　依據上述所舉清朝、西山朝雙方的四種文獻，可見西山朝在獻呈十首祝嘏詞的過程。此次雖以阮惠的名義獻詞，實際撰作者則是負責對清朝外交事務的潘輝益，而使節團中還有樂工隨行，在慶典上以越南音樂演唱十闋詞，並與清廷樂工共同演出。以下將繼續討論這些祝嘏詞的詞牌究竟是依據哪些範例。

四　詞牌《樂春風》

　　潘輝益爲了“八旬萬壽盛典”所作的十闋詞，出現了一個特殊的詞牌

---

① 《大越國書（Đại Việt quôc thư）》，文化文藝出版社（NXB Văn hóa-Văn nghệ），2016 年。
② “拍”原文作“柏”。據《八旬萬壽盛典》卷六十一“按拍定譜”改。

《樂春風》，其餘九種則非罕見的詞牌①。《樂春風》並未收録在萬樹《詞律》以及《欽定詞譜》等具有代表性的詞譜中，亦不見於《全唐五代詞》《全宋詞》《全金元詞》《全明詞》《全明詞補編》《全清詞·順康卷》《全清詞·順康卷補編》《全清詞·雍乾卷》等網羅各代詞作的總集，而目前許多關於《全明詞》《全清詞》的補遺，亦不見以《樂春風》爲詞牌的用例②。因此《樂春風》可以說是一個極爲特殊的詞牌。

　　然而潘輝益填詞當有所本，换言之，詞牌《樂春風》的用例應該有所記載，那麼他所參考的究竟是什麼文獻？依筆者之見，詞牌《樂春風》僅出現於明代小説③。檢索《古本小説集成》④，《禪真逸史》第三十六回曾出現一次《樂春風》，《尋芳雅集》《李生六一天緣》則各出現兩次《樂春風》詞牌的用例。

　　其中，文言小説《尋芳雅集》被收録在《國色天香》《繡谷春容》《萬錦情林》、馮夢龍編《燕居筆記》、林近陽所編的《燕居筆記》《花陣綺言》《風流十傳》中⑤。不過《萬錦情林》卷四下欄、《風流十傳》卷六、馮夢龍編《燕居筆記》卷下之一的《樂春風》皆略去不載⑥。另外，文言小説《李生六一天緣》

---

① 分別是：《滿庭芳》《法駕導引（法駕引）》《千秋歲》《臨江仙》《眼兒媚（秋波媚）》《卜算子》《謁金門》《賀聖朝》《鳳凰閣》，均可見於《詞律》或《欽定詞譜》。

② 本文查閲三十篇《全明詞》補遺、四十三篇《全清詞》補遺的相關論文，皆未見《樂春風》詞牌。各篇論文於此不逐一列舉。

③ 王靖懿、張仲謀《明代新增詞調辨正》，《江蘇師範大學學報（哲學社會科學版）》第 40 卷第 2 期，2014 年 3 月，論及明代新創的詞牌，然未述及《樂春風》。

④ 《古本小説集成》，上海古籍出版社，1990—1994 年。

⑤ 參［日］大塚秀高《明代後期文言小説的刊行》，《東洋文化》第 61 號，東京大學東洋文化研究所，1981 年，第 60 頁。另外，本文《國色天香》卷四下欄所收文言小説《尋芳雅集》，相同内容亦收録於他書，然名稱不同，如《繡谷春容》卷一上欄題爲《吳生尋芳雅集》、《萬錦情林》卷四下欄作《浙湖三奇傳》、林近陽編《燕居筆記》卷一上欄作《浙湖三奇誌》、《花陣綺言》卷一作《三奇合傳》、《風流十傳》卷六作《陳眉公先生批評三奇傳》、馮夢龍編《燕居筆記》卷下之一作《三奇誌》。

⑥ 《萬錦情林》見《古本小説集成》，第 416 頁。《風流十傳》見東京大學東洋文化研究所雙紅堂文庫藏本，卷六，第十八葉左。馮夢龍編《燕居筆記》見《古本小説集成》，第 1671 頁。

只收録在《繡谷春容》之中①。易言之,西山朝所使用的《樂春風》詞牌範本,有可能是依據《禪真逸史》《國色天香》《繡谷春容》、林近陽所編《燕居筆記》《花陣綺言》等五種文獻。然而《越南漢喃文獻目録提要》並未對上述所記的五種文獻著録任何一筆,這意味著這些文獻現存在越南國内的可能性極低。

　　這五種文獻之中,只有《國色天香》可以被證實是從中國傳到越南。《國色天香》共十卷,是吳敬所在明萬曆十五年(1587)編纂的一部通俗類書,該書分爲上、下兩欄,上欄所收爲各種駁雜的文體,下欄收録文言小説。然而,如何推定《國色天香》是從中國傳來越南的呢?目前雖無法確認是否存在《國色天香》,不過由於越南國内藏有依據《國色天香》編纂而成的文獻,可知《國色天香》曾出現在越南。越南漢喃研究院所藏的詞選《古調吟詞》爲不分卷鈔本②,已經有專論指出,《古調吟詞》是從《國色天香》的小説内容中抽選出詞的部分而編成的詞選③。不過《古調吟詞》却没有從《國色天香》卷四下欄的《尋芳雅集》選録《樂春風》。另外,《古調吟詞》爲了避阮朝嗣德帝阮福時的諱,"時"皆改爲"辰"④。舉例而言,《國色天香》卷九下欄《鍾情麗集上》的《木蘭花》詞首句作"念舊時行樂",《古調吟詞》也選録這首《木蘭花》,首句作"念舊辰行樂"。換言之,《古調吟詞》從《國色天香》所收的小説中抽出詞選,抄寫時間應晚於阮朝嗣德元年(1848)。由此可證,阮朝確實曾通過《國色天香》而産生詞體受容的影響關係。

　　同樣藏於漢喃研究院的鈔本《丹花上品》,分上、下卷,是一部模範文例集⑤。《丹花上品》僅選録《國色天香》上欄的作品,不收下欄的文言小説,

---

① 大塚秀高《明代後期文言小説的刊行》,第 60 頁。

② 配架號碼:A2262。又《越南漢喃文獻目録提要》(臺灣"中研院"中國文哲研究所,2002 年)著録《古調吟詞》爲第 3361 號。

③ 范文映(Pham Văn Ánh)《〈古調吟詞〉不是越南詞集(Cổ điêu ngâm từ không phải là một từ tập của Việt Nam)》,《漢喃雜誌(Tạp chí Hán Nôm)》,2007 年第 3 期。

④ [越]吳德壽《整理漢文文獻與研究越南歷代避諱的一些通報》,收入《第一届東亞漢文文獻整理研究國際學術研討會文集》,臺北大學古典文獻學研究所,2011 年,詳細舉出諸多越南漢籍的避諱情况。

⑤ 配架番碼:A1498。又《越南漢喃文獻目録提要》著録《丹花上品》爲第 3538 號。

又將《國色天香》中錯雜的文體依序分類排列。《丹花上品》上卷除了收録"銘""贊",也收録"詞"。這部分的"詞"是從《國色天香》卷八上欄的《紅梅記》《相思期》和卷九上欄的《金蘭四友傳》、卷十上欄的《張于湖傳》中選録出來。由於《丹花上品》僅選上欄,而詞牌《樂春風》出現在《國色天香》卷四下欄的文言小説《尋芳雅集》,因此未被選入《丹花上品》之中。此外,《丹花上品》並沒有出現避諱的例子,因此無法從避諱的情況推論特定的抄寫時間。

綜上所述,由於根據《國色天香》編選的《古調吟詞》《丹花上品》現存於越南,可知《國色天香》這部類書曾經傳入越南。從《古調吟詞》《丹花上品》的選源來看,《國色天香》在越南是漢文寫作的重要範本。但是《國色天香》傳入越南的時間難以確定,因此無法完全肯定《國色天香》在西山朝時期是否已經成爲漢文範本①。不過從《國色天香》對《古調吟詞》《丹花上品》的重要影響來看,這五種收録《樂春風》的文獻中,潘輝益最可能參考過的是《國色天香》。又《國色天香》中收録的詞牌用例,並未出現十首獻壽詞之一的《謁金門》。這意味著潘輝益在填寫《謁金門》詞時,使用了《國色天香》以外的範本,換言之,潘輝益參考了數種填詞範本。

五　潘輝益《樂春風》的格式

潘輝益以明代小説中的詞作爲填詞範例,從越南現存文獻的受容影響情況推測,潘輝益《樂春風》詞牌的可能由來,最可能爲《國色天香》,不過此論僅止於推測。爲了解決這個問題,以下將先逐一分析《李生六一天緣》《尋芳雅集》《禪真逸史》中的《樂春風》,歸納《樂春風》的詞牌格律,接著討論潘輝益《樂春風》的格律,如此才可能進一步判斷潘輝益使用了哪些填詞的參考範本。

由於詞譜中沒有收録《樂春風》,因此這個詞牌的格律不詳。參照《詞

---

① 越南漢文小説《花園奇遇集》有《國色天香》收録五種小説的影響,所以《花園奇遇集》的作者一定參考過《國色天香》。《花園奇遇集》的成書年代沒有定論,潘文閣推測 18 世紀末成書。參陳益源《越南漢文小説〈花園奇遇集〉與明代中篇傳奇小説》,《越南漢籍文獻述論》,中華書局,2011 年。

林正韻》，押韻最整齊的是《李生六一天緣》的用例。下文所列詞牌格律，各句字數用數字表示，"、"爲句，"●"爲仄韻，"○"爲平韻。

《繡谷春容》智集卷七上欄《李生六一天緣上》①：

作例一　　　四、四・六、六・七、五・四。三、六・三、六・

麗日融和，東風布暖。花間蝶曬粉衣，枝上鳥吹新管。得追歡酒泛清香，正人居芳館。骨肉團圞。須信道，年老餘光非短。醉扶歸，日落紅雲影斷。

作例二　　　四、四・六、六・七、四、五・四。三、六・三、六・

枯樹吹生，青氈漸暖。未把花折瓊林，且將春問葭管。恩堂膝下有承歡，歌殘金縷，酒已停仙館。充映卑寒。容易岁，弱水三千路短。最難期，萬里鵬程目斷。

《詞林正韻》（以下同）

●＝第七部仄聲

○＝第七部平聲

作例二乃是作例一的次韻之作，但作例二增添第六句的四字句。如果參照以下所舉的三個例子，可以發現作例二的格律是正確的，而作例一脱落了第六句的四字句。其他三例如下。

《國色天香》卷四下欄《尋芳雅集》②：

作例三　　　四、四・六、六・七、四、五・四・三・六・三、六・

錦褥香棲，幽閨春鎖。幾番神思蓬瀛，今得身游夢所。風流何處值錢

---

①《繡谷春容》所見兩闋《樂春風》，引自《古本小説集成》，頁 656、658。《李生六一天緣》中兩闋《樂春風》之句讀，參俞爲民校點《繡谷春容（含國色天香）》，江蘇古籍出版社，1994 年，頁 234。

②《國色天香》所見兩闋《樂春風》，引自《古本小説集成》，頁 306、307。《尋芳雅集》中兩闋《樂春風》之句讀，參俞爲民校點《繡谷春容（含國色天香）》，頁 23。又參《國色天香》，雙笛國際出版，1995 年，頁 250。

多，蘭蕙舒芬，夭桃榴破顆。嬌羞嫋娜。情重處。玉堂金谷皆左。纔
識得，一刻千金價果。①

作例四　　四、四‧六、六‧七、四、五‧四‧三、六‧三、六‧

鸞鏡纔圓，鵲橋初渡。暗思昨夜風光，羞展輕蓮小步。杏花天外玉人
酡，難禁眉攢，又何妨鬢嚲。情偕意固。管甚麼，褪粉殘紅無數。須常
記，一刻千金價果。②

　　　　　　　　　　　　　　●＝第四部仄聲
　　　　　　　　　　　　　　■＝第九部仄聲

《禪真逸史》三十六回③：

作例五　　四、四‧六、六‧七、四、五‧四、三、六‧三、六‧

龍燭搖紅，金花耀目。漫誇雙玉重逢，試看鵲橋初度。繡帷深處列笙
歌，纖手同攜，把香肩並嚲。俊傑嬌娃，生一對，彩鳳文鸞共舞。須知
道，天賜姻緣證果。

　　　　　　　　　　　　　　●＝第四部仄聲
　　　　　　　　　　　　　　■＝第九部仄聲

---

①各本文字異同如下：《繡谷春容》（卷一上欄，頁 67）“夭”作“更”。林近陽編《燕居筆
記》（早稻田大學藏萃慶堂余泗泉刊本，卷一，第 27 葉左上欄）“棲”作“不”、“思”作
“想”、“瀛”作“可”、“夭”作“正”、“嫋”作“孃”、“價”作“而”。《花陣綺言》（《古本小説集
成》，卷一，頁 67）“棲”作“鋪”、“思”作“想”、“瀛”作“壺”、“夭”作“正”、“嫋”作“孃”、“玉
堂金谷”作“金馬玉堂”、“價”作“是”。
②各本文字異同如下：《繡谷春容》（卷一上欄，頁 67）“渡”作“度”、“偕”作“諧”。《花陣
綺言》（卷一，頁 67）“渡”作“度”、“須常記”作“今始信”。林近陽編《燕居筆記》（卷一，
第二十八葉右上欄）同。
③《禪真逸史》所見《樂春風》，引自《古本小説集成》，頁 1529。詞牌句讀，參兌玉校點
《禪真逸史》，齊魯書社，1986 年，頁 548。又參江巨榮、李平校點《禪真逸史》，上海古
籍出版社，1990 年，頁 586。

▲＝第十五部入聲①

作例三、四、五的字數、句數，皆與作例二相同。由此可見，作例一第六句的四個字確實脱落。其次，關於押韻的情況，作例二的第八句押平韻，作例三、四押仄韻，作例五未押韻，而作例三的第九句也用仄韻。由韻部通押來看，作例三、四、五通押數個韻部，作例二押同一韻部，用韻更爲精細。

　　上述的五個作例中，作例二格律嚴整，在字數、句數、用韻上足以作爲範例。也就是説，《樂春風》的格律是“四、四·六、六·七、四、五·四。三、六·三、六·”，爲五仄韻一叶韻的五十八字十二句體。② 由於《詞律》《欽定詞譜》並未收録和《樂春風》相同格律的詞牌，因此《樂春風》不會是其他詞牌的别稱。

　　至於潘輝益所作《樂春風》具有怎樣的格律表現呢？ 據文淵閣四庫全書本《八旬萬壽盛典》所録爲：

四、四·四、四、四·七、五、四·　　　四·三、六·三·六·

春醉桃英，香濃桂秀。銀蟾當牖。祥雲縹緲，瓊樓玉宇。鈞韶九奏傳宣室，萬國衣冠燦，千行鵷鷺。　　　陽光和煦。承恩眖，楓陛彤弓湛露。厘媚祝。億萬斯年聖壽。

●＝第四部仄聲

■＝第十二部仄聲

由此可見，潘輝益《樂春風》與前述作例一至五的格律全然不同。具體而

①此詞韻字“目”在《詞林正韻》爲入聲，至《中原音韻》入派三聲，屬去聲魚模韻，與“度”“舞”同韻部。作例五成於明代，依據當時的音韻變化，乃押入聲韻，並未破格。

②此詞爲仄韻叶一平韻，有前例可循。《欽定詞譜》卷二十四張先《熙州慢》（武林鄉占第一湖山）載：“雙調，九十六字，前段十句三仄韻一叶韻，後段八句六仄韻。”注云：“此調祇有此詞，無别首可校。”這首《熙州慢》不見於《詞律》，收於《詞律拾遺》卷三，爲一特殊之例。《樂春風》新作於明代，可能受到散曲的影響。詞律、曲律原屬兩個系統，然時有相混之例，由於散曲平仄通押，《欽定詞譜》也有混入曲牌、收録仄韻叶一平韻的例子。如《欽定詞譜》卷一載張可久散曲《壽陽曲》（東風景），格律爲“三、三。七·七·六·”一平韻三叶韻。另外，這首《壽陽曲》韻字“湖”“霧”“舞”“去”，《中原音韻》爲魚模韻，而《詞林正韻》中“湖”爲第四部平聲，“霧”“舞”“去”爲第四部仄聲，如《樂春風》作例一、二皆叶一平韻，就詞的格律爲破格，然亦可視爲受散曲影響的押韻表現。

言,第三四句當作"六、六・"兩個六字句,而潘輝益作"四・四、四・"三個四字句。又第六七句當作"四、五・"而潘輝益反作"五、四・"。此外,潘輝益此詞押八個仄韻,押韻數量多於前述的作例一到五。

　　目前各書所收錄的潘輝益《樂春風》,文字略有異同。文津閣四庫全書本《八句萬壽聖典》與文淵閣此本無異。《安南樂章》"縹"作"飄"。《星槎紀行》"燦"作"燦爛","厓"字缺,"億萬"之"萬"字缺。此外,四庫本有分上下片,而《安南樂章》《星槎紀行》並未區分上下片。差異最大的是《星槎紀行》收錄的詞作,假使按照《星槎紀行》的文字,詞牌格律依然和作例一至五不同①。

　　潘輝益《樂春風》的格律爲什麼和其他作例不一致呢? 理由可能有二端:一是潘輝益在填詞時出錯。由於《樂春風》的詞牌只見於明代小説,填寫《樂春風》的範本,不像詞譜有詳細的格律解説,從没有標示句、韻的詞來歸納格律,容易產生誤讀。其二,根據史料記載,潘輝益進呈的詞,曾送到清朝預先審核,或許是在這個過程被改動格律。據《欽定安南紀略》卷二十七載:

　　　　十六日丙申,福康安奏言。臣接據左江道湯雄業稟。據諒山鎮目潘文璘等到關稟稱,國王此次進京展覲,理宜呈進祝嘏詞。今已撰就發來,因恐其中措辭不協,體例不諳,令將詞稿先送進關。懇請大加核改,發還繕正。②

同書載二十八日戊申福安康奏言,云:

　　　　其所進慶祝萬壽詞曲,詳加閲核。十章俱係詞闋。臣雖不諳音律,而按其詞義,尚無不合體例之處。

福康安奏請大加核閲西山朝送來的詞,並發還要求繕改。福康安自述不諳音律,或由其幕下文人代爲審訂亦不無可能。《樂春風》不見於詞譜,福康安等人可能就詞義改動格律。如果推論屬實,足見這個校閲水準並不高。

──────────

①《星槎紀行》的文字爲:"春醉桃英,香濃桂秀。銀蟾當牖。祥雲縹緲,瓊樓玉宇。鈞韶九奏傳宣室,萬國衣冠燦爛,千行鵷鷺。陽光和煦。承恩覘,楓陛彤弓湛露。媚祝。億斯年聖壽。"格律是"四、四・四・四、四・七、六、四・四・三、六・二・五・"。

②《故宫珍本叢刊》第 57 册,海南出版社,2000 年,頁 382。

至於潘輝益《樂春風》的格律如果曾被改動,要從現存的格律來追溯所參考的填詞範本,就會産生困難。

六　小結

越南西山朝阮惠在慶祝乾隆皇帝的"八旬萬壽盛典"上,獻呈十闋詞,並由使節團的隨隊樂工以越南音樂演唱十闋詞牌。然而根據殘存的史料記載,當日實際參與聖誕壽宴的阮惠極可能是替身,而十首祝嘏詞的作者則是在越南負責對清朝外交事務的潘輝益。

潘輝益使用的詞牌《樂春風》頗爲特殊,僅出現在明代小説,應是以明代小説中的詞作爲範本填成的。越南今日所存的詞選《古調吟詞》、漢文名篇範例《丹花上品》皆從明代通俗類書《國色天香》的内容編選而成。因此潘輝益填寫《樂春風》所依據的範本極有可能是《國色天香》。然而潘輝益《樂春風》的詞牌格律和其他明代小説所收的《樂春風》詞例不同,可能出於潘輝益對《樂春風》格律的誤解,也可能如史料所載,福康安在審核越南進獻的詞時,改動了這個詞譜所沒有收錄的詞牌。

這些證據顯示,越南西山朝在填詞時,曾以明代通俗類書爲參考範本,同時意味著詞譜在當時並不普及。按譜填詞是最簡便的方式,如果必備的詞籍不完備,可知填詞風氣在西山朝並不盛行。但是接下來的阮朝,在阮綿審出現以後,越南詞有了飛躍性的發展。阮朝之際,有哪些性質的詞籍傳入越南,又是通過何種途徑傳入,究竟經歷過哪些詞學的蓄積,而終於能出現像阮綿審這樣的作家,將是接下來有待處理的課題。

（作者單位:廣島修道大學經濟科學部;譯者單位:臺灣大學中文系）

漢籍交流研究

域外漢籍研究集刊　第十九輯
2020 年　頁 293—304

東京書道博物館藏《李延齡墓誌》考釋

孟凡港

　　《李延齡墓誌》鐫刻於北魏孝昌元年（525），現存日本東京都臺東區書道博物館第三展示室。2017 年 9 月，筆者趁訪學之機親赴書道博物館考察，獲得該墓誌的相關資料信息。墓誌青石質，保存較爲完好，長 54 釐米，寬 35 釐米，厚 9 釐米，正書，22 行，滿行 22 字，共 449 字，字迹清晰可辨。墓誌出土于河南洛陽，出土時間不詳，後爲中村不折獲得而流於日本。墓誌主人李延齡，無論《魏書》還是《北史》，均未記載，亦未見他書記載，正可補史志之闕。而李延齡的父親李彪，作爲北魏名臣，《魏書》與《北史》均有傳記，可與墓誌記載相互參照，以究清史事真相。

一　墓誌録文

　　筆者翻查了有關南北朝時期墓誌的編著，如趙萬里《漢魏南北朝墓誌集釋》①、趙超《漢魏南北朝墓誌彙編》②、毛遠明《漢魏六朝碑刻校注》③等，關於流散國外的中國古代石刻的編著，如羅振玉《海外貞珉録》④、王壯弘

---

① 趙萬里《漢魏南北朝墓誌集釋》，《石刻史料新編》第三輯第 3、4 册，新文豐出版公司，1986 年。
② 趙超《漢魏南北朝墓誌彙編》，天津古籍出版社，1992 年。
③ 毛遠明《漢魏六朝碑刻校注》，綫裝書局，2008 年。
④ 羅振玉《海外貞珉録》，《叢書集成續編》第 73 册，上海書店，1994 年。

《歷代碑刻外流考》①等，以及相關中國古代石刻拓片的彙編，如《北京圖書館藏中國歷代石刻拓本彙編》②《日本京都大學藏中國歷代文字碑刻拓本》③等，但遺憾的是，均未見到對該墓誌的著録。現依據實地考察時對誌文的識讀，録文於兹，並附照片以供學界參考。

魏故驍騎將軍荆州刺史李使君墓誌銘並序

君諱延齡，字仲秀，秘書丞、汾州刺史彪之次子也。其先頓/丘衛國人，後任於洛，遂家焉。曾祖倬，上谷太守。祖珎，清河/太守，簪笏之榮，淵源弗替，至于曠代官閥，特略而弗陳，懼/褻也。公賦質純謹，孝友自天。既長，倜儻不群，胸羅韜略，慨/然有夷安天下、埽清亐宙之志。肰性多曠達，不甘小就。熙/平元年除侍御史，尋遷符璽郎中。正光四年改授秘書丞。/其時，邊吏失防，夷賊猖獗，江表一代率爲賊有。上不得已，/出爲驍騎將軍，俾圖進取。公刻日戒嚴，帥軍赴荆。比至溜/淳，百姓攜扶相迎者充溢道路。公撫之去，營於嶧埠之野，/厲兵秣馬，指日決戰。賊聞之懼，遣使求和。公弗許，乃出奇/以逆之，大破虜軍，故地悉復。上聞捷大悦，凱旋之日，百姓/遮道慟哭，攀轅哀留，表奏除荆州刺史。蒞任二年，四民樂/業，稱富饒焉。不意，於孝昌元年六月七日遘疾，薨於官署，/春秋四十有三。訃至京，上賵予甚厚，俾充喪禮，乃轝棺還/都，於冬十月朔五日葬於京師之北印丹山之玄壤，禮也。/爰爲之銘曰：/

嵩嶽誕降，篤生迺公。家邦有慶，砥柱南東。生而烏有，克/全孝友。曠古奇才，聲價豈苟。爰及軒冕，緯地經天。十年/於政，功勳連綿。邊塵告驚，親整戎兵。旬日之間，奠定故/城。後任於荆，惟公與明。烽煙頓歇，群頌政聲。夜未向晨，/迄於哲人。勒之玄石，億年長春。/

①王壯弘《歷代碑刻外流考》，《二十世紀書法研究叢書·考識辨異篇》，上海書畫出版社，2008 年。

②北京圖書館金石組編《北京圖書館藏中國歷代石刻拓本彙編》，中州古籍出版社，1989 年。

③《日本京都大學藏中國歷代文字碑刻拓本》，新疆美術攝影出版社，2016 年。

二　墓誌銘文考釋

（一）李延齡的祖籍與家世

關於李延齡的祖籍，《李延齡墓誌》云："其先頓丘衛國人，後任於洛，遂家焉。"據《魏書·地形志》記載，北魏時設頓丘郡，隸屬相州（後改稱司州①，治鄴城），轄縣四，其中有衛國縣（今河南省濮陽市清豐縣南）。可見，李延齡祖籍爲頓丘衛國，這與正史記載相合。如《魏書》與《北史》記載李延齡之父李彪云："李彪，字道固，頓丘衛國人。"②那麼，李氏是何時遷居洛陽的呢？誌銘中並無詳細信息，不過據《魏書》記載可知，乃始於李彪。《魏書·李彪傳》記載：李彪"家世寒微，少孤貧，有大志，篤學不倦。初受業於長樂監伯陽，伯陽稱美之。晚與漁陽高悦、北平陽尼等將隱於名山，不果而罷。悦兄閭，博學高才，家富典籍，彪遂於悦家手抄口誦，不暇寢食。既而還鄉里。平原王睿③年將弱冠，雅有志業，娶東徐州刺史博陵崔鑒女，路由冀相，聞彪名而詣之，修師友之禮，稱之於郡，遂舉孝廉，至京師館而受業焉。高閭稱之於朝貴，李沖禮之甚厚，彪深宗附"④。由此可知，李彪雖自幼孤貧，但勤學不倦，博學高才，稱名於時。後在平原王睿的舉薦下，由頓丘衛國赴京師受業，此後便逐漸步入仕途，立足於洛陽。其子李延齡不僅生於洛陽，死後亦歸葬洛陽，正如墓誌所稱："嵩嶽誕降，篤生乃公"，"孝昌元年六月七日遘疾，薨於官署……乃轝棺還都，於冬十月朔五日葬於京師之北邙丹山之玄壤"。

關於李延齡的家世，《李延齡墓誌》云："曾祖倬，上谷太守。祖琛，清河太守"，而父親李彪，爲秘書丞、汾州刺史，可謂"簪笏之榮，淵源弗替"。《魏書》與《北史》只爲李延齡的父親李彪立傳，而無曾祖與祖父的傳記，即使在

---

①據［北齊］魏收《魏書》卷一〇六上《地形志上》記載：司州，"治鄴城，魏武帝國於此。太祖天興四年置相州。天平元年遷都改。"中華書局，1974 年，頁 2456。

②［北齊］魏收《魏書》卷六二《李彪》，頁 1381；［唐］李延壽《北史》卷四〇《李彪》，頁 1452。

③［唐］李延壽《北史》卷四〇《李彪》作"王陸睿"，頁 1452。

④［北齊］魏收《魏書》卷六二《李彪》，頁 1381。

《李彪傳》中，也隻字未提曾祖李倬與祖父李玠。據《魏書·李彪》記載：李彪"家世寒微，少孤貧，有大志，篤學不倦。"①《北史》記載與《魏書》幾乎相同，僅是變"家世寒微"爲"家寒微"②。既然《李延齡墓誌》稱曾祖李倬與祖父李玠都是太守③出身，爲何《魏書·李彪》却云"家世寒微"呢？魏晉南北朝時期的人物傳記因受門閥制度影響而熱衷於記述傳主家世，必於傳首載明其祖、父的官階履歷，遂成定例，這在《魏書》中有明顯體現。然而，作爲孝文帝寵臣的李彪，爲何《魏書·李彪》却没有提及其祖、父的官閥履歷呢？祖、父兩代若任職太守，傳記中絶不可能言其家世"寒微"的。還有一問題值得思考，那就是李倬、李玠的上谷太守與清河太守是否可能是贈官？贈官乃中國古代的一種政治行爲，朝廷對功臣的先人或本人死後追封爵位官職。《魏書》中有類似例子，如《魏書·崔休》記載："崔休，字惠盛，清河人，御史中丞逞之玄孫也。……父宗伯，世宗初，追贈清河太守。"④李彪作爲孝文帝的股肱之臣，其父祖是有可能被追贈的。但問題在於，《魏書》中人物傳記的履歷及榮譽記載基本上是基於檔案而成的，子顯親貴，若有追贈，必然會大書特書的，然而《魏書·李彪》却隻字未提。所以，贈官的可能性不大。由此，筆者推測，李倬、李玠可能就是作爲原本並無官爵的平民，故《魏書·李彪》稱其"家世寒微"，而《李延齡墓誌》爲李氏子孫所刻，必然虛誇其歷代爲官的榮耀，正如《李延齡墓誌》所云："至於曠代官閥，特略而弗陳，懼褻也"，這一切皆是爲其先祖掩瑕溢美。果若此，就不難理解《魏書》《北史》與《李延齡墓誌》記載的差別了。

（二）李彪的任職

關於李延齡父親李彪的任職，《李延齡墓誌》稱"秘書丞、汾州刺史"。其實，這僅是李彪仕履生涯中的兩個官職，更多的並未提及，畢竟該墓誌記載的中心人物是李延齡，而非李彪。李彪一生都擔任過哪些官職？爲何《李延齡墓誌》偏偏選擇秘書丞與汾州刺史呢？據《魏書·李彪》記載：北魏孝文帝初年，李彪初入仕途，爲中書教學博士，後假員外散騎常侍、建威將

①〔北齊〕魏收《魏書》卷六二《李彪》，頁 1381。
②〔唐〕李延壽《北史》卷四〇《李彪》，頁 1452。
③據《魏書》卷 113《官氏志》記載：上郡太守四品，中郡太守爲五品，下郡太守爲六品。
④〔北齊〕魏收《魏書》卷六九《崔休》，頁 1525。

軍、衛國子而使于蕭梁，遷秘書丞，參著作事。因上書封事七條，孝文帝“覽而善之，尋皆施行”，李彪受到禮遇，加中壘將軍。孝文帝車駕南征，假冠軍將軍、東道副將、征虜將軍等職。車駕還京後，遷爲御史中尉，領著作郎。李彪爲高祖所寵，性又剛直，“遂多所劾糾，遠近畏之，豪右屏氣。高祖常呼彪爲李生，於是從容謂群臣曰：‘吾之有李生，猶漢之有汲黯。’”汾州胡人叛亂，令李彪持節綏慰，事寧還京，除散騎常侍，仍領御史中尉，解著作事。車駕南伐，李彪兼度支尚書，與僕射李沖、任城王等參理留臺事。後遭李沖誣陷排擠，李彪被除名，歸鄉。孝文帝崩世後，宣武帝元恪踐祚，“彪自托于王肅，又與邢巒詩書往來，迭相稱重，因論求復舊職，修史官之事，肅等許爲左右”。後詔李彪兼通直散騎常侍、行汾州事，然“非彪好也，固請不行”。景明二年（501）秋，卒於洛陽，年五十八歲。“詔賜帛一百五十匹，贈鎮遠將軍、汾州刺史，謚曰剛憲。”①《北史》所記，與《魏書》基本相同。由此可見，《魏書》《北史》與《李延齡墓誌》相合，李彪仕履中確有秘書丞與汾州刺史二職，前者爲實任官職，而後者乃死後贈官。爲什麼《李延齡墓誌》唯獨提及李彪任職秘書丞與汾州刺史呢？實際上，墓誌中職銜的題署有一定的規制，往往題署上一生歷任的最重要官職。汾州刺史是李彪卒後皇帝的贈官，作爲一種哀榮，撰書此官理所當然。秘書丞②作爲李彪初任官職，除名前所任，品級雖低，但十分重要。除名後他曾就“論求復舊職，修史官之事”上書宣武帝，云：“竊尋先朝賜臣名彪者，遠則擬漢史之叔皮，近則準晉史之紹統。推名求義，欲罷不能，荷恩佩澤，死而後已。今求都下乞一静處，綜理國籍，以終前志，官給事力，以充所須。雖不能光啓大録，庶不爲飽食終日耳。近則期月可就，遠也三年有成。”於是，“在秘書省同王隱故事，白衣修史”③。此處“白衣”是指古代受處分官員的身份，如《陳書·陳擬傳》記載：“世祖嗣位，除丹陽尹，常侍如故。坐事，又以白衣知郡，尋復本職。”④如此看來，儘管並未恢復李彪的秘書丞之舊職，但准許其以白衣的身份在秘書省從事修史之務，如同原先所任秘書丞。所以，李氏後人在鐫刻《李延

---

① ［北齊］魏收《魏書》卷六二《李彪》，頁 1381—1398。

② 秘書丞隸屬秘書省，掌藝文圖籍之事，並負責撰修國史。

③ ［北齊］魏收《魏書》卷六二《李彪》，頁 1397。

④ ［唐］姚思廉《陳書》卷一五《陳擬傳》，中華書局，1972 年，頁 218。

齡墓誌》時,仍舊撰書李彪任秘書丞之職,而其他任職因除名原因而難能書寫。

(三)李延齡的兄弟輩

據《李延齡墓誌》記載:"君諱延齡,字仲秀,秘書丞、汾州刺史彪之次子也。"據此可知,李延齡作爲李彪的次子。那麽,長子是誰? 是否還有其他兄弟姊妹?《李延齡墓誌》均未交待。筆者翻查《魏書》與《北史》的《李彪傳》,有關於李彪子嗣的記載,但均未記載次子李延齡,《李延齡墓誌》正可補二書記載之闕。據《魏書·李彪》記載,李彪有一子名志,字鴻道,博學有才幹。"年十餘歲,便能屬文,彪甚奇之"。李彪曾對當時著名史學家崔鴻曰:"子宜與鴻道爲'二鴻'於洛陽。"由此可見,李志在洛陽頗有名氣,可與崔鴻並稱。李彪曾向雍州刺史任城王澄爲李志謀求府僚之職,"得列曹行參軍",這應是李志入仕之始。後來,李志遷符璽郎中、徐州平東府司馬、後軍將軍、中散大夫、輔國將軍、永寧寺典作副將。北魏荆州刺史桓叔興帥衆降蕭梁,"南荆荒毁,領軍元叉舉其才任撫導",擢李志爲南荆州刺史,加征虜將軍。建義初年,李志"叛入蕭衍"①。關於李志叛降蕭梁一事,《梁書》亦有記載:大通二年(528)四月:"時魏大亂,其北海王元顥、臨淮王元彧、汝南王元悅並來奔;其北青州刺史元世儁、南荆州刺史李志亦以地降"②;"魏南荆州刺史李志據安昌城降,拓地千餘里"③。李彪有一女,"幼而聰令,彪每奇之,教之書學,讀誦經傳。嘗竊謂所親曰:'此當興我家,卿曹容得其力。'"李彪死後,宣武帝聞其名,"召爲婕妤,以禮迎引"。宣武帝死後,"爲比丘尼,通習經義,法座講説,諸僧嘆重之"④。李彪的子嗣,除了《魏書》所載李志與女兒外,《北史》還記載了李志之弟李游,"有才行,隨兄志在南荆州,屬爾朱之亂,與志俱奔江左"⑤。可見,李志與李游均投奔蕭梁。

李延齡與李志相比,孰長孰幼? 由《李延齡墓誌》"孝昌元年六月七日遘疾,薨於官署,春秋四十有三"一句可知,李延齡當生於北魏孝文帝太和

① [北齊]魏收《魏書》卷六二《李彪》,頁1398—1399。
② [唐]姚思廉《梁書》卷三《武帝下》,頁72。
③ [唐]姚思廉《梁書》卷四《簡文帝》,頁109。
④ [北齊]魏收《魏書》卷六二《李彪》,頁1399。
⑤ [唐]李延壽《北史》卷四〇《李彪》,頁1466。

七年(483)，卒於孝明帝孝昌元年(525)；而對於李志的生卒年月，《魏書》與《北史》均未記載。那麼，如何判斷出二人的長幼？我們必須從現有的資料中挖掘出有效信息，並加以推測。《魏書》與《北史》對李志初入仕途之事有所記載：李彪曾向雍州刺史任城王澄爲李志謀求府僚之職，李志最終得列曹行參軍。此事發生於何時呢？可抓住王澄時任雍州刺史這一關鍵信息點。《魏書·任城王》有王澄的傳記，記載世宗(宣武帝)初年，王澄"改授安西將軍、雍州刺史。尋徵赴季秋講武。除都督淮南諸軍事、鎮南大將軍、開府、揚州刺史"①。可見，王澄在魏宣武帝初年就任雍州刺史，但時間不久，即轉任都督淮南諸軍事、鎮南大將軍、揚州刺史等職。另據《資治通鑑·齊紀八》"永元元年五月"條記載："魏任城王澄以王肅羈旅，位加己上，意頗不平。會齊人降者嚴叔懋告肅謀逃還江南，澄輒禁止肅，表稱謀叛，案驗無實。咸陽王禧等奏澄擅禁宰輔，免官還第，尋出爲雍州刺史。"②也就是說，王澄任職雍州刺史是在蕭齊東昏侯永元元年(499)五月，也就是北魏孝文帝太和二十三年(499)五月。這與《魏書》所記"世宗初"並不矛盾，因爲孝文帝是在太和二十三年四月去世，隨即宣武帝即位，翌年改元景明，故《魏書》記爲"世宗初"，而《資治通鑑》記爲永元元年(499)五月。也就是說，太和二十三年(499)，李彪向雍州刺史王澄求助，爲李志謀得府僚曹行參軍的職位，這是李志爲官從政之始，當時李延齡僅十七歲。若是李志比李延齡年幼的話，那麼一位十五六歲甚或更小的少年是否可能開始步入仕途？這顯然不大可能。所以，筆者揣測，李志應當年長於李延齡，是長子，李延齡是次子，李游是小子，無怪乎《魏書·李彪》中用較多的篇幅記載了李志的生平事蹟，而對於李志弟弟李游及李延齡隻字未提。

(四)李延齡的生平史事

據《李延齡墓誌》記載：李延齡，字仲③秀，生於北魏孝文帝太和七年(483)，卒於孝明帝孝昌元年(525)，終年四十三歲。對於李延齡的質賦，《李延齡墓誌》充滿贊頌之情："公賦質純謹，孝友自天。既長，佪儻不群，胸

---

① [北齊]魏收《魏書》卷一九《任城王》，頁470。

② [北宋]司馬光《資治通鑑》卷一四二《齊紀八》"永元元年五月"條，中華書局，2011年，頁4523。

③ "仲"字正與其排行第二相符。

羅韜略,慨然有夷安天下、埽①清世宙之志。肰②性多曠達,不甘小就。"熙平元年(516),三十四歲時,始入仕途,至孝昌元年(525)遘疾去世,從政時間恰好十年,這正與《李延齡墓誌》銘詞"十年於政,功勳連綿"相符。初任侍御史,次任符璽郎中,正光四年(523)改授秘書丞。此時,正值北魏與蕭梁軍事衝突激烈的時期。北魏自孝文帝拓跋宏死後,統治日趨腐朽,國內動蕩不安,國力日下。與此同時,南方蕭衍代齊建梁後,趁機屢屢北進,與北魏戰爭不斷。《李延齡墓誌》所言"邊吏失防,夷賊猖獗,江表一代率爲賊有",正反映了南北間的軍事對峙之勢,這在《魏書》中有所反映。《魏書·蕭宗紀第九》記載:正光二年(521),"五月辛巳,南荆州刺史桓叔興自安昌南叛"③;正光四年(523)十二月,"蕭衍遣將寇邊,詔假征南將軍崔延伯討之"④;正光五年(524)九月,"蕭衍遣將裴邃、虞鴻襲據壽春外城,刺史長孫稚擊走之,邃退屯黎漿。詔河間王琛總衆援之。衍又遣將寇淮陽,詔秘書監、安樂王鑒率衆討之"⑤。但是,《魏書》並未記載蕭梁軍隊侵擾荆州及北魏取得荆州大捷一事,正可據《李延齡墓誌》獲知戰事始末:李延齡作爲驍騎將軍,被派遣與蕭梁軍隊作戰,表現出了傑出的軍事才能,"刻日戒嚴,帥軍赴荆。比至溜渟,百姓攜扶相迎者充溢道路。公撫之去,營於嶧埠之野,厲兵秣馬,指日決戰。賊聞之懼,遣使求和。公弗許,乃出奇以逆之,大破虜軍,故地悉復。"魏孝明帝獲聞前綫大捷,十分喜悦。"凱旋之日,百姓遮道慟哭,攀轅哀留,表奏除荆州刺史。"荆州⑥作爲抗擊蕭梁的前沿陣地,軍事地位十分重要,李延齡在蒞任荆州刺史的兩年間,勵精圖治,勤政爲民,致使"四民樂業,稱富饒焉"。不料於孝昌元年(525)六月七日遘疾,薨於官署,春秋四十三歲。死訊傳至京城洛陽,"上賵予甚厚,俾充喪禮,乃轝棺還都,於冬十月朔五日葬于京師之北印丹山之玄壤"。對於李延齡這樣一位

---

①"埽",古同"掃"。

②"肰",古同"然"。

③[北齊]魏收《魏書》卷九《蕭宗紀第九》,頁 232。

④[北齊]魏收《魏書》卷九《蕭宗紀第九》,頁 235。

⑤[北齊]魏收《魏書》卷九《蕭宗紀第九》,頁 237。

⑥據《魏書·地形志下》記載:荆州,"後漢治漢壽,魏、晉治江陵,太延中治上洛,太和中治穰城"。頁 2633。

深受孝明帝禮遇的政治人物,《魏書》與《北史》竟隻字未記,幸好《李延齡墓誌》可補其闕漏,這正體現出石刻文獻的重要價值。

結　語

本文主要依據東京書道博物館藏北魏孝昌元年(525)《李延齡墓誌》,並參照《魏書》《北史》等史籍的記載,對李延齡的家族世系及相關史事作了簡要考證,由此補充了正史記載的闕略,事實真相得以究清。其實,史事記載的闕略是一種客觀存在的現象,任何史書也無法窮盡繁雜而多彩的歷史畫卷,而石刻文獻作爲中國古代歷史文獻的豐富寶藏,尤其對那些缺少史籍的時代彌足珍貴。所以,我們應高度重視石刻文獻的史料價值,以增補史志記載的闕略。同時,石刻文獻因受某些因素影響(如撰文與立石者的情感傾向、疏忽與無知、碑石面積有限等),致使記載存有疏漏簡略、掩瑕溢美甚或訛誤紕繆之處。鑒於此,我們應該將之與史籍結合起來,相互參證,如此才能更好地發揮其史料價值。

(作者單位:曲阜師範大學歷史文化學院)

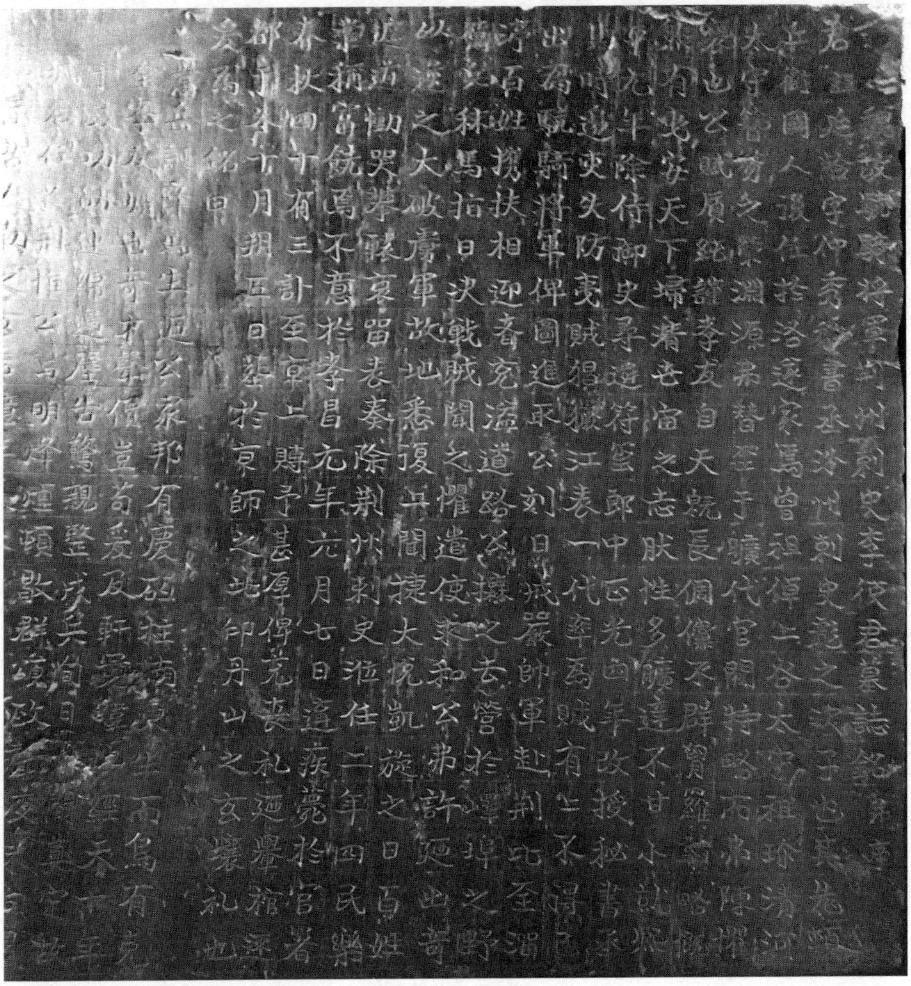

出百班馳騎夾夫御史尋通符江表一代李焉賊有改授祕書不至渭野

科大破凶次戰賊悉道路劉攝之嚴帥軍赴荊延之野

扶相軍俾圍狼符蟹郎中之志朕性多道不甘不至渭旦

道勸哭為不意哀留表奏復懼遣捷大凱旋之許延氏樂也

都弈扶富不計至京師贈荊州刺史海道一二年四月礼也

爰為別之銘曰十月有三日朔五日賻予甚厚俾黨此郎出之礼也

可威功刺也奇遷豈有覩登歃血兵頴敻日

成功勳郡公崖告瑩觀登頃歃兵頴敻日

用公西年最春歃兵頴

助之懷運天有

公明

域外漢籍研究集刊　第十九輯
2020 年　頁 305—314

東亞"爭奇文學"再探

邊明江

　　在《域外漢籍研究集刊》第二輯中,金文京教授發表論文《東亞爭奇文學初探》①,以明代文人鄧志謨的"爭奇"系列作品爲基礎,引入日本、朝鮮與越南等地的文學作爲參照與擴展,提出東亞"爭奇文學"的概念。

　　論文發表之後受到學界的一些關注,有的學者繼續以鄧志謨的作品群爲中心展開討論,比如潘建國《晚明七種爭奇小説的作者與版本》②中考察了鄧志謨七種爭奇小説的版本及编撰者,提出《梅雪爭奇》《茶酒爭奇》的作者並非鄧志謨,戚世雋《鄧志謨"爭奇"系列作品的文體研究:兼論古代戲劇與小説的文體分野》③則是從文體的角度切入,指出鄧志謨的"爭奇"系列在"小説"文體之外也具備明顯的戲劇性特徵;臺灣的朱鳳玉教授在《三教論衡與唐代爭奇文學》④中論述了儒釋道三教之間的互相辯難如何影響了唐代甚至之後的爭奇文學,在《從越南漢文小説看爭奇文學在漢字文化圈的發展》⑤一文中簡要介紹了越南的 16 種"爭奇類型"作品,指出這些材料是拓展比較文學研究的珍貴資料。潘建國與戚世雋等學者的研究側重於鄧志謨作品的版本與文體等方面,多有創獲,朱鳳玉則主要從"爭奇文學"的視角進行了資料上的補充與研究方向上的提示。正如金程宇在《近十年

① 金文京《東亞爭奇文學初探》,載《域外漢籍研究集刊》第二輯,2006 年,頁 3—20。
② 《文學遺産》,2007 年第 4 期,頁 78—88。
③ 《文學遺産》,2008 年第 4 期,頁 107—116。
④ 《敦煌研究》,2012 年第 5 期,頁 80—85。
⑤ 《成大中文學報》第 38 期,2012 年,頁 67—92。

中國域外漢籍研究述評》中對於《東亞爭奇文學初探》的評論,金文京對於鄧志謨"爭奇文學"的研究"令人耳目一新"①。總體而言,這些研究更加偏重於資料的發掘以及文學史的梳理,但却較少出現對於金文京爲"爭奇文學"所下定義的考辨,更加缺乏對於這一概念的深入討論與拓展。有鑒於此,筆者不揣淺陋,嘗試以"爭奇文學"這一概念爲核心,進行更加細緻的分析以及研究視野上的拓展,希望能够引起更多學者的重視與討論,標題中"再探"即是此意。

一　"爭奇文學"的概念及其學術價值

金文京在《東亞爭奇文學初探》的開篇處就爲"爭奇文學"下了定義,即"把用途上屬於同類却性質相對的兩種東西拿來比較,多數用擬人手法,各逞其能,爭論媲美,最後由第三者介入判定優劣(大部分是平分秋色)的游戲性文學作品",比如敦煌遺書中的《茶酒論》《燕子賦》等,此類作品在中國文學史上並非主流,没有統一稱呼。作者接著提出日本、朝鮮韓國和越南等國家的文學傳統中亦有類似作品,"其當初來源雖似由中國傳播,各國各族却有不同的發展"。隨後,作者自述此文的方法創新——"過去有關東亞文學的比較研究,偏重于周圍國家受中國影響的一面,或對周圍國家所保存中國資料的搜求,却缺乏周圍各國文學之間的互相比較,更缺乏這樣一種思路,由周圍各國文學的特徵來反襯中國文學當中已經消失或被隱蔽的傳統。"作者的目的在於爲這些作品群統一定名,並在此基礎上展開進一步的研究。

論文第二節介紹了晚明文人鄧志謨的《花鳥爭奇》《山水爭奇》《風月爭奇》《蔬果爭奇》等作品的内容與模式,而"爭奇文學"的"爭奇"正是淵源於此,所以這幾部"爭奇"作品實際上可被視爲整個"爭奇文學"概念的母胎。作者由此轉入第三節,即"中國文學史上的爭奇文學",具體又分爲通俗文學、古典文學和少數民族文學中的爭奇文學,作者還認爲三國時期的優伶演出中的娛樂性爭論"當爲爭奇文學的實際來源之一"。

在作者看來,爭奇文學不僅存在於中國,周邊諸國也或多或少受到影

---

① 《南京大學學報》,2010 年第 3 期,頁 111—124。

響,發展出自己的特色。日本文學部分,作者先是討論了鄧志謨作品在日本的影響,然後列舉了空海《三教指歸》、仁岫宗壽《梅松論》《勸世文酒茶四問》、蘭叔玄秀《酒茶論》、"異類軍記物"和中江兆民《三醉人經綸問答》等爭奇文學作品,最後,作者注意到日本的爭奇文學大多與佛教有密切關聯,並據此推論"爭奇文學的來源似與佛教的爭論方式有某種關係"。隨後,作者舉出韓國的"梅柳爭春"類作品,證明爭奇文學在韓國也有迹可循,除此之外,作者還借韓國文學中大量以擬人化的花木爲題材的寓言作品提醒我們,中國民間文學中或許原本亦有這一傳統。在越南的漢文和字喃作品裏,作者也發現了《龍虎鬥奇記》《聾瞽判辭》《花鳥爭能》《六畜爭功傳》等爭奇類文學作品。

在最後的"小結"部分,作者再次强調"爭奇文學的發源地應是中國",傳到周圍各民族和國家之後發生了複雜多樣的變化,體現出不同的特色以及某些共性,"而由這些特性和共性反觀中國文學,也可發現從前悟不到的一些有趣的問題",作者還暗示,爭奇文學的來源或許在於漢魏時代酒宴上的娛樂性問答游戲。

筆者以爲,金文京提出"爭奇文學"概念的學術價值主要體現在以下三方面。

首先,在金文京稱爲"爭奇文學"的作品之中,有些曾經被其他學者稱爲"爭奇型民間故事""爭奇小説""爭奇型小説"等等①,但是金文京第一次將這些作品統一在一個比較明確的概念之下,並且涵蓋了小説、戲曲、詩歌等不同文體;金文京在提煉出"爭奇文學"概念之後又將其拓展到整個東亞範圍,成爲"東亞爭奇文學",相對於前賢大多局限於中國小説史或文學史的範圍内進行討論,"東亞爭奇文學"無疑是一個極大的提升。

其次,從"爭奇"的角度考察某些作品時,或許可以引出新的闡釋。比如陶淵明的《形影神》,我們一般將其視爲陶淵明表達哲學思想的重要文本,而金文京從"爭奇"的角度切入,發現這組詩具有"形"與"影"爭奇,"神"

---

① 比如張鴻勳稱爲"爭奇型小説"(《敦煌故事賦〈茶酒論〉與爭奇型小説》,載《敦煌研究》,1989年第1期)和"爭奇型民間故事"(《"爭奇"型民間故事的歷史追蹤考察》,載《天水行政學院學報》,2000年第1期),潘建國稱爲"爭奇小説"(《明鄧志謨"爭奇小説"探源》,載《上海師範大學學報》,2002年第2期)。

做出決斷的模式,而且詩的背景與酒宴相關。雖然結論可以再商榷,但這種解讀至少爲我們提供了新的闡釋可能性①。

再者,按照金文京的觀察,"爭奇文學"在中國文學史上只不過是涓涓細流,並非主流,却對周邊諸國有不小的影響。所謂"非主流"文學作品如何影響他國文學,比如《游仙窟》這一在唐代影響不大的傳奇作品却深遠地影響了朝鮮與日本的古典文學,又如林紓及其助手翻譯的很多西方小説在歐美文學史上的地位不高却廣泛影響了近代中國的文學與社會,關於這一類課題已經有相當的研究,但似乎尚無人關注"爭奇文學"這一例子,而這一例子或許有助於我們繼續探討"非主流"文學在異域的重大影響這個課題。

最後,正如金文京的觀察,東亞比較文學研究往往偏重于中國文學對周邊國家(日本、朝鮮、越南等)的影響,但周圍各國文學之間的互相比較研究相對比較薄弱,而金文京嘗試以日韓越等國文學中的某些特徵來反觀中國文學當中已經消失或被隱蔽的傳統,這確實是一個新的思路,有利於促進東亞比較文學研究的新發展。

二　對"爭奇文學"概念的重新考察

"爭奇文學"的學術價值如上所述,但是金文京的研究之中亦有不足之處,本文正是試圖在金文京的研究成果上,對於其中涉及的若干問題進行一些修正或者更深入的探討,而首要的任務當然是對"爭奇文學"的定義加以討論。

回顧一下"爭奇文學"的定義——"用途上屬於同類却性質相對的兩種東西拿來比較,多數用擬人手法,各逞其能,爭論媲美,最後由第三者介入判定優劣(大部分是平分秋色)的游戲性文學作品"。

"用途上屬於同類却性質相對的兩種東西",金文京這裏應該主要是指茶酒爭奇之類(茶酒性質不同,但都被用作飲品),但是這一表述本身就略

①顧鈞《西方中世紀季節辯論詩初探——以〈冬天與春天〉爲中心》(《寧夏師範學院學報》,社科版 2010 年第 1 期)一文中也提到了《形影神》,但他是在"辯論詩"的視角下加以闡發的。

顯曖昧不清,以至於實際上很難包括其文中出現的大部分例證,比如《花鳥爭奇》中的牡丹與鳳凰之爭,它們的"用途"如何"同類","性質"又怎樣"相對",都是令人疑惑的。在筆者看來,"爭奇"的角色(無論是兩個或多個)是極其豐富多變的,每部作品都不盡相同,實在難以具體限定。

關於"擬人手法",金文京雖未明言,但實已將"爭奇文學"劃分爲運用擬人手法與不用擬人手法的兩類,換言之,主要角色都具備人類的特徵,但它們的"本體"有動植物與人類之別。按照金文京的説法,"爭奇文學"的重點明顯落在"擬人"類,即人化的動植物爲主角的作品,但是金文京並未完全排斥主角之"本體"爲人類的作品,比如被金文京視爲日本爭奇文學始祖的空海大師《三教指歸》,其中的三個人物明顯出於虛構,分別代表了儒釋道三教各自的思想。所以,我們或許可以將以動植物形象(大多具備人類的特徵)爲主角的相關作品稱爲"動植物主角型爭奇文學",而將以虛構的"典型人物"或某一觀念的人化形象爲主角的相關作品稱爲"虛構人物主角型爭奇文學",其中前者當爲主流,因爲後者極其繁雜而且其中某些部分已有固定稱謂和研究,比如"戰爭文學"等等。

"各逞其能,爭論媲美",主要涉及爭論的內容,即怎麼理解爭"奇"。具體爭論的內容當然豐富多彩,每部作品都不一樣,所以"爭奇"實際上意味著爭辯的可能是誰應在上位,或者哪一方的發言更有道理之類。另外,在大多數文本中,"爭"的作用主要是引出內容,真正重要的部分並非"爭"本身。最後,"爭論者"可以是兩人(《茶酒論》),也可能是多人(《三教指歸》),自不待言。

金文京所説"游戲性文學作品",應該主要指涉茶酒論爭之類,但是如何界定和確認"游戲性"亦是難題(暫且不論怎樣才算"文學")。娛樂游戲性作品與嚴肅的思想和學術著作之間的區別較爲明顯,所以《白虎通義》一類自然不算在內。但是,寓意嚴肅的作品完全可以用游戲之筆寫成,面目可憎的説教也可能只是戲仿,所以筆者更傾向於不作是否游戲性的區分。比如茶酒爭論顯然是架空的游戲之筆,但結尾處嚴肅地宣導以和爲貴的勸諭之意却也極其明顯。再就《花鳥爭奇》而言,表面看去亦是游戲之筆,但其寓意却可能並不輕薄。余應虯(余象斗之子)在《叙花鳥爭奇》中通過列舉楚漢相爭等史事總結出"爭之慘悲",這提醒我們,花鳥之間的爭鬥以及最終和解這一故事絕非單純的"天方夜譚"。筆者個人傾向於認爲,這個故事很可能是影射明末黨爭並寄託了著者個人的“良好祝願”。根據已有的研究，鄧志謨主要生活在晚明時期，而這一時期正是黨爭極其激烈的時期，花鳥之間規模龐大而持久的爭論，尤其是率先發難的鬧陽花表示“紀綱壞矣”，實在惹人聯想；卷一的四種戲曲，兩種爲南腔，兩種爲北腔，調和之意頗爲明顯，而明末黨爭的重要雙方東林黨和魏忠賢，前者源出江南，後者爲北方人，或許也有某種對應關係；故事的終局是花鳥雙方在東皇的調停下握手言和，或許反映出鄧志謨對於皇帝出面平復黨爭的一種期望吧。雖然這只是一種猜想，但筆者相信，鄧志謨編寫花鳥、山水和蔬果之間的爭論一定有其“言外之意”，至於他究竟想表達什麼則是可以再討論的。

　　關於爭奇故事的結局，金文京教授認爲大部分是“平分秋色”，但是金文京教授並未就此展開更加深入的討論，筆者試圖在此基礎上，揭示結局之種類其實往往與具體文本的“文本意圖”①有關，而“意圖”千差萬別，各有所指，實際上是沒有辦法也沒有必要歸類的。具體到“爭奇文學”的文本之中，所謂“文本意圖”，往往指涉的是道德訓誡與宗教爭辯等因素，而這成爲決定“爭奇”之終局的關鍵動因。比如敦煌《茶酒論》，茶酒分別自我誇耀並互相貶低對方，最後水出面教訓二者，“從今已後，切須和同……若人讀之一本，永世不害酒顛茶風（瘋）”②。關於《茶酒論》的作者生平和創作意圖，我們所知甚少，只能從文本呈現出的和解結局來“逆志”，即作者明顯是希望通過平局來説明和爲貴的觀點，所以茶酒之爭的結局注定是無勝無負的。如上所述，此類平局的頻繁出現，主要是因爲此類爭奇故事往往具有宗教教義宣講以及通俗道德的隱喻之背景。中國傳統文化往往講求“和”，即不爭，佛教教義也經常以和爲終，而受到中國及佛教文學影響的日本文學中的相關作品也大多沿襲此種模式，使得故事結局經常呈現出一種調和之狀態。比如傳爲一條兼良所做的《酒飯論》等，實際上就是借酒與飯之間擬人化的爭論來寄寓不同宗派之間應該和平共處的意思。總之，爭奇故事的結局往往與文本的道德或宗教訓誡之功用緊密關聯，這是十分重要的，而金文京對此似乎論述較少。再者，關於“爭奇文學”的起源，金文京教授指出可能與酒席上的爭論有關，筆者基本同意。總之，酒席上頻繁發生的

①這裏借鑒艾柯（Umberto Eco）在《詮釋與過度詮釋》中標舉的“文本意圖”概念。
②王重民、向達、周一良等編《敦煌變文集》，人民文學出版社，1957 年，頁 269。

爭論場面極有可能是"爭奇文學"的重要起源之一,而當後世的作者們采取了這樣一種模式時,他們往往在其中寄寓了自己的深意,而隨著具體寓意的不同,其結局也呈現出不同的型態。

三　東亞之外:"爭奇文學"的範圍與起源問題

金文京在其論文的總結中有一論斷,即"爭奇文學的發源地應是中國",這個結論無疑是限定在東亞文學的範圍之內的,但是,在東亞之外的各種文學傳統中,實際上或許也存在著相似的文學作品,而如果確實存在著東亞以外的"爭奇文學",我們自然就需要重新審視金文京的這一結論。

筆者認爲,至少在歐美文學、佛經與波斯文學中,可能或多或少也都存在著類似的例子,所以"爭奇文學"大概並非東亞文學獨有的文學題材,也就是説,關於"爭奇文學"的起源問題,我們應該有更加開放的認識。

首先試舉歐美文學中屬於"虛構人物主角型爭奇文學"的幾個例子。

古希臘傳説中,特洛伊戰争起源于三女神比美,三位女神爭論誰爲世上至美,特洛伊王子帕里斯作爲裁判者最終選擇了愛神,也引來了戰禍。"神"雖然不是嚴格意義上的"人",天神之形象也並非完全出於"虛構",但是古希臘神話中的神基本都具"人性",所以這個故事大概可以視爲"虛構人物主角型爭奇文學"之一種。

阿里斯托芬(Aristophanes)的著名喜劇《蛙》講述了酒神狄奥尼索斯下到冥界,原本準備帶回歐里庇德斯,但是埃斯庫羅斯與歐里庇德斯之間爆發了激烈的爭論,兩位詩人互相貶斥對方的缺點而自我誇贊,最後裁判者酒神將埃斯庫羅斯帶回人世,因其對城邦更加有益。

薄伽丘(Giovanni Boccaccio)《十日談》第六日第六個故事,講述幾位青年討論佛羅倫薩哪個大家族最爲高貴的問題,其中一位青年表示巴龍奇家族無疑最爲高貴,因爲"一個家族的歷史越悠久,門第就越高貴",而巴龍奇家族的成員的長相最爲"原始",所以"天主是在初學繪畫的時候創造巴龍奇家族的,因此他們比誰都古老,同時也比誰都高貴",其他青年紛紛表示折服①。這個故事譏諷了一味尊古的風潮,而整個故事也是以"爭奇"爲框

————————

① [意]薄伽丘《十日談》,王永年譯,人民文學出版社,2008年,頁313。

架而組織起來的。

德國著名劇作家萊辛(Gotthold Ephraim Lessing)的《智者納坦》化自《十日談》,講述智者納坦面對薩拉丁的刁難如何化解難題。薩拉丁爲了迫使納坦出錢,問納坦三大宗教哪個更好,這是一個陷阱,而納坦發揮智慧,講述了一個三兄弟爭產的故事,最終得以逃過一劫。三兄弟在父親死後互相爭奪財產,這是世界各種文學文化傳統中幾乎都存在的一個主題,它們與"爭奇文學"究竟是怎樣的關係值得繼續討論。

以上幾個例子大約可以視爲歐美文學中的"虛構人物主角型爭奇文學",而"動植物主角型爭奇文學"也有迹可循。

《伊索寓言》中有北風和太陽的故事(拉封丹等人後來曾重寫),即太陽與北風爭論誰的威力更強,一個行人實際上成爲裁判者,結局是太陽勝出,而這個故事的寓意在於説服往往比壓服更有效。此外,《伊索寓言》中還有海豚和白楊魚,以及胃和脚相爭等故事,都涉及某種意義上的"爭奇"。當然,這些故事的主角並非全部是動植物,但太陽北風是自然物,胃和脚都是人體器官,或許可以與動植物等量齊觀。阿里斯托芬的《雲》中曾出現"正直的邏輯"與"歪曲的邏輯"(後者是詭辯家們的化身)兩位"演員",二者展開激烈的辯論,各自申説自己的主張,而歌隊長在某種程度上是裁判者,最終"正直"敗下陣來。根據羅念生先生的注解,中世紀的某些注釋者認爲兩位演員是以雄雞的裝扮登臺的,如果確實如此,或許我們也可以將其視爲"動植物主角型爭奇文學"之一種①。

歐洲中世紀一度流行所謂"辯論詩"(Debate Poetry),往往具有比較濃厚的宗教色彩,比如歸在阿爾昆(Alcuin of York)名下的《春天與冬天之爭》創作於 8 世紀,被認爲是現存的第一首辯論詩,討論布穀鳥是否應該到場;九世紀中葉的《百合花和玫瑰的論爭》講述了兩種花的爭奇,最後春天出場,表示二者都是大地的姐妹;而其中最出色也最有名的應該是十三世紀的《貓頭鷹與夜鶯》,該長詩以貓頭鷹與夜鶯之間長篇累牘的互相辯駁爲主要内容,涉及各種方面,當然他們談論的實際上都是"人事",最終,兩隻鳥相持不下,決定飛到聖賢尼古拉處請其決斷,結果則不得而知。

喬叟(Geoffrey Chaucer)的《衆鳥之會》(1380 年左右)可以視爲"辯論

①《阿里斯托芬喜劇六種》,羅念生譯,上海人民出版社,2007 年,頁 219。

詩”的某種變體,這篇詩體幻想作品講述的是詩人夢游神廟,觀看了百鳥擇偶大會,這場大會的高潮是三隻雄鷹紛紛自我誇耀,以爭奪女神身旁神聖的雌鷹,而雌鷹最終宣佈推遲決定,於是衆鳥散去,次年再聚。關於該作品的創作動機,有人認爲是影射當時皇室的婚姻,也有的學者傾向於認爲是對英國社會中各個階層的婚姻觀的反映或者對英國議會的諷刺。但不管喬叟的寓意究竟是什麼,這一作品基本上是符合“爭奇文學”定義的。

　　在歐美文學之外的其他文學、文化中似乎也存在“爭奇文學”,但由於筆者視野有限,僅舉佛經與波斯文學中的幾個例子。

　　鬥法故事在佛經中極爲常見,不勝枚舉。此外,西晉竺法護譯《生經》卷三《佛説國王五人經》,四位賢者互爭第一,佛祖以智慧、工巧、端正、精進和福德五位王子爲喻,而佛祖即福德王,最終斷定四位賢者皆不如佛祖。又如《百喻經》第四十九則,“小兒爭分別毛喻”,講述兩個小孩子在河底撿得一把毛,一人説是仙人的鬍子,一人説是熊毛,無法決斷,正好河邊有一仙人,於是兩個小孩向仙人求助,仙人抓了一把米和胡麻籽放在嘴裏咀嚼,然後吐在手上,對小孩説“我掌中者,似孔雀屎”①,這一故事主要是比喻答非所問,但是已經具備“爭論”的因素,而且有裁判者(雖然是一個“跑題”的裁判者),大概可以視爲“虛構人物主角型爭奇文學”之屬。

　　在波斯文學中也有類似作品存在。比如在《列王紀》中,魯斯塔姆和埃斯凡迪亞在飲酒前,互相誇耀自己的高貴出身和顯赫戰功②。又如伊斯蘭教蘇菲派著名詩人魯米(Molana Jalaluddin Rumi)在其名著《瑪斯納維》中記載的若干故事都具有“爭奇”的性質,比如羅馬人與中國人比試繪畫技藝,中國人的畫善用顔色,而羅馬人追求自然,最終國王似乎更喜歡羅馬人的畫③;不同的人觸摸大象身體不同部位,説大象好像不同的事物,各持己見,相持不下④;另有一故事講述四個人因爲對葡萄的叫法不同而産生爭執,即四個人用各自的語言稱呼“葡萄”,但他們所指之物是同一個,只是稱

①周紹良《百喻經譯注》,中華書局,2008年,頁100。
②《列王紀選》,張鴻年譯,人民文學出版社,1991年,頁569—579。
③[波斯]莫拉維(魯米)《瑪拉納維全集》第一册,穆宏燕譯,湖南文藝出版社,2002年,頁349—353。
④[波斯]莫拉維(魯米)《瑪拉納維全集》第三册,元文琪譯,頁122—132。

呼有差異而已,於是詩人説"懂得百種語言秘密的尊貴者假若在那裏,會使他們平和"①,當然,這幾個故事實際上都可以稱爲宗教寓言,因其與對真主的認識相關。

　　總而言之,我們發現不獨在東亞文學中存在"爭奇文學",實際上"爭奇"可能是各種文學文化之中最基本的結構模式之一。筆者由此向金文京教授提出的質疑是,"爭奇文學"的範圍究竟應該如何限定,尤其是"爭奇文學"的核心"爭"是世間萬物不可避免的狀態,無論人類還是動植物之間都會有"爭",那麼當"爭奇"不再特殊,甚至成爲最基本的元素時,是否一切描述事物間"爭"狀態的文學都可以被稱爲"爭奇文學"? 如果可以,整個"爭奇文學"的獨特的意義與價值又體現在何處呢?

　　綜上所述,金文京提出的"東亞爭奇文學"具有重要價值,同時也存在著一些不足之處,其中最爲關鍵的或許就是"爭奇文學"可能並不僅限於東亞,而筆者通過引入東亞以外的文學作品來突破"爭奇文學"的"東亞"範圍,試圖將其拓展到更加廣博的領域中去,進而補充修正其原有結論,並追問"爭奇文學"這一概念的意義究竟何在。

(作者單位:南通大學外國語學院)

---

① [波斯]莫拉維(魯米)《瑪拉納維全集》第二册,穆宏燕譯,頁 361—365。

域外漢籍研究集刊　第十九輯
2020 年　頁 315—336

中越贈和詩叢考 *

何仟年　甘雅萍

　　中越古代文人交往頻繁，又喜投贈唱和。上自帝王公侯，下至商販走卒，多見載中越史志。余於其中，見兩國關係之密切及行人辭令之風雅，遂不揣愚魯，稍加論次，凡以詩見事者匯爲一編，並考其來歷，正其訛誤，存古人交往之故實耳。所收已逾二千首，存名姓者三百五十人，然未敢言行百里者半九十也。今摘録若干，就正於讀者方家。中國作者，除李覺、黄福外，皆見於《全元詩》，越南作品，亦另見黎崱《安南志略》《越嶠書》等。凡上書已述及者，今皆從略。所引文獻，亦多見收於四庫系列叢書，檢索甚易，爲使文體簡浄，不再詳細出注。

（一）

贈交趾僧法順（987 年）

李覺

　　幸遇明時贊盛猷，一身二度使交州。東都兩別心尤戀，南越千重望未休。馬踏煙雲穿浪石，車辭青嶂泛長流。天外有天應遠照，溪潭波静見蟾秋。

　　出《大越史記全書》，《全宋詩》未收。李覺《宋史》有傳。《大越史記全書·黎大行紀》曰：丁亥八年宋雍熙四年（987），宋復遣李覺來至册江寺，帝遣法師名順假爲江令迎之。覺甚善文談，時會有兩鵝浮水面中，覺喜吟云：

* 本文受國家社科基金項目“古代中越贈和詩的整理與研究”[15BZW081]資助。

“鵝鵝兩鵝鵝,仰面向天涯。”法師於把棹次韻示之,曰:“白毛鋪緑水,紅棹擺青波。”覺益奇之。及歸館,以詩遺之云云。順以詩獻,帝召僧吳匡越觀之,匡越曰:“此詩尊陛下與其主無異。”帝嘉其意,厚遺之。覺辭歸,詔匡越制曲以餞,即《阮郎歸》詞。其中《咏鵝》詩顯繫僞造,“天外有天”亦不類宋人語氣。然其事或爲有據。李覺使越南,《宋史》本傳及《交趾傳》皆記在雍熙三年。越史中記其復來,應可信。如越人僞造其事,無須强調第二次,徑置於某次即可。中越記載使事往往不同,或記其初下詔,或記始發,或記抵達。三年,始發也;四年,抵越也。前次則未詳。

(二)

送北使張顯卿(1271 年)
陳太宗

顧無瓊報自懷慚,極目江臯憂不堪。馬首秋風吹劍鋏,屋梁落月照書庵。幕空難任燕歸北,地暖愁聞雁別南。此去未知傾蓋日,篇詩聊爲當清談。

出《全越詩録》。張顯卿即張立道。立道凡三使安南,見《元史》本傳。至元四年,皇子忽哥赤封雲南王,往鎮其地,詔以立道爲王府文學,署大理等處勸農官,兼領屯田事。尋與侍郎甯端甫使安南,定歲貢之禮。八年,復使安南,宣建國號詔。立道並黑水,跨雲南,以至其國,歲貢之禮遂定。疑此詩當作於立道第二次使安南時,即至元八年(1271)。因首次與甯端甫同行,如有贈詩,不當只存其一。立道第三次出使在至元二十八年,《大越史記》記仁宗重興七年(1291),元遣禮部尚書張立道諭帝入覲,而太宗已歿。《越嶠書》卷二十本詩題中注:“張兩使其國。”誤也。

(三)

贈天使張顯卿使還(1271 年)
陳益稷

西風吹夢到龍編,回首相逢又隔年。馬退輕塵還日下,雁隨瘦影出雲邊。四方專對詩三百,五嶺歸來路八千。盡道朝廷用文士,尚書志氣香秋天。

出《安南志略》。題稱天使還，是非如《元詩選》所謂陳益稷詩皆歸朝後所作。詩曰“回首相逢又隔年”，是作於張顯卿第二次使越時，即至元八年（1271），應與太宗贈張詩相同也。第三次張出使至越，益稷則已在漢陽。

（四）

贈北使柴莊卿李振（1281 年）
陳光啓

一封鳳詔下天庭，咫尺皇華萬里行。北闕衣冠爭祖道，南州草木盡知名。口銜威福君褒貶，身佩安危國重輕。敢祝四賢均泛愛，好爲翼卵越蒼生。

出《全越詩錄》。陳光啓（1241—1294）爲太宗次子，聖宗時輔政總天下事。柴椿凡二次入越，首在至元十五年，往諭陳日烜入朝受命，見《元史·安南傳》。此詩則至元十八年事也。《安南傳》至元十八年（1281）十月：立安南宣慰司，以卜顏鐵木兒爲參知政事，立遺愛代爲安南國王。《安南志略》卷三：至元十八年，加授柴椿行安南宣慰都元帥，李振副之。領兵送遺愛就國。命不眼帖木兒爲達魯花赤。至永平界，國人弗納。遺愛懼，夜先逃歸。世子遣陪臣迎柴公，入國諭旨。《大越史記》元至元十八年陳仁宗紹寶三年：春，遣從叔陳遺愛及黎目、黎苟如元。元立遺愛爲老侯，授目爲翰林學士，苟爲尚書。復令柴椿以兵千人護送還國。椿踞傲無禮，騎馬直入陽明門。天長軍士止之，椿以馬鞭擊傷其首。至集賢殿，見帷帳張設，方下馬焉。上命光啓詣館款見，椿高臥不出。光啓直入房内，亦不爲起。興道王國峻聞之，奏請詣館，觀彼所爲。時國峻已剪髮，服布衣矣。至館入房，椿起揖延坐，人皆驚異，殊不知剪髮布衣，乃北和尚狀也。坐定，瀹茗與之飲。椿從者執箭立國峻後，鑽其首流血，國峻頻色不變。及回，椿出門送之。觀此詩意，爲椿等初入越京時所作。

（五）

送北使柴莊卿（1282 年）

陳光啓

　　送君歸去獨徬徨，馬首駸駸指帝鄉。南北心旌懸反斾，主賓道味泛離觴。一談笑頃嗟分袂，共唱酬間惜對床。未審何時重睹面，慇懃握手叙暄涼。

　　出《全越詩録》。頸聯中國各本俱誤。越本"一談笑頃嗟分袂"與"共唱酬間惜對床"恰相對。《安南志略》作："一嗟談笑須分袂，共唱殊間惜對床，"文意不通。《安南志略》卷五載至元十九年（1282）柴椿復書。蓋使者以十八年入越，十九年回也。《大越史記》至元十九年夏四月，陳遺愛等使回。詩當作于此時。

（六）

贈北使李思衍（1289）

陳仁宗

　　雨露汪洋普漢恩，鳳銜丹詔出紅雲。拓開地角皆和氣，淨挾天河洗戰塵。盡道璽書十行下，勝如琴殿五絃薰。乾坤兼愛無南北，何患雲雷復有屯。

　　出《全越詩録》。李思衍出使安南，載《元史》卷十五，世祖二十五年（1288）十一月，命李思衍爲禮部侍郎，充國信使，以萬奴爲兵部郎中副之，同使安南，詔諭日烜親身入朝。同書卷二百九及《新元史》卷二百五十一以使部另有劉庭直。今按，越史未載此次使行。唯記是年三月，越人大敗烏馬兒于白藤江。冬十月，遣杜天覷如元。《安南志略》卷二《大元詔制》收《至元二十五年十二月諭安南世子詔》："故遣遼東道提刑按察司劉廷直、禮部侍李思衍、兵部郎中萬奴，同唐兀角得右、合散、瓮吉利角得右等，引前差來阮義全等二十四人，回國親諭。"並説明原委甚悉。是當時使部有劉廷直在也。李思衍有《世子燕席索詩》，世子即仁宗。《新元史·安南傳》："朝廷以日烜不請命自立，故日烜以下四世，俱稱安南世子。至端午，始封爲國王焉。"至元二十五年末下詔,至安南當在次年。

(七)

饋張顯卿春餅(1291 年)

陳仁宗

柘枝舞罷試春衫,況值今朝三月三。紅玉堆盤春菜餅,從來風俗舊安南。

出《全越詩錄》。《大越史記》本紀卷五,元至元二十八年陳仁宗重興七年(1291):元遣禮部尚書張立道諭帝入覲,明年,遣阮代乏往辭以喪。《元史》卷十七《世祖本紀》至元二十九年:禮部尚書張立道、郎中歪頭使安南回,以其使臣阮代乏、何惟岩至闕。《安南志略》卷二載至元二十九年諭安南詔:"去歲禮部尚書張立道奏,曾到安南,識彼事體,請往開諭,使之來朝。"因遣立道往使。二書言使事相合,可以參看。同書卷三《張尚書行錄》:"每勸以蛤灰筌、芙蕾、檳榔之禮。王者時時接言話賦詩相贈。立道即席賦詩以達。"當即此詩。

(八)

送北使李仲賓蕭方厓(1294 年)

陳仁宗

坎坎虛池暖餞筵,春風無計駐歸鞭。不知兩點軺星福,幾夜光芒照越天。

出《全越詩錄》。"無計",原作"無語",據《安南志略》改。《安南志略》卷二《至元三十一年四月成宗皇帝聖旨諭安南國陳詔》:"先皇帝新棄天下,朕嗣奉大統,茲命禮部侍郎李衎、兵部郎中蕭泰登,齎詔往諭。"元張伯淳《養蒙文集》卷二有《送李仲賓蕭則平使安南序》,署至元三十一年(1294)六月。是使安南時間。

(九)

送北使麻合麻喬元朗(1301 年)

陳仁宗

軺星兩點落天南,光引臺前夜曉光。上國恩深情易感,小邦俗薄

禮多慚。節凌瘴霧身無恙，鞭拂春風馬有驂。鼎語願温中統詔，免教
憂國每如惔。

出《全越詩録》。麻合麻，史書中或作馬合馬，瑪哈穆特。《元史》卷二
百九，大德五年(1301)二月，鄂勒哲奏越使鄧汝霖私畫圖本等事。三月，以
禮部尚書瑪哈穆特侍郎喬宗亮使安南，責以大義。王惲《秋澗先生大全集》
卷十三有《送喬元朗》詩，據詩意，喬將使安南。程鉅夫《雪樓集》卷二十七
有《送禮部侍郎喬元朗使安南》。同恕《榘庵集》卷十二有《送喬元朗運副》，
《山西通志》卷二百四有都轉運鹽使司副使臣喬宗亮，職銜同。可知宗亮是
名，元朗是字。《大越史記》未記此次使行。

（十）

世子燕席索詩(1289)
李思衍

乾坤氣運會貞元，皓月騰空息瘴煙。北闕星馳新詔命，南交春轉
舊山川。存誠乃可必事帝，保國無如是畏天。光覿紫宸歸化錦，山河
帶礪保千年。

出《安南志略》。李思衍字克昌，一字昌翁，號兩山。江西餘干人。《江
西通志》卷八十八：丞相巴延渡江，遣武良弼下饒，以思衍權樂平，尋授袁州
治中，入爲國子司業。世祖以安南未附，屢遣將攻之，不克，召拜禮部侍郎，
副參議圖嚕，奉使招諭。詩中世子即陳仁宗。

（十一）

行贐有禮辭之世子舉陸賈事疊疊見愛謝絶以詩(1289)
李思衍

絲綸南來奉玉音，九重惻怛爲民深。蜀人爱命相如橄，越使何求
陸賈金。冰雪孤忠臣子事，乾坤生物帝王心。後今但得天從欲，航海
梯山歲貢琛。

出《安南志略》。《江西通志》卷八十八李思衍傳：世祖以安南未附，屢遣將攻之，不克，召拜禮部侍郎，副參議圖嚕，奉使招諭。安南贐使甚厚。圖嚕受思衍不受。既還，上勞慰，問所贐，怒圖嚕受。思衍曰："圖嚕受，安小國之心，臣不受，全大國之體。"上賢之。

（十二）

陳郎中剛中自交趾還朝以詩餞行（1293 年）

丁拱垣

使星飛下擁祥煙，不憚崎嶇路九千。雙袖拂開南海瘴，一聲喝破下乘禪。妙齡已出終軍上，英論高居陸賈前。歸到朝端須爲祝，遠泯日夜祝堯年。

出《陳剛中詩集》，詩題用《御選元詩》。《陳剛中詩集‧交州稿》中有越官丁公文，其名僅見中國書，詩亦不見於越南近代整理之《李陳詩文》。以余揆之，丁公文者實即越史中丁拱垣（？—1294）也。拱垣爲當時名臣。《大越史記》聖宗紹隆十二年（1269）記其與黎陀如元。元人王惲《秋澗集》卷八十九："近日交趾使人太中大夫黎仲陀中散大夫丁拱垣等館於王子華家，以及安置，使貢物狼藉于外。"《大越史記》仁宗紹寶四年以丁拱垣爲翰林院學士奉旨。重興二年賜内明字爵。八年爲太子少保，進爵關内侯。英宗興隆二年（1294），少保丁拱垣卒，帝重之不名。陳孚出使越南，有詩題《交趾僞少保國相丁公文以詩餞行因次韻》，附丁公文原作，即此詩。別集外，亦見《元詩選》《御選元詩》等。陳孚《安南即事詩》自注："官自司尉而下，有撿法、明字，皆執政官，今丁公文、杜國器、黎克復等爲之。"與越史所記職銜恰相合。少保明字非小官，出使專對非輕責，丁拱垣（越文 Dinh Cung Viên）、丁公文音相近，又皆同時，豈偶然哉。今以公文、拱垣爲一人。《大越史記》重興九年（1293），元遣兵部尚書梁曾諭帝入見，帝辭以疾。《元史‧梁曾傳》：有旨令曾再使安南，授吏部尚書，賜三珠金虎符、襲衣、乘馬、弓矢、器幣，以禮部郎中陳孚爲副。十二月，改授淮安路總管而行。三十年（1293）正月，至安南。詩作於此時。

（十三）

送北使安魯威李景山（1308 年）

陳英宗

躘聚輅光射海涯，拂開淚眼睹龍飛。料知炎燠聞還遠，敢恨春風照較遲。五嶺山高人未渡，三湘水闊雁先歸。太平有象憑君語，喜溢津津入色眉。

出《全越詩録》卷十九。安魯威或作阿嚕威、阿里灰。《元史》卷二十二《安南志略》卷三記安魯威、李京外，另有高復禮。《大越史記》元至大元年陳英宗興隆十六年（1308）冬十一月三日書仁宗崩。後即書安魯威來告武宗即位。故詩曰拂開淚眼睹龍飛也。《越嶠書》於淚眼下注：“日烜近殁”，誤。應作日燇，仁宗也。

（十四）

題廖元龍送畫景扇（年代不詳）

陳光朝

南國那堪入畫圖，新安池館長菰蒲。年年領攬閒風月，竹外一聲啼鷓鴣。

出《全越詩録》。光朝（1287—1325），陳朝宗室。廖各本作寥，此越本常見之誤字，當作廖。其人未詳，然詩中南國一詞，顯與北國相對，故定爲中越間題贈。且古代越南，技藝人才較闕，如書法繪畫，至於醫卜地理，有自北來者，莫不視爲珍秘，送畫景扇者，亦此也。

（十五）

邕州知事莫九皋（元深）以本國黎大夫仁傑所賜詩來示因賡韻（1314 年）

阮忠彥

井梧落葉砌蛩吟，旅館蕭蕭冷莫禁。千里關河孤雁遠，半窗明月一燈深。擬將勳業償前債，肯爲憂危負寸心。只欲銜盃終日語，却愁南北不同音。

出《全越詩録》。阮忠彦（1289—1270）號介軒，爲越南較早之大手筆。其詩集本已散佚，今存《介軒詩集》（A.601），據卷首序，爲黎景興乙未（1775）潘輝汪輯自《越音詩集》《精選諸家詩集》《摘艶集》等，顔曰"彙集介軒詩稿全佚"，前有《介軒迹歷記》記忠彦一生仕履，唯其卒年，以爲不可曉。因日禮篡，藝宗立時，忠彦當壽八十一二，而正史未見其有言。故疑史書年八十餘爲未確。《全越詩録》小傳言卒年八十二。《介軒詩集》得詩八十一首，既曰全佚，則輝汪所見已止于此。其所參考，未見《全越詩録》。黎貴惇《全越詩録》目録有八十四首。筆者據所見各書輯得一百二十餘首。此次出使，據《大越史記》明宗大慶元年元延祐元年（1314）：遣阮忠彦、范邁如元報聘。明宗初立也。黎仁傑，不見《元史》。《安南志略》卷十四至大辛亥（四年，陳英宗興隆十九年，1311），遣大夫黎仁傑、武子班貢。邕州爲越史所必經，仁傑、忠彦相隔不過三年，故莫九皋得再接越使也。《介軒詩集》題下唯詩一首，亦無"元深"二字，《全越詩録》存詩三首，並注九皋之名，桂堂當有據。

（十六）

贈北使撒只瓦文子方（1321 年）
陳明宗

至治改元新，初頒到海濱。傾心效葵藿，扶病聽經綸。光照嵐溪夜，温回草木春，歸當再前席，幸不外斯民。

出《安南志略》。武尚清點校《安南志略》引《元史》卷二十七云：至治元年（1321），遣教化、文矩使安南，頒英宗登極詔。無載撒只瓦。故疑此撒只瓦爲教化之訛。文子方，即文矩，《安南志略》卷十七有文子方詩："至治龍形帝澤新，海邦萬里使華臨。"袁桷《清容居士集》卷二十四《送文子方使安南序》："新天子即位，更元曰至治，遣使詔諭。""至治改元新"一句，即此。

（十七）

送北使馬合謀楊廷鎮（1324 年）
陳明宗

馬頭萬里涉溪山，玉節搖搖瘴霧寒。忽睹十行開鳳尾，宛如咫尺
對龍顔。漢元初紀時方泰，舜曆新頒德又寬。更得二公誠款款，却添
春色上眉間。

出《安南志略》。《安南志略》卷二《泰定元年八月諭安南世子陳日㷆》：
"朕以裕皇嫡孫，爲宗戚大臣推戴，於至治三年九日四日即皇帝位。遂以甲
子歲爲泰定元年（1324）。今遣亞中大夫吏部尚書馬合謀、奉議大夫禮部郎
中楊宗瑞，賫詔往諭爾國，賜《授時曆》一帙。"《大越史記》明宗開泰元年
（1324）："元帝遣馬合謀、楊宗瑞來告即位，及《授時曆》一帙。合謀等乘馬
至西透池橋榭道不下。諸諳漢語者奉旨接話，自辰至午，怒氣益屬。帝令
侍御史阮忠彥出迎，以理折之。合謀辭屈，乃下馬捧詔步行。"

（十八）

送北使撒只瓦趙子期（1332 年）
陳明宗

駏騎行行瘴霧深，海邊光照使星臨。四方專對男兒志，一視同仁
天子心。越國山河供傑句，周家雨露播綸音。明朝相隔雲南北，今日
休辭酒滿斟。

出《安南志略》。撒只瓦或作撒里瓦、森濟烏克。《元史》卷三十五至順
二年春正月己亥，遣吏部尚書撒里瓦，佩虎符，禮部郎中趙期頤，佩金符，賫
即位詔告安南國，且賜以《授時曆》。《大越史記》卷七，憲宗開祐三年元至
順二年（1331）：元遣吏部尚書撒只瓦來告文宗即位。遣使如元。《新元史》
卷二百五十一列傳一百四十八：至順三年（1332），遣吏部尚書撒只瓦等使
安南。《安南志略》卷二武尚清校語謂文宗於至順三年壬申八月崩，遂定遣
使安南宣詔當在改元之後至至順二年辛未（1331）。其實並無確據。《元
史》《大越史記》作二年，爲後人追記。《安南志略》各本及《新元史》皆作三

年。虞集《道園學古録》卷二《送南宮舍人趙子期宣詔交趾》:"三年頒正朔，五月向南交。"當事者作三年，定不誤矣。且五月出發，時文宗尚未崩，何不可宣詔安南乎？

（十九）

北使應省堂命席上賦詩（1334 年）
阮固夫

遠邦慕化來旬宣，春温盎盎薰玳筵。皇朝元首至明聖，股肱承弼俱賢良。寬洪博大等天地，包荒納汙臨元元。微生何幸逢盛世，款誠述職來朝天。盈盈金樽沐恩渥，薰陶涵泳隨繁絃。臺光咫尺奉德意，滿堂酬酢作周旋。洪鈞一氣轉天地，八方四海並陶甄。豈惟我輩受其賜，遐荒樂業長綿綿。

出《安南志略》。阮固夫，生平未詳。《全越詩録》小傳僅曰天章閣直學士。《新元史》卷二百五十一《安南傳》:惠宗元統二年（1334），遣尚書帖住、禮部郎中智熙善使安南，以《授時曆》賜之。安南遣童和卿、阮固夫入貢，賀即位。

（二十）

北使登黃樓走筆示大元侍講余嘉賓（1335 年）
范師孟

青山疊疊圍彭城，侵雲插漢青玉屏。黃河滔滔浸坤軸，跳波濺沫東南傾。黃樓起出半天裏，憑高一望三千里。項王臺前落日紅，冠軍墓上悲風起。天荒地老古戰場，千載英雄今已矣。我家遠在交南頭，手持玉節登黃樓。摩挲石刻坡公字，如今不負平生游。

出《全越詩録》。范師孟爲越南大儒朱文安弟子，政事文學，多所建樹。彭城，今徐州。蘇軾在彭城曾作《黃樓賦》，詩中"摩挲坡公字"者，指此。後師孟贈余貴詩，曰"鸚鵡洲前大別頭，江山奇絶記曾游"。又曰"三十年前過建康，萬里馳驅北使燕"。又曰"舊游三十又三年"。據此，范師孟曾北使無疑。以余貴使安南在洪武元年（1368）推，師孟使華事在元後至元元年

（1335）。然未見於中越史書。《御選元詩·姓名爵里》：余嘉賓，岳州平江人，領至正丁亥鄉薦，歷官監察御史。《傅與勵詩文集》卷六有《余嘉賓伴送南使因過家岳陽有詩寄餞和答》："越裳貢使出皇州，送節南來滿路秋。乘傳過家須倍喜，擁旌歸國莫深愁。"陳旅《安雅堂集》卷二有詩題《送余嘉賓赴常寧州判官》。蓋因余氏爲常寧州判，常寧在衡陽，爲越南使節必經，故嘉賓得膺伴送之選，北上必經其故里岳州。道經徐州者，乾隆四十六年（1781）前貢道皆經廣西湖南，經漢陽至金陵，轉運河北上至徐州入山東、直隸抵北京故也。此詩今《李陳詩文》題《登黄樓走筆示北使侍講余嘉賓》，以"北使"置"余嘉賓"前，誤。

（二十一）

和大明使余貴（1368 年）
范師孟

　　大明受命興江左，天使齎詔頒安南。憼山擁道皇華節，珥河照日秋風帆。海邊化日明黄道，天上文星清瘴嵐。中國方今用儒治，遐方共喜聖恩覃。

　　出《全越詩録》。同題者共四首。余貴出使越南，《明實録》《明史·安南傳》《大越史記》皆不載，以後詩中"大明今日都江左""新朝一革胡風俗"語意，當在洪武初即位時。《大越史記》大治十一年洪武元年夏：明太祖即位於金陵，建元洪武，遣易濟民來聘。《明史·安南傳》載是年十二月，以漢陽知府易濟往諭。疑余貴使越在此時。易濟民、易濟當爲一人。余貴者，蓋即余嘉賓。嘉賓寓貴意，貴爲名，嘉賓爲字。元人詩文集中友人皆稱其嘉賓，遂以字行。元胡天游《傲軒吟稿》詩題："《青山白雲歌》，思余嘉賓也。風塵澒洞，南北不通，音問隔絶，思而作之。嘉賓母夢吞雲而生，小名雲孫。"注："嘉賓，翰林院判。"胡詩當作於元末群雄逐鹿之時。劉基《誠意伯文集》卷五《次韻和余嘉賓御史見寄》詩曰"二紀相思欲奮飛"，可見嘉賓與劉基爲摯交。當洪武初造，亟需聲援，劉基薦其往越南，當無可疑。詩中語句如："白頭因睹公行色""歷歷江山在眼前""萬里東行兩使君，一盃別酒意慇懃"，尤其"昔游睽隔今頭白"一句，皆可見二人曾在中國相見，師孟今以故人待嘉賓也。

（二十二）

却侍姬（1335）

傅若金

連夕蒙遣侍姬，皆即辭却。我輩非陶穀輩人，不宜以此見。

夜宿安南天使館，主人供帳爛相輝。寶香爐起風過席，銀燭花偏月照幃。王母謾勞青鳥至，文簫先放綵鸞歸。書生自是心如鐵，莫遣行雲亂濕衣。

出《傅與礪詩集》。越南《北使佳話》記其事並詩，曰：元元統二年，（原注：元順宗年號，我陳憲宗時。）新喻傅與礪若金奉使我國，宿天使館。國王以侍姬薦枕，與礪以詩却之，曰：“夜宿安南天使館，主人供帳烟相輝。寶香爐起風過夕，銀燭花偏夜照幃。王母謾勞青鳥至，文蕭先放綵鸞飛。書生自是心如鐵，莫遣行雲亂濕衣。”文字多誤。《新元史》本傳，元統三年（1335），介使安南。《新元史·安南傳》元統二年，遣尚書帖住、禮部郎中智熙善使安南，以《授時曆》賜之。各書記時不同。作三年是。而傅氏佐使，正在鐵柱、智熙善此行中。《傅與礪文集》卷四《南征稿序》：“元統三年，詔遣吏部尚書鐵柱、禮部郎中智熙善使安南，而以若金輔行。”詩集卷四、卷五記行程甚悉，七月十一日赴安南，臘日入安南，明年六月二十八日回至京。別集卷五有詩題《題天使館》，曰：“元統三年頒正朔，詔書還到極南開。”三年，是下詔出發日，回國當在四年矣。元統三年實即至元元年，頒正朔，即賜《授時曆》也。

（二十三）

使安南却金（1350—1354 年間）

黄常

奉使安南駐薛林，漫勞國主餽兼金。不憂薏苡能興謗，自是夷齊不易心。

出《御選元詩》。原書署名黄常詩只一首。書前《作者姓名爵里》注：字仲綱，樂平人，登延祐進士。歷判梧州，以禮部侍郎使安南，累拜江西行省參知政事。《江西通志》卷五十一記延祐四年丁巳鄉試中榜中有樂平人黄常,卷八十八記其軼事一則:黄常,字仲綱,樂平人。登進士,歷官梧州通判,假禮部侍郎使安南。至承天門,迎官請下馬,常曰:"奉詔遠來,當以禮進。"馳馬入承天門。王長揖受詔。同治間修《樂平縣志》卷八本傳略同。其使越時間,《南翁夢錄》言在元統間(1333—1335),後世諸書及《全元詩》本此。越南《北使佳話》以在陳明宗時(1314—1328)。案,諸書皆作判梧州假禮部侍郎使安南,使安南決不在判梧州之前。查《廣西通志》卷五十二,黄常任梧州通判在至正十年至十四年(1350—1354),已在元統之後。故黄常使越不當在元統,而在至正間。梧州通判乃其正職,假禮部侍郎者,臨時所授。

(二十四)

安南館中却妓(1350—1354 年間)
黄常

埃館焚蘭夜未中,透窗明月漸玲瓏。偶尋石上三生夢,誰遣犀心一點通。楚女謾勞窺宋玉,韋娘未解惱司空。憑渠寄語江南客,不是當年五柳翁。

出董蕚榮修同治間刊《樂平縣志》。《全元詩》未收。縣志卷八本傳除記却金詩外,又引《遺事錄》云,黄常奉使安南,安南王夜遣四妓至館,常攬衣起坐,命妓持燭,賦詩遣之云。此事難考其實,然北方來使,安南確有贈侍之事,姑存之。

(二十五)

留別安南軍頭莫記(1350—1354 年間)
黄常

江岸梅花正白,船頭細雨斜風。行客三冬北去,將軍一棹南歸。

出《南翁夢錄》。此不載越書,詩作者名黄裳。《南翁夢錄》曰:軍頭莫記,東潮人也。出身行伍,酷好吟詩。元統間,伴送元使黄裳,裳亦好詩者,旬日江行,相與唱和,多有佳句。裳甚歡之。至界上,留別詩云云。各書中黄裳、黄常皆出使越南，且稱廉潔，時代相同，字形相似，乃一人無疑，以字仲綱論，作黄常是。《全元詩》以爲一人而存疑，大可不必。《南翁夢録》稱留别，則爲行者所留，且如莫記贈黄裳，無稱對方爲行客，自稱將軍之理。故《李陳詩文》作莫記詩，誤。另有《北使佳話》小説家言，事雖僞而其人則真。有黄裳與越女事一則，大略謂：陳明宗時，黄裳出使安南，有清潔之稱，曾拒百金之饋。然書生多欲少剛，遂受一女子。臨别前贈詩題扇曰：“明日仙舟到珥河，今宵恩愛豈辭多。來時説到相思事，望斷衡陽可奈何？”女子答云：“妾涙隨湘水，君情望嶺涯。北朝通好久，使節可重來？”後人咏其事曰：“天使風清送廬亭，胸中湛湛玉壺清。江南一點桃花白，堪破皇華鐵石情。”其詩雖屬贈答，但爲後人杜撰，姑録之以廣見聞耳。又如《北使佳話·陳伊宅》曰，陳伊宅以少年多才，十四歲充接伴北使之任，沿途賡和，北使有“詩成不待三聲獎，學富應推八斗才”之句。如此之類，皆不可信。

（二十六）

送安南使者黎括省之（1350 年）

貢師泰

　　四海光華明主德，萬方奔走遠臣心。來依北斗朝閶闔，歸逐南流過欝林。椰子酒酣歌蹋蹋，刺桐花落馬駸駸。遥知下國郊迎日，首啓金函播玉音。

　　出《玩齋集》。《全越詩録》黎括小傳曰：“字伯适，號梅峰，東山人。少有才名，充太學，明宗時歷官清要，裕宗大治初，以左司郎兼翰林院奉旨，尋進尚書右僕射。九年，命閲定清化府帳籍，進尚書右弼。學術醇正，力排異端，以明聖道，爲時名儒。子桷，安撫使，徇節。”而未言其北使。危素撰《説學齋稿》卷四有《黎省之詩序》，據詩後題注“庚寅”，則在元惠宗至正十年（1350）。黄溍詩《安南遣使入朝用故事奉贄納謁于翰林其歸也上介黎括以贈言爲請賦詩四韻以遺之》，必作於同時也。

（二十七）

送安南使還國應制（1369 年）
王彝

　　帝德如天四海同，卉裳相率向華風，稱藩特奉龍函表，偃武仍包虎韔弓。貢自炎方歸域内，心先流水到江東。路經日出知天大，城與山蟠見地雄。詔語陪臣趨玉陛，班隨仙仗列彤官。陳情委曲爲蠻語，賜對從容徹聖聰。駝紐新頒玉印重，蠻觴屢飲尚尊空。承恩共識皇華使，命將毋勞戛鑠翁。已擬再將周白雉，底須復表漢年銅。五絃曲奏鯨濤息，重譯人還鳥道通。薏苡生仁供旅食，桄榔垂葉蔭詩筒。部迎定見新王騎，驛送猶思上國鴻。歌舞萬年常率化，扶攜百越共攄忠。大明燭物今無外，從此看如禹甸中。

　　出《王常宗集》。詩中“流水江東”“駝紐新頒”“大明無外”等語，可證在明初建都金陵時。《明史・安南傳》：洪武元年（1368），王日煚遣少中大夫同時敏、正大夫段悌、黎安世等，奉表來朝，貢方物。明年六月達京師。帝喜，賜宴，命侍讀學士張以寧、典簿牛諒往封爲安南國王，賜駝紐涂金銀印及《大統曆》。此詩蓋送同時敏等還國時作也。

（二十八）

送北使牛諒（原注：時猶爲右相國）（1370 年）
陳藝宗

　　安南老宰不能詩，空把茶甌送客歸。傘圓山青瀘水碧，乘風直入五雲飛。

　　出《全越詩録》。據《明史・安南傳》，洪武二年，陳日煚遣少中大夫同時敏等貢方物達京師。明太祖命侍讀學士張以寧、典簿牛諒往封爲安南國王，賜駝紐涂金銀印及《大統曆》。以寧等至，日煚先卒，侄日熞嗣位，遣其臣阮亮來迎，請誥印。以寧遂不予。日熞復遣杜舜欽等請命于朝，以寧駐安南俟命。明年，舜欽等至告哀。帝乃別遣林唐臣封日熞爲王，賜金印。四年春，安南遣使貢象，復遣使隨以寧等來朝。其冬，日熞爲伯父叔明逼死。叔明懼罪，貢象及方物。逾年至京。禮官見署表非日煃名，詰得其實，詔却之。叔明復朝貢謝罪，請封，其使者言日煃實病死，叔明爲國人所推。帝乃命叔明姑以前王印視事。七年叔明自稱年老，乞命弟煓懾政，從之。此中越史書之不同也。日煃，即裕宗。日煃即越史所謂楊日禮。叔明者，即藝宗。煓即睿宗也。越史以日禮非陳氏後，藝宗誅之爲順，而明史以爲藝宗逼死親姪，只命其權領國印。《大越史記》大定元年（1369）十一月，明遣牛諒、張以寧賫金印龍章來。適裕宗晏駕，諒作詩挽之。既而以寧疾死，惟諒回國。右相國恭定王作詩餞之曰"安南宰相不能詩"云云。即此詩。越史稱諒謂頤必有國，後果如其言云。詩中自稱老宰，則當作於未誅日禮之前。

（二十九）

答安南使黎元譜（1370 年）

林弼

　　十月南寧江水清，官船渾似釣船輕。滿篷霜露天如洗，一笛關山月正明。修貢遠來勞使節，觀光歸去擅詩名。宮袍驛馬華林路，未羨當年畫錦榮。

　　出《林登州集》。《明史·安南傳》：明年（洪武三年，1370），舜欽等告哀，帝素服御西華門引見，遂命編修王廉往祭。賻白金五十兩帛五十匹，別遣吏部主事林唐臣封日煃爲王。賜金印及織金文綺紗羅四十匹，又以更定獄瀆神號及廓清沙漠兩遣官詔告之。日煃遣上大夫阮兼、中大夫莫季龍、下大夫黎元普（原文如此）等謝恩貢方物。兼卒於道。觀林弼有贈黎元譜及莫季龍詩而未及阮兼，是兼已卒。此詩未入越時在南寧所作，黎元譜是來程，故詩有"修貢遠來"之語。

（三十）

題安南陳内相雜畫（1370 年）
林弼

　　白石青蒲春水生，夕陽毛羽照沙明。戲拈畫筆知何處，柳外池塘艇子輕。

　　出《林登州集》。原題作《鴛鴦》，爲《題雜畫九首》之一。《石倉歷代詩選》及《御定歷代題畫詩類》收此詩，題作“題安南陳内相雜書畫”，據此可定爲中越間題贈之作。陳朝太宗時規定宰相須由“宗室賢能有道藝通詩書者爲之”，當時相國，有陳元晫，官上相國太宰，另有右相國恭定王頔。陳元晫于明洪武三年秋九月二十日誅日禮不克，死之。而林弼是年十月始至南寧，入越當在以後，故所贈者非元晫。則此陳内相應即陳暊，陳暊十一月殺日禮即位，即藝宗也。

（三十一）

答北人問安南風俗（1377）
胡季犛

　　欲問安南事，安南風俗淳。衣冠唐制度，禮樂漢君臣。玉甕開新酒，金刀斫細鱗。年年二三月，桃李一般春。

　　出《全越詩録》。所謂北人，蓋指明人吳伯宗也。此詩作者有三說。《明詩綜》卷九十五等作日本使臣嗐哩嘛哈《答大明皇帝問日本風俗》，詩曰：“國比中原國，人同上古人。衣冠唐制度，禮樂漢君臣。銀甕篘清酒，金刀鱠紫鱗。年年二三月，桃李自陽春。”《堅瓠集》戊集卷二同。《全越詩録》繫于胡季犛。《越音詩集》載此詩，末附志語曰，“此詩明《列朝集》題爲日本使臣作，破聯二句稍異”。此志語爲後人所加，非原有也。其三說爲明吳伯宗（1334—1384）。《榮進集》卷三有詩題《上問安南事》，原注：“伯宗出使安南，後奉旨召還京師，因上問而答也。詩曰：上問安南事，安南風俗淳。衣冠唐日月，禮樂舜乾坤。瓦甕呈醇酒，金刀破細鱗。年年二三月，桃李一般春。”今案，吳伯宗洪武間人，與季犛同時，曾使安南，著《使交集》。然以詩

意度之，爲人臣而言外藩唐日月舜乾坤，置其君於何地？豈非大不敬？故
《四庫提要》言吳伯宗此詩夸大，定非其所作。伯宗出使安南，據《林登州
集》卷十《送韓君子煜之官海門序》："洪武丁巳(1377)春，弼再奉旨與禮部
員外郎吳伯宗、順慶府照磨韓君子煜同使安南，越四月至其國。其王煒郊
迎。"按煒即陳睿宗。伯宗此時與季犛相接而得此詩也。《榮進集》提要言
伯宗"有《使交集》等二十四卷，今皆未見。此本中有《奉使安南》《國學釋
奠》《玉堂燕坐》諸詩，疑原集散佚，後人掇拾殘賸，合爲此編也"。是《榮進
集》編者不察，遂誤以伯宗爲作者。作日本詩亦見鄭開陽《雜著》卷四，繫于
洪武十四年，及《堯山堂外紀》卷一百、《御選明詩》卷六十七。三書所自蓋
同。然日本使臣對洪武自言國比中原國，其語亦過荒誕。作胡氏最通，胡
氏驕蹇，俯視明人，此詩似其語氣，且年年二三月一語作越南亦更貼切。

（三十二）

大參杜公修貢之京設酒賦詩以餞者繽紛于瀘江之上
余因三江阮教授韻步之以餞其行(1422年)

黄福

　　白雲無心出孤岫，玄豹有情隱深霧。化爲霖雨澤蒼生，養成文采
得龜璐。丈夫能存經濟才，治世自獲明良遇。杜公家世南交陸，昂藏
孤鶴雞群秀。心地有容福自昌，鄉閭無間民歸厚。弔民伐罪王師來，
仗義投誠如福負。富貴在天豈偶然，昇騰有日非驥附。郡守三江承恩
多，官歷一紀靡空屢。再承寵渥拜參來，金紫煌煌輝白晝。孜孜撫字
雕題安，所惡不施欲與聚。有財能施罔庸慳，有謗能弭不知怒。民歌
南土之甘棠，國倚大廈之梁柱。一朝海徼烽塵飛，處處休農益兵戍。
妥安獨見稱三江，譽美遠勝封萬户。今將貢物輸忠誠，欲覲天顏瞻國
度。不勞萬里乘波濤，惟喜九重霑雨露。拜辭楓陛聽綸音，贈別詞林
錦章賦。青霄路遠疾歸來，炎陬使命無西顧。歸來却憶在何時，梅花
帶雪留春住。臨別强將詩句吟，期君永保功名樹。

　　出《黄忠宣公文集》。此杜公當指杜維忠。《明太宗實録》永樂十四年
(1416)六月庚午，交趾布政司右參議莫勛率其屬三江、奉化等府土官百三
十九人來朝，貢及金銀器等物。上嘉勛等先有歸款之誠，繼有從征之勞。

特賜宴勞，升勣爲本司右布政使，三江府土官知府杜繼忠爲右參政，復賜璽書寵異之。杜繼忠在同書九年三月甲申、十一年五月乙酉皆作三江府土官知府杜維忠。繼字訛。《明太宗實錄》永樂二十年(1422)八月壬寅：交趾土官右參政掌三江府事杜維忠、奉化府知府陳誰、交州府故知府杜希望之子璩、宣化府當道縣知縣梁國輔等二十七人來朝，貢金銀器及方物。此當在第二次，稱大參者，已擢爲參政也。

<h1 style="text-align:center">(三十三)</h1>

送阮布政赴京(1426 年)
黃福

　　我從南越望東齊，每餞齊人有所思。瀘水一尊今日別，薇垣十載舊連枝。

　　出《黃忠宣公文集》。本書卷九有詩題《悼阮布政》，題注曰："名勣，土人也，以朝回同從軍行，至昌江，敗績，潰之日也，竟不知其存亡，爰有是作。"詩中薇垣指布政司。卷十三詩《薇垣漫興》："莫道安南不可居，安南江石也相如。"正在交趾布政任上作也。《大越史記全書》永樂十四年(1416)：保隖參議阮勣爲(左)[右]布政使。《宣宗實錄》宣德元年十月辛巳：升交趾右布政使阮勣爲左布政使。以其在職九年，擒賊撫民有功故也。宣德元年十月癸未：賜交趾布政司左布政使阮勣、北江府同知阮可弄、交州府同知黎原起等鈔。此三人皆交趾土人也。昌江之敗，在明宣德二年(1427)，《大越史記全書》卷十《黎太祖紀》：九月八日，太尉陳扞、司馬黎察、少尉黎篆、黎理等攻昌江城，拔之。阮勣朝回，遇昌江之敗，則朝貢北京在此之前。故阮勣與黃福布政司同事十年。中越所記時間及職銜甚合。然其時交趾布政司中另有一中國内地人阮嗣。見《明太宗實錄》永樂十八年十一月己巳：改河南右參政阮嗣於交趾布政司。《福建通志》卷四十三：阮嗣，字繼之。宣德二年授連州判官。擢户部主事，後歷河南參義、交趾布政，以老乞歸。《廣東通志》卷二十七連州州判有連江人阮嗣，宣德二年任。《廣西通志》卷五十三，阮嗣於宣德間任廣西右參政。《福建通志》記阮嗣仕履蓋有誤，宣德二年(1427)十二月明人自安南回。阮嗣於二年改任連州，後豈能再仕交趾？《明太宗實錄》永樂十八年以右參政改交趾布政司者，當仍爲布政司右參政也,非布政官。故此阮布政乃是阮勳,非阮嗣也。詩首句言東齊者,黃福爲山東昌邑人,故云,非謂阮布政爲齊人。阮勳宣德二年九月朝回及昌江之敗,則起程在宣德元年。

（作者單位:揚州大學文學院）

域外漢籍研究集刊　第十九輯
2020 年　頁 337—366

從"母本"到"變本":蕭《選》舊貌之構建嘗試

——以敦煌善注寫本與日藏白文古鈔的對校爲中心

高　薇

一　問題緣起與研究路徑

　　在傳統的選學研究當中,由於前人所見多爲刻本,從各刻本的異文出發,以推求"崇賢舊觀"及"蕭《選》舊貌",是比較普遍的做法。從附於南宋淳熙八年(1181)尤袤池陽郡齋刊刻善注本之後的《李善與五臣注同異》,到清代嘉慶十四年(1809)胡克家覆刻宋尤袤本而推出的《考異》十卷,均是利用刻本以校勘《文選》之成果代表。至若梁章鉅、胡紹煐、張雲璈、何焯等人關于《文選》的校勘意見,亦是基於刻本異文提出豐富的判斷依據。如今更多稀見刻本、寫本、鈔本的發現,一方面讓刻本的整理和校勘工作愈發後出專精,另一方面也讓寫本、鈔本的價值得到更多重視①,促使我們跳出原先刻本校勘意見的限制,以重新理解《文選》各本之間的異文。

　　衆所周知,《文選》的善注刻本、五臣注刻本、六臣注刻本(包括六家注刻本)各成譜系。一些正文用字和注文的差異,往往被當作區分不同譜系的特徵,比如奎章閣本、明州本、贛州本等的校語明確表示"李善作某""五

---

① 案,前者代表如俞紹初先生主編的《新校訂六家注文選》,是爲目前《文選》刻本整理的新高峰,後者則以劉躍進先生主持的《文選舊注輯存》、金少華先生整理的《敦煌吐魯番本〈文選〉輯校》爲代表。

臣作某"。但是,排除部分具有區別價值的異文,各個譜系其實呈現出更多的一致性,包括相同的篇目、編排次序、文本内容、文字寫法等等。因此以往的研究多著墨於各個刻本的異文,而多忽視其一致性,且確實在原有的文獻條件下,各刻本譜系的共同點也無甚可言。然而别有意味的是,一旦發現更早的材料(如敦煌吐魯番寫本、日藏鈔本),不但刻本譜系的異文區别特徵受到質疑,就連刻本之間一致的地方,也在早期寫、鈔本面前土崩瓦解。換言之,存在一批異文,光從刻本内部難以被察覺,目前唯有通過刻本與早期寫、鈔本的校勘,才會暴露出來。正是從這批異文入手,本文開始了追蹤蕭《選》舊貌之旅。

　　本文用以討論的材料以敦煌本 P.2528(《西京賦》)與 P.2527(《答客難》《解嘲》)爲主,以之爲早期《文選》注本的代表。這兩個卷子都有明確的"臣善曰"標記,學界基本認爲"臣善曰"所表明的注文屬於李善注,且代表了善注初期的面貌。蔣禮《文選殘卷題記》稱兩個殘卷"此爲崇賢初次表上本",岡村繁也基本認可該説法"正是唐朝秘閣收藏的該李善初次上呈本系統的殘卷"①。儘管我們無法否認敦煌本中也可能出現善注與他注相混的現象,但考慮到這種可能性在目前的條件下無法被證實,因此下文的討論對此不予過分細究,但會盡量更爲審慎地作出每一個判斷。不過比較遺憾的是,上述三篇文章沒有《文選集注》可以對勘,但有日藏白文無注三十卷本系統的多個鈔本可供參校②。此外,P.2527 和 P.2528 的整理成果亦足參考,包括:饒宗頤《敦煌本〈文選〉斠證(一)(二)》(《新亞學報》1957 年)、羅國威《敦煌本〈昭明文選〉校釋》(黑龍江教育出版社 1999 年)、富永一登《唐鈔李善單注本文選殘卷校勘記(一至六)》(《中國學研究論集》1998—2000

---

①[日]岡村繁著,陸曉光譯《從〈文選〉李善注中的緯書引用看其編修過程》,《文選之研究》,上海古籍出版社,2009 年,頁 323。又,王立群先生《〈文選〉李善注變遷綜述》一文則認爲"P.2527 應該是李善注早期的面貌,P.2528 卷或爲士子學習抄寫的增訂之本",能够反映"李善注在傳播與增補過程中的變遷",但仍然承認"可以作爲李善注的起點來使用"。參《河南大學學報(社會科學版)》,2013 年第 3 期,頁 14—15。
②案,與 P.2527 對校的日藏白文鈔本:九條本、古鈔本(即楊守敬在日本發現的二十卷本)。與 P.2528 對校者:九條本、古鈔本、上野本、猿投神社藏正安本、弘安本(以下簡稱"正安本""弘安本")。本文所使用的日藏白文鈔本均由傅剛師提供,特此致謝。

年）、金少華《敦煌吐魯番本〈文選〉輯校》（浙江大學出版社 2017 年）。

本文經由敦煌寫本和日藏白文鈔本的對校，並參校後世刻本之後，重點討論三種異文現象：

1. P. 2528、P. 2527 同於日藏白文鈔本、且不同於諸刻本之處；

2. P. 2528、P. 2527 同於日藏白文鈔本、又同於五臣注刻本之處；

3. P. 2528、P. 2527 中正文不同於注文用字，但注文用字多同於日藏白文鈔本、又同於五臣注刻本之處。

異文討論以正文用字爲主，如果注文有異，也會列出説明。引文采用胡刻本。

二　"母本"：蕭《選》舊貌之構建

（一）P. 2528、P. 2527 同於日藏白文鈔本、且不同於諸刻本之處

在 P. 2528、P. 2527 這兩個唐代善注寫本當中，存在一批既不同五臣注又不同善注的異文，却又呈現出與日藏白文鈔本的共同之處。比如：

1.《西京賦》濯靈芝以朱柯，"以"上野本、九條本、正安本、弘安本、P. 2528 作"之"。奎章閣本、正德四年本、陳八郎本作"於"。北宋本、尤袤本作"以"。贛州本作"以"，校語云：五臣作"於"。

薇案：贛州本將"以"和"於"作爲李善注本和五臣注本的區別標誌。但這個結論似乎只能局限於刻本範圍，如果考慮早期寫、鈔本的話，則經不起推敲，因爲還存在第三個異文：之。"之"出現在 P. 2528 寫本，這一寫本有明確的抄寫時間（永隆 681 年），遠遠早於目前所知的任何一個刻本，而且得到四個日藏白文鈔本的印證。《新校訂六家注文選》校訂者據薛綜注"朱柯乃芝草莖赤色"懷疑當作"之"字①。用五個早期寫鈔本爲證，大概可以説明"之"代表早期寫本的一個面貌。而"以"和"於"或是"之"的形近而誤所致。

2.《答客難》輯纊充耳所以塞聰也，"充"P. 2527、古鈔本、九條本作"塞"。陳八郎本、正德四年本、奎章閣本作"蔽"。奎章閣本校語云：善

───────────────

① 俞紹初、劉群棟、王翠紅點校《新校訂六家注文選》第一册，鄭州大學出版社，2014 年，頁 116，注釋第 95 條。以下簡稱《新校訂》。

本作充字。尤袤《李善與五臣異同》:五臣充作蔽。

薇案:"充"和"蔽"能否作爲善注與五臣注的區别,同樣值得懷疑,因爲還存在第三個異文:塞。P.2527、古鈔本、九條本均作"塞"。首先可以確認的是,"塞"並不是偶然訛誤所致。P.2527 没有明確的抄寫時間,但是它發現於中國的敦煌,其傳抄行爲的發生可以被限定在中國的唐代。至於日本的古鈔本、九條本,儘管它們的底本源自中國隋唐時期,確與 P.2527 具備同源關係,但是就具體抄寫行爲來看,這兩個鈔本的抄寫者,不可能直接根據 P.2527 進行完整的複製。因此,敦煌本和日藏白文鈔本可被認爲具有"相對獨立性",既然後者不太可能直接從前者直接複製抄寫所得,則足以證明三個本子作"塞耳"均不是偶然的訛誤所致,而是暗示了某一個共同的源頭。乍一看我們容易認爲"塞"是下文"所以塞聰也"所致,可能未必。張衡《東京賦》"黈纊塞耳",《淮南子·主術訓》"黈纊塞耳所以掩聰",也均作"塞耳"。本句在奎章閣本中的吕向注也説"於冠兩邊以塞耳"。因此,"塞耳"可能是某一早期寫本的面貌。然則所謂的善注作"充"、五臣注作"蔽",又是從何而來? 就目前材料來看,善注作"充"可能是受《漢書》影響所致。"蔽"則可能是承上文"冕而前旒,所以蔽明"的影響所致。因此,"充"和"蔽"或是在李善注和五臣注的傳抄或刊刻過程中産生的異文,可以算是二注刻本的區别特徵,但非早期《文選》之舊貌。

　　　3.《答客難》脩學敏行而不敢怠也,P.2527、古鈔本、九條本、《漢書》無"脩學"二字。《史記》作"脩學行道不敢止也"。

　　　4.《答客難》塊然無徒,九條本、《漢書》、P.2527 作"魁然無徒"。《漢書》黄善夫本顔師古注:魁讀曰塊。《史記》作"崛然獨立,塊然獨處"。古鈔本作"塊"。

薇案:這兩個例子顯示,P.2527、古鈔本和九條本的内容多同《漢書》。但刻本似乎還受到《史記》的影響,恐怕是在抄寫或刊刻過程中加以參校所致。

　　　5.《西京賦》麗美奢乎許史,"美"P.2528、上野本、正安本、弘安本作"靡"。九條本作"美"。

　　　6.《西京賦》緹衣韎韐,"韐"P.2528、上野本、正安本、弘安本作"韚"。九條本作"韐"。

　　　7.《答客難》得信厥説,"得"下 P.2527、古鈔本、九條本有"明"。

　　　8.《解嘲》下談公卿,"卿"P.2527、古鈔本、九條本作"公王"。

薇案：如果不是確實存在兩個以上的早期寫、鈔本可供證明，上述異文在二注的刻本系統中完全無法被識別出來，我們甚至可能會草率地認爲僅是個別訛誤所致。

上述 8 例異文有以下共同點：第一，超出現有刻本提供的異文範圍，甚至是刻本一致，但寫、鈔本卻不同於刻本的情況。第二，同時存在於敦煌本和日藏白文鈔本。第三，基本能夠得到兩個及以上的日藏白文鈔本的印證。概言之，發現自善注寫本的這批異文，異於善注刻本，而同於日藏白文鈔本。

如何理解這批特殊的異文，本文稍作推測，先就善注情況提出兩點：

第一種理解，善注刻本已失善注寫本原貌。即以 P.2527 和 P.2528 爲善注寫本早期面貌的代表，後人在傳抄或刊刻的過程中改變了善注早期面貌。我們承認在合併六臣注的刊刻過程中，善注面貌確實會受到五臣注的影響，但是考慮到這 8 例異文既不見於善注刻本，也不見於五臣刻本，因此無從談起五臣亂善的現象，反而如第 3、4 例可能在抄寫或刊刻過程中因《史記》而有所更改，並被刻本繼承下來。當然，這種改動未必就一定會極大地改變善注刻本的面貌。校勘結果表明 P.2527 和 P.2528 與善注刻本的面貌也基本相同。

第二種理解，善注寫本與善注刻本的底本不同。即 P.2527 和 P.2528 僅僅反映了唐代若干善注寫本當中的兩個本子情況，北宋本、尤袤本等善注刻本，或采用了不同於 P.2527 和 P.2528 的善注寫本爲底本。鑒於北宋本等的底本無法被確認，再加上刻本出現之前寫、鈔本數量衆多這一現象，我們從常理上指出了這一可能性，既難證明完全成立，也難被完全推翻。

上述兩種理解構成了對立與補充的關係，恰好指向了學界關於善注刻本究竟屬於"單綫傳承式"還是"複綫傳承式"的論證①。這兩個可能性都

---

① 例如，斯波六郎先生持"單綫傳承式"觀點，認爲《文選集注》"最存李善本之舊"，在校勘過程中發現後世刻本有不同《集注》者，一律以《文選集注》本爲是。岡村繁强調"複綫傳承式"："集注本李善注與現存版本李善注之關係就不是以往所認爲的那種單綫上的前後關係，而是複綫的、各處不同系統位置的關係。又就李善注的承傳過程而言，它並非是由完整向不完整的脱落方向延續，而是由簡素向繁複的增殖（轉下頁注）

是針對善注而發，畢竟 P. 2527 和 P. 2528 首先呈現了善注寫本的情況，前人的研究也多有發明。然而校勘結果還顯示，存在一批更加特殊的異文，來自 P. 2527 和 P. 2528 善注寫本，竟異於善注刻本，反同於五臣注刻本，也同於日藏白文鈔本。

(二) P. 2528、P. 2527 同於日藏白文鈔本、又同於五臣注刻本之處

作爲帶有"臣善曰"的敦煌寫本 P. 2527 和 P. 2528，不同於善注刻本的異文，竟然同於五臣注刻本，這樣的結果無疑令人感到震驚。綜合兩個寫卷，這種同於五臣注刻本（正德四年本、陳八郎本）的異文一共 18 例，且多同於日藏白文鈔本。

首先，從這 18 例異文來看，再次驗證上文的判斷，前人關於區分善注和五臣注的意見具有局限性。反映二注有別的用字，只適用於刻本系統中的二注關係。例如：

　　1.《西京賦》奮隼歸鳧，"奮"尤袤本同。P. 2528、上野本、九條本、正安本、弘安本、正德四年本、陳八郎本、奎章閣本作"集"。

　　《考異》：袁本"奮"作"集"，校語云善作"奮"。茶陵本校語云五臣作"集"。案：各本所見，皆非也。薛自作"集"，"集隼"與"歸鳧"對文，承上四句而言，猶楊子雲以"雁集"與"鳧飛"對文也。善必與薛同，則與五臣亦無異，傳寫僞"奮"耳。二本校語，但據所見而爲之。凡如此例者，全書不少，詳見每條下。

　　又，"奮迅聲也"，奎章閣本、明州本、贛州本無此注。P. 2528、北宋本、尤袤本有。

　　《考異》：袁本、茶陵本無此四字。案：無者最是。詳袁、茶陵所載五臣濟注有"沸卉砰訇，鳥奮迅聲"之語。既不得於奮字讀斷，亦不得移作上句之解，尤不察所見正文"奮"爲"集"之誤乃割取五臣增多薛注以實之。斯誤甚矣。

薇案：針對正文與注文的異文現象，《考異》分別發表了兩條意見。就正文

（接上頁注）方向發展。"更多内容可參：［日］森野繁夫《關於〈文選〉李善注——集注本李善注和刊本李善注的關係》，俞紹初、許逸民主編《中外學者文選學論集》，中華書局，1998 年，頁 1027。［日］岡村繁著，陸曉光譯《〈文選集注〉與宋明版行的李善注》，載於《文選之研究》，上海古籍出版社，2009 年，頁 369。

來看,"奮"作"集"是早期寫本的特徵,因此茶陵本校語説這是五臣所改並不準確。《考異》雖然没有見到早期寫本,然其根據"集隼"與"歸鳬"的對文形式,肯定了"集"字,意見頗爲中肯。就注文來看,《考異》指責尤袤割取五臣注而增薛綜注的做法。其實光從刻本内部來看,確實難以很好地解釋"奮迅聲也"這句注文的來源。只有查之P.2528,才能發現薛綜注在早期寫本中已是如此,可見並非五臣注之誤,亦非尤袤之錯。另外,《考異》還提到"善必與薛同"的理念,結合寫鈔本中的正、注文來看也未必準確。比如P.2528薛綜注"奮迅聲也"正作"奮",不同於P.2528正文之"集",又"臣善曰"引《周易》却作"集"。

　　2.《答客難》時雖不用,P.2527、古鈔本、九條本、《漢書》、正德四年本、陳八郎本、奎章閣本無"時雖不用"。尤袤本有。奎章閣本、明州本校語:善本有時雖不用一句。

　　尤袤《李善與五臣同異附見于後》:五臣無此一句。贛州本校語:五臣無。

薇案:就尤袤和奎章閣本等的整理者而言,他們所見的五臣注刻本没有"時雖不用"這句話,相反善注刻本才有,所以得出了"善本有時雖不用一句"(奎章閣本、明州本注記)和"五臣無此一句"(尤袤《李善與五臣同異》、贛州本)。我們今天所見的刻本中,陳八郎本、正德四年本、奎章閣本、明州本便無,而尤袤本、贛州本、胡刻本等則有,的確也印證了這一結論。但是,通過考察P.2527、古鈔本和九條本可知,顯然這一結論只適用於刻本的情況,尤其是善注寫本P.2527也没有這句話,有力地證明校勘意見只是部分準確,"時雖不用"這條異文不能完全作爲二注有别的標誌。

　　至於善注刻本爲何會出現"時雖不用"這句話,無法一概而論。富永一登認爲:"案唐寫本李善注本無此句,疑板本增補。朝鮮本(筆者案,指奎章閣本)袁本明州本四部本所據板本非李善本原貌。《史記》諸補引有此句。"[1]認爲是刊刻過程中受到《史記》影響所致,則善注刻本已失善注寫本的面貌。當然,若按上文第二個可能性,P.2527代表早期善注寫本之一種,善注刻本的底本反映的是另一種早期善注寫本的面貌,甚至這一未知

————————

[1][日]富永一登《唐鈔李善單注本文選殘卷校勘記(六)》,載於《中國學研究論集》,2000年6號,頁130。以下引文出處省略。

的底本,也可能受到《史記》影響而增加句子,那麼這一特徵就不是因刊刻所致,反倒産生於傳抄的過程之中。

而仔細考察那些被認爲是五臣注刻本的特徵,基本可以從 P.2527 和 P.2528 善注寫本和日藏白文鈔本當中找到依據。比如:

5.《解嘲》雄解之,"雄"上尤袤本同無"而",《漢書》、P.2527、古鈔本、九條本、正德四年本、陳八郎本、奎章閣本、袁本、明州本有"而"。奎章閣本校語:善本無而字。明州本、四部叢刊本校語同。

薇案:富永一登認爲"案唐寫本有'而'字,李善注原本有此,六家、六臣本據此所脱'而'字李善注刻本校也"。從尤袤本無"而"字,以及奎章閣本、明州本、四部叢刊本的校語來推斷,較有可能是在比對善注和五臣注的過程中確立了以"而"字作爲二注的區別特徵。但是 P.2527 善注寫本有"而"字,日藏白文古鈔也有,五臣注刻本也有。由此可知不但善注寫本當有"而"字,甚至五臣注寫本也當有,故它們的共同底本也當有。

6.《解嘲》細者入無間,尤袤本同作"細",P.2527 作"孅"。《漢書》、《藝文類聚》卷二十五、古鈔本、九條本、正德四年本、陳八郎本、奎章閣本、袁本、明州本作"纖"。奎章閣本校語:善本作細字。明州本、贛州本校語同。

薇案:"纖"是五臣注的特徵,也同於日藏白文鈔本乃至《漢書》《藝文類聚》的用字。P.2527 作"孅",又與"纖"是異體之別。段注稱"孅與纖音義皆同,古通用",《正字通》《古今正俗字詁》等書均承認了二字可通。故羅國威《校釋》稱:"'孅'乃'纖'之別體。"至於善注刻本爲何作"細",恐怕混淆了本字和釋義所致。據《説文解字》"孅兌細也",《玉篇》"孅細也",可知"細"爲"孅"之釋義,但善注刻本中反以釋義爲本字。

7.《解嘲》人人自以爲皋陶,"陶"P.2527、古鈔本、《漢書》、正德四年本、陳八郎本、奎章閣本作"繇"。尤袤本、九條本作"陶"。奎章閣本校語云:善本作陶字。袁本、明州本校語同。

又善注"契暨皋陶",P.2527 作"契臮咎繇"。

薇案:同理"陶"爲善注特徵、"繇"爲五臣注特徵也不完全成立,因爲善注寫本和《漢書》均作"繇"。P.2527 正文及注引《尚書》"契臮咎繇",也作"繇"。甚至,正德四年本、奎章閣本的呂向注,較之陳八郎本多"稷契皋繇,皆古直賢臣也"一句,注文也作"繇"。至於善注刻本的正文及注引《尚書》均改作

"陶"的現象,《新校訂六家注文選》的校訂者以爲是"後人依今《虞書》改"①。富永一登《校勘記》進一步指出:"案《説文》云'㵸,衆與詞也。从釆自聲。虞書曰,㵸咎繇'。《史記》夏本紀'淮夷蠙珠㵸魚'索隱云'㵸,古曁字,與也。'斯波博士《文選李善注所引尚書攷證》以唐寫本爲是。"即承認"繇"爲用字原貌。

在早期材料有限的情況下,異文現象的討論具有難以證明或證僞的開放性,因而只能通過擴大比對範疇、尋求文獻佐證等途徑加以限定。幸運的是,在善注寫本和善注刻本出現矛盾的時候,我們不僅找到了支持善注寫本的第一種版本依據——日藏白文鈔本,就連與善注系統相對的版本——五臣注刻本,也出現在善注寫本的支持陣營當中。因此,由於出現了支持 P. 2527 和 P. 2528 的白文本和五臣注刻本,便打破了開放性的局面,而呈現出了某種傾向性:善注寫本、日藏白文鈔本、五臣注刻本的共同異文,源自一個共同底本——蕭《選》舊貌。本文稱之爲"母本"。這也是本文考慮的第三種可能性,暗示了構建蕭《選》舊貌的途徑。

承前所述,上述兩類異文一共 26 例均有多個版本爲依據,不是偶然訛誤所致。首先,共同異文來自三個性質不同的版本譜系。P. 2527 和 P. 2528 屬於善注寫本,且被學界認爲是早期善注寫本,距離李善分蕭《選》爲六十卷這一過程,可能時間相距尚不是很遠。而日本的上野本、正安本、弘安本、九條本、古鈔本均屬於白文三十卷本系統,也與蕭《選》頗有淵源。陳八郎本和朝鮮正德四年本則屬於中國的刻本,且是在版本系統上異於善注的五臣注本。其次,所討論的各本之間,保持著相對的獨立性。日藏白文鈔本並非直接抄自 P. 2527 和 P. 2528,不可能直接根據 P. 2527 和 P. 2528 加以修訂②,加上有 8 例異文已經在目前可見的刻本中消失,又有 18 例僅出現在五臣注刻本,日藏白文鈔本在傳抄過程中根據五臣注刻本校改的幾

---

① 俞紹初、劉群棟、王翠紅點校《新校訂六家注文選》第五册,鄭州大學出版社,2014 年,頁 2961。

② 案,就廣泛的繼承關係來看,日藏白文鈔本也有可能根據接近 P. 2527 和 P. 2528 特徵的古本進行校改,比如筆者通過校勘發現弘安本與 P. 2528 的特徵更爲相似。但是這個發現並不影響 P. 2527、P. 2528 和日藏白文鈔本之間的相對獨立性。

率也非常低①。因此就現有情況分析可知,這批出自三個不同的版本譜系、且源自多種具有相對獨立性的具體版本的共同異文,很大程度上指向了它們的共同底本來源。换言之,P. 2527 和 P. 2528 的作注底本、五臣注刻本的作注底本,可能與上野本、正安本、弘安本、九條本、古鈔本的底本存在相同的部分,而這一共同部分,正指向了最高層次的文本來源"母本",即蕭《選》舊貌。這個結論,也是筆者曾經提出的"無注本是注本的底本"原則的實踐。

可以説,探析蕭《選》舊貌的過程,在上述現象中得以逐漸的清晰化、明確化、具體化。總結來説,一個異文若有兩個以上分屬不同版本譜系且相對獨立的早期寫、鈔本爲證,或可基本認定爲出自蕭《選》舊貌。而刻本中二注有别的區别特徵,目前來看可能僅適用於刻本範圍,未必能够代表善注和五臣注在刻本出現之前的特點;相反,這些特徵更可能直接承襲自早期寫、鈔本,甚至反映了蕭《選》舊貌。根據這個標準,我們或許可以找到更多反映蕭《選》舊貌的用字。

但反過來説,刻本産生差異的原因其實又不盡相同,可能是在傳抄或刊刻過程中造成。在過去的研究當中,饒宗頤、斯波六郎等學者普遍認爲,由於六臣注的合併,才導致善注刻本面貌被篡改。但這個看法的前提是先承認善注刻本從六臣注本抽出,然後才會發生"亂善"現象。實際上,經過程毅中、白化文、張月雲、傅剛師等學者的研究,已經推翻了這個大前提。故而,受六臣注影響的説法,也需重作檢討。至於篡改善注面貌的罪魁禍首,尤袤往往被抓出背起了這個大黑鍋。比如:

1.《西京賦》橧桴重棼,"橧"P. 2528、上野本、九條本、正安本、弘安本、正德四年本、陳八郎本、奎章閣本、明州本、贛州本同作"增"。北宋本、尤袤本作"橧"。

《考異》:袁本、茶陵本"橧"作"增"。案:此尤誤。

2.《西京賦》轢輻輕騖,"轢"P. 2528、上野本、九條本、正安本、弘安本、正德四年本、陳八郎本、奎章閣本皆作"櫟"。

《考異》:袁本、茶陵本"轢"作"櫟"。案:此尤誤,注作"櫟",未改也。

①案,根據筆者對日藏白文鈔本的分析,九條本存在根據刻本改字的情況,但當以六臣注刻本爲主,日藏白文鈔本專門根據五臣注鈔本或刻本改字的現象暫未發現。

　　上述《考異》認爲因尤袤而導致的異文，其實完全可以從 P. 2528 及日藏白文鈔本中找到依據。甚至由第一條可知，尤袤本之前的北宋本，也已經異於 P. 2528，尤袤不一定是那個始作俑者。但是北宋本爲何會與 P. 2528 不同，甚至爲何北宋本與《文選集注》與敦煌本各有不同，恐怕不是後人刊刻過程中的篡改行爲可以解釋得通的。爲此，本文嘗試從“變本”的角度再作進一步的分析。

三　“變本”：蕭《選》舊貌之裂變

　　承上文所述，敦煌善注寫本、日藏白文鈔本及後世五臣注刻本，一定程度上在它們的共同底本，也即“母本”——蕭《選》舊貌上，得到和平的共處。基於此，“蕭《選》舊貌”這一參考模型得以被構建出來。作爲一個人爲建構的參考模型，它應當需要隨著參數的增加而得到驗證或微調，從而達到趨近“原貌”的程度。在本文的討論中，“參數”指的是發現自不同版本的異文現象，“蕭《選》舊貌”該“母本”能否合理地解釋各類異文現象，則爲驗證過程。爲此，本文將要討論第三類異文現象：P. 2528、P. 2527 中正文不同於注文用字，但注文用字多同於日藏白文鈔本、又同於五臣注刻本之處。

上野本	永隆本	永隆本薛綜注	永隆本善注	九條本	猿投神社藏正安本	猿投神社藏弘安本	北宋本	尤袤本	奎章閣本正文	奎章閣本五臣注	奎章閣本李善注	陳八郎本	正德四年本
橙道麗倚以正東	橙	橙	隥（《西都賦》）	隥（旁注：橙，善）	橙	橙	橙	橙	隥①	隥	橙(一共兩處：《西都賦》；注音)	隥	橙

①奎章閣本薛綜注作“隥”。《新校訂》校訂者依據唐寫本（指 P. 2528，以下同）、北宋本，改“隥”作“橙”，以與善本正文相應。按校訂者的理解，李善作“橙”，五臣作“隥”。頁116，注釋89條。

續表

上野本	永隆本	永隆本薛綜注	永隆本善注	九條本	猿投神社藏正安本	猿投神社藏弘安本	北宋本	尤袤本	奎章閣本正文	奎章閣本五臣注	奎章閣本李善注	陳八郎本	正德四年本
羡往昔之松喬・	橋	喬（指王子喬）	喬	喬（旁注橋）	喬				喬	喬	喬	喬	喬
期不陀哆・	陀	陁（《方言》）	陁	陁	陁	陁（分辨不清）			陁			陁	陁
繚亘綿聯	亘	亘（亘當爲垣）	垣	亘	垣	垣	垣	垣	亘①	垣	垣（今並以亘爲垣）	垣	垣
黑水玄泚・	泚	泚（《漢書》）	泚	泚	泚	泚	泚	泚	泚	泚	泚②（《漢書》）	泚	泚
麏兔聯猭・	猭	猭	逯（《毛詩》）	猭（旁注遽）	猭	逯			逯	逯	猭	逯	逯
攄氍彙・	氌	氌	貁	狒(可能參校過刻本)	氌	髴	狒③	狒	狒	髴	狒	髴	髴

①奎章閣本薛綜注作"垣"。《新校訂》校訂者依據唐寫本改爲"亘"。頁120,注釋129條。

②奎章閣本薛綜注與善注作"泚"。《新校訂》校訂者認爲善本作"泚",五臣作"泚",故據唐寫本、北宋本、尤袤本,將"泚"改爲"泚",以與善本正文相應。頁121,注釋142條。

③北宋本薛綜注作"氌"。氌、彙並見《爾雅·釋獸》,與狒、蝟爲古今字。參《新校訂》頁125,注釋188條。

續表

上野本	永隆本	永隆本薛綜注	永隆本善注	九條本	猿投神社藏正安本	猿投神社藏弘安本	北宋本	尤袤本	奎章閣本正文	奎章閣本五臣注	奎章閣本李善注	陳八郎本	正德四年本
凌重巘	甗	巘	巘	甗	甗	甗			巘①		巘	巘	巘
摞鯤鮞	昆	昆	鯤（《國語》）	鯤	鯤	鯤			鯤	鯤	鯤（《國語》）	鯤	鯤
張甲乙而襲翠被	張		帳（《漢書贊》）	張	張	張	張	張	帳②	帳	帳（《漢書贊》《音義》）	帳	帳
增蟬蜎以此豸③	蟬蜎	蟬蜎	嬋娟（《笛賦》）	嬋娟	蟬	嬋蜎				嬋娟	嬋娟	嬋娟	嬋娟
奮長袖之颯纚	褒	褒	袖（《韓子》）	袖	袖（旁注褒）	褒			袖			袖④	袖

　　關於表格所展示的異文現象,原先從"永隆本正文與善注用字不同"這一角度,經傅剛師首次發現而受到學界重視。這也是論證 P.2528 底本是否爲李善注本的重要依據。如何理解這一異文現象,不但關乎對 P.2528 底本的理解,也指涉李善作注底本、善注刻本底本等問題,故而本文必須正

---

①奎章閣本薛綜注作"巘"。

②《新校訂》根據唐寫本、北宋本、尤袤本作"張",判定李善作"張",五臣作"帳"。頁 127,注釋 215 條。

③"此",北宋本、尤袤本同。贛州本亦同,校語云:五臣作"趾"。奎章閣本正文、五臣注濟曰,均作"趾"。

④陳八郎本"長袖"作"紅袖"。

面作出判斷。爲此,本文擴大了討論範疇,使用日藏白文鈔本及五臣注刻本①,從而形成上述異文表格,並由此可知"永隆本正文與善注用字不同"不是一個孤立而偶然的現象,善注用字,在日藏白文鈔本和五臣注刻本均可以找到版本依據。具體分析如下:

　　第一,P.2528正文用字確實存在與李善注文用字不同的情況,且P.2528正文用字多與薛綜注的用字一致,因而薛綜注與李善注用字確實存在部分不同。則P.2528正文與蕭《選》舊貌、薛綜注、李善注之間的關係令人深思。

　　第二,較多異文屬於徵引其他文獻所致,但也存在不屬於該種情況的異文。P.2528涉及善注徵引文獻的情況都已在表格中作出標示,比如"隥道麗倚以正東"之引《西都賦》作"隥","黑水玄阯"之引《漢書》作"沘","操昆歞"之引《國語》作"鯤"等等,是爲這種情況,一共8例。又,金少華從P.2528中一共找出42例善注徵引異文符合該現象,而在P.2527中亦不乏此類例子。比如,《答客難》"譬若鶺鴒"中"鶺鴒",注曰:"臣善曰毛詩曰題彼脊令"。相反,《漢書》作"鵙鴒",P.2527、九條本作"罵鴒"。古鈔本、胡刻本注文作"鶺鴒"②。從P.2527反映的信息來看,李善作注所見《毛詩》作"脊令",查之南宋刻十行本《毛詩注疏》及南宋刊《毛詩正義》單疏本均作"脊令"③。而刻本系統作"鶺鴒",則是刊刻者有意將正文與注文進行統一的行爲,是較晚發生的現象。參看P.2527、九條本、《漢書》,顯然早期當作"鵙",之所以變作"鶺",恐怕是後人據"脊"所改。這也可以看出後人在刊刻《文選》時其實經過了一番深思熟慮,往往牽一髮而動全身,修訂十分縝密、周全。因此,我們恐怕不能完全依據晚出的精心校改之刻本,以歸納早期寫鈔本體例。

　　另一個可證李善引書"各依所據本"注例的例子:

---

① 金少華《P.2528〈西京賦〉寫卷爲李善注原本考辨》所論五臣本僅以明州本爲據。參《敦煌研究》,2013年第4期。

② 金少華認爲該例可證李善注引書"各依所據本"。參《李善引書"各依所據本"注例考論》,《文史》,2010年第4輯,頁83—91。又參金少華《敦煌吐魯番本〈文選〉輯校》,浙江大學出版社,2017年,頁418。

③ 《毛詩注疏》(南宋刊十行本),《足利學校秘籍叢刊第二》,汲古書院,1973年,第二册,頁979。《毛詩正義》(南宋刊單疏本),卷十五,人民文學出版社,2012年,頁152。

《答客難》“以筦窺天”之“筦”，P. 2527、古鈔本、九條本、陳八郎本、正德四年本、奎章閣本、贛州本正文均作“管”。P. 2527、尤袤本的善注：“服虔曰筦音管。”

查之黄善夫本《漢書》：“服虔曰筦音管。顔師古曰筦古管字。”正是善注的出處。P. 2527 還有一條注：

《莊子》：魏牟謂公孫龍曰：子乃規規而求之以察，索之以辯，是直［用］管闚天……

所以，引《漢書》注作“筦”，引《莊子》作“管”，各依所據本，並無統一。至於尤袤本作“筦”，恐怕是後人所改。案，胡刻本將這條《莊子》注混入文穎注，其實前面當有“善曰”，因爲 P. 2527 正有“臣善曰”三字。

因此，針對此類善注徵引現象，饒宗頤提出“李善引書各依所據本”的觀點，范志新“援引之書板有別本”，金少華“各依所據本”皆是類似的看法。清人王引之《經義述聞》提出一條古書通例“寫從所注之書”，但相較這一乃經由刻本系統歸納的通例，“各依所據本”的現象在刻本產生之前的時代恐怕更爲普遍。

但即便如此，李善作注“各依所據本”的原則，仍然無法很好地解釋所有異文的產生。排除上述徵引情況，的確還存在一些由李善直接出注的例子。只要達到兩個及以上的例子，應當可以表明：李善作注所見正文，與永隆本正文的確存在不同。

第三，上述異文基本同於日藏白文鈔本，從注文層次上升爲正文層次。換言之，李善的注文用字，多同日藏白文鈔本的正文用字。由此令人懷疑，這批異文是否經歷了由正文層次，下降爲注文層次的過程，從而可進一步推測李善作注之際，使用或參考了某個正文即作這些異文的底本。

第四，上述異文存在與五臣注刻本的正文相合的情況。這一情況與第三點共同呈現出異文在正文與注文之間的升降變化過程。如何理解上述四種情況，本文提出以下兩點思考。

首先，上述部分異文或可歸之於“母本”，屬於蕭《選》舊貌的用字。比如：

1. 羨往昔之松喬，“喬”永隆本正文作“橋”。永隆本善注作“喬”。上野本、九條本、正安本、弘安本作“喬”。正安本旁注“橋”。正德四年本、陳八郎本作“喬”。

2.期不陁移,"陁"永隆本、上野本作"陀"。永隆本善注作"陁"。九條本、正安本、弘安本、正德四年本、陳八郎本作"陁"。

3.攈昆鯤,"昆"永隆本及薛綜注作"昆"。P.2528善注作"鯤"。上野本、九條本、正安本、弘安本作"鯤"。正德四年本、陳八郎本、奎章閣本"鯤"下注音"昆"。

4.奮長袖之颯纚,"袖"永隆本及薛綜注作"褎"。永隆本善注作"袖"。上野本、九條本、正安本、正德四年本、陳八郎本作"袖"。正安本旁注"褎"。弘安本作"褎"。陳八郎本"長袖"作"紅袖"。

這四個例子,有兩個以上日藏白文鈔本同P.2528善注用字。儘管我們承認經由手抄複製而成的文本均是獨一無二,具有獨特性,但這個獨特性,並不能完全抹殺文本的穩定性,以及版本譜系內部的繼承關係。假若一個異文特徵,能够被兩個以上具有相對獨立性的本子共享,且該兩個以上本子能被判定出自同一更高系統,則上述異文特徵,當可被視爲該更高系統的特徵。因此,"喬""陁""鯤""袖",既然見於善注寫本,也見於日藏白文鈔本,那麼也可以視爲"母本"即蕭《選》舊貌的特徵。

然而,即便上述四個例子使"母本"得以成立,尚有一些異文現象指向一個問題:永隆本及薛綜注,爲何與李善注、五臣注乃至白文本不同,應當如何理解永隆本及薛綜注所呈現出來的面貌,與"母本"、李善注,乃至五臣注之間的差異。

請先看一些與日藏白文鈔本不一致的例子:

1.隥道麗倚以正東,"隥"上野本作"墱",九條本作"隥",旁注:墱,善。正安本、弘安本作"墱"。永隆本及薛綜注、北宋本、尤袤本、正德四年本、奎章閣善注作"墱"。永隆本善注、陳八郎本、奎章閣本及薛綜注作"隥"。

2.黑水玄阯,"阯"上野本、正德四年本、陳八郎本作"沚",九條本、正安本皆作"阯",弘安本作"趾"。永隆本、薛綜注、北宋本、尤袤本作"阯"。贛州本作"阯",校語云:五臣作"沚"。正德四年本、奎章閣本及其中薛綜注、善注作"沚"。永隆本李善注作"沚"。

3.麏兔聯猭,"猭"上野本作"獂",九條本、正安本同。九條本旁注"遽"。弘安本、正德四年本、陳八郎本作"遽"。永隆本及薛綜注作"獂"。永隆本善注作"遽"。奎章閣本作"遽",校語云:善本作"獂"。

奎章閣本善注作“猭”。

4.擂狒彙，“狒”上野本、弘安本作“髴”，九條本作“狒”，正安本作“䮽”。永隆本及薛綜注作“䮽彙”，永隆本善注作“髴彙”。北宋本薛綜注仍作“䮽”。北宋本、尤袤本、奎章閣本作“狒猬”。贛州本作“狒”，校語云：五臣作“髴”。正德四年本、陳八郎本、明州本作“髴”。

5.陵重巘，“巘”永隆本及薛綜注、正安本、弘安本作“甗”。永隆本善注作“巘”。上野本、九條本、正德四年本、陳八郎本、奎章閣本作“巘”。

6.增嬋蜎以此豸，“嬋”上野本作“蟬”，九條本作“嬋”，正安本作“蟬”，弘安本作“嬋”。永隆本作“蟬蜎”。永隆本善注、正德四年本、陳八郎本作“嬋娟”。

上述例子是，有兩個或一個日藏白文鈔本，同於善注用字。與之相對，也有一到兩個日藏白文鈔本，同於永隆本正文。由此可以推測，在 P.2528 當中至少能够剥離出兩個底本：永隆本及薛綜注所據的底本，善注底本。前者甚至可以認爲是一個可以同善注底本相抗衡的本子。

而且在上述異文之外，永隆本及薛綜注也有不少被日藏白文鈔本或後世刻本繼承的異文，比如“毚兔聯猭”中永隆本及薛綜注作“猭”，善注刻本“猭”。又比如“擂狒彙”中永隆本及薛綜注作“䮽彙”，永隆本善注作“髴彙”。北宋本薛綜注仍保留“䮽”的寫法。由此可見，永隆本及薛綜注的底本，顯然不是一個隨便抄寫所得的本子，而較可能是一個由來已久，且在不斷流傳的本子，直至北宋本的刊刻時期。更具體説，永隆本及薛綜注的底本，是一個與李善注文、五臣注刻本、以及日藏白文鈔本所呈現出來的“母本”，存在略微差異的版本。而之所以説“略微差異”，是因爲永隆本也呈現出非常多同於李善注、五臣注及日藏白文鈔本的面貌，永隆本與“蕭《選》舊貌”的共同之處，是難以被忽視的。但是，無論是弘濟寺僧所抄物，還是李善注所用本，這兩個底本之間顯然並不完全吻合，由此便展現了蕭《選》之不同面貌。這恰是本文所一再表明的：“蕭《選》舊貌”是由李善注、五臣注及日藏白文鈔本所構建出來的一個參考維度。在没有發現更早的蕭《選》白文本的情況下，永隆本爲得不能參與到這個建構的過程中。正是在這個推論下，本文認爲，永隆本的底本，代表了“母本”蕭《選》舊貌的一個變本。

關於蕭《選》存在“變本”的問題，我們一直在設想存在某個完美的“母本",可以代表蕭《選》的原貌。無論從歷史上,還是邏輯上來看,這個母本應當曾經存在過。假定某個編纂完成的瞬間,以該瞬間爲界,那一瞬間誕生的本子,便是我們所設想的原貌,姑且稱之爲"唯一母本"。但是我們又清楚地明白,一旦傳抄行爲介入文本,文本發生複製,那一刻也便分裂出無數個以母本爲底本的嶄新的傳抄本,姑且稱之爲"母本的變本"。由於抄寫行爲不具有完美複製的特點,因此無數個嶄新的傳抄本與母本之間,或多或少存在差異,其關係非常微妙。隨著時間的推移,傳抄行爲不斷産生,嶄新傳抄本不斷誕生,"變本"不斷出現。一般情況下,晚出的本子,距離母本時間越遠,其差異可能越大;除非能够與"唯一母本"進行校勘或直接複製,則晚出的本子也可以縮小差異,減少異文,但這種情況的發生概率相對比較小。因此,晚出的不同變本,即便分享了"唯一母本"的諸多共同特徵,但它們之間的差距也可能會越來越大。這也就是説,永隆本、李善注本、五臣注本及日藏白文鈔本,即便分享了不少共同特徵,可追溯至一個源頭,但也仍然存在各自獨有的特徵。它們可以被視爲"蕭《選》舊貌"的"變本"。但我們反過來,却不能以這些獨有特徵,而忽視各本之間的密切關聯及共同源頭。因爲它們只是"蕭《選》舊貌"的變本罷了;李善注與五臣注的區別,也不過是不同變本的區別罷了。

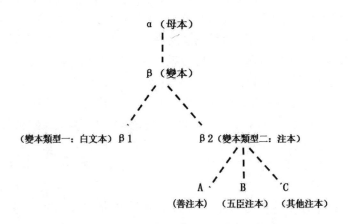

如果用 α 表示母本,用 β 表示母本的變本,則日藏白文古鈔均可統一在β1(變本中的白文本)之下,再用 β2(變本中的注文本)表示注本譜系,則 A

表示善注譜系，B 表示五臣注譜系，再姑且以 C 統稱其他注譜系，可形成上述示意圖。

四　“母本”到“變本”的裂變過程：二注底本蠡測

我們一般認爲在刻本出現之前，“變本”的産生大部分是由於抄寫過程中發生的問題所致。但藉由考察李善作注和五臣作注的底本問題①，我們不難發現從“母本”到“變本”的裂變因素較爲複雜。《文選》“變本”的存在方式，存在數量、存在規模等信息，除了李匡乂《咨暇録》就李善注情況披露一角之外，我們一無所知，也尚未觸及。爲此，直接考察李善作注和五臣作注的底本問題，或許能夠提供不一樣的信息。

（一）五臣作注之底本

在構建“母本”及“變本”的過程中，多與五臣注刻本相合的異文現象，已經暗示了五臣注刻本與“蕭《選》舊貌”之間存在的密切聯繫。

我們可以重新回顧一下前文討論的異文現象是如何被發現的。使用帶有善注的敦煌寫本與善注刻本進行對校，發現存在 8 例完全不同於諸刻本，18 例不同於善注刻本，反同於五臣注刻本的異文。而這些異文，又能夠從日藏白文鈔本處找到版本依據。按照前文已經確立的“蕭《選》舊貌”之“母本”及“變本”的參考模型，面對五臣注刻本多同於該模型的現象，一個可能性由此逐漸浮現出來：五臣作注的底本直接源自蕭《選》三十卷本。

假若五臣直接在白文無注三十卷本上進行注解，那麼便能最大程度地保留底本的特徵；如此一來，將五臣注本與底本系統接近的文本校勘，也能夠獲得相較於其他系統文本、反映更多底本特徵的異文。因此，我們使用一個不同的文本系統——P.2528 和 P.2527，確認了一批能夠反映日藏白文鈔本與五臣注刻本共同的異文。那麼，即便没有 P.2528 和 P.2527 作爲

---

① 案，討論李善注和五臣注的底本問題，尚可細分出不同的角度，包括：善注刻本的底本，善注寫本的底本，李善作注的底本。其中，李善作注的底本，旨在考察李善注解《文選》的過程，與考察刻本寫本的底本來源稍有不同，已然越過版本研究的範疇。同理，五臣注刻本的底本，五臣注寫本的底本，以及五臣作注的底本，同樣值得分而究之。而在本文這部分的討論中，主要側重“李善作注”與“五臣作注”的層面展開。

參照,這個推論能否同樣成立? 答案是肯定的。校勘結果仍然顯示:日藏白文鈔本異於善注刻本之處,則多同於五臣注刻本,一共有 14 例。比如:

1.《西京賦》流景曜之韡曄,"韡"上野本、九條本、正安本、弘安本、陳八郎本、朝鮮正德四年本、奎章閣本同作"暐"。北宋本、尤袤本作"韡"。贛州本作"韠",校語云:五臣作"暐"。

2.《答客難》外有倉廩,"倉廩"古鈔本、九條本、《漢書》、陳八郎本、朝鮮正德四年本、奎章閣本作"廩倉"。奎章閣本校語云:善本作倉廩。《史記》無"珍寶充内,外有倉廩"句。

3.《解嘲》或立談而封侯,"談"下古鈔本、九條本、《漢書》、陳八郎本、朝鮮正德四年本、奎章閣本有"間"。奎章閣本校語云:善本無閒字。

五臣注刻本包括陳八郎本、朝鮮正德本,用字多同於日藏白文鈔本,而第 2、3 例還同於《漢書》。或是後人根據《漢書》同時校改了五臣注刻本和日藏白文鈔本,但竊以爲要實現這一"同時性"的可能性較低,除非各本之間擁有類似的底本。學界基本認定奎章閣本以五臣本爲底本,與朝鮮正德四年本同屬北宋平昌孟氏刻本系統,不同於陳八郎本,故分屬兩個不同的五臣注刻本底本,至於古鈔本、九條本屬於白文無注三十卷系統,因此要統合這些來自不同系統不同底本的異文,同樣只能上升到更高的層次,即各底本的來源"母本",也即"蕭《選》舊貌"。由此或可推知,五臣作注之際應直接使用了蕭統白文無注的三十卷本作爲底本。

呂延祚《進集注文選表》"記其所善,名曰《集注》,並具字音,復三十卷",雖没有明確表明自己的底本信息,但其"復"字,仿佛是在暗諷李善的六十卷本,帶有針鋒相對的意味,更暗示了對《文選》原貌的恢復。前人也曾提出過類似的模糊説法,清人錢曾《讀書敏求記》指出五臣注本"不失蕭統之舊",這一意見爲栩緣老人王同愈書於陳八郎本卷首的跋文所引。曹道衡先生也肯定了五臣注刻本的版本價值:"現在流行的李善注本在版本上不及現存的'五臣注'本。"[1]馬朝陽提出"五臣本是有自己的底本的,五臣本也是對李善本的繼承與積極發展,對選學的發展研究是向前大大的推進了一步,絶非倒退"[2]。

---

① 曹道衡《論〈文選〉的李善注和五臣注》,《江海學刊》,1996 年第 2 期,頁 147。
② 馬朝陽《昭明文選五臣本與李善本文本異同考》,長春師範大學 2015 年碩士學位論文,頁 68。

傅剛師進一步推測:"我們懷疑五臣不僅依據的《文選》音可能就是蕭該的《文選音義》,他們所依據的三十卷底本也同樣出於蕭該。"①此處蕭該所用本當指蕭統白文無注三十卷本。

　　本文雖以 P.2528、P.2527 和日藏白文古鈔爲限,分析了《西京賦》《答客難》《解嘲》三篇校勘異文,應當可以明確一個結論:五臣作注之時選擇的底本恐怕直接選用了蕭統的白文無注三十卷爲底本,由此肯定五臣注刻本在保存蕭《選》舊貌上的版本價值。

(二)李善作注之底本

　　善注底本的論爭,曾在上世紀的日本"文選學"界泛起漣漪,即前文所説"單綫傳承式"與"復綫傳承式"之爭,中國學者包括傅剛師、王立群先生也有相關討論。這個問題相當於在討論善注寫本與善注刻本的底本異同,前文"變本"的構建即是對該問題的回應。而透過考察李善作注的底本問題,能否也從其他角度對此做出一些回應呢? 此爲下文的討論重點。實際上關於該問題,近年來學界出現了懷疑李善作注的時候徑直以舊注本爲底本的聲音②。換言之,李善注本,可能使用了非蕭《選》的文本爲底本。現有觀點大致分爲兩類:一是

---

① 傅剛《〈文選〉學研究史論》,陳飛主編《中國古典文學與文獻學研究》(第二輯),學苑出版社,2003 年,頁 2。

② 關於李善作注的底本,學界一直有一些零星的討論,劉志偉《李善注〈文選〉底本與舊注本關係試探》一文較爲集中地分析了該問題。該文提到俞紹初先生據李善本正文不避諱,如"淵""世"徑書不改等,推測李善所用《文選》底本當是一帶有舊注的本子。而這"'舊注'當爲李善所用底本原有,如張衡《西京》《東京》賦之薛綜注,左思《三都賦》之劉逵、張載注,阮籍《咏懷詩》之顔延之、沈約注等皆是也,只未詳此類舊注爲何人何時所加"。也有一些"舊注"中出現有隋唐之際的地名,俞紹初先生推測這些舊注很可能出現在李善前不久,係與李善同時而稍早之人所作,而非李善本人所搜集過録。劉志偉先生的論文則從李善注多同於舊注本原字,李善注多同於《漢書》舊注本原字兩個角度,並綜合前人的看法指出"李善注《文選》采用舊注本的可能性較大,並推測李善作注所用《文選》底本可能原有部分舊注。這爲《文選》異文的産生原因提供了一個源頭性的解釋,爲《文選》李善注的校勘整理提供了一個重要參考"。(劉志偉《李善注〈文選〉底本與舊注本關係試探》,《河南師範大學學報(哲學社會科學版)》,2016 年第 4 期,頁 159。)其實,根據本文的校勘結果,起碼就永隆本的異文來看,李善注不一定同於薛綜注,因此李善注不一定完全同於舊注原字。

李善直接采用帶有舊注的文本爲底本,一是李善使用《漢書》《史記》等非蕭《選》文獻。本文使用的 P.2528 和 P.2527 兩個敦煌寫卷,恰好對應了上述兩個問題,因此下文將分別從舊注和《漢書》注兩個角度做一些探討。

1. 李善注與薛綜注

據 P.2528 可知,薛綜注與《西京賦》正文的黏合度更高,鮮少出現李善注同正文而薛綜注不同的情況。而按上文判斷,附有薛綜注的底本,與李善作注的底本,都屬於蕭《選》舊貌的“變本”。如果説李善依據舊注底本進行整理作注,則一般説來,排除那些徵引文獻的情況之後,似乎不會出現正文與薛綜注一致,而李善自注用字有別的情況。除非李善已經意識到“變本”的存在,而保留下薛綜注變本的面貌。

不過,令人在意的是,薛綜注爲何多與永隆本底本一致,反異於善注?本文推測:薛綜注作爲舊注,與白文的粘合度要高於晚出的注解。

薛綜(約 176—243),三國時期沛郡竹邑人。《三國志·吳志》卷八記載其“凡所著詩賦難論數萬言,名曰《私載》,又定《五宗圖述》《二京解》,皆傳於世”①。而薛綜注確實也流傳甚廣,劉宋時裴駰《史記集解》、蕭梁時劉昭注司馬彪《後漢書》、沈約《宋書》等書都加以引用。《隋志》著録薛綜注“《二京賦注》”,新舊《唐志》則載有“《二京賦音》”,可知唐代還存有薛綜注《二京賦》的單行本。因此,我們很難想象,蕭統在閱讀《二京賦》的時候沒有參考過薛綜注。此處還有一個旁證。作爲與蕭統(501 年—531 年)同時期的劉勰(約 465 年—約 520 年),所著《文心雕龍·指瑕》曾批評過薛綜在《西京賦》中的注文:“若夫注解爲書,所以明正事理,然謬於研求,或率意而斷,《西京賦》稱中黄育獲之疇,而薛綜謬注,謂之閹尹,是不聞執雕虎之人也。”遺憾的是,劉勰所説這條注文,不見於今天的《文選·西京賦》薛綜注。那麼同時期的蕭統閱讀《二京賦》,自然也參考過薛綜注;而且他所見的薛綜注,恐怕與 P.2528 中的薛綜注、後世善注刻本中的薛綜注,都有一些差距。既然注文如此大的遺漏都可能發生,何況一些可能只是關乎不同寫法的異

---

① 張珊指出“此段中華書局點校本《後漢書》標點似有誤,當爲‘又定《五宗圖》、述《二京解》’”。參《〈文選〉賦類李善注所收舊注解題》,《古籍整理研究學刊》,2010 年第 6 期,頁 96。

文。或許一開始薛綜注《二京賦》每字必合，也許其用字與底本不同，然而時間漫漫，殊不知中間經歷了多少人的學習，蕭統等人又做過什麽工作，也許將正文與注文都進行了統一也未可知。唐代尚有《二京賦》薛綜注的單行本，李善將晚出的單行本内容，以校勘蕭《選》賦中内容也未可知。這就好比後人在刊刻過程中，喜好依照所注之書統一正文和注文，故而經過精心整理的刻本，一般正文與注文的用字基本相同。

另外，本文同有一個懷疑：薛綜注可能附於白文之後，隨白文本流行。換言之，李善、五臣等人所見的蕭統《文選》，不是一個徹底的無注本，可能有部分篇目自帶舊注。甚至蕭統所編之白文本，也部分帶有舊注①。但這僅僅是一個猜測，因爲就目前材料來看，還没有這方面的證據。一是有劉逵舊注的《吴都賦》，在敦煌殘卷中存二十三行白文，似在唐代以白文本單行，一是日藏白文鈔本，確實僅抄録白文而已。至於《隋志》和兩《唐志》所著録的一些舊注本，亦難以確證是否附於正文之後。比如：《幽通賦注》一卷；《子虚》《上林》賦注一卷（《隋志》）；曹大家《幽通賦注》一卷（兩《唐志》）；張載、劉逵與綦毋邃《三都賦》注，徐爰注《射雉賦》（《隋志》）等等。如果存在某些帶有舊注的文本，不知是否會混爲《文選》一書。而諸家作注，是否可能采用此類帶有舊注的單行本作爲參考，甚至以爲底本？這些都是待解之謎。

2. 李善注與《漢書》注。

《漢書》與《文選》共同選録的文章一共 35 篇，如果算上題、序的引用，李善注共計 37 篇采納《漢書》舊注。清人汪師韓《文選理學權輿》曾統計出李善注所引《漢書》舊注共 29 家，包括應劭、韋昭、文穎、張晏、張揖、傅瓚（臣瓚）、晉灼、服虔、如淳、蘇林、孟康、鄧展、李奇、劉德、項岱、姚察、顏師古、徐廣、胡廣、蔡邕、李斐、吕忱、伏儼、鄭德、劉兆、郭璞、司馬彪、顧野王、漢書音義等。但是，通過考察《隋書·經籍志》《舊唐書·經籍志》《新唐

---

① 除前注劉志偉先生一文，王德華《李善〈文選〉注體例管闚》也有類似推論：“此集注本最大的可能就是蕭統編撰《文選》時，把一些文章有集注的也一併録入，以便參閲。”《〈文選〉與“文選學”》，學苑出版社，2003 年，頁 734。

書·藝文志》,《漢書》舊注相關文獻大部分在李善作注之際已經散佚①,因此學界一般認爲李善所用舊注來自《漢書》集注本,且可能以蔡謨集注本爲主,而以顏師古注本爲輔。比如王重民《敦煌古籍叙録》認爲“蓋有唐初葉,師古注未大行,蔡謨《集解》頗行於世;《索隱》《正義》所徵,酈元、李善所引,均據蔡謨舊本,故所見古注,能溢出於顏籀以外也”②。段凌辰《文選注引漢書注非襲自顏師古注本説》一文詳列衆多溢出顏師古注之《漢書》舊注異文,指出“諸家皆非顏注所取,而李氏並見甄采。其非襲用顏氏注本,章章明矣”③。而徐建委《蔡謨〈漢書音義〉考索》一文也指蔡謨注本是“南朝至唐代以來《漢書》最爲通行的注本,促進了《漢書》學在南朝和唐初的發展,從裴駰、司馬貞、張守節、李賢到顏師古、甚至李善,都在不同程度上受益於《漢書音義》”④。

　　那麽,從李善使用《漢書》集注本的行爲,能否推導出如下結論:李善在注解《文選》的時候,直接選擇《漢書》中,同爲《文選》所收的文章作爲底本呢?金少華根據 P.2527 認爲“李善所據《答客難》底本應爲《漢書》集注本而非蕭統《文選》原帙”⑤。劉志偉考察善注與《漢書》舊注用字一致情況,認爲“李善很可能以《漢書》舊注本爲作注底本,若這些作品中有非出於《漢書》而與《漢書》有異者,則李善本即可能有異於蕭統《文選》原本”⑥。對此,本文的意見如下。

　　首先,李善在注解《漢書》與《文選》共同收録的作品時,參考過《漢書》

---

① 存者有:應邵等《集解漢書》一百一十五卷、臣瓚《漢書集解音義》二十四卷、服虔《漢書音訓》一卷、韋昭《漢書音義》七卷、孟康《漢書音義》九卷、晉灼《漢書集注》十三卷、姚察《漢書訓纂》三十卷、姚察《漢書集解》一卷、姚察《定漢書疑》二卷、項岱《漢書叙傳》五卷、顏師古《漢書注》一百二十卷。

② 王重民《敦煌古籍叙録》卷二,中華書局,2010 年,頁 78。

③ 《儒效月刊》,1996 年 6 月第 2 卷,第 2—3 期,轉引自《文選學研究》第一册。案,段氏另有一文《李注〈文選〉中〈漢書〉諸文多足證顏注所本説》(《河南大學學術叢刊》(復刊),1946 年 12 月第 1 期)。

④ 徐建委《蔡謨〈漢書音義〉考索》,《古籍整理研究學刊》,2006 年第 3 期。

⑤ 金少華《敦煌吐魯番本〈文選〉輯校》,浙江大學出版社,2017 年,頁 416。

⑥ 劉志偉《李善注〈文選〉底本與舊注本關係試探》,《河南師範大學學報(哲學社會科學版)》,2016 年第 4 期,頁 164。

注本，而且可能是以蔡謨注本爲主的集注本，而非顏師古注本。李善在引用顏師古注時稱"顏監"，僅有若干條，其餘刻本中出現的"顏師古曰""師古曰"，按胡克家《考異》説法當是後人的批注意見羼入。而從 P. 2527 也可證李善注本的底本用字，與《漢書》顏師古注的底本有所不同。比如：

> 1.《解嘲》後椒涂，"椒"古鈔本、陳八郎本、正德四年本、奎章閣本作"陶"。

> 奎章閣本校語云：善本作椒字。明州本、贛州本校語同。

> P. 2527、九條本、尤袤本作"椒"。

> 《漢書》顏師古注：有作椒者，乃流俗所改。

> 胡氏《考異》：袁本、茶陵本"椒"作"陶"，云善作"椒"。何校云"椒"《漢書》作"陶"。師古曰："有作椒者，乃流俗所改。"陳同。今案：何、陳所校非也，顏本作"陶"，具見彼注。善此引"應劭曰：在漁陽之北界"，與顏義迥別，蓋應氏《漢書》作"椒"，顏所不取，而善意從之也。若以顏改善，是所未安。凡選中諸文，謂與他書必異亦非，必同亦非，其爲例也如此。

薇案：《漢書》顏師古所用底本作"陶"，但又見過他本作"椒"。《考異》懷疑被顏師古斥爲"流俗"的本子可能是應劭《漢書》底本，因爲李善此處注文引應劭説法，那麼作"椒"也可能是參校應劭本而來。我們看 P. 2527 確實也作"椒"。《考異》還進一步指出不必用顏師古之説，改變善注底本的面貌，故胡刻本仍然保留原來尤袤本的"椒"。根據早期寫卷、善注刻本、五臣注刻本的異文情況來看，既然 P. 2527 同善注刻本作"椒"，五臣注刻本則作"陶"，古鈔本和九條本作"陶"和"椒"也並不統一，所以我們姑且可以將"椒"與"陶"，作爲二注的區別標誌。當我們追溯其源頭，可以發現二者之別，可能還在於《漢書》底本之別，即應劭注本與顏師古注本之別。不過王先謙對此不置可否，饒宗頤《斠證》指出"《考異》謂善從應劭作'椒'，而不從顏監作'陶'。王先謙謂當闕疑"。富永一登則認爲"案唐寫本李善單注本作'椒'字，六家、六臣本所校李善本，蓋後人所改也"。基於此，我們可以有兩個判斷：首先，寫本和刻本中有些用字之異可以追溯到《漢書》注本底本之別。其次，《漢書》底本也存在"變本"的現象，因此，使用《漢書》變本來討論《文選》變本，很難操作。

因此，考察李善作注是否使用了《漢書》底本問題，尚有諸多可商榷之處。

1）有無相關文獻記載爲證。就《上文選注表》來看没有直接的證據，然而衆所周知隋唐“文選學”的興起，的確離不開《漢書》的帶動。蕭該、曹憲、李善除《文選》之外，同樣熟悉《漢書》。使用《漢書》等注解材料爲《文選》作注，是很正常的現象。比如：

> 2.《解嘲》渤澥之島，“渤”P. 2527 作“勃澥”，古鈔本作“漷澥之島”，九條本作“渤海之嶋”。

> 《漢書》作“勃解”，蕭該《音義》曰：案《字林》渤澥，海別名也，字旁宜安水。

薇案：目前所見善注和五臣注刻本均作“渤澥”，均有水旁，恰好遵循了蕭該《漢書音義》的説法“字旁宜安水”。很難判斷究竟是後人在刊刻過程中的自行修正，還是所據底本遵從了蕭該的意見。蕭該除了注《漢書》音義之外，也注解了《文選》的音義，或許此處仍然沿用了這一判斷。而蕭該的説法還存在潛在的對話者，即蕭該所見涉及這一句“渤澥之島”中“渤澥”二字不一定全有水部。根據目前材料來看，既有作“勃解”者，如《漢書》顔師古注本，也當有作“勃澥”者，如 P. 2527 善注本。蕭該當時注解所見或亦如是。由此推測，從蕭該、曹憲以來，《文選》與《漢書》多有互通，未必自李善始。

2）異文能否提供有説服力的證據。劉志偉先生的工作正是爲此而展開。但是這方面的證據最好能夠以早期材料爲依據，越早越好，劉先生的統計雖以目前所見二注的最早刻本（李善爲北宋監本，五臣爲奎章閣本之底本平昌孟氏本）爲依據，確保反映早期特徵，但是我們都知道即便是最早的刻本，與目前發現的寫卷也有一些差距，因此，劉先生就《二京賦》得出善注與薛注一致的結論，也僅限於刻本範圍。本文所利用的 P. 2528 和 P. 2527，顯然没有呈現出李善注必與舊注一致的規律。因此，從正文異文的角度來討論，可能尚需更多材料。

3）考察李善作注的痕迹。王德華先生猜測：“李善之所以用‘臣善曰’以別‘舊注’與‘自注’之間的關係，並非簡單的是指‘舊注’是引自他人，而是標識出李善所用的底本是有‘舊注’的底本，李善在此基礎上複又作注，

爲了以示區別,故以'臣善曰'以標識。"①這個角度充分考慮到李善作注的
體例和過程,好像李善依據舊注底本來作注是很合情合理的。而徐建委先
生也曾經發現:"李善在注解《漢書》收録作品時沒有加以特別説明,就直接
在文中采用前人的《漢書》注解,而在注解非《漢書》原文時,就先引用《漢
書》原文,後直接引用前人《漢書》注。所以可以推測出李善所使用的《漢
書》注解是一個《漢書》的注本,而不是集注集解的單行本。"②這個證據,用
來推測李善作注的底本,也是頗有啟發性。假若李善直接在一個帶有舊注
的白文本上進行作注,上述行爲的確合情合理。但是,反過來想,假如李善
在一個完全無注的白文本上開始注解工作,他在審視舊注進行選取的時
候,上述行爲難道就無法合情合理嗎?

　　關於這一點,P.2527 的注文現象提供了不少有用的信息。整理 P.
2527 與刻本的注文內容,有以下五類異文現象:刻本增注 5 例;P.2527 無
注而刻本有注 9 例;P.2527 已見從省而刻本復見 6 例;P.2527 有注而刻本
無注 4 例。還有一種情況是刻本將善注混入他注,表現爲丟了"臣善曰",
P.2527 一共 3 例,P.2528 一共 2 例③。在刻本增注的一些異文當中,有 2
例恰好與《漢書》注有關。比如:

　　　3.《解嘲》"是故鄒衍以頡頏而取世資",此句 P.2527 以下不分節,
無善注。

　　　尤袤本善注:"應劭曰:齊人,著書所言多大事,故齊人號談天鄒
衍,仕齊至卿。蘇林曰:頡,音提挈之挈。頡頏,奇怪之辭也。鄒衍著
書雖奇怪,尚取世以爲資,而己爲之師也。言資以避下文也。頏,苦
浪切。"

①王德華《李善〈文選〉注體例管窺》,《〈文選〉與"文選學"》,學苑出版社,2003 年,頁
　735。
②徐建委《李善〈文選注〉引書試探》,《長春師範學院學報(人文社會科學版)》,2009 年
　第 4 期,頁 81。
③岡村繁發現 P.2527 當中刻本增注的內容有幾例援引了緯書,包括《春秋運斗樞》《春
　秋元命苞》《春秋命曆序》《春秋保乾圖》,説明李善作注"從僅依類書檢出典故到廣據
　古典著作"的補訂過程。參[日]岡村繁著,陸曉光譯《從〈文選〉李善注中的緯書引用
　看其編修過程》,載於《文選之研究》,上海古籍出版社,2009 年,頁 334。

　　4.《解嘲》"今大漢左東海"，此句 P. 2527 以下不分節，無善注。

　　尤袤本善注："應劭曰：會稽東海也。"

薇案：用《漢書》注比對上述兩條增注，第一條訛誤較多，誤"天事"爲"大事"，"談天鄒衍"多"鄒"字。饒宗頤《斠證》以爲"此種錯誤，兩刻本相同，亦可證尤氏善單注本乃從六臣注中剔出"，而羅國威《校釋》則以爲"殆後人混入者也"。其實觀察增注中"言XX"的表達，似不類李善注解體例，或可排除李善本人增注的可能性，而較有可能是後來發生的訛誤。假若李善作注以《漢書》爲底本，則漏掉上述應劭、蘇林的注釋，該如何理解呢？是因爲使用了一個不同於今本《漢書》的底本，還是李善認爲不重要而在初次作注時省略了？其實我們可以回顧一下李善對注解工作的自述：

　　　　《西京賦》"薛綜注"下善曰："舊注是者，因而留之，並於篇首題其姓名。其有乖謬，臣乃具釋，並稱'臣善'以別之。他皆類此。"

　　李善的注解工作的確審視了舊注的內容，先留舊注，再具釋之，用"臣善"來區分兩個層次。從這點來看，上述異文似乎不是省略應劭、蘇林之注，而是李善作注之時此處《文選·解嘲》沒有分節，顯然與《漢書》此處分節下注的情況不一樣。如果直接依據一個帶有舊注的底本作注，最起碼會遵照原來的分節形式，而且一般只會增加科段以下注，但不會專門合併科段。由此或可證明，李善作注不應是以《漢書》注爲底本。本文承認，類似《解嘲》這些爲《漢書》收錄的作品，一句之下往往直接出示"如淳曰""服虔曰""應劭曰""張晏曰""晉灼曰"等，看起來確實與正文的黏著度很高，然而除了李善使用《漢書》注本作注這一解釋之外，李善使用集注集解單行本同樣可以說得通，從集注集解本中抄出各家舊注，屬入各科段，同樣可以達到上述效果。其次，李善也有直接出示"《漢書》曰"的時候，例如《解嘲》首句"哀帝時丁傅董賢用事"，P. 2527 正作"臣善曰《漢書》曰"如何如何。爲此，本文猜測善注提到"如淳曰""服虔曰""應劭曰""張晏曰""晉灼曰"而不冠以《漢書》出處，可能是唐人引用《漢書》集注本的一種習慣，熟諳《漢書》注解的表現。因此，意欲證實李善使用《漢書》爲底本作注，尚有可討論的餘地。

　　當然蕭《選》的作品，確實多選自《漢書》。尤其結合現有刻本《史記》《漢書》來看，可以證明蕭《選》的文本多以《漢書》爲準。換言之，《文選》的文本跟《史記》所收録的存在差距，反而與《漢書》更接近。這個現象，不但可以從《解嘲》的四個例子得到印證，也可以從《答客難》多從《漢書》而得到印證。《文選舊注輯存》躍進案："《文選》卷四十五收録的《答客難》，與《漢書》基本出於同一系統，而與《史記》不同，則其所選或直接出於《漢書》，遠源則在劉向整理的《東方朔書》。"①這個意見實際指向了《文選》作品來源更爲深遠的問題。退一步講，假若蕭《選》便是直接從其所見《漢書》中擇取作品，甚至蕭該、曹憲使用《漢書》爲底本來學習《文選》，則李善作注也就相當於在爲某個《漢書》底本作注，甚至説李善以《漢書》爲底本，其本質上似無太多差別，都可以統一爲蕭《選》之"變本"。同理，《文選》又收録了不少别集所見作品，難道李善也會直接采用别集篇目作爲底本嗎？如此一來，李善的工作量到底是增加了，還是減少了呢？

　　上述種種現象，本文更願意將其歸之爲從"母本"到"變本"的裂變，即從"蕭《選》舊貌"這個"母本"出發，衍生出的各種"變本"的過程。也正是基於此，我們才了解到，"變本"的産生並不是單純的抄寫訛誤所致，還可能因爲其他文獻的介入，而發生了變異。《考異》曾説："凡選中諸文，謂與他書必異亦非，必同亦非，其爲例也如此。"在這一點上，刻本的經驗與寫、鈔本的經驗，又是如此融洽共存。

（作者單位：北京大學中文系）

---

① 劉躍進著，徐華校《文選舊注輯存》第十四册，鳳凰出版社，2017 年，頁 8910。

域外漢籍研究集刊　第十九輯

2020 年　頁 367—386

日韓古文獻所見章孝標詩歌輯考與受容 *

劉　潔

中唐詩人章孝標,生卒年不詳,睦州桐廬(今浙江桐廬)人,元和十四年(819)登進士第,生前即有詩名。然而,自《新唐書》《通志》等北宋目録志文獻始,有關其作品存世狀況的記載,就僅爲"章孝標詩一卷"①。至《全唐詩》亦僅收其詩一卷②。可以説,相較於唐代文名遠播的其他詩人,章孝標的作品在國内無論是存在數量還是流傳狀況都難稱可觀。然而,其境遇在平安時代的日本和高麗朝初期的朝鮮却大爲不同。

首先,平安文人大江維時撰録的漢詩秀句選集《千載佳句》中,選録了章孝標的七言詩句 31 聯,數量位列此書所收詩人的第四位。其中,見録於《全唐詩》者僅爲 10 聯,餘者皆爲中土佚作。另外,稍晚於《千載佳句》的藤原公任撰録的《和漢朗咏集》中,收録了章孝標的七言詩句 5 聯。院政時期大江匡房的談話筆録《江談抄》中,收録了章孝標的七言詩句 1 聯。此後,藤原通憲編撰的《通憲入道藏書目録》中,還存有"章孝標集一卷"的載録。可見,章孝標的作品早於平安時代就在日本廣爲流行。其次,在朝鮮古典文獻中,大約成書於一〇〇〇年的漢詩選集《十抄詩》,又收録了章孝標的

---

* 本文爲國家社科基金青年項目"奈良至鐮倉時期日本漢籍鈔本與唐代文學研究"(項目批准號:17CZW016)、中央高校事項業務費博士項目"日本唐詩秀句集《千載佳句》研究"(項目批准號:SWV1709665)的階段性成果。

① [宋]歐陽修等《新唐書》卷六〇《藝文志》,中華書局,1975 年,頁 1611;[宋]鄭樵《通志》卷七〇《藝文略第八》,中華書局,1987 年,頁 824。

② [清]彭定求等《全唐詩》卷五〇六,中華書局,1960 年,頁 5748。

七言詩歌 10 首。其中,除了《及第後歸吴譏孟元翊見寄》詩以外,餘者皆爲中土佚作。章孝標詩歌在域外的大量存在,從一個側面説明,章氏作品在國内存數較少,並非緣於作者本人的創作有限,而是在於宋初以來,其作品就已散佚嚴重。

目前,學術界對章孝標的這些域外詩作,雖然有過零散的整理和分析①,但對它們系統而深入的文本考證,却尚未正式展開過。故而,針對這些作品,本文試圖系統性地進行輯考和分析,並就其背後隱藏的文化現象加以探究。

一　見於國内傳世文獻的章孝標詩作

下面,來對日朝古文獻中收録的章孝標詩歌進行分類和整理。整理順序先是《千載佳句》《十抄詩》等文獻收録的見存於國内傳世文獻的作品,次是未見於國内傳世文獻的作品。本文所用《千載佳句》的寫本主要有五,分别是鎌倉時代的國立歷史民俗博物館藏本、江户初期的松平文庫本、江户初期的内閣文庫所藏甲本、江户中期的内閣文庫所藏乙本、國立國會圖書館(前帝國圖書館)館藏本,依次簡稱爲歷博本、松平本、内甲本、内乙本、國會本。其中,擇以歷博本爲底本,其他四本爲參校本。屬於歷博本脱頁不存的詩歌作品(第 39—66 聯),則以松平本爲底本,其他三本爲參校本。

來看同樣見諸國内典籍的日韓古文獻中的章孝標詩歌(表一):

　　(表注:表中國内文獻所收章詩,以明代朱警刻《唐百家詩》卷三二《章孝標詩集》爲底本,以明抄本《唐四十四家詩》第八册《章孝標詩集》、《全唐詩》卷五〇六《章孝標詩》等爲參校本。《唐百家詩》未録者,則以《全唐詩》爲底本。)

---

①目前,僅有韓麗霞的《章孝標詩歌芻論》對《全唐詩》《全唐詩逸》所涉章孝標詩歌做過專題分析。另外,市河寬齋《全唐詩逸》、陳尚君《全唐詩補編》、陳翀《日本古文獻〈江談抄〉所見全唐佚詩句輯考》等對日本古文獻中的章孝標詩句,查屏球《夾注名賢十抄詩》、牛林傑《韓國文獻中的〈全唐詩〉佚詩考》、金程宇《韓國本〈十抄詩〉中的唐人佚詩輯考》等對朝鮮古文獻中的章孝標詩歌有過部分涉及。

序號	日韓古文獻		國內傳世文獻	
	文獻名稱	詩　作	文獻名稱	詩　作
1	《千載佳句》卷上《四時部·早春》	題：述懷上元相公 句：雪晴山色勾留客，風暖鸎聲計會春。	《唐百家詩》卷三二、《唐四十四家詩》、《全唐詩》卷五〇六。	題：上浙東元相 句：雪晴山水勾留客，風暖旌旗計會春。
2	《千載佳句》卷上《四時部·春興》 按：此聯屬於《千載佳句》歷博本佚頁中的内容，故以松平本爲底本。	題：古宮行 句：鸎傳軟語嬌春日，花學嚴粧妬曉風。	《文苑英華》卷三一一、《古今事文類聚續集》卷五、《唐百家詩》卷三二、《唐四十四家詩》、《石倉歷代詩選》卷九二、《全唐詩》卷五〇六等。	題：古行宮 句：鸎傳舊語嬌春日，花學嚴粧妬曉風。
3	《千載佳句》卷上《天象部·風月》	題：蜀中上主尚書 句：城南歌吹琴臺月，江上旌旗錦水風。	《唐百家詩》卷三二、《唐四十四家詩》、《全唐詩》卷五〇六。	題：上西川王尚書 句：城南歌吹琴臺月，江上旌旗錦水風。
4	《千載佳句》卷上《人事部·刺史》	題：述政上杭州嚴員外 句：煙花片片文章主，井邑家家父母君。	《唐百家詩》卷三二、《唐四十四家詩》、《石倉歷代詩選》卷九三、《全唐詩》卷五〇六。	題：贈杭州嚴史君 句：風騷處處文章主，井邑家家父母君。
5	《千載佳句》卷上《人事部·文藻》	題：讀韓侍郎文 句：錦悵曉開雲母殿，白珠秋鳬水精盤。 按：就"韓侍郎"，内乙本作"卓侍郎"。"卓"爲"韓"之缺筆。就"悵"，松平本、内甲本、國會本作"帳"。	《唐百家詩》卷三二、《唐四十四家詩》、《全唐詩》卷五〇六。	題：覽楊校書文卷 句：紅錦晚開雲母殿，白珠秋寫水精盤。

續表

序號	日韓古文獻		國內傳世文獻	
	文獻名稱	詩　作	文獻名稱	詩　作
6	《千載佳句》卷上《人事部·兄弟》	題:贈劉嚴夫兄弟 句:鴈行雲接參差翼,瓊樹風開次第花。	《文苑英華》卷二五九、《詩人玉屑》卷三、《唐百家詩》卷三二、《唐四十四家詩》、《全唐詩》卷五〇六等。	題:贈劉寬夫昆季 句:雁行雲摻參差翼,瓊樹風開次第花。
7	《千載佳句》卷下《草木部·檜》	題:山檜 句:恰似天台新雨後,小山亻峰雲外碧尖尖。	《文苑英華》卷三二四、《全唐詩》卷五〇六。	題:僧院小松 句:還似天臺新雨後,小峰雲外碧尖尖。
8	《千載佳句》卷下《宴喜部·笛》《和漢朗咏集》卷下《雜·管絃【付舞妓】》	題:《千載佳句》作"夜笛詞,発句云:皎潔西樓月未斜,笛聲寥亮入東家。"《和漢朗咏集》作"聞夜笛"。 句:頓令燈下裁衣婦,誤剪同心一片花。	《萬首唐人絶句》卷三三、《全唐詩》卷四九四。	題:夜笛詞 句:皎潔西樓月未斜,笛聲寥亮入東家。却令燈下裁衣婦,誤剪同心一半(一作片)花。
9	《千載佳句》卷下《宴喜部·管絃》	題:贈墊屋陸少府 句:昨日天宮吹樂府,六宮絃管一時新。 按:就"六宮",松平本、内甲本、國會本作"六宮或官","六官"一説當誤。	《文苑英華》卷二五九、《唐百家詩》卷三二、《唐四十四家詩》、《石倉歷代詩選》卷九二、《全唐詩》卷五〇六。	題:贈陸罃浙西進詩除官 句:昨日天風吹樂府,六宮絲管一時新。
10	《千載佳句》卷下《游牧部·游獵》	題:貴公子行 句:手擡白鼻嘶春雪,臂聳青骹入暮雲。 按:就"擡"字,内甲本、國會本作"橿"。	《唐百家詩》卷三二、《唐四十四家詩》、《石倉歷代詩選》卷九二、《湖北詩徵傳略》卷三六、《全唐詩》卷五〇六。	題:少年行 句:手擡白馬嘶春雪,臂竦青骹入暮雲。

續表

序號	日韓古文獻		國內傳世文獻	
	文獻名稱	詩　作	文獻名稱	詩　作
11	大江千里《句題和歌》	題:山花纖錦無緣	《唐百家詩》卷三二、《唐四十四家詩》、《石倉歷代詩選》卷九二、《全蜀藝文志》卷一六、《全唐詩》卷五〇六。	題:駱谷行 句:捫雲裒棧入青冥,戰馬鈴騾傍日星。 仰踏劒稜梯万仞, 下緣冰岫杳千尋。 山花纖錦時聊看, 澗水彈琴不暇聽。 若比爭名求利處, 尋思此路却安寧。
※12	《十抄詩》卷上	題:及第後歸吳謝孟元翊見寄 句:七年衣化六街塵, 昨日雙眉始一伸。 未有格言垂後輩, 得無慙色見同人。 每登公宴思來處, 漸聽鄉音認本身。 更贈芳詞添喜氣, 孟冬歸發故園春。	《唐百家詩》卷三二、《唐四十四家詩》、《登科記考》卷一八、《全唐詩》卷五〇六。	題:初及第歸酬孟元翊見贈 句:六年衣破帝城塵, 一日天池水脫鱗。 未有片言獎後輩, 不無慙色見同人。 每登公讌思來日, 漸聽鄉音認本身。 何幸致詩相慰賀, 東歸花發杏桃春。

　　表中作品,有 10 聯七言詩句來自《千載佳句》,1 首七言律詩來自《十抄詩》。雖然它們又見於《文苑英華》《全唐詩》等文獻中,但在詩題和內容方面却存在較多異文,故須逐聯加以考析。

　　1.就題名"述懷上元相公",《唐百家詩》作"上浙東元相",其中的"元相公"乃指元稹。有學者推此詩約作於唐敬宗寶曆元年(825)春①。作品當是章孝標投謁元稹而作。

　　2.就題名"古宮行",《唐百家詩》作"古行宮"。就詩句"鶯傳軟語嬌春

---

① 卞孝萱《元稹年譜》,齊魯書社,1980 年,頁 448—449。

日”,《唐百家詩》作“鶯傳舊語嬌春日”。聯繫詩歌全意①,“古行宫”“舊語”
更加貼近題意。

　　3.就題名“蜀中上主尚書”(“主”乃“王”之誤),《唐百家詩》《全唐詩》作
“上西川王尚書”。《全唐詩》中另有詩題作“蜀中上王尚書”者,詩句内容却
與此聯相異。現將《全唐詩》涉及的這兩首章詩列下：

上西川王尚書

　　　　人人入蜀謁文翁,妍醜終須露鏡中。詩景荒涼難道合,客情疎密
　　分當同。城南歌吹琴臺月,江上旌旗錦水風。下客低頭來又去,暗堆
　　冰炭在深衷。

蜀中上王尚書

　　　　梓桐花幕碧雲浮,天許文星寄上頭。武略劍峰環相府,詩情錦浪
　　浴仙洲。丁香風裏飛牋草,邛竹煙中動酒鉤。自古名高聞不得,肯容
　　王粲賦登樓。

　　兩詩中的“王尚書”,皆指元和十三年(818)至長慶元年(821)擔任西川
節度使的王播②。元和十三年(818),章孝標下第後西游蜀川。兩首干謁
詩即作於此時。從“人人入蜀謁文翁,妍醜終須露鏡中”“自古名高聞不得,
肯容王粲賦登樓”等渴望施展己才的字句,可以看出兩詩的創作目的都是
爲了求得王播的伯樂之恩。

　　4.就詩題的“嚴員外”,《唐百家詩》作“嚴史(使)君”,應指元和十二年
(817)出爲杭州刺史,元和十五年(820)入爲司封郎中的嚴休復。此聯詩句
被歸入“刺史”部類,亦可佐證嚴氏的這一身份。察嚴休復仕途相較順暢,
後又擔任華州刺史、河南尹、檢校禮部尚書,充平盧軍節度等,此詩或有一
定的干謁性質。詩歌的創作時間,當爲元和十二、三年作者進士及第之前。

---

①［宋］李昉等《文苑英華》卷三一一《詩·宫》:“瓦煙疎冷古行宫,寂寞朱門反鎖空。殘
　　粉水銀流砌下,墮環秋月落泥中。鶯傳舊語嬌春日,花學嚴粧妬曉風。天子時清不巡
　　幸,祗應鶯鳳集梧桐。”(中華書局,1966年,頁1597)
②［後晉］劉昫《舊唐書》卷一五《憲宗本紀下》載元和十三年正月辛亥,“以禮部尚書王播
　　爲成都尹、劍南西川節度使”。(中華書局,1975年,頁462)《舊唐書》卷一六《穆宗本
　　紀》載長慶元年,“以劍南西川節度使王播爲刑部尚書,充鹽鐵轉運使”。(頁486)

　　5.就詩題"讀韓侍郎文"，《唐百家詩》作"覽楊校書文卷"。出入較大。韓侍郎、楊校書品秩差別較大，具體所指何人，難察。

　　6.就題名"贈劉嚴夫兄弟"，《唐百家詩》作"贈劉寬夫昆季"。按《新唐書·宰相系表》所載，知劉寬夫、劉嚴夫皆爲刑部侍郎劉伯芻之子，兩人又有一弟名爲劉端夫。其中，劉寬夫擔任過秘書省校書郎，劉端夫擔任過吏部員外郎，唯劉嚴夫未曾標明官位。可見，中日文獻的詩題雖各有異，却皆有凭據。

　　7.就題名"山檜"，《全唐詩》作"僧院小松"。詩中以浙江天台山的形貌相比擬，使得詩中的物象描摹格外清新有趣。就"小山亻峰"，《全唐詩》僅作"小峰"。"小山亻峰"指"小山"或"山峰"。"山峰"未佳。

　　8.此聯詩句在《和漢朗咏集》《全唐詩逸》(以下簡稱《詩逸》)中，被標入"章孝標"名下，在《全唐詩》中被標入"施肩吾"名下。作者姓名相混，原因不外乎兩種：一是《全唐詩》的誤記；二是平安文人參照的章詩底本有誤。按清人李懷民《中晚唐詩主客圖》有"今檢其集，諸體凌亂，多他家竄入"的記述，知在清代，章孝標的名下亦多有他家作品混入的現象。

　　9.此聯詩句見録於《唐百家詩》等國内文獻，却又作爲章氏佚詩並收於《詩逸》中。這或爲詩歌補遺者所誤。就詩題，《千載佳句》作"贈墊屋陸少府"。其中的"墊屋"，當爲"盩屋"之誤。盩屋，縣名，今作"周至"。《唐百家詩》作"贈陸邕浙西進詩除官"。其中的"陸邕"，望出吳郡，早有才名，曾作《蜀道易》以美劍南西川節度使韋皋①。《文苑英華》《唐百家詩》等並收此詩前兩句"帝城雲物得陽春，水國煙花失主人"。可見，陸邕所獻者乃是歌詩，獻詩的地點當爲帝京。如此，《千載佳句》中"昨日天宮吹樂府"一說，雖與《文苑英華》《唐百家詩》的"昨日天風吹樂府"相異，意亦可通。至於《千載佳句》的詩題，涉及陝西省盩屋縣和"少府"之稱，意指陸氏曾擔任過盩屋縣縣尉②，則可對陸邕的仕宦經歷有所補察。

　　10.就詩題"貴公子行"，《唐百家詩》作"少年行"。"少年行"是樂府古

①《新唐書》卷一五八《韋皋傳》，頁4936；[宋]計有功《唐詩紀事》卷三五，上海古籍出版社，1987年，頁532。

②[宋]洪邁《容齋隨筆》卷一："唐人呼縣令爲明府，丞爲贊府，尉爲少府。"上海古籍出版社，1999年，頁4。

題，較爲常見。而以“貴公子行”名題者，除了此詩以外，則僅有秦韜玉一人之作。另外，就句中“白鼻”，《唐百家詩》作“白馬”。“白鼻”誤。

11. 章孝標詩句在平安時代的句題和歌中，還有被化用的現象。如大江千里《句題和歌》中“山花織錦無緣”的句題，就化用了《駱谷行》詩“山花織錦時聊看，澗水彈琴不暇聽”兩句①。

12. 此詩亦見載於國内傳世文獻中。或因《唐百家詩》《全唐詩》等所録者與《十抄詩》異文甚多、出入較大，又被列作佚詩。在先行研究中，金程宇首先提出“蓋即一詩二稿者，當計爲佚詩”②的觀點。本文從之，故雖將此詩列入表一，但對它的具體解讀仍置於第二部分即章孝標佚詩中來進行。

二　日韓古文獻中的章孝標佚詩

接下來，本文即對日韓古文獻中的章孝標佚詩加以整理、校記，並列表（表二）如下。

（表注：收録章氏佚詩的日韓古文獻不限一種時，以圓形序號標示這些古文獻的名稱、以及對應的章詩的詩題和內容等。例如，《千載佳句》卷上《天象部·月》作“翫月遇雲”，《十抄詩》卷上作“十五夜翫月遇雲”，在表中，即列爲“文獻來源”欄的①《千載佳句》卷上《天象部·月》②《十抄詩》卷上，和“詩題”欄的①翫月遇雲②十五夜翫月遇雲）。

序號	日韓古文獻			注　語
	文獻來源	詩　題	詩　句	
1	《千載佳句》卷上《四時部·早春》	早春初晴野宴	梅花帶雪飛琴上，柳色和煙入酒中。	

---

① ［日］金子彦二郎《增補平安時代文學と白氏文集句題和歌·千載佳句研究篇》，培風館，1955 年，頁 213—214；［日］金子彦二郎《增補平安時代文學と白氏文集道真の文学研究篇》第二册，藝林舍，1978 年，頁 490—491。

② 金程宇《韓國本〈十抄詩〉中的唐人佚詩輯考》，《瀋陽師範學院學報（社會科學版）》，2002 年第 5 期。

續表

序號	日韓古文獻			注　語
	文獻來源	詩　題	詩　句	
2	①《千載佳句》卷上《天象部·月》②《十抄詩》卷上	①翫月遇雲②十五夜翫月遇雲	無端玉葉連天起，不放金波到曉流。	
3	①《千載佳句》卷上《天象部·月》②《十抄詩》卷上	同上	①暗惜蚌胎沉海面，仰思鵬翼破風頭。②魑魅得權辭古木，笙歌失意散高樓。	
4	《千載佳句》卷上《天象部·閑夜》	秋夜旅情詩	枕上用心天未曙，北風吹出禁中鐘。	此聯不見於《詩逸》，後補於《全唐詩補編》。
5	《千載佳句》卷上《人事部·褒美》	奉訓朱廿四見寄詩	珠呈夜浦螢無影，鵲名坐秋林鳥失行。	就"鵲名"，內甲本、國會本作鵠。
6	《千載佳句》卷上《人事部·草書》	觀草書	昨日見君親下筆，五花牋上黑龍飛。	
7	①《千載佳句》卷上《人事部·及第》②《和漢朗咏集》卷下《雜·慶賀》	①及第②及第詩	錢唐去國三千里，一道風光任意看。	
8	①《千載佳句》卷上《人事部·及第》②《和漢朗咏集》卷下《雜·慶賀》	①送張孝廉歸吳詩發句云：只吳イ將勤苦覔高科，藝至春官不奈何。②感及第	①②同想得江南諸父老，因君鞭撻子孫多。	就詩題"歸"字，內乙本作"皈"；就詩題"句"字，內乙本作"勾"；就詩題"云"字，松平本作"曰"；就詩題"只吳イ"字，《千載佳句》其他寫本作"吳"；就詩題"覔"字，內甲本、國會本拆作"不見"。

續表

序號	日韓古文獻			注　語
	文獻來源	詩　題	詩　句	
9	《千載佳句》卷上《草木部・水樹》	題碧山寺	縈砌乳泉梳石髮，滴松銀露洗牆衣。	就詩題，《詩逸》作"題碧山寺塔"。此聯影響到日本文壇的漢詩創作，如平安文人都良香即受之啟發，而有詩句"氣霽風梳新柳髮，冰消浪洗舊苔鬚"。①
10	《千載佳句》卷下《草木部・柳》	楊柳枝或傷折柳イ	何人狂折教狼籍，孤負春風長養情。	注①：就句中"春風"，內乙本作"奉風"。注②：就詩題，《詩逸》作"楊柳枝"。就句中"狂折"，《詩逸》作"枉折"。
11	①《千載佳句》卷下《草木部・竹》②《和漢朗咏集》卷下《雜・竹》	①竹詞②竹枝詞	①②同阮籍嘯場人步月，子猷看處鳥棲煙。	
12	《千載佳句》卷下《草木部・雜花》	宴漁州	白練鳥迷山芍藥，紅粧妓妬水林檎。	就句中"檎"字，內甲本、國會本作"橋"。
13	《千載佳句》卷下《禽獸部・鶴》	獨鶴謠	今日華山秋頂上，聞天一叫在長空。	注①：就句中"叫"字，國會本初作"別"，後改爲"叫"。注②：就"聞天長叫在長空"的"長叫"，《詩逸》作"一叫"。
14	《千載佳句》卷下《宴喜部・歌》	梨園調	天風更送新聲出，不放行雲過鳳樓。	結合題名與詩句，梨園調頗似唐樂曲名，或爲唐樂調式，或爲某一曲名。除晚唐方干《新安

---

① ［日］金子彥二郎《增補平安時代文學と白氏文集道真の文学研究篇》第二册，頁488。

續表

序號	日韓古文獻			注　語
	文獻來源	詩　題	詩　句	
				殷明府家樂方響》詩的"葛溪鐵片梨園調,耳底丁東十六聲"提及"梨園調"外,再無其他文獻有記。
15	《千載佳句》卷下《游牧部·游宴》	游檀溪	通傳勝事囙風月,打破愁腸是酒盃。	
16	《千載佳句》卷下《別離部·春別》	送陸廿一及第歸	姑蘇臺上煙花月,寧貟春風簫管聲。	注①:就句中"貟"字,松平本、《詩逸》作"負"。
17	《千載佳句》卷下《釋氏部·寺》	題碧山寺塔イ無	六時佛火明珠綴,午後茶煙出翠微。	就詩題,《詩逸》作"題碧山寺塔"。
18	《千載佳句》卷下《釋氏部·寺》	登捴持寺塔	玉輪低月中天曉,金鐸摋風上界秋。	就句中"金鐸摋風",《詩逸》作"金鐸縱風"。按《千載佳句》歷博本、松平本、内乙本"摋"字旁所標假名注音"ウツ",有"擊打、撞擊"意,此處應解作風振金鐸。"金鐸摋風"是。
19	《千載佳句》卷下《釋氏部·僧房》	題靈物禪師院	蕭灑竹房塵境外,滿天雲月共清虛。	就詩題的"靈物禪師",《詩逸》作"靈初禪師"。
20	《千載佳句》卷下《釋氏部·贈僧》	贈言樞法師	言若浚川流巨海,戒如秋月掛挂イ長空。	就句中"掛挂イ"字,《詩逸》作"挂"。
21	《千載佳句》卷下《仙道部·道觀》	宿天桂觀	金殿月中看擣藥,玉樓風裏聽好イ吹笙。	就詩題,《詩逸》作"宿天柱觀"。就句中"聽好イ",《詩逸》作"聽"。

續表

序號	日韓古文獻			注　語
	文獻來源	詩　題	詩　句	
※22	①《江談抄》卷四《雜事》 ②《倭漢朗咏集》卷下《雜·禁中》	①及第日報破東平詩 ②［書入］作及第日報破東平，［裏書］作及第日報破東平詩。	①三千仙人誰得聽，含元殿角管弦聲。 ②王師二月破東平，喜氣今朝滿帝城。三十千仙人誰得聽，含元殿角争（朱）管絃聲。	《全唐詩續拾》據《倭漢朗咏集》補入，作"三十仙人誰得聽，含元殿角管絃聲。"
23	《十抄詩》卷上	寄朝士	田地空閑樹木疎，野僧江鳥識吾廬。千畦禾氣風生後，萬片山稜雨過初。坡迥易觀游子騎，徑荒難降貴人車。莫嫌園外無滋味，教得家童拾野蔬。	
24	①《十抄詩》卷上 ②《千載佳句》卷上《天象部·月》（頷、頸聯）	①十五夜翫月遇雲 ②翫月遇雲	月滿長安正洗愁，踏霜披練立清秋。無端玉葉連天起，不放金波到曉流。魑魅得權辭古木，笙歌失意散高樓。可憐白兔遭籠閉，誰上青冥問事由。	
※25	《十抄詩》卷上	及第後歸吳誅孟元翊見寄	詩句略。詳見表一第 11 首。	
26	《十抄詩》卷上	送韋觀文助教分司東都前秘書省同官	京官兩政幸君同，何事分司併向東。鈆筆別垂華省露，青衿待振素王風。	

序號	日韓古文獻			注　語
	文獻來源	詩　題	詩　句	
			秋聲入苑灘橫洛， 黛色臨城雨霽嵩。 應眺樓臺感今昔， 暮天鴉過上陽宮。	
27	《十抄詩》卷上	贈蕭先生	能令姹女不能嬌， 別有仙郎亦姓蕭。 文武火催龍虎鬭， 陰陽氣足鬼神朝。 行看鄉曲兒童老， 坐使人天歲月遙。 忍看骨凡飛不起， 片雲孤鶴在丹霄。	
28	《十抄詩》卷上	送俞凫秀才	鍾陵道路恣登臨， 靈洞荒碑幾處尋。 野意雲生廬岳頂， 詩情月落漢江心。 村橋市閙開山貸， 溪廟風腥宿水禽。 應忌名場醉公館， 鷓鴣聲遠橘花深。	
29	《十抄詩》卷上	送貞寶上人歸餘杭	天目南端天竺西， 浙僧歸老舊招提。 霜朝縫衲猿偷菓， 雨夜安禪虎印泥。 海上度人香水闊， 山中說法帳雲低。 不知空性傳何處， 風動芭蕉月炤溪。	
30	《十抄詩》卷上	送內作陸判官歸洞庭舊隱	本辭仙侶下人群， 擬展長才翊聖君。 馬力蹔驕沙苑草， 鶴心終戀洞庭雲。	

續表

序號	日韓古文獻			注語
	文獻來源	詩題	詩句	
			千株橘熟憐霜落， 九轉丹成笑日曛。 莫被世間名利釣， 更教移勒北山文。	
31	《十抄詩》卷上	上汴州韓司空	弟兄龍虎別無雙， 帝拔嵩衡壓大邦。 兔苑雪晴吹畫角， 鴈池風暖駐油幢。 閭閻再活煙生棟， 士卒閑眠月過窗。 昨日路傍歌静化， 汴河渾水變澄江。	
32	《十抄詩》卷上	題杭州天竺靈隱寺	煙巖開翅抱香城， 松磴排鱗到畫楹。 幽殿磬尋靈洞遠， 上房簾捲浙江明。 遥泉遞濺雲崖落， 高竹重穿石眼生。 客慮暗隨諸境寂， 更聞童子喚猿聲。	

　　據表二，可見《千載佳句》《和漢朗咏集》《江談抄》《十抄詩》等日韓古文獻所含章孝標佚詩句多達 21 聯（《千載佳句》的《翫月遇雲》中的兩聯詩句與《十抄詩》的《十五夜翫月遇雲》重合，暫不統計入內），所含章孝標佚詩共有 9 首。數量較爲可觀。接下來，對其中的重要詩作加以詳察。

　　表二第 22 首詩歌的“王師二月破東平，喜氣今朝滿帝城”兩句，見於《倭漢朗咏集》卷下［裏書］，目前尚未補入國內任何文獻中，其云：“章孝標《及第日報破東平》詩曰：‘王師二月破東平，喜氣今朝滿帝城。三十仙人誰得見，含元殿角管絃聲。’《名賢詩話》曰：‘元和天子丙申歲，三十三人同得仙。袍似爛銀文似錦，相時（將）白日上青天。’”可作章氏佚詩的補充。

　　表二第 25 首詩歌的題名，《十抄詩》作“及第後歸吳訓孟元翊見寄”，《全唐詩》作“初及第歸酬孟元翊見贈”。可見，此詩乃是章孝標登第後酬答友人孟元翊贈詩的作品，故應創於元和十四年（819）春不久。孟元翊，難考，按題意當爲吳地人。至於詩歌内容，除了“漸聽鄉音認本身”一句《十抄詩》與《全唐詩》記録相同外，其他諸句皆異。而通過對這些相異詩句的勘察，又可得到信息如下：首句中，《十抄詩》作“七年”，《全唐詩》作“六年”，區別在章氏居留長安的時間長度上。次句中，相較於《全唐詩》的“一日”，《十抄詩》作“昨日”，則將此詩的創作時間具體到了科考放榜的翌日。三、四兩句中，《全唐詩》有“片言驚後輩”、《十抄詩》作“格言垂後輩”。就“格言”，《夾注名賢十抄詩》注引潘岳《閑居賦》“奉周任之格言”注：“格，至也。”可見，“格言垂後輩”語較爲貼近常情。五、六兩句中，相較於《全唐詩》的“每登公讌思來日”，《十抄詩》作“每登公宴思來處”，與“漸聽鄉音認本身”句的對應更爲切合。

　　《十抄詩》與《全唐詩》對以上詩句的收録雖有異文，但句意尚大致相同。若要細究，惟有末句最堪品味。對此，《全唐詩》作“東歸花發杏桃春”，《十抄詩》作“孟冬歸發故園春”。“東歸花發杏桃春”句意明瞭，指作者登第後東歸鄉土，歸家的時節正當春色大好。“孟冬歸發故園春”則大爲不同，解讀亦難。對之，《夾注名賢十抄詩》注：“句勢與韓公‘喜氣排寒冬’同”。本文以爲不然，此句當更有深意。

　　按唐制常規，唐代士子登第後，並不能立刻釋褐授官，而是要先經吏部關試，取得官資①，隨後返鄉守選，待守選期滿後再參加吏部銓選。也就是説，春榜過後，章孝標應該依照規定，參加不久即將舉辦的吏部關試，隨後攜帶春關牒返鄉守選。如此，“東歸花發杏桃春”就是最符合常理的選擇。然而，若是“孟冬歸發”，則意味著章孝標至少要在長安繼續滯留半年以上。察“孟冬”十月，乃吏部舉辦冬集銓選的時間。故不難令人思考：章氏滯留長安的原因，是否是爲了參加這一年的冬選？但唐代舉子的守選時間要三年方滿，若想在及第當年就參加吏部冬集，基本没有可能。那麽，章氏的暫不離京，就還剩下一種可能，即是爲了參加當年吏部舉辦的科目選考試。

---

①《登科記考·凡例》：“其應舉者……通於二月放牓，四月送吏部。”［清］徐松撰，趙守儼點校《登科記考》上册，中華書局，1984 年，頁 3。

所謂的科目選考試，和唐代的制舉一樣，都是登第舉子爲了較早步入仕途而設置的選拔方式，只不過制舉考試的時間不定，而科目選考試則每年都會舉行，舉行的時間爲每年十月至來年三月，與吏部銓選的選限一致。參試者除了守選已滿者，也包括登科不久的未滿者①。雖然參加要求甚高的科目選考試的舉子，未必都是輕浮燥求之徒，但一定懷有盡早入仕的迫切心理，同時還要對自己的才華擁有相當程度的自信。無獨有偶，章孝標就恰好具有輕急入仕的一面。例如，《唐才子傳》卷六所載：

> 元和十四年，禮部侍郎庾承宣下進士及第，授校書郎。於長安將歸嘉慶，先寄友人曰："及第全勝十政官，金湯渡了出長安。馬頭漸入揚州郭，爲報時人洗眼看。"紳適見，亟以一絶箴之曰："假金方用真金鍍，若是真金不鍍金。十載長安方一第，何須空腹用高心！"孝標慚謝。傷其氣宇窘急，終不大用。②

由這段材料，可知章孝標的性格中，本有"氣宇窘急"的地方。

又《唐詩紀事》卷四一"章孝標"條：

> 孝標及第除正字，東歸題杭州樟亭驛云：樟亭驛上題詩客，一半尋爲山下塵。世事日隨流水去，紅花還似白頭人。初成落句云：紅花直笑白頭人，改爲還似。且曰：我將老成名，似我芳艷，詎能久乎！及還鄉而逝。③

此處，章孝標以紅花自喻，抒發年華易逝却功名難就的憂嘆。此詩情調哀沉，感傷蕭瑟。短短時日，竟從"爲報時人洗眼看"的昂揚士子淪入如此傷感的境地。章孝標既能在帝京苦忍多年以求一第，絶非心理脆弱之輩，何以又在進士及第後睹花傷己，以致"還鄉而逝"？這裏面，除了紀事者的筆墨渲染外，或還與他自及第至歸鄉這段期間内又發生了某些事件有關。至於事件究竟爲何？這句"孟冬歸發故園春"，或可提供某些推測的

---

① ［宋］王欽若等《册府元龜》卷六三一《銓選部·條制三》："應禮部諸色貢舉人，及吏部諸色科目選人等……有出身有官，合於吏部赴科目選。"［宋］王欽若等《册府元龜》校訂本，第七册，鳳凰出版社，2006 年，頁 7293。
② 傅璇琮《唐才子傳校箋》，中華書局，1990 年，第三册，頁 134。《唐詩紀事》卷四一"章孝標"條同載（頁 628—629）。
③ 《唐詩紀事》卷四一，頁 628。

空間。

三　日韓古文獻所收章孝標詩其他相關問題

　　章孝標由於作品自北宋始既已散佚嚴重，加上國内傳世文獻對其本人的記述也十分有限，逐漸淡化於人們的視綫中。所幸日韓古文獻中保存了相當數量的章氏作品，尤其是其間的佚詩群。它們雖然無法充分還原詩人的個人情況，然其題名、内容、風格等特點，却可在一定程度上幫助我們更加全面地瞭解章孝標本人及其創作情況，同時發現某些未曾留意的相關文學現象。

（一）章孝標交游狀況補考

　　根據《文苑英華》《全唐詩》等傳世文獻所載，與章孝標存有交游關係者，可整理如下：

　　入仕者——元積、朱慶餘、王播（一謂王涯）、陸暢、饒州刺史張蒙、茅山高拾遺、光禄卿錢朗、進士劉蟾、陳嶠、騰邁、工部侍郎庾承宣、武翊黄、楊校書、蔡州幕陳校書、顧校書、劉寬夫兄弟、杭州刺史嚴休復、李紳、門下省劉侍中、江州刺史李渤。

　　方外者——無相禪師、匡山道者、太皇先生、廣宣上人。

　　海外者——金可紀（朝鮮）。

　　身份難斷者——朱秀、孟元翊、惠贈牙簪友、劉家歌女。

　　根據日韓古文獻所收佚詩，則可就章孝標存有交游關係者，再補充朱二十四、擅草書者、張孝廉、進士陸二十一、靈物禪師、言樞法師、某朝士、韋觀文、蕭先生、俞（喻）鳧、餘杭貞寶上人、内作陸判官、汴州韓司空等13人。其中，除了俞（喻）鳧以外，餘者皆生平難考。在這些交游者中，不乏曾經入仕或熱衷科考之人，如張孝廉、陸二十一、某朝士、俞（喻）鳧、内作陸判官、汴州韓司空等6人，亦有禪道方外之人，如靈物禪師、言樞法師、蕭先生、餘杭貞寶上人等4人，還有身份難斷者，如朱二十四、擅草書者、韋觀文等3人。由此可見，章孝標交游對象的主要類型，還是科考入仕與參禪悟道之人。

（二）章詩見收於日韓古文獻的問題

　　章孝標詩歌在域外的留存數量，已遠遠超出唐代的絶大多數詩人，包括許多文譽遠播者。若究其緣由，則離不開對章詩創作特點的考析。下面即對之做一探察。

　　宋人張泊《項斯詩集序》曾將章孝標歸爲張籍一派，清人李懷民《中晚唐詩主客圖》亦承襲這種説法：“張泊稱孝標爲水部門人。水部名盛於元和中，孝標元和進士，必應親受水部律格。”然察各類文獻，並無章孝標與張籍二人存在直接交往的相關記載。此觀念的産生和流行，或應與張、章二人的律詩都具有工於匠物、字清意遠的共同特點有關。

　　除了以上觀念外，晚唐張爲在其《詩人主客圖》中，還將章孝標列爲“瑰奇美麗主”武元衡之及門者。考章孝標的詩歌，會發現其間果然不乏意象清奇、雄美瑰麗之作，如《古宫行》的“鶯傳軟語嬌春日，花學嚴粧妬曉風”，《翫月遇雲》的“暗惜蚌胎沉海面，仰思鵬翼破風頭”等，可見張爲的判斷也絶非毫無根據。不過即便如此，平安古文獻和《十抄詩》等朝鮮漢詩古籍中涉及的張籍、武元衡的作品却十分有限。以《千載佳句》爲例。此書就未收武元衡之作，所録張籍作品也不過七言詩歌一聯。可見，章孝標雖然在唐土被列入張、武二人門下，但在域外文壇中，其文學作品的接受度却絶非張、武二人可以項背。這一現象頗爲有趣。究其緣由，本文認爲主要有三。

　　其一，章孝標的作品雖有瑰麗新奇的一面，但怪險的程度不深，多數詩歌依舊“殊有蒨飾，七字尤爽朗。”①有的甚至多用口語化詞彙，如“勾留”、“計會”等。如此就頗有白居易的平易通俗之風。而這一點也和平安時代日本文人的崇白之風相應。

　　其二，與張籍不同，章孝標的詩歌體裁雖較多樣，但更偏重於近體七言。例如，《全唐詩》所收 69 首章氏詩歌中，七言就占了 42 首。這符合了平安時代漢詩選集偏重七言詩句的傾向。

　　其三，通過對國内文獻的整理，可以看到章孝標的詩歌題材，主要包括酬贈、送別、咏物、紀游、科舉等類別。以《全唐詩》爲例。其中，酬贈詩有《贈茅山高拾遺蔓》《次韻和光禄錢卿二首》《贈廬山錢卿》等，送別詩有《山中送進士劉蟾赴舉》《送進士陳嶠往睦州謁馮郎中》《送無相禪師入關》等，咏物詩有《咏弓》《鷹》《瀑布》《鯉魚》等，紀游詩有《豐城劍池即事》《古行宫》《題上皇觀》等。這些詩歌題材在日韓古文獻中也有體現。例如，《述懷上

①［明］胡震亨《唐音癸籤》卷七，古典文學出版社，1957 年，頁 61。

元相公》《贈劉嚴夫兄弟》《贈墊屋陸少府》《及第後歸吳訓孟元翊見寄》《奉訓朱廿四見寄詩》《贈言樞法師》《寄朝士》《送韋觀文助教分司東都前秘書省同官》《贈蕭先生》《送俞凫秀才》《送貞寶上人歸餘杭》《送内作陸判官歸洞庭舊隱》等，皆爲酬贈題材的作品。此處尤值注意的是，這些日韓古文獻中的章氏作品，也以干謁科考等功名主題和禪道寺觀等方外主題爲重。據上文兩表，知涉及功名主題的干謁詩，有《蜀中上主尚書》《述政上杭州嚴員外》《贈墊屋陸少府》《上汴州韓司空》等；涉及科考内容的詩作，有《述政上杭州嚴員外》《贈劉嚴夫兄弟》《及第後歸吳訓孟元翊見寄》《及第》《送張孝廉歸吳詩》《送陸廿一及第歸》《及第日報破東平詩》等；涉及方外主題的詩作，有《山檜》《題碧山寺》《題碧山寺塔亻無》《題靈物禪師院》《題杭州天竺靈隱寺》《古宫行》《登捻持寺塔》《宿天桂觀》等。可以説，章氏詩歌中的常用題材，與日韓古文獻的選録結果和要求頗爲相合。

最後，再就日韓古文獻所録章詩的題材主題稍作思考。這一主題偏向至少説明了兩個現象：其一，章孝標本人兼具汲於世間功名和追求方外自由的矛盾特點。其二，雖然進入平安中期，日本仿行唐代的科舉制度已近廢絶，但《千載佳句》等平安古文獻在漢詩選録標準上，並未就此杜絶與科考相關的主題。例如，《及第》《送張孝廉歸吳詩》，就被特意列入《千載佳句》的人事部“及第”類中。當然，這些文獻在選録與科考内容相關的漢詩時，更多的是按照它們的非科舉主題的部類要求以及所選作品的風格特點來進行劃分的。如《千載佳句》中，《述政上杭州嚴員外》《贈劉嚴夫兄弟》《送陸廿一及第歸》等三首詩歌，就分别被列入人事部“刺史”類、人事部“兄弟”類、别離部“春别”類。而《江談抄》和《倭漢朗咏集》，則將同選的《同及第日報破東平詩》列入各自的“雜事”部和雜部“禁中”類中。可見，涉及科考内容的作品之所以能够入選日本漢詩選集，個中緣由並非偶然，仍須方家再做深察。

（本文在修改過程中，得到《域外漢籍研究集刊》編輯部的建議與指導，特此致謝！）

（作者單位：西南大學文學院）

域外漢籍研究集刊　第十九輯
2020 年　頁 387—424

日藏宋僧率庵梵琮著作及其價值考述

——以《率庵外集》爲中心 *

許紅霞

一　緣起

上世紀八九十年代以來,特別是進入二十一世紀以後,對域外漢籍的研究,已經成爲學術界關注的熱點。對這些留存域外的大量珍稀漢籍的搜集和研究,無疑對推進各相關方面的學術研究都是十分有益的。對筆者的學術研究領域來説也是如此。從 2000 年以來的十餘年時間裏,筆者利用在日本留學、講學等機會,查閱和搜集到大量宋僧詩文集,如:《橘洲文集》《北磵文集》《北磵詩集》《北磵和尚外集》《物初賸語》《籟鳴集》及《續集》《淮海挐音》《淮海外集》《藏叟摘稿》《無文印》《雪岑和尚續集》《中興禪林風月》《江湖風月集》等等①,這些宋僧詩文集有些在國内佚失不存②,有些國内雖

<hr>

* 本文爲國家社會科學基金項目《宋僧詩文集在日本的刊刻流傳研究》(項目編號 15BZW115)階段性成果。

① 對這些書籍的研究成果,已呈現于筆者 2003 年提交的博士論文《南宋詩僧叢考》及先後所發表的十餘篇學術論文中。

② 筆者根據所閲覽、搜集的各種版本資料,對國内已佚的《北磵和尚外集》及《續集》、《籟鳴集》及《續集》、《無象照公夢游天台偈》《中興禪林風月》《物初賸語》等五種宋僧詩文集加以校勘整理,並對諸書相關内容作了大量的研究考述,見拙著《珍本宋集五種——日藏宋僧詩文集整理研究》一書,北京大學出版社,2013 年。

存，但有殘缺，或只有抄本、和刻本，但在日本，却有宋本、五山本、活字本、抄本等大量和、漢版本存在。這些留存日本的大量宋僧詩文集，同時也受到了國内外很多學者的關注和研究①，但仍有一些還未被發現或未引起學界的注意，本文所要介紹的《率庵外集》就是其中之一。

　　《率庵外集》是南宋禪僧率庵梵琮的詩集。關於率庵梵琮的生平事迹，文獻資料少有記載，明、清的幾種禪宗典籍如明釋文琇《增輯續傳燈録》卷一、清釋通問《續燈存稿》卷一、清釋性統《續燈正統》卷十一、清釋超永《五

---

① 如張如安、傅璇琮《日藏稀見漢籍〈中興禪林風月集〉及其文獻價值》（《文獻》2004 年第 4 期）、卞東波《〈中興禪林風月集〉考論》（《域外漢籍研究集刊》第 3 輯）等關於《中興禪林風月集》的論文；陳捷《日本入宋僧南浦紹明與宋僧詩集〈一帆風〉》（《中國典籍與文化論叢》第 9 輯）、侯體健《南宋禪僧詩集〈一帆風〉版本關係蠡測》（《中國典籍與文化》2009 年第 4 期）等關於《一帆風》的研究論文；金程宇關於《籟鳴集》及《續集》的研究（見其所著《稀見唐宋文獻叢考》一書，中華書局，2009 年）；朱剛、陳珏《宋代禪僧詩輯考》（復旦大學出版社，2012 年）一書中輯録了《中興禪林風月》《江湖風月集》《無象照公夢游天台石橋頌軸》中的詩歌，並對詩歌作者加以考證研究；張聰《〈江湖風月集〉研究》（南京大學 2012 年碩士論文）、朱瑞婷《〈江湖風月集〉漢文注本研究》（北京大學 2016 年碩士論文）等等。旅美臺灣學者黄啟江在其著作《一味禪與江湖詩：南宋文學僧與禪文化的蜕變》（臺灣商務印書館，2010 年）一書中，對《中興禪林風月集》《橘洲文集》《北磵詩集》《北磵文集》《北磵外集》《物初賸語》《無文印》等日藏宋僧詩文集也有論述，並對《藏叟摘稿》加以點校（見其所著《文學僧藏叟善珍與南宋末世的禪文化——〈藏叟摘稿〉之析論與點校》一書，新文豐出版公司，2010 年）。而日本學者對上述諸書的研究更早，如川瀨一馬的《五山版の研究》（日本古書商協會，1970 年）、椎名宏雄的《宋元版禪籍の研究》（日本大東出版社，1993 年）中對上述一些書籍都有涉及，後者還發表了《北磵と物初の著作に関する書誌的考察》（《駒澤大學佛教學部研究紀要》第 46 號，1988 年 3 月）一文。《江湖風月集》一書，更是受到了日本學者的關注，如：須山長治《〈江湖風月集〉中的詩僧們》（《駒澤短期大學佛教論集》第 4 號，1998 年 10 月）；飯塚大展、海老澤早苗、佐藤俊晃、比留間健一、堀川貴司等五人的《〈江湖風月集略注〉研究》（1—7）（見《駒澤大學禪研究所年報》20—26 號，2008 年 12 月至 2014 年 12 月），對《江湖風月集略注》一書加以校訂和注釋；柴山全慶、直原玉青合著的《江湖風月集》（創元社 1969 年版）和芳澤勝弘《〈江湖風月集〉譯注》（禪文化研究所，2003 年），是對此書的翻譯和注釋之作。餘恕不一一。

燈全書》卷四十七在臨濟宗大慧宗杲的嗣法弟子佛照德光的法嗣下著録有"雲居率庵梵琮禪師"，但皆只録其《舉百丈野狐話頌》及《浴佛頌》，没有透露出更多消息。此前能幫助我們瞭解梵琮主要生平事迹的只有《雲居率庵和尚語録》①，據此《語録》記載，我們可知他於宋寧宗嘉定十二年(1219)四月十三日始，住慶元府仗錫山延勝禪院，理宗紹定元年(1228)五月初三日受請住南康軍雲居山真如禪院，晚年在東湖庵居，其他事迹則不詳。其實，現所見日藏《率庵和尚外集》附在《率庵和尚語録》之後，二者合爲一册，乃稀世珍本。而上世紀初(1905—1912)日本編輯出版的排印本《卍續藏經》中收録了《雲居率庵和尚語録》，其後中國大陸、臺灣的出版機構又對《卍續藏經》加以影印出版，這就使其《語録》得以流傳開來並能爲研究者所利用。《全宋詩》中率庵梵琮的詩歌主要就是從《雲居率庵和尚語録》中輯録出來的，小傳也主要根據其《語録》所提供的資料撰寫。無發現並利用《率庵外集》的資料②。近年來出版的有關《全宋詩》及宋僧詩的輯補書籍如朱剛、陳珏著《宋代禪僧詩輯考》③、湯華泉編輯《全宋詩輯補》④等，皆無利用到《率庵外集》。所以《率庵外集》無疑是一部非常珍貴的宋代詩僧及宋代文學研究資料，通過《率庵外集》中所提供的新資料，再結合其他相關資料，無論是對梵琮的生平事迹還是對其詩歌將會取得更全面深入的認識，對南宋詩僧和南宋文學的研究也有所助益。

---

① 見《續藏經》第二編第 26 套第 1 册。1905—1912 年，京都藏經書院刊行。

② 《全宋詩》中輯録釋梵琮詩共 168 首，編爲一卷。其中 164 首輯自《語録》，其餘 4 首輯自［宋］法應、［元］普會編《禪宗頌古聯珠通集》。見傅璇琮、孫欽善、倪其心、陳新、許逸民主編《全宋詩》册 54 卷二八四〇，頁 33815—33833。北京大學出版社，1998 年。

③ 此書據《江湖風月集》《增輯續傳燈録》《禪宗雜毒海》《重刊貞和類聚祖苑聯芳集》《新撰貞和分類古今尊宿偈頌集》諸書續輯《全宋詩》所失收梵琮詩歌 50 首，見《宋代禪僧詩輯考》卷八，頁 484—488。

④ 2016 年 3 月黄山書社出版。

二　《率庵外集》的基本情況

（一）京都建仁寺兩足院藏本

　　釋氏以研習佛典爲内學，而往往把研習佛典之外所撰作的類似于一般文人所作的詩文特別是詩歌另編成集，稱爲"外集"，而《率庵外集》之稱即是如此。《率庵外集》一卷，現爲日本京都建仁寺兩足院收藏（以下簡稱兩足本），附在該院所藏《率庵和尚語録》一卷之後。根據記載，此本乃日本江户中期寫本，由日本京都兩足院僧高峰東晙（1736—1801）根據宋刊本傳寫。封面題籤豎寫"率庵琮和尚語録附外集　全"，扉頁中間偏上用墨筆占三行接連豎寫率庵梵琮的禪宗傳承法系即：徑山大慧宗杲——育王拙庵德光——雲居率庵梵琮①。卷首有理宗淳祐二年（1242）三月四明李格所寫語録序，行草體，半頁五行，行 10～14 字不等，無界。（參見本文末所附圖一）接著是語録正文部分，包括其弟子了見編《慶元府仗錫山延勝禪院率庵和尚語録》、文郁編《南康軍雲居山真如禪院率庵和尚語録》、本空編《率庵和尚東湖庵居語》及《頌古》《佛祖贊》《詞偈》。每半頁十行，行二十字，文字端正清秀，無界，有句讀，一些固定名詞如人名、地名、國名、山名、寺院名、書名等上皆被朱筆劃綫，漢字旁還有片假名標明訓讀。行間偶有小字校語，指出誤字、脱字等情況。如："……太白禪師忽聞知，不覺呵呵大笑道：'我夢已覺，汝夢方做。一覺一做，有唱有和。午夜金鷄啼一聲，覺紛紛俱裂破。'"②末句"覺"字旁有"夢字脱歟"四字校語；又："赤條條，空索索。月下風前嘯一聲，驚起松梢千歲鶴。鶴錯，風吹殿角搖鈴鐸。"③第二個"鶴"字旁有"錯歟"二字校語；《頌古・莊上喫油糍》之"莊"字旁有"寫本作在恐非"六字校語④；可看出此本的確經人用另一寫本作過校勘，但異文並不

---

①其中"徑山、育王、雲居"六字爲小字雙行。

②兩足院抄本《率庵琮和尚語録》，頁 2a 倒數 2—4 行，《慶元府仗錫山延勝禪院率庵和尚語録》。

③兩足院抄本《率菴琮和尚語録》，頁 9a 正數 2—3 行，《慶元府仗錫山延勝禪院率庵和尚語録》。

④兩足院抄本《率菴琮和尚語録》，頁 26b 正數第 2 行，《頌古》。

多，大多是校對者根據文意對脱字、誤字作出的推斷。《語録》末頁末兩行以比正文略小的字寫有"更有《外集》二卷，板留東湖錢塘高路分宅"十六字。末頁倒數第三行寫"雲居率庵和尚語録卷終"，在此行與《語録》正文的最後一行之間的空白處，又有後人用墨筆占三行補寫的一首詩偈：

> 天窓　　　貞和集上六十五丁亭字部
>
> 個中毫髪無遮障，歷歷分明亙十方。
>
> 揭却頂門些子蓋，直須暗處也生光。

"貞和集上六十五丁亭字部"是指此詩偈出自《貞和集》①卷上第六十五頁"亭字"類，從筆墨的粗細、字的大小、書寫風格看，此補寫詩偈者與此本抄者、校者皆非同一人，當爲後來另一日本人補寫。（參見本文末所附圖二）此詩偈不見於《語録》及《外集》中，是一首佚詩②。《語録》正文共三十五頁半。接下來的一頁就是淳祐二年立夏日鄞川顧端父爲其詩集所寫的序，字體與《語録》序相同，也是半頁五行，行十至十二字不等，無界。序後是《外集》的正文，首頁首行有"率庵外集"四字，其行款格式、字體、句讀、固定名詞上朱筆劃綫、漢字旁有假名訓讀等情況與《語録》完全相同。（參見本文末所附圖三）也時有校語，字體、語氣與《語録》一致。如：《送紅糟與月柏庭》詩是一首五言古風，末二句爲"唯有知人，同風深委悉。"③"唯"字旁有小字校語"此句一字脱乎"；《弔西湖銛無懷於柳下》詩中有"賓主兩相忘，有語堪共輪"④句，在"輪"字旁有小字校語"論乎"二字（參見本文末所附圖四）；又《贈永嘉薛宣教篆一大佛字中隸千佛名》詩末句爲"字密行疎無兩般"⑤，在此行天頭空白處有三豎行小字校語："寫本'兩般'下有'我聞永嘉'之四字，衍歟？文後句脱歟？不審。"（參見本文末所附圖五）可以斷定此本《外集》與《語録》是同一人所抄，也經同一人所校，校者也是日本人。

---

① 《貞和集》全稱《新撰貞和分類古今尊宿偈頌集》，日本五山禪僧義堂周信（1325—1388）編，但現流傳本經人竄改重編。

② 《宋代禪僧詩輯考》卷八，頁 485，已據義堂周信《重刊貞和類聚祖苑聯芳集》卷三輯録。

③ 《率庵外集》，頁 7a 正數第 2 行。

④ 《率菴外集》，頁 10a 正數第 1 行。

⑤ 《率菴外集》，頁 10b 倒數第 4 行。

《外集》正文共四十二頁,末頁末行有"率庵外集終"五字。

　　(二)京都大學圖書館藏本

　　京都大學圖書館還藏有此書的一個和刻本(以下簡稱京大本)①,此本封面左上直接用墨筆豎寫"率庵琮和尚語録并外集全",包括了《語録》與《外集》,内容與兩足本完全相同,但無《語録》序與《外集》序。在《語録》末頁末兩行也有以比正文略小的字寫的"更有《外集》二卷,板留東湖錢堰高路分宅"十六字。每半頁十行,行十八字,無界,字體秀整,有歐體風格,但稍顯拘謹僵硬。其行款、字體與兩足本皆有異,漢字旁也無標片假名。此本《語録》及《外集》首頁右下依次鈐有"常×石門遺書建仁大中藏本"豎長印及"××靈源"方印②,則此本曾經京都建仁寺大中院的常澄石門(?—1904)收藏。(參見本文末所附圖六)京大本《語録》共三十九頁,《外集》五十一頁,共九十頁。有些地方因原紙張(或膠片)被浸蝕造成多頁字迹不清,黑糊一片,如頁六十七、八十九兩整頁,頁十三、二十一、四十七、五十七、六十一、七十四的 B 面即是。(參見本文末所附圖七)還有多處字迹涣漫、黑糊不清,後又經人據他本描清(見文後所附圖八)。京大本錯字較多,如"四山青又黄"③之"四"誤作"回";"幽禽偷眼覷木末"④之"覷"誤作"戲";"君今妙手孰能敵"⑤之"妙"誤作"如";"倚杖不妨扶日月"⑥之"倚"誤作"何","戰退春風陣陣寒"⑦之"陣陣"誤作"陳陳"等等,都屬形近而致誤,可見刻工文化水平不高或所據底本模糊不清。有時還把本應是二首或三首詩的作品連刻成一首,如《悼樓迂齋二首》《和月柏庭苔無懷三首》即是。《和陶淵明形影釋三首》詩每首後有"右形""右影""神釋"二字,兩足本都是另起各占一

---

①目前筆者所見只是根據縮微膠片所拍照片複製,還未及目驗。京都大學圖書館著録此本爲和刻,藏經書院文庫藏本,青寫真。

②"×"表示因複製本顯示不完整,筆者無法辨識。第一個"×",當爲"澄"字,常澄石門是京都建仁寺大中院的僧人,明治時期人。

③《率庵外集》,頁 3b《和史愷齋韻兼簡易齋》。以下引文若無特別指出皆據兩足本。

④《率菴外集》,頁 12a《贈徐省幹棄儒攻畫作花木圖》。

⑤《率菴外集》,頁 12a《贈徐省幹棄儒攻畫作花木圖》。

⑥《率菴外集》,頁 30a《賀史衛王病愈》。

⑦《率菴外集》,頁 39b《造茶》。

行,但京大本"右形""右影"皆是附在前兩首詩的末句後而未另占一行,大概是爲了節省空間吧。但"神釋"二字則是在第三首詩後另占一行的,這應該是保留了所據底本的原樣。而把標明一類詩歌詩體的"律詩"二字,也附在古風部分的最後一首詩歌末句之後不另起占一行,就顯得很不專業。兩足本和京大本都有脫字的現象,而且所脫之處完全相同,分三種情況:一是脫字之處以空一格表示,二本皆空,這樣的情況只有一處,即"定回月轉□窻迥"①,這可能是所據底本渙漫不清所致。二是兩足本脫字之處以空一格表示,京大本則不空而接排,如"而今如再□,當頭棒將去"②"翁曾□吐吞,傍觀無可奈""有正亦有偏,不小□亦大"③,這應當是其所據底本本就脫字,兩足本抄者抄寫過程中發現有脫字而空出一字,但從詩歌内容和用詞結構來看,其所認爲的脫字位置有的並不一定正確。第三種情況是雖然有脫字,但兩足本與京大本都無留空字而接排,如"心如井絶狂瀾,身如枯木橫春枝"④"唯有知人同風深委悉"⑤"以物觀三物物見平分"⑥"排檐高架霥犮曉露滴""磊落清霜低垂應秋色"⑦這就再次説明兩本所據底本本身就有脫字,也説明兩本同出一源,應都由宋本而來。

三　梵琮著述的學術價值

(一)文獻學價值

1.版本價值

如上所述,兩足本是江户中期京都兩足院僧高峰東晙根據宋刊本鈔寫的,他完全仿照了宋本的行款格式、字體等情況,幾乎保留了宋本的面貌,是我們研究宋代版本的珍貴資料。同時,它又是日本古抄本的一種,也是

---

① 《率庵外集》,頁 14a《南湖重臺蓮》,□表示空字處。
② 《率菴外集》,頁 2b《和陶淵明形影釋三首·神釋》。
③ 《率菴外集》,頁 7a《送栗子與月柏庭》。
④ 《率菴外集》,頁 4a《和趙佚老玉几山苔梅韻》。
⑤ 《率菴外集》,頁 7a《送紅糟與月柏庭》。
⑥ 《率菴外集》,頁 10a《弔西湖銛無懷於柳下》。
⑦ 《率菴外集》,頁 17a—b《茶瓢》。

研究日本古抄本的珍貴資料。(可參本文末所附圖一至五)兩足本的日人校語中有四處提到了另一"寫本"的異文情況,除了上舉兩例外,還有《語録·謌偈·明宗》中"信手拈來是苦瓜"之"苦"字旁校語云:"寫本作若,恐非";《外集·和史慥齋韻兼簡易齋》詩"歸作商山隱"之"商"字旁校語云:"寫本作商,恐非"。這就説明當時至少還有另一寫本的存在。而京大本這四處異文的情況正與校語所云寫本的異文情況完全相同,説明校語中所説的寫本與京大本屬同一系統,我們雖然未見到此寫本,通過京大本亦可了解到它的大致情況。兩足本雖是抄本,但仿宋本抄寫,内容完整,錯誤極少,抄寫精善。京大本雖錯字較多,還少了兩篇序文,但它也反映了所據底本的情況,也提供了兩足本未有的版本資料,對於我們研究和刻本及其所據底本也是有學術價值的。如前述兩足本校語云寫本《贈永嘉薛宣教篆一大佛字中隸千佛名》詩末句下還有"我聞永嘉"四字,京大本正是如此(參見本文末所附圖九)。筆者以爲此四字不當是衍文,而可能所據底本即有殘缺,兩足本未抄此四字,京大本却保留了底本的原樣。另外,這兩種版本《語録》末都有"更有《外集》二卷,板留東湖錢堰高路分宅"十六字,這就給我們提供了梵琮《外集》的另一種版本信息,即除了我們現在所見《語録》所附《外集》外,梵琮還曾有兩卷本的《外集》傳世,這個兩卷本所收詩歌應該比我們今天所見《語録》所附《外集》中的詩歌數量多。朱剛、陳珏著《宋代禪僧詩輯考》輯補梵琮詩歌五十首,竟無一首與今天我們所見《語録》後所附《外集》中的詩歌重複,正説明今天我們所見《外集》並非梵琮詩歌的全集本,當時還有二卷本或其他梵琮詩歌選本,也在古代就傳入了日本,因爲《宋代禪僧詩輯考》輯補的梵琮五十首詩歌中,有三十九首都出自日本五山詩僧義堂周信(1325—1388)所編的《重刊貞和類聚祖苑聯芳集》及《新撰貞和分類古今尊宿偈頌集》,説明義堂周信選録梵琮詩歌時所據並非我們今天所見的《率庵外集》,而可能就是兩卷本的《外集》或者其他梵琮詩歌選本。這也爲我們繼續搜尋梵琮詩歌的其他版本提供了綫索。

2. 校勘價值

兩足本抄自宋本,抄寫精善,幾乎保留了宋本的面貌,其校勘價值是不言而喻的,可以作爲校勘所用底本。兩足本的校語,也爲我們提供了其他版本的異文情況。雖然這些校語多是校對者根據文意對脱字、誤字作出的推斷,且有些推斷也未必正確,但也起到了引起我們注意的作用,有的校語還是有參考價值的。如："道德如山鎮萬邦，力扶日月曜封强"①，京大本亦作"封强"，兩足本"强"字旁校語云："疆歟"。"賓主兩相忘，有語堪共輪"②，京大本亦作"共輪"，兩足本"輪"字旁校語云："論乎"。"定盤星上分片兩，塊石權中較重輕"③，京大本上句中第六字亦作"片"，兩足本"片"字旁校語云："斤歟"。都值得參考。京大本雖錯字稍多，但也是有校勘價值的，可用以與兩足本對校，在兩足本偶然出現抄寫錯誤時，可以據京大本加以校正。如兩足本《謝淵十道三友訪南樓》詩，京大本"十"作"一"，是對的，因爲"淵、一、道"三字當是梵琮三位友人名字，在詩中的三、四、五句第一字也出現了：

> 三友忽垂訪，南樓氣肅清。道存已目擊，淵默有雷聲。一貫湖山勝，重逢心眼明。沙鷗機自息，煙際喜逢迎。④

又如兩足本《閏月中秋》詩末兩句"絲毫七間隔，入水混同流"，上句第三字"七"，京大本作"亡"，爲是，當據改。而兩足本《書眉》詩之"書"，亦當爲抄寫形似而誤，京大本作"畫"，爲是，當據改。又兩足本《南湖重臺蓮》詩末兩句"瞥然鼻觀通透處，了知不在一池中"之"了"字，字迹有些模糊，像"子"字，但經與京大本比勘，京大本作"了"，可以確定爲"了"字。另外，京大本的有些異文，也具有參考價值：如兩足本《梅塔》詩：

> 衲僧施妙用，蟠結一枝藤。杲滿三千界，花開十二層。地神親捧出，童子欲爭能。立雪空庭下，傳芳繼祖燈。⑤

其中第三句第一字"杲"，京大本作"果"；第五句第三字"親"，京大本作"新"，可以出校。

　　3. 輯佚價值：

　　《率庵外集》，宋代以下目錄未見記載，在國内早已佚失不存。它的發現，無論是對梵琮自身的研究還是對宋代詩僧、宋代文學的研究無疑都是有價值的。其《外集》中共録有梵琮詩歌 192 首，其中 191 首《全宋詩》及近

---

①《率庵外集》，頁 30a《壽史集賢二首》其二。

②《率菴外集》，頁 10a《弔西湖銛無懷於柳下》。

③《率菴外集》，頁 39b《置茶》。

④《率菴外集》，頁 20a。

⑤《率菴外集》，頁 40b。

年來出版的有關《全宋詩》及宋僧詩的輯補書籍《宋代禪僧詩輯考》《全宋詩輯補》等皆未收録①，其對梵琮詩的輯佚價值也是顯而易見的。另外，兩足本《語録》和《外集》前面分別由與梵琮同時的文人知交李格、顧端父所作序文，爲我們研究率庵梵琮提供了非常珍貴的資料，但《全宋文》中未收録李格、顧端父二人，這兩篇文章也並未被《全宋文》收録，所以此兩人及其序文可以用於《全宋文》的輯補。顧端父所作《外集》序，另見本刊所載筆者《日藏南宋禪僧梵琮〈率庵外集〉詩歌整理》一文，李格所作《語録》序《續藏經》並未收録，現録呈於下，供大家參考：

> 率庵禪師佛照正傳，壞家種草八十餘載，聲名塞破江湖。兩住名山，殺活全提正令。在時提綱結座橫按竹篦，舉揚西天四七話頭。在時偈頌影行，倒拖拄杖，拈出百尺竿頭消息。圓明一性，酬應萬爲。是皆截斷錢索井繩，脱略爪厘木杓，前無古人後無來者。毒氣薰人，四方八面來者中之，無藥可解。若泥言句，墮在葛藤。不落門庭，堪爲榜樣。隔江招手，未舉先知，始可超出不立文字之表。其茍見首座老婆心切，鏤板流傳，漏泄天機，是誰之過？開悟後學，厥志可嘉。屈余爲序，余與率庵有雅故，諭以不能孤負來意，所不敢辭。壬寅淳祐三月望日四明李格拜序。

下有“選齋”長方印，當是李格的號。其中講到梵琮“聲名塞破江湖”，《外集》序中也稱“率庵禪師道價高天下”，可看出時人對梵琮道行的評價是很高的。

（二）史料價值

1. 對其自身研究的推進

如前所述，在我們看到率庵梵琮著述的這兩個版本之前，梵琮的生平情況只是根據《續藏經》所收録其《語録》及明、清人所編的禪宗典籍的簡單記載而了解。但通過利用我們所見的《語録》及《外集》的資料，我們則可以對率庵梵琮的諸如生卒年、俗姓、籍貫等一些具體問題有較爲清楚的認識，也使得我們對其生平等有關情況有更全面和深入的了解，從而使關於其自身情況的研究得以推進。

---

① 《外集》頁21a有《寄禮滅翁》詩，與《語録》35a《寄滅翁禮師》重出，《全宋詩》據《語録》已收入梵琮名下。

（1）生平事迹的補充——生卒、俗姓等

李格在所作《語録》序中謂"率庵禪師佛照正傳，壞家種草八十餘載，聲名塞破江湖"；顧端父所作《外集》序云："師亡矣，道未亡也，詩亦未亡也。道在天下，固不可爲囊中物，詩落人間，猶可以入六丁手。今其壹族諸高君蒐獵會稡《語録》之外，別刊《詩集》，其詩存而其道亦存焉。僕館其族，僅聞其詩，今序此詩，是又添一注脚子云。"顧端父生平不詳，其序後署"適軒伯起"，則其號當爲"適軒"，字"伯起"，在《外集》中有《寄善長卿併簡顧適軒》詩，則其與梵琮亦有交往。其序作於淳祐二年（1242）立夏日。李格與梵琮也是故交，其《語録》序作於淳祐二年三月，二人作序時梵琮當圓寂不久，我們可以推斷梵琮約於淳祐二年三月前去世，時年八十餘歲。則其生年約是1154—1162之間。但其紹定元年（1228）五月初三日受請住南康軍雲居山真如禪院時，《州疏》中有"八十翁翁入場屋，真箇不是小兒婚"之語，其中"八十"雖不是實指，但此時梵琮當已年過七十，則其生年當在1154—1158之間，約是高宗紹興二十四至二十八年間。其嘉定十二年（1219）住慶元府仗錫山延勝禪院時約六十余歲，其徒弟了見所編《慶元府仗錫山延勝禪院率庵和尚語録》，是根據其嘉定十二年四月十三日入院以後的佛教活動按照時間順序記載的，一直記載到第二年的十月初，可見其住慶元府仗錫山延勝禪院至少有約一年半的時間。他紹定元年住南康軍雲居山真如禪院時，已約七十余歲，其侍者文郁所編《南康軍雲居山真如禪院率庵和尚語録》中所記内容，是紹定元年五月初三日受請住南康軍雲居山真如禪院起，至第二年二月，則其住持此禪院至少也約有八九個月的時間。

顧端父序中稱"其壹族諸高君蒐獵會稡《語録》之外，別刊《詩集》"，《外集》中有詩《示高姪讀書》①，又有《寄石藤高學士庵》詩，首句云"同心密契復同宗"②，《語録》末有"板留東湖錢堰高路分宅"，皆可説明梵琮俗姓高。

（2）東湖——家鄉及主要活動地區

在《率庵琮和尚語録》中有一部分内容是侍者本空所編的《率庵和尚東湖庵居語》，其中有"三十餘年住率庵，庵中無物可相參。有時南北東西去，

①《率庵外集》，頁 8b。
②《率菴外集》，頁 32a。

白話閒嘈恣放憨"①詩偈,可知其所住之庵即稱爲"率庵",且長期居住於此。又有《率庵歌》云:"三間茅屋堪投老,草草生涯隨分好。月池當户鏡光寒,竹徑遶欄通大道。"②又《山居》詩云:"老來歸隱故山深,獨抱無弦絶賞音。静對涼風彈一曲,亂蟬聲合奏青林。"③在除夕之夜,他上堂有"殘年鈍悶到此消除,新歲佛法從此吉利"④之語,説明東湖率庵三間茅屋,也是他晚年投老居住之所。而在《外集》所收詩中,也多次提到東湖,如《送陳菊坡守江州》詩有云:"青山山上雲,東湖湖上月。雲月會有期,舒卷復圓缺"⑤;又《和史愷齋韻兼簡易齋》詩有"東湖到家處,銀海摇波光"之句⑥;《寄王府教辭住庵》有"一鳴已驚人,影印東湖水"句⑦。那麼梵琮《語録》及《外集》中所提到的東湖到底是在什麼地方呢? 其實,東湖是東錢湖的簡稱,俗又稱爲錢湖⑧,位於宋明州鄞縣境内。宋張津等撰《(乾道)四明圖經》卷二在記載鄞縣轄下的湖泊時云:

> 東錢湖在縣東三十里,周迴八十里,溉田八百頃。夏侯曾先《地志》云:"其湖承錢埭水,故號錢湖。"唐天寶三年,縣令陸南金開廣之。皇朝天禧元年,郡守李夷庚重修是湖,受七十二溪之水,凡有七堰:錢堰、大堰、莫枝堰、高湫堰、栗木塘堰、平湖堰、梅湖堰。縣之東七鄉不病旱者,湖之力也。湖之中一山突然,水四環之,不與陸接。有庵曰二靈,蓋以山而名之也。熙寧間,左正言陳禾字秀實,築以讀書其中,以延僧知和居之。知和,有道釋子也。每有虎相隨,當時名播江浙叢林,衲子雲集,由是法席鼎盛。向經兵火,焚蕩一空。紹興中,浮屠相與出力,復新屋宇。丞相史公浩,刱廣德張王廟,像在廊廡下。前有國初詔

---

① 《率庵琮和尚語録》,頁 21b—22a。
② 《率菴琮和尚語録》,頁 32a,《歌偈》。
③ 《率菴琮和尚語録》,頁 35b,《歌偈》。
④ 《率菴琮和尚語録》,頁 23a,《率庵和尚東湖庵居語》。
⑤ 《率庵外集》,頁 2b。
⑥ 《率庵外集》,頁 3b。
⑦ 《率庵外集》,頁 5b。
⑧ [宋]羅濬纂《(寶慶)四明志》卷一二引宋王庭秀《水利説》云:"鄞縣東西凡十三鄉,東鄉之田取資於東湖,今俗所謂錢湖是也。"《宋元四明六志》本,臺灣新文豐出版公司,1996 年影印,頁 727 下。

師所築故塔基,近已重建塔於其上。庵有塔銘,詳言其事,凡四方名人
勝士往來其間,莫不以爲東南之佳地也。①

這大約就是當時東湖的情況,根據其描述,東湖是位於鄞縣東三十里的一
個大湖,周迴八十里,匯聚周圍七十二溪之水而成,有七個湖堰,錢堰是其
中之一。湖水保證了縣東七鄉農田的灌溉,使其不受旱災的困擾。在湖中
有四面被水環繞不與陸地相連的山丘,山上有二靈庵及其他北宋以來文人
名僧活動的遺迹,爲四方名人勝士往來之所,被稱爲"東南之佳地"。前面
考述梵琮俗姓高,而其《外集》二卷的書版,又留在東湖錢堰其同族的高路
分家②,則説明梵琮的家鄉就在鄞縣東湖錢堰一帶。而其除了住在仗錫山
延勝禪院③並離開故鄉到南康軍雲居山真如禪院擔任住持不長的時間外,
一生大部分時間當主要在東湖一帶活動。而其所住率庵或許就在湖中的
山上。與梵琮同時的無準師範禪師(1177—1249)有《送率庵和尚住雲居》
云:"東湖水深蟠老龍,晨昏出没無定蹤。開口合口噴香霧,舉足下足生陰
風。而今改宅雲居去,威風萬竅聲號怒。謂言不是抉珠人,未應輕踏甌峰
路。"④也能説明他在出任南康軍雲居山真如禪院住持之前是住在東湖的。

(3)師從佛照德光的時間

從禪宗法系上看,梵琮是臨濟宗著名禪師大慧宗杲的弟子佛照德光
(1121—1203)的嗣法弟子。釋德光也是名重一時的禪師,孝宗乾道三年
(1167),初住台州鴻福禪寺,閲五年,徙光孝禪寺。淳熙三年(1176),被旨
住靈隱景德禪寺,七年,住育王山廣利禪寺,光宗紹熙三年(1192),移住徑
山興聖萬壽禪寺,寧宗慶元元年(1195),歸老育王東庵。在住靈隱及徑山
期間,孝宗多次召對,待遇優異,賜號佛照禪師⑤。陸游稱其"名動三朝,話
行四海"⑥,明釋明河評價他説:"南渡後宗師唯妙喜老子得人爲多,開堂説

① 《宋元四明六志》本,臺灣新文豐出版公司,1996年影印,頁462上。
② 路分:是路一級的地方武官。
③ 根據《(寶慶)四明志》卷一三記載,仗錫山延勝禪院在鄞縣境內西南一百二十里。
④ [宋]宗會等編《佛鑑禪師語錄》卷五,《續藏經》第二編26套第5册。
⑤ 事見[宋]周必大《文忠集》卷八十《圓鑒塔銘》,《景印文淵閣四庫全書》,臺灣商務印書
　館,1986年。
⑥ 《渭南文集》卷二二《佛照禪師真贊》,《四部叢刊》景明活字本。

法，顯然爲天人師者，不下數十人，然皆不數傳寂寂矣。能使道脉長永、枝葉繁茂、不忝師門傳受，唯師（筆者按：指德光）一人而已。”①那麼，梵琮最初是何時師從佛照德光的呢，現所見資料並未有明確記載，我們只能根據現有的資料大概推算。首先，他最初師從佛照德光的時間一定是在嘉定十二年（1219）住慶元府仗錫山延勝禪院之前。在《率庵和尚東湖庵居語》中有如下一段：

> 上堂：因參佛照師，問我本來面。日日要下語，夜夜思量徧。伎倆做得盡，恰好一年半。至今三十年，又何曾夢見。②

其中有“至今三十年”之語。如前所述，梵琮在任仗錫山延勝禪院住持之後，出住南康軍雲居山真如禪院之前應是住在東湖的，在出住南康軍雲居山真如禪院之後也是歸老東湖。如果《率庵和尚東湖庵居語》所記載的話是梵琮在任仗錫山延勝禪院住持之後居東湖時所説的話，那麼梵琮師從德光的時間約是 1191 年（光宗紹熙二年），這時佛照德光在育王山廣利禪寺；如果《率庵和尚東湖庵居語》所記載的話是梵琮最後歸老東湖時所説的話，則梵琮師從德光的時間約是 1199 年（寧宗慶元五年）左右，這時佛照德光也已歸老育王東庵。另外，在《南康軍雲居山真如禪院率庵和尚語録》中有《爲佛照和尚拈香》云：“根從江西來，還向江西爇。一笑掀天只自知，天上拈來成漏泄。”下有原注云：“佛照禪師有《率庵頌》曰：‘箇中消息憑誰委，一笑掀天只自知。’”③説明佛照德光曾專爲梵琮作頌，並有“一笑掀天只自知”語。而在《語録》的“歌偈”部分，有《送米上佛照禪師》偈，也反映出二人交往的情況。又有《禮佛照禪師塔》偈，當是寧宗嘉泰三年（1203）佛照德光去世以後了。根據周必大撰《圓鑒塔銘》記載，佛照禪師塔在育王東庵之後。

2. 對同時其他人情況的補充

通過《外集》提供的資料，也使我們了解到其同時代的一些文人及僧人的更多情況，無論是對梵琮本人還是對他們的研究無疑都具有補充和推進的作用。

---

① ［明］釋明河《補續高僧傳》卷十《佛照光禪師傳》，《高僧傳合集》，上海古籍出版社，1991 年，頁 677 上、中。
② 頁 21b。
③ 頁 12b。

　（1）僧

　作爲一個著名的禪僧，無疑會與大量僧人交往，這在他的著作中也多有反映。南宋周必大稱佛照德光禪師"嗣法者徧滿四方"①，明釋文琇《增輯續傳燈録》目録中所列佛照德光的嗣法弟子有十六人，梵琮是其中之一。此外，徑山浙翁如琰（1151—1225）、天童無際了派、上方朴翁義銛、育王空叟宗印也都在其中，他們與梵琮同出一門，關係密切。在《語録》與《外集》中，也有他們相交往的情況記載。如《送浙翁禪師住徑山》云："古路滑如苔，衲僧忘故步。人從天台來，却住徑山去。家醜向外揚，生鐵被蟲蠹。一陳落華風，吹作送行句。"②因浙翁如琰是台州寧海人，故梵琮有"人從天台來"之語，而浙翁如琰禪師住徑山八年，卒于理宗寶慶元年（1225）七月③，則浙翁如琰當自嘉定十一年（1218）起住徑山，梵琮此詩偈當作於此時。《外集》中還有《送筍與琰浙翁》，也透露出二人交往的一些情形。梵琮有《送派無際住花亭庵》詩：

　　　　廣大無際圓覺性，日日朝朝起于定。語默不犯露全機，透過邐迤皆響應。草木發生春爲容，魚龍變化水爲命。花亭千尺浪頭高，踏飜舡子没巴柄。賴有知音老性空，鐵笛横吹同此興。圓覺庵中無際翁，逆順提持佛祖令。便於言外度迷流，當頭撲碎大圓鏡。堂空月轉印禪床，風軟幽林度清磬。李白桃紅果自成，竹深荷净花滿徑。行人到此便知歸，一笑無言心自領。④

釋了派，號無際，俗姓張，建安（今福建建甌）人。寧宗慶元四年（1198），開法於常州保安寺，繼住慶元府天童寺。嘉定間示疾辭衆，端坐泊然而化。壽七十六，僧臘五十二⑤。花亭庵所處位置不詳，無際了派住花亭庵之事，也未見他處記載，此詩可補了派生平事迹。其中"老性空"，或是指智觀禪師，號性空，曾任福州東禪寺住持，也是佛照德光法嗣⑥。梵琮《語録》和

----

①［宋］周必大《文忠集》卷八十《圓鑒塔銘》。

②《率庵琮和尚語録》，頁34b—35a。

③［宋］洪咨夔《平齋文集》卷三一《佛心禪師塔銘》，《四部叢刊續編》景宋鈔本。

④《率庵外集》，頁6a—b。

⑤事見［宋］釋圓悟《枯崖和尚漫録》卷上，《續藏經》第二編乙第21套第1册。

⑥［明］釋文琇《增集續傳燈録》卷一，《續藏經》第二編乙第15套第4册。

《外集》中還有與育王空叟宗印的交往記載。釋宗印，字空叟，西蜀人。初住湖山崇光、保壽，後住明州育王①。《續古尊宿語要》第五集收有《空叟印禪師語》。梵琮有《訪育王東堂空叟和尚夜話》：

> 病餘相對兩枯椿，霜髮毿毿映暖窗。縱有丹青描不得，到頭六六不成雙。
>
> 因説多年破草鞵，祖翁插脚强安排。從兹狼藉渾無底，次第提持轉見乖。②

詩中描述了梵琮病後造訪空叟宗印，二人促膝夜談的情形，且當時二人已霜髮斑斑，年事已高。又有《印空叟池荷》詩：

> 冷光照窗几，盆池清且漣。靈根得涵養，正脉有流傳。妙處斷復續，終日絲相連。緑衣塵外客，玉骨水中僊。一一可傳授，側耳臨清淵。入水入泥去，密用在汝邊。豁開無盡藏，散落珠顆圓。鯨飲竭滄海，蛟人墮眼泉。僊重大千界，名高太華顛。清風颯然起，飄動水中天。一片淨如鏡，炯炯在目前。游魚不知本，但向清陰緑。淤泥得力處，發生天地先。③

表面上看是描寫印空叟所種池荷，其實用了很多禪語，充滿禪趣。在其《外集》中，有八首詩是與朴翁義銛有關的，朴翁義銛即葛天民，字無懷，山陰（今浙江紹興）人，義銛是他出家爲僧的法名，字朴翁，曾住湖州上方寺，並學詩於釋慧梵。《了庵清欲禪師語録》卷九《西丘和尚朴翁禪師吟稿》云："佛照禪師居鄮峰時，道福相勝，學者景從。天目老祖、上方朴翁，尤嶄嶄出頭角者。……"④《元叟行端禪師語録》卷八《跋名公帖》云："蓬居事母，以孝聞當時。濟顛靈迹甚異，泉大道之流也。朴翁學詩蓬居，而青于藍。由鄮峰悟旨之後，開口動舌，無非歌咏本地風光。……"⑤因阿育王山廣利禪寺在鄮峰，故義銛也當是跟隨佛照德光在育王參學而開悟的。後返初服，

---

①事見《增集續傳燈録》卷一、[明]釋通問《續燈存稿》卷一等。《續藏經》第二編乙第 15 套第 4 册、第 18 套第 1 册。

②《率庵琮和尚語録》，頁 34a。

③《率庵外集》，頁 14b。

④《續藏經》第二編第 28 套第 4 册。

⑤《續藏經》第二編第 29 套第 1 册。

居杭州西湖蘇堤柳下,故自號柳下。與姜夔、趙師秀等多有唱和,有《無懷小集》傳世①。在梵琮的八首詩中,有四首是悼念葛無懷而作,即《懷西湖柳下朴翁》《弔西湖銛無懷於柳下》《悼銛無懷二首》,表明二人關係密切,交誼深厚。其《悼銛無懷二首》云:

　　　緇素衣雖異,詩禪保不磨。夢中無縫罅,句裏有諧訛。閲世知音少,論心所得多。雨中楊柳樹,垂淚滴清波。

　　　千里來相送,三生舊有因。百年心密契,四海道爲親。舊壁題還在,遺書墨尚新。火餘收舍利,不昧鏡中人。②

第二首寫葛無懷卒後火化梵琮前來送別。如前所述,梵琮當卒於淳祐二年三月前,則説明葛天民至晚在梵琮卒前就已去世。梵琮《懷朴翁銛無懷歸鏡湖》詩,當是思念葛無懷回故鄉山陰而作。又有《和月柏庭苔無懷三首》詩,當是在葛天民還俗後所作,其一有云:"柏庭霑雨露,葛老絆風煙","何如古藤下,塊石枕頭眠",表明了他和月柏庭、葛無懷不同的處世態度。月柏庭即釋善月(1149—1241),字光遠,號柏庭,俗姓方,四明定海(今浙江舟山市)人。于家近旁之正覺寺出家,依草庵道因、牧庵有朋、梓庵有倫、月堂慧詢聽講,于月堂慧詢席下開悟。淳熙七年(1180),初住鄞東湖辯利寺,歷住慈溪寶嚴、月波、南湖、上天竺諸講寺。嘉定八年(1215)夏五月,寧宗命祈雨應禱,特補左街僧録,主管教門公事。十二年秋,謝緣東歸。紹定三年(1230),詔復住上天竺。不久,以目疾告老于東庵。淳祐元年正月十九日示寂,壽九十三,臘七十八。柏庭善月跨涉南宋五朝,是當時頗有影響的一位法師,在教門名傾一時。物初大觀在其所撰《柏庭僧録塔銘》中給以很高評價,稱其"儀觀靖深,慧學淵博。究大部廣帙,目無全牛;疏奧旨幽難,恢有餘刃。臨筵捉塵,氣象雍容,辭不迫切而意已獨至。學徒景附,以見後爲恨。其居南湖也,講席冠東浙,及徙白雲,則天下鮮儷矣。"③著述宏富,有《法華經纂》《净名經述》《楞伽通議》《樂道歌》《擬歸去來詞》《南湖酬唱》《外

---

①關於葛天民生平事迹,可參拙著《珍本宋集五種——日藏宋僧詩文集整理研究》上册,
　　頁113—114相關考證,北京大學出版社,2013年。

②《率庵外集》,頁23a。

③[宋]釋大觀《物初膡語》卷二三,《珍本宋集五種——日藏宋僧詩文集整理研究》下册,
　　頁978。

集》《論語約説》《孟子演議》《老氏玄説》《學易初門通》等百卷①。可見他的確是學養深厚廣博且貫通三教的一位高僧。南宋宰相鄭清之以"釋之有柏庭，猶儒之有孟軻"②相比。梵琮還有《送紅糟與月柏庭》《送栗子與月柏庭》詩，表明了二人交往的一些情形。梵琮與善月雖分屬禪、教二門，但二人都是四明人，善月曾住四明南湖十三年，還住過東湖辯利寺等四明講寺，二人與史彌遠及家人關係皆密切，史彌遠視善月爲父執，其兩次住上天竺講寺，都是史彌遠舉奏的③。但二人具體相識於何時，目前還不能考知。此外，其詩歌中還有與同時代其他僧人相交往的資料。如《訪香山松源和尚》④，當是記載臨濟宗松源崇岳禪師（1132—1202）住明州香山智度禪院時梵琮去參訪他；《寄禮滅翁》中的禮滅翁即滅翁文禮（1167—1250），乃松源崇岳禪師法嗣，曾參謁育王佛照德光禪師，並任書記。浙翁如琰住蔣山，挽爲首座。歷住臨安慧雲、净慈、温州能仁、安吉福泉、四明天童諸禪寺⑤。《寄台州瑞巖高原禪師住靈隱》⑥《寄靈隱泉老》《台鴈回寄瑞巖》⑦則是記載他與高原祖泉禪師的交往。高原祖泉禪師是禪宗南嶽下十八世，金山退庵道奇禪師法嗣，其法系是圓悟克勤→密印安民→別峰寶印→退庵道奇→高原祖泉，曾住台州瑞巖、臨安靈隱寺，其生平事迹現見於記載者不多，而《台鴈回寄瑞巖》説明祖泉住瑞巖時梵琮曾到台鴈游歷，或許見過祖泉，其他兩首詩則是祖泉住靈隱時梵琮寫給他的。《悼橘洲禪師和易齋韻》中講到"我昔曾登橘洲門"，"《大光明藏》耀今古，照映萬象如諸昆"⑧。其中的橘洲禪師指橘洲寶曇（1129—1197），字少雲，俗姓許，嘉定龍游（今四川樂山）人。臨濟宗大慧宗杲弟子。他雖爲釋子，"然雅慕東坡、山谷詩文，即規模兩家，

①［宋］釋大觀《物初賸語》卷二三，《珍本宋集五種——日藏宋僧詩文集整理研究》下册，頁 979。

②［宋］釋大觀《物初賸語》卷二三，《珍本宋集五種——日藏宋僧詩文集整理研究》下册，頁 979。

③梵琮與史氏家族的關係詳見後述。

④《率庵琮和尚語録》，頁 34b。

⑤［明］張廷賓纂修《天童寺志》卷六《宋天目禪師行狀》，明崇禎五年（1632）刻本。

⑥《率庵琮和尚語録》，頁 35a。

⑦《率庵外集》，頁 20b、21a。

⑧《率菴外集》，頁 10b、11a。

筆意簡古,廁諸南宋諸名家中,可亂楮葉。"①他學問該博,擅名天下,所結交如魏杞、曾覿、汪大猷、王炎、李濤、張鎡、樓鑰、吳芾、袁燮、張栻等都是當時的名公巨卿,尤爲史浩一門人所敬重。史浩在致仕家居與寶曇結交後,在四明築橘洲、建竹院請他居住,還推舉他住持四明杖錫山。著有《大光明藏》三卷、《橘洲文集》十卷傳世。他卒於寧宗慶元三年(1197),時年六十九歲②。梵琮此詩當作於此時。《示了見侍者》詩,則是他寫給自己的弟子即《慶元府杖錫山延勝禪院率庵和尚語錄》的編者的。

(2)俗

宋代明州多佛教名剎,如南宋佛教五山,這裏就占其二,即天童與育王。很多文人高官都親近佛教,多與僧人結交往來。如鄞縣史浩一族即是,梵琮與史家是同鄉,也是他們結交的僧人之一。在《率庵外集》中,有多首與史氏有關的詩歌,也體現了他們相交往的情況。如《賀史衛王病愈》:

　　方丈維摩笑點頭,千金妙樂一時休。萬邦有道身安樂,四海無波病愈瘳。倚杖不妨扶日月,宿雲終待臥林丘。大圓鏡裏同忻慶,山鳥巖花相應酬。③

史衛王即史彌遠(1164—1233),史浩三子,寧宗、理宗朝權相。當是史彌遠病愈後梵琮所寫賀詩,但詩題應當是後來改的,因爲史彌遠是在理宗紹定六年死後才被追封爲衛王④,所以在其在世時此詩題中不應稱"史衛王"。梵琮還寫有《送茶筍與史友林二首》詩,史友林即史彌寧,字安卿,史浩從子。寧宗嘉定中知邵州,八年(1215)任滿。有《友林詩稿》二卷,今存《友林乙稿》一卷⑤。而史彌寧也有詩歌《琮上人以詩惠茶筍》爲證:

　　解道碧雲句,三生湯惠休。試春輶鷹爪,斸雨餉貓頭。夢境可容到,饞涎那復流。舌端吾薦取,倘不負珍投。⑥

---

①中國科學院圖書館所藏《橘洲文集》書後羅繼祖題記。
②《橘洲文集》卷十《龕銘》。日本元祿十一年(1698)織田重兵衛刊本。
③《率庵外集》,頁30ab。
④事見[元]脱脱《宋史》卷四一《理宗本紀》、卷四一四《史彌遠傳》,中華書局點校本,1977年,頁799、頁12418。
⑤參見《全宋詩》册57卷三○二六,頁36028小傳。
⑥《全宋詩》册57卷三○二六,頁36057。

他把梵琮比作南朝宋詩僧湯惠休。史彌寧還有《又次韻楊梅三絶句》：

> 財到南村六月時，累累紅紫玉低垂。筠籠送似露猶濕，更費支郎七字詩。
>
> 桃李漫山等俗流，諸楊汝是荔支儔。當時若貢長生殿，又得真妃笑點頭。
>
> 釀蜜搓成絳雪團，莫嫌風味欠儒酸。此詩此果君知麼，一樣驪珠粲玉盤。①

而梵琮詩現只存前兩首，見日僧義堂周信所編《重刊貞和類聚祖苑聯芳集》卷八，題作《送楊梅與史友林》：

> 風微露重雨晴時，紅璧層層碧玉枝。散盡炎蒸消盡渴，擬方圓熟友林詩。
>
> 粟肌隱映月光流，寶滿園林熟與儔。夏熟龍君行雨困，頜珠散在樹梢頭。②

可見他們常以詩歌相唱酬。梵琮又有《悼月湖與友林》詩云：

> 長庚伴月兩高明，湖海相忘有道情。無奈同生又同死，須知難弟亦難兄。梅開西嶺句中眼，水奏東吳弦上聲。昨夜溪流最嗚咽，知音一曲爲誰傾。③

其中講到月湖與友林是“同生又同死”“難弟亦難兄”，他又有《上史月湖》④詩，則月湖當也是史浩的子侄輩，是與史彌寧同年生死的弟兄。史彌寧也有《維則庵追涼題月湖屏間詩後》云：

> 淋漓醉墨灑屏間，逃暑祇園閩一斑。小阮詩懷飽丘壑，可無隻句餉江山。⑤

---

① 《全宋詩》册 57 卷三〇二六，頁 36057。
② 《大日本佛教全書》第八十八卷《藝文部一》，鈴木學術財團 1972 年編輯刊行，頁 182 下。此詩“寶滿園林熟與儔”句中“熟”字，《新撰貞和分類古今尊宿偈頌集》卷下引作“孰”，爲是。
③ 《率庵外集》，頁 37a。
④ 《率菴外集》，頁 31b—32a。
⑤ 《全宋詩》册 57 卷三〇二六，頁 36041。

宋謝采伯《密齋筆記》卷三云"史月湖自言其作文法傳於曇橘州"①,則其與橘洲寶曇也有交往。梵琮還有《題半僧太白樓》《送史半僧守南康》《壽史集賢二首》《悼九六主人史公》《贊史滄洲榜湖墅閑居》諸詩,其中史半僧、史集賢、史滄州、九六主人都姓史,皆以字號或官名相稱,可能也都屬鄞縣史氏一族,但其名字及詳情還有待進一步考證。梵琮詩《和史愷齋韻兼簡易齋》中之史愷齋,也是史浩的子侄輩人,史彌寧有《寄愷齋弟》詩云:

　　　　鷗鷺逢人問歸信,三年作客負滄洲。詩袍醉帽黃埃底,羞見扶風馬少游。②

或許史愷齋即史滄州。

　　史浩一族之外,梵琮詩歌中也顯示了與其他文人官吏的交往。如《悼樓迂齋二首》中之樓迂齋即樓昉,字暘叔,號迂齋,也是鄞縣人,光宗紹熙四年(1193)進士。與弟昞俱以文名。少時師從呂祖謙,"其文汪洋浩博,宜於論議,援引叙説,小能使之大,而統宗據要,風止水静,泊然不能以窺其涘,故其從學者凡數百人"③,理宗朝宰相鄭清之就是其中之一,後知興化軍,卒④。撰有《崇古文訣》三十五卷,今存⑤。他曾爲同是佛照德光法嗣的秀巖師瑞禪師撰寫《塔銘》并叙曰:"惟臨濟之道宏矣,六傳至楊歧而始分,楊歧四傳至佛日而始大。至拙庵而愈盛,而瑞繼之。三百年間楊歧正脉流通布濩,拙庵與瑞之功爲多云。"⑥可見他對佛教禪宗是了解而有研究的。所以梵琮在詩中評價他"沿流宗學海,探道入禪河"⑦,"文采終難掩,高明不可攀"⑧。又如他寫有《送陳菊坡守江州》《送陳菊坡守江州二首》共三首詩。陳菊坡乃陳卓(1166—1251),字立道,一字菊坡,興化軍(今福建莆田)

---

①《景印文淵閣四庫全書》本。

②《全宋詩》册 57 卷三〇二六,頁 36049。

③［元］袁桷等纂《(延祐)四明志》卷五樓昉傳,《宋元四明六志》本,臺灣新文豐出版公司,1996 年影印,頁 288 上。

④事見《(延祐)四明志》卷五樓昉傳。

⑤［清］永瑢《四庫全書總目》卷一八七集部總集類二,中華書局,1965 年影印,頁 1698 下。

⑥［宋］《(寶慶)四明志》卷九釋師瑞傳,頁 692 上。

⑦《率庵外集》,頁 22a《悼樓迂齋二首》其一。

⑧《率菴外集》,頁 22b《悼樓迂齋二首》其二。

人,自其祖父陳膏移居四明。登紹熙元年(1190)進士①。淡泊仕途,嘉定中知江州,有清白名。理宗端平二年(1235),僉書樞密院事,以資政殿學士奉祠,卒年八十六,謚清敏②。梵琮詩中有云"詞源浩渺越波濤,游刃恢恢善自操。……道同此去追蓮社,才大終當賜錦袍"。③説明陳卓也是擅長文詞且親近佛教之人。梵琮還寫有《送琴枕與趙巽齋併手琴》云:

　　　　因作千里游,草馬趁奔走。膠漆忽相投,點點燦星斗。光如臺上鏡,滑似石中溜。欲入居士室,願作文房友。一期侍座隅,響應隨所扣。……④

趙巽齋生平不詳,從詩中看也是一個佛教居士,與梵琮爲文友,且當善彈古琴。梵琮《賀趙巽齋得子》詩中云其"一門生二子,並蒂見雙蓮"⑤。梵琮還有三首詩是與趙佚老唱和及哀悼他的。趙佚老生平也不詳,梵琮《和趙佚老玉几山苔梅韻》詩中謂"佚老先生古君子,掛冠二紀樂無爲。心如□井絶狂瀾,身如枯木橫春枝。……擬喚淵明同結社,蓮舟不到清涼池"⑥。《悼趙佚老》云:"道眼明如鏡,當臺不受瞞。平生惟琢句,一世懶爲官。筆正心還正,形端影亦端。夢殘花下坐,一笑月團團。"⑦可見趙佚老是一位不求仕進,擅長作詩的隱士。南宋方岳(1199—1262)《用佚老園叟韻簡直孺併寄園叟》詩也證明了我們對趙佚老情況的判斷:

　　　　趙君規模要名世,徐君人物南州穉。欲攜老硯共研冰,梅花不許山礬弟。今年識徐如識春,未識佚老園中人。似聞竹外一溪碧,天與隔斷俗子塵。此詩到眼情已浹,吾曹終與常人別。不然持問溪頭雲,渠自容吾分半榻。⑧

────────────────

①《(延祐)四明志》卷六,頁306上。

②事見《(延祐)四明志》卷五陳卓傳、[明]黃仲昭編纂《(弘治)八閩通志》卷七一陳卓傳等。

③《率庵外集》,頁30b—31a《送陳菊坡守江州二首》其二。

④《率菴外集》,頁3a—b。

⑤《率菴外集》,頁19b。

⑥《率菴外集》,頁4a—b。

⑦《率菴外集》,頁22b。

⑧《全宋詩》册61卷三二一九,頁38448。

梵琮還有《和佚老園叟咏蓮花》詩（略）。

（三）文學資料價值

梵琮一生創作了不少詩歌，《全宋詩》中收錄 166 首①，大都是禪宗偈頌、歌偈，主要錄自《語錄》。《外集》中所載梵琮詩歌共 192 首，除去與《語錄》中重複的《寄禮滅翁》一首，再加上朱剛等輯補的 50 首，共有 407 首。這都是我們研究梵琮詩歌和思想的基本資料。僅就《率庵外集》來看，其 192 首詩歌分爲古風和律詩兩大類。古風 51 首，五律 74 首，七律 67 首。《外集》中未收絶句，但《全宋詩》及朱剛等輯補的詩中有很多是七絶與五絶，以七絶爲多，朱剛等輯補的 50 首詩則全是七絶。可見梵琮是嘗試作各種體裁的詩歌的。從詩歌内容來看，多是表現其閒居生活、與僧俗友人同道相酬唱、送别、題贈、答謝、哀悼之作，還有對山川景物的歌咏描寫，涉及其生活中的人、事、物各個方面，題材比較廣泛。特别是《外集》中有《贈背書匠》《贈刊印匠》《贈息氣道人》《贈放煙火人》等幾首詩②，描寫和歌咏了當時社會中具有某種技藝和特長的人，對全面了解當時的社會生活是很有意義的。總的來說，梵琮詩歌主要有以下特點：

1. 推崇陶淵明，有學陶傾向

陶淵明是東晉的大詩人，也是魏晉南北朝時期最傑出的詩人，其詩歌在題材、思想、藝術上都取得了很高的成就。但在當時他的詩歌并没有引起足够的注意③。到了宋代，才真正確立了陶淵明在文學史上的崇高地位，宋代梅堯臣、歐陽修、蘇軾、王安石、黄庭堅、陸游、楊萬里、朱熹等衆多知名的文人、詩人，都有崇尚、欽佩、學習其爲人爲詩的詩文，特别是蘇軾，"在晚年傾其精力學陶、和陶，推重陶的人格并以陶自許，不僅爲世人描繪出一位代表宋人理想人格、任真飄逸的陶淵明形象，而且對陶詩'質而實綺，癯而實腴''外枯而中膏，似淡而實美'的美學價值首次作了明確而深入的理性揭示，把陶詩推到了詩美理想的典範地位和無人能及的詩史巔峰，

---

① 《全宋詩》共收錄梵琮詩 168 首，但其中有兩首《頌古》前後重複收録，故實收 166 首。
② 《重刊貞和類聚祖苑聯芳集》卷四又有《百鳥鳴人》《剪花樣人》兩首。
③ 南朝梁鍾嶸《詩品》把陶詩列爲中品，見［清］何文焕輯《歷代詩話》上册，［梁］鍾嶸《詩品》卷中，中華書局，1981 年，頁 13。

從而牢固地奠定了陶淵明在中國詩歌史上的獨特地位"①。對其同時和後代詩人產生了很大影響，形成了學陶的風氣，出現了大量和陶、學陶之作。這種風氣也影響到大量詩僧，特別是禪宗僧侶。朱熹曾説："晉宋間人物雖曰尚清高，然箇箇要官職，這邊一面清談，那邊一面招權納貨，淵明却真箇是能不要，此其所以高於晉宋人也。"②從禪宗僧侶的角度看，無論是陶淵明詩歌平淡自然的藝術風格，還是其率真自然、真正能放下名利的性格，都是與佛教禪宗的思想不謀而合的。而慧遠大師在廬山結白蓮社及與陶淵明關係的種種傳説，也是他們津津樂道的話題。率庵梵琮也正是南宋大量崇陶、學陶的詩僧中的一個。他上堂説法及吟咏的詩偈中，常會用到陶淵明的典故和詩歌。如：

　　　　重九上堂：今朝九月九，物物盡知有。黄花散金錢，茱萸開口笑。五老絮帽落風前，陶公醉石翻筋斗。衲僧家，隨所守，一盞山茶轉時候。堪笑采菊東籬下，悠然見南山。坐在草窠中，翻成不唧𠺕。③

又如《紫璘供奉注經國師以水一盞米七粒筯一雙示之》：

　　　　柳色重重翠作堆，豁開三徑不紆迴。門前祇是舊時底，付與淵明歸去來。④

《和史愾齋韻兼簡易齋》詩云：

　　　　蓮社遺風在，三笑同一坊。過溪忽照影，萬象難遮藏。相忘有道術，混迹同群羊。幽鳥獻花供，疎竹奏笙簧。大千一粟粒，不假縮地方。山川展圖畫，雲霧披衣裳。桃源路不遠，硯水流花香。道存不下帶，無風人自涼。……⑤

其中用了傳説中慧遠、陶淵明、陸修靜虎溪三笑的典故。又《和趙佚老玉几山苔梅韻》末句有"擬唤淵明同結社，蓮舟不到清涼池"⑥之句。可見他對陶淵明的熟悉和喜愛。他還作了三首和陶詩，即《和陶淵明形影釋三首》：

_____

① 李劍鋒《元前陶淵明接受史》，齊魯書社，2002 年，頁 220。
② ［宋］黎靖德輯《朱子語類》卷三四，明成化九年陳煒刻本。
③ 《率庵琮和尚語録》頁 15b—16a《南康軍雲居山真如禪院率庵和尚語録》。
④ 《率菴琮和尚語録》頁 28a—b《頌古》。
⑤ 《率庵外集》，頁 3b。
⑥ 《率庵外集》，頁 4b。

大海一漚發，性天雲起時。油然與物化，掣電隨所之。出處不相捨，聚散皆在兹。水清冷相照，見面如有期。君直我不屈，君止我無思。懷古忽悲悼，江河爲流洒。拗折壁上弓，決盡杯中疑。應現出萬端，有口無一辭。《形》

不向這邊行，爲愛深藏拙。依困念懷卷，就陰蹤迹絶。有時喜相隨，舞踏同懽悦。窻明得相逢，窻暗忽相别。明暗有虧盈，妙體無生滅。立雪未嘗寒，曝背何曾熱。恰如井中泉，汲引深不竭。造物本同條，誰勝復誰劣。《影》

大塊忽分剖，萬物盡昭著。覓之本無形，一氣含新故。草本有短長，松蘿相攀附。下有千歲苓，上有黄鸝語。發我向上機，機前無著處。形影兩俱忘，到家本無住。從頭屈指輪，元不墮諸數。半夜鬼分贓，衣鉢閑家具。自此喪吾宗，可毁不可譽。而今如再□按：原脱一字，當頭棒將去。四海似鏡清，無憂亦無懼。鼓腹恣謳歌，一飽百無慮。《神釋》①

《形影神》三首詩，是反映陶淵明自然哲學和人生哲學的重要作品。他借用形、影、神三者的問答，表達了自己對天地、山川自然及人的生死禍福、貴賤賢愚等看法，闡述了自己的哲學思想和人生態度。第一首爲《形贈影》，"形"認爲只有天地和山川是永恒不絶的，草木依照常理，經過風霜雨露會有榮悴代謝，人是萬物靈長，却不同於山川草木，死而不能復生，故"形"勸"影"："願君取吾言，得酒莫苟辭"②；第二首是《影答形》，"影"則反"形"之意，認爲既然人的生命不能永存，又無保護身體健康長壽的良策，學道求仙之路也渺然不通，形影相隨的日子也難長久，終將"黯而俱時滅"③，那還不如竭力"立善"，以流芳後世。酒雖能解憂，但與"立善有遺愛"相比就太低劣了。第三首由"神"作了總的闡釋，并批評了"形"與"影"的觀點。"神"認爲，天地造化，無所偏私，萬物森然畢現，自有其榮悴的規律。無論是三皇、

①《率菴外集》，頁 1b—2b。
②［晋］陶淵明著、龔斌校箋《陶淵明集校箋》卷二，上海古籍出版社 1996 年版，頁 59。
③［晋］陶淵明著、龔斌校箋《陶淵明集校箋》卷二，頁 63。

彭祖、老少、賢愚，都不能免於一死。每日飲酒至醉，或許能暫時忘却不能長生的煩惱，但長此以往傷害身體，不是適得其反了嗎？"立善"常常是人們喜歡做的，但又有誰會稱譽你呢？過分思慮反而會傷害我們的生命，還不如委運自然，"縱浪大化中，不喜亦不懼，應盡便須盡，無復獨多慮"①。有關陶淵明《形影神》詩的主旨，歷來有不同的闡釋，葉躍武認爲其主旨是"如何面對生命的有限性"，"'形'采用及時行樂的方式，'影'代表對身後功名的追求，'神'則試圖做到不以生死爲懷。"②他進而引錢志熙觀點認爲"陶淵明這種形影神的思想是'魏晉生命思潮中最有代表性的三種生命觀：即物質主義生命觀、立名不朽生命觀和自然體道生命觀'"③。歷代多有和陶淵明《形影神》組詩者，宋代除了蘇軾所作和詩外，目前所見還有李綱、吳芾和梵琮所作④。而梵琮作爲一名禪師，他的生命觀與陶淵明是有所不同的，他的和詩分別以形、影、神爲主題，主要闡述了自己的佛教禪宗思想。其《形》詩首句出自《楞嚴經》"空生大覺中，如海一漚發"⑤，而"有漏微塵國，皆依空所生。虚空暗鈍，體是不覺，不覺生覺如海一漚"⑥。人的生命本空，它油然與物相遷化，并如掣電般隨其所之。接着詩中描寫了形與影的不離不棄、相依相隨、渾然一體，而最後四句忽然一轉，主張要"拗折壁上弓，決盡杯中疑"，打破對名相的執着，不要自尋煩惱，才能不費一辭，應現萬端，顯出真如本性。第二首《影》詩前八句描寫了影的特點，它隨形時現時絶，如窗明時與形相逢，窗暗時忽然相別不見。而形影雖因明暗有虧有盈，但真如妙體却無生無滅，它立雪不寒，曝背不熱，如井中之泉水，"汲引深不竭"。最後兩句則説明萬法平等，皆緣起性空，並無勝負優劣之分。第

---

①《陶淵明集校箋》卷二《神釋》，頁 65。

②葉躍武《陶淵明〈形影神〉的生命主題及其與詩學史的互釋》，《文藝理論研究》，2018
　年第 2 期，頁 88。

③葉躍武《陶淵明〈形影神〉的生命主題及其與詩學史的互釋》。

④李綱和詩見《全宋詩》册 27 卷一五五三，頁 17631—17632，北京大學出版社，1996
　年；吳芾和詩見《全宋詩》册 35 卷一九五六頁 21835、卷一九六五頁 22010，北京大學
　出版社，1998 年。

⑤［宋］子濬集《首楞嚴義疏注經》卷六，《大正新脩大藏經》第 39 册，No. 1799。

⑥［宋］子濬集《首楞嚴義疏注經》卷六，《大正新脩大藏經》第 39 册，No. 1799。

三首《神釋》謂世界混沌既分，萬物都昭然若揭。萬物之“神”一氣含新，覓之無形。而詩中第五至八句則是“萬物盡昭著”的體現。“發我向上機，機前無著處”，謂當放下一切分別執着，以離相心觀一切法相，則所謂“青青翠竹盡是真如，鬱鬱黃花無非般若”①，應該做到“形影兩俱忘”，才是自己的本來面目。而達到了佛的無爲境界，則不會墮入種種差別之有爲法數。連對“衣缽”“吾宗”的執著也都放下，心無掛礙，則“四海似鏡清，無憂亦無懼”。所以此詩所謂“神”，當指萬物的真如本性。禪宗主張隨緣任運，也就是梵琮詩歌中的“無憂亦無懼”“一飽百無慮”，這與陶淵明委運自然的思想有相通之處。其詩歌較少用典，多平易自然之作，當也受到陶淵明詩風的影響。

2.認爲詩禪一致，多以詩說禪

梵琮在東湖庵居時，上堂講了一個故事，表達了他對詩禪關係的看法：

> 一日二僧相訪。一僧云：“我能作詩”。一僧云：“我能說禪”。說禪僧笑作詩僧云：“你但做得尖新語句，不知祖師向上巴鼻”。作詩僧笑說禪僧云：“你但識得向上巴鼻，不知詩中眼目”。二人爭之不已。庵主和會曰：詩中有禪，東湖湖上浪滔天，一葉扁舟破曉煙。禪中有詩，手把烏藤出門去，落花流水不相知。禪與詩，何所爲，斷送二翁出門去，得閑唱箇哩囉嘀。②

從中可以看出他認爲詩中有禪，禪中有詩，詩禪一致，二僧應該放下對“詩”或“禪”的執著。詩禪一致的認識，體現在他的詩歌創作中。他的很多作品都是用詩歌的形式、禪宗的語言頌祖贈別，并表達佛理禪機、禪意禪趣。《語錄》中的頌古、歌偈，大都如此。《外集》中也有不少以詩說禪的詩歌。如前引《送派無際住花亭庵》詩，其中用了很多禪語，如“語默不犯露全機”“踏翻舡子没巴柄”“逆順提持佛祖令”“當頭撲碎大圓鏡”等。而“李白桃紅果自成，竹深荷淨花滿徑”則表達了他的禪宗思想。又《贈超上人》：

> 海印發其光，萬象正隱形。洪纖與曲直，應現隨物情。所學得其要，所見在於明。譬如善畫師，袖手畫已成。超宗入教海，百川注不盈。擬欲沿其流，流多涉途程。不如返其源，百川在户庭。日用潤如

_____

①見［宋］善卿編《祖庭事苑》卷五，《續藏經》第二編第 18 套第 1 册。
②《率庵琮和尚語錄》頁 20b—21a《率庵和尚東湖庵居語》。

水，動静皆澄清。青燈對黄卷，紅日照窗櫺。誰能領此意，幽禽三
兩聲。①

整首詩也是在對超上人説禪理，囑咐他所學要"得其要"，"所見在於明"。
他認爲超上人學入教海，不如返歸於禪，明心見性，領會"日用潤如水，動静
皆澄清。青燈對黄卷，紅日照窗櫺"的禪意。又《贈謙上人》云：

　　天地因有謙，物物各消長。大道因有謙，吞吐於萬象。道體本寂
寥，如火難趨向。近之燎面門，遠之生妄想。熱處忽騰身，颺下然火
杖。塊然袖手坐，大千平似掌。歛時可藏六，用處空蕩蕩。臨流休羨
魚，歸家教結網。功成在撈漉，沉潛貴涵養。竹風忽滿庭，古柏傳
清響。②

整首詩圍繞"謙"字，展開對道體的闡述，并囑咐謙上人臨流羨魚，不如歸家
結網，要下功夫沉潛涵養，最後終將會得"竹風忽滿庭，古柏傳清響"的境
界。又如《掃地》：

　　兀兀袖手坐，不如淨掃地。坐久翻成勞，地淨塵塵離。非從外得
來，與地元非異。只於動用中，發明成大智。拈起苕帚柄，露出祖師
意。縱横用莫窮，所作無不備。淨處無住著，穢處休回避。掃盡聖凡
縱，説甚第一義。③

把掃地與參祖師意相聯繫，認爲真如本性人人具有，不需向外求，"只於動
用中，發明成大智"，要掃盡一切聖凡的分別，連對"第一義"的執著也要放
下。這些詩歌都是在議論説禪，缺少形象思維，與《語録》中的偈頌並無什
麽區别，詩歌的藝術感染力不强。他還有一些詩歌，雖然也宣傳佛教思想、
説禪，但没有那麽直接，有對自然風物的描寫，有一定的藝術感染力。如
《七夕獨坐》：

　　人皆做七夕，南樓獨閑坐。片月掛林梢，清影分朵朵。澗水瀉竹
葉，群峰列山果。味全易下口，物珍絶包裹。享此一杯供，何人過似
我。回首望天門，牛郎著情鎖。雲間布鵲橋，喜極忽傾墮。何如静無

①《率庵外集》，頁 9a。
②《率菴外集》，頁 9b。
③《率庵外集》，頁 17b。

事，六鑿自妥妥。圓識見澄明，曉露凝珠顆。①

七夕是牛郎織女相會的日子，而作爲禪宗僧侶，他閑坐南樓，看著"片月掛林梢，清影分朵朵。澗水瀉竹葉，群峰列山果"的自然美景，沉浸在自己禪静的世界里，悠然自得。他認爲牛郎爲情鎖束縛，喜極而悲，不如自己恬静無事，六鑿自然安適。還有一些詩表面是在描寫一些事物，實際是在説禪，使讀者在理解字面意思的同時又可參得言外之意、意外之悟。如《無弦琴》：

> 不費絲毫力，清聲徹骨寒。静中惟可聽，暗處好生觀。星月落徽外，松風發指端。等閑彈一曲，天地黑漫漫。②

無弦琴的典故也出自陶淵明，梁蕭統《陶淵明傳》云："淵明不解音律，而蓄無弦琴一張，每酒適輒撫弄，以寄其意。"③又《晉書》卷九十四《陶潛傳》謂其"性不解音，而畜素琴一張，弦徽不具，每朋酒之會，則撫而和之，曰：'但識琴中趣，何勞弦上聲！'"④這兩處記載其實主要説明陶淵明所注重的並非琴的有弦無弦，有聲無聲，而是心靈的感受和精神的愉悦，只要識得琴中的意趣就足矣，表現了陶淵明的不同凡俗、"穎脱不羈、任真自得"⑤。禪宗不立文字，教外別傳，以心印心。要參得言外之意，即心即佛。只要用心去體悟，大自然就好比是無弦琴，不用費絲毫之力，就能奏出令人感到徹骨之寒的清聲，使人頓悟佛法，達到大休大歇之處。又《輕笠》：

> 世人皆負重，唯我獨便輕。重者難爲力，輕者易爲情。信手恣拈掇，用捨亡虧盈。古鏡開塵匣，圓月出大清。寒光絶纖翳，内外常虚明。風吹與日炙，霧擁並雲凝。當頭直截過，全身有所憑。得力在轉處，高下隨敧傾。入水未常溺，登山快途程。入林不動草，側身可隱形。是物同盂覆，頂顙如掌平。來往絶蹤迹，步步隨人行。拈起與放下，到底不多争。盡力撲不破，看來逸興生。松梢墮曉露，點滴芭蕉

---

①《率庵外集》，頁 14a。

②《率菴外集》，頁 28a。

③[宋]王質等《陶淵明年譜》，中華書局，1986 年，頁 252。

④[唐]房玄齡等《晉書》，中華書局，1974 年，頁 2463。

⑤[唐]房玄齡等《晉書》，頁 2460。

聲。逢人舉首處，覿面當機呈。①

表面是在細緻地描摹輕笠的特點和用處，實際上又彷彿在叙述參禪達到了開悟的境地，所以可以"信手恣拈掇，用捨亡虧盈。古鏡開塵匣，圓月出大清。寒光絶纖翳，内外常虛明"。其中也用了很多禪語，如"當頭直截過""拈起與放下""覿面當機呈"等，都是一語雙關的，使人體味到其中的禪趣、禪意。又《雪中焰爐二首》其二：

　　　　祖意無多子，拈來秖一吹。光分開發處，機露擊敲時。頭上凝殘
　　雪，林間拾老枝。一番烟滅後，冷煖自家知。②

表面是在描寫焰爐的情況，但開頭的"祖意無多子，拈來秖一吹"，已經透露其真實消息。焰爐燃燒的過程，彷彿是無情説法，"光分開發處，機露擊敲時"，待到煙消爐滅，是否得以證悟，就只有自己知道了。

　　又如《贈刊印匠》：

　　　　利刀頭上定千差，縫罅纔通即到家。偶爾成文蟲蝕木，自然得路
　　鳥行沙。當鋒用處隨高下，劈面提時驗正邪。顧我得來懸肘後，不同
　　塵世使冬瓜。③

似乎是在描述刊印匠的具體工作，同時又好像是在叙述禪師接引、勘驗學人的過程，如"當鋒用處隨高下，劈面提時驗正邪"等等，意思非常明顯。總之，這一類的詩歌還有很多，以詩説禪，是梵琮詩歌的顯著特點。

　　3. 擅於咏物

　　與其他南宋詩僧不同的是，梵琮作了大量咏物詩，涉及各種名物，舉凡生活中所見所及，隨手拈來，似乎皆可入詩。家鄉名山如玉几、太白；風景宜人的活動場所及居處如借碧軒、積翠軒、溪聲堂、瞻雲庵、竹房、如如庵、寂照堂；文房用具如紙、墨、硯、琴、琴枕；生活中一般用具如香爐、籃、綫、鶴帳、拄杖、水管、茶瓢、條茶筆、笠、水磨、天窗、風鈴等；食物如紅糟、栗子、楊梅、荔枝、櫻桃、冬瓜、筍、茶、藕、胡桃等，常見的自然景觀如雪、冰、泉；動物及昆蟲如貓、蜘蛛、促織、蜜蜂等都是他描寫和歌咏的對象。特別是以花鳥爲題材的詩歌更多，如梅花、水仙、蓮花、桃花、蘭花、牡丹、菖蒲、凌霄花、盆

---

①《率庵外集》，頁 16b—17a。

②《率菴外集》，頁 28a。

③《率菴外集》，頁 39a。

竹、水梔、罌粟花、薔薇花、雞冠花、鳳仙花、烏、白鷺、畫眉、姑惡、魚虎皆是。他對名物的刻畫往往細緻、生動，使人有身臨其境之感。如《咏雪》：

> 狂風休歇千林靜，冷逼寒床睡初醒。白生虛室照眼明，恍疑月華透窗影。起來開户步空庭，但覺目前孤迥迥。萬象平沈不見蹤，漫漫蓋覆千峰頂。人間換世劫塵空，舊蕾花開彈指頃。朝來頓覺富諸隣，玉樹瓊樓與誰並。理融事極轉天機，杲日當空耀光景。泮然漏泄溜清聲，簷前滴滴誰深省。無心用處枉施工，可笑癡兒競填井。①

詩中描寫一場大雪過後，作者被冬日的寒冷逼醒所看到的情景。由近至遠，由眼前空庭白茫茫一片的清寂氣氛到想象萬象平沈，不見蹤迹，千峰之頂皆被漫漫白雪覆蓋的景象，好像彈指之間人世間換了一個模樣。詩的後半段筆鋒一轉，又描寫雪後杲日當空照耀，冰雪滴滴融化，從而啟發人們要隨順自然，不要枉用工夫。又如：《送栗子與月柏庭》：

> 林間有土宜，可以療饑餓。皮膚得人憎，密密蝟包裹。翁曾吐吞〔按：此句脱一字，傍觀無可奈〕。熟處豁然開，露出三兩箇。色奪僧伽梨，同宗相倚卧。有正亦有偏，不小亦□〔按：原脱，疑爲不字大〕。一一皆圓全，各各可傳播。掩耳忽咬著，爆然驚四坐。其物輕如毛，其意重如磨。馳獻老柏庭，當頭俱捏破。②

其中對栗子的描寫非常細緻、生動、逼真。又如《咏貓》：

> 門冷汝尸素，哀鳴幾斷魂。清晨頻遶膝，靜夜鬧翻盆。步月歸花塢，呼兒過竹村。地爐煙火冷，相與度朝昏。③

貓是僧人在孤寂生活中常相伴左右的動物，詩中形象地刻畫了貓早晚的活動情況，在清冷的時節，只有貓相陪度日。

在花卉中，梵琮比較常描寫蓮花和梅花。因爲蓮花本身和佛教就有著不解之緣。傳説佛祖釋迦牟尼一出世，就站在蓮花上，一手指天，一手指地，並説："天上天下，惟我獨尊。"而梅花也因其不畏嚴寒、傲霜鬥雪、冰清玉潔、高雅脱俗的品格爲人們所喜愛，是宋人經常題咏的花卉。梵琮有《南湖重臺蓮》《咏蓮》《和佚老園叟咏蓮花》《重蓮》等詩，如其《重蓮》：

---

①《率庵外集》，頁 15b。
②《率菴外集》，頁 7a。
③《率菴外集》，頁 29a。

映水重重錦一機，風搖綠葉動漣漪。高低開落同三昧，次第傳芳
在一時。根有淺深隨近遠，臺分上下見尊卑。淤泥玉質終難昧，肯逐
秋風一夜衰。①

描寫蓮花所顯露的佛理禪機，并對其出淤泥而不染、高標絶俗的品格加以
贊美。其寫梅花的詩有《和趙佚老玉几山苔梅韻》《梅泉》《落梅二首》《見梅
二首》《梅塔》等。如《見梅二首》其二：

交泰同萬象，抱道歲寒時。月上花臨水，雪消蘚滿枝。匪從見聞
得，聊許探尋知。一點芳心裏，包藏處士詩。②

詩中對梅花抱道歲寒，月下臨水橫斜，冰雪消融後香飄滿枝的意境加以贊
美，由林逋《山園小梅》詩延伸而來。他的很多咏物詩實際上也是借物喻
禪，如前述《雪中焰爐》《輕笠》等詩。兹不贅述。

另外，梵琮還作過一首《山居》，是藥名詩，每句詩中植入藥名，有文字
游戲的成分，也顯示出他駕馭運用語言的能力。

平生多厚朴，獨活誰與同。三間著草裏，歲晚欲防風。竹疎宜半
夏，山深可款冬。懶翻破故紙，潔耿少相從。蒲團恣休歇，潛藏蟠地
龍。酌泉薦秋菊，辟穀飡甘松。懸崖流石膏，水淨鑑天容。隱身甘草
裏，香飄桂子中。幽徑可旋復，談笑喜菝蓉。幸人同聚首，附子忽相
逢。性明多益智，心淨還復憐。神珠輝滄海，杲日照天靈。車前子不
到，遠志忘交情。當歸何處去，目斷天南星。③

其中厚朴、獨活、草裏、防風、半夏、款冬、破故紙、潔耿（桔梗）、歇（蝎子）、地
龍、秋菊、甘松、石膏、甘草、桂子、旋復、菝蓉、幸人（杏仁）、附子、益智、復憐
（茯苓）、車前子、遠志、當歸、天南星等都是中藥名，或許梵琮對中藥也有研究。

四　結語

從以上的考述我們可以了解到，《率庵外集》是一部中國國内已經佚失
已久而完好保存於日本的宋僧詩集，它具有珍貴的文獻學價值、史料價值

①《率庵外集》，頁 41a。
②《率菴外集》，頁 26b。
③《率菴外集》，頁 18b。

及文學資料價值。利用它提供的資料，可以推進對率庵梵琮本人諸如生卒、姓氏、活動地區等基本情況的研究，也可以進一步推進我們對其文學思想、禪學思想及詩歌的研究。同時也可以使我們了解到與其同時的、相交游往來的僧俗情況，從而補充和加深我們對南宋社會各個階層人物的了解。對南宋詩僧及宋代文學的研究無疑也是有所裨益的。

五　附書影

（一）兩足本

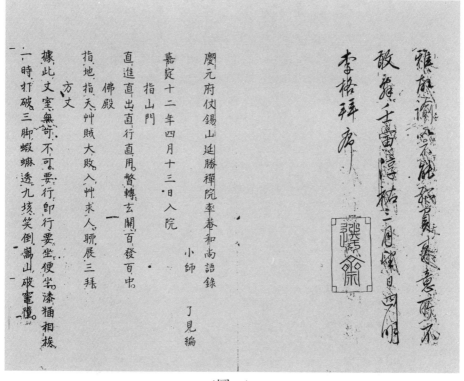

（圖一）

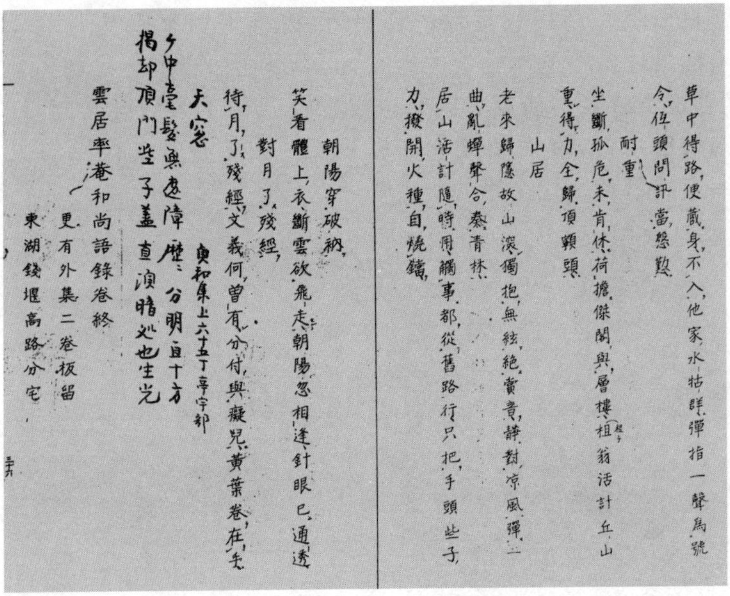

草中待路，便藏身不入，他家水牯牸彈指一聲為號
令伴讓問訊當憨麼
耐重
坐斷孤危未肯休荷擔傑閣與層樓相
惠待力全歸頂顋頭
山居
老來歸隱故山滾獨把，無弦絕賣唱對京風彈一
曲亂蟬聲令泰青林
居山活計隨時閒纈事，都從舊路行只把，手頭些子
力撥開火種自燒鐺

朝陽穿破衲
笑看體上，衣斷雲欲飛走朝陽忽相連針眼已通透
對月了殘經
待月，了殘經文義何，當有分付，與癡兒黃葉卷，在，先
奧和集上六十五丁，亭字都
天窓
夕中臺髮與逐障
揭却頂門坐子蓋直演暗處也生光
雲居率菴和尚語錄卷終
更有外集二卷板留
東湖錢堰高路分宅

（圖二）

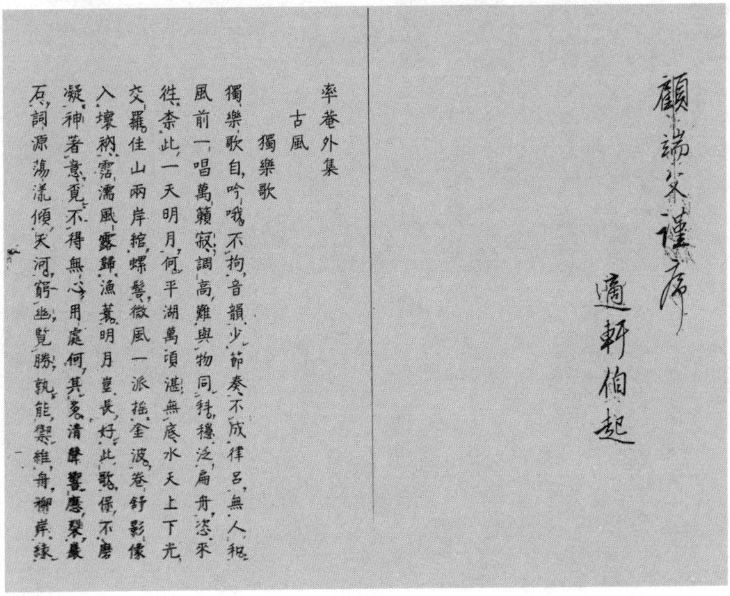

顧端采謹序

邁軒佰起

率菴外集
古風
獨樂歌

獨樂歌自吟噦不拘音韻少節奏不成律呂無人把
風前一唱萬籟調高難與物同詰棘泛扁舟泛來
徃奈此一天明月何平湖萬頃遙無底水天上下光
交羅住山兩岸縚蝶鷥微風一派搖金波卷舒影像
入壞衲露濡露歸蕙明月昼長好此鷗儔不磨
凝神着意覓不得無心用處何其意清聲竇應鬖
石，詞原蕩漾傾天河窮幽覽勝孰能恕維舟禪岸綠

（圖三）

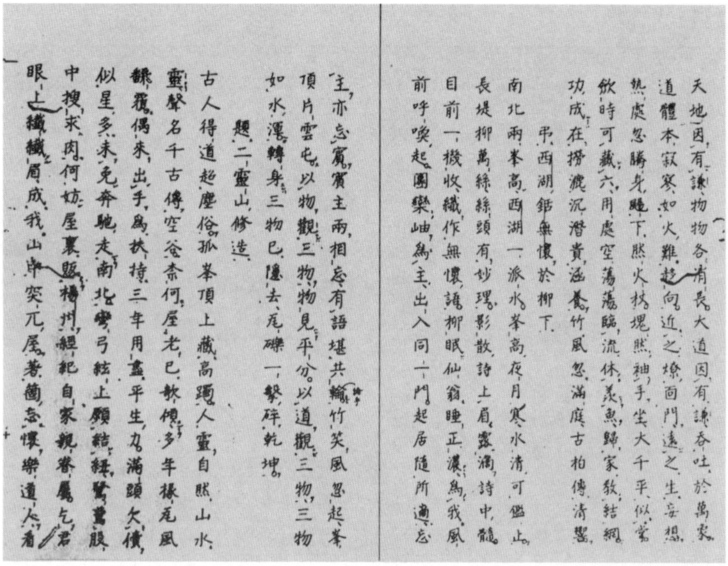

天地因有謙物物各有長大道因有謙吞吐於萬象
道體本寂寥如火難趁向近之燎面門遠之生妄想
熱處忽騰身鑊下然火杖境然袖手坐大千平似掌
飲時可藏六用處空蕩蕩臨流休羨魚歸家效結網
功成在撈漉沉潛貴涵養竹風忽滿庭古柏傳清響
弔西湖錯無懷於柳下
南北兩峯高西湖一派水峯高夜月寒水清可鑑止
長堤柳萬絲絲絲頭有妙理影散詩上肩露滴詩中髓
目前一機收織作無懷譏柳眠仙翁睡正濃爲我風
前呼喚起團欒岫爲主出入同一門起居隨所適忘
主亦忘寬賓主兩相忘有語堪共輪竹笑風忽起峯
頂片雲乜以物觀三物物見平分以道觀三物三物
如水湛轉身三物已隱去尾礫一擊碎乾坤
題二靈山修造
古人得道超塵俗孤峯頂上藏高躅人靈自然山水
靈聲名千古傳空谷奈何屋老已欹傾多年椽瓦風
雨殘偶來出手爲扶持三年用盡平生力滿頭欠債
似星多未免奔馳走南北彎弓絃上願結緣驚書腹
中搜求肉何妨屋裏販揚州纏紀自家親眷屬乞君
眼上纖纖眉成我山中突兀屋著簡忽懷樂道人看

（圖四）

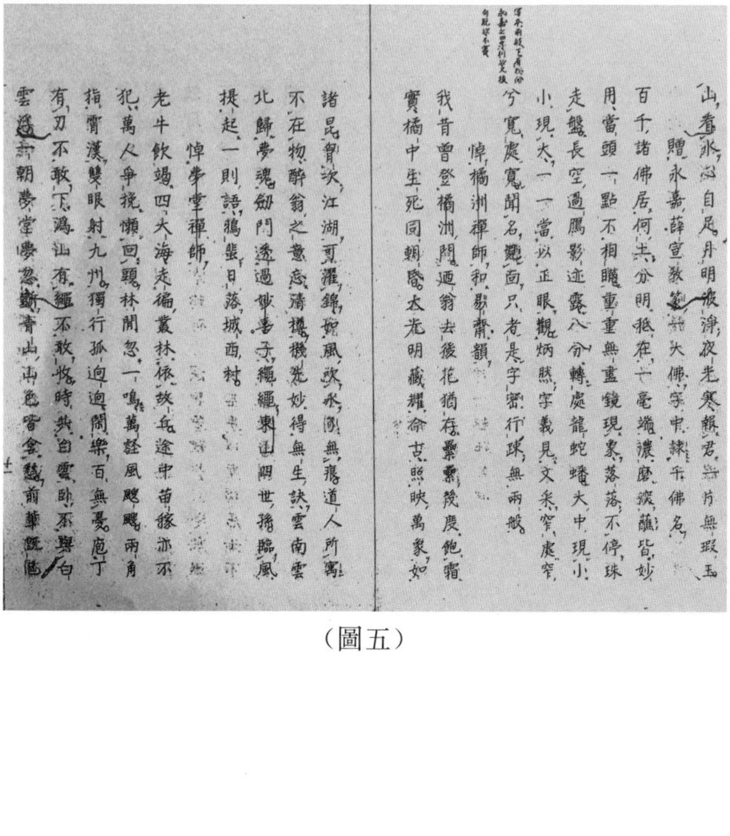

山看水如自足月明波淨夜光寒顧君片無瑕玉
贈永嘉薛宣教篆於大佛字中隸千佛名
百千諸佛居何出分明抵在一毫端濃磨淡釀皆妙
用當頭一點不相瞞重重無盡鏡現象落落不停珠
走盤長空過鴈影迹露八分轉處龍蛇蟠大中現小
小現大一一當以正眼觀炳然字義見文采窮處窮
兮寬處寬聞名親面只者是字密行疎無兩般
悼橘洲禪師和影齋韻
我昔曾登橘洲門迺翁去後花猶存纍纍幾度飽霜
實橘中生死同輕蔭太光明藏耀今古照映萬象如
諸昆會決江湖可濯錦蜀風吹來倒無礙道人所寓
不在物醉翁之意寄清樽機先妙得無生訣雲南雲
北歸夢魂劒門遙過鐵菩子繩纏東西四世務臨風
提起一則語鶴蜚日落城西村
悼季堂禪師
老牛飲竭四大海走徧叢林依故岳途中留緣亦不
犯萬人爭挽懶回頭林間忽一鳴萬壑風颼颼兩角
指霄漢雙眼射九州獨行孤迥迥閑樂百無憂庖丁
有刃不敢下溈山有繩不敢收時共白雲臥不與白
雲遊新朝季堂夢忽斷青山雨色啼含愁前華照臨

（圖五）

(二)京大本

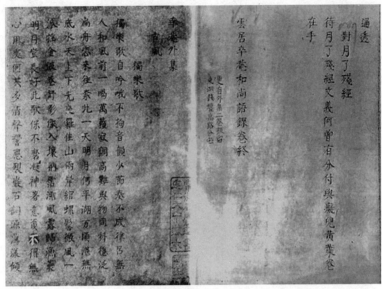

(圖六)

(圖七)

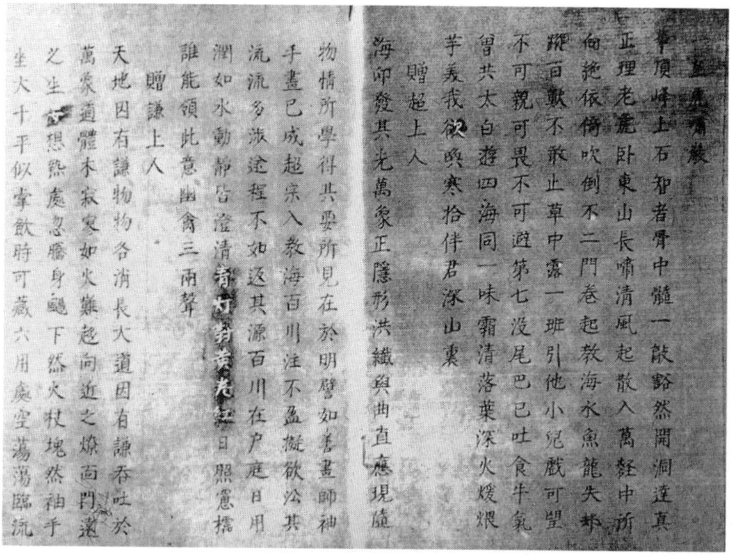
掌頂峰上石智者骨中髓一散豁然開洞達真
正理老龐臥東山長嘯清風起散入萬經中所
向絶依倚吹倒不二門卷起教海水魚龍失都
躍百獸不敢止草中露一班引他小兒戲可望
不可親可畏不可避第七沒尾巴已吐食牛氣
曾共太白遊四海同一味霜清落葉深火煖煨
芋美我欲與寒拾伴君深山裏
贈超上人
海印發其光萬象正隱形洪纖與曲直應現隨
物情所學得其要所見在於明譬如善畫師神
手畫已成超宗入教海百川注不盈擬欲沿其
流流多派途程不如返其源百川在戶庭日用
潤如水動靜皆澄清奇灯豹黃光紅日照憲檣
誰能領此意幽禽三兩聲
贈謙上人
天地因有謙物物各消長大道因有謙吞吐於
萬象道體本寂寥如火難趍向近之燎面門還
之生□想熟處忽騰身飇下然火杖塊然袖手
坐大千乎似當飲時可藏六用處空蕩蕩臨流

（圖八）

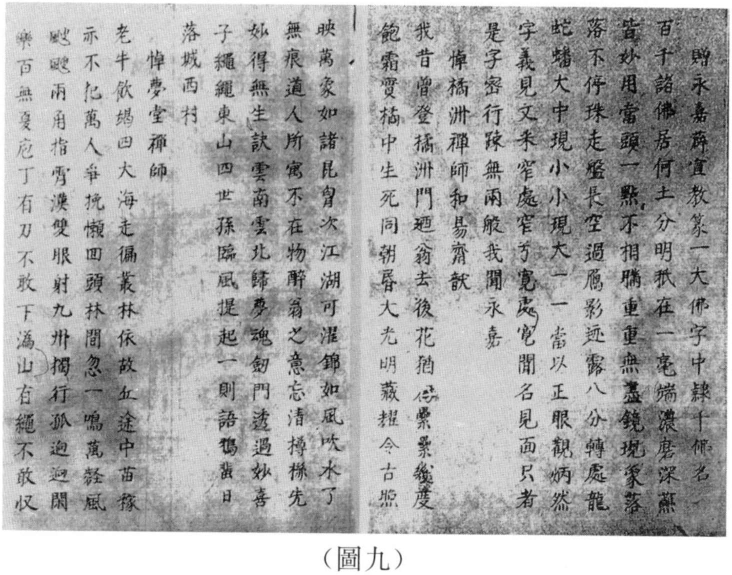
贈永嘉蔣宣教篆一大佛字中隸十佛名
百千諸佛居何土分明祗在一毫端濃磨深蘸
皆妙用當頭一點不相瞞重重無盡鏡現象落
落不停珠走盤長空過鴈影迹露八分轉處龍
蛇蟠大中現小小現大一一當以正眼觀炳然
字義見文字窄處窄兮寬處寬聞名見面只者
是字密行蹤無兩般我聞永嘉
悼橘洲禪師和易齋韻
我昔曾登橘洲門廼翁去後花猶□纍纍幾度
飽霜霣橘中生死同朝昏大光明藏摠今古照
映萬象如諸昆胄次江湖可濯錦如風吹水了
無痕道人所寓不在物醉翁之意忘清樽機先
妙得無生訣雲南雲北歸夢魂劒門透過妙喜
子繩繩東山四世孫臨風提起一則語鵓鴣日
落城西村
悼夢堂禪師
老牛飲竭四大海走徧叢林依故丘途中苗稼
示不犯萬人爭挽懶回頭林間忽一鳴萬壑風
颼颼兩角指霄漢雙眼射九州獨行孤迥迥閒
樂百無憂庖丁有刀不敢下溈山有繩不敢收

（圖九）

（作者單位：北京大學中文系、北京大學中國古文獻研究中心）

附記：

本文初稿曾於 2018 年 9 月 4 日在日本早稻田大學中國古籍文化研究所主辦的“中日漢籍與文化國際學術研討會”上發表。日本慶應義塾大學高橋智先生、堀川貴司先生、京都大學李華雨同學曾幫助複製相關資料，在此謹表衷心感謝。

域外漢籍研究集刊　第十九輯
2020 年　頁 425—438

《杜律虞注》在朝鮮時代的流傳[*]

杜慧月

在杜詩傳播史上，《杜律虞注》是一個奇特的存在。它是一部僞書，但却産生了衆多刊本和抄本，這自然與其便於初學而學杜者又多學杜律有關。作爲一部簡要的杜詩注本，雖然聚訟紛紜，但由於滿足了中下層學詩者的需要，它在杜詩注本中産生了巨大的影響。放眼至東亞漢文化圈，這種影響更爲明顯。譬如琉球，不以“五經”爲“經”，而竟以《杜律虞注》爲“經”①。而在朝鮮，《杜律虞注》的刊本、抄本總數更是遠多於中國，可以説是中國在朝鮮流傳最廣、影響最大的杜詩選本。《杜律虞注》在朝鮮時代的版本流傳若何？朝鮮文人如何看待其真僞問題？對作爲學杜律指南的《虞注》又有何批評反思？本文嘗試以這些問題切入，自刊刻與傳抄、真僞之討論、《虞注》之批評三個方面，梳理《杜律虞注》在朝鮮時代的流傳，並藉此比較中國文學典籍在禹域内外的不同影響。

一　刊刻與傳抄

《杜律虞注》在杜詩注本中刊刻最爲頻繁，尤其是有明一代。萬曆間周

---

* 本文係河南省哲學社會科學規劃項目“明代中國文學典籍東傳朝鮮研究”
（2017BWX010）階段性成果。

① 明謝傑曰：“余使琉球，見彼國所讀書獨無‘經’，而以《杜律虞注》當之。”《杜律詹言序》，《明文海》卷二一三，文淵閣《四庫全書》本。朝鮮李德懋曰：“(琉球)其魁號女君，無五經，有四書，以《杜律虞注》爲經。”李德懋《青莊館全書》卷六五，《韓國文集叢刊》第 259 册，景仁文化社 2000 年，頁 192。

弘祖撰《古今書刻》，載當時府院行省杜詩刻本凡二十四種，《虞注》竟占六分之一①。據《中國古籍總目》《四庫存目標注》及《日藏漢籍善本書録》等版本目録，《杜律虞注》之中國本甚夥，大體有四個特徵：

其一，題名多歧，如《杜工部七言律詩》《虞邵庵分類杜詩注》《虞注杜律》《增虞伯生注杜工部詩》《增虞伯生七言杜選》《杜律七言批注》《杜律虞注》《杜律》《翰林考正杜律七言虞注大成》《虞伯生選杜律七言注》《杜律注》等。

其二，刻本多而抄本少，今可知之抄本僅有清抄本二種，分別藏於福建省圖書館和中山大學圖書館，而刻本則有三十餘種之多。

其三，刻本之中，明刻本又遠多於清刻本，此可見《杜律虞注》盛傳於有明一代，至清則轉趨衰微。兹臚列今存明刻本如次：（1）明宣德九年江陰朱熊刻本；（2）明正統初石璞刻本；（3）明正德三年羅汝聲刻本；（4）明正德九年刻本；（5）明正德十三年刻本；（6）明静德堂刻本；（7）明雲根書屋刻《須溪批點選注杜工部詩》附刻本；（8）明方升刻《劉須溪杜選》附刻本；（9）明嘉靖三年張祐刻本；（10）明嘉靖七年穆相刻《杜律注解》本；（11）明嘉靖七年據正德刻本修補本；（12）明嘉靖二十六年郟縣退省堂刻《杜律二注》本；（13）明龔雷刻《杜律五七言》本；（14）明鄧秀夫刻本；（15）明萬曆吳登籍校刻本；（16）明王同倫刻本；（17）明東泉張氏刻本；（18）明萬曆五年蘇民懷桐花館刻本；（19）明萬曆十六年書林鄭雲竹刻本；（20）明萬曆十六年吳懷保七松居刻本（與趙汸《杜律五言注解》合刻）；（21）明萬曆三十年鄭氏宗文堂刻本；（22）明萬曆三十七年積善堂刻本；（23）明萬曆四十三年刻本；（24）明毛晉刻本；又有刊年不詳者四種：（25）明刻本（十行二十字）；（26）明刻本（八行十八字）；（27）明刻本（九行二十字）；（28）明刻本（九行二十字）。清刻本則僅存以下六種：（1）清康熙高兆遺安草堂刻本；（2）清康熙二十四年吳源起刻本；（3）清查弘道亦山草堂《趙虞選注杜工部五七言近體合刻》本；（4）清山東刻本；（5）清嘉慶十四年澄江水心齋據敦本堂本翻刻《趙虞選注杜律》本；（6）清同治十二年繡谷趙氏《趙虞選注杜律》刻本。

其四，刻本《杜律虞注》中，時有與劉辰翁批點或趙汸杜律五言注合刻者。如上文所示，明雲根書屋刻本、明方升刻本，皆以其附刻于劉辰翁批點

①參見程千帆《古詩考索·杜詩僞書考》、周采泉《杜集書録》。

之後；明嘉靖二十六年郊縣退省堂刻本、明龔雷刻本、明萬曆十六年吳懷保七松居刻本、清查弘道亦山草堂刻本、清嘉慶十四年澄江水心齋翻刻本、清同治十二年繡谷趙氏刻本，皆以《虞注》與趙汸所注杜甫五言律詩合刻。

與中國本相比，朝鮮本數量更爲可觀。從朝鮮時代書目來看，對《杜律虞注》的著録並不多，今可見者僅魚叔權《考事撮要》、徐有榘《鏤板考》中對其書册板、印紙等有零星記載①。現代學者曾對朝鮮杜詩刊本數量做過統計，如李立信云："《虞注杜律》在李朝先後刊印了八次以上，且曾刊行袖珍本，可見杜律在韓國流行之普遍。"②全英蘭云："此書流通於學杜詩者中間共有 10 種版本，另有朝鮮末期活字版本。"③檢全寅初主編《韓國所藏中國漢籍總目》，列《虞注》七十九種，韓國歷史文獻綜合系統網站列《虞注》則多達二百一十餘種。其中的刻本部分，由於版刻年代多不詳，單從目録著録的行格、板框等信息，很難厘清其版本源流，因此這麽多種刻本到底屬於幾種版本，目前還不易判斷。下面，基於和中國本《杜律虞注》之比較，略叙朝鮮本特徵如下：

其一，題名頗爲單一，大多稱《虞注杜律》，偶有稱《杜律虞注》《杜工部七言律詩》《杜工部律虞注》《杜律》者。

其二，與刻本相較，抄本數量極其龐大，今存者凡八十七種：(1)京畿大學圖書館，藏抄本十九種；(2)嶺南大學圖書館，藏抄本十三種；(3)雅丹文庫，藏抄本九種；(4)啟明大學東山圖書館，藏抄本八種；(5)延世大學圖書館，藏抄本四種；(6)檀國大學退溪紀念圖書館，藏抄本四種；(7)梨花女子大學圖書館，藏抄本四種；(8)韓國學中央研究院，藏抄本三種；(9)圓光大學圖書館，藏抄本三種(其中一種疑爲中國抄本)；(10)韓國國學振興院圖書館，藏抄本三種；(11)國立中央圖書館，藏抄本二種(另有《虞注杜律字類》一種)；(12)東國大學中央圖書館，藏抄本二種；(13)慶尚大學圖書館，

①參見張伯偉編《朝鮮時代書目叢刊》第三册《考事撮要・書册市準・册板目録・書册印紙數》頁 1444、1451、1481、1580、1681，第四册《鏤板考》頁 2031—2032，中華書局，2004 年。
②李立信《杜詩流傳韓國考》，文史哲出版社，1991 年，頁 90。
③〔韓〕全英蘭《杜詩對高麗、朝鮮文壇之影響》，《杜甫研究學刊》，2003 年第 1 期，頁 69。

藏抄本二種;(14)成均館大學尊經閣,藏抄本一種;(15)高麗大學圖書館,藏抄本一種;(16)釜山大學圖書館,藏抄本一種;(17)全州大學中央圖書館,藏抄本一種;(18)龍仁大學圖書館,藏抄本一種;(19)安東大學圖書館,藏抄本一種;(20)忠南大學圖書館,藏抄本一種;(21)淑明女子大學圖書館,藏抄本一種;(22)慕德祠,藏抄本一種。此外,中國亦藏有二種朝鮮抄本:(23)延邊朝鮮自治州圖書館,藏抄本一種;(24)臺灣"中央圖書館",藏抄本一種。從存世的部分跋文來看,大多抄録于朝鮮王朝後期。

　　其三,刻本數量雖不及抄本之多,但從行格、板框、紙張大小來看,至少應有二十種以上,當比上引李立信、全英蘭的統計要多。首先,自行格區分,可得十二種:(1)十行十六字本;(2)十行十八字本;(3)十行十九字本;(4)十行二十字本;(5)十行二十一字本;(6)十一行十八字本;(7)十一行二十字本;(8)十一行二十一字本;(9)十一行二十二字本;(10)十一行二十三字本;(11)十二行二十三字本;(12)行字數不等本。其次,自板框大小區分,部分同一行格者,其板框大小存在較大差異,可視爲不同版本,如十行二十字本,以板框規格 18.1×13.1 左右者存世本最多,此外另有不同規格的四種,説明這一行格即有五種版本。再次,自紙張大小區分,同一行格、板框者,往往存在紙張大小不同的情況,説明可能爲重印本,若將重印本統計在内,版本數量應當更多。這些版本中,最早者爲明成化七年(朝鮮成宗二年,1471)朝鮮清州牧使權至功刻本(即十行二十字本,上距最早的中國刻本三十七年),卷末有朝鮮金紐跋,該文後世朝鮮本多承之;最晚者爲日據時期大正二年(1913)新舊書林重印朝鮮光武壬寅(1902)池松旭刻本,卷首有朝鮮黄泌秀序。這些刻本的刊年雖多未能詳,但大致可以推測,多數刊刻於朝鮮後期,此與中國本多爲明刻本不同。

　　其四,朝鮮本《虞注》少有與他書合刻者。今可知者,唯有《杜律》二卷,乃綜合趙汸注五律和虞集注七律而成,刊年不詳,流傳未廣,與中國本《虞注》多有合刻不同。

二　真僞之討論

　　《虞注》爲僞書之説,最早見於明楊士奇序,但並非楊氏之説。按楊序爲《虞注》諸序中最早者,亦是諸本中俱載者,此蓋因楊氏仕宦之高、文名之盛。楊序曰："或疑此編非出於虞,蓋謂歐陽原功所撰《墓碑》不見録也。伯生以道學、文章重當世,碑之所録,取其大而略其小,故録此未足以見伯生,然必伯生能爲此也。"①楊士奇極力揄揚《虞注》,而《虞注》又被認定爲僞書,故有並楊序亦疑其作僞者。如此以來,"或疑"云云,似乎是作僞者爲讀者確信其書之真而自懸的箭靶。但是,明人頗有誤讀楊序者,以爲楊士奇質疑其書不出虞集,如顔廷榘《上杜律意箋狀》、謝傑《杜律詹言序》、徐𤊻《徐氏筆精》皆然。今所見最早將《虞注》定爲僞書的,當爲黎近《杜律演義序》,黎序云："張氏伯成《七言律詩演義》……近時江陰諸處以爲虞文靖公注而刻板盛行,謬矣。……吾臨川故有刻本且首載曾昂夫、吳伯慶所著伯成傳並挽詞,叙述所以作《演義》甚悉。奈何以之加誣虞公哉?……昔少師楊文貞公固疑此注非虞,惜不知爲伯成耳。"②黎近序明言《虞注》本自張性《杜律演義》,進一步引發了明人對《虞注》真偽及二書關係的討論。對《虞注》攻之最力者要數楊慎,其《聞書杜律》云："世傳虞伯生注杜七言律,本不出自伯生筆,乃張伯成爲之,後人駕名於伯生耳。"又稱其書"牽纏之長,實累千里。此既晦杜意,又汙虞名,曷鏟其板,勿誤人也"③。此外論之者甚多,如謝傑《杜律詹言序》譏《虞注》蕪陋謬悠;徐𤊻《徐氏筆精》、王齊《刻杜律演義》以爲虞集位極人臣而張性仕宦不達,故後人藉重虞集名位而僞作此書;孫緒《沙溪集》、蔣冕《書元張伯成杜詩演義後》甚至懷疑虞集竊張性之書,等等。

　　《虞注》傳入朝鮮,其真偽問題自然會引起朝鮮文人的關注,其見解雖多不出明代文人之範圍,但却生發出一些值得討論的問題,可以窺見朝鮮杜詩接受史的獨特面相。兹以成文濬、申緯、徐有榘爲例,追溯朝鮮文人討論《虞注》真偽的中國文獻淵源,並探討其意義。

　　成文濬(1559—1626)爲朝鮮理學家成渾之子,他是朝鮮最早辨析《虞注》真偽的學者,並爲《虞注》作評,成《杜律注評》刊行於世,是爲朝鮮歷史

---

① [明]楊士奇《杜律虞注序》,《杜律虞注》,大通書局,1974 年,頁 5—6。
② [明]黎近《杜律演義序》,《杜律演義》,大通書局,1974 年,頁 3—4。
③ [明]楊慎《升庵集》卷五《聞書杜律》,文淵閣《四庫全書》本。

上第一部私家杜注①。《虞注》對朝鮮杜詩學之影響由此可見一斑。成説
見《書杜律虞注後》一文：

　　　　余於前歲之夏，得此本於逆旅主人。其説甚新，昔所未覩。雖未
　　必盡得作者之意，而時有説得痛快處，以爲讀杜者之不可不知也。因
　　録一本，以畀兒曹。既又聞人有新刊唐本《虞注》，因借而觀之，則卷末
　　有跋，舊本所無，乃嘉靖年間太原守濟南黄臣與山西監察御使浮山穆
　　相重刊此書，而黄又自爲之跋者也。其略云：“予讀《麓堂詩話》，西涯
　　論《虞注》必非伯生之作。後游都下，偶獲刻本名《杜工部律詩演義》，
　　實與《虞注》同，而序稱元季京口進士張性伯成者，博學早亡，鄉人悼
　　之，得此遺稿，因相與合力刊行。余得之喜甚，欲以其書告西涯，會其
　　卒而不果云。”然則所謂《虞注》者果非出於伯生，而戊丁之評，信知言
　　矣。然以二楊、胡、黄之詞學擅聲，而乃不悟《虞注》之爲贋，至爲之序
　　引而傳之，何也？ 豈兵火之餘，真本散亡，獨此殘編，偶落書辭，而未傳
　　於世，故四公只見贋本而考之有未詳也耶？ 噫！ 四公之所不得見，而
　　黄公猶幸得而傳之，遂破數百年來詿亂之惑，兹又非數耶？ 抑戊丁之
　　書中國所未見，而獨出於吾東邦又何也？ 豈亦草野沉淪如張伯成之流
　　者，所以隱而不見也耶？ 試諗于中朝學士文章鉅公，其必有識之者矣，
　　姑識於此以俟云。萬曆甲寅新秋上澣昌寧成文濬書。②

此文論及之書有三：一即所謂“舊本”，一即所謂“新刊唐本《虞注》”，一即所
謂“戊丁之書”。三者究竟何指？ 尤其是“戊丁之書”頗難索解，張伯偉先生
亦稱“‘戊丁’所指爲何，不得其解”③，今試進一解，推測三者關係，以明此
文之旨。案成氏所云“舊本”當即朝鮮本《虞注》，如上文所論，早在朝鮮成
宗二年(1471)已有刻本傳世，此後刊刻傳抄不絶，成氏在見到“唐本《虞
注》”之前是不知“舊本”之僞的。所謂“新刊唐本《虞注》”，據成氏作跋之年
萬曆甲寅(萬曆四十二年，1614)，當指萬曆刻本《虞注》；成氏云其中有黄臣

---

①參見張伯偉《東亞漢文學研究的方法與實踐》第十一章《朝鮮時代私家杜注考》，中華
　　書局，2017 年，頁 320—324。
②［朝］成文濬《滄浪先生文集》卷四雜著，《韓國文集叢刊》第 64 冊，景仁文化社，1991
　　年，頁 58。
③前引張伯偉《東亞漢文學研究的方法與實踐》，頁 322。

跋,稱與穆相合刊此書,知此萬曆刻本源自嘉靖七年穆相刻本①;黄臣跋明
確指出《虞注》與張性《杜律演義》的關係,並言其與穆相合刊張性之書以行
世,且題名爲《杜律七言注解》,但可能因爲《虞注》假託已久,影響已大,後
世刻《杜律七言注解》,仍將其混淆爲《虞注》,成文濬稱之爲"唐本《虞注》"
蓋由此也。所謂"戊丁之書",據成跋"戊丁之評"一語,再推測上下文意,似
指朝鮮學者所作《虞注》之評;今可知朝鮮評《虞注》者唯有成文濬,考申敏
一云成文濬"有評《杜律虞注》及《哀江南賦》添注,並刊行於世"②,尹舜舉
云成文濬"所著有詩文若干篇及《杜律評》《注哀江南》"③,宋時烈云成文濬
"又有《杜律注評》"④,姜錫圭云成文濬"工於文詞,最喜少陵詩,手自批評,
注釋頗詳悉"⑤,張伯偉《朝鮮時代私家杜注考》引諸家説,言"此書實以《杜
律虞注》爲底本加以注評,諸家記録書名不一,實質相同"⑥,正可見成文濬
《杜律注評》乃依託《虞注》而作;又,"戊丁"二字似爲廋詞隱語,暗指"成"
字,考《南齊書》卷十八《祥瑞志》所載讖文"戊丁之人與道俱,肅然入草應天
符"⑦暗指"蕭道成"之名,則以"戊丁"拼合爲"成"字非無先例;成文濬之所
以稱"戊丁之書""戊丁之評",蓋因其知悉《虞注》爲僞書之後,不欲彰顯己
名,故以廋詞隱語自晦其迹也;若此推測成立,則其所言"得此本于逆旅主

---

① 穆相刻本題《杜律七言注解》,萬曆間《虞注》諸本題此名者有萬曆十六年吳懷保七松
居刻四卷本(北圖、川圖、山東省圖、臺灣"中央圖書館"皆有藏),又有刊年不詳(似爲
萬曆刻本)的兩種明刻一卷本(一種藏于北師大、山東省圖,一種藏於中央戲劇學院),
成文濬所謂"新刊唐本《虞注》",可能即其中一種。

② [朝]申敏一《化堂先生集》卷四《外舅縣監成公墓誌銘並序》,《韓國文集叢刊》第 84
冊,景仁文化社,1992 年,頁 84。

③ [朝]尹舜舉《童土集》卷六《滄浪成公墓誌銘》,《韓國文集叢刊》第 100 冊,景仁文化
社,1992 年,頁 60。

④ [朝]宋時烈《宋子大全》卷一七四《滄浪成公墓碣銘並序》,《韓國文集叢刊》第 114 冊,
景仁文化社,1993 年,頁 37。

⑤ [朝]姜錫圭《聱牙齋集》卷八《杜詩糊補修正序》,《韓國文集叢刊續》第 38 冊,景仁文
化社,2007 年,頁 152。

⑥ 張伯偉《東亞漢文學研究的方法與實踐》,頁 320。

⑦ 《南齊書》卷十八《祥瑞志》,點校本二十四史修訂本《南齊書》,中華書局,2017 年,頁
392。

人”“戊丁之書中國所未見,而獨出於吾東邦”云云,皆其故作詭譎之辭,此文很可能爲《杜律注評》而作,惜其書亡佚,已無從考知矣。

　　申緯(1769—1847)爲朝鮮後期重要文人,金澤榮推許其爲“吾韓五百年之第一大家”。他曾獲見成文濬《滄浪集》抄本,受成氏影響,對《虞注》真僞亦有申論,其《題虞注杜詩後二首并序》曰:

　　　《虞注杜律》,余自少日每疑其託名於伯生,持此論久矣。近見《成滄浪集》抄本所載,以爲《虞注杜律》,嘉靖間太原守濟南黄臣與山西監察御史浮山穆相重刊此書,黄自爲跋,其略云:“余讀《麓台[堂]詩話》,西涯論《虞注》必非伯生之作……會其卒而未果。”此書至今以《虞注》行。據此則此書之非伯生,古人已先我而疑之,況有黄跋之明證耶?張性元人也,伯行與伯生音相近而早亡,虞道園則元時之大家也,故遂以《虞注》見稱耶?①

此文作於朝鮮憲宗元年(1835),當時申緯已年近古稀,以其學識,雖少日曾疑《虞注》之僞,尚待自《滄浪集》中見到黄臣跋文,始知明人對《虞注》真僞的認識,可見朝鮮文人普遍少有懷疑《虞注》者。對於張性《杜律演義》何以被僞作《虞注》,申緯的解釋是“伯行與伯生音相近”,但在六年之後,申緯又據王士禛《池北偶談》修正了他的看法,其《再題虞注杜律并序》曰:

　　　余在乙未,得見《虞注杜律》濟南黄臣跋,即題二詩,確辨其非虞注,乃張性伯行之注,而伯行與伯生音相近也,故但知以訛傳爲虞伯生矣。今乃閱王阮亭《池北隅[偶]談》,益知其所未知。阮亭曰:“杜律乃張注,非虞注。張性字伯成,江西金溪人,元進士,嘗著《尚書補傳》。獨足翁吴伯慶有挽詩云:‘箋疏空令傳杜律,志銘誰與繼唐碑。’予在京師,曾得張注舊本。”按此,則張性字伯成,又非伯行也。然則原非其字之音近於伯生而稱《虞注》也,又爲之一嘆。②

此文作於朝鮮憲宗七年(1841)。如前文所引,《滄浪集》載張性字伯成,申緯則以爲張性字伯行,此誤襲自《滄浪集》抄本,直至讀《池北偶談》,方知“伯行”非是。王士禛之説,是申緯所見《虞注》僞書説的又一證據。申緯修

---

① [朝]申緯《警修堂全稿》冊二十三,《韓國文集叢刊》第 291 冊,景仁文化社,2002 年,頁 508。

② [朝]申緯《警修堂全稿》冊二十七,《韓國文集叢刊》第 291 冊,頁 606。

正其説，言"伯成"與"伯生"字音不相近，從而否定了前此對《虞注》僞託原因的推測，此説頗值得留意，因爲明人王齊之説適與其相反。張性《杜律演義》卷首載王齊序，其中推測《虞注》僞託之故，有云"豈昔人以伯成、伯生音近而誤傳耶"①，可知王齊以爲"伯成"與"伯生"字音相近。這樣的認識差異，很可能是中朝語音差異造成的。"伯生""伯成""伯行"之間，既有文字之訛，又有語音之訛，書籍流傳中的誤讀，確乎是個有趣的問題，不免令人"爲之一嘆"也。

　　徐有榘（1764—1845）爲朝鮮大提學徐命膺之孫，《奎章閣志》撰者徐浩修之子，其學問頗受朝鮮北學派及清代考據學影響，曾以歐陽玄所撰虞集神道碑文爲據，推斷《虞注》非虞集作。朝鮮正祖二十年（1796）徐氏奉命編《鏤板考》，別集類著録《虞注杜律》二卷，云："然考歐陽原功所撰《虞碑》不舉是書名，疑非出於虞手。"②所謂《虞碑》，即歐陽玄《元故奎章閣侍書學士翰林侍講學士通奉大夫虞雍公神道碑》，碑文載虞集著作曰"其存稿，自題曰《道園學古録》，門人彙而鋟之。得《應制》十二卷、《在朝》二十四卷、《歸田》三十六卷、《方外》八卷，其散逸尚多"③，確乎没有《虞注》。推溯徐氏之説，實自《虞注》楊士奇序而來。但因楊序鼓吹《虞注》，此説恰好是他要駁正的，故以"碑之所録，取其大而略其小"解之。徐有榘重視證據，以楊序疑之者爲是，秉承了漢學家的實事求是之風。

　　整體來看，朝鮮學者對《虞注》真僞的討論偏少，並未形成共識，雖然如金正喜者稱《虞注》爲僞本，但多數學者是信以爲真的，從申緯之例即可見之。又如柳宜健詩云"每恨虞生注杜偏，欲收餘馥續前編"④，姜樸云"此言

---

①［明］王齊《刻杜律演義》，［元］張性《杜律演義》卷首，大通書局，1974 年，頁 1。

②［朝］徐有榘《鏤板考》，張伯偉編《朝鮮時代書目叢刊》第四册，中華書局，2004 年，頁2032。

③［元］歐陽玄《圭齋文集》卷九，文淵閣《四庫全書》本。

④［朝］柳宜健《花溪先生文集》卷三《虞氏所注杜律只取七言尋常不滿於心妄欲復取五言律以續之粗有所編次近得東山先生趙子常所編五言杜律實獲我心遂輟其事因題二絶》，《韓國文集叢刊》第 68 册，景仁文化社，2008 年，頁 192。

可謂切中虞伯生之病,世或言《虞注》便覽"①,姜獻奎云"若虞氏之於杜詩,既無誦説之聞,而臆斷懸解,未必其無謬"②,不一而足。就質疑者而言,其説亦多承襲中國文獻,如成文濬説本明穆相刻本《虞注》黄臣跋,申緯説本王士禎《池北偶談》,徐有榘説本《虞注》楊士奇序。對此問題朝鮮學者鮮有發明,一方面出於書籍傳播的限制,一方面亦有朝鮮王朝自始至終推崇《虞注》的原因。

三　《虞注》之批評

《虞注》在朝鮮廣爲傳播,庶幾乎家弦户誦。金宗烋詩云"大兒節要書,小兒虞注律"③,以《虞注》與李滉《朱子書節要》并稱,並視爲課蒙之書,此兒童學詩讀《虞注》者也;鄭玉詩句"聯翩如到沙"自注曰"杜詩云'脊鴒飛急到沙頭',《虞注》'沙頭,地名'"④,此文人作詩引《虞注》者也;朝鮮正祖講筵時論匡衡事曰"唐杜少陵詩,古人謂之'史',蓋謂其記實而無誇辭也,其詩有'匡衡抗疏功名薄'之句,匡衡……抗疏而功名益高也,未見其薄也,少陵所謂'薄'者,或未之深考而然耶",幼學李基弘答曰"虞伯生注此詩曰:'甫有感而自嘆,謂我亦能如匡衡之抗疏,功名分薄,不及衡也。'執是説觀之,甫非不深考也"⑤,此朝臣廷對用《虞注》者也。

朝鮮前期徐居正(1420—1488)爲李穡詩選作序時,嘗論及《虞注》之價值,曰:"自有詩家以來,推杜甫爲首,騷人雅士皆祖而尚之。惟其詞深意

---

①[朝]姜樸《書虞集杜律注後》,《菊圃先生集》卷十一跋,《韓國文集叢刊》第 70 册,景仁文化社,2008 年,頁 224。

②[朝]姜獻奎《農廬集》卷七跋,《韓國文集叢刊》第 122 册,景仁文化社,2011 年,頁 130。

③[朝]金宗烋《書巢先生文集》卷一《挽族弟敬五(宗禹)》,《韓國文集叢刊》第 117 册,景仁文化社,2011 年,頁 636。

④[朝]鄭玉《牛川先生文集》卷一《次昌黎會合聯句》,《韓國文集叢刊》第 72 册,景仁文化社,2009 年,頁 431。

⑤[朝]朝鮮正祖《弘齋全書》卷一一二《經史講義·綱目三》,《韓國文集叢刊》第 265 册,景仁文化社,2001 年,頁 286。

奧,病於難讀,不得無待于鄭蕭、虞律之精選也。"①"鄭蕭"指元代鄭蕭編次范梈《杜工部詩范德機批選六卷》,"虞律"即《杜律虞注》。徐居正稱杜詩"詞深意奧","詞深"則須探明其"無一字無來處"的用語,是爲"注","意奧"則須"以意逆志"以求探尋作者的本心,是爲"解",浦起龍云"注與解體各不同:注者其事辭,解者其神吻"②是也。《虞注》據張性《杜律演義》改頭換面而成,正是在"注"與"解"兩個方面用力。按張性書選取杜詩中最具典範意義的七律,秉承朱熹《詩集傳》的傳統,即簡單的字句訓釋("注")與簡潔的詩意疏通("解")並行,淺顯而易於把捉。後人藉重虞集、二楊之名,將其僞託爲《虞注》大行於世,因其本爲初學詩者而作,故其"注""解"皆未足以厭人之心,明人楊慎、謝傑等皆曾批評《虞注》之不當,朝鮮文人之批評較晚,至李朝後期漸次出現。試以姜樸、姜獻奎爲例説明之。

姜樸(1690—1742)《書虞集杜律注後》曰:

> 嘗見《老學庵筆記》曰:"今人解杜詩,但尋出處,不知少陵之意初不如是。且如《岳陽樓詩》'昔聞洞庭水'一篇,豈可以出處求哉?縱使字字尋得出處,去少陵之意益遠矣。"此言可謂切中虞伯生之病,世或言《虞注》便覽,而以余見之,亡論尋得出處來多錯,即其用己意注解處,牽强穿鑿,瑣屑支離,愈釋而愈晦,愈詳而愈亂,徒見其勞且妄矣。而後生晚輩,不甚究察,但喜其逐句分析,無所遺闕,而謂爲詳要,酷信篤守,則其爲詩學之害豈少哉?且不特伯生然也,詩家自古無善注,蓋詩人一時會境之語,寓感之詞,類難以迹求而形模,雖使作之者解之,恐或不能無憾,況從後妄道哉?余故曰:詩不必有注,有亦不必看。看詩者,但先去吾輩血氣芬華想,從凈静暇豫地,坐卧自在看。方其看時,心眼並到,但勿縛住。不止玩其辭,必尋其言外,不止尋其言外,必以吾身設爲作者,以求見其屬思時光景,然後合首尾楚音咏味,徐取前人批評,參己意究其得失,則闇然之間,日有所進,將庶幾於古人之閫

①[朝]徐居正《牧隱詩精選序》,李穡《牧隱集》附録,《韓國文集叢刊》第 5 册,景仁文化社,1990 年,頁 178。
②[清]浦起龍《讀杜心解》卷首《發凡》,中華書局,1961 年,頁 5。

　　奥矣,又何用區區村秀才艱難注脚爲也!①
姜樸重心解,他批評《虞注》解釋字句出處"牽强穿鑿,瑣屑支離",明人謝傑
《杜律詹言序》已多有指摘;他認爲詩歌乃詩人"會境之語,寓感之詞",以詩
注爲贅餘,明嘉靖間張璁亦嘗言之,曰:"是編元張伯成注,誤傳爲伯生虞
氏。夫生於千百載之下,而欲得作者之志於千百載之上,不亦難哉? 唯孟
軻氏有曰:'以意逆志,是爲得之。'愚覺舊釋過贅,遂大削之,能者觀焉,則
又不如盡削也。"②姜樸與清浦起龍時代相當,其見解亦頗有相合處,然其
抑"注"而揚"解",又特别推重心解,則不免過猶不及。

　　姜獻奎(1797—1860)曰:

　　　　杜氏爲詩,無一字無來歷。或引諸家雜書,或因所經地名,或用當
　　時即事,故曰:不讀萬卷書,不行萬里路,不可以解杜詩。今按"天棘"
　　"夢食""風香"等句,博覽者尚或知來歷,而至若所經地名、當時即事之
　　外,若易解而實有指意者,杜氏既不自注,虞氏何以知之? 今觀所解,
　　恐或有不然者,其何能以此盡作者之意耶? 放翁詩曰:"城上危樓畫角
　　哀,沈園非復舊池臺。傷心池下春波緑,曾逐孤鴻照影來。"其題曰"沈
　　園"而已。誠齋詩曰:"飽喜饞嗔笑殺儂,鳳凰未必勝狙公。雖逃暮四
　　朝三外,猶在桐花竹實中。"其題曰"無題"而已。此二詩者,莫知其所
　　以作。《劉後村詩話》曰:放翁幼婚某氏,頗倦于學,沈君督責之,竟至
　　仳儷。某氏别適某官,放翁晚年游沈園,感而賦之。誠齋累章乞休致
　　不得命,再予祠,感而賦,以爲雖脱吏責,尚縻閑廩也。後村之於楊、
　　陸,相去不百年,得於長老之所誦説,尚可以無謬。而若虞氏之於杜
　　詩,既無誦説之聞,而臆斷懸解,未必其無謬,則其爲原詩之累,豈尠
　　乎哉?③
與姜樸不同,姜獻奎反對"臆斷懸解",肯定"注"的價值,但由於"杜氏爲詩,

---

①［朝］姜樸《書虞集杜律注後》,《菊圃先生集》卷十一跋,《韓國文集叢刊》第 70 册,景仁
　　文化社,2008 年,頁 224。
②［明］張璁《張文忠公集·文稿》卷一《再識》,《四庫存目叢書》集部第 77 册,齊魯書社,
　　1997 年,頁 257。
③［朝］姜獻奎《農廬集》卷七跋,《韓國文集叢刊》第 122 册,景仁文化社,2011 年,頁
　　130。

無一字無來歷”,他特別强調注詩之難。明代楊慎批評《虞注》之“解”,曾舉《恨别》《秋興》《賓至》諸詩爲例,認爲《虞注》是“以小人之心而度君子者”①,姜獻奎之見與之相仿。他頗重“知人論世”,而對過度的“以意逆志”保持警惕,旁引陸游、楊萬里之例,表現出以史明詩的傾向,與姜樸之論形成鮮明的對照。

　　此外,金正喜(1786—1856)曾指出《虞注》誤收有古體詩。金氏有詩《七月六日次杜七月六日苦炎熱韻此詩本係古詩僞本虞注杜律誤編今正之》,對《虞注》所收《早秋苦熱堆案相仍》一詩提出質疑。案此詩在方回《瀛奎律髓》中被選入“拗字類”,云“拗字詩在老杜集七言律詩中謂之‘吴體’,老杜七言律一百五十九首,而此體凡十九出”,且於《早秋苦熱堆案相仍》詩下注云“老杜詩豈人所敢選? 當書夜著几間讀之。今欲示後生以體格,乃取‘吴體’五首如此。他如《鄭駙馬宴洞中》《九日至後崔氏草堂》《曉發公安》等篇,自當求之集中”,明確將“吴體”視爲律詩,並以《早秋苦熱堆案相仍》《暮歸》《書夢》《愁》《題省中院壁》五首示例。清代何焯則認爲《早秋苦熱堆案相仍》詩“在‘古詩’中,非‘吴體’也”。紀昀之説則與方回、何焯又異,認爲《愁》《書夢》《暮歸》《早秋苦熱堆案相仍》四首屬吴體,全不入律,而《題省中院壁》詩則係“用拗法者”,認爲“‘吴體’與拗法不同,其訣在每對句第五字以平聲救轉,故雖拗而音節仍諧”②,以是否入律來區分其體。由此看來,金正喜與何焯的看法是一致的,不過,他所更正者僅《早秋苦熱堆案相仍》一首,而未提及其他四首,亦未提及《虞注》中《鄭駙馬宴洞中》《九日至後崔氏草堂》《曉發公安》等方回認爲是“吴體”詩者。金正喜在閱讀《虞注》的過程中,能從平仄合律等方面發現《早秋苦熱堆案相仍》一詩與其他律詩的不同,可見朝鮮文人對中國古典詩律推敲的細密。

四　餘論

　　杜詩不但是中國文人學詩的典範,亦是朝鮮文人學詩的典範,杜律更

---

①[明]楊慎《升庵集》卷五《聞書杜律》,文淵閣《四庫全書》本。
②本段以上引文見方回選評、李慶甲集評校點《瀛奎律髓彙評》卷二五,頁1107、1115、1118。

是被認爲杜詩之典範。在朝鮮，杜律有時即是杜詩的代名詞。如尹祥（1373—1455）《刻杜律跋》云："歲庚戌冬，總制曹公致受觀風之任於是道，慨然有興詩教之志。旁求杜詩善本，得《會箋》一部於星州教授韓卷，欲繡梓而廣其傳。"①此處所言杜律，實際上指蔡夢弼《杜工部草堂詩箋》②，並非純爲律詩之選。杜律尤精者，乃七言律詩。張性《杜律演義》，開啟了專門注解杜詩七律的風氣，糾正了宋代注杜考證繁瑣鉤稽穿鑿之病，仿朱熹《詩集傳》之風格，先訓詁而後解其大意或説其詩法。《虞注》抄取了張性《杜律演義》的解題部分，又在《杜律演義》注釋的基礎上摘録《集千家注杜工部詩集》的注釋，豐富了注釋的內容③。這樣的杜詩七律注本，注釋精當豐富，解析淺顯易懂，適合初學，對異域的學詩者具有極強的吸引力，這正是《虞注》在朝鮮大行其道的原因。《虞注》是否虞集所作已經並不重要，重要的是它爲學習杜律者提供了一個非常好的學習指南，因此，儘管明人多訾議《虞注》爲僞書，朝鮮文人對其真僞問題仍較少討論，在清代《虞注》衰微之後，朝鮮文人仍對其保持著充沛的熱情，留下了大量抄本和刻本。《虞注》的流行，掩蓋了張性的《杜律演義》，在朝鮮尤其如此，未發現《杜律演義》傳入朝鮮的文獻證據。但《虞注》帶來的廣泛影響，客觀上也使《杜律演義》與它一起成爲杜詩注本史上濃墨重彩的一筆。

（作者單位：河南理工大學文法學院中文系）

---

① ［朝］尹祥《別洞先生集》卷二拾遺，《韓國文集叢刊》第 8 册，景仁文化社，1990 年，頁 286。

② 黃建國、金初昇主編《中國所藏高麗古籍綜録》著録"《杜工部草堂詩箋》四十卷補遺十卷外集一卷（宋）蔡夢弼撰……朝鮮世宗十三年（1431）曹致刻本"，漢語大詞典出版社，1998 年，頁 127。陳尚君、王欣悅《蔡夢弼〈杜工部草堂詩箋〉版本流傳考》一文亦列"高麗本"朝鮮世宗十三年曹致刊本，《古籍整理研究學刊》，2011 年第 5 期。

③ 參見羅鷺《僞〈杜律虞注〉考》，《古典文獻研究》第七輯，鳳凰出版社，2004 年。

域外漢籍研究集刊　第十九輯

2020 年　頁 439—454

徐景嵩《弭變賦》流傳朝鮮考論 *

趙俊波

朝鮮文人魚叔權的《稗官雜記》中記載了明人徐景嵩的一篇賦，題爲"弭變賦"。此賦久佚於中土，《歷代賦匯》及今人所編的《歷代辭賦總匯》等大型典籍都没有收録。因此，本文輯其佚文並略加探討，希望對辭賦學研究及中朝文化交流研究等有所裨益。

此賦較長，兹據《稗官雜記》過録如下：

粤嘉靖之乙未兮，春三月之己丑。繄遼陽之軍士兮，忽鴟張而亂吼。執撫臣如兒戲兮，覘仇讎而輒毆。左伐鼓而右撞鐘兮，爰自辰以及酉。城九門以晝閉兮，握鎖鑰以自守。啟囹圄而出罪人兮，視王章若芻狗。家慄慄而户凜凜兮，如赤子之失母。雖達官與顯人兮，皆吞聲而袖手。

于時石塘，出按南陬。車方次於灤右，報已達於復州。秉燭草檄，杖劍旋騶。單騎犯餕虎之穴，挺身蹈孽狐之丘。於是賞懸香餌，令布疾雷。開以禍福，諭以安危。大義如日之當午，人心如夢之方回。乃釋撫臣，乃開城門，乃飭官吏，乃戒囂昏。一時怒蛙與鬥蟻，亦皆畏威而感恩矣。

既而撫臣被命兮，駕言旋京。比至廣寧兮，軍復弄兵。執之以徇兮，一市皆驚。窘辱備至兮，衣不掩形。縱回禄於簿書兮，火延公庭。遽灼爍於廟學兮，勢若燎翎。

* 本文爲四川省區域和國別重點研究基地韓國研究中心，2019 年度一般項目《魚叔權及〈稗官雜記〉研究》的階段性成果，項目編號"hgzx—19001"。

是夜撫順車七亦效尤逞薑兮，乃共縛其備禦。因劫其家而奪之貨兮，恣毒虐而靡懼。雖皆么麽小醜兮，似無煩於示怒。然未浹月而變至三兮，誠可疾而可惡。

於是石塘，爰度爰思，爰詢爰訪。渠魁主名，如指諸掌。乃集官屬，乃陳器仗，乃援方略，乃分向往。密謀既定于烏臺兮，元惡豈逃於天網。於是群凶盡獲，次第就誅。事同拾芥，力易摧枯。蠢蠢釜魚，虛見辱於繡斧；區區穴鼠，濫欲浣夫昆吾。然後寬詿誤之典，宥劫脅之辜。惠風旁布，時雨罩敷。師儒相與慶于學，農夫相與抃于區，商賈相與歌於市，行旅相與樂於途。若是，匪直出萬姓於水火，固將滌一方之穢汙也。

於戲噫嘻！原夫吾遼之伊始兮，乃舜封之故州。表名山以作鎮兮，惟醫閭之崒嵂。相殷箕之適朝鮮兮，實來歌而來游。彼管寧之避地於茲兮，亦樹德而垂休。雖金遼之淪於夷兮，其間名士碩人尚班班其可求。迨聖朝之混一區宇兮，凡吏於土者唯舊章之率由。以忠貞爲干櫓兮，以禮義爲戈矛。作國家之保障兮，故至於今絕東顧之憂。

奈何撫臣失御兮，政令倒顛。遂使鸞鳳與鷙鷻兮，化爲鷗鳶。幸石塘之按範茲土兮，計出萬全。雖異議之紛紛兮，持志彌堅。不煩一矢兮，不費一錢。坐鎮大變兮，千里晏然。然則若石塘者，抑亦可以爲賢矣。憶昔大同之變兮，六師往戰。分道並進兮，殺人無算。攻城不下兮，三月有半。師老財匱兮，功不補患。以此較彼兮，孰得孰失，蓋不待辨而自判也。是故汲黯在朝，淮南謀止；范滂攬轡，汙吏潛徙。張綱降廣陵之盜，龔遂化潢池之子。以今石塘方之，又何外讓於彼哉！

重曰：鯨鯢戮兮海不波，風塵息兮邊人和。策驄馬兮歸去，載成績兮上巒坡。願九邊兮厥秩，沛霖雨兮滂沱。福蒼生兮無極，越千祀兮謳歌。①

賦叙嘉靖十四年(1535)遼東兵變事，並歌頌曾銑平叛之功。兵變之事在《明實錄》《明通鑒》等相關史書中記載頗詳，大致情況是：嘉靖十四年，因不滿遼東官員們的欺壓，駐守遼陽、廣寧、撫順的軍士于三月二十九日、四月十六日相繼兵變，囚禁、毆打長官，私縱囚犯，焚燒公署，搶掠財物，劫奪軍械庫，並準備擊殺前來處理的欽差大臣。其時，遼東巡按、御史曾銑臨危不懼，懲處首惡，撫慰餘衆，處罰貪瀆官員。七月二十五日，兵變得到徹底

---

① ［朝］魚叔權《稗官雜記》一，"大東野乘"本，朝鮮古書刊行會，1909 年，頁 396—399。

平定。徐景嵩此賦所記與史書完全相同。

可以肯定的是,此賦並非僞作。其一,《稗官雜記》記載此賦的作者是"前給事中徐景嵩",而徐景嵩的確曾先後擔任過户科、吏科、禮科給事中,二者互相吻合。其二,曾銑平叛後,許多遼東籍文人或當地官員均曾撰寫詩文加以歌頌,相關詩歌被匯爲一册,名爲"肅清遼海詩册",其序文即徐景嵩所作,至今流傳。由於曾銑之舉使遼東免遭兵燹,所以作爲遼陽人,徐景嵩也以詩文歌頌其功,《弭變賦》應是其中之一。

那麽,作者徐景嵩是什麽樣的人,此賦何以流傳朝鮮,中介是誰,魚叔權《稗官雜記》何以收録此賦? 這些問題涉及中朝雙方包括作者、傳播者、接受者在内的三方人員,對辭賦學研究、中朝外交往來及文化交流、魚叔權及《稗官雜記》研究等有比較重要的價值。

一　徐景嵩考

徐景嵩,《明史》無傳,孫明材先生《徐景嵩詩文摭遺》一文曾根據《全遼志》勾勒出徐景嵩的生平經歷①,但《全遼志》的記載過於簡略,僅有簡短的132字。其實,在明代史書、方志文獻中也有不少相關記載。以下按時間先後,將徐景嵩的生平行事臚列於後。

徐景嵩,遼陽人(今遼寧省遼陽市),隸籍定遼中衛,見嘉靖本《遼東志》。

正德五年(1510)中舉。《遼東志》"舉人"條下載"正德十三人",中有"庚午徐景嵩",下注:"亞元。"②庚午即正德五年。

正德九年(1514)進士及第。《遼東志》"進士"條下載"正德八人",其中之一爲"甲戌,徐景嵩",下注:"遼陽人,仕至山西按察司副使。"③甲戌即正德九年。

徐景嵩及第後任陝西咸寧縣令。嘉慶刻本《咸寧縣誌》記載:"徐景嵩,

①孫明材《徐景嵩詩文摭遺》,載《文化學刊》,2015 年第 5 期,頁 206—209。
②[明]畢恭等修,[明]任洛等重修《遼東志》卷六,《續修四庫全書》646 册據嘉靖刻本影印,上海古籍出版社,2002 年,頁 613。
③[明]畢恭等修,[明]任洛等重修《遼東志》卷六,頁 611。

遼陽人，進士，正德中知咸寧，以循吏著稱，歷官山西副使。”①

正德十年，徐景嵩任職咸寧令時，見到田海山所輯録的崔顥詩，於是將其刊刻出來，成爲現存最早的崔顥詩刻本。序文由徐景嵩親撰，文末署名：“正德十年九月六日，賜同進士出身、文林郎、知咸寧縣事遼陽徐景嵩書。”②這篇序文記載了崔顥詩的收集、刊刻經過，價值較高，不少版本目録著作如傅增湘《藏園群書題記》等予以全文徵引③，是研究唐代文學與文獻的重要材料。

正德十五年十月起，徐景嵩入職朝廷，時間長達十年左右，先後任户科、吏科給事中及禮科右給事中等，期間忠於職守，屢屢上疏言事，如：勸諫明武宗宜勤政，勿嬉游；彈劾列名“八虎”的魏彬、谷大用；對御馬草場的管理問題提出建議；在大禮議事件中，與大臣們一起上疏，反對嘉靖帝加其父興獻帝以“皇”號；爲玄明宮是否還民的事情彈劾工部左侍郎趙璜；反對嘉靖皇帝壓低陳皇后的喪禮規格等④。

嘉靖九年，徐景嵩出任河間府知府，爲政循良。原籍河間的官員潘希曾上疏，肯定其政績：“直河間府知府徐景嵩，公忠秉給諫之舊，政理有循良之風。”因此請求將其“量爲升擢”。據其題下之注，此文作於嘉靖十年三月十七日⑤。

徐景嵩於嘉靖十二年離職河間。此後，文獻中的相關記載比較粗略，僅知其後來曾任易州兵備副使、山西按察司副使等⑥。

---

① 見陸耀遹等《咸寧縣誌》（嘉慶本）卷十七《良吏傳》，1936 年鉛字重印本。
② 萬競君注《崔顥詩注》，上海古籍出版社，1982 年，頁 48。
③ 傅增湘《藏園群書題記》卷十一，上海古籍出版社，1989 年，頁 582—583。
④ 《明武宗實録》卷一九二、一九四，“中研院”歷史語言研究所校印《明實録》，頁 3609、3638；《明世宗實録》卷一、卷三、卷九、卷二一、卷九四，頁 49、135、353、613。
⑤ ［明］潘希曾《薦舉河道有司官員疏》，見潘希曾《竹澗奏議》卷四，1924 年永康胡氏夢選刻“續金華叢書”本，頁 44。
⑥ 樊深《（嘉靖）河間府志》卷十七《宦蹟志》：“徐景嵩，遼東定遼前衛人，進士，嘉靖八年由給事中任諫垣，以風節著名；陞知河間，剛正有守，後陞易州兵備副使。”1964 年上海古籍書店據寧波天一閣藏明嘉靖刊本影印，頁 15—16。可見其曾任職易州。按：言徐爲“定遼前衛人”，誤，應爲定遼中衛人。徐景嵩所作《明參戎龍虎將軍上護國孫公志銘》題下署“賜進士第山西按察司副使徐景嵩文”，見王晶辰主編《遼寧碑誌》，遼寧人民出版社，2002 年，頁 375。可見其後來曾任山西按察司副使。

　　從以上相關記載來看,徐景嵩擔任地方官員時,積極整修河道,堪稱良吏,又刊刻書籍,在文化傳播方面有一定成績;入職中央時,彈劾權貴,忠於職守,此即《遼東志》所概括的"居諫垣,多建白,不避權幸"①。

　　徐景嵩有《沙洲稿》四卷,已佚。孫明材之文據民國《遼陽縣誌》,輯得其佚作四篇:《蕭清遼海詩冊序》《火神廟碑記》《遼陽鄉賢祠記》及《千山温泉》,前三篇爲文,末篇爲詩。除此之外,筆者又從史書、方志、碑刻及域外文獻中鉤稽出作品七篇,分別是:《刊崔顥詩集序》《紫城口》《明欽差遼東游擊將軍林公配太原郭氏夫人墓誌銘》《遼陽孫棠墓誌銘》《計處御馬草場四事》《奉詔祭南京禮部尚書沈冬魁文》以及上引的《弭變賦》②。

　　此外,徐景嵩尚爲書家,今存《明奉議大夫江西提刑按察司僉事西材魯公(綸)墓誌銘》,由舒芬撰文,"賜同進士出身征仕郎户科給事中侍經筵東灣徐景嵩書"③,故今人著作徑將其列爲書家④。

二　《弭變賦》流傳朝鮮的中介

　　《弭變賦》流傳朝鮮的途徑,雖然史無明文,但却可以作合理的推論。此賦流傳到朝鮮,不外兩種可能:或由朝方外交人員由中國帶回,或由中方外交人員使朝時帶去。

　　朝方人員一年數次赴燕,魚叔權自己也曾七赴明廷。理論上,他們均有可能見到此賦。但中土文獻浩如煙海,此賦不一定能脱穎而出,得到關注。況且,嘉靖年間,朝方使者在北京的活動受到朝廷的很大限制,其起因即與書籍有關:嘉靖初年譯士金利錫在書店買《大明一統志》,引起朝廷警覺,因此關閉館門,禁止使者出入,以後遂成定例。朝方人員雖然也曾提出

---

①[明]畢恭等修,[明]任洛等重修《遼東志》卷六,頁639。

②參拙作《徐景嵩詩文補遺》,載《長春大學學報》,2018年第1期,頁56—59。

③遼陽市文物管理所編《遼陽碑誌選》,遼陽市文物管理所,1976年08月,頁24。

④李浴等《東北藝術史》第二編《書法》,春風文藝出版社,1992年,頁290;又見羅春政、趙東昱編《關東書畫名家辭典》,萬卷出版公司,2006年,頁184。

抗議,但成效不大①。此後幾年内,朝方人員購買書籍、人際交往等活動一直受到極大限制,看到此賦的機會也非常渺茫。

所以,此賦很有可能是中方人員帶到朝鮮的。此人必須具備三個條件:熟悉遼東事務尤其是嘉靖十四年的遼東兵變;瞭解徐景嵩其人並能見到此賦;有機會接觸到朝方人員。綜合考慮,唯有薛廷寵具備這些條件。

(一)薛廷寵曾參與《遼東志》的修訂,因此熟悉遼東兵變及徐景嵩其人其賦

薛廷寵,字汝承,號萃軒,福建人,嘉靖十一年進士,曾擔任吏科給事中等職。嘉靖十八年,薛廷寵以工科左給事中的身份,作爲副使,與正使華察一起出使朝鮮②。其人以剛直敢諫而名③,有《諫垣奏議》四卷。

嘉靖年間,遼東巡撫任洛重新修訂舊有的《遼東志》,據史褒善跋文的落款,其書成於嘉靖十六年十二月(1537),距離上次遼東兵變的發生僅僅過去兩年。

這次修訂,薛廷寵參與其中並負責最終的統一潤色工作,參與者之一的史褒善在跋文中曾説:"萃軒薛君,括而潤色之。讀《遼志》,有文焉,可驗也,核而信,嚴而辨,博而有要,有是哉。""今志更於累歲,成於衆手,而萃軒終之。"④明確指出薛廷寵對修訂《遼東志》的貢獻。正如有學者所指出的:"在這次修訂中,工科給事中薛廷寵起到了比較重要的作用。他以'薛子曰'的方式爲《遼東志》各部分内容撰寫了評論。"⑤今嘉靖本《遼東志》共地理、建置等九卷,各卷復分很多條目,如卷一"地理志"下包括沿革、疆域、郡名、形勝、山川、風俗、物産等,全書一共六十六個條目。大部分條目後有

---

① 如遼東兵變的前一年即嘉靖十三年,朝廷雖然有所讓步,但允許朝鮮使者"只往來館門之外,而其稍遠之處,則雖公事,必有票帖方許出去"。後來甚至"設棘針於牆上",可見管控嚴格,見《稗官雜記》一,頁 388—389。

② 《明世宗實録》卷二二一,二月戊申(初九):"以恭上皇天上帝大號,加上皇祖謚號及册立皇太子、册封二王禮成,遣翰林院侍讀華察爲正使,工科左給事中薛廷寵爲副使,詔諭朝鮮國王李懌,賜王以彩幣、文錦。"頁 4585。

③ 見[明]過庭訓《本朝分省人物考》卷又七十,《續修四庫全書》第 535 册據明天啓刻本影印,上海古籍出版社,2002 年,頁 145。

④ [明]史褒善《遼志跋語》,載《遼東志》,頁 689。

⑤ 杜洪濤《遼東志探微》,載《歐亞學刊》新三輯,頁 274。

"薛子曰"的按語,此"薛子"即薛廷寵。這些按語是對相關問題的總結、評論,非熟悉遼東事務者難以措手。史褒善跋文中所説的薛廷寵"考前意""括而潤色之""而萃軒終之"等即指此事。

　　因爲參與了《遼東志》的修訂,所以薛廷寵非常熟悉遼東兵變。《遼東志》由時任遼東巡撫的任洛主持修訂,而任洛之巡撫遼東,正是因爲此次兵變①,所以新修志書必然高度關注兵變之事。而且,《遼東志》的修訂在嘉靖十六年,距離上次遼東兵變僅僅過去了兩年。如此驚心動魄的事件,在修志時也必然會著重考慮。《遼東志》中,薛廷寵屢次提出自己的反思,如卷三《兵食志》中"武備"條的末尾:

　　　　薛子曰:夫天下雖安,不可忘志武事,宇内皆然,況邊圍乎? 以遼志考之,士馬則衆,紀律則嚴,防守則備,是故上爲天子張威靈,而下讋戎醜。其或内地他鎮有警,則檄之以壯大軍,往能奏膚,豈獨其勇力然哉? 亦悦義焉爾。然頃者驕悍悖逆,甘心大戮,夫可以義驅之於外,而反爲逆於内;能並力以赴王難,而反自作難,誠非獨其人之罪也。撫之少恩,御失其道,蓋有執其咎者。吁! 可以鑒矣。②

指出遼東軍隊職責之重要,痛心其反叛,同時反思兵變的原因,批評相關官員難辭其咎。

　　又如"財賦"條的末尾:

　　　　薛子曰:……聞之鄉耆老云:正德間,逆瑾貪剥黄皂事興黄皂戎服,逆瑾藉以上洪索之。大括民間數載,寔是奇靡成俗。加以豪右將領日肆侵奪,如之何不窮且病也。不然,攘臂稱亂,甘與雲中叛卒爲伍,何也? 夫遼號東陲,密邇北虜,幸邊鄙無釁,中外恬安,倘復繹騷如列鎮,吾不知其所以處之矣。司邊計者所宜加之意云。③

指出劉瑾及邊將的橫徵暴斂,是造成兵變的直接原因。

　　如此看來,薛廷寵非常熟悉遼東事務及遼東兵變。

────────────

①吳希孟《遼東志後叙》:"近者邊鄙愚卒,弗順於長,聖天子恐玉石俱焚也,乃用神武,殲厥渠魁,簡諸廷臣才望素著、老成謀國者以往。于時巡撫都憲鈞陽任公、巡按侍御開郡史君協心力,安輯勞定,人皆翕然。"見《遼東志》,頁 687。

②[明]畢恭等修,[明]任洛等重修《遼東志》卷三,頁 558。

③[明]畢恭等修,[明]任洛等重修《遼東志》卷三,頁 562。

薛廷寵也熟悉徐景嵩。二人都生活於嘉靖時期，而且遼東進士非常少，《遼東志》中所記僅寥寥數人，屈指可數，其中就包括徐景嵩。

《遼東志》屢次出現徐景嵩的名字，如卷二"建置志"，記載遼陽當地爲十七名進士修建的進士坊，下注："爲顧能……徐景嵩、劉悌立。"仕宦坊下有"司諫坊二"，下注："爲給事中魯綸、徐景嵩立。"甚至還爲徐景嵩之父立"澗松晚翠坊"，下注："爲徐給事中父鏞立。"卷六"人物志"中，"舉人"與"進士"條下均記載徐景嵩。又，本卷"宦迹"類下亦載："徐景嵩，定遼中衛人，正德甲戌進士，尹咸寧，升户科給事中，居諫垣，多建白，不避權幸。後歷河間知府、山西按察副使，見事風生，然剛方寡合，每不爲俗所容，人以是惜之。"①同時，徐景嵩此前也擔任過吏科、户科、禮科等給事中，算是薛廷寵的前任，此時又作爲按察司副使巡視地方，是遼東當地的知名人士，自應爲薛廷寵所熟知。

不僅熟悉徐景嵩其人，薛廷寵還應當瞭解其作。嘉靖本《遼東志》收録了大量嘉靖年間有關遼東的作品，其中就包括徐景嵩的，如卷一收徐景嵩咏寧遠温泉的詩作二首，卷二又收其《遼陽鄉賢祠記》一文。選擇、收録建立在廣泛閱讀大量相關作品的基礎上，所以，作爲《遼東志》的編撰者，薛廷寵必然讀到了包括《弭變賦》在内的所有徐景嵩的作品。

《遼東志》中也收録了不少有關遼東兵變的作品，如卷六《藝文志》收入曾銑《戡定三城疏略》、盧瓊《石塘曾公生祠碑》、程啟充《戡定三城叙》等。雖然其他相關作品没有被收録在内，但薛廷寵必然讀過，這樣才能有所選擇。作爲遼東當地知名文人、又身爲薛廷寵前任的徐景嵩，其反映兵變始末的《弭變賦》也應當在薛氏的閱讀範圍之内。

總之，因爲參與《遼東志》修撰，所以薛廷寵通曉遼東事務，非常瞭解兩年前的兵變，又熟悉徐景嵩及此篇賦作。

（二）薛廷寵與朝方人員有密切交往

嘉靖十八年（1539），薛廷寵出使朝鮮，四月十日到達漢城②。恰巧，二

①《遼東志》卷二、卷六，頁 520、521、521、639。

②薛廷寵《燕慶會樓賦》序言稱"以四月十日抵漢城"，見趙季輯校《足本皇華集》卷二十
　三，鳳凰出版社，2013 年，頁 768。

十多天前的三月十五日,朝鮮方面的官員向中宗進獻《遼東志》①。由於遼
東是朝方所密切關注的區域,遼東兵變又曾讓朝鮮君臣著實緊張了一段時
間(參見下文),所以,對薛廷寵這樣的"遼東通",朝方人員應當多有諮詢。
相談之中,《弭變賦》之傳播朝方也就在情理之中了。

　　此賦在官方材料如《朝鮮王朝實錄》《皇華集》中均不曾提及,因此,應
是在公事之餘,雙方私下交流時流傳於朝鮮的。

　　朝方人員與明使經常會建立起密切關係。除了致力於出使任務之外,
雙方在公餘來往頗多,常在一起暢談經史、朝廷制度甚至宮廷隱秘。如弘
治元年,董越、王敞使朝,朝方遠接使爲許琮。閒暇之餘,雙方多有交往:
董、王二人"每見公,必留語從容,相與討論經史,或至夜分而罷";雙方常常
談及朝廷制度等,甚至涉及宮廷隱秘:"公(指許琮)問中朝典故,雖宮禁隱
秘,皆爲公盡言,略無所諱。"又如嘉靖十六年龔用卿出使朝鮮,與朝方鄭士
龍關係密切,二人"從容杯酒,吐其誠懇,不啻若久要","故凡文字之疑及中
朝典故,湖陰多有所質。"②不僅如此,中方使者與朝方其他相關者如翻譯
人員、隨行醫生都也有往來,今存《皇華集》中就有不少贈予譯士、醫官等的
詩歌。具體到嘉靖十八年的出使,薛廷寵是中方使者,魚叔權是朝方的外
交人員(見下文),雙方來往也應當比較密切,則《弭變賦》流傳朝鮮也並非
難事。

　　總之,熟悉遼東事務尤其是遼東兵變、熟悉徐景嵩及其作品、與朝方人
員有密切接觸,以上三個條件,只有薛廷寵能同時具備。而反觀同時代的
其他人,則均有所缺憾:或熟悉遼東(如《遼東志》的參編者任洛等人),但無
緣與朝方人員有長期、密切的往來;或與朝方人員有往來(如嘉靖十六年出
使朝鮮的龔用卿、吳希孟),但又不一定熟悉遼東③,也未必見到徐景嵩
此作。

────────────

①《中宗實錄》第五,卷八十九:"癸未……工曹參判鄭順朋以《遼東志》六卷進獻。"學習
　院大學東洋文化研究所影印本,昭和三十四年(1959),頁98。
②分別見魚叔權《稗官雜記》頁485、498。
③《遼東志》有龔、吳二人之序,但寫於使朝結束、返回遼東之後,所以二人在朝鮮時,對
　遼東尚不十分瞭解;而不參與《遼東志》的修撰,也未必掌握有關遼東兵變的作品。

三　魚叔權記載此賦的原因

魚叔權《稗官雜記》記録此賦,應與以下原因有關。

(一)魚叔權的職位

魚叔權爲吏文學官①,隸屬于承文院。

吏文學官漢文水準較高,也喜歡漢文學。此職"掌事大交鄰文書"②,漢文水準當然不低。如《稗官雜記》二"楊誠齋"條曾指出朝鮮吏文中使用楊萬里等人作品中的俗語,"中廟初譯使曰"條辯稱本國吏文文詞俱佳。另外,還有大量的詩話類條目,如評價杜甫、韓愈、柳宗元、李商隱等人的作品,批評朝鮮人對劉禹錫的誤解,大量引録曹伸與安南使者黎時舉的酬唱詩等,均可見其對漢文學的高度興趣③。

同時,吏文學官當然會牽涉外交事務,魚叔權就多次參與外交工作:或作爲兩國使者之間的翻譯,或撰寫事大文書。其《稗官雜記》中記載了大量與外交相關的材料。比如,書中記載,作者曾先後七赴中國。同時,作者也參與接待明朝的使者,與明使有來往,如在薛廷寵使朝的前兩年即嘉靖十六年,龔用卿、吳希孟出使朝鮮時,曾贈予魚叔權詩歌④。這是其職業工作所決定了的。因此,在薛廷寵使朝期間,魚叔權也參與接待,與之有不少交往。

總之,作爲吏文學官,魚叔權頗好漢文,也擔負外交工作,因此,《弭變賦》這種文學性較强、又能比較詳細地叙述整個兵變過程的作品,自然會進入其視野。

---

① 魚叔權《稗官雜記》二:"嘉靖乙酉,南止亭啟中廟設吏文學官……余以不才,忝與其列。"頁443。

② 徐居正等《經國大典》卷一,奎章閣藏明萬曆本,頁17;《大典會通》卷一,同治四年(1865),頁19。

③ 參李在忠《〈稗官雜記〉的詩話研究》,嶺南大學校,2004年碩士學位論文。

④ 《中宗實録》第四,卷八十四,中宗三十二年四月戊寅(30日),伴送使鄭士龍回復中宗時提到:"吏文學官魚叔權,于一路隨行時,以學官稱號,故天使誤認爲學校之官,贈叔權詩,盛稱教誨作人等。"頁594。

(二)遼東的地理位置

對朝鮮來説,遼東的地理位置非常重要。這里與朝鮮接壤,官方及民間交往都非常密切,是雙方使者來往的必經之途,故現存文獻如《明實録》《朝鮮王朝實録》《燕行録》《皇華集》等均有大量關於遼東的記載。

就此次兵變來説,遼東是朝鮮使者前往中國的必經之地,若此地發生動亂,則勢必影響到出使重任,因此朝鮮予以密切關注①,而對同時期大同、南京等地的兵變則不甚在意。而且,遼東是中、朝、女真三方交匯之處,爭鬥頻繁,若兵變之事處理不好,則朝方更無寧日。從文獻來看,當時朝方對兵變處理方法預設了好幾套方案,考慮周詳,如:吩咐邊將嚴密防守鴨緑江邊界;操練士兵,加强戰備,但又擔心引起當地軍民騷動;如果明朝請求出兵協助,則己方是否答應;作爲藩屬,是否可以主動入境平變;又擔心如果處置失當,叛亂者投靠女真,反而加禍於朝鮮等等②。考慮到各種可能性,非常細緻。

以魚叔權的作品而言,其《考事撮要》卷二也曾詳細記載遼陽、廣寧、撫順等地與朝鮮的距離等。其《稗官雜記》中所記與遼東相關的内容有十餘

①參見《中宗實録》第四,卷七十九、八十中宗三十年四月辛亥、七月庚申、八月戊戌、十一月癸酉的記録,頁411、421、427、447。

②如《中宗實録》第四,卷七十九,中宗三十年四月辛亥(21日):"左議政金安老、右議政尹殷輔等議曰:遼東叛亂事情,雖未的指,然不可不爲之先慮。故曾已下諭觀察使、節度使分守鴨江上下,使之措置待變。其訓練士卒、點鍊兵器,此乃措置中事耳。慮或請兵之事,亦曾並諭,雖不別諭,亦必熟慮預措矣。若非徒軍卒叛亂,有一驍勇者爲之主,其勢大熾,以至抗拒官軍,則勢必請兵於我國而挾擊之。平安軍卒,防戍之外,其額不敷,不得不煩於他道,時無請兵之命,先自騷動,事甚不便。且威化島來居者方布近地,若聞我國大作操練兵馬之奇,則恐致駭疑,先播流言也……"並決定先做好防範,而暫不出兵,以觀其變,原因是:"我國在海外,無朝廷之命,而擅提大兵,深入上國,雖以討叛爲名,於義亦有未安。雖或揚名振威,一舉或定,然恐其終未免見疑于上國也。大抵退封絶裔,安分勿動,祇守臣節可也。雖云叛亂,不能的知,且閉城固守。聞其途説,興兵徑入,頓之堅城之下,進退狼狽。彼反以我國爲乘釁而動,故犯上國。嘩詭播僞,流聞天下,則我之忠悃,何以自白?此不可之大者也。亦或醜賊結彼韃虜,兵連禍結,移怒於我,亦非得計也。但當堅守我疆,以應倉卒,又多方預措,以待機變而已。"頁411—412。

條之多,表現出作者對遼東的密切關注,如:朝鮮使臣回國時,中方派序班一員從北京送到遼東,後來只令遼東差千百户送回朝鮮;遼東與朝鮮義州兩地居民貿易頻繁;朝鮮助明攻打建州,獲勝後獻俘于京師,途經遼東,與御史、太監、總兵官等交涉;朝方人員出使中國,先到遼東,向當地官員呈覽相關文檔;遼東邊民被韃子俘虜而逃脱者,多逃向朝鮮邊境,由朝方遣返遼東都司和廣寧都御史;朝鮮赴京使臣常參拜遼東都督僉事王鎬之墓等等①。而《弭變賦》這樣反映兵變大事的作品,當然會被高度關注並予以收録。

(三)曾銑平變與魚世恭平變的比較

　　魚世恭是魚叔權的祖父,曾平定過李施愛的叛亂。曾、魚二人的平變經過類似。

　　魚叔權的家族自豪感非常强烈,《稗官雜記》多次記載其先祖之仕宦經歷、詩文寫作等,如其高祖集賢殿直提學魚變甲之詩、伯祖父魚世謙之詩,還曾談到其曾祖魚孝瞻擔任集賢殿校理、司憲府執義之職②。

　　其中值得注意的是,書中記載了其祖父魚世恭的平叛經歷:

> 　　成化丁亥,吉州人、前會寧府使李施愛謀叛,殺其節度使康孝義等,遣其黨齋書來達,命龜城君俊爲都總使、右贊成曹錫文爲副往討之。余祖襄肅公諱世恭時爲左承旨,命超階嘉善,代申㴐爲咸吉道觀察使。公在途,咸興人又作亂,殺前觀察使申㴐等,亦施愛之謀也。

> 　　公入安邊府,人民逃散者什九;至咸興府,無一人延候者;出巡野外,民家皆空,往往逢人,皆走伏草間。輒招呼曉諭曰:"知朝廷討叛賊施愛而已,於汝人民無預也,其各安業如故。"仍給農糧,使相曉解。或謂公曰:"刺客可畏,不可不備。"公曰:"若設兵衛,益生民疑。"只率吏

①魚叔權《稗官雜記》"本國陪臣到燕""成化己亥"條,頁389、415,"中廟初譯使曰""光廟朝,英宗皇帝敕諭曰""遼東志人被擄於韃子者""遼東東三十里"條,頁436—437。

②魚叔權《稗官雜記》"曹適庵《諛聞瑣録》載余高祖提學公變甲《答禹廣州詩》"條、"提學公喪後臨禫,夢中作詩曰"條、"余伯祖文貞公諱世謙嘗過臨溪驛,有詩曰"條、"魚文貞公世謙以新來在承文院,走筆戲作《金自貞先生贊》"條、"魚文貞公世謙"條、"余曾祖文孝公諱孝瞻"條、"余曾祖文孝公不信妖怪"條,頁487、487、415、428、481、406、406。

輩數人而行。

一日，獲賊黨韓崇智，諸將欲稟朝廷，公抗議曰："軍中之事，制在主將，且咸人如崇智者非一，莫若速斬，以孤其心，以斷群疑。"遂斬於門外。咸之軍民欲免其罪，爭寫首亂者姓名投於都總使。公曰："不可盡誅。"遂焚其書於軍中，反側者乃安。

官軍鎮洪原縣，夜間賊來襲，都總使欲移陣避之，公曰："今入賊境，人心危疑。主將若動，無敵自破。我軍雖少，皆是精銳，安可示弱乎？"乃止。明日，都總使又聞敵賊要夜襲，欲退陣咸關嶺，公不可，曰："大軍在賊後，賊必不來。縱使之來，彼此夾攻，爲我擒矣。今若夜行，賊必來截，其敗也必矣。"遂止。明日逾嶺，賊果伏兵，欲截輜重，官軍逐之，乃遁。其臨危料事如此。賊平，分咸吉道爲南北，而移公爲北道觀察使，遂安北方，時年三十六。①

成化丁亥是明憲宗成化三年(1467)，下距遼東兵變六十八年。

不論其事還是其人，魚世恭與曾銑的平叛經過都有很多相似點：

一是在短時間内，數地相繼叛亂，形成連鎖反應，大有燎原之勢。朝鮮之吉州、咸興相繼叛亂，與中方遼陽、廣寧、撫順三地相繼兵變的情況相同。《弭變賦》所寫的"緊遼陽之軍士兮，忽鴟張而亂吼""比至廣寧兮，軍復弄兵"及"是夜撫順車七亦效尤逞蠡兮，乃共縛其備禦"，情勢緊急，不啻當年李施愛叛亂的重演。

二是魚世恭與曾銑都英勇無畏，輕裝前往，深入虎穴。魚世恭"只率吏輩數人而行"，而《弭變賦》中形容曾銑的"單騎犯餒虎之穴，挺身蹈孼狐之丘"，英武果斷，正是當年魚世恭的寫照。

最重要的是，二人都沒有輕開殺戒，不用重兵鎮壓，而只懲處首亂者，用最小的代價平定了叛亂，避免了一場危及萬衆的血腥屠殺。魚世恭之誅殺韓崇智，正《弭變賦》中所寫的"於是石塘，爰度爰思，爰詢爰訪。渠魁主名，如指諸掌……密謀既定于烏臺兮，元惡豈逃於天網"。其能其功，足令時人敬仰。

因此，兩相比較，其人、其事，何其相似！

在看到此賦後，魚叔權必定感慨萬端：曾銑平定遼東，簡直是其祖父平

① 魚叔權《稗官雜記》，頁 418。

定李施愛的翻版，二者如出一轍。情感的共鳴，是魚叔權記載此賦的一個
重要原因。

餘　論

　　《弭變賦》流傳朝鮮，不見於任何官方文獻的記載，應是中朝雙方人
員——具體而言，即薛廷寵與魚叔權——私下交往的産物。

　　來到朝鮮後，明使與朝方人員的交往大致可分爲三個層面，其嚴肅程
度逐漸遞減，而自由程度逐漸遞增：

　　一是正式、嚴肅的政治活動，由官方組織，其行爲涉及國家利益，政治
目的明確，參與人員爲明朝使者及朝鮮國王、高級官員等。這種場合下，雙
方的交流很難做到自由自在、無拘無束，談不上推心置腹。

　　二是詩賦唱和，多由官方組織，由朝方官員、文士等陪同使者飲宴、游
玩，吟詩作賦，其産物即《皇華集》。這種活動相對輕鬆，但參與者也並非毫
無戒心。有學者指出，這種唱和，“並非普通文人之間正常的詩酒會友，而
是具有宗藩關係的兩國文臣之間折衝樽俎的較量”。潛藏在他們内心的，
是“强烈的政治意識、國家意識、復雜的背景與身份”。因此，即便雙方的作
品表現出和諧的一面，然而揭開面紗，會發現更多的“罅隙”；其“真情”之
中，夾雜著太多的“僞情”①。

　　三是私下交往。前兩種活動，多爲官方組織或安排，雙方的身份是國
君或官員，代表各自國家；而此時，雙方的交流屬於自願，脱離了官方組織，
雙方的身份更多的是朋友、詩人。因此，交流時間比較自由，有時會談至深
夜，所談内容也非常廣泛，氣氛比較輕鬆。上引董越與許琮交談至深夜，談
話内容無所不包，甚至涉及“宮禁隱秘”，以及龔用卿與鄭士龍“不啻若久
要”等的叙述就説明了這一點。

　　和前兩種情況相比，雙方私下交往時，涉及的内容更爲豐富：不僅從事
詩文唱和，而且有時會涉及廣義上的文化交流。如：

　　　　龔雲岡回到雲興館，覽所作詩板，問曰：“誰所寫？”譯士對曰：“遠

―――――――――――
① 杜慧月《明代文臣出使朝鮮與〈皇華集〉》第五章第一節《賓主交歡的僞情與真情》，人
　　民出版社，2010 年，頁 239。

迎鄭湖陰幕下柳耳孫之筆也。”招而與之酒曰：“始者見汝之面而已，不知汝之有晉筆也。”後華侍讀察贈詩曰：“由來聞鼻祖，今見耳爲孫。楊柳如無聽，蟬聲何事喧。”又云：“我好作大書，聞君亦頗慣。何不告爾王，公權有筆諫。”①

可以看出：其一，引文記載了雙方的私密關係。柳耳孫大概地位不高，所以在正式場合中僅僅與使者見面，很難有深入接談，而私下卻與使者飲酒並得到贊賞、贈詩。其二，這段引文提供了朝鮮書法史方面的材料。

又如中方使者龔用卿甚至還向朝方遠接使鄭士龍詳細介紹烹飪之法，見《稗官雜記》四“雲岡嘉食厲房，寫其烹飪之法示湖陰”條②，這些都是私下交往而非官方正式往來的產物。

因此，研究中朝雙方的外交往來，除了依據《李朝實録》《皇華集》等官方文獻，關注正式的、國家層面的政治活動以及雙方的詩賦外交之外，還應依據大量的私人筆記，關注到第三個層面，即雙方人員的私下交往。後者脱離官方背景，所以更加生活化，更爲隨意、鮮活、生動，所提供的材料也更爲豐富，包括文學、醫藥、書法、技術、飲食等多個方面。三者結合，才可以更爲全面、深刻地理解中朝文化交流。

（作者單位：四川師範大學文學院）

---

① 魚叔權《稗官雜記》，頁 483。
② 魚叔權《稗官雜記》，頁 499。

域外漢籍研究集刊　第十九輯
2020 年　頁 455—474

《宋詩鈔》在日本江户時代漢詩壇的受容 *

王　樂

　　《宋詩鈔》(即《宋詩鈔初集》)是一部對清代詩壇而言舉足輕重的宋詩選本,由吕留良、吴之振、吴自牧三人編選,高旦中、黄宗羲也曾參與蒐討勘定。自康熙二年癸卯(1663)始,至康熙十年辛亥(1671)完成刊刻,前後歷時九年。此書是清代第一部大型宋詩選本,擬選百家宋詩人詩集刻行,實選八十四家,收詩一萬二千餘首,另有十六家有目無詩。其編排以人爲次,除楊萬里收《江湖集》等九集、謝翱收《晞髮集》《晞髮續集》兩集、周必大收《省齋集》《平園續集》兩集之外,其餘皆一人一集。每集之首,繫以小傳,述及傳主之仕履生平、文學創作、師承源流等,并品評考證之。

　　康熙十年(1671)《宋詩鈔》刊刻完成後,吴之振攜之入京,投贈詩壇名流,并與之唱酬往來①。此舉動使《宋詩鈔》經詩壇名流之手得以迅速傳播開來,并由此引發了詩壇針對《宋詩鈔》、乃至宋詩的熱烈討論。宋犖在談到《宋詩鈔》之流行時説道:"明自嘉、隆以後,稱詩家皆諱言宋,至舉以相訾謷。故宋人詩集,庋閣不行。近二十年來,乃專尚宋詩。至余友吴孟舉《宋詩鈔》出,幾於家有其書矣。"②一般認爲,康熙詩壇宗宋潮流的引領者是王士禛,而《宋詩鈔》出現在王士禛全面提倡宋詩之前,起到"導夫先路"的作用,直接影響到了宗宋詩風的萌生。

＊ 本文受國家留學基金委聯合培養博士項目資助。

① 詳情參見趙煒霞《〈宋詩鈔〉研究》,華中師範大學碩士學位論文,2014 年 5 月,頁 78—79。

② [清]宋犖《漫堂説詩》,《清詩話》本,上海古籍出版社,2015 年,頁 428。

　　然而這部對清詩壇産生重要影響的選本,其傳至日本的記録却極少。
據《商舶載來書目》記載,享保九年(1724)曾有一部四套《宋詩鈔》傳至日
本,在目前所見的舶載書目資料中,這是唯一一條《宋詩鈔》東傳的記録。
在此書傳入後的幾十年裏,一直鮮有人問津。談及《宋詩鈔》的言論寥寥無
幾,目前所見僅有菊池五山在爲《元百家絶句》撰寫的序文中約略提及:

　　　　余廿歲左右時,每閲總集,必取七言小詩殊悦我心者,以録存之。
　　自康熙《全唐詩》、吴之振《宋詩鈔》、曹庭棟《宋百家詩存》、顧嗣立《元
　　詩選》、錢謙益《列朝詩集》、朱彝尊《明詩綜》諸編,搜蒐殆遍,積成廿
　　册,題曰"只自怡悦",偶有肬草者,稍稍謄寫以傳世。販書之家亦誤爲
　　奇貨,將災梨以行,乃改題曰"四朝絶句",檢校已竣,有故不果①。

　　菊池五山言其廿歲時曾於上述總集,包括《宋詩鈔》中抄録七絶,後有
書商擬刊行之,然"檢校已竣,有故不果"。菊池五山生於明和六年(1769),
其云"廿歲"者爲天明八年(1788),去享保九年(1724)亦有六十餘年矣。直
至享和三年(1803)宋詩鈔本《淮海集鈔》刊刻出版,《宋詩鈔》才逐漸開始對
日本漢詩壇産生影響。

　　根據松下忠對江户漢詩壇的分期②,《宋詩鈔》傳入日本正值第二期詩
壇的後半葉,此時萱園派仍主導著詩壇風尚,鼓吹李、王,尊奉盛唐詩及明
詩。進入第三期詩壇之後,由於釋六如、山本北山、市河寬齋等詩壇領袖的
提倡,宋詩風逐漸抬頭,排詆唐詩、倡導宋詩的言論在此期間屢見不鮮。到
了寬政、享和、文化年間,宗宋詩風更是一度取得了壓倒性的優勢,如津阪
東陽所言,"元、享以來,明詩盛行,宋詩則棄如糞土耳。近日專主張宋詩,
黄口兒皆趨彼,幾令明人無處生活"③。

　　因此,自《宋詩鈔》傳入的享保九年(1724)至享和三年(1803)近八十年

---

①[日]朝長昭編《元百家絶句》卷首序,文化十三年(1816)刊本。
②松下忠在《江户時代的詩風詩論》中將江户時代的詩壇分爲四期:第一期自慶長八年
　(1603)到延寶七年(1679),共77年;第二期自延寶八年(1680)到寶曆九年(1759),共
　80年;第三期自寶曆十年(1760)到天保七年(1836),共77年;第四期自天保八年
　(1837)到慶應三年(1867),共31年。其中第三期又分爲前、中、後三期:以明和、安
　永、天明期爲前期;以寬政、享和期爲中期;以文化、文政期爲後期。
③[日]津阪東陽《夜航詩話》卷六,天保七年(1836)刊本。

間,正是江戶漢詩壇風尚由宗唐詩風向宗宋詩風轉移的階段,《宋詩鈔》却遲遲未引起江戶漢詩壇的重視。對比《宋詩鈔》在清詩壇宗宋詩風興起中扮演的重要角色,其在詩風契合的江戶詩壇却遲遲無人問津,此種遭遇的差異頗值得玩味。故本文嘗試分析導致此現象的原因,并對其具體的影響展開研究。

一　《宋詩鈔》在傳入初期未被重視之原因探析

張伯偉先生在《選本與域外漢文學》一文中指出"選本是中國古代文學批評中的重要形式之一,和其他形式相比,選本的影響力尤爲强大"①,並且"不僅在中國文學中是如此,站在漢語文學圈的範圍內來考察域外文學,也同樣會看到選本的實際影響,遠超過任何一種文學批評的專書"②。誠如其所言,日本從王朝文學時期《文選》的盛行,到五山文學時期《三體詩》《古文真寶》《唐宋千家聯珠詩格》的流行,再到江戶中期《唐詩選》的風靡一時,在日本漢文學的每個重要階段,都有與其文學風尚相契合的選本推波助瀾。到了江戶時代宋詩風興起之際,曾盛行於五山文學時期的蔡正孫《唐宋千家聯珠詩格》重新受到歡迎,而無論在收詩的廣度還是在提倡宋詩的力度方面都略勝一籌的《宋詩鈔》却遲遲未能受到重視,究其原因,我們可以從客觀和主觀兩方面來闡釋:

1.客觀條件的限制

(1)舶來數量的稀少

上文提到,在目前所見的舶載書目資料中,有關《宋詩鈔》東傳的記錄僅有一條,雖然這些舶載書目資料不能完全準確地反映書籍的實際東傳情況,但其數量仍能在一定程度上説明問題。特別是當與其他書籍的東傳記錄作對比時,更可以看到差距的存在。以比《宋詩鈔》更大部頭的《佩文齋咏物詩選》爲例,自元文五年(1740)至嘉永四年(1851),有關《佩文齋咏物詩選》東傳的記錄有十五條之多,並且在寬政十一年(1799),一次舶來數量達到廿五部之多,令人驚嘆。另外,書肆逍遥堂在以《宋詩鈔》爲底本翻刻

---

① 張伯偉《選本與域外漢文學》,載《南京大學學報》,2002 年第 4 期第 39 卷,頁 81。
② 張伯偉《選本與域外漢文學》,頁 81。

《楊誠齋詩鈔》時,在牌記題識中亦述及《宋詩鈔》"舶來未多,罕得見"①,亦可證明此客觀事實。

　　當然,某種書籍舶來數量的多寡受到許多因素的限制,其在彼邦的流行程度與舶來數量實際上是互爲因果的。因此,《宋詩鈔》舶來數量的稀少,意味著只有少數人能有機會接觸到它,若是這少數人對宋詩本身並無甚興趣,那它就很難像在清詩壇那樣迅速地引起回應,而這也會反過來影響到此書後續的輸入。

　　(2)包羅萬象的内容含量

　　在《宋詩鈔》之前的宋詩選本,如呂本中的《江西宗派圖》、陳起的《江湖小集》,僅選一派之詩,旨在發表自己的詩學主張;李龏的《宋藝圃集》所選宋詩則"取其離遠於宋而近附乎唐者"②;曹學佺的《石倉歷代詩》宋詩部分雖有一百零七卷之多,但於宋詩大家如陸游、楊萬里等選録者甚少,未能稱善。《宋詩鈔》作爲清代第一部大型宋詩選本,選詩人八十四家,收詩一萬二千餘首,基本呈現出宋詩全貌,在内容含量上可稱全備。然而,正是這種包羅萬象的特點使它不能在江户漢詩壇迅速流行。相對於上文中提到的在日本各個階段的漢詩壇流行的詩歌選本,《宋詩鈔》難免顯得過於卷帙浩繁了。周弼的《三體詩》雖然版本系統比較複雜,有三卷本系統、六卷本系統等,但卷數最多的本子也只有二十卷③;李攀龍的《唐詩選》也僅有七卷(附録一卷),凡一百二十八家,收詩四百六十五首;《唐宋千家聯珠詩格》原爲于濟所編,僅三卷,其後蔡正孫增爲二十卷。這些選本在内容含量上適中,方便攜帶、詩友間的傳遞及和刻本的刊刻,《宋詩鈔》則因卷帙過多而造成實際傳播中的困難。

　　2.主觀方面的原因

　　(1)接受者的體例偏好

　　比較《宋詩鈔》和《三體詩》《唐宋千家聯珠詩格》《唐詩選》,可以發現

---

①[日]大窪行等編《楊誠齋詩鈔》,《和刻本漢詩集成》第 15 輯,汲古書院,1975—1976
　年,頁 327。

②[清]吳之振等編《宋詩鈔》,中華書局,1986 年,頁 3。

③有關《三體詩》的版本考述,詳見張倩《周弼〈三體唐詩〉版本源流考》,載《中國詩歌研
　究》第 11 輯,頁 307—314。

《宋詩鈔》體例的不同之處。

　　《三體詩》顧名思義,按詩體編次,分七絶、七律、五律三種;《唐詩選》亦按詩體分卷編次,七卷分别爲五古、七古、五律、五排、七律、五絶、七絶;而《唐宋千家聯珠詩格》更是僅選七絶。這種體例的編排與其編選宗旨有關,此三種書或多或少都是針對"學詩者"而編:《唐宋千家聯珠詩格》作爲"詩格"類著作,對"字法""句法"此類作詩入門之法尤爲關注;《三體詩》亦是"隨著江湖詩人、市民詩人群的興起而出現的有關詩學入門方面的教科書"①,二書皆是針對初學者編選。《唐詩選》雖非針對初學者,但它却符合江户時代的大衆趣味,並且是"江户後期讀書階層甚至是庶民的基本文化教養之一部分,其最直接的證據便是《唐詩選》成爲了當時基礎教育機構藩校、漢學塾、寺子屋等的常用教材"②。《和訓三體詩》《唐詩選畫本》《唐詩選和訓》《唐詩選師傅講釋》等類刊本的出版,也可以幫助我們了解其受衆方向。這種適合於教科書性質之選本的編排體例爲其受衆大開方便之門,不僅可以幫助他們對各體裁有清楚的把握,更是能在一體之中縱覽各詩家詩作,發現、揣摩其異同并學習之。

　　《宋詩鈔》則不同,吳之振在序文中自述編選宗旨云:"自嘉、隆以還,言詩家尊唐而黜宋,宋人集,覆瓿糊壁,棄之若不克盡,故今日蒐購最難得。……余與晚邨、自牧所選蓋反是,盡宋人之長,使各極其致,故門户甚博,不以一説蔽古人。非尊宋於唐也,欲天下黜宋者得見宋之爲宋如此。"③顯然,《宋詩鈔》的編選目的並非爲學宋詩者提供一個可靠又方便的學習範本,而是"欲天下黜宋者得見宋之爲宋如此",即向世人呈現宋詩的整體風貌。故其體例以人編次,而且雖曰"選本",其實多以全集入選,這就造成讀者,尤其是學詩者接受上的困難,如此浩繁的内容讓人難以探得門徑,那麼在短時間内無法引起回應也是情理之中的事了。

　　(2)接受者的體裁偏好

　　除了體例的編排無法滿足接受者的需要,在此時期江户漢詩人本身的

―――――――

①張伯偉《選本與域外漢文學》,頁87。

②劉芳亮《〈唐詩選〉在日本的流行及其原因再論》,載《解放軍外國語學院學報》,2011年5月第34卷第3期,頁125。

③[清]吳之振等編《宋詩鈔》,中華書局,1986年,頁3。

體裁偏好也是《宋詩鈔》無法迅速流行起來的主觀原因之一。

　　衆所周知，在江户文學之前的五山文學時期，七絶的創作極爲繁榮。這一時期的三大詩人皆熱衷於七絶的創作，根據陳福康統計，中巖圓月《東海一漚集》存漢詩兩百多首，其中七絶約占半數；義堂周信《空華集》存詩1739首，七絶占1003首；絶海中津《蕉堅稿》存詩165首，其中七絶52首①。日本漢詩壇這股對七絶的創作熱情到了江户時期持續高漲，甚至到了明治時期也并未衰減。

　　在整個江户詩壇，尤其是中、後期詩壇，絶句選本可謂層出不窮，幾乎每個朝代的絶句都受到重視。在分類上既有斷代絶句選本，又有專人絶句選本，前者如《中唐十家絶句》《晚唐十二家絶句》《宋三大家絶句》《廣三大家絶句》《金詩佳絶》《元百家絶句》《清百家絶句》《欽定國朝別裁絶句集》等，後者如《隨園絶句鈔》《陳碧城絶句》《王夢樓絶句》等。此時期日本漢詩壇的領袖也積極捍衛、提倡絶句體裁，如山本北山在《宋三大家絶句》序文中這樣解釋選詩“止於絶句”的原因：“隱娘劍不過數寸，足以奪千奸萬邪之魂，何必用森然長戟大刀耶？詩亦然。”②菊池五山也曾爲絶句體被人輕視的現象正名：

　　　　人動輕近體截句，而重長句累韻，不知雄作大篇，只須學力，滿腔書卷，矢口發露，譬如富貴家供張有餘，然後數十百客不難措辨。求詩妙處，全不在此。絃外有音，味外有味，會到此境，二十八字即摩尼寶珠，何必造八萬四千寶塔方始爲至哉？故作詩者不可賣博一啼嚇看詩者，不可眩多以誇獎也。唐人句云：“藥靈丸不大，棋妙子無多。”真上乘之言③。

　　在這種七絶創作熱情高漲的氛圍里，現成的專選七絶的選本《唐宋千家聯珠詩格》顯然比《宋詩鈔》更加能够契合這一時期江户詩壇漢詩人的需要。

　　綜上所述，《宋詩鈔》雖是清代第一部大型宋詩選本，并在清代宗宋詩

①陳福康《日本漢文學史》，上海外語教育出版社，2001年，頁312—324、270—299。
②［日］大窪行、山本謹編《宋三大家絶句》卷首序，享和三年（1803）序刊本。
③［日］菊池桐孫《五山堂詩話》，《日本詩話二十種》（上卷），暨南大學出版社，2014年，頁193。

風的轉移上起到了至關重要的作用,但由於它在數量、卷帙、體例、體裁方面都不能比《唐宋千家詩格》更加恰到好處地符合日本漢詩壇的需要,致使它在傳入的初期如石沉大海一般,未能引起重視。經過幾十年,直到享和三年(1803)以《宋詩鈔》爲文獻來源的《淮海詩鈔》刊刻,《宋詩鈔》的價值才漸漸被日本漢詩壇發現并挖掘之。

二　江户漢詩壇對《宋詩鈔》的利用

根據長澤規矩也《和刻漢籍分類目録》①,除了再次盛行一時的《唐宋千家聯珠詩格》,江户漢詩壇在進入第三期詩壇,即宗宋詩風重新流行之前,在漢籍市場上已經有下列宋詩選本、别集的和刻本:

1.中興禪林風月三卷,宋孔汝霖編、蕭瀨校,寬永十七年(1640)刊。

2.一帆風,宋釋廬堂等撰,寬文四年(1664)跋刊。

3.和靖先生詩集二卷,宋林逋撰,貞享三年(1686)刊。

4.(慶元府雪竇明覺大師)祖英集二卷,宋釋重顯撰、釋文政編,慶安三年(1650)刊。

5.東坡先生詩集三二卷東坡先生年譜一卷,宋蘇軾撰、王十朋編,明陳仁錫評,宋王宗稷編(年譜),正保四年(1647)刊。

6.(新刻拔萃分類)蘇東坡絶句七言、五言各一卷,四家絶句本,蘇軾撰、山本泰順編,寬文八年(1668)序跋刊。

7.(增刊校正王狀元集注分類)東坡先生詩二五卷附東坡紀年録(新板東坡集注),劉辰翁編,(紀)明傅藻編,明曆二年(1656)刊。

8.九相詩,蘇軾撰,貞享二年(1685)刊。

9.後山詩注一二卷(陳後山詩集),宋任淵編,元禄三年(1690)刊。

10.山谷詩集二〇卷,黄庭堅撰,寬永一二年(1635)刊。

11.(新刊拔萃)黄山谷絶句,四家絶句單刊本,山本泰順編,寬文(1661—1673)刊。

12.山谷詩集注二〇卷序目一册,宋任淵編,寬永六年(1629)刊。

---

① [日]長澤規矩也《和刻本漢籍分類目録》(增補補正版),汲古書院,2006 年。

13.（須溪先生評點）簡齋詩集一五卷，陳與義撰、劉辰翁評點，刊本。

14.（名公妙選）陸放翁詩集前集一〇卷後集八卷，陸游撰，承應二年（1653）刊。

15.北磵詩集九卷，宋釋居簡撰，寶永三年（1706）刊。

　　由上面和刻本的情況可以看出，蘇、黄的本子最受歡迎，不僅種類多，其中蘇軾的《東坡先生詩集》後印過兩次，《（新刻拔萃分類）蘇東坡絶句》、《（增刊校正王狀元集注分類）東坡先生詩》分別後印過一次，黄庭堅的《山谷詩集》《山谷詩集注》亦分别另有兩種後印本。其次陳與義的《（須溪先生評點）簡齋詩集》及陸游的《（名公妙選）陸放翁詩集》亦曾分別後印過一次。

　　這些已有的宋詩和刻本與《唐宋千家聯珠詩格》一起，成爲第三期宗宋漢詩人接觸、學習宋詩的主要途徑。隨著宗宋詩風的推進，這些已有的資源漸漸不再能滿足漢詩壇的市場需要。首先，曾被山北本山稱爲“正書”的《唐宋千家聯珠詩格》漸漸曝露出它的局限①。曾經促使它風靡一時的“適中”的内容含量和僅取七絶的體例已經不能滿足此時漢詩壇對宋詩的需求，山本北山在和刻本《宋詩鈔（宋詩百一鈔）》的序文中指出這一事實：“又若《聯珠詩格》《瀛奎律髓》諸書，非無佳詩，然諸體不具，陳新錯雜，以鄙廁雅，以腐投清，經具眼人裁正删備當始僅可耳。”②另外，釋六如在《（增續）陸放翁詩選》序文中也提到當時詩壇對宋詩的急切需要：

　　　　陸放翁乃南宋一大家，名聲赫赫，雖五尺之童能知而道之，然其集坊刻僅有羅澗谷、劉辰翁選者數卷。而板燬既久，今日舉世購求，苦乏見本。若舶載《劍南集》，價比舊什倍，未出崎嶴，索者競進，餓狗争骨，約爲豪有力者所有，貧士斜睨垂涎爾。間有一書行，欲急增刻數百首，

① 山本北山《孝經樓詩話》卷上云：“《唐詩選》，僞書也；《唐詩正聲》《唐詩品匯》，妄書也；《唐詩鼓吹》《唐三體詩》，謬書也；《唐音》，庸書也；《唐詩貫珠》，妄書也；《唐詩歸》，疏書也；其他《唐詩解》《唐詩訓解》等俗書，不足論也。特有宋義士蔡正孫編選之《聯珠詩格》，正書也。”轉引自張伯偉《域外漢籍與中國文學研究》，載《學鏡》，鳳凰出版社，2008年，頁186。
② ［日］大窪行等編《宋詩鈔（宋詩百一鈔）》，《和刻本漢詩集成》（總集篇）第3輯，汲古書院，1974—1979年，頁298。

以給其須也。來詢之余，余乃就《宋詩醇》中鈔十之六七，編次與之①。

"羅澗谷、劉辰翁選者"云云，即上面提到的承應二年（1653）刊本《（名公妙選）陸放翁詩集》。雖六如編次此書未果即下世，這篇序文却被保留了下來，"若舶載《劍南集》，價比舊什倍，未出崎嶴，索者競進，餓狗争骨，約爲豪有力者所有，貧士斜睨垂涎爾。間有一書行，欲急增刻數百首，以給其須也"云云，可以想見漢籍市場亟需宋詩的情形。

在此情形下，宗宋派的詩壇領袖山本北山、市河寬齋、大窪詩佛等人開始全力推進宋詩選本及別集的和刻，於是《唐宋千家聯珠詩格》的壟斷地位被打破，清人的宋詩選本開始受到重視，如清張景星編的《宋詩百一鈔》、清陸式玉編的《（今體）宋詩選》、清陳訏編的《宋十五家詩選》分别於寬政六年（1794）、文化三年（1806）、文政十年（1827）出版了和刻本。《宋詩鈔》則因卷帙所限，不易被翻刻，但因其在文獻方面獨一無二的全備性，它仍舊在和刻本宋詩別集的編纂中發揮了重要作用，下文就其實際的利用情况來闡述它在江户漢詩壇的地位及影響。

（一）以《宋詩鈔》爲來源的和刻本

在康熙十年（1671）《宋詩鈔》問世之後，宗宋詩風隨之興起，詩壇出現了編纂宋詩選本的熱潮。這時期（康、雍）出現的宋詩選本，有許多直接取材於《宋詩鈔》②，如顧有孝《宋朝名家七律英華》、陸次雲《宋詩善鳴集》、潘問奇《宋詩啜醨集》、鄭鉽《宋詩選》等，另有幾種選本是爲續補《宋詩鈔》而作，如曹庭棟《宋百家詩存》，熊爲霖《宋詩鈔補》、厲鶚《宋詩紀事》等。另外，亦有少數宋人別集取材於《宋詩鈔》，如石介《徂徠先生集》。在江户漢詩壇，《宋詩鈔》也以同樣的方式發揮了其獨特的文獻價值。雖然在數量上只有區區四種，不如清詩壇那樣衆多，但仍在江户詩壇宗宋詩風的推進中產生了重要的影響。以《宋詩鈔》爲文獻來源的宋詩和刻本具體情况如下：

---

① ［日］村瀬栲亭等編《（增續）陸放翁詩選》卷首序，文化八年（1811）刊本。引文中言及之"《宋詩醇》"，非指吴之振《宋詩鈔》，或爲《御選唐宋詩醇》之"宋詩"部分。

② 取材於《宋詩鈔》的選本及專集詳情見申屠青松《〈宋詩鈔〉與清代詩學》一文，載《暨南學報（哲學社會科學版）》，2010年第5期，總第148期，頁82—83。

1.《淮海集鈔》一卷

宋秦觀撰,土屋正修校,享和三年(1803)刊本。

2.《秋崖詩鈔》一卷

宋方岳撰,日本大窪行、佐羽芳同校,文化二年(1805)江户書林須原屋孫七須原伊八同刊本。

3.《楊誠齋詩鈔》五卷

宋楊萬里撰,日本大窪行等校,文化五年(1808)江户若林清兵衛等刊本。

4.《四靈詩鈔》

山藤清等點,文化十二年(1815)江户萬笈堂英平吉文刻本。含《葦碧軒詩鈔》(宋翁卷撰)、《二薇亭詩鈔》(宋徐璣撰)、《芳蘭軒詩鈔》(宋徐照撰)、《清苑齋詩鈔》(宋趙師秀撰)各一卷。

通過上述以《宋詩鈔》爲中心衍生出來的幾種和刻本宋詩集,我們可以對《宋詩鈔》具體怎樣參與了江户漢詩壇推進宗宋詩風的過程略窺一二。

首先,在山本北山等人籌謀刊刻宋詩別集及選本之初,自然是先致力於宋詩大家作品的推廣。蘇軾、范成大、陸游、楊萬里四家尤其受到重視,山本北山曾取李、杜、韓、白比歐、蘇、范、陸,并積極推進四家詩集的和刻:

宋人詩以唐爲水藍,然不似唐處所以不減於唐也。余嘗試取唐大家李、杜、韓、白而比宋大家歐、蘇、范、陸……先是二子校刻《放翁詩鈔》,雖僻鄉乏書之地得讀放翁詩,今也《石湖詩鈔》始刊行……而知宋大家可以能學……又善庵(朝川鼎)校《東坡詩鈔》命刻剞劂氏,嗣他日有好士能刻《六一詩鈔》而宋四大家詩皆全梓行①。

事實上,歐陽修的詩在江户漢詩壇並没有引起關注,《六一詩鈔》的刊刻後來亦不了了之。反倒是楊萬里之詩因其別創一體、自出機杼而受到性靈派領袖的青睞。在北山的倡導下,蘇、楊、范、陸四大家的詩集很快都有了和刻本的出版。范成大、楊萬里的詩集被初次整理,并有幾種不同的版本依次刊刻,如寬政一二年(1800)刊《(石湖居士)蜀中詩》、文化元年

---

① [日]大窪行、山本謹編《石湖先生詩鈔》(宋四名家詩選本),《和刻本漢詩集成》第15輯,汲古書院,頁233—234。

（1804）刊《石湖先生詩鈔》全六卷、享和三年（1803）刊《石湖詩》（《范石湖田園雜興》）、文化元年（1804）刊《江湖詩鈔》三卷（楊萬里《江湖集》和刻本）、文化五年（1808）刊《楊誠齋詩鈔》五卷（即《宋詩鈔》本）。另外在總集方面，享和三年（1803）刊刻了《宋三大家絶句》（大窪詩佛、山本緑陰校），文化九年（1812）刊刻了《廣三大家絶句》（大窪詩佛、山本緑陰校）、《宋三大家律詩》（柴山老山、梁川星巖校）。已經有和刻本出版的蘇軾、陸游的詩集又被重新整理，先後刊行了《放翁先生詩鈔》全八卷（享和元年，1801）、《東坡先生詩鈔》全七卷（文化三年，1806）、《（增續）陸放翁詩選》七卷（文化八年，1811）、《蘇東坡絶句》四卷（文化刊，具體時間不詳，有文化十四年後印本）。於是一時間蘇、陸、范、楊之集盛行於詩壇，進一步推進了宗宋詩風的興盛，北山亦感嘆道“方今文運日升月恒之時，真詩顯而隆，僞詩隱而汙，人皆知清新可尚，腐硬可厭，從事於蘇、陸、范、楊真詩”①。

　　其中文化元年（1804）根據《宋詩鈔》翻刻的《楊誠齋詩鈔》對楊萬里詩歌在江戸漢詩壇的傳播起到至關重要的作用。楊萬里著述甚豐，詩集有《江湖集》《荆溪集》《西歸集》《南海集》《朝天集》《江西道院集》《朝天續集》《江東集》《退休集》九種，《宋詩鈔》全部選入。龜田鵬齋在《楊萬里詩集》序文中提到“楊誠齋有《江湖》《荆溪》《西歸》《南海》《江西》《江東》《朝天》《退休》諸集，詩甚富矣”②，可知當時也確有些詩人有機會看到楊萬里詩集的舶來本，但一種書籍在江戸時代能得到廣泛傳播主要還是依賴其和刻本的出版。翻刻《楊誠齋詩鈔》的書肆逍遥堂在牌記題識中述及“世傳寫本《誠齋先生集》，然輾轉傳鈔，闕誤不少。頃日得吳氏《宋詩鈔》，其中有《誠齋詩鈔》。雖不足盡誠齋之詩，要勝世所傳寫本也，而顧舶來未多，罕得見，因捐貲翻雕以爲藏板”③，結合當時和刻本宋詩的實際刊刻情況，則在文化五年（1808）和刻本《楊誠齋詩鈔》刊刻之前，江戸漢詩人們主要通過和刻本《江湖詩鈔》三卷和《宋三大家絶句》所選之楊萬里絶句，及“輾轉傳抄”“闕誤不少”的寫本來接觸、了解楊萬里之詩歌創作，因此《楊誠齋詩鈔》的和刻對推

---

①［日］大窪行、佐羽芳編《秋崖詩鈔》，《和刻本漢詩集成》第 16 輯，汲古書院，1975—1976 年，頁 383。

②［日］大窪行等編《楊誠齋詩鈔》，頁 327。

③［日］大窪行等編《楊誠齋詩鈔》，頁 327。

廣介紹楊萬里詩歌來講是不可或缺的。另外,《宋詩鈔》所收《誠齋詩鈔》是
按九集順序編次的,和刻本則將此體例打破,根據體裁重新分類編訂,厘爲
五卷,分別爲五古、七古、五律、七律、五七言絕句。這種編排方式幫助讀者
更容易把握誠齋詩歌各體的風格,其作詩之法也容易從中揣摩而得。因
此,《楊誠齋詩鈔》一出,就立刻成爲比《江湖詩鈔》《宋三大家絕句》更適合
宗宋詩人學習楊萬里詩歌的範本。

　　《宋詩鈔》除了對核心詩人楊萬里詩歌的推廣做出重要貢獻外,也在當
時蘇、陸、范、楊四大家作品得到普及的基礎上,衍生出《淮海集鈔》《秋崖詩
鈔》《四靈詩鈔》的和刻本,從而進一步參與了外圍宋代詩人群體的構建。
從《唐宋千家聯珠詩格》復興到四大家詩鈔及選本刊刻,宗宋詩風的詩壇領
袖推進宋詩的努力并未止步於此。隨著人們對宋詩的興趣日漸濃厚,與之
相應的,越來越多的宋詩人及其作品受到關注和挖掘。於是在蘇、陸、范、
楊的詩集抄本及選本陸續刊刻之後不久,甚至是在同時,秦觀、方岳、永嘉
四靈等更多的宋詩人與四大核心詩人一起,共同成爲江户漢詩人學習的
模範。

　　早在享和三年(1803),山本北山在《淮海集鈔》的序文中已經有了這樣
的論調:

　　　　　正修(土屋正修)者才子也,天資敏厚,信古好學,教授餘力愛吟
　　　咏,甚惡剽竊腐僞害詩道,尚慕趙宋諸賢清新作,嘗得滿清吳孟舉所撰
　　　《秦淮海集鈔》,而與吾孝經樓中所藏淮海本集校讎,上之梓,足以觀宋
　　　詩清新與蘇門有人矣。①

又,《淮海集鈔》的校對者土屋正修言及刊刻緣起時説:

　　　　　……明李于鱗不知之務,以剽竊模擬必同於唐,不啻不知詩法,抑
　　　其志亦可謂陋矣。或曰:然則子之校刻《淮海集鈔》亦何爲? 曰:自李
　　　于鱗以剽竊爲典則,以模擬爲常法律,世人皆迷惑,真偽不可分也。抑
　　　後之學者亦可不知所擇哉。若宋人之詩,峻嚴雄偉,傑烈豪放,如山之
　　　聳,如河之深,畢得古人之法,於今體可謂真詩矣。此吾北山先生之所
　　　以遵袁中郎之言,專以宋詩爲法,而余所以刻此鈔也。且夫宋人之詩
　　　也,一讀之足以解我結,再讀之足以撥我鬱,三讀之不能不爲此起舞浩

_____

①[日]土屋正修編《淮海集鈔》卷首序,享和三年(1803)序刊本。

歌矣。然則讀宋人之詩，亦發興之妙，足以換夫山水之游矣。淮海者，蘇門之高第，而其詩亦宋詩中之尤秀者也，吳孟舉選而鈔，得其真趣矣。故余自校刻，欲讀以發余興也。①

根據北山、正修二家的序文，則刊刻《淮海詩鈔》的初衷仍是針對僞唐詩，"惡剿竊腐僞害詩道"而嚮往宋詩清新之作。不過此時北山已不再高舉歐、蘇、范、陸或蘇、陸、范、楊四大家，而是將學習的對象擴大爲"趙宋諸賢"，以"富真學詩者之詩材"②。就《淮海詩鈔》而言，是由蘇軾擴展到了蘇軾的門人。就《秋崖詩鈔》而言，則是由蘇、陸、范、楊擴展到了"繼蘇、陸、范、楊而起者"：

> 方今文運日升月恒之時，真詩顯而隆，僞詩隱而汙，人皆知清新可尚，腐硬可厭，從事於蘇、陸、范、楊真詩，然未知有方秋崖清新雄雅，詩繼蘇、陸、范、楊而起者……從是方氏詩大顯於世。③

松則武在文化八年（1811）刊刻的《菊磵遺稿》序文中亦稱高翥之詩應當公之於世，"與范、楊、陸并駕而驅"④。到了《四靈詩鈔》，編者（山藤清、下山興、佐羽槐、中村松齋）不僅是有意識地想要打破四家詩的主流地位，更指出詩風轉變産生了新的流弊，亟待矯正：

> 我邦近者宋詩盛行，各自奉祖師，以張一家門面。宗派廣流殆遍世，概之歸乎蘇、陸、范、楊四家。四家之詩陸續刊行，家有户誦，而詩風之變亦不能無弊。今兹山藤荷亭、佐羽南溪與下山松齋謀，就清吳孟舉《宋詩鈔》中，收錄四靈詩，刻而傳之，意在救淺俗之弊而溯三唐之正乎。⑤

因是，以秦觀、方岳、永嘉四靈、王安石、高翥、真山民、劉克莊等爲主的外圍詩人群逐漸被建立起來，與蘇、陸、范、楊一同成爲江户漢詩壇宗宋詩

---

① ［日］土屋正修編《淮海集鈔》卷首序。
② ［日］土屋正修編《淮海集鈔》卷首序。
③ ［日］大窪行、佐羽芳編《秋崖詩鈔》，《和刻本漢詩集成》，汲古書院第 16 輯，1975—1976 年，頁 383。
④ ［日］松則武編《菊磵遺稿》，《和刻本漢詩集成》，汲古書院第 16 輯，1975—1976 年，頁 285。
⑤ ［日］山藤清等編《四靈詩鈔》卷首序，文化十二年（1815）刊本。

人模仿學習的對象。甚至到了《後村詩鈔》刊行的文政元年（1818），曾經輔助山本北山大力推進四大家詩集出版的大窪詩佛，盛讚後村之詩，對陸游而外的三家已多有微詞：

> 予觀後村詩以平淡易宜，別出一機軸，行雲流水，游戲自在，能言人之所不能言，而渾然天成，温雅清秀之致，令人餘甘溢頰焉……逮乎本朝，則文人多詩人少，三百年間雖人各有集，集各有詩，詩各自爲體，或尚理智，或負才力，或逞辨博，要皆文之有韻者爾，非古人之詩也。此語切中當時之窾。尚理致如道學者流，則陷於酸餡；負才力如東坡、誠齋，則涉於疏笨；逞辨博如山谷、石湖，則入於險怪，其何以得平易有味而免於刻深之議哉。獨使放翁在，則必即可而言"唯我與汝有是"①。

綜上所述，在性靈派領袖全面推進宗宋詩風的進程中，《宋詩鈔》成爲宋詩別集及選本的文獻生發中心，不但在對江户漢詩壇影響甚巨的楊萬里詩歌之傳播方面扮演了相當重要的角色，并輔助建立起四大家而外的宋代詩人群體，影響到了詩壇風氣的走向。

（二）《宋詩鈔》的校勘價值

鑒於《宋詩鈔》收書的全備性，除了成爲和刻本宋詩文獻的衍生中心，還經常被用來參與和刻本宋詩集的校勘。如刊刻於享和元年（1801）的《放翁先生詩鈔》，是山本綠陰、大窪詩佛以清代周之鱗、柴升編選的《宋四名家詩鈔》爲底本，并"將本集以下《劍南詩鈔》《放翁詩選》前後集讎校，旁及《宋詩紀事》《宋詩鈔》《瀛奎律髓》等凡有放翁詩者"②，精心校勘而成。同樣由二人勘定、成書於文化元年（1804）的《石湖先生詩鈔》，亦以《宋四名家詩鈔》爲底本，"取范本集及吳孟舉《石湖集鈔》校讎竣工"③。再如由泉澤充、奈良方點校之《真山民詩集》，因"其書輾轉傳寫，不知歷幾人手也，誤字闕

① ［日］幾阪世澤編《後村詩鈔》，《和刻本漢詩集成》第 16 輯，汲古書院，1975—1976 年，頁 335—336。

② ［日］山本謹等編《放翁先生詩鈔》，《和刻本漢詩集成》第 16 輯，汲古書院，1975—1976 年，頁 74。

③ ［日］大窪行、山本謹編《石湖先生詩鈔》（宋四名家詩選本），《和刻本漢詩集成》第 15 輯，汲古書院，1975—1976 年，頁 234。

文亦頗多”①,“因更以《徐氏筆精》《宋詩鈔》《宋詩紀事》《玉琴集》等書參校同異,誤者正之,闕者補之”②。

另外,《宋詩鈔》於每集之首,皆係以小傳,介紹詩人生平、詩歌創作及師承各方面的信息,可以幫助江户漢詩人簡要了解詩人生平。上述的《真山民詩集》及由幾阪世達點校的《後村詩鈔》中,原作者真山民、劉克莊的小傳皆引自《宋詩鈔》,可作一例證。

三　《宋詩鈔》對晚唐詩風的推動
——以《四靈詩鈔》的和刻爲中心

在江户漢詩壇對《宋詩鈔》的整個受容過程中,《四靈詩鈔》的和刻不能不說是頗具違和感的舉動。因爲無論是就吳之振編纂《宋詩鈔》的初衷來說,還是就江户漢詩壇對《宋詩鈔》價值的取用來說,無疑都是以“復興宋詩”爲首要宗旨的。而以《宋詩鈔》爲來源的《四靈詩鈔》的和刻却與這一主旨大異其趣,反過來成爲了晚唐詩風復興的助力。

(一)宗宋主流背景下晚唐詩風的異動

正如前文所述,在山本北山、市河寬齋、菊池五山等人的努力下,宋詩的地位在第三期江户漢詩壇被高舉,宗宋詩風遂風靡一世。然而與此同時,仍有一小群宗唐詩人,以館柳灣、卷菱湖、葛西因是等人爲主,選擇逆流而上,積極努力地推動普及中晚唐詩風。以宗唐漢詩人葛西因是爲例,享和三年,陸游、楊萬里、范成大三人的絕句被大窪詩佛、山本綠陰二人鈔撮成集,即《宋三大家絕句》刻板問世,此書一發,即招來了葛西因是的非難:

> 唐人云:凡詩,兩句必須團意,句必有底蓋。……嘗試讀唐人詩,有無底蓋乎,有無首尾乎? 既是唐人弱手蕪材,莫不會此法。宋人楊成齋《楊花》詩云:“只道垂楊管別離,楊花一去不思歸。”二句一聯,是爲團意。“浮蹤浪迹無拘束,飛掛蛛絲也不飛。”飛掛蛛網,何得云“無拘束”? 此一聯爲之無底蓋。陸放翁《寓舍聞禽聲》詩云:“日暖林梢鴨

---

①[日]泉澤充、奈良方編《真山民詩集》,《和刻本漢詩集成》第 16 輯,汲古書院,1975—1976 年,頁 432。

②[日]泉澤充、奈良方編《真山民詩集》,頁 432。

頰鳴，稻陂無處不青青。老農睡足猶懶起，支枕東窗盡意聽。”“稻陂青
青”，寫眼中景，不關聞禽聲。老農正支枕，將什麽眼睛偷覷稻陂青青？
若説稻作旁人所見，題上既曰“寓舍聞聲”，不得作此解。謂之四句不
圓。唐人云“詩貴消題目中意盡”，唐人詩莫不皆然。放翁《江上散步
尋梅》詩云：“小園風月不多寬，一樹梅花開未殘。剥啄敲門嫌特地，緩
拖藤杖隔籬看。”四句廿八字，無一字照管“江上”，此謂失體。今時詩
人極惡模擬蹈襲，此在作家固所嚴禁。……韓偓《深院》詩云：“鵝兒唼
喋栀黄嘴，鳳子輕盈膩粉腰。深院下簾人晝寢，紅薔薇映碧芭蕉。”如
看春宵秘戲圖，興象隱然。誠齋《入城》詩云：“杜鵑有底怨春啼，燕子
無端貼水飛。不種自紅仍自白，野荼蘼壓野薔薇。”似嘆城之荒廢，無
復興象，此謂偷語鈍賊。①

　　先是，葛西因是曾對漢詩壇“惡咸池九韶而喜折楊皇華，惡陽春白雪而
喜下里巴人，惡金石錦繡之唐詩，而喜鄙俚浮惡之俗詩”②的現象表示過不
滿，稱“詩道今亡矣”③。上引此篇序文雖寫於文化十年（1813），但其序文
末“余不喜讀宋人詩集，此四首載近時坊刻《三大家絶句》中，觸目摘出，非
吹毛求疵也”④云云，顯然是在《三大家絶句》發行後不久即有此讀後之感。
葛西因是在此序文中就楊萬里及陸游詩作，一一舉出實例來批判其對“詩
法”“詩格”的無視，指責其“句無底蓋”“無復興象”“失體”等，并稱贊晚唐詩
人韓偓之詩“興象隱然”，毫無掩飾地表現出黜宋尊唐之意。

(二)《四靈詩鈔》對晚唐詩風的推動

　　除却在消極方面通過對宋詩的批判企圖抑制宗宋詩風的蔓延，宗唐群
體在積極方面也做出了很多努力，與標舉宋詩的漢詩人所采取的策略一
樣，中晚唐詩選本的和刻也成爲宗唐詩風推動的戰略重鎮。主張學習中晚
唐詩風的漢詩人對於學唐的具體方法有兩種不一樣的看法，即“直接學唐”
與“間接學唐”，這從他們編纂唐詩選本的方面也有所表現：

①［日］館柳灣編《中唐二十家絶句》卷首序，文政七年（1824）刊本。
②［日］館柳灣編《中唐十家絶句》卷首序，文政七年（1824）序刊本。
③［日］館柳灣編《中唐十家絶句》卷首序。
④［日］館柳灣編《中唐二十家絶句》卷首序。

1. 以館柳灣爲首的"直接學唐"派

館柳灣是復興中晚唐詩的急先鋒,以他爲核心,輔以葛西因是、龜田鵬齋、龜田綾瀬、卷菱湖、朝川善庵等人,共同組成了推動中晚唐詩發展的宗唐群體。館柳灣自文化六年(1809)至天保十五年(1844),參與了《晚唐詩選》《中唐十家絕句》《中唐十二家絕句》《中唐二十家絕句》《晚唐十家絕句》《晚唐十二家絕句》《晚唐二十家絕句》《四咏唱和詩》《晚唐詩鈔》《唐詩三體家法》《晚唐百家絕句》等十餘種中晚唐詩選本的編纂工作,其功可謂甚巨。

從以上所編選的唐詩選本的類型可以看出,在學習唐詩創作的具體方法方面,館柳灣一派主張直接學唐。龜田綾瀬在《晚唐十家絕句》序文中提到館柳灣的此種論調:

> 商彝周鼎,今世無有。其贋作僞造者,雖骨格高古,款識鬱蒼,不足以排置几上,蓋無天然之餘潤也。當今詩人,皆謂晚唐之詩格致卑淺,遂舉而賤棄之。格致雖不足,意思則有餘。若夫徒軒昂其句,高尚其調,而無幽玄深邃之情思,則又何足發融冶之驩,動慘戚之感哉。……館樞卿有見於此,哀晚唐諸賢絕句,恒諷誦之於吟窗哦榻之間,乃自謂曰:愛商彝周鼎擬造之贋,不如玩柴窰汝陶清麗之真也。此言作詩者自知之矣。①

在館柳灣看來,宋詩專事剽竊僞造,是"商彝周鼎擬造之贋",不可效法,晚唐詩則爲"柴窰汝陶清麗之真",意思有餘,值得細細玩味、學習。葛西因是、朝川善庵都曾明確表達過此種觀點:

> 詩之有四唐,猶歲之有四時也。……宋詩,中晚之影也。明詩,盛唐之影也。雖存形似,既非真物。(葛西因是《晚唐十家絕句》序②)

> 文隨世變,不其然乎?近體詩唐爲盛。宋人學唐,仍是宋詩。明人學唐,仍是明詩。同學乎唐,而時與之闇化矣。(朝川善庵《中唐二十家絕句》序③)

二者所論略同,即宋詩是中晚唐詩的影像,明詩則是盛唐詩的影像,雖然形似,畢竟不是真唐詩,因此不值得效法。另外需要指出的是,館柳灣雖

①[日]館柳灣編《晚唐十家絕句》卷首序,文化四年(1807)序刊本。
②[日]館柳灣編《晚唐十家絕句》卷首序。
③[日]館柳灣編《中唐二十家絕句》卷首序。

然標舉中、晚唐詩,尤其是晚唐詩,但事實上,他對初、盛唐詩及宋、元詩並不是十分地排斥,其對宋詩"商彝周鼎擬造之贋"的評價,亦不過是相對晚唐詩的清真而言。他更看重的是晚唐詩承前啟後的地位和作用,將其視爲學詩者窺探門徑的關鍵所在,如其在《晚唐十家絕句》自序中所述:"晚季之調,要不失其唐音也。驅而進之,則初盛之域可入。縱而行之,則宋元之境可臻。所謂殿三唐之逸響,而著兩宋之先鞭者,蓋不虛也。"①此處雖將"初盛之域"和"宋元之境"並提,但其對宋詩還是持保留的態度,在談及中、晚唐選本的編纂意圖時,常有"先刻晚唐,就易讀也,今刻中唐,漸入難也"、"其自晚及中者,漸到佳境之意"②之語,"驅而進之"之意有之,"縱而行之"之意則無。因此,他是主張以晚唐詩爲軌范,由晚唐而至中唐,從中揣摩學習作詩之法,以致漸臻佳境。

　　2. 以《四靈詩鈔》爲代表的"因宋學唐"派

　　《四靈詩鈔》刊刻於文化十二年(1815),是由山藤清(荷亭)、下山興(松齋)、佐羽槐(南溪)、中村(松齋)四人,自吳之振《宋詩鈔》中抄出永嘉四靈之詩,編纂而成,由龜田鵬齋、大窪詩佛、菊池五山、館豹作序,由佐羽淡齋作跋。含《葦碧軒詩鈔》(翁卷撰)、《二薇亭詩鈔》(徐璣撰)、《芳蘭軒詩鈔》(徐照撰)、《清苑齋詩鈔》(趙師秀撰)各一卷。菊池五山言"江户四靈集舶來所無,未曾有寓目者"③,因此《四靈詩鈔》的刊刻對四靈詩歌在江户漢詩壇的介紹和傳播均起到無可替代的作用。

　　南宋永嘉四靈之詩專學晚唐姚合、賈島苦吟一派的路數,於字、句、律上下足了功夫。四靈詩歌對於矯正江西詩派之弊起到一定的作用,也對江湖詩派產生了很大影響。但因其題材的狹窄,專注於流連光景、應酬唱和,加之風格單一,四靈詩風很快就趨於沒落。不僅如此,後世對四靈詩歌的評價多是負面的,宋末方回批評其"所用料不過'花、鶴、僧、琴、藥、茶、酒',與此幾物一步不可離,而氣象小矣"④,其後元、明、一直到清代的詩壇對四靈皆頗多指責之詞,《四庫全書總目·蘭芳軒集提要》更是稱四靈"雖鏤心

---

①[日]館柳灣編《晚唐十家絕句》卷首序。

②[日]館柳灣編《中唐二十家絕句》卷首序。

③[日]山藤清等編《四靈詩鈔》卷首序,文化十二年(1815)刊本。

④李慶甲《瀛奎律髓匯評》,上海古籍出版社,2005年,頁340。

鉥腎，刻意雕琢，而取徑太狹，終不免破碎尖酸之病”①。

然而在此時的江户漢詩壇，在館柳灣等宗唐群體在宗宋的主流風尚之背景下努力推進晚唐詩風的時機，四靈的詩因仿效晚唐，在這片土地重新受到禮遇。龜田鵬齋評價四靈詩歌“治擇淬鍊，字字響玉，雜之賈、姚中，人不能辨”②，并針對嚴羽對四靈詩歌的批評爲四靈正聲：

> 嚴滄浪評以爲聲聞辟支，第二義之果，蓋駁其不宗開元也。雖然，四靈各洗滌腸胃間之穢濁而芳潤入爲之主，其骨已换矣。是以意思超凡、語言自高，使讀者驚駭絶嘆，不能自已。誰謂不透徹第二義之關哉。③

“意思超凡、語言自高，使讀者驚駭絶嘆，不能自已”云云，評價不可謂不高。館天籟稱四靈詩“渾和雅平，善學唐法而成自家風格”④者，佐羽淡齋亦贊“其詩從容和雅，深得唐人之旨”⑤，并推崇其“矯時弊之功”⑥。因著四靈得窺晚唐門徑，善學姚合、賈島苦吟之法，并有較爲成功的創作實踐，於是被尊奉爲學唐軌范，在晚唐詩人之外，爲江户漢詩壇宗晚唐的詩人提供了另一學習範式，即“因宋學唐”，并被託付“救淺俗之弊”的價值期望：

> 我邦近者宋詩盛行，各自奉祖師，以張一家門面。宗派廣流殆遍世，概之歸乎蘇、陸、范、楊四家。四家之詩陸續刊行，家有户誦，而詩風之變亦不能無弊。今兹山藤荷亭、佐羽南溪與下山松齋謀，就清吴孟舉《宋詩鈔》中，收録四靈詩，刻而傳之，意在救淺俗之弊而溯三唐之正乎。⑦

在第三期江户漢詩壇宋詩風靡的大背景下，館柳灣等人的“逆時流”之舉，即對晚唐詩積極直接的推動，難免會遇到很多阻礙和挑戰。相比而言，這種通過晚宋來學習晚唐的間接舉動，雖在對晚唐詩的推動上起到的作用

①《四庫全書總目》，中華書局，1965 年，頁 1389。
②［日］山藤清等編《四靈詩鈔》卷首序。
③［日］山藤清等編《四靈詩鈔》卷首序。
④［日］山藤清等編《四靈詩鈔》卷首序。
⑤［日］山藤清等編《四靈詩鈔》卷末跋。
⑥［日］山藤清等編《四靈詩鈔》卷末跋。
⑦［日］山藤清等編《四靈詩鈔》卷首序。

并不如前者那樣明顯,却也實在有其"曲綫救國"的優勢所在。也許就是這一原因,當時宗宋詩風的領袖菊池五山、大窪詩佛亦會欣然爲《四靈詩鈔》作序,并稱四靈詩"光彩焕發""足以療人鈍根"①吧。

　　綜上所述,不同於《宋詩鈔》一問世就在清代詩壇上迅速風靡,并直接影響到宗宋詩風的萌生,它在傳入江户漢詩壇初期的幾十年裏,因其數量、體例的限制及龐大的内容含量,導致其在與江户漢詩壇宗宋詩風完全契合的情境下却鮮有人問津。直到《唐宋千家聯珠詩格》因内容含量的短缺無法再繼續滿足日益擴大之宋詩市場的需要,《宋詩鈔》的價值才日漸受到重視。以《宋詩鈔》爲文獻中心生發出的幾種和刻本宋詩文獻,不僅對江户漢詩壇所推舉的核心詩人楊萬里詩歌的推廣意義重大,也在當時蘇、陸、范、楊四大家而外,參與了外圍宋代詩人群體的構建。同時《宋詩鈔》的校勘價值也被合理利用,參與校勘了《放翁先生詩鈔》《石湖先生詩鈔》等和刻本宋詩集。而且不可忽視的是,在推進宗宋詩風興盛而外,《宋詩鈔》作爲集大成的宋詩選本,通過《四靈詩鈔》的和刻,竟也在此時期的漢詩壇宗唐詩風的復興上發揮了助力,這就不得不説是在異邦漢詩壇的奇妙境遇了。

(作者單位:上海大學中文系)

---

① [日]山藤清等編《四靈詩鈔》卷首序。

域外漢籍研究集刊　第十九輯
2020 年　頁 475—492

版本改易與時局新變:《藏園詩鈔》
朝鮮活字本割補改易實物研究 *

羅　琴

近年來,版本學界對原刻翻刻、初印後印的研究投入了更多的關注,其中郭立暄《中國古籍原刻翻刻與初印後印研究》一書研究尤爲系統、深入①,至此版本研究從平面流變進入立體模式階段。不管是原刻與翻刻的差異,還是初印與後印的差異,版本很多時候都處在變化狀態,而帶來這種變化的,有文學、歷史、政治、經濟、個人境遇等各方面的原因。在清末,有一部不起眼的詩集——游智開《藏園詩鈔》,可以爲版本改易提供鮮活精詳的範例。其光緒九年朝鮮活字本的各部印本,體現了對同一批印本的不同修改;而它的各個時期的中國刻本,則體現了原刻翻刻的巨大差異。本文著重研究光緒九年朝鮮活字本幾部印本的改易,并借此一窺清末政治、經濟、外交、社會各方面的變遷。

一　《藏園詩鈔》朝鮮活字本改易始末

游智開(1816—1900),原名淳世,字子代,號藏園,湖南寶慶府新化人。咸豐元年(1851)年三十六歲中舉,歷任和州、無爲州、泗州、深州、灤州等地

---

* 本文爲湖南省哲學社會科學基金青年項目《〈藏園詩鈔〉版本改易與晚清政治外交關係研究》(項目號:18YBQ019)階段性成果。
① 郭立暄《中國古籍原刻翻刻與初印後印研究》,中西書局,2015 年。

知州、永平府知府、永定河道、四川按察使、廣東布政使、廣東巡撫、廣西布政使。游智開在李鴻章授意下,同光十餘年間在永平府、永定河道任上接待朝鮮使臣,幫助朝鮮使團派工匠來華學習軍械、促進朝美天津談判舉行,讓朝鮮達到聯合西方抵抗日俄的目的,從而保障中國東北之平安。朝鮮使臣卞元圭出於感激,光緒九年在朝鮮以傳統刷印方式木活字排印游智開的《藏園詩鈔》一卷,並寄回百部給游氏①。卞元圭,字大始,號吉雲,朝鮮人,祖籍草溪。光緒間出使清廷,與游智開定交。

　　面對異邦刷印的詩集,游氏高興之餘,深悔當日之遽出詩稿以示遠邦,開始在朝鮮印本上進行刪改。因而《藏園詩鈔》光緒九年朝鮮活字本雖爲同一次活字排印,但因爲刷印完成之後又有加工,於是有原本、刪改本、刪改增補本之別。

（一）近似原本：國圖本

　　完全未經修改的原本,筆者未曾經眼②。幾乎未經刪改的原本,筆者經眼一部,藏國家圖書館(簡稱國圖本或國圖九年本)。國圖本外封爲藍色皮紙,題簽云"藏園詩鈔/卞鍾獻署籤",次內封鎸"藏園詩鈔",次牌記"光緒九年仲夏/吉雲館活字印",次"光緒癸未(九年,1883)端陽節朝鮮卞元圭撰"序,次正文。此本爲朝鮮本原裝樣式,單股粗綫,五眼裝訂,朝鮮皮紙,木活字排印。開本 31×20.4cm,內框 21.9×14.1cm。魚尾上方鎸"藏園詩鈔",下方刻葉碼。卷端第一行刻"藏園詩鈔",第二行刻"古今體詩",第四行印游智開署名。每半葉十行,每行大字二十一字。避"玄""寧"等清諱。正文起《皎皎明月》,終《登石景山》。國圖本最大的意義不僅在於朝鮮原裝,而且在於其文字基本未經刪改。

（二）刪改本：上博本、湘圖本、川圖本

　　光緒十年春永定河道署中,游氏在光緒九年朝鮮活字本原本上刪去詩數十首,并用朱竹圖案藏園信箋加印游氏跋文,此即上海博物館藏光緒九年朝鮮活字印十年割補改易本(簡稱上博本或者上博十年本)。四川省圖藏本(簡稱川圖本)、湖南省圖藏本(簡稱湘圖本或者湘圖十年本)與上博本

---

① 關於《藏園詩鈔》光緒九年朝鮮活字本的刷印背景、刷印迴流始末,參見筆者《書籍與外交:從朝鮮活字本〈藏園詩鈔〉看晚清中朝外交》一文,《韓國研究論叢》第 37 輯。
② 據朴現圭教授 2019 年 6 月告知,未經修改的原本,現在韓國仍有流傳。

改易相同,但無朱竹信箋加印跋文。湘圖本外封墨筆書"游曰敏捐存"。游曰敏,民國時新化人,民國二十一年(1932)曾被公推爲新化城關一校校長,爲游智開孫輩。

《藏園詩鈔》上博本游氏跋云:

> 歸國日,攜余舊稿去。今歲書來,謂索觀者衆,因用活字板印刷多部以應,並寄來百本。余深悔當日之遽出以示遠邦也,因刪去數十首,所存若干,猶不敢自信云。光緒十年春新化游智開識於永定河道署,時年六十九歲。①

可知光緒十年春,游氏已經將上博本刪去數十首詩,湘圖本刪改同上博本。又光緒十一年傅鍾麟爲《藏園詩鈔》所作跋云:

> 今業益進,心益虛。即前藁重加刪汰,益以後作及前漏編者,都爲一帙。……光緒乙酉嘉平年愚弟山陰傅鍾麟頓首拜跋。②

也提及游氏對詩稿"重加刪汰,益以後作及前漏編者"一事。總之,游氏刪改詩集,不管是從現存實物上還是文獻記載上,都可印證。

游智開不僅自己改詩,而且也請人幫忙改詩,比如史夢蘭《上游觀察》:

> 《藏園詩鈔》恭讀一過,見其醞釀深厚,取徑絶高,於唐賢之外,絶不下窺一步,闌入宋元蹊徑。以之付梓,公諸同好,洵足爲騷壇表率。暇時尚擬作一後序,附傳不朽。③

知史氏對游氏詩歌多有贊譽,認爲其宗唐不宗宋,并答應爲游氏作序。史夢蘭又有《復游觀察》云:

> 前屬刪定《詩鈔》,並云舊作已自芟去廿餘首,蘭反覆尋繹,終未見有必當芟削之處。豈文章千古事,得失祇許寸心知耶。宣尼引詩,恒出所刪之內,斷章取義,一時各有意見。尊集詩既不多,似亦不必過芟,或存或逸,聽之後人可也。《贈鄭雪堂》古詩一首下有序兩行,乃本題之後來事,似不得與《贈杜生》《見婁傭》同例。蘭意改作小字雙行注於題下,如《獨游石白坨》題下數字,何如?④

---

①[清]游智開《藏園詩鈔》,光緒九年朝鮮活字印十年割補改易本(上博本)。
②《藏園詩鈔》,清光緒十二年刻本。
③[清]史夢蘭《爾爾書屋文鈔》卷上,清光緒十七年止園刻本。
④《爾爾書屋文鈔》卷上。

據史氏所述,游氏囑史夢蘭删定《藏園詩鈔》,并云已將光緒九年朝鮮活字本删去二十餘首。史氏復書以爲游氏集詩既不多,似亦不必過芟。并提出《贈鄭雪堂》序具體删改意見。

(三)删改增補本

光緒十年夏,游氏繼續在光緒九年朝鮮印本原本上删改《藏園詩鈔》,并於夏天作跋一篇,且將近作抄録附於朝鮮本之後,是爲光緒九年印十年删改增補本(簡稱上圖本,又稱上圖十年本)。上圖本比之湘圖本,後附游氏跋文略有差異,且上圖本後補鈔近作(起自《李太傅座間即事》,終於《趙子昂畫馬》),以後的光緒十二年刻本即以上圖本爲基礎刊刻。

上圖本鈔録游跋云:

> 今歲書來,謂索觀者衆,爰用活字版刷印多部以應,並寄來百本。其中應删者甚多,深悔當之遽出以示遠邦也。茲將近作附後,將來不識又删若干耳。光緒十年夏游智開識。①

提及增補詩歌事。又光緒十二年刻本後附游氏跋文:

> ……茲將近作附後,將來不識又删若干。時甲申冬游智識。

光緒十一年傅鍾麟爲《藏園詩鈔》所作跋:

> 即前藁重加删汰,益以後作及前漏編者,都爲一帙。……光緒乙酉嘉平年愚弟山陰傅鍾麟頓首拜跋。②

亦提及游氏對詩稿"重加删汰,益以後作及前漏編者"一事,可與上圖本互證。

上圖本呈現了三種刊印狀態,包括朝鮮活字本的樣貌(朝鮮活字、朝鮮本五眼裝訂、朝鮮皮紙)、光緒十年游氏在原書上割補改易甚至大開天窗的樣貌(活字、長纖維皮紙、空白行格紙)、光緒十年游氏補鈔之樣貌(中國竹紙、鈔本、與活字本合訂一冊)。

由此,《藏園詩鈔》朝鮮活字本有了九年印原本(國圖本勉强算)、九年印十年删改本(川圖本、湘圖本、上博本)、九年印十年删改增補本(上圖本)之別。

---

① 《藏園詩鈔》,光緒九年朝鮮活字印十年删改增補本(上圖本)。
② 《藏園詩鈔》,光緒十二年刻本。

二　從朝鮮活字本原本到湘圖十年本改易方式探析

對比國圖、湘圖本①,國圖本幾乎没被割補過,而湘圖本堪稱"滿目瘡痍"。

(一)從光緒九年朝鮮原本到國圖九年本改易方式

國圖九年本雖然與卞元圭的初印未修改本相差不大,但仍有少數地方可見修改痕迹。初印完全未修改本,筆者雖未經眼,但可以從國圖九年本推之。從初印未修改原本到國圖九年本,大概有以下幾種類型的少量改易。

圖一:湘圖十年本《送彭七北上》②(左)
圖二:湘圖十年本《送彭七北上》底層原貌(中)
圖三:湘圖十年本《送彭七北上》覆蓋後樣貌(右)

①活字印本删改,湘圖本與上博本、上圖本基本一致,爲行文方便,僅以湘圖本爲例。上圖本後面的手抄增補部分,本文暫時不重點論述,如有需要時僅簡單提及。

②此處改易内容及方式,湘圖本完全同國圖本,因條件所限,以湘圖本書影代國圖本。圖一至三情况類似,下不再單獨説明。

1.覆蓋原句替换爲新字句

國圖九年本個别字句原本覆蓋以修改後的内容，一般只涉及幾個字，所用紙也是長纖維皮紙，這部分修改與湘圖本、上博本、上圖本一致。

如《送彭七北上》之“獻賦黄金階”句爲國圖九年底部文字，其上另覆蓋新紙替换爲“弭轡黄金臺”。此詩作於游氏在永定河道任上。“獻賦”，古人有獻賦干謁之傳統，較爲直白；“弭轡”指止轡不行，相對含蓄。“黄金臺”用燕昭王築黄金臺求賢典故。

又如《恭承》“左吴娃而右越艷兮，歌舞其樂未央。冠蓋苕蕘若雲起兮，出入乎許史金張”之“苕蕘”，國圖九年本底層文字原作此，後上層覆蓋替换爲“岧嶤”。“岧嶤”，形容高峻、高聳。“苕蕘”，傳説中的鬼物。“苕蕘”當爲朝鮮本原排印之誤，後被修正。

2.割掉原句補以空白行格紙

國圖九年本有兩處，原書文字被挖掉，補以白色空行格紙。葉二十九下、三十上《孝婦行》最末部分：

> 白髮蕭疏今老矣，同郡相望，孝婦孝女。嗟嗟男兒，寧愧爾婦女。……

“……”兩行，原文字被割掉，國圖九年本補以兩行空白格紙。

又如《贈鄭雪堂》序：

> 雪堂名國鴻，鎮筸人。好讀書，工楷法。道光中，官寶慶副將，□□□□□□□□□□□□□□，官寶慶副將。

“□□□□□□□□□□□□□□”十二字，國圖九年本被割除，補以白色行格紙。

3.割掉原詩替换爲新改内容

割除原詩，再覆蓋上新改内容，在國圖九年本中僅見《左恪靖侯會李太傅於天津，太傅招智陪飲，詩以紀之》一處，删改舉隅一節將詳述，此處從略。

4.大量詩題下鈐紅色“删”字

《黄陵廟》《過亡弟墓》《新婚曲》《贈鄭雪堂》《僊人歌》《送友人之任河南》《南叟》《曉過洞庭》《和州送别》《泗州僧寺》《金陵舟次留别》《臨榆道中即景》《碣石篇》《長新店》《摩山四咏爲朝鮮李橘山作》十五題詩歌，國圖九年本詩題下鈐紅色“删”字，在湘圖、上博、上圖十年本中，這些詩歌幾乎全部(《木棉詞》三首除外)被删割、補以白色行格紙。

國圖九年本少量改易詩句、更正排印錯誤、部分詩題鈐"删"字且絶大部分在湘圖本中得到執行,可知國圖九年本的改易應當爲游氏本人所爲,時間在朝鮮本回流中國以後,即光緒十年春以後。國圖九年本,是現在可見的游氏對朝鮮九年活字原本改易的最早實物。從國圖九年本鈐"删"字、上博、川圖、湘圖、上圖十年本不鈐"删"字、但詩歌遵照國圖九年本指令删除的現象看,國圖九年本是游氏改易回流中國的其他朝鮮印本的工作底本。

(二)從國圖本到湘圖本改易方式

從國圖九年本到湘圖九年印十年删改本,游智開對湘圖本進行了大規模改易,其改易程度往往讓初見湘圖本的人瞠目結舌,因爲幾乎滿篇是天窗和所補空白行格紙。

1.湘圖本未執行國圖本指令者

《黄陵廟》《過亡弟墓》等十五題詩歌,國圖九年本詩題下鈐紅色"删"字,湘圖十年本或者保存詩題割掉詩歌正文、補以空白行格紙;或者詩題、正文均割掉,再補以空白行格紙。但《木棉詞》(三首),國圖九年本鈐"删"字,而湘圖十年本並未執行,依舊完整保留此詩。此詩十二年本也收,但後來的二十一年本、二十五年本、二十六年本不收。可見游氏對此詩終究不滿意,後期的詩集中仍然遵從了國圖九年本删除此題詩歌的建議。另《東大道詞》(其三)《咏柳》《河干消夏》國圖九年本未鈐"删"字,但湘圖十年本仍然割掉詩歌正文、補以空白格紙。

2.覆蓋原句替換爲新字句

湘圖十年本有部分詩歌個別字句被覆蓋,其上另貼以新改字句,所用紙張爲長纖維皮紙。一般所改字句較少時,用這種辦法。如《答友人》詩題,湘圖本底層原如前,但後被覆蓋爲"寄裹唐十一未兑"。這種改易方式,從原本到國圖本已經使用,此處不再贅述。

3.割除原詩正文替換爲新修改内容

湘圖十年本中,保留原詩句,並於其上覆蓋以新内容的改易方式主要針對較短的個別字句修改,而遇到有大規模的修改,則采用割除原紙、再貼上新紙的辦法,貼上的新紙或者爲改易後的新内容,或者爲空白行格紙。這裏先看割除原詩以後替換爲新修改内容的情況。

葉一下《中夜》國圖九年本原詩:

中夜起長嘆，吾生良獨難。抗言企古哲，恬怯乃自安。滅燭坐前除，蟲語淒以寒。感兹益心悸，援琴聊復彈。和歌豈無人，但苦調悲酸。曲罷歛長袂，清露滋庭蘭。

其中“燭坐前除”至“清露滋庭蘭”兩行湘圖十年本割補替換爲：

燭坐前除，蟲語淒以寒。感兹益心悸，時節空摧殘。鳴琴屬幽響，清露滋庭蘭。

國圖九年本原詩重在叙述，以事情發展順序爲綫索，彈琴、曲罷，“但苦調悲酸”表現作者内心之艱難悲苦，因而雖有和歌者，却害怕調子悲酸而不用。修改以後，原本的以彈琴爲綫索的叙述手法被打破，前面“中夜起長嘆”至“蟲語淒以寒”成爲後文的鋪墊，自然引出“感兹益心悸，時節空摧殘”，作者轉向抒情，感嘆自己空被時光摧殘而無所成就。接著自然而然引

圖四：國圖九年本《中夜》　　圖五：湘圖十年本《中夜》

出琴聲幽怨、清露滋潤庭中蘭花，意境淒清。此詩作於道光二十年或稍後幾年，此時游氏二十五歲左右，在湖南新化，尚未中舉。寫作此詩之時，游氏尚不知自己中舉之晚，因而九年本悲哀程度比之十年本尚輕。等到游氏光緒十年修改此詩已經六十九歲，而且也已經歷了咸豐元年（1851）三十六歲中舉；經過多年幕僚生涯，到同治元年（1862）四十七歲時才勉強調安徽司鐾權；同治四年五十歲才屬和州知州。古人壽命短，許多人活不到五十歲就去世了，而游氏仕途却遲遲沒有進展，所以當他嘗試修改早年詩作時，不由得發出"時節空摧殘"的感嘆，這樣的感嘆恐是少不更事的青年難以發出的。

從國圖九年本到湘圖十年本，《登雲麓宮》《懷魏中芸》《深州雜咏五首》（其一其三其四小序）等也是割除原文、再替換爲新修改內容的改易方式。

4. 割除原詩補以空白格紙

除補以新修改內容外，湘圖十年本還會直接割除舊內容，補以空白行格紙。前文已提及，不管是國圖九年本詩題下鈐紅色"删"字的《黄陵廟》《過亡弟墓》等十四題詩歌（已排除掉《木棉詞》三首），還是國圖九年本未鈐"删"字的《東大道詞》（其三）《咏柳》《河干消夏》，以上詩歌湘圖十年本均割掉原詩，補以空白行格紙。如葉二下《黄陵廟》：

> 寒鴉撩亂古祠門，回首湖湘日欲曛。雲去蒼梧悲帝子，雨昏青草怨王孫。金支髣髴仙靈御，斑竹分明血淚痕。惆悵洞簫幽咽處，莫煙無際暗銷魂。

詩題"黄陵廟"，國圖九年本後有紅色鈐蓋"删"字，正文"寒鴉撩亂古祠門"至"莫煙無際暗銷魂"八句：湘圖十年割掉三行，并補以空白行格紙。此詩作於道光二十年（1840）至咸豐元年（1851）游氏在湖南老家時，屬早年之作。黄陵廟，在湖南湘陰縣。

從國圖九年本到湘圖十年本的改易有延續性，而且也是基本按照國圖九年本上的删改建議進行的，加之有游氏自己的文字證據，所以湘圖十年本的改易無疑也是出自游智開之手。通過以上分析，可知游氏對自己詩集的改易程度非常大，既有對個別字句的修正，也有對整首詩的删改；改易方式也多種多樣，既有覆蓋原句替換爲新字句，又有割掉原句補以空白格紙，還有割掉原詩替換爲新改內容。

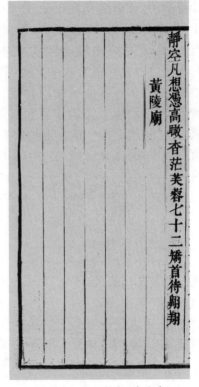

圖六：國圖九年本《黃陵廟》　　　圖七：湘圖十年本《黃陵廟》

三　游智開改易詩歌舉隅

《藏園詩鈔》朝鮮活字本，如國圖九年本、川圖十年本、湘圖十年删改本之間，不僅改易方式多種多樣，而且改易原因、改易內容也是非常豐富的，因篇幅所限，筆者僅舉其中與當時社會政治、時代發展聯繫較爲緊密的幾個例子，以求管中窺豹，探討游氏删改詩歌之原因。

（一）從雙星到獨秀

《左恪靖侯會李太傅於天津，太傅招智陪飲，詩以紀之》一詩前前後後被改了好幾次。國圖九年本、川圖十年本、湘圖十年本底層三行作：

溥天寰海際時清，賜爵同膚帶礪盟。平勃交歡安漢室，<u>共和夾輔</u>

靖周京。坦懷屢下杯中物,妙手勻調座上羹。此會津門須記取,東南將相兩心傾。

國圖九年本上層割補替换三行作:

溥天寰海際時清,賜爵同膺帶礪盟。平勃交歡安漢室,唐家社稷重西平。坦懷屢下杯中物,妙手勻調座上羹。聞説相公還載酒,東南將相兩心傾。

湘圖十年本上層割補替换三行作:

溥天寰海際時清,賜爵同膺帶礪盟。漢世邊庭收異域,唐家社稷重西平。畫屏風静花飛影,鈴閣雲流管吹聲。聞説相公還載酒,詰朝川上餞雙旌。

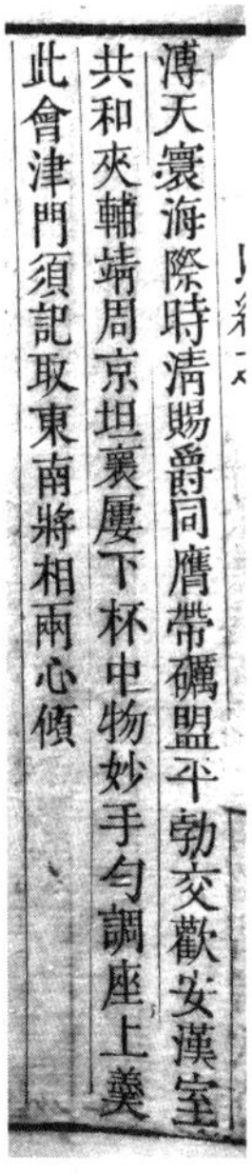
溥天寰海際時清賜爵同膺帶礪盟平勃交歡安漢室
共和夾輔靖周京坦褱屢下杯中物妙手匀調座上羹
此會津門須記取東南將相兩心傾

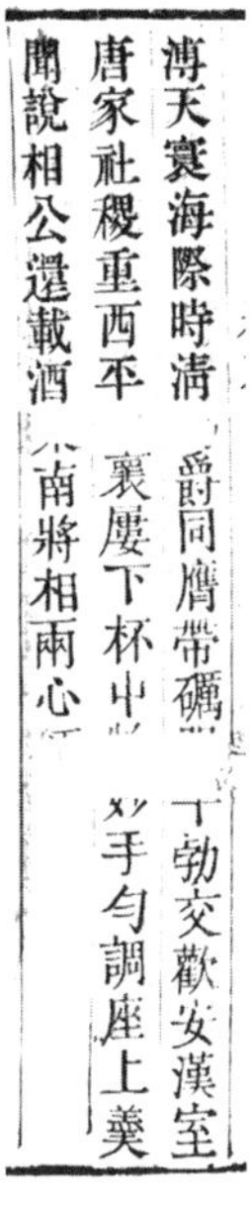
溥天寰海際時清 爵同膺帶礪 平勃交歡安漢室
唐家社稷重西平 褱屢下杯中 妙手匀調座上羹
聞說相公還載酒 南將相兩心

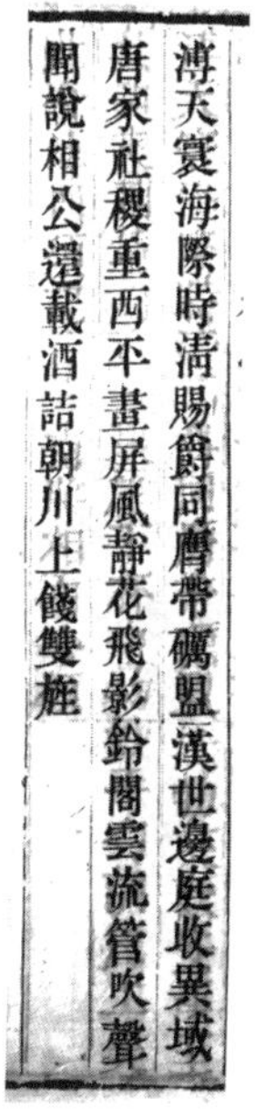
溥天寰海際時清賜爵同膺帶礪盟漢世邊庭收異域
唐家社稷重西平畫屏風靜花飛影鈴閣雲流管吹聲
聞說相公還載酒詰朝川上餞雙旌

圖八:川圖十年本《左恪靖侯》詩底層文字①(左一)

圖九:國圖九年本《左恪靖侯》詩上層文字(左二)

圖十:湘圖十年本《左恪靖侯》詩上層文字(左三)

①此詩川圖本、湘圖本、國圖本底層文字同,因條件所限,僅提供川圖本書影。

　　左恪靖侯指左宗棠,李太傅指李鴻章。此詩作於光緒六年(1880),游氏在永定河道任上,常來往于天津與固安之間。本詩爲應酬之作,最初版本主要是對李鴻章左宗棠二人之稱頌。國圖九年本底層文字首聯贊頌當時海晏河清,李左二人皆拜將封侯。此句各版本無變化。

　　頷聯部分,第一階段,國圖九年本下層文字作"平勃交歡安漢室,共和夾輔靖周京",將李左二人比作安漢的陳平周勃、共和行政的周公召公,並以"交歡"形容二人關係和諧。應酬之作,多溢美之詞,當時的清廷在各國勢力瓜分下風雨飄搖,百姓苦不堪言,内憂外患,李左二人雖盡力維持,但一派亡國之勢,怎麽有資格和陳平、周勃、周公、召公相提并論。而且二人關係也並非所謂"交歡""兩心傾"。

　　到第二階段,國圖九年本下層文字"共和夾輔靖周京",被割補替換爲上層文字"唐家社稷重西平",從并舉李左二人爲共和行政的周公召公,到替換後僅推重左氏一人平陝甘、收新疆的功績。

　　到第三階段,國圖九年本上層"平勃交歡安漢室"句,湘圖十年本上層文字作"漢世邊庭收異域",進一步不以李左二人比陳平周勃,而説漢朝有收復異域之功,而漢朝主要是向西北征伐匈奴之功,借以贊美左宗棠收復新疆之功。從對仗上來説,修改以後也更合適。由此,完成了從國圖九年本底層文字"平勃交歡安漢室,共和夾輔靖周京"並舉李左二人,到湘圖十年本上層文字"漢世邊庭收異域,唐家社稷重西平"只推崇左氏一人平陝甘、收新疆之功的改易。

　　左宗棠、李鴻章二人雖同出曾國藩之門,但關係較爲複雜。李鴻章爲左宗棠作輓聯,上聯爲:"周旋三十年,和而不同,矜而不伐,惟先生知我",輓聯一般都會有贊譽、拔高、過濾,但李鴻章却用了"周旋""不同"字句。游氏曾作曾國藩幕僚多年,曾氏 1872 年去世以後,游氏多得李鴻章賞識,與李鴻章共同治理永定河,共同斡旋朝鮮使節,李鴻章稱贊游氏"清勤端嚴"。從情感上,游氏更偏向李鴻章。

　　但李左二人在治國策略上分歧很大。左宗棠收復陝西、甘肅以後,想進攻新疆;而李鴻章則主張鞏固沿海國防、開發腹地各省。在軍費緊張的情況下,二人展開激烈辯論,最終清廷借外債、挪用各省費用,供左宗棠使用。光緒二年至四年,左宗棠克服全疆;光緒五年崇厚擅自與俄人簽訂條約,光緒六年至七年經曾紀澤斡旋得以修改崇厚所簽條約。光緒六年,左宗棠進京備顧問，此詩作於此後不久。總體而言，在詩歌寫作時，左宗棠保持了新疆的領土完整，在新疆政策上相對比較成功。到光緒十年游智開修改詩歌之前，曾紀澤又在光緒八年與俄簽《中俄條約》，收回伊犁，中俄簽訂《喀什噶爾界約》。游氏最後修改的定本"漢世邊庭收異域，唐家社稷重西平"，如果算作對左宗棠的稱頌，也基本符合史實。

在本詩寫作之前，主張鞏固海防的李鴻章也在努力經營之中。光緒五年，日本占領琉球，改爲沖繩縣。光緒五年及以後，李鴻章積極推動朝鮮連美拒日，希望朝鮮開埠通商，此事游智開也一直參與其中。詩歌寫作之前，海岸綫周邊事宜雖然危機四伏，但矛盾尚未大規模爆發，再加上個人感情傾向，因此最初寫作之時，游智開以"平勃交歡安漢室，共和夾輔靖周京"並舉左李二人，雖有誇大，但彼時李左二人功過相差並不特別明顯。詩歌寫成以後，局勢發生了變化，矛盾集中暴露出來。光緒八年，朝鮮爆發壬午之亂，日朝簽訂《濟物浦條約》，朝鮮賠款五十萬元，日本取得朝鮮駐兵權。光緒八年四月，游智開在與金允植的筆談中，對法國攻占越南的事憂心忡忡，他說"聞王都已見破，姑未詳知。安南亦係屬國，而路遠無以救之，可悶。近來頗聞其國政不修，今果有此事。"①光緒九年起，清軍與法軍在越南交戰。光緒十年李鴻章與法國人簽訂《中法簡明條約》，中國承認法國對越南保護權，并開放中越北部相鄰邊界，清軍撤回邊界。法國不滿條約内容，爆發馬尾海戰，福建水師一敗塗地。光緒十年，正是游智開删改此詩的年份。面對東南沿海的節節敗退，游智開一點點删去了對李鴻章的贊譽。

頸聯部分，第一、二階段，國圖九年本僅有一層文字，作"坦懷屢下杯中物，妙手勻調座上羹"，是描寫席間酒水飲食，滿是人間煙火氣。到第三階段，湘圖十年本上層改作"畫屏風静花飛影，鈴閣雲流管吹聲"，雖然也是描寫席間之事，但却寫畫屏、花影、音樂，更在精神審美層面，相對清新脱俗。

尾聯部分，第一階段國圖九年本下層文字作"此會津門須記取，東南將相兩心傾"，請在座諸位記得，李左二相兩心相傾。以"此會津門須記取"銜接"東南將相兩心傾"，以表現李左二人關係和諧上，顯得太著痕迹、太過刻意，甚至有點説教之嫌。

---

① [韓]金允植著，劉順利導讀《王朝間的對話——朝鮮領選史天津來往日記導讀》，寧夏人民出版社，2006年，頁266。

　　第二階段,國圖九年本將下層文字"此會津門須記取"割補替換爲上層文字"聞説相公還載酒"。從議論改成叙事性的"聞説相公還載酒"以後,可以自然銜接下一句,試想如果不是真心相待,誰願意觥籌交錯。

　　第三階段,國圖九年本上層"東南將相兩心傾"句,湘圖十年上層文字改作"詰朝川上餞雙旌",前者寫李左將相之和,而非事實;後者寫他日清晨送別,不再强調二人之和諧,轉而從聚寫到散,更合實情,不顯刻意。

　　從國圖九年本底層文字、上層文字、湘圖十年本上層文字三本遞進修改過程看,游氏從同時過分推重左李二人功勞到著重寫左氏一人之功;從反復强調二人之和諧,到轉而不提此事。以上改易與時局變化有關。或許隨著時間的流逝,脱離宴會應酬場合,游氏冷靜下來,也會爲"平勃交歡安漢室,共和夾輔靖周京"這樣的吹捧感到臉紅,因而改成了相對符合史實的"漢世邊庭收異域,唐家社稷重西平",這大概算擺脱情感因素後詩人之自覺吧。從這個例子看,游智開還算一個客觀理性之人。另外,本次宴會左宗棠是客,李鴻章是主,而游智開是李鴻章下屬,多寫左宗棠功績,也有出於禮貌考慮,並且也更爲切適。而從寫席間的吃吃喝喝到寫精神審美,則體現了游氏對詩歌本身藝術性的追求、錘煉。這首詩的改易,折射出晚清政局的變遷。

(二)從枝蔓繁蕪到濃墨重彩描寫動亂

《懷魏中芸》國圖九年本作六行:

　　　　岑寂苦不樂,散懷步芳洲。莫雲碧無際,杳杳西天頭。良友久未歸,關河阻且悠。憶當餞飲時,飛雪犯征裘。中途寄高咏,朗澈鏗琳球。匪直丰格殊,至性誰與儔。感兹意彌篤,永日增離愁。群盗蔓縱橫,客行慎良謀。物候亦已新,溽暑行堪憂。芙蕖發修渚,南園開石榴。夙約會言近,相將傾玉甌。

從"懷魏中芸"至"相將傾玉甌",湘圖十年本割掉六行,補以四行文字兩行空白格紙:

　　　　岑寂苦不樂,散懷步芳洲。良友久不歸,杳杳天西頭。引領望尺書,書來轉增愁。群盗蔓原野,殺人血如流。卜云戒行李,迂道緣山陬。倭遲豈不艱,客途慎良謀。三峽多猿唬,陰雲壓湖樓。平安抵故園,朱苞開石榴。

從此詩在《藏園詩鈔》中的位置及前後詩歌創作時間看,此詩爲游氏早年在湖南時的作品,創作時間在道光末至咸豐初。本詩國圖九年本重叙事,依次寫良友未歸、回憶當年冬日餞別、中途寄來詩歌,現在群盜縱橫,勸友人謹慎小心。如今物候已新,夏天已至,希望友人早日歸來相聚。十年本寫良友久不歸,收到書信却增愁,接著作者花大量筆墨寫愁的原因:局勢不穩,群盜殺人如麻,作者百般叮囑友人在外注意安全("群盜蔓原野"至"客途慎良謀"六句均是)。接著以三峽猿啼、陰雲壓湖的淒清壓抑景色烘托情緒,最後期盼友人平安歸來。國圖九年本平鋪叙事,關注點太多,重點不突出,而湘圖十年本將筆墨集中在群盜殺人、勸客慎良謀上,有的放矢,重點聚焦,既寫出友人的處境,又寫出作者的擔憂。

　　咸豐元年至同治三年(1851—1864),太平天國之亂席捲全國,先從廣西爆發,第二年便自永安進入湖南境内,攻郴州、長沙,再沿長江進攻金陵。期間,湖南大量流民加入太平天國,與此同時,曾國藩等組建湘軍,清繳太平軍。據研究,太平天國之亂期間,全國大約有五千萬至一億人死去①,可見當時社會之混亂、戰爭之血腥。這首詩正是在這樣的背景下創作,經修改以後更能一定程度上反映當時社會之動蕩、人心之恐慌,詩歌由此更具現實批判性,且藝術性也得到提升。

　　(三)存節婦而删妖姬

　　游智開雖然稱得上睜眼看世界之人,但畢竟是儒生出生,傳統道德觀念尤其是烈婦孝子觀念比較重,尤其是在成爲一方官員以後,游氏更注重樹立自己的正統文人形象。葉四上國圖九年本收《新婚曲》:

　　　　夭桃花開二月天,飛飛紫燕雙聯翮。日高影絢迴廊綵,風細香凝畫閣煙。畫閣迴廊曲復曲,東鄰兒女顏似玉。記從少小字夫君,學繡鴛鴦三十六。鴛枕橫安翡翠栐,朝來寶鏡開新妝。幾回軟語憐嬌妹,那忍牽裾別阿娘。阿娘含淚心偏喜,鳳髻鸞釵親掠理。雜佩聲遲繡幕前,華軒簇擁紅雲裏。珠作闌干玉作堂,青衣傳席生輝光。瑶臺仙子原無偶,合嫁風流京兆郎。郎今十六儂十五,芳春那解閒愁緒。銀缸對飲紫霞杯,宛轉低頭羞不語。龜甲屏開十二樓,芙蓉帳暖下金鉤。人間天上雙星會,修得今生到白頭。白頭伉儷人休妒,綢繆幸托連枝

────────────────

① 參見葛劍雄等《人口與中國的現代化:1850 年以來》,學林出版社,1999 年;曹樹基《中國人口史》,復旦大學出版社,2001 年。

樹。願卿執戟明光宫，鞍馬歸來塞衢路。

"新婚曲"三字後，國圖九年本鈐紅色"删"字。正文"夭桃花開二月天"至"鞍馬歸來塞衢路"十一行，湘圖十年本割掉，補以空白行格紙。此詩作於早年在湖南時，當時游氏還是没有功名的書生，到改易時，游氏已經是正四品官員，而且此詩集也是要在海外流傳的，涉及大國體面，這樣略顯香艷的詩歌與"官員"游智開正統嚴肅的形象不符，因此被删。無獨有偶，葉三十二上國圖九年本《長新店》作：

> 妖姬送客長新店，手把冰綃淚如綫。歌兒送客長新店，離筵日莫增悲戀。問君何時再相見，鳳城二月雙飛燕。翩翩白馬少年郎，今朝送客過良鄉。客言長安樂未央，我今歸慰倚閭望。銜杯未飲心黯傷，宛轉難忍傾衷腸。橐中賸有千金裝，願與少年還故鄉。

"長新店"後，國圖九年本鈐蓋紅字"删"。"妖姬送客長新店"至"願與少年還故鄉"，湘圖十年本割掉五行，補以空白行格紙。"長新店"，即長辛店，在今北京豐臺區永定河西岸。"妖姬送客長新店""歌兒送客長新店"，恐失於輕浮而被删。

　　就算早期游氏未入仕時能寫《新婚曲》這樣活潑輕快的詩歌，但當他官居高位以後，作爲傳統士大夫的自覺，也會把這樣的詩歌删去，以符合他朝廷大員的身份。而《長新店》這樣略顯輕浮的詩歌，就更不能留存了。

　　與此相反，《藏園詩鈔》中存了不少贊頌孝子烈婦的詩歌，如同治五年在安徽和州知州任上作《和州柯貞婦》、直隸永平知府任上作《阿爺》（贊頌孝子曹紹遠千里尋父）、《曹紹遠詩》（六首），這些詩都是游氏在任上極力表彰的當地節婦孝子，而且不管是朝鮮活字本中的國圖本還是湘圖本、上博本、上圖本，以及後來重刻的光緒十二年本、二十一年本、二十五年本、二十六年本等，這些詩都被保留。史夢蘭幫游智開修《永平府志》時，曾作《上游太守》云：

> 存前收到《新志》，未及詳閲，今粗繙一過，見《列女傳》補遺太多，每卷皆有，未免煩碎。且有一二行不能成傳者，當初立表之義，原以詳略分表傳，非以表傳分輕重。兹以毫無事蹟者列之傳中，殊屬自亂其例。現函諭手民，將此門暫緩刷印，俟改補齊整再辦。①

---

① 《爾爾書屋文鈔》卷上。

今光緒五年本《永平府志》，卷六十八、六十九、七十爲《列女傳》，每卷均有補遺①。游氏太過提倡節婦孝子思想，以至於史夢蘭都抱怨《永平府志》的《列女傳》部分補遺太多。

四　小結

游智開收到異國所印的個人文集，除了高興以外，游氏更覺得"深悔"，認爲交付詩集時太過倉促，他對其中一些詩歌並不滿意，因此開始對詩集進行了大規模的改易。

游氏對朝鮮印本的改易大概分三步：首先，選其中一部作爲工作底本（國圖本），在上面標出删改意見（如國圖本上所鈐紅色"删"字）；其次，按照工作底本删改卞元圭寄回的其他印本（如湘圖本、川圖本、上博本、上圖本），並在部分印本上加印改易始末（如上博本最末所貼朱竹圖案信箋所印序）；再次，在部分印本後補鈔自己的新詩（如上圖本）。游氏的改易方式則包括了覆蓋原句替换爲新字句、割掉原句補以空白行格紙、割掉原詩替换爲新改内容、另紙集中抄補新詩等。

游氏所改易的原因也是多種多樣的，如爲更正朝鮮排印本錯字而改；爲增强詩歌的藝術性、現實批判性而改（如從枝蔓繁蕪的叙述改到集中文筆寫太平天國給社會帶來的動盪）；爲反映儒家正統思想修正個人形象而改（如存節婦孝子而删略顯輕浮之詩）；因政治時局的轉變而改（如從並舉左宗棠李鴻章到只誇贊左宗棠）。從《藏園詩鈔》的版本改易，可以看到清末社會、政治、文化方面的變遷。

（作者單位：湖南大學嶽麓書院古籍整理研究所）

---

① ［清］游智開編纂《永平府志》，清光緒五年刻本，上圖藏本。

域外漢籍研究集刊　第十九輯
2020 年　頁 493—514

《馬禮遜藏書書目》序言 *

［英］魏安（Andrew Christopher West）撰，曾肖、程丹青　譯

一　馬禮遜藏書的歷史

　　倫敦大學亞非學院（SOAS）的馬禮遜藏書由羅伯特·馬禮遜（Robert Morrison）博士（1782—1834）收藏的中文圖書組成，同時包括了少許十九世紀時增補的書籍。馬禮遜博士是首位來華的基督新教傳教士，他的藏書來自於 1807 年至 1823 年這 16 年間，他居於廣州、澳門兩地時搜集所得。馬禮遜的英文藏書，以及他在 1826 年重返中國之後到 1834 年去世之前所購藏的中文書籍，都由其兒子捐贈給了馬禮遜教育協會，並最終贈予香港大學圖書館，香港大學由此建"馬禮遜特藏"以紀念。

　　（一）1807—1823 年（馬禮遜藏書的由來）

　　1807 年 9 月，馬禮遜第一次來到廣州，便沉迷於學習漢語及中國文化之中。最初，馬禮遜在衣食住行方面盡量模仿中國人的生活方式，但他的身體機能難以適應這種急速轉變，很快就病倒了。馬禮遜被迫放棄這種"入鄉隨俗"式的嘗試，意識到必須尋找其他方法和途逕，而書籍無疑就是那把開啟中國語言、歷史、社會結構、宗教信仰等奧秘的絕好鑰匙。因此，馬禮遜開始著手購買盡可能多的不同類別的中文書籍。如同平時做其他事情一樣的堅定，馬禮遜開始了中文書籍的收藏之旅。儘管收入有限，購

＊　基金項目：本文爲曾肖承擔的國家社科一般項目《英國藏中國古代小説文獻整理與研究》（編號：17BZW017）的階段性成果。並獲中央高校基本科研業務費專項基金資助。

書耗時費力，馬禮遜甘之如飴，勤力搜集，日積月累，漸漸成爲一名勤勉的中文圖書收藏家。經過十六年的努力，馬禮遜積聚起了一個龐大的中文書庫，它涵蓋了廣泛的科目，並集中代表了清初和清中葉（17 世紀下半葉到 19 世紀 20 年代）中國刊刻出版的圖書，當中包括了上萬冊的綫裝古籍，這是一個用任何標準來衡量都彌足珍貴的寶庫。在這麼短的時間裏，收集、積累了數目如此龐大且覆蓋學科如此廣泛的書籍，對於一名中國學者來説尚且不易，而對於馬禮遜這位外國人來説，堪稱壯舉，是一個令人震驚的偉大成就。

此前到訪中國的西方人出於好奇收集了一些中文書籍，馬禮遜和他們不同，他是第一個致力於系統搜集、收藏中文書籍的西方人。儘管馬禮遜建立這個龐大書庫的最初目的之一是爲了方便其漢譯《聖經》以及編譯《華英字典》，但他不僅僅是爲了自身利益，而是希望能有朝一日爲英國研究中國的語言文化提供文本基礎與依據。在當時，歐洲知名的圖書館只有少許散亂的中文書籍。那些對中國有興趣的歐洲人，假如不曾實際造訪過中國，是很難瞭解其語言文化的。馬禮遜深知，一個綜合全面的中文書庫，對於培養未來的學者、傳教士來説是必要的先決條件。因此，當他於 1823 年返回英國作短暫訪問時——這也是他在 16 年前到中國之後第一次回英國，馬禮遜決定把他收藏的中文書籍全部帶上。於是，1823 年 12 月 7 日，馬禮遜連同他在華收購的上萬冊中文圖書一起，登上了駛往英國的“滑鐵盧號”（H. C. S. Waterloo）。

（二）1824—1835（寄存在倫敦傳教會）

馬禮遜將中文藏書帶回英國，本想捐贈給最負盛名的牛津大學或劍橋大學，唯一條件是接受捐贈的學校必須設立漢學講座。可惜的是，馬禮遜意圖在英國開創漢學研究的宏圖壯志没有得到支持和實現。起初，因爲這批圖書，馬禮遜面臨著難以承受的高額關稅。經過與英國政府長期的談判，並在英國國王的干預下，他才免於交稅。最後，當這批古籍要被轉往英國著名的牛津大學和劍橋大學時，這兩所學校對於馬禮遜的慷慨捐贈都緘口不言，不屑接納。由於没能找到合適的收藏地，這批藏書被暫時寄存在倫敦傳教會。

回到英國後，馬禮遜儘管事務繁忙，卻從未將這批藏書束之高閣。據悉馬禮遜“將其中國僕人留在倫敦以整理藏書目録，之後他打算親自整理藏書内容,並將之出版"(《馬禮遜回憶録》卷二,第 295—296 頁)。遺憾的是,馬禮遜整理出版其藏書目録的想法最終未能實現,而他與中國僕人編撰的書目稿本也已佚失①。值得慶幸的是,馬禮遜曾以手稿形式爲這批中文藏書編寫了簡易目録。根據馬禮遜 1824 年 2 月 20 日的日記記録,這份簡易目録是他乘坐"滑鐵盧號"返回英國的途中親自編寫的。這份簡易目録的手稿(現藏于倫敦大學亞非學院,編號 MS80823,下文即指"馬禮遜的目録手稿")内容近 400 頁(大約 16×13cm 大小),每一頁依照馬禮遜《華英字典》中使用的漢字注音系統,以 396 個漢字偏旁部首來編排書目。這份目録共包括了 1114 個書籍的標題條目,除去相同的條目,共有 900 條是比較清晰明確的。由於很多條目重複出現以及有不同的版本,馬禮遜帶回來的這批藏書的實際數量遠遠超過一千種。

　　除了馬禮遜帶回的藏書以外,還有兩份中國古代兵法布陣的彩繪圖稿(《雲梯陣圖》和《龍虎陣圖》)以及一本帶有插圖的宋版《列女傳》的覆刻本(《新刊古列女傳》),這些題有"給馬禮遜博士的中文圖書館"字樣的書籍資料是 1825 年一個不知名的人從中國寄來的,隨後被納入馬禮遜藏書之中。然而,根據馬禮遜目録手稿中的文字記録,當他 1825 年回到中國時,隨身攜帶的只有《大清一統志》。另外,目録中記載了一條關於傳教士手册(《天主降生聖經真解》)的綫索,也許是馬禮遜的要求,這本書被送到了馬六甲。

　　當 1825 年馬禮遜再次動身前往中國時,牛津大學、劍橋大學都不願意接收他捐贈的這批中文圖書。馬禮遜只好將之寄存在倫敦傳教會,直至他能够爲這批藏書找到一個恒定的安身之所。

(三)1836—1922 年(移交給倫敦大學學院)

　　在馬禮遜回到中國後的十年間,這批藏書長期堆積在倫敦傳教會,蒙上了厚厚的灰塵。直到 1834 年去世之前,馬禮遜一直費盡苦心地尋找一

①此處魏安提出"馬禮遜與中國僕人整理編寫的書目稿本佚失"這一觀點有待商榷。譯者認爲:這份書目稿本就是現存於馬禮遜藏書中的"馬禮遜的目録手稿",即下文中 1836—1922 年移交給倫敦大學學院時期,威廉姆斯在整理藏書時所依照的馬禮遜目録手稿。威廉姆斯在對照手稿爲藏書添加書目序號時,出現未能對應的錯誤情况,其原因可能是威廉姆斯所依據的馬禮遜目録手稿没有得到進一步精準的編輯整理,因而存在訛誤,也可能是威廉姆斯的工作疏漏所造成的。

個安放藏書的固定之所。幸運的是,新成立的倫敦大學學院願意接受馬禮
遜的藏書,並且如他所願,該校也同意設立一個中文教授的席位。大約在
1836 年,這批藏書被移交給倫敦大學學院,而塞繆爾·基德(Samuel Kidd,
1804—1843)於 1837 年被正式任命爲漢學教授,任期五年。然而,倫敦大
學學院並未如馬禮遜所期望的那樣,有長期致力於中國研究的意向與決
心。基德也並未像最初料想的那樣,在 1842 年任期結束之時得以連任。
事實上直到 1871 年,基德的繼任者才得以指定。1889 年,根據國王學院的
安排,倫敦大學學院的中文課程被徹底取消。

　　儘管倫敦大學學院對中國的研究是零散的,並且領導部門也對此敷衍
了事、漫不經心,但該校始終妥善保管著馬禮遜的這批藏書,並對藏書單獨
保管,分類存放。在 19 世紀,馬禮遜藏書額外補充了一些中文圖書,規模
有所擴大。在倫敦大學亞非學院現有的藏書中,可以確認有 25 個條目是
在 19 世紀時增補入馬禮遜藏書的,包括一套十二冊的書籍,刊刻時間約爲
1840 至 1844 年,且大多是在上海出版發行的。此外,還有兩部本傑明·霍
布森博士(Benjamin Hobson,1816—1873)的著述,由其遺孀捐贈給了倫敦
大學學院。

　　這批古籍藏于倫敦大學學院期間,有兩件重要的事情發生。第一件是
1854 年該校理事會委託天文學家、漢學家約翰·威廉姆斯(John Williams)
做了一份有關馬禮遜中文圖書館藏書情況的報告。威廉姆斯的報告于當
年九月提交,他對馬禮遜中文圖書館的藏書做了如下統計:

分類	著作數目	冊數
宗教、志異類	266	779
醫家類、植物類	128	934
禮類	23	294
法令類	11	204
地理類	52	976
詩歌戲曲類	36	364
紀傳編年類	20	701

續表

分類	著作數目	册數
小學類、金石類	58	963
經部	30	497
天文類、藝術類	23	202
教育類、算法類	31	260
傳記史抄類	11	262
目録類	2	157
類書類	16	138
小説類	81	672
雜家類	39	1326
難以歸類的書籍	8	18
（合計）	835	8747
複本	168	624
（總數）		9371

　　9371 册這個總數，在後來有關馬禮遜藏書的參考書目中被廣泛徵引。然而，這個數字實際上並不能精準地代表馬禮遜藏書的總體數量，根據威廉姆斯的報告，"歷數這些藏書中的複本可知，原來猜想的是每一種只有一個複本，然而實際上大多數情況却是同一本書有 3 個、4 個，甚至多達 20 個複本"（威廉姆斯這裏的"複本"指的不僅僅是相同的版本，還指的是同樣的書名具有不同的複本）。也就是説，835 種藏書當中有 168 種出現一個或多個複本，而在統計數量時，這 168 種藏書只按一個複本來計算，共有複本數 624 册。因此，把 9371 這個數字作爲馬禮遜藏書的總册數，其實是忽略了當中數量不等的複本。把這些未計入總數的複本也算進來的話，馬禮遜藏書的實際總册數應該近似於他在目録手稿中標注的"10000 册"這一數字。

　　除了做出統計報告，威廉姆斯試圖將馬禮遜目録手稿中的書籍標題與馬禮遜中文圖書館的藏書相互印證、對照。爲此，威廉姆斯按次序在每種書籍的首册封面上加上了書目序號，並爲每種書籍標注其册數。有些書籍在馬禮遜目録手稿中缺少相對應的書籍標題,或許威廉姆斯無法在手稿中找到相對應的書名,他都標上"n. c"或"not in catalogue(目録中没有)"的注釋來代替書目序號。威廉姆斯整理藏書時使用的書目序號,從 1 到 916 的順序依次排列,與馬禮遜目録手稿中的書籍標題大致對應。但是,這些書目序號並非出自目録手稿,也非來自威廉姆斯。很顯然,這些書目序號不是威廉姆斯本人憑空設計出來的,比如説有的書籍被其標注上"n. c"(not in catalogue),實際上在馬禮遜目録手稿中却存在著與之相對應的書名和編號。另一方面,有證據顯示,在編寫這些書目序號時,威廉姆斯不可能僅僅依靠現存的這份目録手稿,因爲馬禮遜目録手稿當中並没有爲 1 至 916 這些序號列出詳細而精準的目録清單:當中有 6 個書籍標題所繫編號明顯錯誤,不同於實際藏書中的書目序號;有 8 個書籍標題没有編號,而在實際藏書中却給出了書目序號;有 3 本書的書目序號,無論是編號還是書名在目録中都没有紀録;還有 8 個書目序號,既不見於目録手稿,也不存在于現存的書籍中。

　　針對上述的矛盾情況,一種可能的解釋就是威廉姆斯是以一本現已佚失的書目稿本爲依據來進行工作的,而這個佚失的稿本據説是 1824 至 1825 年間馬禮遜在英期間準備出版的那份藏書書目(參見上文),威廉姆斯依照的正是這份藏書書目中馬禮遜設計的編號系統。如果是這樣的話,現存目録手稿的書籍標題上所標注的編號,可能是後來一位不知名的第三方添加上去的,由此可以解釋當中的訛誤與疏漏。這些書目序號是由馬禮遜親自設計的,而不是基德或威廉姆斯。事實上,1824 年以後馬禮遜中文圖書館中的圖書,甚至包括 1825 年寄到倫敦傳教會的那兩本書籍資料,都不是由威廉姆斯來設計書目序號。

　　除了將馬禮遜中文圖書館的藏書和其目録手稿中的書籍標題相互對照外,威廉姆斯還爲藏書製作了書目標籤,數量不明。現存書目標籤有 54 個,它們附著在對應的圖書上。這些書目標籤的製作使用了馬禮遜爲《華英字典》設計的漢字注音系統,對應於目録手稿中按次序編排的編號,且依照目録手稿中的具體版本描述。這些書目標籤很可能不是威廉姆斯設計的,而是他根據現已遺失的、馬禮遜未能出版的那份書目稿本來製作的。

　　第二件重要事情發生在十九世紀七十年代或八十年代。這一時期,馬禮遜中文圖書館的大部分書籍,被按照西方的裝訂方式來加以裝訂,並重

新編制了目録。這份目録（現保存在亞非學院，編號 MS58685，指代下文
"馬禮遜中文圖書館藏書目録"）包括了 710 個書目標籤，它們被粘貼在書
頁上，緊緊裝訂在一起，這項工作可能是由漢學家 H. F. 霍爾特教授（H. F.
Holt，1871—1874）或 S. 比爾教授（S. Beal，1877—1889）所完成。這些書目
標籤對應了馬禮遜中文圖書館已裝訂好的 757 部書，共計 1862 冊；還包括
兩個未裝訂的特例，即兩幅彩繪圖稿（《雲梯陣圖》和《龍虎陣圖》）以及一冊
開本大小的關於青銅器的複製拓本（《宋王複齋鐘鼎款識》）。這份目録不
只限於原本由馬禮遜帶回英國的那些書籍，也包括了後來增補進藏書的一
些書籍。

　　總的來説，這次裝訂與編目有利於馬禮遜藏書的保護，它不僅使書籍
免遭磨損和撕扯，鬆散的古籍被緊緊裝訂在一起，也確保了圖書的保存。
然而也有不足之處，比如一本書的不同章節會被拆開裝訂，在書目中可能
會被記録成毫不相干的書。另一方面，裝訂中有些書卷會因一些原因被遺
漏，很可能會導致這些書卷從此散佚。大部分書籍是獨立裝訂的，也有相
當數量的小冊子被一起裝訂。藏書中有 18 種是裝訂在一起的書冊，它們
包含了 203 個書籍標題條目：

- "術數類"（RM c. 41. t. 7）：12 條；
- "術數類"（RM c. 41. t. 8）：11 條；
- "文學及其他類"（RM c. 500. t. 1）：11 條；
- "文學及其他類"（RM c. 500. t. 2）：15 條；
- "文學及其他類"（RM c. 500. t. 3）：6 條；
- "文册"（RM c. 500. y. 2）：15 條；
- "文册"（RM c. 502. p. 1）：19 條；
- "道教及其他類"（RM c. 502. p. 2）：9 條；
- "道教及其他類"（RM c. 502. p. 3）：11 條；
- "道教及其他類"（RM c. 502. p. 4）：9 條；
- "文册"（RM c. 502. p. 5）：6 條；
- "佛教文獻"（RM c. 801. p. 1）：10 條；
- "佛教文獻"（RM c. 801. p. 2）：16 條；
- "佛教文獻"（RM c. 801. p. 3）：12 條；
- "佛教文獻"（RM c. 801. p. 4）：10 條；

• "道教文獻"(RM c.804.p.1):12 條;

• "傳教文册"(已丢失):7 條;

• "新教文册"(已丢失):12 條。

(四)1922年至今(保存在倫敦大學亞非學院)

1917年倫敦大學建立了東方研究學院(之後更名爲東方與非洲研究學院),學院致力於亞非語言、文化、歷史、宗教、習俗的教學、研究。爲此,1917年6月,倫敦大學理事會做出決定,讓東方研究學院將其從倫敦學院承襲而來的西方語言類書籍,與倫敦大學學院、國王學院的圖書館所藏東方學科類書籍相互交換,同時進行交換的還有大學綜合圖書館的圖書。在這樣的安排調整下,倫敦大學學院的馬禮遜中文圖書館就永久地放在了亞非學院。1922年4月,馬禮遜藏書最終被移交給亞非學院,連同1920年國王學院送來的馬斯登藏書存放在一起,並建立了一個東方學的學術研究中心,這也是百年前馬禮遜所期待實現的心願。

儘管亞非學院是這批藏書的理想存放所,但不幸的是,馬禮遜中文圖書館移交過來以後,漸漸喪失了其獨一無二的特質與價值。藏書沒有被單獨上架,正如其在倫敦大學學院那樣,馬禮遜藏書與亞非學院的其他中文書籍一起被錯雜地擱置在書架上。隨著學院年復一年不斷增加的圖書入藏,馬禮遜藏書逐漸變得分散、錯亂。此外,移交過來的藏書缺乏一份詳盡完整的目録清單,隨著時間的流逝,藏書的全貌變得愈加模糊不清。這樣的情形直到1996年才得以改變。在蔣經國基金會的慷慨資助下,馬禮遜藏書書目整理的項目正式啟動,試圖通過目録整理來辨認出這批藏書的全貌。

根據檔案資料(MS 226830(1)III/3/20)的記載,亞非學院確認了1922年倫敦大學學院移交過來的馬禮遜中文圖書館藏書條目(這些數據和倫敦大學學院聲稱送至亞非學院的書籍册數有矛盾之處),詳見如下:

• 1861册裝訂本圖書(倫敦大學學院給出的數字是1858册)——這個數字近似於"大約1862册裝訂本",後者正是倫敦大學學院的馬禮遜中文圖書館藏書目録的相關書籍記載;

• 2374個散亂書卷(倫敦大學學院給出的數字是2371個散頁殘本和裝在布套裏面的86個散頁殘本)——這個數據略高於"大約1500個""在

一千到兩千個之間"的散裝書或册子的數據記録,後兩者是 1918 年倫敦大學學院圖書管理員 R. W. 錢伯斯(R. W. Chambers)在馬禮遜中文圖書館藏書目録的相關資料記載。

- 24 部盒裝書;
- 4 個卷軸文獻;
- 8 張解剖圖;
- 1 份 MS 目録(即馬禮遜目録手稿)。

馬禮遜中文圖書館的裝訂本書籍比較容易辨别和確認,因爲倫敦大學學院在 19 世紀那次裝訂中爲圖書製作了獨特顔色的封皮,而且現存的書目標籤足以顯示這批藏書是從倫敦大學學院移交給東方研究學院的。此外,裝訂過的書籍的書名頁或書皮都被寫上字母"K"。因此,即使這些裝訂本書籍在亞非學院被重新裝訂後,遺失了原始的書目標籤,依然可以被辨認出來。

至於藏書中的散亂卷册,僅能通過書籍封面或底頁内側的書目標籤來識别,又或者借助 1854 年威廉姆斯在每種書籍首册的封面上所標注的按順序排列的書目序號來辨認。然而,由於那些未受到良好保存的散亂書卷的封面已變得非常薄脆易碎,它們的辨别特徵很容易丢失。而那些在亞非學院重新裝訂或裝箱的圖書,其封面也會錯位、遺失,它們最初的來源記録也會被遺漏、删除。此外,1922 年,倫敦大學學院移交藏書給亞非學院時附上的那封信指出:一些没有裝訂的書卷尚未有書目標籤,需要亞非學院把它們單獨放置,直到任命專門人員來負責書目標籤的放置。很可能的是這項工作一直未曾實施,這樣的話,這些未裝訂的圖書,但凡馬禮遜目録手稿没有記載,或者後來丢失了威廉姆斯標注的連續編號的封面,那麽將不可能辨認出它們歸屬于馬禮遜藏書。

迄今爲止,倫敦大學學院移交至亞非學院的馬禮遜中文圖書館藏書,已被確定出來的條目如下:

- 757 個已裝訂的書籍條目,其中有 681 個在馬禮遜中文圖書館藏書目録上有記載,共包括 8177 册書,裝訂成 1677 册裝訂本;
- 46 册已裝訂好的散卷,它們屬於馬禮遜中文圖書館藏書目録中記載的已裝訂條目;

- 2 個未裝訂的書籍條目，記録在馬禮遜中文圖書館藏書目録中，包含了 3 册書；
- 88 個未裝訂的書籍條目（分散或裝箱），包含了 261 册書；
- 15 個原本未裝訂的書籍條目，後經亞非學院裝訂，包含了 67 册書；
- 39 個經折裝的佛經文獻，包含了 75 册書；
- 2 套折疊地圖（《各省方格輿地圖》），包含了 2 册書；
- 全套 8 張的解剖圖中的 6 張（《全體分圖》）。

　　儘管給出的圖書總數是 8631 册，這一數字仍遠遠少於馬禮遜所説的 1824 年帶回英國的 10000 册，也少於 1854 年威廉姆斯統計出來馬禮遜中文圖書館藏書的 9371 册（包括多種複本）。尤其是在馬禮遜中文圖書館移交至亞非學院的未裝訂書籍中，目前爲止能够辨認出來的 454 個散亂書卷只占未裝訂數的 20％。總的來看，馬禮遜中文圖書館藏書尚有以下書籍下落不明，有待繼續搜尋、確認：

- 馬禮遜中文圖書館藏書目録中有記載的 76 個書籍條目，包括了 185 册裝訂本；
- 1920 個散亂書卷；
- 24 部盒裝書（可能是馬禮遜目録手稿中記載的、分裝在四箱共 24 册的《二十四史沿革全表》《二十四史統計全表》《二十四史疆全表》）；
- 4 個卷軸文獻（可能是馬禮遜目録手稿中記載的四張展示針灸穴位的《銅人圖》）。

　　在將近 2000 個已丟失的書籍中，有相當比例的是已裝訂的複本，這些書籍在馬禮遜中文圖書館藏書目録中有記載；而數量更多的已散佚的卷册，極有可能對應于馬禮遜目録手稿中尚未確認的書籍標題條目。馬禮遜目録手稿中大約有 100 個書籍標題，既没有記録在馬禮遜中文圖書館的藏書目録，也没有在亞非學院的馬禮遜藏書中找到、確認（列在現在這個《馬禮遜藏書書目》結尾的附録）。這些散佚的書籍大部分都比較簡短，每種僅包含了 1 册或 2 册，但也有篇目衆多、卷帙可觀的書籍，例如御製的戲曲曲調彙編《九宫大成》100 册，滿文辭典《清文鑒》40 册和 46 册兩種，以及一套 30 本的《木魚書》。每個書名只計一個版本的話，散佚書籍的數量就有 907

册。究竟是什麽原因造成這些書籍的散佚呢？至今原因不明。在已出版的亞非學院藏書目録中並未有相關記録，有可能的是兩次世界大戰期間，亞非學院被暫時安置在芬斯伯里環形廣場（Finsbury Circus）時，將之作爲複本給處理掉了。

除了這些整部丢失的書籍，在亞非學院的馬禮遜藏書中，還有 94 册特别的書卷也散佚了。其中 9 册屬於未裝訂的圖書，85 册已經裝訂好、却在裝訂過程中意外遺失了。舉個例子，比如馬禮遜目録手稿中記載了《萬壽盛典初集》共有 60 册，然而現存圖書只有裝訂好的 10 册裝訂本，包含 56 册綫裝書，缺少了 18 至 21 册的插圖部分。

馬禮遜中文圖書館藏書目録中所記載的那 76 個已散佚的書籍標題條目，可以分爲兩大類（散佚書籍標題已列在《馬禮遜藏書書目》結尾的附録上）：

第一類，有 29 個書籍標題條目（包含了 67 册裝訂本）可以在已出版的亞非學院藏書目録的中文類圖書中找到，却無法從書架上找到書。其中包括一些可供借閲的單卷本，可能被無德的讀者順手牽羊了。這樣一來，足以説明爲什麽有 8 本情色小説會丢失（《錦上花》《杏花天》《海瑞案傳》《肉蒲團》《桂山録異》《濃情快史》《婆羅岸全傳》《桃花影》）。然而，其他是一些並不對外借閲的書籍或多卷本（如 14 册的裝訂本《歷代名臣奏議》，7 册的裝訂本《繹史》），它們獲取較難，攜帶不便，應當不只是被"順手牽羊"這麽簡單。丢失的原因也許是在二十世紀七十年代，亞非學院的普通中文古籍包含有其他版本或多個重刻本、翻修本，而這些馬禮遜藏書的古籍很可能被當作複本來處理掉了。不幸的是，相關處理記録没有被保存下來。

第二類，有 47 個書籍標題條目（包含了 118 册裝訂本）無法在亞非學院藏書目録的中文類圖書中找到，當中有些書籍是 1950 年間從亞非學院圖書館移交到亞非學院遠東系圖書館的。這些被放置在遠東系圖書館的書籍，亞非學院圖書館的卡片目録對此並無記載，而亞非學院已出版的藏書目録也没有收入。總之，亞非學院圖書館未曾保存好這些藏書移交的相關記録，唯一證明這些書籍存在的證據是圖書館中文部存放的索書號登記册，記録有它們的索書號，但没有書名，相關記録一片空白。

1972 年，新的圖書館大樓修建完成之後，遠東系圖書館閉館解散，遠東系搬遷至新大樓，即其現在的地址。如今，没有人能够回想起原來保存在遠東系圖書館的那些藏書到底去往何處了，也許是人們認爲亞非學院圖書館未必樂意找回那些藏書，因爲它們多數是一些古籍的複本，從而被遠東系處理掉了。

　　以下 6 部已散佚的書籍，在馬禮遜中文圖書館藏書目録中有記載，而且通過書上的印章，可以確認這些書曾經屬於亞非學院的遠東系圖書館。如今入藏于牛津大學博德利圖書館的東方藏書（括號裏的是博德利圖書館的索書號）：

- 廣博物志（Sinica 2845）
- 古今事文類聚（Sinica 2846）
- 廣東通志（Sinica 3150）
- 浙江通志（Sinica 3151）
- 兩廣鹽法志（Sinica 3178）
- 兩廣鹽法外志（Sinica 3179）

　　諷刺的是，當 1824 年馬禮遜提出贈書時，牛津大學拒絶了這批捐贈，它恐怕没有想到，這些書被當作亞非學院馬禮遜藏書的多餘部分而折返入藏於博德利圖書館。因此，這些書籍没有記載在本書《馬禮遜藏書書目》當中。

　　至於那些在馬禮遜中文圖書館藏書書目中有記載、但已丢失的其他書籍，有一本傳教文册的裝訂本包含七個小册子，一本新教文册的裝訂本包含十二個小册子，同時還有三本宗教著作——兩本《新約全書》的譯本，一本《聖經》譯本。這些書籍幾乎囊括了馬禮遜藏書中全部的基督教文學作品（藏書中唯一保存下來的基督教文學作品是《出埃及記》的譯本，被保存在一個裝訂本的書册中）。這些書籍不太可能被安置在遠東系圖書館，而且亞非學院並不熱衷於收藏宗教著作。因此，這些書籍很有可能被亞非學院圖書館整批處理掉了，而這個處理過程並未有相關記録保存下來，也無從得知是誰接受了亞非學院的這批慷慨贈書。

　　目前，這批從倫敦大學學院移交過來的馬禮遜中文圖書館現存書籍已經得到集中收藏、整理，命名爲“馬禮遜特藏”。包括十種特別的手鈔本，和普通的鈔本藏書一起被擱置在書架上，馬禮遜藏書的所有圖書集中保管，單獨安放，不再開架借閱，僅供學者和學生作研究參考時在館内閱覽。

二 馬禮遜藏書述略

　　馬禮遜藏書是由個人收藏的清代書籍的最大最全面的藏書之一。儘管藏書當中没有太多價值巨大的珍本,但從整體來看,這批藏書彌足珍貴。爲何説它的整體價值高、地位重要呢? 其中一個主要原因就是它擁有許多在中國傳統藏書文化中不受重視的書籍。有清一代,中國的藏書家只對刻印精良的珍稀版本感興趣,這使得他們熱衷於收藏明刻本及明以前刻印的書籍。而馬禮遜並不是一個擅長版本鑒定的專家,從另一方面來看,他收藏中文圖書的目的很簡單,只是出於學習中國語言、文學、歷史、宗教、文化的需要。因此,無論什麽類型的書,只要是能買到、買得起的,他都會買。所以藏書中大部分都是當時書坊刊印的書籍,這恰恰正是中國藏書家不願意也不屑於收藏的。到了今天,要找到這類書籍甚至比"罕見的"明刻本還要困難得多。

　　本目録《馬禮遜藏書書目》共記録了 893 種書籍,按照綜合門類劃分爲以下類别:

- 經典類(經學文獻與研究):34 種;
- 小學類(字典、音韻、外語詞彙等):38 種;
- 經義類:23 種;
- 史籍類:16 種;
- 傳記類:20 種;
- 政書類(法律、機構、軍務等):38 種;
- 地理類:36 種;
- 金石類:5 種;
- 目録類:1 種;
- 儒家類:23 種;
- 道家類:3 種;
- 兵家類:5 種;
- 農家類:6 種;
- 醫家類:133 種;
- 天文算法類:14 種;

- 術數類:37 種;
- 藝術類(藝術、書法、音樂、游戲等):15 種;
- 雜家類:13 種;
- 小説家類:30 種;
- 類書類:22 種;
- 佛教類:120 種;
- 道教類:92 種;
- 基督教類:1 種;
- 伊斯蘭教類:3 種;
- 詩文類:41 種;
- 尺牘類:16 種;
- 詞曲類:19 種;
- 通俗小説類:76 種;
- 叢部(涵蓋多個學科領域):13 種。

　　從上述分類可知馬禮遜藏書的内容非常豐富、覆蓋面廣泛,幾乎涵蓋了所有的重要學科領域。然而,毫無疑問它同時也具備了一些優缺點。馬禮遜非常熱衷於瞭解當地的宗教、習俗,作爲傳教士,這是馬禮遜的職責與興趣所在。因此,藏書中包含了大量的佛教、道教典籍及數量衆多的複本,就顯得一點也不奇怪了。和大多數的傳教士一樣,馬禮遜也積極進行醫療服務工作(他在廣東開過一家診所,由一個當地醫生負責管理),這點反映在他的藏書中擁有稀缺的醫學珍本古籍,這些醫書很大程度上構成了馬禮遜購買的醫學書籍的主體,甚至可以説是購買了一座"醫學書庫"。藏書中其他比較突出的收藏門類還包括了白話小説、傳奇和志怪小説、經義試策、尺牘等。

　　藏書中較爲缺乏的是先秦諸子百家著述、清以前的詩文别集等方面,這一遺憾可以用數量可觀的大型叢書來彌補,包括了《十三經注疏》《十七史》《十子全書》等彙編本;此外,還有十套綜合性的大型叢書,含括了 1115 部作品,共 808 册。

　　從出版時間來看,馬禮遜藏書絕大多數是清代早期和中期刊刻印行的出版物,尤其是集中在乾隆、嘉慶這兩個朝代的印刷品。我們可以用藏書

中的 411 種標注了明確刊刻印行時間的書籍爲例,分析它們的印刷日期可知:

- 明代(1589 年到 1644 年之間):3 種;
- 順治年間(1644—1661 年):3 種;
- 康熙年間(1662—1722 年):15 種;
- 雍正年間(1723—1735 年):7 種;
- 乾隆年間(1736—1795 年):115 種;
- 嘉慶年間(1796—1820 年):244 種;
- 道光年間(1821 年到 1823 年之間):11 種;
- 1823 年以後:13 種。

　　不出所料,馬禮遜藏書中只有數量極少的正宗明版書,而且沒有一本是萬曆(1573—1620)以前的刻本。以下所舉的明刻本,當中也許包括了一些清代印刷的書籍,使用了明代的雕版,有待進一步作版本鑒定:

- 《萬曆杭州府志》(約 1579 年);
- 《殊域周諮録》(約 1583 年);
- 《大明萬曆己丑重刊改並五音類聚四聲篇》(約 1589 年);
- 《經濟類編》(約 1604 年);
- 《三才圖會》(約 1607 年);
- 《東西洋考》(約 1618 年);
- 《籌海圖編》(約 1624 年);
- 《慈悲水懺法》(約 1633 年);
- 《妙法蓮華經》(約 1634 年);
- 《天下一統志》(清刻本爲《大明一統志》,使用修改後的明代雕版印刷)。

　　另外,除了以上書籍,馬禮遜藏書中還有下面一些清代重印的明版書,使用了重新製版的雕版來印刷:

- 《新編評注通玄先生張果星宗大全》(1797 年重印約 1593 年版本);
- 《新刻全像三寶太監西洋記通俗演義》(清代重印約 1597 年版本);
- 《三台館仰止子考古詳訂遵韻海篇正宗》(清代重印約 1598 年版

本）；

　　•《元亨療馬集》（清代重印約 1608 年版本）；

　　•《元亨療牛集》（清代重印約 1608 年版本）；

　　•《十三經注疏》（1798 年重印 1628 至 1639 年間版本）；

　　•《農政全書》（1843 年重印約 1639 年版本）；

　　•《詩學圓機活法大成》（清代重印約 1697 年版本）；

　　•《佛門定制》（清代重印明版本）；

　　•《新刻三寶出身全傳》（清代重印明版本）。

　　由於清政府對在華居住的外國人采取强制性的禁令和約束，馬禮遜只被允許生活在廣州。唯一的一次機會是在 1816 年，他作爲阿美士德使團（Lord Amherst's embassy）的一員，隨著使團一起從廣州去到北京，得以到訪中國其他地方。然而不幸的是，阿美士德使團的任務失敗，在抵達北京城的當天就被迫折返，因此馬禮遜也就失去了這樣的機會——通過走訪北京城著名的書市來豐富他的藏書。而且使團在上京路上全程有清廷官員監護，返回廣州時走的是海路，馬禮遜幾乎沒有機會可以在中途獲得新的書籍。因此，馬禮遜的藏書活動不得不局限于廣州一地。

　　幸而廣州是清朝中國南方最重要的書籍刊刻中心，許多書坊在這裏建立，聚集在西湖街和九曜坊，這兩處地方位於省城學院前。還有相當多的書坊，包括一些廣州書坊的分店，建在附近的城鎮佛山（刻書牌記上也稱禪山）。顯而易見，馬禮遜收集的大部分書市流通的書籍是由廣州當地的書坊刊印，書上鑴刻了廣州的標記，諸如"粤東省城""廣城""羊城"等，這些標記通常置於書坊名稱的前面。馬禮遜藏書中，明確標注了書籍的刊刻地點是在廣州或佛山，以下面的書坊爲例：

　　• 廣新堂（在廣州）：刊刻在 1770 至 1817 年間的 3 種書籍；

　　• 檢香齋（在廣州）：刊刻在 1818 年的 1 種書籍；

　　• 聚經堂（在廣州）：3 種書籍；

　　• 文苑堂（在廣州）：刊刻在 1775 年的 3 種書籍；

　　• 五車樓（在廣州）：刊刻在 1757 年的 1 種書籍；

　　• 五雲樓（在廣州）：刊刻在 1814 至 1838 年間的 5 種書籍；

　　• 正賢堂（在廣州）：1 種書籍；

- 正祖會賢堂（在廣州）：3 種書籍；
- 定文堂（位於學院前）：刊刻在 1809 年的 1 種書籍；
- 廣文堂（位於學院前）：刊刻在 1824 年的 7 種書籍；
- 聚文堂（位於學院前）：刊刻在 1797 至 1819 年間的 4 種書籍；
- 聚賢堂（位於學院前）：刊刻在 1795 至 1808 年間的 12 種書籍；
- 聚英堂（位於學院前）：2 種書籍；
- 林興堂（位於學院前）：刊刻在 1813 年的 1 種書籍；
- 丹桂堂和攀（扳）桂堂，由蘇氏家族經營（在廣州九曜坊）：刊刻在 1816 至 1822 年間的 6 種書籍；
- 合璧齋（在廣州九曜坊）：刊刻在 1797 至 1819 年間的 3 種書籍；
- 近光堂（在廣州九曜坊）：刊刻在 1793 至 1823 年間的 2 種書籍；
- 榮德堂（在廣州九曜坊）：2 種書籍；
- 尚古齋，由潘氏家族經營（在廣州九曜坊）：刊刻在 1780 至 1816 年間的 5 種書籍；
- 心簡齋（在廣州九曜坊）：刊刻在 1773 至 1821 年間的 36 種書籍；
- 博文齋（在廣州西湖街）：1 種書籍；
- 富文齋（在廣州西湖街）：刊刻在 1813 至 1820 年間的 7 種書籍；
- 六書齋，由康二酉經營（在廣州西湖街）：刊刻在 1806 年的 2 種書籍；
- 文寶齋（在廣州西湖街）：刊刻在 1816 年的 1 種書籍；
- 效文堂（在廣州西湖街）：刊刻在 1804 至 1821 年間的 2 種書籍；
- 以文堂，由楊永青經營（在廣州西湖街）：刊刻在 1806 至 1815 年間的 2 種書籍；
- 福文堂（在佛山）：刊刻在 1821 至 1824 年間的 5 種書籍；
- 老會賢堂（在佛山）：刊刻在 1762 至 1814 年間的 8 種書籍；
- 聖德堂（在佛山）：刊刻在 1779 至 1809 年間的 11 種書籍。

　　有的書坊還專門負責爲佛寺道觀布道用的宗教典籍製作雕版，特別是聚賢堂和心簡齋。這些雕版被存放在廟宇中，信徒們可以拿來印製更多的複本，用以慈善布施。馬禮遜藏書中有 120 種佛教類書籍，其中 84 種於 1658 至 1823 年間，由廣州海幢寺所具雕版來印刷的。而 92 種道教類書籍中，有 6 種於 1742 至 1811 年間，在廣州市中心的越秀山三元宮道觀刊印。

有清一代，除廣州以外，其他重要的書籍刊刻中心都分布在江南地區人口稠密的城市，如蘇州、杭州和南京。江南的版刻質量普遍高於廣州，而在馬禮遜藏書中，江南地區的書坊所刊印的書籍數量相對較少，特別是由蘇州的書業堂（5 種）、三多齋（5 種）和掃葉山房（4 種）出版的圖書，更是少見。馬禮遜所藏江南刊刻的書籍當中，堪稱重要的是以下幾種重印本，其品質精美，版本價值高，所用底本來自明末清初時毛晉（1599—1659）的刊刻本：

•《十三經注疏》（1798 年，由書業堂重印毛晉刊行於 1628 至 1639 年間的刻本）；

•《十七史》（嘉慶年間，由掃葉山房重印毛晉刊行於 1628 至 1656 年間的刻本）；

•《説文解字》（由杭州三餘堂重印）；

•《六十種曲》（由寶獲齋重印）。

有清一代，除了上述的書籍刊刻中心，其他唯一值得矚目的就是首都北京了。儘管北京是非常重要的圖書流通市場，但由於缺乏自然資源（如雕版所需的木材），它無法支撐起一個與廣州或江南地區的城市擁有相同規模的書坊刊刻產業。因此，北京的書坊刻印在相當程度上局限在一些與首都密切相關的圖書，滿足當地的需要，如滿語書以及官員們的專門出版物。這一點在馬禮遜藏書中有所反映，藏書中只有 7 種由北京書坊刊刻的書籍，其中就有三本是滿漢文書籍，兩本是官員手册（吏部則例）。

儘管馬禮遜藏書中的絕大部分是書坊刊刻的書籍，除此以外，還是包含了一些私家刊刻和官方製作的圖書，這兩者的刊刻質量都非常高，無論是版刻裝幀還是文本内容，都勝於坊刻本。

私刻本通常是由精英階層的士大夫撰寫或編輯的書籍，私人出資刻印，在同儕之間傳閱。確實如此，馬禮遜藏書中的大部分私刻本是由生活在廣州地區的士大夫來主持刊印的，其中包括一些當時著名的學者、文人，如張敦仁（1754—1834）和阮元（1764—1849）。這些私刻本中有許多品質精美的摹刻本，是宋刻本的摹刻重印：

•《大廣益會玉篇》（1704 年，張士俊摹刻重印了宋本）；

• 《大宋重修廣韻》(1704 年，張士俊摹刻重印了宋本)；

• 《宋王複齋鐘鼎款識》(1802 年，阮元摹刻重印了全套宋代青銅器拓本)；

• 《宋撫州本禮記注》(1805 至 1806 年間，張敦仁摹刻重印了 1177 年宋本)；

• 《鹽鐵論》(1807 年，張敦仁摹刻重印了 1501 年的重印本，其底本是約 1201—1204 年間的宋本)；

• 《陶淵明文集》(1807 年，魯銓摹刻重印了毛晉之子毛扆所藏的南宋本)；

• 《新刊古列女傳》(1825 年，阮元之子阮福摹刻重印了南宋本)；

• 《錢氏小兒直訣》(清代摹刻重印了宋本)。

官刻本包括了地方政府機構和中央政府機構所刊印的書籍。在馬禮遜藏書中，地方政府機構刊刻的書籍，大部分是廣東省政府印刷的。這些書籍包括了省志，澄海、南海和番禺各縣誌，一份標注省內各州縣各驛站距離的列表(《各驛里數》)，一本詳細記錄廣東省賦役稅額的冊籍(《廣東賦役全書》)，粵海關徵收關稅的法令法規(《粵海關徵收各項歸公銀兩更定則例》)，以及關於廣東廣西兩省的鹽業記載(《兩廣鹽法志》和《兩廣鹽法外志》)。

馬禮遜藏書中還有一類令人矚目的收藏——卷帙浩大的工具書、參考書(總計可達 1161 冊)，這些圖書是在康熙、雍正、乾隆、嘉慶皇帝的支持下編纂的，並且由皇家印書局——武英殿，或別的中央政府機構印製(包括一些關於吏部處分的地方重印本)：

• 《古文淵鑒》(1685 年)；

• 《御製耕織圖》(1696 年)；

• 《淵鑒類函》(1710 年)；

• 《佩文韻府》(1711 年)；

• 《淵鑒齋御纂朱子全書》(1713 年)；

• 《御製律呂正義》(1713 年)；

• 《御纂周易折中》(1715 年)；

• 《萬壽盛典初集》(1715—1716 年)；

- 《康熙字典》(1716 年);
- 《月令輯要》(1716 年);
- 《韻府拾遺》(1720 年);
- 《欽定春秋傳説彙纂》(1721 年);
- 《御製數理精藴》(1721 年);
- 《御製曆象考成》(1722—1742 年);
- 《御定駢字類編》(1726 年);
- 《欽定詩經傳説彙纂》(1727 年);
- 《子史精華》(1727 年);
- 《欽定書經傳説彙纂》(1730 年);
- 《欽定禮記義疏》(1730 年以後);
- 《大清太祖高皇帝聖訓》(1739 年);
- 《大清太宗文皇帝聖訓》(1739 年);
- 《大清世祖章皇帝聖訓》(1739 年);
- 《大清聖祖仁皇帝聖訓》(1739 年);
- 《欽定吏部則例》(1742 年);
- 《御纂醫宗金鑒》(1742 年);
- 《大清通禮》(1756 年);
- 《欽定儀象考成》(1756 年);
- 《欽定大清會典》(江南省官府重印本,底本爲 1764 年武英殿使用木活字印刷本);
- 《南巡盛典》(1771 年);
- 《武英殿聚珍版叢書》(浙江省官府删減重印本,原版爲 1774 至 1776 年間武英殿使用木活字印刷本);
- 《御製全韻詩》(1781 年);
- 《欽定平苗紀略》(約 1797 年,武英殿使用木活字印刷本);
- 《欽定吏部處分則例》(1805 年);
- 《欽定科場條例》(1816 年)。

　　馬禮遜藏書的絶大部分屬於印刷類書籍,除此之外,還包括了十一件手鈔本,其中有九件版本不詳:

•《各國譯語》(10 册抄於 1549 年的手鈔本,原爲一套 13 册華夷譯語的詞彙書,經查考是 1492 至 1549 年間由會通館編譯的);

•《雲梯陣圖》(一套 4 張彩繪圖及圖説組成的軍事圖,詳細解説雲梯在攻擊軍事防禦陣地時的使用步驟);

•《龍虎陣圖》(一套 7 張彩繪圖及圖説組成的軍事圖,講解了不同的作戰隊形);

•《診脉發藥醫按》(黎巨帆醫生對 1820 年的醫學案例所做的記録,黎醫生負責管理馬禮遜在廣州開設的診所);

•《秘傳祝由科》(醫療咒文、符咒的彙編);

•《請仙符咒》(乞靈符文、咒語的彙編);

•《漢字氣拖布》(一部漢文經書《尅塔布》,包括對《古蘭經》的祝禱文及部分經文的音譯);

•《案》(一本由衆人手抄的法律案例彙集,記録始於乾隆時期);

•《大清律例》(一本清代刑法典的鈔本,和法律案例彙集裝訂在一起);

•《澳門記略》(介紹澳門的書,是 1751 年刻本的鈔本);

•《粵海關徵收各項歸公銀兩更定則例》(粵海關徵收關税的規則與條例,約 1760 年刻本的鈔本)。

譯者按:

本文是英國倫敦大學亞非學院於 1998 年出版的《馬禮遜藏書書目》的序言,由英國漢學家魏安(Andrew West,1960 年—)撰寫。魏安曾致力於中國明清小説的研究,對《三國演義》的版本進行了全面細緻的探討,提出新的方法來分析各個版本的關係;如今專門研究中國少數民族語言文字,尤其是遼、金、元三朝的文字,提出八思巴字編碼方案。魏安在亞非學院圖書館工作人員的協助下,悉心整理了館内所藏的馬禮遜特藏上萬册中文圖書,並編撰了藏書書目。書的序言部分主要介紹了馬禮遜中文藏書的由來,以及它們從中國歷經曲折流轉到倫敦大學亞非學院的歷史過程和保存現狀,並對馬禮遜藏書的文獻特點與重要價值做出恰當的評價。

此書序言前是當時任亞非學院圖書館中文部主任黄瑞琴的致謝文字,指出這本藏書目録中有記録的書目信息,均能通過科研圖書館信息網絡（RLIN）查詢獲得。作爲馬禮遜項目的負責人，黃瑞琴感謝了提供項目資助的蔣經國國際學術交流基金會，以及對項目的立項、開展、完成提供了幫助的學界同仁與圖書館工作人員，尤其是負責實際編目的魏安博士。

　　本文由曾肖博士及其碩士研究生程丹青合作翻譯完成。譯文在文字排版方面略有調整。因譯者水平有限，訛誤難免，特此説明。

　　　　　　　　　　　　　　　　　　（譯者單位：暨南大學文學院）

域外漢籍研究集刊　第十九輯
2020 年　頁 515—548

日藏南宋禪僧梵琮《率庵外集》詩歌整理 *

許紅霞

　　南宋禪僧梵琮,號率庵,鄞縣(今浙江寧波)人,俗姓高。曾住慶元府仗錫山延勝禪院、南康軍雲居山真如禪院,晚年在鄞縣東湖庵居。約卒於理宗淳祐二年(1242)三月前,年八十餘歲。爲南嶽下十七世,臨濟宗大慧派佛照德光禪師法嗣。其著作現有《率庵和尚語録》及《率庵外集》傳世。①而《率庵外集》一卷,宋代以下目録未見記載,在中國國内早已佚失不存而藏於日本。其中共收録梵琮詩歌一百九十二首,一百九十一首爲佚詩,爲《全宋詩》及其他宋詩和宋代詩僧詩歌輯補著作所未收。它具有重要的文獻學、史學、文學資料價值,無論是對梵琮自身的研究還是對宋代詩僧、宋代文學的研究無疑都是有所裨益的。現根據筆者所搜集到此書的日藏兩種版本,加以校點整理,以供學者進一步研究。

一　《率庵外集》整理點校説明

　　1.本次整理點校,以日本京都建仁寺兩足院藏江户寫本(簡稱兩足本)爲底本,校以京都大學圖書館藏和刻本(簡稱京大本)。

　　2.古字、俗字徑改爲通用字,不出校。

---

* 本文爲國家社會科學基金項目《宋僧詩文集在日本的刊刻流傳研究》(項目編號15BZW115)階段性成果。

① 有關其著作及生平事迹等情況,可參見本刊所載筆者《日藏宋僧率庵梵琮著作及其價值考述——以〈率庵外集〉爲中心》一文。

3.原底本脱字,能判斷在句中位置的,直接以□表示,不出校,在不能判斷脱字在句中位置時,不加□,只在句末加按語説明。

二　《率庵外集》整理

序

　　率庵琮禪師道價高天下,人多聞其道而罕見其詩者,何耶? 蓋其道爲人之所傳,而其詩患人之已知也。一言半偈,卒然而作,信手拈來,未嘗著藁。如荷華錦絣一絶飛僊筆,印證其誰知。師亡矣,道未亡也,詩亦未亡也。道在天下,固不可爲囊中物,詩落人間,猶可以入六丁手。今其壹族諸高君蒐獵會稡語録之外,别刊詩集,其詩存而其道亦存焉。僕館其族,僅聞其詩,今序此詩,是又添一注脚子云。壬寅淳祐立夏日鄞川顧端父謹序

適軒伯起

率庵外集
古風
獨樂歌

　　獨樂歌,自吟哦。不拘音韻少節奏,不成律吕無人和。風前一唱萬籟寂,調高難與物同科。穩泛扁舟恣來往,奈此一天明月何。平湖萬頃湛無底,水天上下光交羅。佳山兩岸縮螺髻,微風一派摇金波。卷舒影像入壞衲,霑濡風露歸漁蓑。明月豈長好,此歌保不磨。凝神著意覔不得,無心用處何其多。清聲響應裂巖石,詞源蕩漾傾天河。窮幽覽勝孰能禦,維舟柳岸緣山阿。摩挲蒼苔問無恙,點頭烏石忻相過。山靈兩俱好,捫蘿直上登崒嵬。院静僧幽睡正美,屋角林影參松蘿。星移斗轉天欲曉,野客撞鐘驚南柯。六窻閉處盡開豁,唤起心兵敵睡魔。理去棹,下前坡。篙師興闌歸意動,衝風破浪如擲梭。到家處,了無他。静倚南樓暗歡喜,百年光景易蹉跎。

和陶淵明形影釋三首

　　大海一漚發,性天雲起時。油然與物化,掣電隨所之。出處不相捨,聚散皆在兹。水清冷相照,見面如有期。君直我不屈,君止我無思。懷古忽悲悼,江河爲流澌。拗折壁上弓,決盡杯中疑。應現出萬端,有口無一辭。

右形

不向這邊行，爲愛深藏拙。依困念懷卷，就陰蹤迹絕。有時喜相隨，舞踏同懽悦。窗明得相逢，窗暗忽相別。明暗有虧盈，妙體無生滅。立雪未嘗寒，曝背何曾熱。恰如井中泉，汲引深不竭。造物本同條 京大本作條，誰勝復誰劣。

右影

大塊忽分剖，萬物盡昭著。覓之本無形，一氣含新故。草本有短長，松蘿相攀附。下有千歲苓，上有黄鸝語。發我向上機，機前無著處。形影兩俱忘，到家本無住。從頭屈指輪，元不墮諸數。半夜鬼分贓，衣鉢閑家具。自此喪吾宗，可毀不可譽。而今如再□，當頭棒將去。四海似鏡清，無憂亦無懼。鼓腹恣謳歌，一飽百無慮。

神釋

送陳菊坡守江州

青山山上雲，東湖湖上月。雲月會有期，舒卷復圓缺。歛藏在一毫，分輝照寥沈。情忘鏡象虛，心安魚鳥悦。油然覆廬阜，人境兩奇絕。清光湛如水，九江映澄潔。五馬行其中，千里風凜洌。袖有醫國手，肘後懸妙訣。點化萬象中，當機如電掣。疲民疾盡瘳，不啻劍頭映。萬木被仁風，松篁挺操節。我心已先游，清夢遶巖穴。時見香爐峰，雲凝爐煙結。林間樂太平，舉首謝北闕。

送琴枕與趙巽齋併手琴

因作千里游，草馬趂奔走。膠漆忽相投，點點燦星斗。光如臺上鏡，滑似石中溜。欲入居士室，願作文房友。一期侍座隅，響應隨所扣。依倚夏簟涼，轉首聞徽奏。聲光洞耳門，六窗俱通透。人間夢不到，道眼明如晝。小琴亦乞憐，攀附喜相就。栖身同隱几，具體忘寒陋。中有老節存，歲晚黑而瘦。揮洒汗交流，此君閣其肘。縱橫遶筆陣，龍蛇滿衣袖。人與物相忘，物亦何嘗有。我以不求求，君以無受受。

和史愷齋韻兼簡易齋

蓮社遺風在，三笑同一坊。過溪忽照影，萬象難遮藏。相忘有道術，混迹同群羊。幽鳥獻花供，疎竹奏笙篁。大千一粟粒，不假縮地方。山川展圖畫，雲霧披衣裳。桃源路不遠，磵水流花香。道存不下帶，無風人自涼。千鈞掃筆陣，二老京大本作者能當場。材大世難用，豈肯責彼蒼。洗心時讀《易》，琢句追草堂。珠玉斷瑕纇，墨寶輕京大本作轉圭璋。歸作商山隱，可敬不可忘。歲月易流轉，四山青又黃。東湖到家處，銀海搖波光。

和趙佚老玉几山苔梅韻

歲晚相逢如有期，拈起一花入眾微。破顏笑處露家醜，百花頭上含英姿。道情所向見貞榦，鶴骨深纏艾衲衣。一枝橫出自玉几，嶺頭馳寄情逶迤。佚老先生古君子，掛冠二紀樂無爲。心如□井絕狂瀾，身如枯木橫春枝。連延古色石上蘚，孕秀古言石女兒。風磨雨洗隨物化，空庭立雪形無遺。作賦不讓廣平老，寫真未許虎頭癡。美麗閒淡有殊好，古人所重今人嗤。賦成紙筆兩俱廢，一毫端上徒修治。卧龍出草露雪脊，瞿曇入山凝霜髭。歲寒面目儼然在，相求同氣蘭與芝。皮膚脫處動鱗鬣，鐵心石腸惟所持。清薌暗吐藏萬斛，紛紛蝴蝶那能知。絕俗可以寄千里，同塵惟在一雨滋。月明午夜散清影，晴空新月橫脩眉。一牀獨坐淨名老，百華獻笑圍群姬。毫端龍蛇已飛動，焚香敬贊絕妙辭。擬喚淵明同結社，蓮舟不到清涼池。

和東林韻寄王丹池

不須拂拭鏡上塵，不用冷照鏡中形。煙蓑箬笠是道具，湖山萬疊皆家珍。仰觀泰山輕毫末，俯視毫末重千鈞。居士道眼明不二，繁華如同寂寞濱。了知物物非他物，應用無礙體即真。池塘春草夢中夢，性海全潮身外身。丹池先生有久要，凜然勁節惟此君。心空絕俗具青眼，風前一笑忘主賓。樓臺重重華藏界，不勞彈指已開局。爐中養成千歲藥，筆端挽回萬物春。窗前廷月伴三友，林下今方見一人。顧我易衰如小草，祈君難老如大椿。

和萬安幽聞韻

仙隱樂林泉，垂釣笑而已。幽處發清聞，灘聲瀉七里。萬緣一絲輕，紅塵難駐趾。閒心洞十虛，今古貫一理。用之不由他，應之渾在爾。所寓既非目，所聽不在耳。擬欲求音聲，古佛過去矣。風休萬籟寂，月印千江水。豁開不二門，耿耿照窗几。大千歸萬安，收藏一芥子。

寄王府教辭住庵

萬象在一毫，對面同千里。東西無間然，相望春風裏。抹過三汲浪，漁樵共忻喜。遙瞻秀峰巔，青霄鴈行起。一鳴已驚人，影印東湖水。水清見君心，水動見君器。我如水上波，因風隨所止。蘋末風已休，波水兩無異。連枝不動見交情，穿石古藤知此意。

謝人惠水仙花

碧天如水月如波，蓬萊時有仙人歌。歌聲散在百草裏，幽華流落人間多。不隨色香自超俗，風前月下對吟哦。綠葉裊裊舞長袖，碧簪鏘鏘如揮戈。東君衣鉢亦富有，銀臺金盞鋪前坡。我生有口懶呼吸，但以意受難揣摩。慇懃作供荷分贈，相親伴我臥烟蘿。靈根穎脫香水海，一塵不染奈渠何。

謝雙徑禪師惠條茶筆

活擒月裏霜毫兔，椎碎龍團劫外春。一度得來胡亂繫，不長不短稱全身。須似鐵，皮如鱗。頻束縛，謝慇懃。背後面前拽不斷，到頭亡骨又亡筋。獨坐名山最深處，不知誰是解條人。

送派無際住花亭庵

廣大無際圓覺性，日日朝朝起于定。語默不犯露全機，透過邐迤皆響應。草木發生春爲容，魚龍變化水爲命。花亭千尺浪頭高，踏翻舡子没巴柄。賴有知音老性空，鐵笛橫吹同此興。圓覺庵中無際翁，逆順提持佛祖令。便於言外度迷流，當頭撲碎大圓鏡。堂空月轉印禪床，風軟幽林度清磬。李白桃紅果自成，竹深荷淨花滿徑。行人到此便知歸，一笑無言心自領。

送紅糟與月柏庭

大道貴混融，所得處深密。燃然和氣生，香風滿幽室。醞釀忻和同，相投固膠漆。精明透日紅，甜軟勝崖蜜。凝然未嘗流，清濁不相失。濁處本來清，虛中元自寔。古書豈有味，味從書中出。唯有知人按：此句脱一字，同風深委悉。

送栗子與月柏庭

林間有土宜，可以療饑餓。皮膚得人憎，密京大本作蜜密蝟包裹。翁曾吐吞按：此句脱一字，傍觀無可奈。熟處谺然開，露出三兩箇。色奪僧伽梨，同宗相倚卧。有正亦有偏，不小亦口：按：原脱，疑爲“不”字大。一一皆圓全，各各可傳播。掩耳忽咬著，爆然驚四坐。其物輕如毛，其意重如磨。馳獻老柏庭，當頭俱捏破。

送筝枯與然懺首

林間久著鞭，獨立絶依倚。心空節仍在，堅貞守忠義。五鼎烹過來，凜凜有生氣。柔軟樂枯淡，淡處回餘味。拈來閒咀嚼，嚼碎有深意。高山與流水，山水難比擬。千里持寄君，一見笑而已。

送筍與琰淅翁

林間雨露長龍孫，陸地迸開都不覺。脚頭脚尾踢將來，驀忽皮膚都脱落。當頭不避火星飛，百沸湯中露頭角。淨如玉版絶纖瑕，軟似綿團堪咀嚼。爲人更不惜全身，五味調和隨作略。大家一飽忘百饑，似覺礙人須吐却。

送綫與岩隱孔道士

道義摘不斷，當頭一綫通。卷舒得妙用，補綴見全功。驀忽一剳定，透過千萬重。玄門了無礙，大千藏針鋒。引我逍遥游，笑傲巖隱中。嵓前見樓閣，竹外羅千峰。沿流隨指顧，曲折涵太空。烱如君眼碧，照我白髮翁。挂杖扶壞衲，鶴氅披清風。湖山有蓮社，一笑追前蹤。虎谿路頭滑，興如山□□。

送木奴與友人

道人無著隨所住，片帆不礙東西去。途中不出到家人，有生即是無生路。龐婆兒女笑團欒，橘隱高人同佳趣。秋風吹動天地爐，明明一色黃金鑄。擘開滿座聞清香，到頭不動中心樹。

示高姪讀書

讀書在日用，事與書一同。依師隨步趨，扣問歸己躬。恰如遠行客，識路求指蹤。所至有近遠，所見心地通。通處應萬物，如日正當中。洪纖皆照了，賢聖得相逢。身在九天上，舉手攀鱗龍。

呈虎嘯巖

華頂峰上石，智者骨中髓。一敲豁然開，洞達真正理。老虎臥東山，長嘯清風起。散入萬竅中，所向絕依倚。吹倒不二門，卷起教海水。魚龍失却蹤，百獸不敢止。草中露一班，引他小兒戲。可望不可親，可畏不可避。第七沒尾巴，已吐食牛氣。曾共太白游，四海同一味。霜清落葉深，火煨煨芋美。我欲喚寒拾，伴君深山裏。

贈超上人

海印發其光，萬象正隱形。洪纖與曲直，應現隨物情。所學得其要，所見在於明。譬如善畫師，袖手畫已成。超宗入教海，百川注不盈。擬欲沿其流，流多涉途程。不如返其源，百川在戶庭。日用潤如水，動静皆澄清。青燈對黃卷，紅日照窗櫺。誰能領此意，幽禽三兩聲。

贈謙上人

天地因有謙，物物各消長。大道因有謙，吞吐於萬象。道體本寂寥，如火難趨向。近之燎面門，遠之生妄想。熱處忽騰身，颺下然火杖。塊然袖手坐，大千平似掌。歛時可藏六，用處空蕩蕩。臨流休羨魚，歸家教結網。功成在撈漉，沉潛貴涵養。竹風忽滿庭，古柏傳清響。

弔西湖銛無懷於柳下

南北兩峰高，西湖一派水。峰高夜月寒，水清可鑑止。長堤柳萬絲，絲頭有妙理。影散詩上眉，露滴詩中髓。目前一機收，纖作無懷語。柳眠仙翁睡正濃，爲我風前呼喚起。團欒岫爲主，出入同一門。起居隨所適，忘主亦忘賓。賓主兩相忘，有語堪共輪原校:論乎。竹笑風忽起，峰頂片雲屯。以物觀三物，□物見平分按:此句疑脱一物字。以道觀三物，三物如水渾。轉身三物已隱去，瓦礫一擊碎乾坤。

題二靈山修造
古人得道超塵俗，孤峰頂上藏高躅。人靈自然山水靈，聲名千古傳空谷。奈何屋老已攲傾，多年椽瓦風飜覆。偶來出手爲扶持，三年用盡平生力。滿頭欠債似星多，未免奔馳走南北。彎弓絃上願結紐，鷺鷥股中搜求肉。何妨屋裏販楊州，經紀自家親眷屬。乞君眼上纖纖眉，成我山中突兀屋。著箇忘懷樂道人，看山看水心自足。月明波淨夜光寒，報君一片無瑕玉。

贈永嘉薛宣教篆一大佛字中隸千佛名
百千諸佛居何土，分明秪在一毫端。濃磨深蘸皆妙用，當頭一點不相瞞。重重無盡鏡現象，落落不停珠走盤。長空過鴈影迹露，八分轉處龍蛇蟠。大中現小小現大，一一當以正眼觀。炳然字義見文采，窄處窄兮寬處寬。聞名見面只者是，字密行疎無兩般。京大本此句下有我聞永嘉四字

悼橘洲禪師和易齋韻
我昔曾登橘洲門，迺翁去後花猶存。纍纍幾度飽霜實，橘中生死同朝昏。《大光明藏》耀今古，照映萬象如諸昆。胸次江湖可濯錦，如風吹水了無痕。道人所寓不在物，醉翁之意忘清樽。機先妙得無生訣，雲南雲北歸夢魂。劍門透過妙喜子，繩繩東山四世孫。臨風提起一則語，鴉蜚日落城西村。

悼夢堂禪師
老牛飲竭四大海，走徧叢林依故丘。途中苗稼亦不犯，萬人爭挽懶回頭。林間忽一鳴，萬壑風颼颼。兩角指霄漢，雙眼射九州。獨行孤迥迥，閑樂百無憂。庖丁有刀不敢下，潙山有繩不敢收。時共白雲臥，不與白雲浮。

一朝夢堂夢忽斷，青山山色皆含愁。前輩既已往，後進亦何求。但念四事美，肯懷千里游。吾道漸凋喪，思之涕欲流。歸去歸去，休休。試向涅槃山頂望，一輪明月照清秋。

題岫雲叟竹隱

天地一粒粟，萬物同本根。遠簷吹香風，花木列兒孫。悠悠雲出岫，岫峰常獨存。竹深静著鞭，蒼然度寒温。山水秀人才，磊落多儒冠。千佛垂手以摩項，居士不退證無還。登龍門者有變化，未曾舉著開笑顔。爲渠一呼鬚髮落，乞君點綴眉彎彎。

贈徐省幹棄儒攻畫作花木圖

古今學畫如學道，工夫到了隨方圓。萬象不能逃影迹，當頭點著開心源。色裹膠青不可見，密作用處在汝邊。運肘落筆疾風雨，咫尺萬里凝雲煙。幽花閑草不擇地，淡粧濃抹皆鮮妍。池塘秋晚野色淨，曉風吹起霜倒蓮。幽禽偷眼覷木末，落霞殘月明山顚。飄飄蘆花欲衮雪，漠漠煙沙鴈字聯。挽回不費腕頭力，須臾變化在目前。君今妙手孰能敵，趙昌寫生何足言。絶憐世上識真少，一紙可以直萬錢。功名富貴非所願，脱身徑欲依林泉。平生不負兒女債，陸地已作人間僊。遺形放意還自若，遨游物表心悠然。一華五葉本無種，妙處不知誰可傳。

贈章居士撫琴

希聲杳無聞，知音含太古。側耳不可聽，舉目孰堪覩。清風起髭髯，玉壺聊接堵。堂空夜月寒，衆妙開門户。草木盡低頭，山河皆作舞。流水寫萬壑，田蛙鳴兩部。不勞心力處，無絃掛靈府。

贈蟠溪居士川墨

我有墨一鋌，老硬堅如鐵。藏之古囊中，未嘗向人説。煙凝萬年松，杵落千家月。膠膝喜相投，入灰同窟穴。願與同庚友，平分作兩橛。彼此磨到六十九，磨盡人間幾時節。莫把工夫較長短，十二時中無欠缺。管城子是黑頭公，吸盡烏江真猛烈。千歲龍蛇見屈蟠，萬里鴈影飛不滅。一時收拾在花牋，信手卷舒俱漏泄。當頭一點已是多，居士不勞三寸舌。

贈鄒生修羅紋硯

我有隻古硯，不貴亦不賤。跳出萬仞崖，密用無人見。毛穎笑點頭，陳玄時對面。一見生油雲，雲會龍蛇現。尺紙爲收降，卷舒同閃電。當頭忽打破，補之通一綫。鄒生天上修月來，流落人間逢快便。從茲盡力爲琢磨，隨物賦形能妙轉。玉池浸月夜光寒，羅紋細織成一片。鯨魚有口不敢吞，并州快刀那能剪。老僧信手爲拈提，批判多年舊公案。濃磨深蘸不争多，試請傍人著眼看。

讀《傳燈録》

飯餘睡起來，偶讀《傳燈録》。平生不識字，信手恣飜覆。祖師無兩心，超宗有異目。四七與二三，邪惡相隨逐。黄葉爲止啼，成文蟲蝕木。後來競采摘，自謂金滿屋。傍觀有良賈，見之笑不足。燈雖本自明，因點成相續。耿耿發光熖，古今同照燭。目前用有餘，一見如破竹。

七夕獨坐

人皆做七夕，南樓獨閑坐。片月掛林梢，清影分朵朵。澗水瀉竹葉，群峰列山果。味全易下口，物珍絶包裹。享此一杯供，何人過似我。回首望天門，牛郎著情鎖。雲間布鵲橋，喜極忽傾墮。何如静無事，六鑿自妥妥。圓識見澄明，曉露凝珠顆。

南湖重臺蓮

南湖風物天下雄，藕花出見龍天宫。托根勝地産異貿，肯與凡卉同其容。色分上下本無二，蘂綴金鬚心亦同。涵空上下湛無底，層影不礙池魚蹤。淺深紅緑映欄檻，崢嶸樓閣吹香風。定回月轉□窻迥，一塵不動鏡象空。瞥然鼻觀通透處，了知不在一池中。

印空叟池荷

冷光照窻几，盆池清且漣。靈根得涵養，正脉有流傳。妙處斷復續，終日絲相連。緑衣塵外客，玉骨水中僊。一一可傳授，側耳臨清淵。入水入泥去，密用在汝邊。豁開無盡藏，散落珠顆圓。鯨飲竭滄海，蛟人墮眼泉。僊原校：價重大千界，名高太華顛。清風颯然起，飜動水中天。一片浄如鏡，炯炯在目前。游魚不知本，但向清陰綠原校：緣歟。淤泥得力處，發生天地先。

栽庵前桃

萬物歸根性自復，無私暖律回寒谷。一華五葉競傳芳，钁頭邊事何人續。了知今古無二道，就樹三間歸計足。待看白髮侵麗眉，且種桃花映脩竹。飄窻紅雨點蒼苔，耀日明霞照茆屋。臉凝酒暈醉初醒，露浥嬌姿試新浴。片片乘虛馭曉風，戲蝶游蜂莫輕觸。無言之處自成蹊，粲發靈光洞心目。往來身在武陵源，蕭然物表止塵俗。千年核裏見其仁，養成道果惟香熟。

食青精飯

春來和氣多，香風散百草。新梢綠葉繁，采摘供春擣。戲搏淨名飯，染作僧衣皁京大本作貌。黶然簇前陳，一笑盡傾倒。享此儂家供，天年可長保。風味不敢忘，唯有少陵老。平生作詩瘦，頗愛顏色好。

咏雪

狂風休歇千林靜，冷逼寒床睡初醒。白生虛室照眼明，恍疑月華透窻影。起來開户步空庭，但覺目前孤迥迥。萬象平沈不見蹤，漫漫蓋覆千峰頂。人間換世劫塵空，蒼蔔花開彈指頃。朝來頓覺富諸隣，玉樹瓊樓與誰並。理融事極轉天機，杲日當空耀光景。泮然漏泄溜清聲，檐前滴滴誰深省。無心用處枉施工，可笑凝兒競填井。

咏冰

一冬大冰雪，三月不出門。庭下摳衣客，凜凜生意存。衆流忽併力，萬象皆承恩。頓覺路頭滑，便知泥水分。江河因密布，湖海欲平吞。清濁終難混，剛柔可並論。有聲堪扣擊，無意逐流奔。暗長水仙骨，冷凝梅花魂。片叚懷澄潔，晶明永不昏。鎪成銀世界，琢出玉乾坤。催發梅兄弟，霑濡竹子孫。泮然元一體，潤益本同根。杲日當空照，南山見獨尊。

咏蓮

種花世所愛，不如種綠荷。荷成能秀實，花殘零落多。實處有根本，珠

顆垂蜂窠。高標自絶俗，照影臨清波。聯房忻聚首，道同還氣和。緑衣相
扶擁，兄弟本同科。中有一寸心，千古保不磨。風前正摇蕩，奈此江湖何。

咏藕

靈根依寸土，引蔓如張弓。波神不敢視，冷躰水晶宫。磨涅未摧朽，玉
骨墮潛龍。常與淤泥混，不與淤泥同。得處驀地斷，一絲萬竅通。毫端戰
蠻觸，大千藏其中。塵消止水淨，眼明心鏡空。滿口嚼冰雪，齒頰生清風。

輕笠

世人皆負重，唯我獨便輕。重者難爲力，輕者易爲情。信手恣拈掇，用
捨亡虧盈。古鏡開塵匣，圓月出大清。寒光絶纖翳，内外常虚明。風吹與
日炙，霧擁並雲凝。當頭直截過，全身有所憑。得力在轉處，高下隨欹傾。
入水未常溺，登山快途程。入林不動草，側身可隱形。是物同盂覆，頂顙如
掌平。來往絶蹤迹，步步隨人行。拈起與放下，到底不多爭。盡力撲不破，
看來逸興生。松梢墮曉露，點滴芭蕉聲。逢人舉首處，覿面當機呈。

茶瓢

栽培廣莫野，寸根有餘力。青蔓繞龍鬚，緑葉相扶翼。排檐高架霤，□
友曉露滴。炎天粲雪花，著實疑雕刻。一一中規繩，要使枉者直。心空藏
世界，形端不傾仄。磊落□清霜，低垂應秋色。林間見老成，飜身脱瓦礫。
衲僧解妙用，轉處孰能敵。晴窓碾雪芽，香噴珠的皪。自然圓陁陁，動著常
歷歷。不受一塵侵，蕭然掛枯壁。

掃地

兀兀袖手坐，不如淨掃地。坐久翻成勞，地淨塵塵離。非從外得來，與
地元非異。只於動用中，發明成大智。拈起苕箒柄，露出祖師意。縱橫用
莫窮，所作無不備。淨處無住著，穢處休回避。掃盡聖凡縱，説甚第一義。

屋漏

全勝樹下居，所住有漏屋。風高揭_{京大本作揚}天來，窓前鳴十竹。新梢
逐雲去，檐瓦盡飜覆。舉目見青天，洒面似新沐。盛以老瓦盆，滴滴聲斷

續。静夜發清聞，獨坐聽不足。大浸不溺處，此理堪名目。

梅泉

泉從曹溪來，梅向庚嶺發。五葉一花開，靈根潤幽脉。不墮色香中，立雪見標格。養成調鼎材，散作天下澤。把住三軍心，點破一人額。香清徹骨寒，名高冠十客。千古印清池，在寬不在窄。

橘隱

緑樹燦幽花，香雪凝萬朵。豁開天地爐，鑄出黄金顆。壯士有顔色，入手香滿座。中隱商山翁，當頭爲勘破。

山居藥名

平生多厚朴，獨活誰與同。三間著草裏，歲晚欲防風。竹疎宜半夏，山深可款冬。懶翻破故紙，潔耿少相從。蒲團恣休歇，潛藏蟠地龍。酌泉薦秋菊，辟穀飡甘松。懸崖流石膏，水淨鑑天容。隱身甘草裏，香飄桂子中。幽徑可旋復，談笑喜蓯蓉。幸人同聚首，附子忽相逢。性明多益智，心淨還復憐。神珠輝滄海，杲日照天靈。車前子不到，遠志忘交情。當歸何處去，目斷天南星。

律詩

吴趙制幹一首

夢入蘆花裏，惟聞煙際歌。却因秋京大本作愁思好，無奈月明何。萬象歸方寸，千江共一波。沿流思妙語，耿耿渴心多。商山藏白髮，一曲紫芝歌。整頓乾坤了，難瞞眼目何。脩篁終有節，古井已無波。鑑止窺清影，重重歸興多。

謝林宰寄詩

望斷鄞江上，臨風一笑新。得詩同見面，契道喜相親。點出句中眼，驅迴劫外春。無弦掛空壁，賴有賞音人。

賀趙巽齋得子

德厚蒙甘露，霑濡滿樹顛。一門生二子，並蒂見雙蓮。天上麒麟瑞，人間日月圓。巽齋衣鉢在，慚愧有人傳。

和月柏庭苔無懷三首

今古道無盡，靈山尚儼然。柏庭霑雨露，葛老絆風煙。麈尾談無盡，天花散滿前。何如古藤下，塊石枕頭眠。

理極隨宜用，途中不離家。石羊眠草徑，水牯臥煙沙。天淨山光遠，谿橫樹影斜。大圓明鏡裏，不礙鹿銜花。

萬象同無住，柴門懶著扃。澄明深水碧，隱映遠山青。是物非他物，窮經只此經。一回開眼後，歷劫夢中醒。

謝妙功訪十竹齋

力學在明道，道明心鏡空。興隨紅絹笠，來訪白頭翁。拄杖倚門後，全身到此中。團欒十竹笑，笑倒菊花叢。

謝淵一原作十，據京大本改道三友訪南樓

三友忽垂訪，南樓氣肅清。道存已目擊，淵默有雷聲。一貫湖山勝，重逢心眼明。沙鷗機自息，煙際喜逢迎。

謝石香庵主送炭

白髮逢烏薪，山房喜煖鄰。拈提鐵橛子，傾倒石香人。密契庵中主，深藏劫外春。夜寒忽吹起，燒殺捧爐神。

謝鏡庵主惠菖蒲

清幽隨所寓，泉石印山林。欲識小中大，當觀淺處深。冷涵千古意，不昧一生心。伴我明窗下，玲瓏鎖綠陰。

寄資福方丈

一別經三月，相逢又隔年。興隨雲動靜，心與月團圓。世上無閑客，僧中有散僊。溪頭雙白鷺，應記上灘舩。

寄祥厚二師

二老住山去，看雲聊自怡。庵中師已老，庭下樹生枝。道與谿山勝，人隨境物宜。平生密用處，寒拾不能知。

寄靈隱泉老

白髮元無種，青春喜快哉。而今居輦寺，元不離天台。明月鎖松徑，枯藤絆石臺。冷泉如是住，飛去又飛來。

寄禮滅翁

老去隱如虎，難瞞在一班兩足本《率庵和尚語録》作斑。入林最容易，上樹極艱難。舌底千溪水，眉間萬疊山。年深捜不動，草裏轉癡頑。

送道都正住庵

歲晚見松柏，蒼然欺雪霜。山風助談笑，草木借輝光。幽鳥亂啼唱，閑花競舉揚。一庵自高卧，教海日清涼。

台鴈回寄瑞巖

石橋與鴈蕩，信脚任騰騰。在路秪如此，還家本不曾。石人吹木笛，玉女點金燈。一萬八千丈，苔生裏石稜。

示了見侍者

養子願安樂，安閑各自嬉。因飢去乞食，爲病徧求醫。正脉有誰胗，空鍋秪自炊。鳥窠無伎倆，拈起布毛吹。

贈毒安柴道人

萬事付天命，一身隨所之。高眠依破廟，弔古讀殘碑。解飲千鍾酒，能吟五字詩。此心誰會得，惟有月明知。

懷西湖柳下朴翁

居士開門户，尋常用處乖。不應天上有，難向地中埋。細柳生枯木，寒泉落斷崖。這回歸去後，真箇是無懷。

弔鄞邑城南荊公像側有紅霞夫人祠

傍水城南寺，松篁一徑斜。像昏藏日月，碑斷隱龍蛇。石上三生夢，人間幾度花。孤鶩沈鏡裏，落日映紅霞。

懷友

鷗盟江海闊，客子寸心違。日暮雲猶合，樓高人未歸。亂峰昏絮帽，小雨散垣衣。烏鵲驚翻樹，無枝何處依。

送友

瓜蔓穿籬落，窗虛懸網蛛。乾坤大槐國，風雨《輞川圖》。道在交朋少，心閑思慮無。扁舟維柳岸，相對説江湖。

悼樓迂齋二首

相望湖山裏，春風長薜蘿。沿流宗學海，探道入禪河。白屋芝蘭秀，青雲弟子多。東津流正派，千古障頹波。

身無隨物化，道在失間關。始説連輿去，又聞雙旐還。此心同白日，歸夢遶青山。文采終難掩，高明不可攀。

悼趙佚老

道眼明如鏡，當臺不受瞞。平生惟琢句，一世懶爲官。筆正心還正，形端影亦端。夢殘花下坐，一笑月團團。

悼夏提領

湖上相從日，高風孰可攀。忽然生死別，不昧笑談間。理極通三際，心空見八還。儼然消息在，白石對青山。

悼錢足庵

相見渾如夢，浮生幾往還。道心游物外，影迹落人間。飲酒不貪味，居家常好閑。維舟曾訪我，直入萬重山。

悼銛無懷二首

緇素衣雖異，詩禪保不磨。夢中無縫罅，句裏有誦訛。閱世知音少，論心所得多。雨中楊柳樹，垂淚滴清波。

千里來相送，三生舊有因。百年心密契，四海道爲親京大本作新。舊壁題還在，遺書墨尚新。火餘收舍利，不昧鏡中人。

悼圓澤翁

老去哭圓澤，臨風意已傾。三生同舊好，一院喜新成。智力用無盡，圓明常垣平。悲風動巖壑，松竹亦含情。

悼如如庵主

人在春風裏，庵居和氣多。早年窮教海，晚歲渡禪河。月落鏡亡象，風休水不波。鐵牛繩已斷，橫截奈渠何。

悼壁監寺

法界了無礙，從來体性寬。焦桐鳴指下，淡墨散毫端。萬象心無盡，千江硯滴乾。湖山歸去後，蓮社一燈寒。

悼巳首座

探罷江西水，歸披東嶺雲。三生來往熟，二老死生分。花木同誰賞，松風只自聞。歸根得旨處，黃葉落紛紛。

悼友人

行苦多廉潔，心真與世殊。處貧常學道，爲法已忘軀。月落鏡無影，波沈海不枯。因君話生死，生死本來無。

題半僧太白樓

居士未説法，群芳已舉揚。斷雲橫太白，斜日映南康。五老遥招手，三江邈故鄉。憑欄一句子，目斷水天長。

題王丹池道院

歲寒居道院，松老露蒼鱗。不昧賓中主，全提劫外春。柳條開正眼，梅子見真人。兩地相忘處，平分月一輪。

贊水墨應真

應化超諸有，飛行過祖風。杖頭藏世界，筆下現神通。影落無聲裏，形生淡墨中。石梁橋上月，千古冷含空。

贊刺血寫經

針頭傳法了，指下轉經回。不隨皮膚見，親京大本作新從血脉來。研磨從果得，點滴雜花開。打破毗盧閣，何須覓善財。

如如庵

幾度天欲雨，無晴也有晴。暮雲江上合，殘月樹頭明。風動數莖草，鳥啼三四聲。巡檐看箇箇，進道亦圓成。

止止堂

止止不須説，相逢話舊游。白雲多淡泞，綠竹更深幽。天地無私受，江湖納衆流。百千無量義，只在一毫頭。

寂照堂

歷歷孤明處，分輝影萬端。涼天秋肅肅，午夜月團團。南北脚頭閣，東西眼界寬。乾坤藏不得，當面孰相瞞。

玉几山

嗒然如喪耦，磊落占林泉。黛色森天表，靈光動日邊。風吹明杲杲，雨洗淨娟娟。磨涅無瑕玷，兒孫不浪傳。

太白山

露密林梢重，山幽列翠屏。冷涵千尺影，觸破一天星。野水流清淺，山禽度杳冥。樓頭舒望眼，歷歷鎮長靈。

借碧軒

假借非他物,從緣任變更。明珠如意轉,古岸逐舟行。碧玉幾簪瑩,青羅一帶橫。衣中全體露,眉展月初生。

谿聲堂

家在谿聲裏,窮源道益微。豁開心地印,透出祖師機。楊柳垂垂發,梅花片片飛。目前包裹了,同去又同歸。

瞻雲庵

門冷蒼藤暗,霜寒鐘磬清。平湖雙鬢淡,萬事一漚輕。梅自毫端發,詩從眼角生。歸林無宿鳥,空谷片雲橫。

竹房

節勁摩霄漢,心空無古今。臏招良夜月,話盡歲寒心。澗壑傳清響,圖書庇綠陰。老師長清德,猿鳥莫追尋。

咏雪二首

庭下摳衣客,安心被熱瞞。腳跟浮逼逼,眼底白漫漫。積處深三尺,拈來作一團。忽然紅日照,古澗瀉鳴湍。

乾坤凝瑞氣,澗壑絕欹傾。天上花零亂,人間路坦平。去來還有迹,聚散寂無聲。奪盡千峰色,難瞞一點明。

落梅二首

片片忘餘習,芳心忻已收。印泥明古路,入草散清愁。和雨蒙沾潤,同塵肯入流。功高歸鼎實,磊落鎮虛浮。

清香有萬斛,付入燕泥收。開落承誰力,飄零空自愁。出林多意氣,脫體見風流。奔軼絕塵處,回觀萬事浮。

見梅二首

東君從定起,出現在毫端。百卉不敢動,一花先耐寒。却於閑處得,宜向靜中看。立雪空庭下,寥寥心自安。

交泰同萬象，抱道歲寒時。月上花臨水，雪消薌滿枝。匪從見聞得，聊許探尋知。一點芳心裏，包藏處士詩。

梅塔

衲僧施妙用，蟠結一枝藤。呆京大本作果滿三千界，花開十二層。地神親京大本作新捧出，童子欲争能。立雪空庭下，傳芳繼祖燈。

咏雙頭蘭

似覺羞爲佩，林深隱草茅。豆分忻並影，角出見同包。不負分金志，難忘刎頸交。德馨千古在，和氣滿林梢。

賞牡丹二首

往來千古路，抹過萬重山。踏破青鞋底，來看白牡丹。風微半合笑，客至總開顔。鷲嶺真消息，傳芳在此間。

嶺上路蟠屈，往還如轉車。偶成三日夢，賞偏兩株花。客裏忻逢主，途中即是家。暖風吹細雨，歸興滿天涯。

春日狂風

幸有春光好，東風何太忙。幽花增惱亂，戲蝶恣輕狂。入竹雨聲碎，漫天柳帶長。疎簾不遮斷，猶有過來香。

閏月中秋

物理喜饒閏，天公善應疇。都將一片月，分作兩中秋。孕兔重窺影，靈犀薦舉頭。絲毫亡原作七，據京大本改間隔，入水混同流。

閑居

盡日無人到，寥寥住此間。不知門外事，懶看屋頭山。身共梅枝老，心同窗月閑。梅枝與窗月，來往不相關。

競渡

春風吹望眼，春水浸人衣。數響心先動，舟行意欲飛。掀翻煙浪去，奪取錦標歸。兩岸人爭看,歡聲爲發機。

雪中焰爐二首

火性周沙界,爐中滿樹柯。生時煙最盛,乾處焰還多。寒極惟炊慕,炎蒸罷見過。兒童共相向,爲我唱山歌。

祖意無多子,拈來祇一吹。光分開發處,機露擊敲時。頭上凝殘雪,林間拾老枝。一番烟滅後,冷煖自家知。

病目偶成一律

明暗交光處,盈虧本不殊。輕煙籠曉月,薄霧翳明珠。得意因忘藥,還家遽問途。何須具青白,大道貴如愚。

無弦琴

不費絲毫力,清聲徹骨寒。静中惟可聽,暗處好生觀。星月落徽外,松風發指端。等閑彈一曲,天地黑漫漫。

有聲畫

風雷轟舌本,江波漫胸陂。黄卷開新畫,青山拂黛眉。夢中加説夢,詩裏更題詩。滿口明明道,低頭説向誰。

述懷

古今同一夢,夢覺絶追尋。牛老四蹄脱,眼明千嶂深。健行芳草徑,困卧緑楊陰。饑渴隨時用,難瞞一寸心。

無題

眼青湖水碧,老子可忘年。獨立千峰上,横陳萬象前。片雲常帶雨,枯木冷含煙。袖裏藏如意,寒山妙不傳。

水磨

撥動中心樹,全提向上機。用時劈箭急,轉處絶狐疑。暗脉來無盡,寒光孰敢窺。只許老盧會,不許老盧知。

挂杖

撥草占風底，過眉知幾尋。江湖三事衲，雲水一生心。投老情逾篤，論交分最深。崢嶸_{京大本作嶸崢}有頭角，風雨滿園林。

咏貓

門冷汝尸素，哀鳴幾斷魂。清晨頻遶膝，静夜鬧翻盆。步月歸花塢，呼兒過竹村。地爐煙火冷，相與度朝昏。

咏烏

憂愁汝先覺，哀鳴何太忙。群飛多聚散，反哺不相忘。流水斜陽外，孤村古道傍。癡兒塗淡墨，點點不成行。

白鷺

潔白欺冰雪，無機任去留。波澄渺餘意，落日伴窮愁。破費青山色，凄迷蘆洲洲。相忘有江海，吾亦具扁舟。

畫_{原作書，據京大本改}眉

栗色染毛羽，孤飛近道情。能傳千古意，解作百般鳴。好語聽無盡，脩眉畫不成。相求同氣者，酬應轉分明。

贊坤寧殿書《心經》

忻逢墨寶散中扃，智海流傳《般若經》。萬像光中承帝力，一毫端上仰坤寧。龍飛鳳舞昭雲漢，玉轉珠回耀日星。四海九州同展轉，兩宮交泰祝遐齡。

壽史集賢二首

嶽降仙蹤孰可攀，洞天祥瑞鎖人寰。因知弱水同鄞水，秪把燕山作壽山。枕石宿雲千嶂裏，臨流釣月萬波閒。而今四海清如鏡，鈞造無私樂静閒。

道德如山鎮萬邦，力扶日月曜封强_{原校：疆歟}。利民便是長生術，醫國元同不老方。醖釀百川爲壽酒，拈提一瓣祝恩光。雲間有路平如砥，林下游

從待子房。

賀史衛王病愈

方丈維摩笑點頭，千金妙樂一時休。萬邦有道身安樂，四海無波病愈瘳。倚杖不妨扶日月，宿雲終待臥林丘。大圓鏡裏同忻慶，山鳥巖花相應酬。

送史半僧守南康

仰天大笑出門去，萬象從茲起政聲。五老出門迎五馬，三人對影話三生。不妨道眼同千聖，把住春風且一行。斷盡人間不平事，棒頭喝下最分明。

送陳菊坡守江州二首

智鑑圓明奪夜光，當臺燭物可興邦。昔爲百里今千里，又渡三江上九江。過眼好山看歷歷，近人幽鳥喜雙雙。途中即是家中事，萬象明明映六窗。

詞源浩渺越波濤，游刃恢恢善自操。五老聚頭迎五馬，三年歸興夢三刀。道同此去追蓮社，才大終當賜錦袍。風袞桃花三月浪，九江春水正雄豪。

送茶筍與史友林二首

友林到處是家鄉，兩地西湖歸興長。大厦落成忻燕雀，新茶馳獻展旗槍。得來信手非他物，點著先春發妙香。澆散一床蝴蝶夢，眼明如日正當陽。

密用春工已著鞭，龍孫攀附使君前。波中變化風雲在，林下崢嶸頭角全。露浥錦繃滋玉板，節高塵世逆苔錢。少時脫體能調鼎，老去成陰養七賢。

贊史滄洲榜湖墅閑居

本來拈得管城公，翰墨場中闡大功。筆正却從心正得，履聲來自直聲中。分毫入木難藏掩，一點當頭到處通。圓似明珠耀泉石，令人千古仰高風。

和佚老園叟咏蓮花

道眼含空絶點埃，爲蓮有實手親栽。不因陸地從誰得，笑著一枝何處來。深入淤泥藏玉質，潛通香水染丹腮。緑荷不展傳芳了，好似瞿曇未出胎。

上史月湖

月湖涵養氣融和，尚照乾坤所得多。霧卷雲收開玉鑑，風清天淨漾金波。光含群象用無盡，潤及蒼生保不磨。拂拭釣臺臨水坐，肯將金印混漁蓑。

寄石藤高學士庵

同心密契復同宗，大隱鄽中道益崇。新語驚人如白璧，古藤穿石起清風。扁舟搖蕩歸湖上，曳杖吟哦到此中。出處逍遥還自得，鵬飛九萬已摶空。

懷朴翁銛無懷歸鏡湖

還鄉喜氣滿天涯，短棹迎風破浪花。人在鏡中看隻影，鴈橫雲際失圓砂。千巖競秀圍秦望，萬派爭流繞賀家。應念拐堂人冷淡，請依瘦竹一莖斜。

寄善長卿併簡顧適軒

積雨新晴興味長，山幽草木有餘薌。雲收千嶂畫開軸，華落一溪詩滿塘。密藻潛鱗魚得計，舊巢養子燕成行。妙談實相主人意，池面雙飛作晚涼。

和報國講主送春

胸中萬壑冷涵秋，一任年華不少留。過眼青春同作夢，滿頭白髮不禁愁。飄空花雨隨流水，繞屋松篁只首丘。歲晚青青還自保，静窺紅紫幾沈浮。

懷西山特庵老

脉脉東津去路賒，春風迎送動幽花。舟橫斷岸水浮浦，潮落寒江人度沙。身在帝鄉依故國，影隨明月落誰家。特牛吸盡西江水，臥看天邊斗柄斜。

訪南湖性空齋

解帶忘懷見性空，盛衰都在一真中。可憐半世我頭白，堪嘆滿堂華自紅。勁節出林如四皓，臨風索笑付諸公。色前別有通霄路，不與南泉一夢同。

寄具上人

煙波深處得相依，照水飛花點客衣。雨後亂青浮草徑，春陰濃綠暗薔薇。風前一笑皆傾倒，湖上千峰盡發揮。須信古今應不墜，杜鵑聲裏要知歸。

謁源宗師

茫茫終日弄浮生，得路何妨信腳行。相對白頭看古柏，共邀明月上脩廊。但令心地清如鏡，休管門庭冷似霜。無二法門君已領，草深一丈恰相當。

送布金老子

學海清明徹見砂，十年燈火侶魚蝦。遽離綠水光中寺，歸鎮黃金長者家。遠屋蛙聲鳴法鼓，漫空柳絮散天花。笑拈塵尾全提處，千古靈山路不賒。

送西山老住庵

舊钁頭邊喜有涯，春來百鳥競銜花。眼明見月已忘指，心淨觀河不算沙。萬象光中歸作主，一毫端上已成家。西山爽氣知多少，松竹陰陰一徑斜。

送海下監收僧

茫茫滄海變桑田，拔萃君能泛鐵船。全殺活時休殿後，半青黄者莫攙先。刈禾鎌子隨宜用，動地耡聲到處傳。寸草不留孤逈逈，歸來拍手笑掀天。

送釣嵓監收

六月炎蒸禾黍香，上方消息已傳揚。衲僧到處有田地，信脚何妨入道場。眼辨手親能縱奪，斗量舛京大本作外轉要收藏。功成笑指釣嵓月，海印重重静發光。

送杲公監收

衲僧到處展宗風，赤手當場振此宗。紅日一輪明杲杲，黄雲千頃見重重。混齊荒草雖同色，脱盡枯荄要絶蹤。堪笑古來狼籍者，長年負石謾供春。

和青山二老軒白瑞香

萬象交參辨八還，無還見處不容攀。滿庭積雪摳衣可，一點明心陋巷顔。不與嚴霜同凜冽，盛陪明月住中閒。六窻烱烱渾無礙，觀色觀空得自閑。

題太白閣前凌霄花

片片晴霞卒未消，照開紅日不徒勞。龍蛇倒影掛千尺，雲漢栖身起一毫。蓋覆門庭因老柏，衝開樓閣伴吾曹。分枝次第傳芳去，不墮孤危見處高。

題青山二老軒

三生渾是舊因緣，二老心同不記年。白髮蒙頭塵外樂，緑荷擎蓋鏡中圓。戲隨流水出山去，閑伴孤雲枕石眠。無限風光俱買盡，雨餘花徑散苔錢。

題城南積翠軒

到此方知見處親，目前物物總橫陳。人如磨蟻聯聯過，田似碁枰局局新。依樹就陰宜息迹，觀河見性可藏身。傳家留得兒孫在，及第心空有翠筠。

題解空叟盆竹

戲栽叢竹碧森森，乞我題詩作賞音。意足未須嫌地褊，解空何假著鞭深。露凝密葉團珠顆，月落明牕惜寸陰。慚愧龍孫同勁節，凛然不改歲寒心。

和全大同釣流

胸中一滴是曹源，截斷東津障百川。吹徹風前無孔笛，踏翻江上斷頭船。試收絲綫歸方寸，驚起驪龍動九淵。萬浪千波雖有異，只將新月一釣穿。

和大涵山庵韻

倒拈拄杖破蒼苔，問道多從玉几來。沿屋濤聲鳴老樹，亞檐玉蘂見寒梅。山擎上塔畫如展，水泛長橋浪作堆。欲上天河窮水脉，乘槎須向大涵回。

題龍山千珠泉

心源一滴無窮盡，千顆圓明照碧峰。光繞玉盤看落落，影垂寶網現重重。隙中老蚌含明月，澗底澄泓卧碧龍。傾出斷崖無價寶，海人知貴不知蹤。

題青雷峰湖墅

縛屋閑居似短蓬，萬波深渺路潛通。雙雙白鳥高飛處，隱隱青雷在此中。志與漁樵同結社，春來花木自成叢。地偏心遠青霄夢，不與人間夢一同。

贊半面圓通

圓通大士絶威儀，異類中行入牿皮。專欲利人先損己，却因帶病爲行醫。月圓月缺無增減，潮落潮生任覺知。大士若於形相覓，見時空使馬郎悲。

贊寒山拾得

雙放雙收笑拍肩，爛泥團裏已忘緣。身如遠岫閑雲過，心似澄潭秋月圓。黄卷收藏歸掌握，青衫戲著逞風顛。橫拈苔幕露雙足，掩彩文殊與普賢。

贊吕洞賓像

萬里神光藏寶劍，一瓢空洞貯山川。根歸葉落皆常道，石爛松枯不記年。海上三山清入夢，人間丹竈冷含煙。御風已在紅塵外，手撚髭鬚得自然。

悼月湖與友林

長庚伴月兩高明，湖海相忘有道情。無奈同生又同死，須知難弟亦難兄。梅開西嶺句中眼，水奏東吴弦上聲。昨夜溪流最鳴咽，知音一曲爲誰傾。

悼九六主人史公

心如碧沚淨無埃，道眼耽耽納九垓。聞得片帆天上去，又隨明月夢歸來。寒泉漱石千年潤，古木生風萬壑哀。萬象爲賓留不住，主人一去興悠哉。

悼鄭别駕

共向松牕話白頭，至今草木尚温柔。德垂集古還長往，政在清江不盡流。意適玉樓隨所住，夢游石室便歸休。靈踪已在青霄外，湖水涵空月印秋。

悼孫留耕二首

青衫白髮玩浮生，學問於人實處長。秀發道牙因種得，坦夷心地爲留耕。一門三世衣冠盛，重桂聯芳父子榮。夢斷南柯禪寂寂，湖山草木亦含情。

獨看明月過中秋，惆悵吉人藏一丘。流水寫哀聲歷歷，老松懷慘韻颼颼。掉頭直入青山去，招手還從淨社游。玉殿瓊樓彈指入，祖翁留得舊箕裘。

送茶慰黃廣文

林間一別遽如許，片紙封茶寄舊盟。魚眼忽生同客淚，松風不斷見交情。一甌洗盡人間夢，千古難忘身後名。應慕萱堂添滴瀝，半江流水爲誰傾。

悼海門禪師

纔逢春至便還鄉，百草頭邊歸興長。落月獨存當日意，游蜂難覓舊時香。泥牛入海無消息，露柱槌胸哭彼蒼。試向石梁橋上望，儼然面目露堂堂。

悼太白禪師

千里歸來白日邊，四方螞慕道聲喧。長庚伴月同三夏，巨棟連雲架二軒。喝下倒流三峽水，棒頭結盡五湖冤。而今兩脚捎空去，不問無言與有言。

贈僧幹砌街

祖庭瀟灑絕堪誇，粲發當陽陸地花。既已磨磚光似鏡，不教炊飯作蒸砂。纖塵無染通玄路，一徑同歸穩到家。實際理中無間斷，目前步步不由邪。

贈背書匠

翰墨場中能出手，分青露白總由渠。工夫纔到便拈掇，受用何妨任卷舒。一片打成常寂寂，八風不動自如如。道人用處無多子，提掇人間萬卷書。

贈刊印匠

　　利刀頭上定千差，縫罅纔通即到家。偶爾成文蟲蝕木，自然得路鳥行沙。當鋒用處隨高下，劈面提時驗正邪。顧我得來懸肘後，不同塵世使冬瓜。

贈息氣道人

　　道人袖裏有生涯，攪得龍須便可誇。信手拈來成一片，隨機扣擊總無差。閑中鳴唳千年鶴，鬧裏聲傳兩部蛙。因與洞賓調氣息，萬緣不涉臥煙霞。

贈放煙火人

　　有藝隨身到處游，暗藏火種密機謀。用時不斷通絲綫，點著分明在藥頭。落落旋空如電轉，紛紛墮地若星流。望煙既已知端的，爆地一聲非暗投。

置茶

　　百草頭邊見道情，一錢爲本萬錢贏。定盤星上分片_{原校:斤歟}兩，塊石權中較重輕。幾度爭先沾雨露，一回得勝展旗槍。不容開口論高價，無底籃兒信手傾。

造茶

　　戰退春風陣陣寒，槍旗已露一毫端。草中信手從頭摘，焙裏翻身盡底乾。點著便知他下落，啜時須是自輕安。一般苦澀無滋味，皺却眉頭也有懂。

咏籃

　　龍須透過劍鋩鋒，脱盡皮膚大有功。密密相聯皆具眼，條條不斷本同風。左提右挈渾無礙，外實中虛用不窮。試向堂前高掛起，了知無底可藏空。

水管

此君得處見心空,密用潛行氣勢雄。壯似建瓴流夏屋,快如劈箭逐輕風。不妨明月來千里,吸盡曹源在一筒。曲折要看相汲引,直留餘脉到龍宮。

鶴帳

腰纏十萬揚州去,翔集歸來可策勳。翅翮低垂藏蝶夢,羽毛輕細簇龜紋。室虛不礙昂丹頂,僧静還同卧白雲。不受八風堪駕御,鼻雷如唳已驚群。

梅塔

靈根蟠窟發心苗,彈指聲中路不遥。光透中邊明一色,影分上下見同條。花開朵朵香無盡,子結層層渴易消。占斷春風從地湧,要令千古仰高標。

桃實

占斷春風第一枝,栽培不是小兒嬉。養成花果三千歲,蓋覆門庭十二時。丹臉豈應同酒暈,孤根不特孕仙姿。靈雲去後無消息,核裏有仁誰得知。

楊梅

醖釀微酸和氣中,林閒幾度費天工。丹如荔子初無異,圓比槃珠總一同。嫩綠著花愁薄霧,軟紅怯雨落輕風。湯心無限都傾盡,世味于今一掃空。

重蓮

映水重重錦一機,風搖緑葉動漣漪。高低開落同三昧,次第傳芳在一時。根有淺深隨近遠,臺分上下見尊卑。淤泥玉質終難昧,肯逐秋風一夜衰。

水梔二首

柔根絡石障微瀾，綠葉不隨春事殘。群玉飄香凝座席，小腮分影落杯
盤。枕流絶俗塵埃少，隱几忘言心眼寒。賞此一杯清淨供，野花閑草不
須看。

蘋末風來魚躍瀾，涼生殿閣夢初殘。花明眼底石含玉，露滴枝頭珠走
盤。與道傷和風味冷，臨軒鑑止水光寒。愁霜著實垂金子，碧葉叢中得
細看。

罌粟花

花與鶯啼共本根，花殘鶯老幾寒温。□看久雨華敷地，忽憶中秋月滿
門。纖粟已生藏世界，一椎纔露整乾坤。風前次第排檣立，以道觀來我
獨尊。

薔薇花

薔薇一架暗如雲，雨後長條欲鬭新。寂寞倚門籬作障，風流徹骨玉爲
神。鋪舒綠葉遮行客，采摘紅葩映佛身。莫道低垂容易折，花中有刺亦
傷人。

咏冬瓜二首

蘸雪誰知下口難，森森芒刺不容扳。要知蒂當工夫處，只在根源密用
間。獨抱虛心長挺挺，肯隨迂世曲彎彎。分明露地難提掇，草裏相逢見
一班。

物貴全真多儱侗，霜皮嚴冷得人憎。清如臥雪高閑客，淡似投林自在
僧。氣合大和常混沌，根蟠隙地見昇騰。靈苗次第傳芳去，不比尋常野
葛藤。

新笋進退韻

高標幾度鳳栖雛，翠挹清談多起予。得地當須觀密用，著鞭那肯趁虛
無。皮膚脱落節仍在，頭角纔彰味有餘。拈入鉢中看變化，霎時風雨滿
龍鬚。

蜜蜂

偶來此地展封疆，各各傾心奉一王。嚼蠟却同忘味客，尋芳去作探花郎。隙中不礙藏形影，得處何嘗損色香。密用工夫纔染指，中邊皆透絕思量。

率庵外集終

（作者單位：北京大學中文系、北京大學中國古文獻研究中心）

附記：

本文初稿曾於 2018 年 9 月 4 日在日本早稻田大學中國古籍文化研究所主辦的"中日漢籍與文化國際學術研討會"上發表。日本慶應義塾大學高橋智先生、堀川貴司先生、京都大學李華雨同學曾幫助複製相關資料，在此謹表衷心感謝。

稿　約

一、本集刊爲半年刊,上半年出版時間爲 5 月中旬,截稿日期爲上年 9 月底。下半年出版時間爲 11 月中旬,截稿日期爲當年 3 月底。

二、本集刊實行匿名評審制度。

三、本集刊以學術研究爲主,凡域外漢籍中有關語言、文學、歷史、宗教、思想研究之學術論文及書評,均所歡迎。有關域外漢籍研究之信息與動態,亦酌量刊登。

四、本集刊以刊登中文原稿爲主,並適當刊登譯文。

五、本集刊采擇論文唯質量是取,不拘長短,且同一輯可刊發同一作者的多篇論文。

六、來稿請使用規範繁體字,橫排書寫。

七、來稿請遵從本刊的規範格式:

(一)來稿由標題名、作者名、正文、作者工作單位組成。

(二)章節層次清楚,序號一致,其規格舉例如下:

　　第一檔:一、二、三

　　第二檔:(一)、(二)、(三)

　　第三檔:1、2、3

　　第四檔:(1)、(2)、(3)

(三)注釋碼用阿拉伯數字①②③④⑤表示,采取當頁脚注。再次徵引,用"同上,頁××",或"同注①,頁××"。注釋碼在文中的位置(字或標點的右上角):××××①,××××①。××説,"××××"①,××説:"××××。"①

(四)關于引用文獻:引用古籍,一般標明著者、版本、卷數、頁碼;引用專書,應標明著者、書名、章卷、出版者、出版年月、頁碼;引用期刊論文,應標明刊名、年份、卷次、頁碼;引用西文論著,依西文慣例。兹舉例如下:

①[清]王琦注《李太白全集》卷二《古風五十九首》,中華書局,××年,頁××。

　①周勛初《論黃侃〈文心雕龍札記〉的學術淵源》，載《文學遺産》1987 年第 1 期，頁××。

　①Hans. H. Frankel, *The Floering Plum and the Palace Lady* , New Haven and London, Yale University Press, 1976. p. ××. （請注意外文書名斜體的運用）

　（五）第一次提及帝王年號，須加公元紀年，如：開元三年（715）；第一次提及的外國人名，若用漢譯，須附原名；年號、古籍的卷數及頁碼用中文數字，如開元三年、《舊唐書》卷三五等；其他公曆、雜誌的卷、期、號、頁等均用阿拉伯數字。

　（六）插圖：文中如需插圖，請提供清晰的照片，或繪製精確的圖、表等，並在稿中相應位置留出空白（或用文字注明）。圖、表編號以全文爲序。

　八、來稿請注明真實姓名、工作單位、職稱、詳細通訊地址和郵政編碼（若有變更請及時通知）、電子信箱、電話或傳真號碼，以便聯絡。

　九、作者賜稿之時，即被視爲自動確認未曾一稿兩投或多投。凡投寄本刊的稿件，即被視爲作者同意由本刊主編與出版社簽署合同集結出版。本刊擁有録用稿件的紙質、網絡等各種方式的獨家發表權。作者若有特殊要求，請在投稿時説明。來稿一經刊出，即付樣書和抽印本。

　十、來稿請電郵至 ndywhj@163. com。